水政监察执法指南

库博雷克公共管理咨询　著

中央广播电视大学出版社·北京

图书在版编目(CIP)数据

水政监察执法指南 / 库博雷克公共管理咨询著 . —北京：
中央广播电视大学出版社，2014. 10

ISBN 978 - 7 - 304 - 06701 - 4

Ⅰ.①水⋯　Ⅱ.①库⋯　Ⅲ.①水资源管理—行政管理—
执法监督—中国—指南　Ⅳ.①D922. 66 - 62

中国版本图书馆 CIP 数据核字(2014)第 203812 号

水政监察执法指南

库博雷克公共管理咨询　著

出版·发行：中央广播电视大学出版社

电话：营销中心 010 - 66490011　　　总编室 010 - 68182524

网址：http://www.crtvup.com.cn

地址：北京市海淀区西四环中路 45 号　　邮编：100039

经销：新华书店北京发行所

策划统筹：郑　毅　　　　　　　　版式设计：库博雷克公共管理咨询有限公司

策划编辑：孙　勃　　　　　　　　责任编辑：郑　毅

责任印制：赵联生　　　　　　　　责任校对：王　亚

印刷：北京中科印刷有限公司　　　印数：2501 ~3000

版本：2014 年 10 月第 1 版　　　　2014 年 11 月第 2 次印刷

开本：787 × 1092　1/16　　　　　印张：36.25　　字数：742 千字

书号：ISBN 978 - 7 - 304 - 06701 - 4

定价：266.00 元

目　录

第三部分　水政监察基础 / 345

第一章　水资源管理 / 347

第一部分
水政监察制度规范

第一章　水政监察概述

一、水政监察的基本职能

新中国成立到 2014 年以来，我国已经颁布并实施水法律 4 件，国务院颁布施行的水行政法规 13 件。这些水法律、法规都明确授予了水行政主管部门必须承担的水事管理职责；为认真履行法律法规授予的水行政职责，水利部以部长令形式颁布水行政规章（含部委联合颁发）34 件。所有这些水法律、法规、规章，为水政监察部门规定了明确的职能，水政监察执法任务繁重，责任重大。

按照行政职权法定的原则，经法律授权，水行政主管部门获得管理水行政事务和行使水政监察的职能。但是，水行政主管部门作为法定的执法责任主体，其具体职责的履行必须设立有行政管理职能的内设机构或直属单位来具体承担，其中水政监察的职能由水行政主管部门的专职执法队伍—水政监察机构具体承担。

1. 水法规宣传教育

水政监察执法的根本目的是为了促进公民守法，保障水法规贯彻实施。水法规的宣传教育是促进守法的行政成本最低、效果最好的手段。比如，湖北省在 2008 年汉江采砂管理执法活动中，注重让宣传工作走在执法工作前头，促进相对人自我纠正，起到很好的执法效果。除了每年集中开展的"世界水日""中国水周"、"12·4"法制宣传日和有关专题宣传等大型活动外，执法人员还采取跟当事人面对面谈心，送法上门、上船等方式宣传采砂管理的法律法规，阐明政府取缔汉江非法采砂的信心和决心，督促相对人自觉停止违法行为。在强大的宣传攻势下，2 000 余艘采砂船的船主们自行拆除了违法船只，或到指定地点停靠，极大地提高了行政执法效率，降低了行政执法成本。因此，水政监察执法应贯彻宣传教育先行的原则；水政监察人员在执法活动中，要注重把宣传工作贯彻执法活动的始终。一方面严格执法，另一方面通过案件办理对水法规进行较好的宣传，做到寓宣传于执法中。此外，水政监察机构还应采取多种其他形式的宣传活动，如在每年的"世界水日"、"中国水周"和"12·4"法制宣传日进行集中宣传，让公民、法人和其他组织知法、守法。宣传的方式可以采取发放宣传册、张贴宣传画、悬挂横幅、专题讲座等多种形式。

2. 水资源、水域、水工程、水土保持生态环境的保护

水资源、水域、水工程、水土保持生态环境的保护，是水政监察机构的重要职责。

水资源有水质、水量等多方面的属性，对水资源的保护，是对水质、水量等进行全面的保护。水资源保护要求，开发、利用水资源必须依法、科学、有序，如公民、法人和其他组织必须经许可取水，安装计量设施，缴纳水资源费，必须按规定设置向水域的排污口等。

水域保护，主要包括河道、湖泊和水库、渠道的保护，要求不能随意改变水域水流走势，设置阻水障碍物。在河道管理范围及洪泛区、蓄滞洪区内修建各类工程、建筑物及设施，必须经水行政主管部门许可。不得在江、河、湖、库、渠道内，弃置、堆放阻碍行洪的物体，种植阻碍行洪的树木或高秆作物，修建围堤、阻水渠道、阻水道路；在河道内弃置沉船、设置碍航渔具、种植水生生物；未经水行政主管部门批准，不得随意在河道、渠道内堆放物料，弃置砂石、淤泥、矿渣、垃圾等；在下游地区不能擅自设障阻水缩小河道现有过水能力，在上游地区擅自增大下泄流量等；不得围垦湖泊；未经省级人民政府批准不得围垦河流；不得在河道内随意采砂、取土、淘金等。

水工程保护，主要让已建成水工程不被损害，能够正常运行，发挥效益。如不得让公民、法人和其他组织在堤防、水源工程、灌排渠道等水工程保护范围内打井、钻探、爆破、挖筑鱼塘、采石、取土等危害水工程建筑物安全；不得损毁堤防、护岸、闸坝、水工程建筑物，损毁防汛设施、水文设施和水文监测环境、河岸地质监测设施、通信照明设施等；不得盗窃、损毁农田灌排设备等。

水土保持生态环境保护，就是不让水土资源被破坏，不人为造成新的水土流失。如不得在禁止开垦的陡坡地开垦种植农作物，或未经批准擅自开垦禁止开垦坡度以下、5 度以上的荒坡地；不得在崩塌坡危险区、泥石流易发区范围内取土、挖砂或者采石；在林区采伐林木，不能造成严重水土流失；在建设和生产过程中不得造成水土流失等。

为了实现水资源、水域、水工程、水土保持生态环境保护的目标，水政监察机构可以采取多种方式，如通过水法规宣传促进公民自觉守法；通过监督检查及时发现和制止水事违法行为；通过水事纠纷的调处维护良好的上下游、左右岸的水事关系；通过行政强制保证对违法行为制止的及时性与有效性；通过行政处罚惩戒和教育当事人；通过行政收费实现水资源的节约、保护，并为水资源、水域、水工程和水土保持保护筹集资金等。

3. 水事监督检查

水政监察队伍依法对公民、法人和其他组织遵守水法规的行为进行监督检查。监督检查可以及时发现和制止水事违法行为，防止违法行为的危害后果进一步扩大。因此，《中华人民共和国水法》（以下简称《水法》）第六章主要对执法监督检查进行了规定。

《水法》第六十条规定，"县级以上人民政府水行政主管部门、流域管理机构及其水政监督检查人员履行本法规定的监督检查职责时，有权采取以下措施：要求被检查单位提供有关文件、证照、资料；要求被检查单位就执行本法的有关问题作出说明；进入被检查单位的生产场所进行调查；责令被检查单位停止违反本法的行为，履行法定义务。"

据调查，大部分水政监察机构实际上还承担了水事监督巡查的抽查和检查工作，即对水资源、水域、水工程、水土保持生态环境进行定期和不定期的全面检查。应该说，这是水政监察机构为了及时发现水事违法案件，保护水资源、水域、水工程、水土保持生态环境，降低行政执法成本，提高执法效率的重要举措。但是，应该指出的是，巡查工作是行政管理和工程管理的内容之一，履行巡查职能的首先应该是水行政主管部门的行政管理机构和工程管理单位。水政监察机构履行对行政管理机构和水利工程管理单位巡查工作的抽查。目前，应进一步明确巡查工作的责任主体，明确水行政主管部门行政管理机构和水利工程管理单位的巡查责任，建立水政监察机构对上述机构和部门巡查工作进行抽查的信息反馈机制，通过水政监察机构的抽查，督促行政管理机构和水利工程管理单位加强管理。因此，目前虽然各级水政监察机构实际承担了大量的巡查任务，但从有利于水行政主管部门依法全面履行行政职能的角度出发，巡查工作明确由水行政管理机构和水利工程管理单位负责是必要的。在后文编制核定部分，课题组没有对水政监察队伍的巡查工作量进行单独计算。如有水政监察机构乃承担河湖或工程巡查任务的，应根据巡查工作量，另行增加人员编制。

4. 水事纠纷的调处

水事纠纷调处的好坏与水事案件、社会治安案件乃至刑事案件的发生密切相关。纠纷调处好了，矛盾解决了，当事双方利益矛盾得到及时、妥善解决，彼此相安无事。纠纷调处不好，如利益矛盾得不到及时有效解决，双方有可能发生直接冲突，从而产生水事违法行为。同时，冲突又促使矛盾激化，由水事纠纷引起的群体斗殴事件并不鲜见。水政监察队伍从执法为民的理念出发，应加强对水事纠纷引发水事案件的预防，重视水事纠纷的调处工作。

在水行政主管部门内部，大多数地方水事纠纷的调处由水政监察队伍负责，部分地方由其他有关工作机构负责。水政监察队伍承担水事纠纷调处职责的优势更为明显：一是水事纠纷经常引发水事治安案件，而水政监察队伍配合公安机关查处水事治安案件在执法业务上更具有利条件；二是由于水政监察队伍长期开展执法活动，对水资源、水域和水工程以及水事相邻关系更为熟悉和了解；三是长期在第一线执法，直接与管理相对人打交道，客观形象上形成了水行政主管部门的执法代表。而在2002年修订后的《水法》第六章就是将"水事纠纷处理与执法监督检查"放在一起，说明两者之间的紧密联系。

5. 水事案件的查处

这是水政监察机构职责中任务最繁重、最没有争议的一项职责。水政监察机构对群众举报、媒体曝光、上级交办或其他部门移交以及自己在巡查活动中发现的水事违法案件，必须依法严肃认真、公开公平公正地进行查处，对确系违法的通过行政处罚的方式，教育和惩戒违法当事人，保证法律的贯彻实施，维护法律的尊严。

对当事人违法行为的惩戒，国家的法律体系中有行政处罚和刑事处罚两种手段。违法情节严重、触犯刑法、构成犯罪的人，适用刑事处罚；违法行为没有触犯刑法的，适用行政处罚。

根据水利部《关于水利部、流域管理机构行政执法项目及依据和国家防汛抗旱总指挥部、流域防汛（抗旱）总指挥部行政强制项目及依据的公告》（2008 年第 25 号），水利部行政处罚项目分为十二大类，238 项。十二大类分别为水资源管理、河道管理、水工程管理、水土保持管理、移民安置管理、水文管理、水行政许可管理、水利建设勘测设计、水利建设招标投标、水利建设质量管理、水利建设安全生产、水利建设资质管理。十二大类下的 238 项就不一一列举。

行政处罚作为典型的侵权行为，其实施必然导致对特定行政相对人某种权利或权益的限制或剥夺。因此，水利部十分重视，并按照国务院规定明确规定由水政监察一支队伍统一对外实行，因此，水政监察机构必须严格按照《中华人民共和国行政处罚法》（以下全文简称《行政处罚法》）和有关水法律、法规、规章规定严肃认真地实施行政处罚。

6. 行政强制

根据水利部《关于水利部、流域管理机构行政执法项目及依据和国家防汛抗旱总指挥部、流域防汛（抗旱）总指挥部行政强制项目及依据的公告》（2008 年第 25 号），水利部行政强制项目主要有下列 9 项见表 1。

表 1　水利部行政强制项目表

序号	强制项目	强制依据
1	虽经县级以上地方人民政府水行政主管部门或者流域管理机构审查同意，但未按要求设置入河排污口的	《防洪法》第五十八条；《入河排污口监督管理办法》第二十一条第二款
2	未经水行政主管部门或者流域管理机构同意，在江河、湖泊新建、改建、扩建排污口的	《水污染防治法》第七十五条第二款
3	拒不缴纳、拖延缴纳或者拖欠水资源费的	《水法》第七十条；《取水许可和水资源费征收管理条例》第五十四条
4	围湖造地或者未经批准围垦河道的	《防洪法》第五十七条
5	在长江、黄河、珠江、辽河、淮河、海河入河口范围内，违反河口整治规划围海造地的	《防洪法》第五十七条

续表

序号	强制项目	强制依据
6	在河道管理范围内建设妨碍行洪的建筑物构筑物或者从事影响河势稳定、危害河岸堤防安全和其他妨碍河道行洪的活动的	《水法》第六十五条第一款
7	未经水行政主管部门对其工程建设方案审查同意或者未按照有关水行政主管部门审查批准的位置、界线，在河道、湖泊管理范围内从事工程设施建设活动的	《防洪法》第五十八条
8	未经水行政主管部门或者流域管理机构同意，擅自修建水工程，或者建设桥梁、码头和其他拦河、跨河、临河建筑物、构筑物，铺设跨河管道、电缆，且防洪法未作规定的	《水法》第六十五条第二款
9	未经批准擅自设立水文测站或者未经同意擅自在国家基本水文测站上下游建设影响水文监测的工程的	《水文条例》第三十七条

由于行政强制是对当事人权利或权益的强制限制或剥夺，是一项十分严肃、慎重的行政行为；同时，行政强制往往贯穿于行政处罚案件的办理过程，因此，各地的行政强制一般都由水政监察机构实施。水政监察机构也具有人员和熟悉法律业务上的优势，客观上也有实施行政强制的条件。对于强制权力，水政监察机构必须依照《行政强制法》规定，遵循严格的程序来实施。

7. 规费征收与管理

全国水利部门目前有水资源费、河道工程修建维护费、水土保持设施补偿费、水土流失防治费等水利规费费种。局部地方还有长江河道砂石资源费、河道采砂管理费和防汛费等。

水利规费的征收体制，全国各地差异很大，多数由水政监察机构征收，有的由水行政机关其他部门征收。由水政监察机构征收水利规费依据更为充分：一是水政监察机构负责征收水利规费有《水政监察工作章程》为依据；二是水利行政规费的征收是狭义的行政执法行为，是水政监察工作的具体内容之一；三是水政监察能够有效保证水利规费征收到位，相对人不履行法定义务，水政监察机构可以依法启动行政处罚程序。

8. 对下级水政监察队伍的监督指导

上级对下级开展业务指导，是组织法规定的重要原则，也是维护社会主义法治统一的重要措施。水政监察机构内部上级对下级的监督指导，还有其执法对象的特殊性和执法目标上的特殊性。各项水事活动、水资源、水工程与水系紧密相连，水行政执法活动也必须按水系整体联动，上级对下级的业务指导，有利于树立保证整个水系执法活动的整体性、及时性、高效性。同时，从执法目标上看，为了维护社会主义法制的公平正义，保证同案同罚，确保执法活动的公正，也需要上级水政监察机构加强对下级水政监察机构的监督指导。

上级水政监察队伍对下级水政监察队伍的监督指导的方式，一是组织培训，提高下级水政监察队伍人员素质；二是执法检查，督促下级水政监察队伍开展执法工作；三是对具体案件的督导、大要案的审查备案以及案卷评查制度等，督促下级水政监察队伍提高案件办理质量；四是综合业务考核，推动下级水政监察队伍建设和执法工作的开展。

9. 其他委托职责

（1）行政许可职责

《水政监察工作章程》规定，受水行政机关委托，水政监察机构可以实施行政许可。目前，仅全国性法定水行政许可审批项目就达30余项，任务十分繁重；一些地方的水政监察机构根据水行政机关的委托，承担了全部的水行政许可承办职能，或承担了部分的水行政许可承办职能，如河道采砂许可、取水许可等。

（2）配合公安机关进行查处水事治安案件的职责

这项职能在《水政监察工作章程》中作了明确规定，但从各地的问卷调查上看，这项职能是各地履行职责中任务最轻的一项，这种情况主要与目前水事治安案件、刑事案件比较少的现状有关。

（3）河道采砂管理职责

这些年，由于市场对河道砂石资源需要的增长，非法采砂的利润很大，非法采砂活动猖獗，管理难度大。为了依靠水政监察机构的执法手段，大部分地方水行政主管部门把此项管理工作全部委托给水政监察机构，成为水政监察机构困难最大、任务最重的一项工作职责。

10. 法律责任

水政监察机构通过履行职能，依法保护水资源、水域、水工程、水土保持生态环境、防汛抗旱和水文监测等有关设施，维护水事秩序，为实现水利保发展、保民生、保稳定提供重要的执法保障。水政监察职能是法律赋予的，不依法履行职能，水行政主管部门及其水政监察机构也应承担相应的法律责任。2002年修订后的《水法》第七章：法律责任共列有十四条，而位列其首的第六十四条规定，"水行政主管部门或者其他有关部门以及水工程管理单位及其工作人员，利用职务上的便利收取他人财物、其他好处或者玩忽职守，对不符合法定条件的单位或者个人核发许可证、签署审查同意意见，不按照水量分配方案分配水量，不按照国家有关规定收取水资源费，不履行监督职责，或者发现违法行为不予查处，造成严重后果，构成犯罪的，对负有责任的主管人员和其他直接责任人员依照《中华人民共和国刑法》的有关规定追究刑事责任；尚不够刑事处罚的，依法给予行政处分"。

　　1988 年通过实施的《水法》第六章：法律责任只有七条，对执法机关和人员的法律责任这一条是放在最后，并且只对"玩忽职守、滥用职权、徇私舞弊"负有法律责任。而在 2002 年修订后的《水法》中不仅把水政监察的法律责任列在法律责任专章的首条，而且内容也大大扩充，这种转变体现国家对执法机构和执法人员的严格要求。水行政机关及水政监察机构应切实履行职责，既不能不作为，也不能越权执法和乱作为。水政监察工作要切实实行行政执法责任制，各级水行政主管部门负责同志要负总责，努力完善体制和机制，健全组织机构，确保水政监察的各项职能落到实处。

二、水政监察组织体系

1. 水行政主管部门

　　按照《水法》和其他有关法律、行政法规以及国务院机构"三定"方案的规定，国务院发展改革主管部门和水行政主管部门负责全国水资源的宏观调配。各级发展改革主管部门负责审查批准本地区水中长期供求规划、会同同级水行政主管部门制定年度用水计划；经济综合主管部门负责淘汰落后的、耗水量高的工艺。产品和设备制度的实施；环境保护主管部门负责对水污染防治实行统一监督管理；国土资源部门负责管理水文地质，监测、监督防止地下水的过量开采与污染；建设部门负责指导城市供水节水、城市规划区内地下水开发、利用和保护。在处理部门关系上，各部门必须明确统一管理的必要性和紧迫性，划清职责，明确各自的责任、权限，并使权力与责任挂钩，权力与利益脱钩。分工负责、团结协作是做好水资源工作的保证，在这方面各级水行政主管部门要主动和有关部门多沟通，团结合作共同把水资源管好。

2. 水利部

　　水利部是国务院水行政主管部门，《水法》第十二条规定："国务院水行政主管部门负责全国水资源的统一管理和监督工作。"1988 年国务院机构改革中，明确水利部为国务院水行政主管部门，并规定原地质矿产部承担的地下水行政管理职能，也交由水利部承担。开采矿泉水、地热水，只办理取水许可证，不再办理采矿许可证；原由建设部承担的指导城市防洪职能、城市规划区地下水资源管理保护职能，交由水利部承担。建设部门负责指导城市采水和管网输水、用水用户的节约用水工作并接受水利部门的监督。

　　水利部在水资源管理方面的主要职责是：

　　（1）拟定水利工作的方针政策、发展战略和中长期规划，组织起草有关法律法规并监督实施；

　　（2）统一管理水资源（地表水、地下水），组织制定全国水资源战略规划，负责全国水资源的宏观配置。组织拟定全国和跨省（自治区、直辖市）水长期供求计划、水量分配方案并监督实施；组织有关国民经济总体规划，城市规划及重大建设项目的水资源和防洪的论证；发布国家水资源公报；指导全国水文工作；

（3）组织实施取水许可制度和水资源有偿使用制度。拟定节约用水政策，编制节约用水规划，制定有关标准，组织、指导和监督节约用水工作；

（4）按照国家资源和环境保护的有关法律法规，拟定水资源保护规划；组织水功能区的划分，对向饮水区等水域排污实行控制；监测江河湖库的水量、水质，审定水域纳污能力；提出限制排污总量的意见；

（5）组织、指导江河、湖泊水域及岸线的治理、开发、管理、保护；

（6）组织、指导水政监察和水行政执法，协调、仲裁部门间和省（自治区、直辖市）间的水事纠纷。

可见，水利部对水资源的管理是一种权属管理，是一种宏观管理。各级地方水利厅、局是地方各级水行政主管部门，担负着各自辖内的水资源管理职责。

3. 流域管理机构

我国流域管理机构可以依据法律法规授权组织和被委托组织参与水行政执法活动，1988年《水法》对流域管理、流域机构的法律地位缺乏规定，也没有明确流域机构的职责和权限，使流域统一管理十分困难。2002年经修改后的《水法》借鉴了世界各国管理水资源的先进经验，即以流域为单元对水资源实行管理。1992年联合国环境与发展会议在巴西里约热内卢召开，全世界102个国家元首或政府首脑通过并签署了《21世纪议程》，《21世纪议程》要求按照流域一级或子一级对水资源进行管理。我国在对1998年《水法》进行修改时，吸收了在实践中实施统一管理解决黄河、塔里木河、黑河断流的成功经验，同时结合各级地方政府长期兴修水利、防治水害所取得的成就，规定对水资源实行流域管理与行政区域管理相结合的管理体制。

《水法》第十二条第二款规定："国务院水行政主管部门在国家确定的重要江河、湖泊设立的流域管理机构，在所管辖的范围内行使法律、行政法规规定的和国务院水行政主管部门授予的水资源管理和监督职责。"我国的流域管理机构是国家水资源行政主管部门的派出机构，它在所管辖的范围内行使法律、行政法规规定的和国务院水行政主管部门授予的水资源管理和监督职责。它负责流域内水量配置、水环境容量配置、规划管理、河道管理、防洪调度和水工程调度等，不再参与水资源的开发利用等工作。它享有法定的水权，负责落实国家水资源的规划和开发利用战略，统一管理、许可和审批区域的水资源开发利用。根据工作需要，可在地方下设一级或二级派出机构，不受地方行政机构的干预，依法监督区域机构对水资源的开发、利用、排放、治污、工程建设等工作。

《水法》授权流域管理机构在水资源管理和监督方面行使多种职责：

（1）负责《水法》等有关法律法规的实施和监督检查，拟定流域性水利政策法规，负责职权范围的水行政执法和查处水事违法案件，负责调处省际间水事纠纷。

（2）组织编制流域综合规划及有关的专业或专项规划并负责监督实施。

（3）统一管理流域水资源。负责组织流域水资源调查评价，组织拟定流域内省际水量分配方案和年度调度计划以及旱情紧急情况下水量调度预案，实施水量统一调度。组织指导流域内有关重大建设项目的水资源论证工作；在授权范围内组织实施取水许可制度，组织指导流域的水文工作，发布流域水资源公报。

（4）组织流域水功能区划，审定水域纳污能力，提出限制排污总量的意见，负责对省界和重要水域的水质水量监测。

（5）组织指导流域内江河湖泊水域和岸线的开发、利用、管理和保护。

根据法律法规和国家有关规定，结合流域管理客观工作的要求，我国流域机构水行政管理职权可概括为三类。

（1）流域管理机构的规划类职权

流域机构有权制定流域综合规划和流域专业规划。流域综合规划是指根据经济社会发展需要和流域水资源开发利用现状编制的开发、利用、节约、保护流域水资源和防治水害的总体部署。流域专业规划是指流域范围内防洪、治涝、灌溉、航运、供水、水力发电等规划。流域机构所制定的综合规划和专业规划应当与国民经济和社会发展规划以及土地利用总体规划、城市总体规划和环境保护规划相协调，兼顾各地区、各行业的需要。制定规划时，必须进行水资源综合科学考察和调查评价。

新《水法》虽授予了流域管理机构法定的规划权，并规定了规划审报批准程序，但在当前，国家仍需通过立法明确规定和充实流域机构规划类职权的权限范围，与地方政府权责的分工，所制定规划的效力以及制定规划的具体程序等。

鉴于流域规划的重要性，应强化对规划制定工作的质量管理。进一步加强自然科学、工程技术以及决策与管理方面的软科学研究成果在规划制定及其他方面中的实际应用，进一步提高制定规划的科技含量。在流域规划中，应以流域水资源综合规划为中心开展流域的规划管理工作。把水量配置、水环境容量配置的规划实施作为制定、修订流域规划的基础工作来对待。

（2）流域管理机构行政审批类职权

流域机构作为国家水行政主管部门的派出机构代表国家享有法定的水权，负责落实国家水资源开发利用战略和政策，统一管理、许可和审批区域水资源的开发和利用，实现水资源的可持续利用和国家利益的最大化。各级地方政府涉水部门和其他用水户向流域机构申请水权，根据流域机构许可，负责本地区水资源的开发利用工作，服务本地区经济社会的发展。

应将实施取水许可的审批制度作为流域水行政审批职权中的核心工作来做，做好流域范围内较公平合理的水量分配，并强化流域范围内取水许可的统一管理工作，加强流域管理及其与区域管理的结合，实现用水总量控制和定额管理相结合的用水管理制度。新《水法》明确规定了节水制度，这就要求在许可用水时应把节约用水和水资源保护放在突出的位置。同时，通过建立水权交易市场，探索有效的初始水权分配方式以提高水资源的配置和利用效率。另外，通过既考虑水资源承载能力，又考虑水环境承载能力的取水许可制度，力争源头控制水污染。

鉴于水资源承载能力和水环境承载能力的相辅相成与紧密联系性，也鉴于国外多数国家成功的经验，建议改变我国取水许可和排污许可分离发放的制度，改由水资源管理部门统一发放。因为排污许可证的发放必须建立在对水域使用功能区的定性和水域纳污能力的定量深入掌握和十分清晰的基础上，加之水量和水环境承载能力都是动态，其他部门难以全面而深入地掌握水域的全局和每个局部，故由流域机构发放排污许可证是可行的，也是科学的，这有利于流域水质和水生态环境的管理与控制，这也是"一龙管水"的主要内容之一。

通过对限额以上大中型项目的审批及对防汛的调度等措施，对涉及防洪安全的控制性骨干工程，特别是那些以防洪为主、兼有发电效益的控制性工程进行管理和调度等。

（3）流域管理机构执法监督类职权

原《水法》规定的法律责任过于原则，不便操作，造成执法困难，新《水法》在加强执法监督方面，一是单设一章"水事纠纷处理与执法监督检查"，规定了水行政主管部门和流域管理机构及其水政监督检查人员执法权利和义务；二是强化了法律责任，对违法行为人应当承担的法律责任、行政处罚的种类和幅度等都做了明确的规定。这些规定，对流域水资源的治理、开发实施、统一监督管理提供了法律依据，也为水行政监督执法提供了法律依据。

加快与新《水法》相配套的政策法规的建设，进一步明确水行政监督执法的主体地位、权限、责任和程序，建立水资源保护的监督管理体制，建议国家制定专门的流域水资源保护的政策法规，建立流域水资源保护制度，赋予流域机构法定的监管手段，同时强化违法的法律责任，以有效地开展行政执法和监督工作。

由于我国新《水法》未对跨国流域作出规定，而有的流域（如澜沧江—湄公河）却面临跨国流域管理中的诸多问题。建议我国对跨国流域进行专门的研究，并尽快制定相应法规和政策，使这些具有国际流域性质的河流在法制的规范下进行有效管理，促进上下游之间公平、合理地开发、利用和保护水资源。

总之，流域管理机构水行政管理职权的授予取得，应根据国情和江（河）情具体情况，既不允许顾此失彼，更不允许以邻为壑，需要统筹兼顾各地区，各部门之间的用水需求，保证流域生态系统的优化平衡，全面考虑流域的经济效益和环境效益。通过科学合理地确立流域机构的管理职权，促进我国水资源管理体制的成功建立，使有限的水资源实现优化配置和发挥最大的综合效益以保持和促进经济社会的可持续发展。

4. 水政监察队伍

（1）水政监察队伍的组建

水政监察是我国行政执法体系的组成部分，1988 年我国《水法》颁布后，水利部决定："各级水利部门自上而下建立执法体系，保障水法的贯彻执行。"水行政执法体系包括组织体系、执法运行体系和执法保障体系。组织体系指水行政监察机关和队伍，水政监察队伍分为总队、支队、大队。1994 年 7 月，江苏省率先组建了专职的水行政监察队伍。1995 年 12 月，水利部在总结江苏省建立专职水政监察队伍经验的基础上，决定在全国水利系统开展水政监察规范化建设，组建一支关系协调、组织严密、纪律严明、运行有力的专职执法队伍，并统一命名，即省、地、县三级分别设立水政监察总队、水政监察支队、水政监察大队。1997 年 12 月 26 日和 2000 年 5 月 15 日，水利部分别发布了《水行政处罚实施办法》（水利部令 1997 年第 8 号）和《水政监察工作章程》（水利部令 2000 年第 13 号），对水政监察队伍的性质、职责、人员的任命与管理，以及水政监察队伍和水政监察员在实施水行政处罚中的地位、权限做了具体规定。按照《水政监察工作章程》的规定，从 1988 年到现在，全国共建立省级水政监察总队 27 支，地市级水政监察支队 500 多支，县级水政监察大队近 3 000 支，部分乡镇也建立了水政监察中队，共有在编专兼职水政监察人员 60 000 余名，形成了比较健全的水行政执法网络，加强了水行政执法力度，使水事管理的具体执法工作进入了法治的轨道。

（2）水政监察队伍的性质

《水政监察工作章程》第二条规定："县级以上人民政府水行政主管部门、水利部所属的流域管理机构或者法律法规授权的其他组织（以下统称水行政执法机关）应当组建水政监察队伍，配备水政监察人员，建立水政监察制度，依法实施水政监察。"

《水政监察工作章程》第三条规定："水利部组织、指导全国的水政监察工作。水利部所属的流域管理机构负责法律、法规、规章授权范围内的水政监察工作。县级以上地方人民政府水行政主管部门按照管理权限负责本行政区域内的水政监察工作。"《水行政处罚实施办法》第十条规定："县级以上人民政府水行政主管部门可以在其法定权限内委托符合本办法第十一条规定条件的水政监察专职执法队伍或者其他组织实施水行政处罚。"由此可见，水政监察队伍是受水行政主管部门委托行使水行政执法权的事业单位，它必须在水行政主管部门委托的权限范围内，以水行政主管部门的名义作出行政行为，超越委托权限即为违法。水政监察队伍是水行政主管部门执法的执行者，它依照公务员的管理制度来管理，不是水行政主体。水政监察机构的基本职能是监督检查和行政处罚。目前水政监察机关集监督检查、许可审批、依法收费于一体，其行使职能是以委托人即水行政机关的名义，而不是以自己组织的名义进行，其行为对外的法律责任也不是由其本身承担，而是由委托人承担。

（3）水政监察队伍的职责

根据《水政监察工作章程》规定，水政监察队伍的主要职责有：

1）宣传贯彻《水法》《水土保持法》《防洪法》等水法规；

2）保护水资源、水域、水工程、水土保持生态环境、防汛防旱和水文监测等有关设施；

3）依法对水事活动进行监督检查，维护正常的水事秩序，对公民、法人或其他组织违反水法规的行为实施行政处罚或者采取其他行政措施；

4）配合和协助公安、司法机关查处水事治安和刑事案件；

5）对下级水政监察队伍进行指导和监督；

6）受水行政执法机关委托，办理行政许可和征收行政事业性规费等有关事宜。水政监察机关由水政执法机关的同级法制工作机构负责管理。水政监察机关的主要负责人由同级水行政执法机关的法制工作机构负责人兼任。

5. 水政机构与水政监察队伍的关系

执法机构和执法人员是行政执法的组织保证。尤其是对于一个长期以来建设任务繁重、技术力量较强、行政管理相对较弱的水利部门来说更为重要。从目前来看从事水行政执法工作的机构主要有水政（水政水资源）机构或法制工作机构（以下统称水政机构）以及水政监察队伍。

（1）水政机构的性质和任务

1988年《水法》颁布以后，各级人民政府相继确立各级水利部门为同级政府的水行政主管部门，并在水利部门内部增设了水政机构。水政机构是水行政主管部门和流域管理机构的法制工作职能部门，既是可持续发展水利与和谐社会的保障力量，又是重要的建设力量。根据1989年6月24日水利部发出的《关于建立水利执法体系通知》的精神，水政机构为水行政执法的综合职能部门（即水行政主管部门的法制工作机构）。基本任务包括：

1）在水行政立法方面，牵头组织拟定水行政法规、规章或规范性文件，负责与有关部门的联系、协商和协调；

2）在水行政执法方面，代表水行政主管部门查处水事违法案件，实施行政处罚，监督检查水法规遵守和执行情况，负责与司法、公安部门在执法中的联系，对水政监察组织的执法行为进行督导；

3）归口管理水事违法案件的行政复议，协同调处水事纠纷，参与水行政诉讼；

4）在水行政保障方面，综合管理水法规的宣传普及，对下级水政机构工作人员、水政监察员进行培训，进行水行政政策和对策研究等。

水政机构的职责，在不同层级有不同的侧重。一般情况下，越往上宏观管理的内容越多，越往下微观管理的任务越重，但万变不离其宗，各级水政机构都具有各自部门

"法制工作机构"这一共同的属性。需要说明的是：

1）水政机构是水行政管理的法制工作机构，与各级政府的法制工作机构相对应，与林业管理的林政、渔业行政管理的渔政等相类似，因此，它在接受同级水行政主管部门领导的同时，还要接受同级政府法制工作机构的业务指导；

2）水政机构是综合协调、归口管理水行政法制建设的职能机构，但并不包揽所有的水行政执法工作，也不包括其他职能机构的法制工作。

由于水政机构是水行政主管部门内设的法制工作办事机构，所以其作出的水行政法律行为（如行政处罚、行政处理、行政强制措施、行政复议决定、水事纠纷的调处等）必须以水行政主管部门的名义行使。水政机构在履行水行政主管部门法定职责时起到一个参谋、助手和执行者的作用。

（2）水政机构与水利部门内其他有关职能机构的关系

水政机构与水利部门内其他有关职能机构（如水资源管理、水土保持、工程管理、河道管理、水文管理等）的关系应该是相互配合、相互协作的关系。水政机构作为水行政主管部门内设的法制工作综合职能机构，主要负责归口管理水利法制工作，协调涉及各个机构的行政管理活动，对它们作出的行政管理决定或规定，从法律、法规角度进行审查。与此同时，由于水行政执法活动有时涉及有关职能机构的专业业务，各有关职能机构可发挥其熟悉专业的优势，对有关的水行政执法活动从专业角度予以协助、配合和支持。

（3）水政机构与水政监察队伍的关系

《水政监察工作章程》第十条规定："水行政执法机关的法制工作机构负责管理同级水政监察队伍。水政监察队伍的主要负责人由同级水行政执法机关的法制工作机构的负责人兼任。"这是因为水政机构是水行政主管部门内设的行政职能机构，其履行的职责由各级人民政府批准的"三定"方案赋予，它所做的一切行为都代表水行政主管部门。水政监察队伍则是根据规章规定设立的事业单位，其行使的职权来自于水行政主管部门的委托，有很大的限制性。

三、水行政执法与水政监察的关系

1. 水政监察是水行政执法的主要组成部分

（1）水政监察行为

水政监察是我国行政执法体系的组成部分。1994年7月，江苏省水利厅率先提出在全省范围内建立专职水政监察队伍，并取得了显著的效果。1995年12月，水利部在总结江苏省建立专职水政监察队伍经验的基础上，决定在全国水利系统开展水政监察规范化建设。1997年12月26日和2000年5月15日，水利部分别发布了《水行政处罚实施办法》（水利部令1997年第8号）和《水政监察工作章程》（水利部令2000年第13号），对水政监察队伍的性质、职责、人员的任命与管理，以及水政监察队伍和水政监察员在实施水行政处罚中的地位、权限做了具体规定。《水政监察工作章程》第二条规定："县级以上人民政府水行政主管部门、水利部所属的流域管理机构或者法律法规授权的其他组织应当组建水政监察队伍，配备水政监察人员，建立水政监察制度，依法实施水政监察。"《水政监察工作章程》第三条规定："水利部组织、指导全国的水政监察工作。水利部所属的流域管理机构负责法律、法规、规章授权范围内的水政监察工作。县级以上地方人民政府水行政主管部门按照管理权限负责本行政区域内的水政监察工作。"《水行政处罚实施办法》第十条规定："县级以上人民政府水行政主管部门可以在其法定权限内委托符合本办法第十一条规定条件的水政监察专职执法队伍或者其他组织实施水行政处罚。"由此可见，水政监察队伍是受水行政主管部门委托行使水行政执法权的事业单位，它必须在水行政主管部门委托的权限范围内，以水行政主管部门的名义作出行政行为，超越委托权限即为违法。

水行政执法是指水行政主体或受水行政主体委托的组织依法采取的具体直接影响相对一方权利义务的行为；或者对个人、组织的权利义务的行使进行监督检查的行为。由此可见，水行政主体的具体行政行为都属于水行政执法，水政监察仅为水行政主体委托水政监察组织实施的那部分具体行政行为。就我国目前的实践看，由于传统上的影响，水行政机关内的多个机构的工作侧重于水利工程的建设和开发，把直接面向相对人的执法职责委托于其他组织承担，即水行政主体把行政处罚、行政征收、行政强制等多种具体行政行为都委托给水政监察组织实施。

（2）水政监察多表现为依职权的水行政执法行为

以水行政主体是否可以主动采取执法行为进行划分，水行政执法可分依职权和依申请的水行政执法行为。依职权的水行政执法行为是指水行政机关无须管理相对一方申请，依照职权主动进行的水行政执法行为。依申请的水行政执法行为是指水行政机关只有在相对一方提出申请之后才实施的水行政执法行为。如颁发取水许可证等行为。区分依职权和依申请行为的意义在于：对依职权的行为，如不依职权主动执法将构成水行政不作为；对依申请的执法行为，只要当事人不提出申请，水行政机关并无责任。只有在当事人提出申请，水行政机关不予答复，才构成行政不作为。

（3）水政监察组织行使了主要的水行政执法权

依据行政法学的划分和水行政管理实践，水行政执法权主要表现为以下8类：水行政命令、水行政强制、水行政处罚、水行政许可、水行政征收、水行政确认、水行政监督权、水行政裁决权等。上述8类行政执法权中，行政确认权较少委托于水政监察组织行使，《中华人民共和国行政强制法》实施后，行政强制权将不得委托水政监察组织行使，其他6类执法权均可以委托于水政监察组织行使，当然不同地区存在有差异，存在着同样是水政监察人员，同样持有某省级行政执法证，其执法权限不同的情况。

2. 水政监察组织是行政执法行为主体，但不是行政执法主体

水行政执法是围绕调整社会水事关系而实施的行政执法，其行政主体为各级水行政主管部门等特殊组织，这一特征区别于其他的行政执法。水行政执法的主体是水行政主管部门，法律法规授权的组织，如流域机构、水利工程管理单位。水政监察队伍受水行政主管部门的委托，从事委托范围内的水行政执法活动，它以委托组织的名义行使职权，其法律后果和责任由委托机关或组织承担。

3. 在履行水行政执法职责时，水政监察人员和水行政机关的公务员具有同样的法律地位

（1）两者对外都同样代表水行政主体行使执法权。

（2）两者的执法依据、执法程序相同，都必须遵循水事法律规范。

（3）两者的承担法律责任的方式相同，在违法行使职权造成相对人损失时，在国家实施赔偿后，同样面临追偿的法律责任。

四、水政监察的执法依据

1988年《水法》颁布实施，标志着我国开发利用水资源、保护管理水资源和防治水害开始走上法制的轨道。各级水行政主管部门以《水法》宣传为先导，以水法规体系、水管理体系和水行政执法体系建设为重点，加强水利法制建设，全面推进水的立法工作。目前，已相继出台了《水法》《水污染防治法》《水土保持法》《防洪法》4部水法律，水行政法规18件，部门水行政规章52件，地方性水法规和政府水行政规章800多件，初步形成了与《水法》配套的水法规体系，基本做到了各项水事活动有法可依。

1. 水行政法的渊源

水法的渊源亦称水法的法源，是指水法的各种具体表现形式。我国水法的具体表现形式主要有8类：宪法、基本法律、水事基本法律、水事专门法律、水行政法规、部门水行政规章、地方性水法规、地方性水行政规章。

（1）宪法

宪法是国家的根本大法，它规定着国家的根本性质和制度，具有最高的法律地位和效力，是其他法的立法依据，因而是包括水法在内的所有法的重要渊源。宪法中关于水资源所有权和管理权的规定（如"水流属国家所有"），关于国家行政机构的职权和组织活动原则的规定，关于公民基本权利和义务的规定等，是制定水法的重要原则和依据，水事法律法规和规章则通过更为具体详细的法律规范来体现这些原则和要求。同时水事法律法规和规章的制定还必须符合宪法精神，不得与其相抵触。

（2）基本法律

在一般法律体系中，由于基本法律通常规定国家和社会生活中某些基本的和主要方面的内容，具有仅次于宪法的法律地位和效力，因此也是水法的重要渊源。行政法的基本理论和原则；民法中关于财产所有权、人身权、知识产权的规定，关于相邻关系的规定，以及责任年龄、代理等规定；《刑法》中对众多的罪种如侵犯财产罪、侵犯公民人身和民主权利罪、妨害社会管理程序罪，渎职罪及其处罚的规定，对水事法律关系的各方主体，对维护正常的水事活动，都具有指导和约束作用，水法必须体现这些内容和要求。

（3）水事基本法律

水事基本法律就是指《水法》，在水法体系中，《水法》是基本法即"母法"，处于核心的地位，起着最为突出的作用。我国现行《水法》是在1988年《水法》的基础上经过全面修改于2002年10月正式施行的。现行《水法》是一部较为完备的水法法典，它对水资源管理的目的、宗旨和基本原则，水资源管理的组织机构、职权范围、监督检查及法律责任等都做了具体明确的规定，是制定其他水事法律规范的立法依据。当然正如前面所强调的那样，《水法》的这一地位和作用仅仅是就其内容而言的，在实际中，水事基本法律（即《水法》）与水事专门法律在具体施行上并无高低先后之分。

（4）水事专门法律

水事专门法律是指按照水事基本法律的原则和要求，适应特定的水管理活动的需要所制定的专门水事法律。这类法律由于针对特定的水事管理活动而制定，其内容一般都比较具体和详细，有较强的专业性和可操作性，是进行具体水事管理活动的直接法律依据。由于为同一机关制定，故水事专门法律与水事基本法律在法律效力上只有某种形式上的区别，并无实质上的区别。迄今为止，我国已制定的水事专门法律有3部：《水污染防治法》《水土保持法》《防洪法》。

（5）水行政法规

水行政法规是国务院根据宪法和法律的要求制定的进行水行政管理的规范性文件，它对于贯彻执行宪法和法律，保障水行政的组织和管理工作起着重要的作用。同其他行政法规一样，水行政法规通常以"条例"、"办法"、"实施细则"等形式出现。水行政法规的法律地位和效力低于法律。我国现行的水行政法规主要有《河道管理条例》《水库大坝安全管理条例》《防汛条例》《取水许可和水资源费征收管理办法》《水土保持法实施条例》等多部。

（6）部门水行政规章

部门水行政规章是国务院各部、委根据法律和行政法规的规定，在各自权限范围内发布的贯彻落实法律和行政法规的规范性文件，其法律地位低于水行政法规。部门水行政规章以国务院水行政主管部门即水利部制定的最为普遍，数量也最多，也有其他部、委制定的少量的水事规章，以及水利部和其他部、委联合制定的水事规章。如水利部制定的《河道堤防工程管理通则》《水闸工程管理通则》《水库工程管理通则》《水利水电工程管理条例》等规章；其他部、委如国家环保总局制定的《中华人民共和国水污染防治实施细则》；水利部和其他部、委联合制定的水事规章，如《河道采砂收费管理办法》（水利部、财政部、国家物价局）《河道管理范围内建设项目管理的有关规定》（水利部、国家计委）等。

（7）地方性水法规

地方性水法规是由各省、自治区、直辖市以及省、自治区人民政府所在的市和经国务院批准的较大的市人民代表大会及其常务委员会，依据宪法、水事法律、水行政法规的规定，在职权范围内制定的水资源管理规范性文件。地方性水法规只在各地区适用，其适用范围要比部门规章小，但它与水事部门规章具有同等的法律效力，都在各自的权限范围内施行。如北京市颁布的《北京市实施水污染防治条例》、武汉市颁布的《武汉市实施水污染防治条例》等。

（8）地方性水行政规章

地方性水行政规章是指各省、自治区、直辖市人民政府制定的水行政规章，以及省会市和经国务院批准的较大市、自治州、盟人民政府制定的水行政规章。地方性水行政规章同样只在本地区适用。

除上述8类具体形式外，水法的表现形式还包括与水有关的自治条例和单行条例，还有国际水条约，以及水事规范性文件等。这里就水事规范性文件进行一些说明。严格来讲，水事规范性文件只是水法的潜在的或待确认的表现形式，只有当它得到合法确认后才可上升为现实的水法具体形式。由于水事实际的多变性、复杂性，现行水法不可能涵盖水事活动的各个方面，也不可能因客观实际的变化迅速作出修改，通常的做法就是由地方行政部门颁布水事规范性文件来适应实际需要，等时机成熟时再上升为水法的正式表现形式。

2. 作为行政规范性文件的水利规划是水行政执法的具体依据

水行政执法不仅要依据水法规，还要依据与水法规相关联的可操作性强的规划。根据水法规的有关规定和全面规划、统筹兼顾、可持续利用等基本原则，面对大江、大河、大湖的水管理手段主要是规划编制和实施。全国水资源战略规划、流域规划和区域规划等，这些具有其他行政规范文件法律性质的水资源规划，与其赖以形成的上位法规范相结合，具有相应的普遍性强制拘束力。各类水资源规划的法定效力，使其成为水资源开发利用和防治水害活动的基本依据。违反规划的行为就是违法行为。

（1）其他水行政规范性文件并非都是法源

对法定解释性文件，理论上并无异议，一直认为是法的渊源，可以作为具体水行政行为和司法裁判的依据，但对法定解释性文件以外的其他水行政规范性文件是否具有法源地位却存在争议。从效力标准上说只有当一个行为规范能够拘束法官或法院时，才是法的具体表现形式。以此为前提，并非所有其他水行政规范性文件都是法源。

1）具有法源地位的其他水行政规范性文件

根据《行政法规制定程序条例》第三十一条规定，水行政法规的解释与水行政法规具有同等效力。无论是从《中华人民共和国立法法》（以下简称《立法法》）还是从《中华人民共和国行政诉讼法》（以下简称《行政诉讼法》）的规定上来看，水行政法规对法院都是具有强制性拘束力的。国务院对水行政法规的解释既然与水行政法规具有同等法律效力，那么也应该对法院发生强制性拘束力。

根据《规章制定程序条例》第三十三条的规定，规章制定主体对规章的解释与规章具有同等的法律效力。然而，根据《行政诉讼法》的规定，规章对人民法院审理水行政案件来说只是"参照"。我们认为，行为规范对法院的拘束力应该是统一的。既然规章在民事诉讼和刑事诉讼中是有拘束力的，那么在水行政诉讼中对法院也应具有拘束力。何况，《立法法》已经将规章纳入其调整范围，即给予其法的渊源地位，并在第八十八条明确规定了有权改变或者撤销规章的机关；《规章制定程序条例》本身也是对法院具有拘束力的水行政法规。因此，与规章具有同等效力的解释即对规章的法定解释性文件，也对法院应当具有强制性拘束力。

与此相适应，在《立法法》《行政法规制定程序条例》和《规章制定程序条例》生效以前，水行政机关根据《全国人民代表大会常务委员会关于加强法律解释工作的决议》，以及根据单行法律、法规和规章的规定，对法律、法规和规章进行解释所形成的法定解释性文件，也应具有对法院的强制性拘束力。

2）与法律规范相结合而具有法源地位的其他水行政规范性文件

其他水行政规范性文件可因与准用性法律规范相结合而具有普遍性强制拘束力。也就是说，在准用性法律规范存在的情况下，因准用性法律规范内容的不确定性，拘束力并不完整，而需要与其所指向的其他水行政规范性文件相结合，才共同构成普遍性强制拘束力。依授权的创制性文件都属于这种情况。但属于这种情况的不限于依授权的创制性文件，也可以是其他水行政规范性文件。水资源规划多属于此类，例如，防洪规划与《防洪法》中规范相结合而获得与《防洪法》同样的法律效力。

3）不具有法源地位的其他水行政规范性文件

其他水行政规范性文件对不特定公众和所属水行政机关及其工作人员具有拘束力。但它对不特定公众的强制拘束力是通过具体水行政行为来实现的；对所属水行政机关及其工作人员的强制性拘束力，也并非源于其他水行政规范性文件本身，而是源于下级服从上级原则和首长负责制。但因此而具有的拘束力不能当然地推及水行政系统以外的法院或法官，而应当考察我国实定法的规定。根据《立法法》的规定，对法院具有强制拘束力的是法律、法规和规章（包括它们的法定解释），而并不包括法定解释性文件以外的其他水行政规范性文件。因此，法定解释性文件以外的其他水行政规范性文件对法院不具有拘束力，不是法的渊源。

（2）其他水行政规范性文件都是"依据"

首先，法源与"依据"是两个不同的概念。作为法源的行为规范，无疑是具体水行政行为和司法裁判的依据，但不具有法源地位的事实、国家机关和仲裁机关所制作的法律文件、水行政惯例、有关社会组织的规章制度，也可以作为水行政行为和司法裁判的依据。非法源性的其他水行政规范性文件，也不例外。其次，在法律规范没有作出规定或者规定不具体的情况下，或者是以其他水行政规范性文件为依据，或者是以非国家机关制定的行为规则作为依据，或者是以水行政主体或法院自己的理解、判断作为依据。在这三者中，其他水行政规范性文件比非国家机关的规则更具权威性，比水行政主体、法院在个案中的自行理解、判断更具可预测性。因此，以其他水行政规范性文件为依据也是理所当然的选择。再次，反对把其他水行政规范性文件作为依据，主要是为了反对水行政随意性和保障公民的合法权益。但是，依职权的创制性文件仅限于水行政领域，是一种没有相应法律规范规定时的替代性规则。如果一个以此为依据的具体水行政行为被认定为没有法律依据而予以撤销，实际受害的是相对人。解释性文件是为了向水行政主体提供一个更明确具体的裁量基准。如果法院不以这些其他水行政规范性文件为依据，也就是意味着反对水行政主体以这些其他水行政规范性文件为依据，意味着允许水行政主体抛开其他水行政规范性文件按自己的理解和判断裁量，那么这只能导致水行政随意性增加，水行政准确性丧失。

具体水行政行为和司法裁判可以以其他水行政规范性文件为依据，是以其他水行政规范性文件的合法有效为前提的，尽管我国其他水行政规范性文件的制定在逐渐完善，但毕竟没有经过立法程序或没有按立法程序论证，在民意的表达、利益的体现和符合法律方面往往都存在着这样那样的缺陷。如果说其他水行政规范性文件的大量存在可以有效遏制具体水行政行为的随意性，那么其他水行政规范性文件本身的随意性却得以泛滥，至少曾经如此。这就不仅仅需要规范其他水行政规范性文件的制定，还需要确立对其他水行政规范性文件的事后补救机制。由法院在审理案件中对其他水行政规范性文件一并予以审查，是为其他水行政规范性文件建立最后一道"防火墙"。

（3）水资源规划是水资源开发利用和防治水害活动的基本依据

《水法》总结了过去普遍存在的不严格按照水资源规划进行建设和对规划实施缺乏有力监督管理的弊端，在第十四条规定"开发、利用、节约、保护水资源和防治水害，应当按照流域、区域统一制定规划"，第十八条规定"规划一经批准，必须严格执行"，第十九条规定"建设水工程，必须符合流域综合规划"，第三十一条规定"从事水资源开发、利用、节约、保护和防治水害等水事活动，应当遵守经批准的规划"，并规定了规划同意书制度，以加强对规划实施的监督。因此，经批准的全国水资源战略规划、流域综合规划和流域专业规划、区域综合规划和区域专业规划，是开发、利用、节约、保护和防治水害等各项水事活动的基本依据。各级政府和水行政主管部门应采取有效措施，做好规划实施中的协调与监督工作，使江河治理和水资源开发利用建设能够依照水资源规划特别是流域综合规划进行，各类基本建设项目和城市建设都要符合流域综合规划和防洪、水资源、水土保持等专业规划的要求，严禁任何违反规划的建设行为。

3. 水法规体系的概念和分类

（1）水法规体系的概念

水法规体系也称水法体系或水法律体系，是指由水事活动中社会经济关系的各项法律、法规和规章构成的有机整体。它既是水利法制体系建设（水行政立法、水行政执法、水行政司法，水行政保障）的主要内容之一，也是国家法律体系的重要组成部分，是国家制定并以强制力保障实施的规范性文件系统，其实质是水事立法体系。

一般认为，法律体系是由各类法律、法规和规章等共同构成的具有内在联系的综合性法律规范系统。法律体系通常是由若干部门法律体系所共同组成，这是第一层。部门法律体系是指各具体的法律部门（如行政法、民法等）在其各自范围内的由一系列法律、法规、规章等所构成的法律系统，它是法律体系的组成部分或称子系统，这是第二层。水法体系则还在部门法律体系之下，它处在整个法律体系中的第三层，是属某一部门法律体系中的分支体系即支系统。确切地说，水法体系是隶属行政法体系中的分支体系。

众多部门法体系共同组成了庞大的法律体系，然而它们在整个法律体系中所处的地位和作用却并不相同，彼此间存在很大的差异。认识和了解这些差异，给出水法体系在整个法律体系中的准确定位，有助于进一步理解和把握水法体系。一般来说，依据立法机关、修改程序和具体内容的不同，法律体系中各部门法的排序依次为宪法、基本法律、法律、行政法规、规章、地方性法规等。其中宪法由全国人民代表大会制定，具有最严格的修改程序，以规定国家和社会生活中最重要、最基本的方面为内容，是国家的根本大法，因此是具有最高法律地位和效力的部门法。基本法律亦由全国人大制定，但修改的程序不如宪法严格，亦是事关国家和社会基本的和主要方面的法，其地位和作用仅次于宪法。法律则由全国人大常委会制定，它以规定国家和社会生活中的某一方面为内容，具有仅次于基本法律的法律地位和效力。行政法规是由全国人大及其常委会授权国务院制定，其法律地位和效力又低于法律。规章是由国务院各部、委根据法律和行政法规的规定，在各自权限范围内发布的规范性文件，它的法律地位和效力又低于行政法规。地方性法规则是由地方行政区内的人大及常委会制定，只在本地区适用。此外，法律体系中还有自治条例和单行条例、特别行政区法以及国际条约等，它们亦都具有相应的法律地位和作用。就水法体系中的各类法律来看，《水法》《水污染防治法》《水土保持法》等水事法律都是由人大常委会制定，都是以规定国家和社会生活中的某一方面（即水资源的开发利用和管理保护）为内容，因此处在法律体系中的第三层。而水法体系中的其他法律部门，即行政法规、规章、地方性法规等根据上述分析，亦有各自相应的地位和作用。

以上是把水法体系作为部门法律体系放在整个法律体系中来阐述其地位和效力的，但仅有此还不足以全面认识和把握该体系，还必须从水法体系内部做进一步的阐述。从水法体系自身内部的构成来看，它是以《水法》为基本法的，由众多水事法律、行政法规、规章和地方性法规等构成的法律系统。在这一系统中，《水法》因内容最广泛、全面而成为水事基本法，是水法体系中的主导法；其他水事法律则是《水法》的具体表现，在全面性上都不如《水法》，如《水污染防治法》《水土保持法》《防洪法》等水事法律，都是对《水法》众多内容中某一方面内容的具体展开。不过要特别强调指出的是，上述有关《水法》是水事基本法的阐述仅仅是针对内容而言的。实际中这几部水事法律由于制定的部门完全相同，在法律效力和实际履行上并无主次之分。在水法体系中排在其他水事法律后面的是水行政法规，部门规章再次之，接着是地方性法规，最后是地方性规章。还必须强调的是，宪法作为国家的根本大法，也在水资源所有权、行政机构及其责权等方面做出某些原则性的规定，因此在水法律体系中当然包括宪法在内，其法律地位和效力自然也在《水法》之上，但这丝毫不影响《水法》在水事法律体系中的基本法的地位和作用。

（2）水法规分类（水法体系的基本构成）

水法体系是由各类水事法律、法规、规章所构成的庞大的法律规范系统，由于各类水事法律规范调整的范围各不相同，为了全面认识和把握这一复杂的法律系统，对各类水事法律规范进行分类无疑是十分必要的。值得一提的是，上面有关水法渊源的阐述，实质上也是对水事法律规范进行分类，由于是依据法律地位和效力来划分，故是一种纵向的分类。现今业内通常是按水事法律规范调整的内容来进行分类。如《水利辉煌50年》把水法分为7类：水资源开发利用和保护，水土保持，防洪、抗旱，工程管理和保护，经营管理，执法监督管理，其他。《法律与水法制知识简明读本》也认同了这一分类法。这是一种横向的分类，这种分类法与其说是按水事法律规范调整的内容来划分，不如说是按水利行业的业务内容来划分，具有业务性和翔实的特点。

这里所要做的也是从横向上进行分类。从横向上同样也是根据水事法律规范调整内容的不同进行分类，但与上面那种以行业中的具体业务类别进行划分不同的是，主要是根据水事法律规范所涉及的法律部门的类别来进行划分。据此可以把水法体系分为4类：水资源保护类法、水行政管理类法、水事经济类法和涉外水事法律。

1）水资源保护类法

水资源保护类法是把水资源作为自然资源加以保护而制定的法，属自然资源类法和环境保护类法，与森林、大气等资源保护法属同一类型法。作为一种重要的资源，水资源首先应被视作自然资源加以对待，其次才是经济资源，因此理应特别强调水资源在人类所处的生态环境中所起的关键作用，必须在水事立法中突出这一点。在现行水法体系中水资源的这一性质、地位和作用得到了应有的重视,《水法》和其他水事法律法规规章中均有大量条款予以反映和体现,如水资源规划、水资源配置和节约、水土保持、水污染防治、防洪等方面的法律规范都属这一类。

2)水行政管理类法

水法总体上属行政法,因此水法系统中有关水行政管理性的法律、法规和规章不仅数量最多,而且地位也最为重要,是水事立法和水法体系的核心。从根本上讲,对水资源这一自然资源的保护最终要通过行政法律法规的制定和实施才能实现,故自然资源类法多属行政法。水行政管理类法主要包括两方面的内容:一是明确各水行政主管部门(包括流域管理机构)的职责权限和管理范围,以实现对水资源的有效管理;二是对各种具体水行政行为进行规定,强调依法行政,以保障各方主体的合法权益。诸如水行政许可、水行政征收、水行政监督检查、水行政强制和水行政处罚等具体水行政行为的各项法律规范都属这类法。

3)水事经济类法

水事经济类法是指针对水事活动中的各类经营管理行为所制定的法律、法规和规章。水资源也是一种重要的经济资源,针对水资源的开发利用活动,大都为着一定的经济利益与目的,这点在现今市场经济条件下尤为普遍和突出,故加强此类立法愈益显得必要和重要。无疑,对于水事活动中的经济行为,既要按市场经济的要求进行操作,又要通过立法加以有效规范和约束。制定水事经济类法,其目的正是为了规范该领域的市场经济行为,维护和保障各方的合法经济利益。这类法通常有水工程建设及质量监督评估,水工程经营管理,水利行业的多种经营管理,水利物资经费管理和监督等。

4)涉外水事法律

在大多数情况下,水事立法通常是一国内部的事,但对于与周边国家和地区存在着水资源共享实际的国家来说,情况就不是这么简单了。从世界范围来看,周边国家和地区之间,国际区域组织内部的成员国之间,甚至全球性国际组织的成员国之间,就水资源的归属、保护管理以及具体的水事活动等签订各类国际条约或协定,是常有的事。对任何一个国家或地区来说,接受了某一条约或协定,就意味着这些国际条约或协定便具有了与国内法或内部法同等的效力,因此,涉外水事法律同样是一国水法律体系中重要的组成部分。我国是一个与周边许多国家存在水资源共享的国家,历史上因水引发的国际争端也是存在的,因此,加强与周边有关国家的磋商与协作并制定相应的法律,是十分重要的。以上对水法律体系的分类只是相对的,事实上各类水法律之间并无绝对的界限,而是相互包含和渗透的,比如水资源保护类法实际也是一种水行政法,而涉外水事法律亦是一种水资源保护法等。此外,以水法规调整的内容进行分类:可分为水资源的开发利用类,水资源、水域和水工程管理与保护类,水资源配置和节约使用类,防洪和抗旱类,水土保持水利经营管理类,监督检查类等方面。

第二章　水政监察制度建设

所谓制度，大的方面讲，系指在一定的历史条件下形成的政治、经济、文化等方面的体系，如社会制度、政治制度。一般系指要求系统内、单位内主体成员共同遵守的规范、规程。本章所称水政监察制度是指水行政主管部门对水政监察机构和水政监察人员进行管理、对水政监察行为进行考核监督等措施的具体规范，是以我国现行法律、法规所确定的水行政执法机关的法定职权和责任为基础，通过对法定职权职责的分解、细化、量化、具体化，以进一步规范行政执法行为、考核评价执法质量和激励惩戒机制而建立起来的"职责—履行—评价—奖惩"的执法监督与管理体系。

水政监察制度体系以分解执法职责、明确执法程序、规范执法行为、进行评议考核、实行错案追究、落实奖励惩戒等为主要内容；各级水行政主管部门、水政监察机构着力抓好科学合理、责任明晰、运行有效、监督有力的水政监察制度体系建设，是做好水行政执法工作的现实需要，是水政监察能力建设的核心。

水政监察制度建设是涉及水政监察队伍各项执法活动和执法行为的系统工程，水政监察队伍要做到严格、公正、文明执法，必须靠制度来保证。水政监察制度对水政监察机构能力建设具有全局性影响，起着长期的、整体的规范作用，具有根本性、全局性、稳定性和长期性的特点。根本性：制度是国家机关、社会团体、企事业单位为了建立正常的工作、学习、生产秩序，而制定的一种要求所属人员共同遵守的准则，水政监察制度则是水政监察人员的行动规则，是水政监察机构提高执法水平的治本之策；全局性：水政监察制度与水行政执法工作的方方面面相联系，对水政监察机构和水政监察人员具有普遍的约束力，执法制度的健全、完善与否直接影响到水利工作和水政监察队伍的自身建设；稳定性：是在"依法治国"方略下，水政监察机构按法制化的要求，用制度来规范各项执法活动。水政监察制度一旦形成，便不能朝令夕改，在一定时期内规范、指导水行政执法；长期性：是水政监察制度有一个不断探索、不断发展的过程，要与时俱进，不断完善。这些特点，无不说明加强水政监察制度建设的重要性和必要性。

制度建设是一个制定制度、执行制度并在实践中检验和完善制度的没有终点的动态过程，从这个意义上讲，制度没有"最好"，只有"更好"。制度关键是要管用、可行。制度是人定的，人是最重要的因素，所以制度也不是一成不变的，应根据形势的发展而不断修订、完善。制度的关键价值在于能够提高行政执法质量和执法人员的执法水平，使其明确行政执法的职责和执法行为的方式、步骤，促使行政主体进行自我评价、激励或鞭策，有利于内部监督和制约，保证行政行为的严肃性、稳定性，防止损害行政管理相对人的权益，降低当事人违法成本、水行政机关的行政成本、司法机关的司法成本，树立政府的良好形象。因此，必须建立健全水政监察制度，做到尽可能周全，否则制度与制度之间的缝隙、制度与制度之间的矛盾交叉，会导致制度效力的减弱，最终流于形式，形同虚设。

由于我国水政监察执法时间还不长，水政监察机构在执法方面还缺乏与《水法》《防洪法》《水土保持法》相配套的、完善的水政监察制度，直接导致了执法工作措施不够落实，执法活动有一定随意性，工作效率还不够高，甚至出现了执法违法现象。水政监察队伍要做到严格、公正、文明执法，必须大力加强水政监察制度建设，建立健全科学合理、切实可行的制度体系。

一、水政监察制度的依据及分类

水政监察制度依据

党中央、全国人大、国务院历来重视执法制度建设，在一系列文件、报告、法律、法规中，对建立健全执法制度、规范执法行为提出了明确要求，水利部《水政监察工作章程》（水利部令第 13 号）也专列"水政监察制度"一章，对建立健全执法制度作出了规定，为各级水政监察队伍建章立制提供了依据。

1. 党中央关于执法制度建设的规定

党的十七大报告指出："完善制约和监督机制，保证人民赋予的权力始终用来为人民谋利益。确保权力正确行使，必须让权力在阳光下运行。要坚持用制度管权、管事、管人，建立健全决策权、执行权、监督权既相互制约又相互协调的权力结构和运行机制。健全组织法制和程序规则，保证国家机关按照法定权限和程序行使权力、履行职责。完善各类公开办事制度，提高政府工作透明度和公信力。"

2. 全国人大法律关于执法制度建设的规定

（1）《宪法》第二十七条："一切国家机关实行精简的原则，实行工作责任制，实行工作人员的培训和考核制度。"

（2）《中华人民共和国档案法》第十三条："各级各类档案馆，机关、团体、企业事业单位和其他组织的档案机构，应当建立科学的管理制度。"

（3）《中华人民共和国统计法》（以下简称《统计法》）第二十一条："企业事业组织的统计机构或者统计负责人的主要职责是：……建立健全统计台账制度，并会同有关机构或者人员建立健全原始记录制度。"

3. 国务院关于执法制度建设的规定

（1）《国务院关于全面推进依法行政的决定》（国发〔1999〕23号）："要依照行政处罚法的规定，实行罚款'罚缴分离'制度"。

（2）《国务院关于印发全面推进依法行政实施纲要的通知》（国发〔2004〕10号）：

1）"健全行政执法案卷评查制度"；

2）"实行行政执法人员资格制度，没有取得执法资格的不得从事行政执法工作"；

3）"推行行政执法责任制。依法界定执法职责，科学设定执法岗位，规范执法程序。要建立公开、公平、公正的评议考核制和执法过错或者错案责任追究制"。

（3）《国务院关于加强市县政府依法行政的决定》（国发〔2008〕17号）：

1）"完善行政执法程序，根据有关法律、法规、规章的规定，对行政执法环节、步骤进行具体规范……建立监督检查记录制度，完善行政处罚、行政许可、行政强制、行政征收或者征用等行政执法案卷的评查制度"；

2）"健全行政执法人员资格制度"；

3）"强化行政执法责任追究。全面落实行政执法责任制"；

4）"要抓紧组织行政执法机关对法律、法规、规章规定的有裁量幅度的行政处罚、行政许可条款进行梳理，根据当地经济社会发展实际，对行政裁量权予以细化，能够量化的予以量化，并将细化、量化的行政裁量标准予以公布、执行"；

5）"建立健全集中培训制度，做到学法的计划、内容、时间、人员、效果五落实"。

（4）《国务院办公厅关于推行行政执法责任制的若干意见》（国办发〔2005〕37号）："建立健全行政执法评议考核机制。"

4. 水利部关于执法制度建设的规定

（1）《水政监察工作章程》（水利部令第13号）第十九条规定："水政监察队伍实行执法责任制和评议考核制。"第二十条规定："水政监察队伍应当建立和完善执法责任分解制度、水政监察巡查制度、错案责任追究制度、执法统计制度、执法责任追究制度以及水行政执法案件的登记、立案、审批、审核及目标管理等水政监察工作制度。"

（2）水利部《关于印发水政监察规范化建设实施意见的通知》（政资监〔1996〕2号）：

1）"建立执法管理目标责任制和执法人员岗位责任制。对水政监察队伍和执法人员的执法活动实行目标责任制管理"；

2）"学习培训制度化建立学习培训制度"；

3）"加强执法队伍的层级监督，建立大案要案请示、审查和备案制度，保证水行政执法的有效、公正"。

水政监察制度分类

不同的系统、不同的单位所制定的，要求全体成员共同遵守的言行规范，其称谓不尽相同，有的称制度、××制，有的称办法、规范。即便都称作"制度"的，因其规范的对象、内容的不同，也是多种多样。为了使多种多样的制度分工精准、明确，制度与制度之间既不遗缺、重复、矛盾，又紧密衔接配合，日益完整，在理论上更便于研究提高，就需要对各种各样的制度进行科学分类。制度的分类有多种，不同的行业、不同的要求有不同的分类原则和方法。根据水政监察工作特点和职能、责任，围绕水政监察执法这个中心，把水政监察制度分为队伍管理类、执法规范类、执法责任类、考评监督类四类，各类制度既相对独立，又相互联系。由于全国各地情况略有差异，各地水政监察机构可在四类主要制度的基础上，结合本地、本单位实际需要制定其他水政监察制度，以完善、丰富水政监察制度体系架构。

1. 队伍管理类

队伍管理类制度是水政监察制度体系的基础性制度，偏重执法人员素质、服务理念和装备等方面的规范，涵盖水行政执法人员执法资格、学习培训、执法装备和文明执法等方面内容。主要包括以下七种制度：

(1)《水行政执法人员资格制度》；

(2)《水行政执法人员学习培训制度》；

(3)《执法装备管理制度》；

(4)《一次性告知制》；

(5)《限时办结制》；

(6)《服务承诺制》；

(7)《水行政执法文明用语、服务忌语》。

本类制度还包括《水政监察公文处理办法》《保密管理规定》《车辆管理办法》《财务管理办法》《请销假制度》等公文处理、保密、用车、作息、请销假、接待、清洁卫生等日常管理方面的制度，本研究报告对 7 种主要制度提出了制度文本。日常管理方面的制度，因各地情况千差万别，很难制定符合各地、各方面实际的制度文本，可由各地酌情制定。

2. 执法规范类

水行政执法，是水政监察人员代表国家和水行政主管部门所实施的影响公民、法人或者其他组织权利、义务的水政监察活动，事关法律、法规的威严，事关党和政府的形象，事关社会和谐、稳定，必须严格、全面地予以规范。本类制度就是对水政监察机构及其水政监察人员执法行为进行规范，主要包括：执法巡查、执法公示、执法程序、自由裁量、执法文书、罚缴分离、执法统计、执法档案，以及案件登记、立案、审批、审核等方面的行为加以规范，是水政监察制度的重中之重。主要包括以下十一种制度：

(1)《水行政执法公示制》；

(2)《水政监察巡查制度》；

(3)《水行政执法程序规范》；

(4)《水行政执法回避制度》；

(5)《水行政执法法律文书规范》；

(6)《水行政执法案卷评查制度》（附：《水行政执法案卷评分标准》）；

(7)《水行政执法自由裁量制度》；

(8)《水行政执法"罚缴分离"制度》；

(9)《水行政执法案件办理制度》；

(10)《水行政执法统计制度》；

(11)《水行政执法档案管理制度》。

执法规范类除以上几种主要制度外，还包括《水政监察队伍议事规则》《突发事件应急预案》《联合执法制度》《案件回访制度》等。

3. 执法责任类

水政监察执法必须严格依法办事，不允许不作为，也不允许慢作为，更不允许乱作为。否则，就要承担行政或法律责任。没有执法责任制，执法规范制度制定得再完善，也是一纸空文。而没有执法责任追究与落实，执法责任制和各项执法规范制度的制定就流于形式，形同虚设。为此，我们特将执法责任专列一类，以切实规范行政执法行为。这主要包括以下三种制度：

(1)《水行政执法责任制》；

(2)《首问责任制》；

(3)《水行政执法过错或者错案责任追究制》。

执法责任类除以上制度外，还包括《水行政执法廉政建设责任制》等制度。

4. 考评监督类

为切实保证水政监察机构和水政监察人员严格依法行政，公正、文明执法，除了靠水政监察机构自身不断提高素质、严格管理外，还必须加强监督、考评。因此，水政监察制度除了队伍管理类制度、执法规范类制度和执法责任类制度以外，必须有监督考评类制度作保证，才能构成完备的水政监察制度体系。本类制度既包括水政监察队伍内部监督，也包括社会外部监督，主要有以下四种：

(1)《水政监察工作评议考核及奖惩办法》（附：《水政监察工作评议考核评分标准》）；

（2）《水行政执法监督检查记录制度》；

（3）《大案要案请示、审查和备案制度》；

（4）《水政监察队伍接受社会监督制度》。

监督考评类除以上制度外，还包括《新闻宣传奖励办法》等。

建立健全上述4类25项主要的水政监察制度，加之各地、各单位结合实际制定的各种制度，我们认为即可形成一个比较完备的水政监察制度体系。这些制度得以认真贯彻执行，将大大提高水行政执法效率，树立水行政机关良好的执法形象。

二、队伍管理类制度

水行政执法人员资格制度

1. 依据

行政执法人员资格制度，是把住执法人员入口的关键，国务院对此非常重视。2004年3月，在《关于印发全面推进依法行政实施纲要的通知》中规定："实行行政执法人员资格制度，没有取得执法资格的不得从事行政执法工作。"2008年5月，国务院《关于加强市县政府依法行政的决定》（国发〔2008〕17号）进一步明确规定："加强行政执法队伍建设。实行行政执法主体资格合法性审查制度。健全行政执法人员资格制度，对拟上岗行政执法的人员要进行相关法律知识考试，经考试合格的才能授予其行政执法资格、上岗行政执法。进一步整顿行政执法队伍，严格禁止无行政执法资格的人员履行行政执法职责，对被聘用履行行政执法职责的合同工、临时工，要坚决调离行政执法岗位。健全纪律约束机制，加强行政执法人员思想建设、作风建设，确保严格执法、公正执法、文明执法。"

2. 目的、意义

建立健全水行政执法人员资格制度的目的、意义。加强对行政权力的监督是建设法治政府的保障。水行政机关是国家权力的执行机关，水政监察队伍受水行政机关委托执法，而法律、法规又主要依靠水行政执法人员来实施，执法人员的责任意识、法制意识和综合素质的高低，直接影响水行政执法效果，影响水行政机关和人民群众的关系，影响依法行政进程。为了促进依法行政，从源头上把住水政监察队伍进入关和入口关，根据国务院上述规定，需制定本制度。所谓执法人员资格，是指各级水政监察队伍在水政监察人员上岗前或任期届满后对其进行的资格审查和考试考核的活动。

目前，全国水行政执法人员主要是从本系统、外单位调入或轮岗而来，之前都是从事工程技术、行政管理甚至后勤工作，执法业务素质参差不齐，难以适应繁重、复杂的水行政执法工作任务，存在滥施处罚、违规许可、乱收费用以及执法不规范等现象。各级水行政主管部门及其水政监察队伍要对水行政执法人员的资格进行审查，对拟上岗执法的人员进行相关法律知识考试，经考试合格的才能授予其行政执法资格，由水利部和省级人民政府发给相应的行政执法证件，持证上岗。

建立《水行政执法人员资格制度》，对全面提高水政监察人员素质，打造一支"政治强、作风硬、业务精"的水政监察队伍，完善行政监督制度和相关机制，促进依法行政，实现法治政府目标，都具有十分重要的意义。

3. 本制度规范的行为

本制度对执法人员执法资格考试考核内容、组织、任免等加以规范，严格禁止无行政执法资格的人员履行行政执法职责、上岗执法，从源头上把住进入关、入口关。对没有取得行政执法资格而被聘用履行行政执法职责的合同工、临时工，要调离行政执法岗位。

4. 主要内容

（1）从事水行政执法工作的资格条件

经组织人事部门招录或调入，具有公务员或事业单位人员身份；通过水法律、法规、法章和相关的法律知识的考核；有一定水利专业知识；遵纪守法、忠于职守、秉公执法、清正廉洁；具有大专以上学历。

（2）组织考核单位

上岗前的考试考核由流域机构或省、市、自治区水行政主管部门负责。

（3）考试考核的内容

法律知识，重点是行政和水事法律法规知识；水利工作基本知识；行政管理基础知识；办公自动化基本知识和技能；其他应掌握的知识。

（4）任免机关

水政监察人员由同级水行政执法机关任免。担任水政监察队伍主要负责人的任免需征得上一级水行政执法机关的审核同意。

（5）任期

水政监察人员实行任期制，任期为三年。水政监察人员任期届满，经考核合格可以继续连任。考核不合格或因故调离工作，任期自动中止，由任免机关免除任命，收回执法证件和标志。

5. 本制度与其他制度的关系

本制度与《水行政执法人员学习培训制度》有一定关联，本制度规范、调整的是执法人员上岗前或任期届满后的考试考核，后者规范、调整的是上岗后的学习及考试。

6. 参考文本

水行政执法人员资格制度

第一条 为了促进依法行政，从源头上把住水政监察队伍入口关，根据《国务院关于加强市县政府依法行政的决定》（国发〔2008〕17号）有关规定，制定本制度。

第二条 本制度所称执法人员资格，是指各级水行政主管部门在水政监察人员上岗前或执法人员任期届满后对其进行的资格审查和考试考核的活动。

第三条 从事水行政执法工作，必须符合下列条件：

（一）经组织人事部门招录或调入，具有公务员或事业单位人员身份；

（二）通过水法律、法规、规章和相关的法律知识的考核；

（三）有一定水利专业知识；

（四）遵纪守法、忠于职守、秉公执法、清正廉洁；

（五）具有大专以上学历。

在水政监察队伍专门从事汽车驾驶、船舶驾驶、轮机、水手等岗位的人员，其条件可适当放宽。

第四条 水政监察人员上岗前应按规定经过资格培训、考核合格，并取得水利部或省级人民政府颁发的行政执法证方可上岗。

第五条 上岗前的考试考核由流域机构或省、市、自治区水行政主管部门负责。

第六条 考试考核的内容为：

（一）法律知识，重点是行政和水事法律法规知识；

（二）水利工作基本知识；

（三）行政管理基础知识；

（四）办公自动化基本知识和技能；

（五）执法装备的使用技能；

（六）行政征收及财务相关知识和技能；

（七）其他应掌握的知识。

第七条 水政监察人员由同级水行政执法机关任免。担任水政监察队伍主要负责人的任免需征得上一级水行政执法机关的审核同意。

第八条 水政监察人员实行任期制，任期为3年。

水政监察人员任期届满，经考核合格可以继续连任。考核不合格或因故调离工作，任期自动中止，由任免机关免除任命，收回执法证件和标志。

第九条 本制度自公布之日起施行。

水行政执法人员学习培训制度

1. 依据

立法是根本，执法是关键。做好水行政执法工作关键在人，关键在于提升队伍的整体素质。学习培训是水政监察队伍永恒的主题，《宪法》第二十七条规定："一切国家机关实行精简的原则，实行工作责任制，实行工作人员的培训和考核制度。"《国务院关于加强市县政府依法行政的决定》（国发〔2008〕17 号）规定："强化对行政执法人员的培训。市县政府及其部门要定期组织对行政执法人员进行依法行政知识培训，培训情况、学习成绩应当作为考核内容和任职晋升的依据之一"，"建立健全集中培训制度，做到学法的计划、内容、时间、人员、效果五落实"，《水政监察工作章程》（水利部令第20 号）第十八条规定："水政监察人员每年应当接受法律知识培训。水行政执法机关应当制定长期培训规划和年度培训计划，不断提高水政监察人员的执法水平。"水利部早在 1996 年下发的《关于印发水政监察规范化建设实施意见的通知》（政资监〔1996〕2 号）就提出了水政监察规范化建设"八化目标"，其中规定："学习培训制度化，建立学习培训制度。"

2. 目的、意义

为了提高水政监察人员素质，提升水政监察队伍执法能力，根据国务院、水利部上述规定，制定本制度。本制度所称的学习培训，是指各级水政监察队伍根据职责要求和提高水政监察人员素质的需要，在水政监察人员在岗期间对其进行的业务培训、军训和日常学习的统称。

2003 年，党的十六大报告提出"建设学习型社会，实现人的全面发展"。据此，各级水行政主管部门及其水政监察队伍也提出了创建学习型机关、学习型队伍的目标，学习已成为依法行政、依法治水的强大动力源。水行政执法人员，要适应和跟上现代社会的发展，唯一的办法就是与时俱进，不断学习。

加强学习也是履行水政监察职责的内在要求。随着经济社会的发展、时代的进步，水政监察工作面临着许多新情况、新问题，水法律、法规、规章也在不断修改完善，水政监察人员只有通过不断学习，完善知识结构，掌握执法技能，才能适应依法行政要求，才能不辱使命。

3. 本制度规范的行为

本制度对在岗执法人员的继续教育、学习、军训等予以规范。

4. 主要内容

（1）制定学习规划、计划

各级水政监察队伍应当制定长期培训规划和年度培训计划，并严格遵照执行。

（2）学时

各级水政监察队伍每年组织业务培训（军训）不少于1期、学时不少于2天；每月组织集体学习不少于1次、学时不少于3小时。

（3）学习内容

法律知识，重点是行政和水事法律法规知识；水利工作基本知识；行政管理基础知识；办公自动化基本知识和技能；执法和办公装备的使用技能；水行政征收及财务相关知识和技能；其他应掌握的知识；军训。

（4）培训方式及学习方式

培训方式：举办培训班、学校进修、现场观摩、外出考察等；学习方式：集体学习、自学等。

5. 本制度与其他制度的关系

本制度与《水行政执法人员资格制度》相关联，本制度规范、调整的是执法人员上岗后的学习，后者规范、调整的是上岗前的学习。

6. 参考文本

<h3 style="text-align:center">水行政执法人员学习培训制度</h3>

第一条　为了提高水政监察人员素质，提升水政监察队伍执法能力，根据《国务院关于加强市县政府依法行政的决定》（国发〔2008〕17号）、《水政监察工作章程》（水利部令第20号）的有关规定，制定本制度。

第二条　本制度所称学习培训，是指各级水政监察队伍根据职责要求和提高水政监察人员素质的需要，在水政监察人员在岗期间对其进行的业务培训、军训和日常学习。

第三条　各级水政监察队伍应当制定长期培训规划和年度培训计划，并严格遵照执行。

第四条　各级水政监察队伍每年组织业务培训（军训）不少于1期、学时不少于3天；每月组织集体学习不少于1次、学时不少于3小时。

第五条　水政监察人员的培训（军训）、学习内容为：

（一）法律知识，重点是行政和水事法律法规知识；

（二）水利工作基本知识；

（三）行政管理基础知识；

（四）办公自动化基本知识和技能；

（五）执法和办公装备的使用技能；

（六）水行政征收及财务相关知识和技能；

（七）其他应掌握的知识；

（八）军训。

第六条　水政监察队伍培训的方式为：举办培训班、学校进修、现场观摩、外出考察等；学习方式为：集体学习、自学等。

第七条　各级水政监察队伍可根据工作需要，优先培训水政监察骨干。对水政监察人员的培训应结合工作岗位进行。

第八条　水政监察培训情况列入年度考核内容。

第九条　本制度自印发之日起施行。

执法装备管理制度

1. 依据

（1）《水政监察工作章程》（水利部令第 13 号）第二十二条规定："水行政执法机关应当为水政监察队伍配备必要的交通、通信、勘察、音像等专用执法装备，改善办公条件。"

（2）水利部《关于加强水政监察规范化建设实施意见的通知》（政资监〔1996〕2号）规定："执法装备系列化根据水行政执法的需要，部将制定各级水政监察队伍装备系列化标准，各级要逐步配备交通、通信、录音、录像、照相等执法设备和装备，强化执法手段，提高执法水平。"

2. 目的、意义

本制度所称执法装备，是指为保障执法活动开展而配备给水政监察队伍的交通、通信、取证、办公等方面的设备。为使水政监察装备处于良好的工作、备用状态，切实提高执法装备的有效、合理使用，保障水政监察工作的顺利进行，根据《水政监察工作章程》（水利部令第 20 号）、水利部《关于印发水政监察队伍执法装备配置的通知》（水政法〔2000〕254 号）等有关规定，制定本制度，以加强水行政执法装备管理，保证水行政执法的顺利进行和提高水政监察队伍快速反应能力。

3. 本制度规范的行为

本制度对水政监察队伍的执法装备管理予以规范。

4. 主要内容

（1）装备配置

各级水行政主管部门或水利工程管理单位，应根据水政监察队伍承担的执法任务和实际工作需要，为水政监察队伍配备必要的执法装备。配置标准按水利部《关于印发水政监察队伍执法装备配置的通知》（水政法〔2000〕254 号）有关规定执行。

（2）一般规定

执法装备的管理、操作人员应努力提高业务知识和操作技能，确保各种设备的正常、高效使用。

（3）管理

各级水政监察队伍要指定专人负责对执法装备的使用管理，建立和实施执法装备使用、管理责任制和使用、管理台账。做到及时登记，规范操作，完后归还入库，妥善保管，严禁私自外借或挪作他用。

任何单位和个人不得无偿调用执法装备，更不得据为己有。若工作确实需要借出，须经本队领导批准，履行借用手续，用后及时归还。

（4）固定资产管理

水政监察装备应进行固定资产登记，履行使用手续。各级水政监察队伍应指定专人负责保管，保管人员应熟悉执法装备的基本性能，防止人为损坏或丢失。保管人员工作变动时，应办理移交手续。

各级水政监察队伍应根据设备使用规定及性能对水政监察装备进行定期维修保养，根据设备使用年限及运行状况对水政监察装备进行及时更新。

（5）赔偿

执法装备的管理与使用，严格按照具体操作流程进行。违反规定，造成执法装备损坏、遗失或贻误、发生事故的，追究责任人的责任，按规定进行赔偿。

（6）问责

违反本管理规定的，由各部门负责查处，并按相关规定严肃处理。

5. 本制度与其他制度的关系

本制度与其他制度关联度不大，仅与《水政监察工作评议考核及奖惩办法》有一定关联。水政监察队伍在装备管理上的成绩与问题，上级水政监察队伍将按《水政监察工作评议考核及奖惩办法》的规定处理。

6. 参考文本

执法装备管理制度

第一条　为保障水政监察工作的顺利进行，使水政监察装备处于良好的工作、备用状态，确保队伍快速反应能力，根据《水政监察工作章程》（水利部令第20号）、水利部《关于印发水政监察队伍执法装备配置的通知》（水政法〔2000〕254号）等有关规定，制定本制度。

第二条　本制度所称执法装备，是指为保障执法活动开展而配备给水政监察队伍的交通、通信、取证、办公等方面的设备。

第三条　各级水行政主管部门或水利工程管理单位，应根据水政监察队伍承担的执法任务和实际工作需要，为水政监察队伍配备执法装备。配置标准按水利部及省级水行政主管部门的有关规定执行。

第四条　任何单位和个人不得无偿调用执法装备，更不得据为己有。若工作需要确需借出，须经本队领导批准，履行借用手续，用后及时归还。

第五条　水政监察装备应进行固定资产登记，履行使用手续。各级水政监察队伍应指定专人负责保管，保管人员应熟悉执法装备的基本性能，防止人为损坏或丢失。保管人员工作变动时，应办理移交手续。

第六条　各级水政监察队伍应根据设备使用规定及性能对水政监察装备进行定期维修保养。

第七条　各级水政监察队伍应根据设备使用年限及运行状况对水政监察装备进行及时更新。

第八条　对违反规定使用或保管不善致使设备损坏的责任人员，给予批评教育或赔偿经济损失。

第九条　本制度自公布之日起施行。

一次性告知制

1. 依据

2001年9月，中国共产党第十五届中央委员会第六次全体会议通过了《中共中央关于加强和改进党的作风建设的决定》（以下简称《决定》），《决定》指出：健全联系群众的制度，是新形势下坚持党的群众路线的重要课题，要坚持密切联系群众，反对形式主义、官僚主义，做到一切为了群众，一切依靠群众。为建设具有公仆意识、廉洁、勤政、高素质、专业化的公务人员队伍，人事部印发了《国家公务员行为规范》（人发〔2002〕19号），规范规定："改进工作作风，讲求工作方法，注重工作效率，提高工作质量。自觉做人民公仆，让人民满意。"

2. 目的、意义

为了改进水政监察队伍工作作风，增强政府执行力和公信力，提高工作效能和文明服务水平，根据上述规定，需制定本制度。本制度所称一次性告知制，是指水政监察人员对前来办事或电话咨询的当事人，经办人员一次性告知其所要办理事项的依据、时限、程序、材料、手续的制度。《一次性告知制》是水政监察队伍依法行政、转变机关作风、树立服务形象、建设和谐社会的重要手段之一，作为各级水行政主管部门重要窗口的水政监察队伍，要实施好这一服务于民的制度。本制度的制定与实施，对密切水政监察队伍与行政管理相对人关系，改进队伍工作作风具有重要意义。

3 本制度规范的行为

本制度对水政监察人员接待办事群众的服务行为予以规范。

4. 主要内容

（1）办事程序

经办人员对管理相对人要求办理的事项，必须当场审核其有关手续和材料，按以下程序办理：对符合有关规定条件能即时办理的予以即时办理；对手续、材料不完备或不符合法定条件的，应一次性告知需补办的手续、材料、办理程序、受理要求等；对管理相对人所咨询的事项，应一次性清楚地告知咨询事项的办理程序、办理时限、所需资料、有关手续等。

管理相对人按照要求补齐材料、手续后，经办人员应当及时予以办理；如补交的材料或补办的手续仍不齐备或不符合要求的，经办人员应耐心做好解释工作。

对管理相对人要求办理的事项涉及多个部门的，或相关手续、材料不清楚，法律法规和规范性文件规定不明确等特殊情况，经办人应及时帮助其咨询了解或请示报告，并将结果告知当事人，不能以不清楚为由予以推诿。

（2）告知形式

经办人在向管理相对人一次性告知时，一般应采用书面告知形式。

（3）相关责任

属于工作人员未告知清楚导致手续不全、不符合要求的，经办人应当向当事人道歉，并承担当事人发生的直接相关费用。

凡被投诉不履行一次性告知义务，经查证属实的，追究相关责任。

5. 本制度与其他制度的关系

本制度与《限时办结制》《服务承诺制》《水行政执法文明用语、服务忌语》相关联，都属于服务管理相对人的制度范畴。

6. 参考文本

一次性告知制

第一条　为切实改进水政监察队伍工作作风，提高工作效率和文明服务水平，根据《中共中央办公厅国务院办公厅关于进一步推行政务公开的意见》（中办发〔2005〕12号）等规定，制定本制度。

第二条　本制度所称一次性告知制，是指水政监察队伍对前来办事或电话咨询，经办人员一次性告知其所要办理事项的依据、时限、程序、材料、手续的制度。

第三条　经办人员对管理相对人要求办理的事项，必须当场审核其有关手续和材料，按以下程序办理：

（一）对符合有关规定条件能即时办理的予以即时办理；

（二）对手续、材料不完备或不符合法定条件的，应一次性告知需补办的手续、材料、办理程序、受理要求等；

（三）对管理相对人所咨询的事项，应一次性清楚地告知咨询事项的办理程序、办理时限、所需资料、有关手续等。

第四条　管理相对人按照要求补齐材料、手续后，经办人员应当及时予以办理；如补交的材料或补办的手续仍不齐备或不符合要求的，经办人员应耐心做好解释工作。属于工作人员未告知清楚导致手续不全、不符合要求的，经办人应当向当事人道歉，并承担当事人因此而发生的直接相关费用。

第五条　对管理相对人要求办理的事项涉及多个部门的，或相关手续、材料不清楚，法律法规和规范性文件规定不明确等情况，经办人应及时帮助其咨询了解或请示报告，并将结果告知当事人，不能以不清楚为由予以推诿。

第六条　经办人在向管理相对人一次性告知时，一般应采用书面告知形式。

第七条　凡被投诉不履行一次性告知义务，经查证属实的，追究相关责任。

第八条　本制度自公布之日起施行。

限时办结制

1. 依据

同《一次性告知制》依据。

2. 目的、意义

为加强水政监察队伍效能建设，改进工作作风，提高工作效率，根据《中共中央办公厅国务院办公厅关于进一步推行政务公开的意见》（中办发〔2005〕12号）等规定，需制定本制度。本制度所称限时办结制，是指各级水行政机关和水政监察队伍，依据法律、法规和有关规定，对执法事项和服务项目在规定时间内予以办结的制度。《限时办结制》也是水政监察队伍依法行政、转变机关作风、树立服务形象、建设和谐社会的重要手段之一，作为各级水行政主管部门重要窗口的水政监察队伍，要制定并实施好这一服务于民的制度。本制度的制定与实施，对密切水政监察队伍与行政管理相对人关系，改进队伍工作作风具有重要意义。

3. 本制度规范的行为

本制度对水政监察人员为服务相对人办事的效率的行为予以规范。

4. 主要内容

（1）原则规定

各级水政监察机构及其工作人员办理的各项执法事项，都应在法律、法规规定的时间内办结。

（2）办结时间

水政监察机构受理的信访事项，应在 60 日内办理完毕，并将办理结果答复信访人；情况复杂的，经分管领导批准，时限可延长 30 日。

对当事人申请办理水行政许可事项，符合规定且手续齐全的，应及时办结；对不符合规定不能办理的要向当事人说明原因。

（3）问责

水政监察机构及其工作人员违反本制度的，给予批评教育或诫勉处理。

5. 本制度与其他制度的关系

本制度与《一次性告知制》《服务承诺制》《水行政执法文明用语、服务忌语》有一定关联，都属于服务管理相对人的制度范畴。

6. 参考文本

限时办结制

第一条　为加强水政监察队伍效能建设，改进工作作风，提高工作效率，根据《中共中央办公厅国务院办公厅关于进一步推行政务公开的意见》（中办发〔2005〕12 号）等规定，制定本制度。

第二条　本制度所称限时办结制，是指各级水政监察队伍，依据法律、法规和有关规定，对执法事项和服务项目在规定时间内予以办结的制度。

第三条　各级水政监察队伍及其工作人员办理的各项执法事项，都应在法律、法规规定的时间内办结。

第四条　水政监察队伍受理的信访事项，应自受理之日起 60 日内办理完毕，并将办理结果答复信访人，情况复杂的，经分管领导批准，时限可延长 30 日。

第五条　对当事人申请办理水行政许可事项，符合规定且手续齐全的，按照规定的时限办结；不符合规定不能办理的要向当事人说明原因。

第六条　水政监察队伍及其工作人员违反本制度的，给予批评教育或诫勉处理。

第七条　本制度自公布之日起施行。

服务承诺制

1. 依据

同《一次性告知制》依据。

2. 目的、意义

为强化服务意识，树立水政监察队伍良好形象，根据上述规定，制定本制度。本制度所称服务承诺制，是指水政监察队伍根据工作职能要求，对行政服务的内容、办事程序、办理时限等相关具体事项以及违诺承担的责任，通过媒体向社会和公众作出公开承诺并接受监督的制度。

服务承诺，就是把服务内容、标准、程序、时限、责任以及违背承诺要承担的责任，向社会作出公开承诺，并在社会的监督下组织实施；是一种看得见、摸得着、实实在在的新型服务机制，是精神文明建设和社会呼唤的产物，它作为实践全心全意为人民服务这一根本宗旨的新载体，作为改变和提高执法窗口行业服务态度、服务质量、办事效率的一种有效机制，受到了广大人民群众的普遍赞同，也是践行"三个代表"重要思想和以人为本理念的具体体现。

水政监察队伍作为水行政主管部门服务社会的重要"窗口"，推行服务承诺制势在必行。水政监察队伍一旦向社会作出承诺，就置身于全社会的监督之下，把过去主要靠上级监督，转变为全社会的监督；把事后监督转变为事前及全过程监督；把被动接受监督转变为主动要求监督，为水政监察队伍提高服务水平，搞好政风行风建设增加了外部压力，有利于水政监察队伍公平、公正执法。

3．本制度规范的行为

本制度对水政监察队伍将服务内容、标准、程序、时限、责任向社会公开作出承诺的行为予以规范。

4．主要内容

（1）服务承诺内容

遵守国家法律、法规、规章和政策，履行工作职责，坚持依法行政；开展水法律、法规和规章的宣传，无偿提供水法规咨询，努力提高全社会水法制意识；实行执法公示、收费公示和政务公开，增加工作透明度，接受社会各界监督；严格遵守执法人员行为准则，做到公平、公开、公正执法，不徇私情，不谋私利，不"吃、拿、卡、要"；恪尽职守，廉洁高效，热情服务，文明礼貌；着装整洁，持证、挂牌上岗。

（2）一般要求

水政监察人员应使用文明用语，杜绝服务忌语和"门难进、脸难看、话难听、事难办"现象。认真落实首问责任、一次性告知和限时办结制度，对群众的咨询和信访、投诉，做到件件有回音，事事有结果。水政监察队伍应设立举报电话，接受有关单位和服务对象的投诉、监督，及时做好调查并给予答复。

（3）督察

上级水政监察队伍应对下级水政监察队伍实施文明服务承诺制情况进行监督检查，并纳入年度工作考核目标内容。

（4）问责

违反服务承诺制度的，一经调查核实，对直接责任人给予批评教育；情节严重的，通报批评或给予纪律处分。

5. 本制度与其他制度的关系

本制度与《一次性告知制》《限时办结制》《水行政执法文明用语、服务忌语》有一定关联，都属于服务管理相对人的制度范畴。

6. 参考文本

服务承诺制

第一条 为强化服务意识，树立水政监察队伍良好形象，根据《中共中央办公厅国务院办公厅关于进一步推行政务公开的意见》（中办发〔2005〕12号）等规定，制定本制度。

第二条 本制度所称服务承诺制，是指水政监察队伍根据工作职能要求，对行政服务的内容、办事程序、办理时限等相关具体事项，通过媒体向社会和公众作出公开承诺，接受社会监督，承担违诺责任的制度。

第三条 服务承诺内容为：

（一）遵守国家法律、法规、规章和政策，履行工作职责，坚持依法行政。

（二）开展水法律、法规和规章的宣传，无偿提供水法规咨询，努力提高全社会水法制意识。

（三）实行执法公示、收费公示和政务公开，增加工作透明度，接受社会各界监督。

（四）严格遵守执法人员行为准则，做到公平、公开、公正执法，不徇私情，不谋私利，不"吃、拿、卡、要"。

（五）恪尽职守，廉洁高效，热情服务，文明礼貌。

（六）着装整洁，持证、挂牌上岗。

第四条 水政监察人员应使用文明用语，杜绝服务忌语和"门难进、脸难看、话难听、事难办"现象。

第五条 认真落实首问责任、一次性告知和限时办结制度，对群众的咨询和信访投诉，做到件件有回音，事事有结果。

第六条 设立举报监督电话，接受有关单位和服务对象的投诉、监督，及时做好调查并给予答复。

第七条 上级水政监察队伍应对下级水政监察队伍实施文明服务承诺制情况开展监督检查，纳入年度工作考核内容。

第八条 违反服务承诺制度的，一经调查核实，对直接责任人给予批评教育；情节严重的，通报批评或给予纪律处分。

第九条 本制度自公布之日起执行。

水行政执法文明用语、服务忌语

1. 依据

同《一次性告知制》依据。

2. 目的、意义

行政执法过程是服务人民群众的过程，执法人员的语言文明和技巧对整个执法活动的顺利进行起着非常重要的作用。

中国乃礼仪之邦，懂礼、习礼、守礼、重礼的历史，源远流长。执法人员要在思想深处牢固树立立党为公、执法为民的理念，尊重对方，文明用语，杜绝服务忌语，在执法过程中，切忌带有伤害他人感情、侮辱他人人格、影响他人自尊、披露他人隐私的言辞。使用文明用语、杜绝服务忌语，是水行政执法人员的最基本要求。

"工欲善其事，必先利其器。"语言表达能力、文明用语、服务忌语是水行政执法人员必备的基本素质之一。在现代社会，由于经济的迅猛发展，水事行为日益增多，水政监察员与当事人之间的交流、沟通日益频繁，语言技巧、语言表达能力越来越被认为是执法人员所应具有的基本能力。作为一名水行政执法人员，不仅要有对水法律、法规的正确理解能力，更要有在当事人面前很好地表达出来的表达能力。晓之以理动之以情、诉之于法，用自己的语言去感染、说服、教育当事人。

语言是一种沟通工具，也是心智能力的一种反映，必须熟练掌握、使用。同样是说话、办事、办案，有的人言简意赅、话语亲切，使当事人心服口服；而有的人却词不达意、拖泥带水、话语生硬，导致当事人心生怨气，这就是语言能力、心智能力的差异。如果我们执法人员办案用语准确、逻辑性强、修辞得体，具有亲和力、感染力，那我们从事水行政执法工作就会游刃有余，事业就会圆满成功；反之，则贻误事业。

3. 本制度规范的行为

本制度对水政监察人员在日常工作和开展水行政执法中，对待相对人的言辞予以规范。

4. 主要内容

（1）文明用语

1）您好！请坐！请喝水！请稍等！很抱歉，让您久等了。

2）请问您有什么事需要我们服务（帮助）？

3）您的事不在我这儿办，我带您去某某科（司、处、股）办理。

4）我们是××水利局（本单位名称）工作人员，现依法对您单位进行执法检查，请予配合。

5）这是我的执法证，请您过目。

6）如果我们的执法有不妥的地方，请您给予监督。

7）您反映的情况，我们会尽快答复。

8）这是我们的职责，谢谢您的合作。

9）您的意见很好，我们一定改进。

10）谢谢！对不起！没关系！再见！请走好！

（2）服务忌语

1）我们是水利局（本单位名称）的，叫老板来！快点！

2）这是怎么回事，你们搞什么名堂！老实点！

3）你们违法了，还想狡辩！胆子不小啊！

4）少啰唆，错了还强词夺理！

5）你们跟我讲狠，我们走着瞧！看谁狠！

6）这事我说了算，找谁都没用！

7）有意见去找领导，找我没用！

8）听我的，还是听你的！

9）征收政策在墙上挂着，自己去看！乡巴佬！

10）我就是这态度，有本事你去告！神经病！

5. 本制度与其他制度的关系

本制度与《一次性告知制》《限时办结制》《服务承诺制》相关联，都属于服务管理相对人的制度范畴。

6. 参考文本

（一）文明用语

（1）您好！请坐！请喝水！请稍等！很抱歉，让您久等了。

（2）请问您有什么事需要我们服务（帮助）？

（3）您的事不在我这儿办，我带您去某某科（司、处、股）办理。

（4）我们是××水利局（本单位名称）工作人员，现依法对您单位进行执法检查，请予配合。

（5）这是我的执法证，请您过目。

（6）如果我们的执法有不妥的地方，请您给予监督。

（7）您反映的情况，我们会尽快答复。

（8）这是我们的职责，谢谢您的合作。

（9）您的意见很好，我们一定改进。

（10）谢谢！对不起！没关系！再见，请走好！

（二）服务忌语

（1）我们是水利局（本单位名称）的，叫老板来！快点！

（2）这是怎么回事，你们搞什么名堂！老实点！

（3）你们违法了，还想狡辩！胆子不小啊！

（4）少啰唆，错了还强词夺理！

（5）你们跟我讲狠，我们走着瞧！看谁狠！

（6）这事我说了算，找谁都没用！

（7）有意见去找领导，找我没用！

（8）听我的，还是听你的！

（9）征收政策在墙上挂着，自己去看！乡巴佬！

（10）我就是这态度，有本事你去告！神经病！

三、执法规范类制度

2007 年 10 月 15 日，胡锦涛总书记在中国共产党第十七次全国代表大会上的报告中指出："完善制约和监督机制，保证人民赋予的权力始终用来为人民谋利益。确保权力正确行使，必须让权力在阳光下运行。要坚持用制度管权、管事、管人，建立健全决策权、执行权、监督权既相互制约又相互协调的权力结构和运行机制。健全组织法制和程序规则，保证国家机关按照法定权限和程序行使权力、履行职责。完善各类公开办事制度，提高政府工作透明度和公信力"，对执法行为进行规范是贯彻落实这一指示的措施之一。

水行政执法公示制

1. 依据

《行政处罚法》第四条规定："行政处罚遵循公正、公开的原则"，建立行政执法公示制度，就是要求水政监察队伍采取信息化手段和其他方式，将本单位的执法职权、执法内容、执法依据、执法范围、执法岗位、执法程序、执法证件、执法方式、执法时限、执法责任、收费标准和收费依据等，以制度的形式，向社会公开明示。

2. 目的、意义

为加强水行政执法监督，规范执法行为，促进依法行政、依法治水，根据上述规定，制定本制度。本制度所称公示制是指水行政执法机关将水行政执法的范围、职责、权限、时限、程序、结果等向社会公开、接受社会监督的制度。制定本制度就是要让广大人民群众知道水政监察队伍具体执什么法、怎样执法，给群众指明事情应该怎么办，交给群众一个监督的依据，使水政监察队伍的执法行为置于广大群众的严密监督之下，增强执法的透明度，从制度上保证执法的公开、公平、公正。同时，也促使水政监察队伍以此来严格规范自身的执法行为，防止执法人员利用公权谋取私利，对反腐倡廉、促进水政监察队伍依法行政，具有积极作用。

3. 本制度规范的行为

本制度对各级水政监察队伍向社会公示的行为予以规范。

4. 主要内容

（1）公示内容

水政监察队伍应将水法律、法规和重要规章以及行政处罚的种类、依据；行政收费的种类、标准；行政许可的标准、期限等进行公示。

1）执法主体；

2）执法事项；

3）执法依据；

4）执法标准；

5）执法程序；

6）办理期限；

7）执法岗位、人员职责；

8）违法责任；

9）监督电话；

10）其他需要公示的内容。

（2）新公示的时间

需新公示的内容，时间一般不得超过3个工作日。

（3）公示形式

1）公示栏、公示牌：墙壁、橱窗、宣传牌、电子显示屏等；

2）公示手册、公示卡片；

3）媒体公示；

4）其他方式。

（4）公示栏、公示牌制作规定

公示栏、公示牌设置要因地制宜，符合场所固定、独立、长期置放、准确规范、字体清晰等要求。

（5）公示内容要求

水政监察队伍公布的主要职责应符合法律、法规、规章和政府编制部门批准的职责范围。

（6）答疑及改进

当事人对未经公示的水行政执法行为有权提出质疑，水政监察人员对当事人的质疑、咨询应负责、耐心、细致地给予解答，确有错误的，应当及时改进。

（7）问责

对不按本制度公示或公示内容不全的，上级水行政主管部门或水政监察队伍应责令其限期改正。拒不改正的，按照有关规定问责。

5. 本制度与其他制度的关系

本制度与《服务承诺制》《水政监察队伍接受社会监督制度》有一定关联，主要目的是服务相对人；同时又接受社会监督。

6. 参考文本

水行政执法公示制

第一条　为加强水行政执法监督，规范执法行为，促进依法行政、依法治水，根据《国务院办公厅关于推行行政执法责任制的若干意见》（国办发〔2005〕37 号）、《水政监察工作章程》（水利部令第 13 号）等规定，制定本制度。

第二条　本制度所称公示制是指水行政执法机关将水行政执法的范围、职责、权限、时限、程序、结果等向社会公开、接受社会监督的制度。

第三条　水行政执法机关应将水法律、法规和重要规章以及行政处罚的种类、依据；行政收费的种类、标准；行政许可的标准、期限等进行公示。公示的主要内容包括：

（一）执法主体；

（二）执法事项；

（三）执法依据；

（四）执法标准；

（五）执法程序；

（六）办理期限；

（七）执法岗位、人员职责；

（八）违法责任；

（九）监督电话；

（十）其他需要公示的内容。

需新公示的内容，时间一般不得超过 3 个工作日。

第四条　水行政执法公示的主要形式包括：

（一）公示栏、公示牌：墙壁、橱窗、宣传牌、电子显示屏等；

（二）公示手册、公示卡片；

（三）媒体公示；

（四）其他方式。

公示栏、公示牌设置要因地制宜，符合场所固定、独立、长期置放、准确规范、字体清晰等要求。

第五条　水行政执法主体资格由水行政主管部门向同级政府法制工作机构申报登记并向社会公告。

第六条　水政监察队伍公布的主要职责应符合法律、法规、规章和政府编制部门批准的职责范围。

第七条　当事人对未经公示的水行政执法行为有权提出质疑，水政监察人员对当事人的质疑、咨询应负责、耐心、细致地给予解答，确有错误的，应当及时改进。

第八条　对不按本制度公示或公示内容不全的，上级水行政主管部门或水政监察队伍应责令其限期改正，拒不改正的，按照有关规定问责。

水行政执法公示情况纳入年度考核内容。

第九条　本制度自公布之日起施行。

水政监察巡查制度

1. 建立完善水政监察巡查制度的依据《水政监察巡查制度》是各级水政监察队伍的一项基本制度。《水政监察工作章程》（水利部令第 13 号）第二十条规定："水政监察队伍应当建立和完善执法责任分解制度、水政监察巡查制度、错案责任追究制度、执法统计制度、执法责任追究制度以及水行政执法案件的登记、立案、审批、审核及目标管理等水政监察工作制度。"

2. 建立完善水政监察巡查制度的目的、意义。胡锦涛总书记在党的十六届三中全会中提出："坚持以人为本，树立全面、协调、可持续的发展观，促进经济社会和人的全面发展。"《行政处罚法》第五条规定："实施行政处罚，纠正违法行为，应当坚持处罚与教育相结合，教育公民、法人或者其他组织自觉守法。"据此，各级水政监察队伍和水政监察人员应贯彻以人为本的执法理念，加强执法巡查，执法关口前移，从重事后处罚向重事前预防转变，把水事违法行为消灭在萌芽状态，减少管理相对人违法成本，同时也减少行政成本、司法成本和社会成本，努力构建人水和谐的良好氛围，提升水利部门的良好形象。

为预防、遏制水事违法行为和水事纠纷的发生，及时发现和制止水事违法行为，根据水利部《水政监察工作章程》（水利部令第 20 号）有关规定，制定本制度。本制度所称巡查，是指各级水政监察队伍在工程管理单位日常管理巡查基础上，对水资源、河道、水域、水工程、水土保持生态环境、防汛抗旱和水文监测等有关设施开展的重点和专项的检查活动。

3. 水政监察巡查制度的规范的行为。各级水政监察队伍和工程管理单位及其水政监察队伍对水资源、河道、水域、水工程、水土保持生态环境、防汛抗旱和水文监测等有关设施开展的定期和不定期的检查活动，本制度对其予以规范。

4. 水政监察巡查制度的主要内容：

（1）巡查方式

水政监察巡查分为日常巡查、重点巡查和专项巡查。

日常巡查、重点巡查和专项巡查的具体范围由各级水政监察队伍根据本地水域及水工程等的分布情况及重要性分别确定。

执法巡查可与水行政征收、水法规宣传、水行政处罚等工作相结合。

（2）分级负责制

水政监察巡查实行分级负责。

水利部安全监督司负责全国范围内水资源、湖泊、河道、水域、水工程、水土保持生态环境、防汛抗旱和水文监测设施的巡查和各总队巡查的抽查。

水利部各流域机构水政监察总队负责流域范围内水资源、湖泊、河道、水域、水工程、水土保持生态环境、防汛抗旱和水文监测设施的巡查和各支队、大队巡查的抽查。

省（市、自治区）水政监察总队负责全省（市、自治区）范围内水资源、湖泊、河道、水域、水工程、水土保持生态环境、防汛抗旱和水文监测设施的巡查和各支队、大队巡查的抽查。

市（州、盟）水政监察支队负责全市（州、盟）范围内水资源、湖泊、河道、水域、水工程、水土保持生态环境、防汛抗旱和水文监测设施的巡查和各大队巡查的抽查。

县（市、区、旗）水政监察大队负责本县（市、区、旗）范围内水资源、湖泊、河道、水域、水工程、水土保持生态环境、防汛抗旱和水文监测设施的巡查。

水利工程管理单位的水政监察队伍负责本工程管理范围内的巡查。

（3）巡查内容

1）在河道及水工程管理范围内违章种植各类高秆作物，违章修建、搭盖各类阻碍行洪的临时性、永久性建筑物、构筑物的行为。

2）损毁堤防、护岸、闸坝、泵站、水工程建筑物，损毁防汛设施、水文监测设施、河岸地质监测设施以及通信照明等设施的行为。

3）未经批准，在河道管理范围内违章开采砂石、取土、淘金、钻探、爆破、开采地下资源及进行考古发掘的行为。

4）向河道、湖泊、水库、渠道倾倒垃圾、渣土等废弃物的行为。

5）在饮用水水源保护区设置排污口或未经批准擅自在江河、湖泊新建、改建或者扩建排污口的行为。

6）未经批准擅自取水的行为。

7）破坏水土保持设施的行为。

8）其他水事违法行为。

（4）巡查次数

水利部安全监督司及水利部各流域机构水政监察总队，省（市、自治区）水政监察总队的巡查、抽查根据工作需要不定期进行。

市（州、盟）及水利部各流域机构水政监察支队对本辖区重点水工程或重点部位和易发案部位的巡查每月不得少于1次，对所辖水政监察大队巡查的抽查每季度不得少于1次；县（市、区、旗）水政监察队伍日常巡查每月不得少于1次。

各级水利工程管理单位的水政监察队伍一般应每天开展巡查，特殊情况下日常巡查每周应不少于两次。

（5）巡查记录

各级水政监察队伍应制定年度巡查工作计划，确定不同阶段巡查工作方案。

各巡查单位在执行巡查任务前，由水政监察队伍负责人确定巡查人员、路线、内容、方式等，执行巡查任务的人员每组不得少于两人。巡查时应携带执法证件、调查取证工具、通信工具和相关法律文书。巡查结束后，巡查人员应及时如实填写《巡查记录》并附巡查现场照片。

（6）处理

巡查人员对在巡查过程中发现的问题，应分别不同情况予以处理：

1）对有可能发生水事纠纷和水事违法行为的，应有针对性地开展水法规宣传教育；

2）对正在发生的水事违法行为，应书面责令其立即停止水事违法行为；

3）对正在发生和已经发生的水事违法行为，如违法事实清楚，情节轻微，依法可按简易程序处理的，应按简易程序当场作出处理决定；对不适合用简易程序处理的，按一般程序处理，开展必要的调查取证；对情况紧急，案情重大的，应立即报告。

受委托的水工程管理单位在巡查中发现水事违法行为，应立即制止，及时向有管辖权的水行政主管部门报告，并协助调查处理；法规授权的水工程管理单位发现水事违法行为，按执法程序直接处理。

（7）问责

对违反本制度，不按要求组织巡查，或在巡查过程中不负责任，漏查漏报或隐瞒不报，或不按规定处理，或徇私舞弊、滥用职权等造成不良后果的，按水政监察责任制有关规定追究其责任。

5. 本制度与其他制度的关系

本制度与《水行政执法责任制》相关联，水政监察人员执法如不执行巡查制度，造成不良后果的，水政监察队伍必须按照《水行政执法责任制》的规定问责。

6. 参考文本

水政监察巡查制度

第一条　为预防、遏制水事违法行为和水事纠纷的发生，及时发现和制止水事违法行为，根据《水政监察工作章程》（水利部令第 20 号）有关规定，制定本制度。

第二条　本制度所称巡查，是指水政监察队伍对水资源、河道、水域、水工程、水土保持生态环境、防汛抗旱和水文监测等有关设施开展的定期和不定期的检查活动。

第三条　水政监察巡查分为日常巡查、重点巡查和专项巡查。

日常巡查、重点巡查和专项巡查的具体范围由各级水政监察队伍根据本地水域及水工程等的分布情况及重要性分别确定。

执法巡查可与水行政征收、水法规宣传、水行政处罚等相结合。

第四条　水政监察巡查实行分级负责。

水利部安全监督司负责全国范围内水资源、湖泊、河道、水域、水工程、水土保持生态环境、防汛抗旱和水文监测设施的巡查和各总队巡查的抽查。

水利部各流域机构水政监察总队负责流域范围内水资源、湖泊、河道、水域、水工程、水土保持生态环境、防汛抗旱和水文监测设施的巡查和各支队、大队巡查的抽查。

省（市、自治区）水政监察总队负责全省（市、自治区）范围内水资源、湖泊、河道、水域、水工程、水土保持生态环境、防汛抗旱和水文监测设施的巡查和各支队、大队巡查的抽查。

市（州、盟）水政监察支队负责全市（州、盟）范围内水资源、河道、湖泊、水域、水工程、水土保持生态环境、防汛抗旱和水文监测设施的巡查和各大队巡查的抽查。

县（市、区、旗）水政监察大队负责本县（市、区、旗）范围内水资源、湖泊、河道、水域、水工程、水土保持生态环境、防汛抗旱和水文监测设施的巡查。

水利工程管理单位的水政监察队伍负责本工程管理范围内的巡查。

第五条　水政监察巡查的主要内容：

（一）在河道及水工程管理范围内违章种植各类高秆作物，违章修建、搭盖各类阻碍行洪的临时性、永久性建筑物、构筑物的行为；

（二）损毁堤防、护岸、闸坝、泵站、水工程建筑物，损毁防汛设施、水文监测设施、河岸地质监测设施以及通信照明等设施的行为；

（三）未经批准，在河道管理范围内违章开采砂石、取土、淘金、钻探、爆破、开采地下资源及进行考古发掘的行为；

（四）向河道、湖泊、水库、渠道倾倒垃圾、渣土等废弃物的行为；

（五）在饮用水水源保护区设置排污口或未经批准擅自在江河、湖泊新建、改建或者扩建排污口的行为；

（六）未经批准擅自取水的行为；

（七）破坏水土保持设施的行为；

（八）其他水事违法行为。

第六条　水利部安全监督司、水利部各流域机构及省级水政监察总队的巡查、抽查根据工作需要不定期进行。

市（州、盟）及水利部各流域机构水政监察支队对本辖区重点水工程或重点部位和易发案部位的巡查每月不得少于1次，对所辖水政监察大队巡查的抽查每季度不得少于1次；

县（市、区、旗）水政监察队伍日常巡查每月不得少于1次。

各级水利工程管理单位的水政监察队伍一般应每天开展巡查，如遇特殊情况，日常巡查每周应不少于两次。

第七条　各级水政监察队伍应制订年度巡查工作计划，确定不同阶段巡查工作方案，并做好巡查记录。

各巡查单位在执行巡查任务前，由水政监察队伍负责人确定巡查人员、路线、内容、方式等，执行巡查任务的人员每组不得少于两人。巡查时应携带执法证件、调查取证工具、通信工具和相关法律文书。巡查结束后，巡查人员应及时如实填写《巡查记录》并附巡查现场照片。

第八条　巡查人员对在巡查过程中发现的问题，应分别不同情况予以处理：

（一）对有可能发生水事纠纷和水事违法行为的，应有针对性地开展水法规宣传教育；

（二）对正在发生的水事违法行为，应书面责令其立即停止水事违法行为；

（三）对正在发生和已经发生的水事违法行为，如违法事实清楚，情节轻微，依法可按简易程序处理的，应按简易程序当场作出处理决定；对不适合用简易程序处理的，按一般程序处理，开展必要的调查取证；对情况紧急，案情重大的，应立即报告。

水工程单位、水政监察队伍巡查发现的问题，应制止违法行为，及时向有管辖权的水行政主管部门报告，并协助调查处理。

第九条　对违反本制度，不按要求组织巡查，或在巡查过程中不负责任，漏查漏报或隐瞒不报，或不按规定处理，或徇私舞弊、滥用职权等造成不良后果的，按水政监察责任制有关规定追究其责任。

第十条　本制度自公布之日起施行。

水行政执法程序规范

1. 依据

水行政执法程序规范的依据。《国务院关于加强市县政府依法行政的决定》（国发

〔2008〕17 号）规定："规范行政执法行为。市县政府及其部门要严格执行法律、法规、规章，依法行使权力、履行职责。要完善行政执法程序，根据有关法律、法规、规章的规定，对行政执法环节、步骤进行具体规范，切实做到流程清楚、要求具体、期限明确。"

2. 目的、意义

水行政执法程序规范的目的、意义。为了规范水行政执法行为，保障和监督水行政机关有效实施行政管理，维护公共利益和社会秩序，保护公民、法人或者其他组织的合法权益，根据《行政处罚法》和《国务院关于加强市县政府依法行政的决定》（国发〔2008〕17 号）等规定，制定本规范。本规范所称执法程序，是指水行政执法人员依照《行政处罚法》等规定，实施行政处罚应遵守的顺序、方式、步骤、时间等，制定并实施《水行政执法程序规范》的意义在于，体现法律的公平、正义，促进水政监察队伍依法行政，最终实现法治政府目标。

行政执法程序是指按照一定顺序、方式、步骤以及时间作出具体行政行为的过程。程序正确意味着程序正义，它与实体正义之间有着内在的联系，实体正义是结果价值，程序正义是执法人员在程序操作过程中所要实现的价值目标，是过程价值，主要体现在程序的运作过程中。执法程序对执法权合理、有效限制，是保证正义价值得以实现的重要手段，也是现代文明和法制社会的基本要求。因此，程序与实体同等重要，甚至高于实体。

3. 水行政执法程序规范规范的行为对象

本制度对水政监察队伍及其水政监察人员在执法中遵守法定程序的行为予以规范。

4. 主要内容

（1）原则

水行政执法人员查处违法案件必须以事实为依据，以法律为准绳，做到事实清楚、证据确凿、程序合法。

执法人员不遵守法定程序实施处罚的，其具体行政行为无效。

（2）查处水事违法案件必须遵守的程序

1）简易程序。

违法事实确凿并有法定依据，对公民处以五十元以下、对法人或者其他组织处以一千元以下罚款或者警告的，水行政执法人员可以当场作出水行政处罚决定，并遵守下列程序：

表明身份—确认违法事实—说明处罚理由及依据—告知陈述申辩权利—下达行政处罚决定书并告知救济权利—送达—执行—备案。

2）一般程序。

除依法可以当场作出水行政处罚决定的以外，公民、法人或者其他组织有符合下列条件的违法行为的，水行政处罚机关应当立案查处：具有违反水法规事实的；依照法律、法规、规章的规定应当给予水行政处罚的；属水行政处罚机关管辖的；违法行为未超过追究时效的。

程序为：立案—调查取证—审查—权利告知—（听证）—处罚—送达—（复议、诉讼）—执行—结案。

3）听证程序。

水行政处罚机关作出对公民处以超过五千元、对法人或者其他组织处以超过五万元罚款以及吊销许可证等水行政处罚之前，应当告知当事人有要求举行听证的权利；当事人要求听证的，水行政处罚机关应当组织听证。

省级人民政府规定听证的罚款数额与本规定数额不一致的，也可适用省级人民政府的规定。

程序为：告知—申请—确定主持人和听证员—通知—召开听证会—制作听证笔录。

（3）问责

行政执法人员不遵守法定程序，造成不良后果的，按照有关规定追究其责任。

本规范与其他制度的关系。本规范与《水行政执法过错或者错案责任追究制》有一定关联，水政监察人员执法如违反法定程序，水政监察队伍必须按照《水行政执法过错或者错案责任追究制》的规定问责。

5. 参考文本

水行政执法程序规范

第一条　为了规范水行政执法行为，保障和监督水政监察队伍有效实施行政管理，维护公共利益和社会秩序，保护公民、法人或者其他组织的合法权益，根据《行政处罚法》和《国务院关于加强市县政府依法行政的决定》（国发〔2008〕17号）等规定，制定本规范。

第二条　本规范所称执法程序，是指水行政执法人员依照《行政处罚法》等规定，实施行政处罚应遵守的顺序、方式、步骤、时间等。

第三条　水行政执法人员查处违法案件必须以事实为依据，以法律为准绳，做到事实清楚、证据确凿、程序合法。

第四条　执法人员不遵守法定程序实施处罚的，其具体行政行为无效。

第五条　查处水事违法案件，必须遵守以下程序：

（一）简易程序：违法事实确凿并有法定依据，对公民处以五十元以下、对法人或者其他组织处以1000元以下罚款或者警告的，水行政执法人员可以当场作出水行政处罚决定，并遵守下列程序：

表明身份—确认违法事实，说明处罚理由，告知陈述申辩权利—下达行政处罚决定书并告知救济权利—送达—执行—备案。

（二）一般程序：除依法可以当场作出水行政处罚决定的以外，公民、法人或者其他组织有符合下列条件的违法行为的，水行政处罚机关应当立案查处：具有违反水法规事实的；依照法律、法规、规章的规定应当给予水行政处罚的；属水行政处罚机关管辖的；违法行为未超过追究时效的。

程序为：立案—调查取证—审查—权利告知—（听证）—处罚—送达—（复议、诉讼）—执行—结案。

（三）听证程序：水行政处罚机关作出对公民处以超过五千元、对法人或者其他组织处以超过五万元罚款以及吊销许可证等水行政处罚之前，应当告知当事人有要求举行听证的权利；当事人要求听证的，水行政处罚机关应当组织听证。

省级人民政府规定听证的罚款数额与本规定数额不一致的，也可适用省级人民政府的规定。

程序为：告知—申请—确定主持人和听证员—通知—召开听证会—制作听证笔录。

第六条　行政处罚案件结案后，案件材料应及时归档。

第七条　行政执法人员不遵守法定程序，造成不良后果的，依照《水行政执法过错或者错案责任追究制》的规定追究其责任。

第八条　本规范自公布之日起执行。

水行政执法回避制度

1. 依据

（1）《行政处罚法》第四十二条第四项规定："当事人认为主持人与本案有直接利害关系的，有权申请回避。"

（2）国务院《关于印发全面推进依法行政实施纲要的通知》（国发〔2004〕10号）规定："行政机关工作人员履行职责，与行政管理相对人存在利害关系时，应当回避。"

2. 目的、意义

《行政处罚法》赋予了当事人及其法定代理人申请回避的权利，在行政执法活动中，执法人员、听证主持人、听证员、书记员等遇有应当回避的情形时，应当自行回避。如果应当回避而没有回避，当事人及其法定代理人有权要求他们回避。

设立回避制度的意义在于：

（1）有利于防止办案人员先入为主或徇私舞弊，保证其客观、公正地处理水事案件

执法人员、听证主持人、听证员、书记员等作为国家行政机关的工作人员，在处理案件时应当做到客观公正。如果他们与案件或案件当事人有利害关系或其他特殊关系，

就有可能不自觉地偏袒一方或者徇私偏袒一方当事人，从而影响案件客观、公正；如果他们曾经担任过本案的一些工作，就可能先入为主，影响他们对案件情况的正确判断。严格执行回避制度，可以避免上述情况的发生，消除案件处理过程中不公正的因素，有利于案件得到客观公正处理。

（2）有利于消除当事人及其法定代理人的思想顾虑，促进水行政执法的顺利进行

执法人员、听证主持人、听证员、书记员等如果具有应当回避的情形而没有回避，仍然参加案件的处理，即使案件处理公正，也难以消除当事人及其法定代理人的怀疑，从而引起不必要的上诉或申诉，增加行政机关的工作负担，妨碍查处水事案件的顺利进行。实行回避制度，有助于解除他们的思想顾虑，增强他们对案件处理结果的信任，维护水行政机关的威信，减少不必要的上诉或申诉。

3. 本制度规范的行为

本制度对各级水政监察机构执法人员主动回避，自觉接受社会监督行为予以规范。

4. 主要内容

（1）主动申请回避情形

有下列情形之一的，行政执法人员、听证主持人、听证员、书记员应主动申请回避：

1）行政执法相对人是本人的亲属的；

2）相对人与本人或本人的亲属有利害关系的；

3）行政执法事项与本人、本人的亲属有其他利害关系，可能影响秉公处理的。

（2）相对人申请回避情形

有下列情形之一的，行政执法相对人有权申请执法人员回避

1）执法人员和行政执法事项有利害关系的；

2）行政执法结果可能影响有关执法人员利益的；

3）执法人员私自会见行政执法其他相对人及其委托的人员，或者接受其他相对人及其委托的人员请客送礼的。

（3）定义

本制度所指亲属包括配偶、直系血亲（包括祖父母、外祖父母、父母、子女、孙子女、外孙女子）、三代以内旁系血亲（包括伯叔姑舅姨、兄弟姐妹、堂兄弟姐妹、表兄弟姐妹、侄子女、甥子女）以及近姻亲（包括配偶的父母、配偶的兄弟姐妹及其配偶、子女的配偶及子女配偶的父母、三代以内旁系血亲的配偶）；利害关系是指执法人员及其亲属与相对人存在战友、同学、同事、同乡、经营伙伴等关系。

（4）程序

回避应以书面形式提出，并执行以下程序：

1）主动回避。

办案人员、听证人员应向水政监察机构负责人提出回避申请，办案人员、听证主持

人系水政监察机构负责人的，应向行政机关领导申请回避，由相关领导审核并作出是否回避的决定。

2）行政执法相对人申请回避。

行政执法相对人及其法定代理人认为参加行政执法活动的执法人员具有法定回避的情形，应当以书面形式向该行政执法机关提出申请，要求有关执法人员不得参加特定的行政执法活动。

（5）相关规定

有关工作人员被确定必须实行回避后，不得以任何方式参与或影响特定的行政执法活动。

（6）问责

应当回避而未主动申请回避或故意不回避的，予以批评教育，因未回避给水行政执法造成损失或者不良影响的，给予当事人行政处分。

本制度与其他制度的关系。本制度与《水行政执法过错或者错案责任追究制》《水政监察队伍接受社会监督制度》相关联，同属于监督制度。

5. 参考文本

水行政执法回避制度

第一条　为促进廉政建设，确保公平、公正执法，根据《行政处罚法》、国务院《关于印发全面推进依法行政实施纲要的通知》（国发〔2004〕10号）等法律和文件规定，制定本制度。

第二条　本制度所称回避制度是指水行政执法人员在查处水行政执法案件和参加听证活动时，实行回避接受社会监督的制度。

第三条　有下列情形之一的，行政执法人员、听证主持人、听证员、书记员应主动申请回避：

（一）行政执法相对人是本人的亲属的；

（二）相对人与本人或本人的亲属有利害关系的；

（三）行政执法事项与本人、本人的亲属有其他利害关系，可能影响秉公处理的；

第四条　有下列情形之一的，行政执法相对人有权申请执法人员回避：

（一）执法人员和行政执法事项有利害关系的；

（二）行政执法结果可能影响有关执法人员利益的；

（三）执法人员私自会见行政执法其他相对人及其委托的人员，或者接受其他相对人及其委托的人员请客送礼的。

第五条　本制度所指亲属包括配偶、直系血亲（包括祖父母、外祖父母、父母、子女、孙子女、外孙女子）、三代以内旁系血亲（包括伯叔姑舅姨、兄弟姐妹、堂兄弟姐妹、表兄弟姐妹、侄子女、甥子女）以及近姻亲（包括配偶的父母、配偶的兄弟姐妹及其配偶、子女的配偶及子女配偶的父母、三代以内旁系血亲的配偶）；利害关系是指执法人员及其亲属与相对人具有战友、同学、同事、同乡、经营伙伴等关系。

第六条　回避应以书面形式提出，并执行以下程序。

（一）主动回避：办案人员、听证人员应向水政监察机构负责人提出回避申请，办案人员、听证主持人系水政监察机构负责人的，应向行政机关领导申请回避，由相关领导审核并作出是否回避的决定。

（二）行政执法相对人申请回避：行政执法相对人及其法定代理人认为参加行政执法活动的执法人员具有法定回避的情形，应当以书面形式向该行政执法机关提出申请，要求有关执法人员不得参加特定的行政执法活动。

第七条　有关工作人员被确定必须实行回避后，不得以任何方式参与或影响特定的行政执法活动。

第八条　应当回避而未主动申请回避或故意不回避的，予以批评教育，因未回避给水行政执法造成损失或者不良影响的，给予当事人行政处分。

第九条　本制度自公布之日起施行。

水行政执法法律文书规范

1. 依据

2008 年 6 月 4 日，国务院法制办公室下发了《关于印发〈行政复议法律文书示范文本〉的通知》（国法函〔2008〕196 号），对行政复议文书制作进行了规范。该法律文书示范文本虽然是针对行政复议设计的，但对行政处罚文书的制作提供了参考。

1996 年 3 月，水利部下发《关于印发水政监察规范化建设实施意见的通知》（政资监〔1996〕2 号），规定："执法文书标准化。按照《行政处罚法》和水利部令第 3 号《违反水法规行政处罚程序暂行规定》的规定，统一执法文书格式，提高执法人员制作法律文书的水平和立卷归档质量，逐步做到法律文书标准化、科学化。"

2. 目的、意义

为了规范水行政执法行为，保障和监督水行政机关有效实施行政管理，维护公共利益和社会秩序，保护公民、法人或者其他组织的合法权益，根据《行政处罚法》、国务院法制办公室《关于印发〈行政复议法律文书示范文本〉的通知》（国法函〔2008〕196号）和水利部《关于印发水政监察规范化建设实施意见的通知》（政资监〔1996〕2 号）等规定，制定本规范。本规范所称执法法律文书，是指水行政执法人员依照《行政处罚法》等规定，实施行政处罚应填写和制作的法律文书。制定并实施《水行政执法法律文书规范》的意义在于，促进水政监察队伍依法行政，最终实现法治政府目标。

3. 本制度规范的行为

本制度对水政监察人员在执法中填写、制作法律文书的行为予以规范。

4. 主要内容

（1）执法文书类别

执法文书分为填写式、制作式。凡送达当事人或其他单位的文书为制作式，一般应用电脑打印；凡记录类文书为填写式，一般应用钢笔填写、记录。

（2）一般规定

水行政执法人员填写和制作文书，应符合国务院办公厅《国家行政机关公文格式》的规定，文书案卷立卷归档应符合国家技术监督局、国家档案局《文书档案案卷格式》的规定。

（3）发文机关名称印制要求

发文机关名称上边缘距上页边的距离为 30mm，推荐使用小标宋体字。字号以醒目、美观为原则酌定，但一般应小于 22mm×15mm（高×宽）。

发文机关全称下 4mm 处为一条武文线（上粗下细），距下边 20mm 处为一条文武线（上细下粗），两条长线均为 170mm，两线间每面排 22 行，每行居中排 28 个字，首页不显示页码。发文机关名称及双线均印红色。

（4）拟稿人、审核人、签发人标识

存档件应在发文机关下、武文线上标识拟稿人、审核人、签发人。送达当事人和其他单位的文书不需标识。

（5）发文字号标识

发文字号置于武文线下 1 行版心右侧边缘顶格标识。

发文字号由发文机关代字、年份和序号组成。年份、序号用阿拉伯数码标识，年份应用全称，用六角括号"〔〕"括入，序号不编虚位（即 1 不编为 001），不加"第"字。

（6）标题要求

标题用 2 号小标宋体字，武文线下空 2 行居中排布。回行时要做到词意完整，排列对称，间距恰当。

（7）案由

案由由姓名或名称＋事由＋案组成，案由必须与法律、法规、规章的表述完全一致。法律、法规、规章规定的案由为综合类的，应准确选择其中的一项作为本案案由。

（8）正文要求

正文用 3 号仿宋字，双面印刷。数字、年份不能回行。

（9）当事人姓名或名称核对

当事人姓名或名称应做到准确无误，与居民身份证或工商营业执照登记的名称（或公章上的名称）一致。

（10）成文日期要求

成文日期用汉字将年、月、日标全，"零"写为"0"，落款处应署发文机关全称，日期和落款均靠右下位置。

（11）加盖印章要求

加盖印章应端正、居中，下压成文日期。加盖的印章应符合执法主体的规定。

（12）用纸要求

文书用纸一般应使用纸张定量为60～80克的胶纸或复写纸，A4纸型。纸张白度为85%～90%，横向耐折度≥15次，不透明度≥85%。

（13）回执

凡送达当事人、移交外单位的文书，必须同时制发《送达回证》。

（14）立卷归档

文书案卷立卷归档应符合国家技术监督局、国家档案局《文书档案案卷格式》的规定。

5. 本规范与其他制度的关系

本制度与《水行政执法程序规范》《水行政执法过错或者错案责任追究制》有一定关联，水政监察人员如填写、制作法律文书错误，违反法定程序，水政监察队伍应按照《水行政执法过错或者错案责任追究制》的规定问责。

6. 参考文本

水行政执法法律文书规范

第一条 为了规范水行政执法行为，保障和监督水政监察队伍有效实施行政管理，保护公民、法人或者其他组织的合法权益，根据《行政处罚法》、国务院法制办公室《关于印发〈行政复议法律文书示范文本〉的通知》（国法函〔2008〕196号）和水利部《关于印发水政监察规范化建设实施意见的通知》（政资监〔1996〕2号）等规定，制定本规范。

第二条 本规范所称执法文书，是指水行政执法人员依照《行政处罚法》《水行政处罚实施办法》（水利部令第8号）等规定，实施行政处罚时填写和制作的法律文书。

第三条 执法文书分为填写式、制作式。

凡送达当事人或其他单位的文书为制作式，一般应用电脑打印；凡记录类文书为填写式，一般应用钢笔填写、记录。

第四条 水行政执法人员填写和制作文书，应符合国务院办公厅《国家行政机关公文格式》要求，按照本规范、文书文本和文书说明填写、制作。

第五条　发文机关名称上边缘距上页边的距离为30mm，推荐使用小标宋体字。字号以醒目、美观为原则酌定，但一般应小于22mm×15mm（高×宽）。

发文机关全称后不要加"文件"二字。

发文机关全称下4mm处为一条武文线（上粗下细），距下边20mm处为一条文武线（上细下粗），两条长线均为170mm，每行居中排28个字，每面排22行。首页不显示页码。发文机关名称及双线均印红色。

发文机关名称应与公章上的名称完全一致。

第六条　存档件应在发文机关下、武文线上标识拟稿人、审核人、签发人。送达当事人和其他单位的文书不需标识拟稿人、审核人、签发人。

第七条　发文字号置于武文线下1行版心右侧边缘顶格标识。

发文字号由发文机关代字、年份和序号组成。年份、序号用阿拉伯数码标识，年份应用全称，用六角括号"〔〕"括入，序号不编虚位（即1不编为001），不加"第"字。

第八条　标题用2号小标宋体字，武文线下空2行居中排布。回行时要做到词意完整，排列对称，间距恰当。

第九条　正文用3号仿宋字，数字、年份不能回行，双面印刷。

第十条　成文日期用汉字将年、月、日标全，"零"写为"0"，落款应署发文机关全称，日期和落款均靠右下位置。

第十一条　加盖印章应端正、居中，下压成文日期。加盖的印章应符合执法主体的规定，不得加盖行政机关内设机构、未经法律法规授权的水政监察队伍、水利规费征收站和水利工程管理单位等印章。

第十二条　文书用纸应使用纸张定量为60~80克的胶纸或复写纸，A4纸型。纸张白度为85%~90%，横向耐折度≥15次，不透明度≥85%。

第十三条　案由姓名或名称十事由十案组成，案由必须与法律、法规、规章的表述完全一致。法律、法规、规章规定的案由为综合类的，应准确选择其中的一项作为本案案由。

第十四条　当事人姓名或名称应做到准确无误，与居民身份证或工商营业执照登记的名称（或公章）保持一致。

第十五条　填写、制作《责令停止违法行为通知书》，当事人必须具有违法事实，且证据确凿。

责令停止违法行为非行政处罚，文书中不能含有处罚、处理等内容。

本文书可以在一般程序中下达，也可在立案前或巡查时下达。

第十六条　凡送达当事人、移交外单位的文书，必须同时制发《送达回证》。

第十七条　水事案件法律文书中对当事人违法行为定性，除《行政处罚决定书》《不予行政处罚决定书》以外，均应表述为"涉嫌违反了……"字样。

第十八条　探索说理式文书，使当事人知法、知情、知理，化解矛盾，消除阻力，促进人水和谐。制作说理式《行政处罚决定书》时，不得缺少《行政处罚法》第三十九条规定的下列事项：

（一）当事人的姓名或者名称、地址；

（二）违反法律、法规或者规章的事实和证据；

（三）行政处罚的种类和依据；

（四）行政处罚的履行方式和期限；

（五）不服行政处罚决定，申请行政复议或者提起行政诉讼的途径和期限；

（六）作出行政处罚决定的行政机关名称和作出决定的日期。

第十九条　制作说理式《行政处罚决定书》，必须结构严谨、说理透彻、逻辑性强，同时满足以下要求：

（一）当事人信息完整；

（二）案件查处情况、执法程序表述充分；

（三）列举违法事实；

（四）列举证明违法事实的证据；

（五）对案件定性、适用依据、自由裁量进行充分说理。

第二十条　文书案卷立卷归档应符合国家技术监督局、国家档案局《文书档案案卷格式》的规定。

第二十一条　本规范未尽事宜，可参阅文书说明。

第二十二条　本规范自公布之日起施行。

水行政执法案卷评查制度

1. 依据

《国务院关于印发全面推进依法行政实施纲要的通知》（国发〔2004〕10号）规定："健全行政执法案卷评查制度。行政机关应当建立有关行政处罚、行政许可、行政强制等行政执法的案卷。对公民、法人和其他组织的有关监督检查记录、证据材料、执法文书应当立卷归档。"《国务院关于加强市县政府依法行政的决定》（国发〔2008〕17号）规定："完善行政执法程序，根据有关法律、法规、规章的规定，对行政执法环节、步骤进行具体规范……建立监督检查记录制度，完善行政处罚、行政许可、行政强制、行政征收或者征用等行政执法案卷的评查制度。"

2. 目的、意义

为了规范水行政执法行为、提高办案质量、全面提升依法行政水平，根据以上规定，制定本制度。本制度所称行政执法案卷评查，是指对水政监察队伍已办结的行政处罚案卷、行政强制案卷、行政征收案卷、行政许可案卷进行评查活动的制度。

行政执法案卷评查，对规范和监督行政执法行为、落实行政执法责任制、提高执法人员素质、树立依法行政观念、纠正违法行为等方面具有重大意义。

（1）有利于促进合法行政

行政执法案卷制度通过定期或者不定期抽查行政执法案卷，可以有效对个案执法质量的监督和评估，有力地深化行政执法程序观念，通过程序正义实现实体正义。

（2）有利于促进合理行政

行政执法案卷评查制度的推行，必然要求建立行政执法行为的评价标准，而行政执法行为的评价标准有利于"相同案件相同处理，不同案件不同处理"，通过对行政执法案件适用尺度的分析，进一步细化、梳理行政执法自由裁量权，做到合理行政。

（3）有利于促进行政公开

阳光是最好的防腐剂，将行政执法案卷评查结果向群众公开、向媒体公开、向社会公开，有利于贯彻政务公开原则。

（4）有利于促进奖惩机制

行政执法案卷评查制度通过客观的行政执法评价标准，评价水行政执法机关及其水行政执法人员的执法行为，并通过案卷评查结果，同公务员的选拔、培训和晋升等制度有机地结合起来，形成整体互动的良性循环机制。

（5）有利于遏制行政不作为

通过案卷统计，基层水行政执法机关是否存在不作为，一目了然。如果某个执法机关两三年甚至更长时间没有行政执法案卷，就基本可以认定存在行政不作为。

（6）有利于抵制行政干预

在执法实践中，难免遇到行政干预，实施行政执法案卷评查制度，对行政干预具有较强的威慑力，行政干预现象会得到有效遏制。

3. 本制度规范的行为

本制度对水政监察队伍已办结的行政处罚案卷、行政强制案卷、行政征收案卷、行政许可案卷的评查活动进行规范。

4. 主要内容

（1）评查机构

上一级水政监察机构为下一级水政监察机构案卷评查的机构，负责案卷评查工作。

水利部安监司办理案件的案卷，由部指定机构进行评查。

（2）原则

案卷评查工作应当客观公正、实事求是，严格程序和标准，确保案卷评查工作的质量和效果。

（3）评查方式

案卷评查工作采取执法单位自查与评查、抽查相结合的方式。自查由办案单位每季度进行一次，每季度次月 10 日前完成上季度办结的执法案卷的评查。上一级水政监察机构不定期抽查，每年应组织一次本行政区域、本流域内的水行政执法案卷评查活动。

（4）一般规定

案卷评查应当一案一评。案卷评查情况、评查得分及扣分理由应书面记录在卷内评查表内，并由评查人签名。

上一级水政监察机构应结合案卷评查情况，及时对行政执法情况进行分析，提出改进意见和建议；每年年终或次年一季度前提交案卷评查报告，送本机关分管领导和执法监督机构，并报上级水行政机关备案。

水利部办理案件的案卷评查报告，根据规定，报国务院法制办备案。

（5）评查等次

案卷评查采取百分制形式，得分在 90 分以上的，为优秀案卷；得分在 80～89 分的，为良好案卷；得分在 79 分及以下的为较差案卷。

（6）问责

在评查过程中发现的问题应及时反馈给水政监察机构，要求其限期改正，并将评查结果予以通报。上级水政监察机构可根据案卷评查结果对办案人员予以奖惩。

5. 本制度与其他制度的关系

本制度与《水政监察工作考核及奖惩办法》《水行政执法过错或者错案责任追究制》《水行政执法责任制》等制度相关联，对案卷评查出的问题，要依照《水行政执法过错或者错案责任追究制》《水行政评议考核及奖惩办法》和《水行政执法责任制》的有关规定处理。

6. 参考文本

水行政执法案卷评查制度

第一条　为了规范水行政执法行为，提高办案质量，全面提升依法行政水平，根据国务院《全面推进依法行政实施纲要》（国发〔2004〕10 号）规定，制定本制度。

第二条　本制度所称行政执法案卷评查，是指对行政执法单位已办结的行政处罚案卷、行政强制案卷、行政征收案卷、行政许可案卷进行评查活动的制度。

第三条　案卷评查标准由水利部制定。

第四条　上一级水政监察机构为下一级水政监察机构案卷评查的机构，负责案卷评查工作。

水利部安全监督司办理案件的案卷，由部指定机构负责评查。

第五条　案卷评查工作坚持客观公正、实事求是，严格程序和标准，确保案卷评查工作的质量和效果。

第六条　案卷评查工作采取自查与评查、抽查相结合的方式。自查由办案单位在个案结案后的 10 个工作日内进行。上一级水政监察队伍不定期抽查，每年应组织一次本行政区域、本流域内的水行政执法案卷评查活动。

第七条　案卷评查应当一案一评。案卷评查情况、评查得分及扣分理由应书面记录在卷内评查表内，并由评查人签名。

第八条　上一级水政监察机构应结合案卷评查情况，及时对行政执法情况进行分析，提出改进意见和建议；每年年终或次年一季度前提交案卷评查报告，送本机关分管领导和执法监督机构，并报上级水行政机关备案。

水利部办理案件的评查报告，根据需要报国务院法制办备案。

第九条　案卷评查采取百分制形式，得分在 90 分以上的，为优秀案卷；得分在 80 分至 89 分的，为良好案卷；得分在 79 分及以下的为较差案卷。

第十条　在评查过程中发现的问题应及时反馈水政监察机构，要求其限期改正，并将评查结果予以通报。本级水行政机关和上级水行政机关可根据案卷评查结果对办案人员予以奖惩。

第十一条　本制度自公布之日起施行。

水行政执法自由裁量制度

1. 依据

《国务院关于加强市县政府依法行政的决定》（国发〔2008〕17 号）规定："要抓紧组织行政执法机关对法律、法规、规章规定的有裁量幅度的行政处罚、行政许可条款进行梳理，根据当地经济社会发展实际，对行政裁量权予以细化，能够量化的予以量化，并将细化、量化的行政裁量标准予以公布、执行。"

2. 目的、意义

为了保证水政监察队伍公平、公正地行使行政处罚自由裁量权，促进依法行政，根据《行政处罚法》等法律、法规和以上规定，结合水行政执法实际，制定本制度。本制度所称自由裁量权，是指水政监察队伍在实施行政处罚时，在法律、法规和规章规定的幅度内可以合理适用处罚种类或者处罚幅度的权限，建立《水行政执法自由裁量制度》有利于执法人员公正执法、廉洁从政、抵制行政干预。

3. 本制度规范的行为

本制度对水政监察机构与人员行使行政处罚自由裁量权行为予以规范。

4. 主要内容

（1）原则

行政处罚，严格实行公平、公正原则，处罚与教育相结合的原则。实施行政处罚时，必须以事实为依据，以法律为准绳，在行使自由裁量权时应当考虑违法行为的事实、性质、情节以及社会危害程度等，作出的行政处罚要与违法行为相当。

同一违法行为违反了不同法律规范的，在适用法律、法规、规章时应当遵循下列原则：

1）上位法优于下位法；

2）特别法优于普通法；

3）新法优于旧法。

同一违法行为违反了不同法律规范，不同法律规范规定的处罚种类不同，可以根据情况选择不同的法律规范给予处罚，但不得重复处罚。

（2）适用范围

本制度适用于对违法行为确定处罚种类和实施罚款处罚的建议、审查、决定。

（3）裁量适用

法律、法规、规章设定的罚款数额有一定幅度的，在幅度范围内分为从重处罚适用、一般处罚适用和从轻处罚适用。

1）从重情形

当事人有以下情形的，应当依法从重处罚：

被处罚单位或个人在主观上有违法故意的；

被处罚单位或个人经教育后，拒不改正违法行为，或屡教不改，再次实施违法行为的；

社会危害大的、群众投诉多的违法行为。

从重处罚的罚款数额不得高于法定最高罚款数额。

2）从轻情形

当事人有以下情形的，应当依法从轻处罚：

主动消除或者减轻违法行为危害后果的；

受他人胁迫有违法行为的；

配合水行政机关查处违法行为有立功表现的；

当事人在主观上没有违法故意的；

社会危害或社会影响不大的。

从轻处罚的罚款数额不得低于法定最低罚款数额。

3）免于处罚情形

对于违法情节轻微并及时纠正的，没有造成危害后果的，可依照《行政处罚法》第二十七条规定不予处罚。

（4）处理建议

案件调查终结后，办案人员可以对行政处罚的种类和幅度行使建议权，提出拟作出处罚的种类和幅度。办案人员应当在案件调查终结报告中充分阐述行使裁量权的事实、理由和依据。

（5）裁量决定权

从重、从轻或免于处罚的处理意见，应当报请水行政执法机关主管领导决定，必要时由水行政执法机关办公会议集体讨论决定。

5. 本制度与其他制度的关系

本制度与《水行政执法过错或者错案责任追究制》相关联，执法人员行使自由裁量权错误的，必须依照《水行政执法过错或者错案责任追究制》追究责任。

6. 参考文本

水行政执法自由裁量制度

第一条 为了保证水政监察队伍公平、公正地行使行政处罚自由裁量权，促进依法行政，根据《中华人民共和国行政处罚法》等法律、法规和以上规定，结合水行政执法实际，制定本制度。

第二条 本制度所称自由裁量权，是指水政监察队伍在实施行政处罚时，在法律、法规和规章规定的幅度内可以合理适用处罚种类或者处罚幅度的权限。

第三条 行政处罚，严格实行公平、公正原则，处罚与教育相结合。的原则。实施行政处罚时，必须以事实为依据，以法律为准绳，在行使自由裁量权时应当考虑违法行为的事实、性质、情节以及社会危害程度等，作出的行政处罚要与违法行为相当。

第四条 本制度适用于对违法行为确定处罚种类和实施罚款处罚的建议：审查、决定。

第五条 法律、法规、规章规定的处罚种类可以单处或并处的，可以选择适用；对规定应当并处的，不得选择适用。

第六条 同一违法行为违反了不同法律规范的，在适用法律、法规、规章时应当遵循下列原则：

（一）上位法优于下位法；

（二）特别法优于普通法；

（三）新法优于旧法。

同一违法行为违反了不同法律规范，不同法律规范规定的处罚种类不同，可以根据情况选择不同的法律规范给予处罚，但不得重复处罚。

第七条 法律、法规、规章设定的罚款数额有一定幅度的，在幅度范围内分为从重处罚适用、一般处罚适用和从轻处罚适用。

第八条　行政执法相对人有以下情形的，应当依法从重处罚：

（一）当事人在主观上有违法故意的；

（二）当事人经教育后，拒不改正违法行为，或屡教不改，再次实施违法行为的；

（三）社会危害大的、群众投诉多的违法行为。

从重处罚的罚款数额不得高于法定最高罚款数额。

第九条　行政执法相对人有以下情形的，应当依法从轻处罚：

（一）主动消除或者减轻违法行为危害后果的；

（二）受他人胁迫有违法行为的；

（三）配合水行政机关查处违法行为有立功表现的；

（四）当事人在主观上没有违法故意的；

（五）社会危害或社会影响不大的。

从轻处罚的罚款数额不得低于法定最低罚款数额。

第十条　对于违法情节轻微并及时纠正的，没有造成危害后果的，可依照《行政处罚法》第二十七条规定不予处罚。

第十一条　案件调查终结后，办案人员可以对行政处罚的种类和幅度行使建议权，提出拟作出处罚的种类和幅度。办案人员应当在案件调查报告中阐述行使裁量权的事实、理由和依据。

第十二条　有从轻或者从重处罚情形的，办案部门、核审部门及审批负责人应当严格按照对应的裁量权确定处罚数额。

第十三条　有减轻处罚或免于处罚情形的，应当报请行政执法机关主管领导决定，必要时提请行政执法机关办公会议讨论决定。

第十四条　本制度自公布之日起施行。

水行政执法"罚缴分离"制度

1. 依据

（1）《行政处罚法》第四十六条规定："作出罚款决定的行政机关应当与收缴罚款的机构分离。除依照本法第四十七条、第四十八条的规定当场收缴的罚款外，作出行政处罚决定的行政机关及其执法人员不得自行收缴罚款。"

（2）国务院《罚款决定与罚款收缴分离实施办法》（国务院令第235号）第三条规定："作出罚款决定的行政机关应当与收缴罚款的机构分离；但是，依照行政处罚法的规定可以当场收缴罚款的除外。"第四条规定："罚款必须全部上缴国库，任何行政机关、组织或者个人不得以任何形式截留、私分或者变相私分。行政机关执法所需经费的拨付，按照国家有关规定执行。"

（3）《国务院关于全面推进依法行政的决定》（国发〔1999〕23号）规定："要依照行政处罚法的规定，实行罚款'罚缴分离'制度。"

2. 目的、意义

为了加强对罚没款收缴活动监督，促进依法行政，根据上述规定，制定本制度。罚款是水行政机关对危害行政管理秩序的违法行为，依法采取的行政制裁措施，实行"罚缴分离"制度，对于转变政府职能，提高行政权威和行政效率，规范执法行为，加强廉政建设，防止罚没收入流失，维护公民、法人和其他组织的合法权益，具有重要意义。

3. 本制度规范的行为

本制度是对水政监察队伍在执法过程中的罚款、没收财物的行为加以规范。

4. 主要内容

（1）当场收缴罚款情形

依照《行政处罚法》第四十七条、第四十八条规定，有下列情形之一的，水行政执法人员可以当场收缴罚款：

1）依法给予二十元以下的罚款的；

2）不当场收缴事后难以执行的。

3）在边远、水上、交通不便地区，水行政机关及其执法人员依照《行政处罚法》第三十三条、第三十八条的规定作出罚款决定后，当事人向指定的银行缴纳罚款确有困难，经当事人提出，水行政机关及其执法人员可以当场收缴罚款。

（2）当场收缴罚款票据规定

水行政执法人员当场收缴罚款的，必须向当事人出具省级财政部门统一制发的罚没款收据；不出具财政部门统一制发的罚款收据的，当事人有权拒绝缴纳罚没款和向有关部门举报。

（3）当场收缴的罚款上交时间

水行政执法人员当场收缴的罚款，应当自收缴罚款之日起两个工作日内交至本级水行政机关；在水上当场收缴的罚款，应当自抵岸之日起两个工作日内交至本级水行政机关；水行政执法机关应当在两个工作日内将所收罚没款缴付至财政部门指定的银行专户。

水行政执法机关按照法律、法规规定没收的财物，除依法应当予以销毁的以外，应及时送缴财政部门集中保管，并按规定处理。承办单位或个人要做好交接工作，并将有关手续交给本单位备案、存档。

（4）罚缴分离

作出行政处罚决定的水行政执法机关，除法律规定可以当场收缴罚没款的以外，不得自行收缴罚没款。行政执法机关作出罚款决定后，将行政处罚决定书送达当事人，当事人持行政处罚决定书在法定期限内到指定的银行缴纳罚款，银行收受罚款后，直接上缴国库。

（5）监管

水政监察队伍应加强对罚没款监管，派专人定期与罚没款代收单位进行罚没款金额、数目的核对，发现问题，及时纠正。

（6）问责

违反本制度的，由水行政主管部门或者有关部门对直接负责的主管人员或其他直接责任人员依法给予行政处分，构成犯罪的移送司法机关追究刑事责任。

5. 本制度与其他制度的关系

本制度与《水行政执法责任制》《水行政执法过错或者错案责任追究制》相关联，水政监察人员执法如不实行罚缴分离制度，造成不良后果的，水政监察队伍必须按照《水行政执法责任制》《水行政执法过错或者错案责任追究制》的规定问责。

6. 参考文本

水行政执法"罚缴分离"制度

第一条　为了加强对罚没款收缴活动监督，促进依法行政，根据《行政处罚法》和《罚款决定与罚款收缴分离实施办法》（国务院令第 235 号）、《国务院关于全面推进依法行政的决定》（国发〔1999〕23 号）等规定，制定本制度。

第二条　作出行政处罚决定的水行政执法机关，不得自行收缴罚没款，法律规定可以当场收缴罚没款的除外。

第三条　依照《行政处罚法》第四十七、四十八条规定，有下列情形之一的，水行政执法人员可以当场收缴罚款：

（一）依法给予 20 元以下的罚款的；

（二）不当场收缴事后难以执行的；

（三）在边远、水上、交通不便地区，水行政机关及其执法人员依照

《行政处罚法》第三十三、三十八条的规定作出罚款决定后，当事人向指定的银行缴纳罚款确有困难，经当事人提出，水行政机关及其执法人员可以当场收缴罚款。

第四条　水行政执法人员当场收缴罚款的，必须向当事人出具省级财政部门统一制发的罚没款收据；不出具财政部门统一制发的罚款收据的，当事人有权拒绝缴纳罚没款和向有关部门举报。

第五条　水行政执法人员当场收缴的罚款，应当自收缴罚款之日起两个工作日内交至本级水行政机关；在水上当场收缴的罚款，应当自抵岸之日起两个工作日内交至本级水行政机关；水行政执法机关应当在两个工作日内将所收罚没款缴付至财政部门指定的银行专户。

第六条 水行政执法机关按照法律、法规规定没收的财物，除依法应当予以销毁的以外，应及时送缴财政部门集中保管，并按规定处理，承办单位或个人做好交接工作，并将有关手续交给本单位备案、存档。

第七条 水行政执法机关应加强对罚没款监管，派专人定期与罚没款代收单位进行罚没款金额、数目的核对，发现问题，及时纠正。

第八条 违反本制度的，由水行政主管部门或者有关部门对直接负责的主管人员或其他直接责任人员依法给予行政处分，构成犯罪的移送司法机关追究刑事责任。

第九条 本制度自公布之日起施行。

水行政执法案件办理制度

1. 依据

《水政监察工作章程》（水利部令第13号）第二十条规定："水政监察队伍应当建立和完善执法责任分解制度、水政监察巡查制度、错案责任追究制度、执法统计制度、执法责任追究制度以及水行政执法案件的登记、立案、审批、审核及目标管理等水政监察工作制度。"

2. 目的、意义

案件的登记、立案、审核、审批是案件进入法定程序的具体操作过程和必要前提，是实施行政处罚的必经阶段，对于及时有效地查处水事违法案件，维护正常的水事秩序具有十分重要的意义。为了规范执法行为，根据《水政监察工作章程》（水利部令第13号）规定，制定本制度。

3. 本制度规范的行为

本制度规范的是水政监察队伍按一般程序处理案件的行为。

4. 主要内容

（1）案件的受理登记

有下列情形应及时登记：

1）接到单位或个人有关水政违法行为的控告、举报；

2）接待群众来访；

3）在日常执法和水政监察巡查中，发现的水事违法行为；

4）本级政府、上级业务主管部门或其他部门交办或移交的案件。

水利系统内部单位、处（科、股）室报案，必须提交书面报案材料。

（2）立案

1）立案条件。经审查，符合下列条件的水事违法案件应当受理立案：

具有违反水法规事实的；

依照法律、法规、规章规定应当给予水行政处罚的；

属于本级水行政处罚机关管辖的；

违法行为未超过追究时效的。

2）立案程序。

符合立案条件的，由承办人填写《立案呈批表》，写明案件来源、案情及发案地点和时间、立案的法律依据和承办人的初步意见。

对于经过审查，不符合立案条件的，应当及时作出不予立案的决定，由原受理的水政监察人员通知举报人、控告人和移送、交办机关，并告知原因。

承办人填写的《立案呈批表》，须报经水行政主管部门负责人签署同意立案意见，并注明确切时间。

（3）调查取证及提出初步处理意见

立案批准后，由水政监察机构指派两人以上水政监察人员调查取证，写出调查报告，提出初步处理（处罚）意见。

（4）案件的审查

1）《调查报告》经办案机构负责人审查后，报水行政主管部门分管领导审查。

2）审查原则：审查工作必须遵循"实事求是，有错必纠"的原则。要重证据、重调查研究，尊重客观事实，认真分析案情，防止主观臆断。

3）审查内容。

对办案程序进行审核，看有无违反办案程序的情况以及因违反程序而影响案件的处理。

对全案的事实和证据加以审查。鉴别证据，判明真伪，使案件事实更清楚、证据更具证明力。

对案件性质及处理依据进行审核。判断定性是否正确，适用法律依据是否准确、处理建议是否恰当。

审定意见。案件经过审查后，行政执法机关领导应签署对案件事实、案件性质、适用法律及查处程序是否完整、正确、合法的具体意见和建议。

对情节复杂或者重大违法行为给予较重的行政处罚，行政机关的负责人应当集体讨论。

（5）备案

凡符合向上级主管部门备案条件的案件，应呈报上级备案。

5. 本制度与其他制度的关系

本制度与《水行政执法责任制》《水行政执法案卷评查制度》《水行政执法评议考核及奖惩办法》相关联，本制度执行如何，关系到水政监察队伍后续执法行为的正确与否，是一个基础性、程序性制度。

6. 参考文本

水行政执法案件办理制度

第一条　为了及时有效地查处水事违法案件，维护正常的水事秩序，规范执法行为，根据《水政监察工作章程》（水利部令第 13 号）规定，制定本制度。

第二条　本制度适用于水行政执法的一般程序。

第三条　水政监察队伍在以下执法活动中，对水事违法案件应及时受理登记：

（一）接到单位或个人有关水政违法行为的控告、举报；

（二）接待群众来访；

（三）在日常执法和水政监察巡查中，发现的水事违法行为；

（四）本级人民政府、上级业务主管部门或其他部门交办或移交的案件。

水利系统内部单位、处（科、股）室报案，必须提交书面报案材料。

第四条　经审查，符合下列条件的水事违法案件应当立案：

（一）具有违反水法规事实的；

（二）依照法律、法规、规章规定应当给予水行政处罚的；

（三）属于本级水行政处罚机关管辖的；

（四）违法行为未超过追究时效的。

第五条　立案经批准后，由水政监察队伍指派两人以上水政监察人员调查取证。

第六条　对于经过审查，不符合立案条件的，应当及时作出不予立案的决定，由原受理的水政监察人员通知举报人、控告人和移送、交办机关部门，并告知原因。

应当由上级水行政机关管辖的应报告上级水行政机关处理。

第七条　案件调查终结后，调查人员必须及时写出《调查报告》，提出初步处理意见。

第八条　《调查报告》经办案机构负责人审查后，报水行政机关分管领导审核。

第九条　审核必须遵循"实事求是，有错必纠"的原则。重证据，重调查研究，尊重客观事实，认真分析案情，防止主观臆断。

第十条　审核内容包括：

（一）对立案条件、调查取证程序进行审核，看有无违反办案程序的情况；

（二）对全案的事实和证据加以审核，鉴别证据，判明真伪，剔除矛盾，使案件事实更清楚、证据更具证明力；

（三）对案件性质及处理依据进行审核，判断定性是否正确，适用法律依据是否准确、处理意见是否恰当。

第十一条　对情节复杂或者重大违法行为给予较重的行政处罚，行政机关的负责人应当集体讨论。

第十二条　凡符合向上级主管部门备案条件的案件，应呈报上级备案。

第十三条　本制度从发布之日起施行。

水行政执法统计制度

1. 依据

（1）《统计法》第二十一条规定："企业事业组织的统计机构或者统计负责人的主要职责是：……管理本单位的统计调查表，建立健全统计台账制度，并会同有关机构或者人员建立健全原始记录制度。"第二十八条规定："县级以上人民政府有关部门根据统计任务的需要设立统计机构，或者在有关机构中设置统计人员，并指定统计负责人，依法组织、管理本部门职责范围内的统计工作。"

（2）水利部《水政监察工作章程》（水利部令第 13 号）第二十条规定："水政监察队伍应当建立和完善……执法统计制度……水政监察工作制度。"

2. 目的、意义

为了规范水行政执法统计工作，提高统计资料对水政监察工作的指导作用，根据以上规定，制定本制度。本制度所称水行政执法统计是指对水政监察相关数据进行收集、整理、计算和分析的活动。

《水行政执法统计制度》是水政监察队伍的一项基本制度。建立水行政执法统计制度，开展水行政执法工作分析、研究和预测，有利于上级部门作出科学决策。水政监察队伍统计的都是水行政执法工作的相关数据，直观地反映出本级水行政执法工作的整体情况。上级水行政主管部门通过统计报表及分析报告，可更为便捷地把握水行政执法工作的一般规律，从而进行科学决策。

水行政执法统计有利于掌握工作动态。统计报表及统计分析具有普遍性和规律性的特点，较为客观地反映水行政执法工作进展情况，使本级领导、上级部门能更好地把握工作动态。

水行政执法统计有利于推广典型。通过统计分析，捕捉工作中的亮点和特色，及时推广典型，及时发现并解决问题，鞭策后进。

3. 本制度规范的行为

本制度对水政监察队伍统计报表填制、统计分析、上报时间等加以规范。

4. 主要内容

（1）范围

水政监察统计报表包括水利部制发的《水事纠纷统计表》《水事违法案件统计表》

《重要水事违法案例登记表》《水政监察队伍基本情况统计表》以及各地制发的水政监察统计报表。

（2）责任人

各级水政监察队伍负责人是执法统计工作的责任人。

（3）岗位设置

各级水政监察队伍必须设立执法统计岗位，确定业务熟悉、工作认真负责的水政监察员承担统计工作，无特殊情况不得随意调换。

（4）统计培训

各级水政监察队伍应定期对统计人员进行培训，水行政执法统计员要接受必要的统计知识学习培训并考核合格方可上岗。

（5）统计报表分类及上报时间

水政监察统计报表分月报、半年报、年报等形式。

水利部制发的《水事纠纷统计表》《水事违法案件统计表》《重要水事违法案例登记表》《水政监察队伍基本情况统计表》等报表要求半年一报和全年一报。

其他报表实行一月一报、半年一报或一年一报。

重大水事违法案件要求结案后及时、逐级上报。

月报要求县级水政监察大队在当月底上报市级水政监察支队，市级水政监察支队在次月上班后的3个工作日内汇总并上报省级水政监察总队。

半年报要求县级水政监察大队在6月20日前填制后，上报市级水政监察支队，市级水政监察支队在6月底前完成汇总后，上报省级水政监察总队，省级水政监察总队在7月15日前完成汇总后，上报水利部。

年报要求县级水政监察大队在12月20日前填制后，上报市级水政监察支队，市级水政监察支队在12月底前完成汇总后，上报省级水政监察总队，省级水政监察总队在次年1月15日前完成汇总后，上报水利部。

各级水政监察队伍要严格按照水利执法统计报表要求，认真、准确、及时、全面、客观地填制并进行统计与分析，同时根据需要用电子邮件和纸质邮寄方式上报，不得虚报、瞒报、漏报、迟报。

（6）管理规定

上级水政监察队伍不得代下级水政监察队伍填制报表。

各级水政监察队伍要加强对水行政执法统计报表的管理，建立水行政执法统计台账。

（7）问责

上级水政监察队伍对下级水政监察队伍的统计工作进行定期或不定期抽查，其结果列入年终考核内容。统计工作造成重大失误的，依照有关规定问责。

5. 本制度与其他制度的关系

本制度与《水行政执法责任制》有一定关联，水政监察人员执法如不执行统计制度，造成不良后果的，水政监察队伍必须按照《水行政执法责任制》的规定问责。

6. 参考文本

水行政执法统计制度

第一条　为了规范水行政执法统计工作，提高统计资料对水政监察工作的指导作用，根据《统计法》《水政监察工作章程》（水利部令第 20 号）等规定，制定本制度。

第二条　本制度所称水行政执法统计是指对水政监察相关数据进行收集、整理、计算和分析的活动。

第三条　水政监察统计报表包括水利部制发的《水事纠纷统计表》《水事违法案件统计表》《重要水事违法案例登记表》《水政监察队伍基本情况统计表》以及各地制发的水政监察统计报表。

第四条　各级水政监察队伍负责人是执法统计工作的责任人。

各级水政监察队伍必须设立执法统计岗位，确定业务熟悉、工作认真负责的水政监察员承担统计工作，无特殊情况不得随意调换。

各级水政监察队伍应定期对统计人员进行培训，水行政执法统计员要接受必要的统计知识学习培训并考核合格方可上岗。

第五条　水政监察统计报表分月报、半年报、年报等形式。

水利部制发的《水事纠纷统计表》《水事违法案件统计表》《重要水事违法案例登记表》《水政监察队伍基本情况统计表》等报表要求半年一报和全年一报。

其他报表实行一月一报、半年一报或一年一报。

重大水事违法案件要求结案后及时、逐级上报。

月报要求县级水政监察大队在当月底上报市级水政监察支队，市级水政监察支队在次月上班后的 3 个工作日内汇总并上报省级水政监察总队。

半年报要求县级水政监察大队在 6 月 20 日前填制后，上报市级水政监察支队，市级水政监察支队在 6 月底前完成汇总后，上报省级水政监察总队，省级水政监察总队在 7 月 15 日前完成汇总后，上报水利部。

年报要求县级水政监察大队在 12 月 20 日前填制后，上报市级水政监察支队，市级水政监察支队在 12 月底前完成汇总后，上报省级水政监察总队，省级水政监察总队在次年 1 月 15 日前完成汇总后，上报水利部。

第六条　各级水政监察队伍要严格按照水利执法统计报表要求，认真、准确、及时、全面、客观地填制并进行统计与分析，同时根据需要用电子邮件和纸质邮寄方式上报，不得虚报、瞒报、漏报、迟报。

上级水政监察队伍不得代下级水政监察队伍填制报表。

第七条　各级水政监察队伍要加强对水行政执法统计报表的管理，建立水行政执法统计台账。

第八条　上级水政监察队伍对下级水政监察队伍的统计工作进行定期或不定期抽查，其结果列入年终考核内容。

第九条　本制度自公布之日起施行。

水行政执法档案管理制度

1. 依据

（1）《中华人民共和国档案法》第十三条规定："各级各类档案馆，机关、团体、企业事业单位和其他组织的档案机构，应当建立科学的管理制度，便于对档案的利用。"

（2）《〈中华人民共和国档案法〉实施办法》（国家档案局令第 5 号）第九条第一项规定："机关、团体、企业事业单位和其他组织的档案机构依照《中华人民共和国档案法》第七条的规定，履行下列职责：（一）贯彻执行有关法律、法规和国家有关方针政策，建立、健全本单位的档案工作规章制度。"

2. 目的、意义

档案是人类社会各项实践活动的真实记录，是社会的宝贵财富，是人类重要的历史文化遗产，档案事业是维护历史真实面貌的永恒事业。

为了加强水行政执法档案管理和收集、整理工作，有效利用和保护水行政执法档案，更好地服务水行政执法工作，根据以上规定，制定本制度。本制度所称水行政执法档案，是指水行政处罚、水行政强制、水行政征收等执法活动中所形成的具有保存价值的各种文字、图表、声像等不同形式的历史记录。

水行政执法档案是一种重要的信息资源，它真实地记录了执法过程，客观地反映了水行政执法的经验教训，承载着大量的执法成果。水行政执法档案植根于执法活动，在依法行政和经济社会发展中发挥着越来越重要的作用。国家以立法的形式肯定了档案工作的重要性，档案工作越来越引起各级水利部门领导的重视，取得了一定成绩，但也还存在一些突出问题。许多执法队伍没有设置专门的档案室，执法形成的档案没有归档或者归档不全，不符合规范要求，建立《水行政执法档案管理制度》，对规范档案室的设置、档案的归档、保管期限、借阅等具有重要意义。

3. 本制度规范的行为

本制度对水政监察机构档案室的设置、档案的归档、保管期限、借阅等予以规范。

4. 主要内容

（1）组织及人员

各级水政监察机构应建立档案室，指定专人负责档案管理工作，档案员应熟悉室藏档案，掌握档案管理技能。档案管理人员工作变动时，应办理移交手续。

（2）保管期限及划分

水行政执法档案的保管期限分为永久和定期两种，定期一般分为 30 年、10 年。

水行政执法档案的保管期限，应根据档案或案件性质、情节、社会影响、史料价值等因素确定。

（3）永久保管的文书档案

它主要包括：

1）本单位召开重要会议、举办重大活动等形成的主要文件材料；

2）本单位职能活动中形成的重要业务文件材料；

3）本单位关于重要问题的请示与上级机关的批复、批示，重要的报告、总结、综合统计报表等；

4）本单位机构演变、人事任免等文件材料；

5）本单位重要的合同协议、资产登记等凭证性文件材料；

6）上级机关制发的属于本单位业务的重要文件材料；

7）同级机关、下级机关关于重要业务问题的来函、请示与本单位的复函、批复等文件材料；

8）大案要案。

（4）定期保管的文书档案

它主要包括：

1）本单位职能活动中形成的一般性业务文件材料；

2）本单位召开会议、举办活动等形成的一般性文件材料；

3）本单位人事管理工作形成的一般性文件材料；

4）本单位一般性事务管理文件材料；

5）本单位关于一般性问题的请示与上级机关的批复、批示，一般性工作报告、总结、统计报表等；

6）上级机关制发的属于本单位业务的一般性文件材料；

7）上级机关和同级机关制发的非本单位业务但要贯彻执行的文件材料；

8）同级机关、下级机关关于一般性业务问题的来函、请示与本单位的复函、批复等文件材料；

9）下级机关报送的年度或年度以上计划、总结、统计、重要专题报告等文件材料；

10）普通案件。

（5）办案人员应向档案管理人员提出保管期限的建议

档案管理人员根据以上原则，确定保管期限，报本单位领导批准。

水行政征收财务方面的档案，其保管期限按照《会计档案管理办法》的规定执行。

档案保管期限届满的，须严格履行销毁手续，经鉴定和领导批准后方可进行销毁。

案件档案应一案一卷，放入档案盒。立卷时，时间上以先后为序；内容上按执法程序为序，根据案件实际发生的材料收集整理。声像资料、实物证据，另行归档。

（6）借、查阅档案

凡借、查阅档案资料（外单位借、查阅须持有介绍信），须经领导批准，方可借、查阅，按约定时间归还，并填写"档案利用效果"，档案管理员应认真检查所借档案是否涂改、挖补、损毁。

未经本单位领导允许，任何人不得进入档案室。

（7）档案室设施配备

档案室应按档案管理要求做好防火、防潮、防霉变、防虫蛀工作，配备防火、防潮、防热、防盗等设施。

（8）问责

档案管理员及利用档案资料人员，必须遵守保密规定，凡因故意或过失造成案卷丢失、损毁或泄密的，追究当事人的相关责任。

（9）检查与考核

上级水政监察队伍对下级水政监察队伍的档案管理工作进行定期或不定期抽查，其结果列入年终考核内容。

5. 本制度与其他制度的关系

本制度与《水行政执法责任制》有一定关联，水政监察人员如不执行档案管理制度，造成不良后果的，水政监察队伍必须按照《水行政执法责任制》的规定问责。

6. 参考文本

水行政执法档案管理制度

第一条　为了加强水行政执法档案管理和收集、整理工作，有效利用和保护水行政执法档案，更好地服务水行政执法工作，根据《中华人民共和国档案法》和《〈中华人民共和国档案法〉实施办法》（国家档案局令第5号）等有关规定，制定本制度。

第二条　本制度所称水行政执法档案，是指水行政处罚、水行政强制、水行政征收等执法活动中所形成的具有保存价值的各种文字、图表、声像等不同形式的历史记录。

第三条　各级水政监察队伍应建立档案室，指定专人负责档案管理工作，档案员应熟悉室藏档案，掌握档案管理技能。档案管理人员工作变动时，应办理移交手续。

第四条　水行政执法档案的保管期限分为永久和定期两种，定期一般分为30年、

10年。

水行政执法档案的保管期限，应根据档案或案件性质、情节、社会影响、史料价值等因素确定。

第五条　永久保管的文书档案主要包括：

（一）本单位召开重要会议、举办重大活动等形成的主要文件材料；

（二）本单位职能活动中形成的重要业务文件材料；

（三）本单位关于重要问题的请示与上级机关的批复、批示，重要的报告、总结、综合统计报表等；

（四）本单位机构演变、人事任免等文件材料；

（五）本单位重要的合同协议、资产登记等凭证性文件材料；

（六）上级机关制发的属于本单位业务的重要文件材料；

（七）同级机关、下级机关关于重要业务问题的来函、请示与本单位的复函、批复等文件材料；

（八）大案、要案。

第六条　定期保管的文书档案主要包括：

（一）本单位职能活动中形成的一般性业务文件材料；

（二）本单位召开会议、举办活动等形成的一般性文件材料；

（三）本单位人事管理工作形成的一般性文件材料；

（四）本单位一般性事务管理文件材料；

（五）本单位关于一般性问题的请示与上级机关的批复、批示，一般性工作报告、总结、统计报表等；

（六）上级机关制发的属于本单位业务的一般性文件材料；

（七）上级机关和同级机关制发的非本单位业务但要贯彻执行的文件材料；

（八）同级机关、下级机关关于一般性业务问题的来函、请示与本单位的复函、批复等文件材料；

（九）下级机关报送的年度或年度以上计划、总结、统计、重要专题报告等文件材料；

（十）普通案件。

第七条　办案人员应向档案管理人员提出保管期限的建议，档案管理人员根据以上原则，确定保管期限，报本单位领导批准。

水行政征收财务方面的档案，其保管期限按照《会计档案管理办法》的规定执行。

档案保管期限届满的，须严格履行销毁手续，经鉴定和领导批准后方可进行销毁。

第八条　案件档案应一案一卷，放入档案盒。立卷时，时间上以先后为序；内容上依照执法程序为序，根据案件实际发生的材料收集整理。声像资料、实物证据，另行归档。

第九条 凡借、查阅档案资料（外单位借、查阅须持有介绍信），须经领导批准，方可借、查阅，按约定时间归还，并填写"档案利用效果"。档案管理员应认真检查所借档案是否涂改、挖补、损毁。

第十条 档案室应按档案管理要求做好防火、防潮、防霉变、防虫蛀工作，配备防火、防潮、防热、防盗等设施。

第十一条 未经本单位领导允许，任何人不得进入档案室。

档案管理员及利用档案资料人员，必须遵守保密规定，凡因故意或过失造成案卷丢失、损毁或泄密的，追究当事人的相关责任。

第十二条 上级水政监察队伍对下级水政监察队伍的档案管理工作进行定期或不定期抽查，其结果列入年终考核内容。

第十三条 本制度自公布之日起施行。

四、执法责任类制度

水行政执法责任制

1. 依据

（1）《国务院关于印发全面推进依法行政实施纲要的通知》（国发〔2004〕10号）规定："推行行政执法责任制。依法界定执法职责，科学设定执法岗位，规范执法程序。"

（2）水利部《水政监察工作章程》（水利部令第13号）第十九条规定："水政监察队伍实行执法责任制和评议考核制。"

2. 目的、意义

为增强水行政执法责任，维护公民、法人和其他组织的合法利益，促进依法行政、依法治水，根据以上规定，制定本制度。本制度所称执法责任制，是指水政监察队伍将法律、法规和规章确定的水行政执法的权利和义务，通过责任制的形式，落实到每一个执法岗位，使法律、法规和规章得以贯彻实施的制度。它是水行政执法公示制度、水行政执法责任追究制度、水行政执法评议考核制度等各项制度的总称。

行政执法是水行政机关的根本职责和首要任务，直接面向社会和公众，行政执法水平和质量的高低直接关系政府的形象。党的十五大、十六大、十七大对实施依法治国基本方略、推行行政执法责任制提出了明确要求，《国务院关于全面推进依法行政的决定》（国发〔1999〕23号）和《国务院关于印发全面推进依法行政实施纲要的通知》（国发

〔2004〕10 号）就行政执法责任制工作作出了具体规定。多年来，各级水政监察队伍认真贯彻落实党中央、国务院要求，积极探索实行行政执法责任制，在加强水行政执法管理、规范水行政执法行为方面做了大量工作，取得了一定成效。但也存在一些问题：一是认识不到位，有关领导和水政监察队伍的负责同志对这项工作重视不够；二是行政执法责任制不够健全，程序不够完善，评议考核机制不够科学，责任追究比较难落实，与相关制度不够衔接；三是组织实施缺乏必要的保障等。因此，迫切需要健全和完善行政执法责任制度。

实施执法责任制是依法行政、公正执法的一项基础性工作，是水政监察队伍接受社会监督的重要载体，是贯彻落实科学发展观的具体体现和推进依法行政的重要举措，对维护法律公平、公正，提高执法人员执法水平，严格依法行政具有重要作用。

3. 本制度规范的行为

本制度是对水政监察队伍的执法公示、落实执法职责、实施执法责任追究行为的规范。

4. 主要内容

（1）执法责任制的基本要求

1）确定执法主体和执法人员资格；

2）明确执法事项；

3）明确执法岗位职责；

4）实行执法责任目标管理；

5）落实执法责任；

6）追究违法责任。

（2）水行政主体

县级以上人民政府水行政主管部门；法律、法规授权的组织：水利部各流域机构、县级以上人民政府根据当地实际情况设立的水土保持机构、其他组织。

各级水政监察队伍受同级水行政主管部门委托从事水行政执法活动。

（3）责任机制

水行政执法机关的主要负责人是本机关行政执法责任制工作的总责任人。

水行政执法机关应建立"谁主管、谁负责"、"谁办理、谁负责"的责任机制。

（4）执法人员资格

水政监察人员必须具备《水政监察工作章程》和《水行政执法人员资格制度》规定的任职条件，具有良好的政治素质、业务素质和道德品质，经过岗前培训并取得执法资格、领取水利部统一核发、统一制式的水政监察证，方可上岗。

地方水政监察人员上岗前还须领取省级人民政府颁发的行政执法证。

（5）执法岗位设置

各级水政监察队伍应按照《水政监察工作章程》的规定，合理设置执法岗位，明确岗位职责。

（6）执法职责

水政监察人员根据工作分工，履行岗位职责，实行分工负责制。各级水政监察队伍对水法律、法规、规章负有宣传职责。

（7）队伍培训

水政监察队伍每年应对水政监察员进行法律、专业知识培训，开展职业道德教育。

（8）执法公示

各级水政监察队伍应将法定的执法范围、职责、权限、时限、程序、收费项目及其标准等向社会公示。

（9）执法程序

水政监察员在执法时，应当出示执法证件，做到文明执法。将执法的依据、内容和当事人依法享有的权利、时限等告知当事人。在作出行政处罚决定之前，应向当事人告知其违法事实及证据、处罚理由，充分听取当事人的陈述和申辩。

执法人员不得因当事人陈述和申辩而加重处罚。

（10）一般规定

水政监察人员履行职责时，应遵守程序、管辖、期限、回避等规定，依法收集、调取证据。所作出的处理决定必须合法、公正、适当。

（11）问责

水政监察人员在行使职权中，因故意或过失违反国家法律、法规、规章的规定，作出或导致作出错误决定的，应当追究责任。

水政监察队伍及水政监察人员执法违法、构成错案和执法过错的，按照《水行政执法错案或执法过错责任追究制》的规定追究责任。

水政监察人员在执法活动中因故意或重大过失给当事人造成损失的，依照《中华人民共和国国家赔偿法》的有关规定承担法律责任。

（12）目标管理

水政监察队伍应实行执法责任目标管理。各级水政监察队伍，应层层分解目标任务，采取签订目标责任状或者执法责任状等形式将执法目标任务分解到内部科室，明确工作目标，落实工作责任，确保目标实现。

（13）水政监察队伍执法工作主要目标

1）辖区内不发生重大水事违法案件，水事秩序和边界秩序良好；

2）水行政执法案卷评查达到90分以上；

3）在本级、本届政府任期内，根据队伍层级，五年内被评为全国水利系统或省级人民政府先进单位，四年内被评为省级水利系统或省直有关部门或市级人民政府先进单位，三年内被评为市级水利系统或市直有关部门或县级人民政府先进单位，一至两年内被评为县级水利系统或县直有关部门先进单位；

4）不发生因执法引起的当事人死亡、轻微伤以上伤害事件；

5）不发生因执法引起的执法人员死亡、轻微伤以上伤害事件；

6）不发生复议、诉讼败诉（但明显系复议、诉讼机关错误的除外，由本级行政机关负责人讨论认定）；

7）圆满完成或超额完成水行政征收任务；

8）圆满完成上级交办的其他工作任务。

（14）奖惩

对圆满实现目标的，给予奖励，对没有达到目标的不予评先和给予经济惩罚。

（15）考核

上一级水政监察队伍对下一级水政监察队伍实施行政执法责任制的情况，每年进行评议考核。

5. 本制度与其他制度的关系

本制度是水行政执法公示制度、水行政执法责任追究制度、水行政执法评议考核制度等制度的总称，是水政监察制度的"母法"。

6. 参考文本

水行政执法责任制

第一条　为增强水行政执法责任，维护公民、法人和其他组织的合法利益，促进依法行政、依法治水，根据《国务院关于印发全面推进依法行政实施纲要的通知》（国发〔2004〕10号）、《国务院办公厅关于推行行政执法责任制的若干意见》（国办发〔2005〕37号）、《水政监察工作章程》（水利部令第13号）等规定，制定本制度。

第二条　本制度所称执法责任制，是指水行政执法机关将法律、法规和规章确定的水行政执法的权利和义务，通过责任制的形式，落实到每一个执法单位和执法岗位，使法律、法规和规章得以贯彻实施的制度。它是水行政执法公示制度、水行政执法责任追究制度、水行政执法评议考核制度等各项制度的总称。

第三条　执法责任制的基本要求是：

（一）确定执法主体和执法人员资格；

（二）明确执法事项；

（三）明确执法岗位职责；

（四）实行执法责任目标管理；

（五）落实执法责任；

（六）追究违法责任。

第四条　水行政执法机关包括：县级以上人民政府水行政主管部门；法律、法规授权的组织：水利部各流域机构、县级以上人民政府根据当地实际情况设立的水土保持机构、其他组织。

各级水政监察队伍受同级水行政主管部门委托从事水行政执法活动。

第五条　水行政执法机关的主要负责人是本机关行政执法责任制工作的第一责任人，分管领导是第二责任人，水政监察机构负责人是第三责任人。

第六条　水行政执法机关应建立"谁主管、谁负责"，"谁办理、谁负责"的责任机制。

第七条　水政监察人员必须具备《水政监察工作章程》和《水行政执法人员资格制度》规定的任职条件，具有良好的政治素质、业务素质和道德品质，经过岗前培训并取得执法资格、领取水利部统一制式并核发的水政监察证，方可上岗。

地方水政监察人员上岗前还应领取省级人民政府颁发的行政执法证。

第八条　水政监察队伍职责按照法律、法规、规章的规定和政府编制部门批准的职责范围进行确定。

水政监察队伍按照水利部《水政监察工作章程》的规定，合理设置执法岗位，明确岗位职责。

水政监察人员根据工作分工，履行岗位职责，实行分工负责制。

第九条　各级水政监察队伍对水法律、法规、规章负有宣传职责。

水政监察队伍每年应对水政监察员进行法律、专业知识培训，开展职业道德教育。

第十条　各级水政监察队伍应将法定的执法范围、职责、权限、时限、程序、收费项目及其标准等向社会公示。

第十一条　水政监察员在执法时，应当出示执法证件，做到文明执法。将执法的依据、内容和当事人依法享有的权利、时限等告知当事人。在作出行政处罚决定之前，应向当事人告知其违法事实及证据、处罚理由，充分听取当事人的陈述和申辩。

执法人员不得因当事人陈述和申辩而加重处罚。

第十二条　水政监察人员履行职责时，应遵守程序、管辖、期限、回避等规定，依法收集、调取证据。所作出的处理决定必须合法、公正、适当。

第十三条　水政监察人员在行使职权中，因故意或过失违反国家法律、法规、规章的规定，作出或导致作出错误决定的，应当追究责任。

第十四条　水政监察队伍及其执法人员执法违法、构成错案和执法过错的，按照《水行政执法错案或执法过错责任追究制》的规定追究责任。

水政监察人员在执法活动中因故意或重大过失给当事人造成损失的，依照《中华人民共和国国家赔偿法》的有关规定承担法律责任。

第十五条　各级水政监察队伍，应层层分解目标任务，签订执法目标责任状，明确工作目标，落实工作责任，确保目标实现。

第十六条 水政监察队伍执法工作主要目标为：

（一）辖区内不发生重大水事违法案件，水事秩序和边界秩序良好；

（二）水行政执法案卷评查达到 90 分以上；

（三）在本级、本届政府任期内，根据本队伍层级，五年内被评为全国水利系统或省级人民政府先进单位，四年内被评为省级水利系统或省直有关部门或市级人民政府先进单位，三年内被评为市级水利系统或市直有关部门或县级人民政府先进单位，一至两年内被评为县级水利系统或县直有关部门先进单位；

（四）不发生因执法引起的当事人死亡、轻微伤以上伤害事件；

（五）不发生因执法引起的执法人员死亡、轻微伤以上伤害事件；

（六）不发生复议、诉讼败诉（但明显系复议、诉讼机关错误的除外，由本级行政机关负责人讨论认定）；

（七）圆满完成或超额完成水行政征收任务；

（八）圆满完成上级交办的其他工作任务。

第十七条 对圆满实现目标的，给予奖励，对没有达到目标的给予不予评先和安排有关资金时予以制约。

第十八条 本制度自公布之日起实施。

首问责任制

1. 依据

同《一次性告知制》依据。

2. 目的、意义

为创建人民满意机关，切实改进工作作风，树立水行政执法机关良好形象，根据《中共中央办公厅国务院办公厅关于进一步推行政务公开的意见》（中办发〔2005〕12号）等规定，制定本制度。

本制度所称首问责任制，是指服务对象到水行政机关咨询或办理相关事项时，首位接待或受理的工作人员要认真解答、负责办理或引荐到相关部门的制度。首问责任制的制定并实施，有利于水政监察队伍同管理相对人的密切联系。首问责任，是水政监察机构及水政监察人员的一项基本要求。

3. 本制度规范的行为

本制度对各级水政监察机构对来访服务对象首位接待或受理的工作人员解答、办理或引导的行为予以规范。

4. 主要内容

（1）人员公示

各级水政监察机构工作人员实行挂牌上岗；公示姓名、职务、工作岗位、职责范围和投诉方式，以便服务对象了解工作人员身份，接受监督。

（2）定义

首位被询问的人、首位受理的人即为首问责任人。

（3）原则及一般规定

首问责任制遵循热情主动、文明办事、服务规范、及时高效的原则。各级水政监察队伍应当根据业务职能确定责任内容，实行登记制度，对来访人员的姓名、单位、时间、咨询或办理事项、办理结果等进行登记，以备查询和考核。

到本机关办事、咨询、投诉或电话咨询的，无论是否属于本部门、本处（科、股）室、本人的职责范围，首问责任人都必须主动、热情地接待、指引或答复，不得以任何借口推诿、拒绝和搪塞。

（4）处理

首问责任人能当场处理的，要当场处理。不能当场处理或不属于本部门、本单位、本人职责范围的，应该做到：

1）向对方说明原因，给予耐心解释；

2）将来人带到或指引到相关部门、单位办理；

3）告诉有关单位的电话号码或办事地点。

首问责任人办理的当事人投诉，要有文字记录。

答复来人来电提出的问题，要准确地理解政策、法规。对于不清楚、不确切的问题应及时请示有关领导后给予答复。

（5）问责

首问责任人在处理来人、来电的咨询、查询、投诉、业务办理过程中，如发生拒绝、推诿或态度粗暴等现象，一经查实，单位领导对相关负责人和责任人给予批评教育，造成严重后果的，追究其行政责任或其他责任。

5. 本制度与其他制度的关系

本制度与《一次性告知制》和《水行政执法责任制》有一定关联，属于服务相对人的制度规范，在首问接待、办事过程中造成不良后果的，依照《水行政执法责任制》的规定处理。

6. 参考文本

首问责任制

第一条　为创建人民满意机关，切实改进工作作风，树立水政监察队伍良好形象，根据《中共中央办公厅国务院办公厅关于进一步推行政务公开的意见》（中办发〔2005〕12号）等规定，制定本制度。

第二条 本制度所称首问责任制，是指服务对象到水政监察机构咨询或办理相关事项时，首位接待或受理的工作人员认真解答、负责办理或引导到相关部门的制度。首位被询问的人、首位受理的人即为首问责任人。

第三条 首问责任制适用于各级水政监察队伍的工作人员。各级水政监察机构工作人员实行挂牌上岗，公示姓名、职务、工作岗位、业务范围和投诉方式，以便服务对象了解工作人员身份，接受监督。

第四条 首问责任制遵循热情主动、文明办事、服务规范、及时高效的原则。各级水政监察队伍应当根据业务职能确定责任内容，实行登记制度，对来访人员的姓名、单位、时间、咨询或办理事项、办理结果等进行登记，以备查询和考核。

第五条 到本机关办事、咨询、投诉或电话咨询的，无论是否属于本部门、本处（科、股）室、本人的职责范围，首问责任人都必须主动、热情地接待、指引或答复，不得以任何借口推诿、拒绝和搪塞。

第六条 首问责任人能当场处理的，要当场处理。不能当场处理或不属于本部门、本单位、本人职责范围的，应该做到：

（一）向对方说明原因，给予耐心解释；

（二）将来人带到或指引到相关部门、单位办理；

（三）告诉有关单位的电话号码或办事地点。

第七条 首问责任人办理的当事人投诉，要有文字记录。

第八条 答复来人来电提出的问题，要准确地理解政策、法规。对于不清楚、不确切的问题应及时请示有关领导后给予答复。

第九条 首问责任人在处理来人、来电的咨询、查询、投诉、业务办理过程中，如发生拒绝、推诿或态度粗暴等现象，一经查实，对相关负责人和责任人给予批评教育，造成严重后果的，追究其责任。

第十条 本制度自公布之日起施行。

水行政执法过错或者错案责任追究制

1. 依据

（1）《国务院关于全面推进依法行政的决定》（国发〔1999〕23号）明确要求："推行行政执法责任制。依法界定执法职责，科学设定执法岗位，规范执法程序。要建立公开、公平、公正的评议考核制和执法过错或者错案责任追究制。"

（2）《国务院关于加强市县政府依法行政的决定》（国发〔2008〕17号）规定："强化行政执法责任追究。全面落实行政执法责任制，健全民主评议制度，加强对市县行政执法机关及其执法人员行使职权和履行法定义务情况的评议考核，加大责任追究力度。对不依法履行职责或者违反法定权限和程序实施行政行为的，依照《行政机关公务员处分条例》第二十条、第二十一条的规定，对直接责任人员给予处分。"

（3）水利部《水政监察工作章程》（水利部令第13号）第二十条规定："水政监察队伍应当建立和完善……错案责任追究制度……执法责任追究制度……水政监察工作制度。"

2. 目的、意义

为保证执法活动的合法性，追究执法错案和执法过错责任，保护公民、法人或者其他组织的合法权益，促进依法行政、依法治水，根据以上规定，制定本制度。执法过错或错案责任，是指行政机关在行政执法过程中，因工作人员故意或者过失，不履行或者不正确履行法定职责，造成行政执法行为违法，并产生危害后果或者不良影响的，直接责任人员和直接主管人员应当承担的行政责任。

行政执法错案和执法过错责任追究制度是写入党的十五大报告和国务院《全面推进依法行政实施纲要》的一项依法行政的重要举措。行政执法责任追究制度是行政执法责任制的一项基础制度，与行政执法评议考核制度互为补充。建立行政执法责任追究制度的目的，就是要将行政执法责任的追究制度化、规范化，使执法责任制与行政执法主体及其行政执法人员的利益挂钩，成为执法人员撤职、降职和其他行政惩处的启动程序之一。执法人员在履行行政处罚、行政强制、行政征收、行政许可、行政裁决、行政确认、行政给付、行政检查，以及法律、法规、规章规定的其他行政执法行为违法的，都要受到责任追究。

在行政执法责任制的体系中，执法责任是基础，执法程序是关键，评议考核是手段，过错追究是保障，这四部分内容是一个统一的整体。规范行政执法行为，关键是要建立一整套的防错纠错机制。因此，建立《水行政执法过错或者错案责任追究制》势在必行。

3. 本制度规范的行为

本制度对水政监察机构及其水政监察人员执法过错或办理错案的责任追究事项予以规范。

4. 主要内容

（1）原则

水政监察机构及水政监察员在行使执法职权中，因故意或者过失作出违法或者不当的具体行政行为，或者不履行法定职责，并给当事人造成损害的，应当追究其责任。

错案责任追究，应当坚持实事求是、有错必纠、责罚相当、教育与惩戒相结合的原则。

（2）追究范围

有下列情形之一的，应当追究错案和执法过错责任：

1）滥用行政职权、玩忽职守、徇私舞弊的；

2）所办案件认定事实不清，主要证据不足的；

3）适用法律、法规、规章错误的；

4）违反法定程序和法定期限的；

5）处理结果显失公正的；

6）依法应当作为而不作为，造成重大损失的；

7）依法应当受理而不受理或依法不应受理而受理的；

8）故意出具错误证明的；

9）因实施具体行政行为不当，侵犯公民、法人和其他组织的合法权益造成损失的；

10）坐支截留、贪污挪用水利规费资金的；

11）对当事人殴打、体罚、变相体罚、侮辱人格以及唆使他人殴打、体罚、变相体罚、侮辱人格的；

12）将罚款、没收的违法所得或财物据为己有、截留、私分或使用、故意损毁扣押的财物，给当事人造成损失，或收受索取财物的；

13）刁难当事人或对抵制、检举、投诉其违法行为者打击报复的；

14）擅自脱岗、失职、玩忽职守的；

15）向违法案件当事人及其亲友或有关人员通风报信、泄露秘密或故意制造虚假证据、记录、勘验书，故意或过失延误办案时间的；

16）拒绝、阻挠行政执法监督检查人员执行公务的；

17）擅自扩大水利规费征收范围，提高或降低水利规费征收标准的；

18）复议、诉讼败诉的（但明显系复议、诉讼机关错误的除外，由本级水行政机关负责人讨论认定）；

19）其他应当追究的行为。

（3）责任划分

在行政执法活动中，水政监察人员故意或过失执法违法造成严重后果的，按下列规定区分责任并确定责任人：

1）承办人、勘验人、记录人执法违法的，分别由承办人、勘验人、记录人承担责任；

2）审核人、审批人、听证主持人更改或授意更改事实、证据及承办人的意见造成执法违法的，分别由审核人、审批人、听证主持人承担责任；

3）审核人、审批人未纠正承办人的执法违法行为，造成批准错误的，由承办人、审核人、审批人分别承担相应责任；

4）水政监察队伍负责人指使或授意承办人执法违法的，由该负责人承担主要责任，承办人承担次要责任，但承办人提出异议该负责人仍坚持的，承办人不承担责任；

5）对应当提请集体研究决定的重大案件不提请研究，并造成执法违法的，由承办人或有关负责人承担责任；

6）集体研究决定造成执法违法的，由主要负责人承担责任；如违反法律规定或歪曲事实，导致决定错误的，由导致错误决定的人员共同承担责任。

（4）免责情形

具有下列情形之一，尚未造成严重后果的，不予追究责任：

1）行政执法活动中难以认定的疑难案件；

2）定案后出现新的证据，使原认定事实和案件性质发生变化的；

3）错误的处理决定，于执行前自行发现并积极纠正的；

4）因不可抗力而导致无法执法、执法不力或其他执法偏差，违法行为情节显著轻微的。

（5）从重情形

有下列情形之一的，应当从重追究水政监察人员的责任：

1）水政监察人员主观故意违法，造成严重后果的；

2）屡次发生错案和执法过错的；

3）发生错案和执法过错后拒不改正，伪造、涂改、隐瞒、销毁证据或指使他人作伪证的；

4）弄虚作假，隐瞒事实真相造成错案发生的。

（6）追责依据

对执法违法责任提起追究的依据是：

1）经查证属实的公民、法人或其他组织对水政监察机构或其水政监察人员执法违法行为的投诉和举报；

2）上级水行政机关、本级人民政府对执法违法行为作出的决定或处理意见；

3）上级水行政机关或本级人民政府在日常行政执法监督检查中发现违法执法行为后形成的书面意见；

4）人民法院对水行政机关的执法违法行为作出的终审判决或裁定。

（7）责任认定

水政监察人员执法违法行为须经水行政机关的法制工作机构会同纪检机构认定并提出处理建议，报本机关行政首长作出决定。

（8）追责方式

对执法违法的水行政机关及水政监察人员的追究，应当根据违法行为的具体情况，按下列方式予以处理，可以单处或并处：

1）责令检查；

2）通报批评；

3）责令赔偿损失；

4）取消被评选先进资格；

5）暂停行政执法活动，离岗学习；

6）暂扣行政执法证件；

7）吊销行政执法证件，调离执法岗位；

8）行政处分；

9）水政监察人员徇私舞弊、收受贿赂以及其他执法违法行为有犯罪嫌疑的，移送司法部门依法处理。

10）法律、法规、规章规定的其他处理方式。

（9）国家赔偿

水政监察人员在执法活动中因故意或重大过失给当事人造成损失的，依照《中华人民共和国国家赔偿法》的有关规定承担法律责任。

（10）追错程序

追错案件须经立案、调查、听取陈述、申辩、作出处理决定等程序。

（11）追错权力

在办理追错案件时，办案人员有权进行下列活动：

1）调阅有关案卷材料；

2）询问执法责任人；

3）询问受害人、知情人；

4）收集证据。

（12）处理通知方式

对执法违法的责任人作出的处理决定，须书面通知被处理的责任人。

（13）救济途径

被处理的责任人对处理决定不服的，可以向作出处理决定的机关或其上级行政机关提出申诉。申诉期间，不停止处理决定的执行。受理机关应在 30 日内按有关规定审查并作出书面答复，确有错误的，应予改正。

（14）备案

处理机关应当在处理决定作出后 15 日内，将处理结果送上级水行政机关备案。

5. 本制度与其他制度的关系

本制度与《水行政执法责任制》《水行政执法案卷评查制度》《水行政执法监督检查记录制度》等制度有一定关联，上级水政监察队伍在对下一级水政监察队伍案卷评查、监督检查中发现的问题，认定属于执法过错或者错案的，依照本制度追责。

6. 参考文本

水行政执法过错或者错案责任追究制度

第一条 为保证执法活动的合法性，追究执法错案和执法过错责任，保护公民、法人或者其他组织的合法权益，促进依法行政、依法治水，根据《国务院办公厅关于推行行政执法责任制的若干意见》（国办发〔2005〕37号）、《水政监察工作章程》（水利部令第13号）等规定，制定本制度。

第二条 水行政执法机关及其执法人员在行使执法职权中，因故意或者过失作出违法或者不当的具体行政行为，或者不履行法定职责，并给当事人造成损害的，应当追究其责任。

第三条 错案责任追究，应当坚持实事求是、有错必纠、责罚相当、教育与惩戒相结合的原则。

第四条 有下列情形之一的，应当追究错案和执法过错责任：

（一）滥用行政职权、玩忽职守、徇私舞弊的；

（二）所办案件认定事实不清，主要证据不足的；

（三）适用法律、法规、规章错误的；

（四）违反法定程序和法定期限的；

（五）处理结果显失公正的；

（六）依法应当作为而不作为，造成重大损失的；

（七）依法应当受理而不受理或依法不应受理而受理的；

（八）故意出具错误证明的；

（九）因实施具体行政行为不当，侵犯公民、法人和其他组织的合法权益造成损失的；

（十）坐支截留、贪污挪用水利规费资金的；

（十一）对当事人殴打、体罚、变相体罚、侮辱人格以及唆使他人殴打、体罚、变相体罚、侮辱人格的；.

（十二）将罚款、没收的违法所得或财物据为己有、截留、私分或使用、故意损毁扣押的财物，给当事人造成损失，或收受索取财物的；

（十三）刁难当事人或对抵制、检举、投诉其违法行为者打击报复的；

（十四）擅自脱岗、失职、玩忽职守的；

（十五）向违法案件当事人及其亲友或有关人员通风报信、泄露秘密或故意制造虚假证据、记录、勘验书，故意或过失延误办案时间的；

（十六）拒绝、阻挠行政执法监督检查人员执行公务的；

（十七）擅自扩大水利规费征收范围，提高或降低水利规费征收标准的；

（十八）复议、诉讼败诉的（但明显系复议、诉讼机关错误的除外，由本级水行政机关负责人讨论认定）；

（十九）其他应当追究的行为。

第五条　在行政执法活动中，水政监察人员故意或过失执法违法造成严重后果的，按下列规定区分责任并确定责任人：

（一）承办人、勘验人、记录人执法违法的，分别由承办人、勘验人、记录人承担责任；

（二）审核人、审批人、听证主持人更改或授意更改事实、证据及承办人的意见造成执法违法的，分别由审核人、审批人、听证主持人承担责任；

（三）审核人、审批人未纠正承办人的执法违法行为，造成批准错误的，由承办人、审核人、审批人分别承担相应责任；

（四）水政监察队伍负责人指使或授意承办人执法违法的，由该负责人承担主要责任，承办人承担次要责任，但有证据证明承办人提出异议该负责人仍坚持的，承办人不承担责任；

（五）对应当提请集体研究决定的重大案件不提请研究，并造成执法违法的，由承办人或有关负责人承担责任；

（六）集体研究决定造成执法违法的，由主要负责人承担责任；如违反法律规定或歪曲事实，导致决定错误的，由导致错误决定的人员共同承担责任。

第六条　具有下列情形之一，尚未造成严重后果的，不予追究责任：

（一）行政执法活动中难以认定的疑难案件；

（二）定案后出现新的证据，使原认定事实和案件性质发生变化的；

（三）错误的处理决定，于执行前自行发现并积极纠正的；

（四）因不可抗力而导致无法执法、执法不力或其他执法偏差，违法行为情节显著轻微的。

第七条　有下列情形之一的，应当从重追究水政监察人员的责任：

（一）水政监察人员主观故意违法，造成严重后果的；

（二）屡次发生错案和执法过错的；

（三）发生错案和执法过错后拒不改正，伪造、涂改、隐瞒、销毁证据或指使他人作伪证的；

（四）弄虚作假，隐瞒事实真相造成错案发生的。

第八条　对执法违法责任提起追究的依据是：

（一）经查证属实的公民、法人或其他组织对水政监察队伍或其水政监察人员执法违法行为的投诉和举报；

（二）上级水行政机关、本级人民政府对执法违法行为作出的决定或处理意见；

（三）上级水行政机关或本级人民政府在日常行政执法监督检查中发现违法执法行为后形成的书面意见；

（四）人民法院对水行政机关的执法违法行为作出的终审判决或裁定。

第九条 水政监察人员执法违法行为须经水行政机关的法制工作机构会同纪检机构认定并提出处理建议，报本机关行政首长作出决定。

第十条 对执法违法的水政监察队伍及水政监察人员的追究，应当根据违法行为的具体情况，按下列方式予以处理，可以单处或并处：

（一）责令检查；

（二）通报批评；

（三）责令赔偿损失；

（四）取消被评选先进资格；

（五）暂停行政执法活动，离岗学习；

（六）暂扣行政执法证件；

（七）吊销行政执法证件，调离执法岗位；

（八）行政处分；

（九）水政监察人员徇私舞弊、收受贿赂以及其他执法违法行为有犯罪嫌疑的，移送司法部门依法处理。

（十）法律、法规、规章规定的其他处理方式。

第十一条 水政监察人员在执法活动中因故意或重大过失给当事人造成损失的，依照《中华人民共和国国家赔偿法》的有关规定承担法律责任。

第十二条 追错案件须经立案、调查、听取陈述、申辩，作出处理决定等程序。

在办理追错案件时，办案人员有权进行下列活动：

（一）调阅有关案卷材料；

（二）询问执法责任人；

（三）询问受害人、知情人；

（四）收集证据。

第十三条 对执法违法的水政监察队伍或责任人作出的处理决定，须由处理机关将处理决定书面通知被处理的水政监察队伍或责任人。

被处理的水政监察队伍或责任人对处理决定不服的，可以向作出处理决定的机关或其上级行政机关提出申诉。申诉期间，不停止处理决定的执行。受理机关应在30日内按有关规定审查并作出书面答复，确有错误的，应予改正。

第十四条 处理机关应当在处理决定作出后15日内，将处理结果送上级水行政机关备案。

第十五条 本制度自公布之日起施行。

五、考评监督类制度

水政监察工作评议考核及奖惩办法

1. 依据

2004 年 3 月 14 日，第十届全国人民代表大会第二次会议通过了《中华人民共和国宪法修正案》，新修订的《宪法》第二十七条规定："一切国家机关实行精简的原则，实行工作责任制，实行工作人员的培训和考核制度。"全国人大把工作责任制和培训、考核制度列入了国家的根本大法。

《国务院关于印发全面推进依法行政实施纲要的通知》（国发〔2004〕10 号）规定："要建立公开、公平、公正的评议考核制和执法过错或者错案责任追究制，评议考核应当听取公众的意见。"

《国务院办公厅关于推行行政执法责任制的若干意见》（国办发〔2005〕37 号）规定："建立健全行政执法评议考核机制。行政执法评议考核是评价行政执法工作情况、检验行政执法部门和行政执法人员是否正确行使执法职权和全面履行法定义务的重要机制，是推行行政执法责任制的重要环节。各地区、各有关部门要建立健全相关机制，认真做好行政执法评议考核工作。"

水利部《水政监察工作章程》（水利部令第 13 号）第十九条规定："水政监察队伍实行执法责任制和评议考核制。"

2. 目的、意义

为了正确评价各流域机构、各省（市、自治区）水行政主管部门和新疆生产建设兵团水政监察工作实绩，规范执法行为，提高执法水平，促进依法行政、依法治水，根据《宪法》、《国务院办公厅关于推行行政执法责任制的若干意见》和水利部《水政监察工作章程》等规定，制定本办法。本办法所称水政监察工作评议考核及奖惩，是指对各流域机构、各省（市、自治区）水行政主管部门和新疆生产建设兵团所实施的影响公民、法人或者其他组织权利义务的水政监察工作进行检查评价和奖惩的一种监督制度。

评议考核是对行政执法责任的落实、水政监察队伍执法状况的总体评价，是行政执法责任制的基础制度。评议考核结果，应当与各级水政监察队伍、行政执法人员的利益相挂钩，作为任用、提拔和行政惩处的依据。评议考核及奖惩办法有利于监督水政监察队伍是否合法行政、合理行政，调动水政监察人员的积极性，各级水政监察队伍要重视和加强水行政执法评议考核工作。

3. 本制度规范的行为

评议考核事项为水政监察队伍履行法定职权、职责的情况，包括行政行为的合法性、行政执法的质量等方面。评议考核应当采取自评与上级部门考评相结合的方式进行。采用现代手段，科学合理地分解、设置行政执法责任的量化考核指标。本制度对以上行为予以规范。

4. 主要内容

（1）考核机构

水利部成立水政监察工作评议考核领导小组，组长由分管水政监察工作的部领导担任，成员由安全监督、政策法规、规划计划、财务经济、人资、纪检监察等职能机构负责人组成，领导小组办公室设安全监督司，负责评议考核的日常工作。必要时，可委托流域机构水政监察总队组织实施对有关省（市、自治区）水行政主管部门和新疆生产建设兵团的水政监察评议考核工作。

（2）考核内容

水政监察工作评议考核的主要内容为：组织领导、执法业务、队伍管理、执法保障、建章立制及其他等。

（3）考核办法

水政监察工作考核实行百分制，按《水政监察工作考核评分标准》（见附件）逐项考核计分。

（4）加分

被考评单位及其水政监察机构有下列情形之一并提交佐证材料的，可给予加分：

1）被中央、国务院授予先进称号的，加8～10分；

2）被人民日报、新华社、中央电视台等国家级媒体重点宣传先进事迹的，加2～5分；

3）水政监察机构纳入行政序列的，加1～3分。

（5）考核等次

考核结果分为："优秀"、"良好"、"合格"、"基本合格"和"不合格"五个等次。分值在90分以上的为"优秀"等次；分值在80～89分的为"良好"等次；分值在70～79分的为"合格"等次；分值在60～69分的为"基本合格"等次；分值在59分以下的为"不合格"等次。

（6）直接评定"不合格"情形

被考评单位出现下列情形之一的，直接评定为"不合格"：

1）殴打、体罚、虐待当事人或因重大执法过错造成当事人轻伤以上的；

2）因执法工作中出现重大过错，造成恶劣社会影响的；

3）因执法过错引发群体上访的；

4）水政监察人员违法乱纪被司法机关追究刑事责任的；

5）被考评单位拒绝接受考评或者弄虚作假情节严重的。

（7）报送时间

被考评单位于下一年度的 2 月底前，对照《水政监察工作考核评分标准》进行自评并上报 5 份自评报告和佐证材料。各省（市、自治区）水行政主管部门和新疆生产建设兵团水利局的自评报告和佐证材料同时向有关流域机构报送。

流域机构管辖范围在所在地有交叉的，由水利部安全监督司指定主送单位。

（8）完成时间

下一年度的 5 月底前，水利部完成对各流域机构、各省（市、自治区）水行政主管部门和新疆生产建设兵团的水政监察评议考核工作。

考核结果由水利部向全国水利系统通报，抄送各省（市、自治区）人民政府或相关部门。

（9）奖励

对评定为"优秀"、"良好"等次的单位，水利部授予其荣誉称号，颁发奖牌、证书，并以以奖代补方式，对水政监察装备和经费给予重点支持。同时以适当方式表彰和奖励被考评单位主要领导、分管领导和水政监察机构主要负责人及有关人员，具体办法另行制定。

水政监察工作考核与水利项目投资、水利评先表模挂钩。对被评定为"优秀"、"良好"等次的单位，在水利项目计划、投资或有关资金安排等方面予以优先考虑或重点倾斜；对被评定为"不合格"等次的被考评单位，取消全国水利系统综合性先进单位参评资格，并在水利项目计划、投资、有关资金安排上予以制约。

（10）考核结果使用

水政监察评议考核与目标管理考核、岗位责任制考核等有机结合，避免重复评议考核。水利部和流域机构组织的相关考核涉及水政监察工作内容的，应当直接使用水政监察评议考核结果。

（11）撤销奖励

被考评单位有下列情形之一的，撤销奖励并追回授予的奖牌、证书、资金：

1）弄虚作假的；

2）隐瞒严重错误的；

3）法律、法规、规章规定应当撤销奖励的其他情形。

（12）问责

在水政监察评议考核工作中，发现水政监察机构和水政监察人员在行政执法过程中有不履行或者不正确履行法定职责的，由有关部门按照相关法律法规及《水行政执法过错或者错案责任追究制》的规定追究责任；涉嫌犯罪的，移送司法机关依法追究刑事责任。

对在评议考核中评定为"不合格"和"基本合格"的被考评单位，责令其认真分析原因，明确整改措施，限期整改。限期内仍不整改或整改达不到要求的，建议有关部门对责任人问责或采取组织措施。

5. 本制度与其他制度的关系

本制度与《水行政执法责任制》《水行政执法案卷评查制度》《水行政执法监督检查记录制度》《水行政执法自由裁量制度》《首问责任制》等制度相关联，是对各级水政监察队伍执法责任制、案卷评查、自由裁量、首问责任制等情况的一次检验。

6. 参考文本

水政监察工作评议考核及奖惩办法

第一条 为了正确评价各流域机构、各省（市、自治区）水行政主管部门和新疆生产建设兵团的水政监察工作实绩，规范执法行为，提高执法水平，促进依法行政、依法治水，根据《中华人民共和国宪法》、《国务院办公厅关于推行行政执法责任制的若干意见》和水利部《水政监察工作章程》的规定，制定本办法。

第二条 本办法所称水政监察工作评议考核及奖惩，是指对各流域机构、各省（市、自治区）水行政主管部门和新疆生产建设兵团所实施的影响公民、法人或者其他组织权利义务的水政监察工作进行检查评价和奖惩的一种监督制度。

第三条 各流域机构、各省（市、自治区）水行政主管部门和新疆生产建设兵团要把水政监察工作作为本部门、本单位的首要任务和根本职责来抓，切实重视水政监察机构建设，加强水政监察工作。

第四条 对工作表现突出，有显著成绩和贡献的被考评单位，给予表彰和奖励。

奖励坚持精神奖励与物质奖励相结合、以精神奖励为主的原则。

第五条 水利部成立水政监察工作评议考核领导小组，组长由分管水政监察工作的部领导担任，成员由规划计划、政策法规、财务、人事、安全监督、纪检监察等职能机构负责人组成，领导小组办公室设在安全监督司，负责评议考核的日常工作。必要时，可委托流域机构相关组织实施对有关省（市、自治区）水行政主管部门和新疆生产建设兵团的水政监察评议考核工作。受委托的单位不得再委托其他任何组织实施评议考核工作。

第六条 水政监察工作评议考核的主要内容为：组织领导、执法业务、队伍管理、执法保障、建章立制及其他共五个方面。

第七条 水政监察工作考核实行百分制，按《水政监察工作考核评分标准》（见附件）逐项考核计分。

第八条 被考评单位及其水政监察机构有下列情形之一并提交佐证材料的，当年可给予加分：

（一）被中央、国务院授予先进称号的，加 8~10 分；

（二）被人民日报、新华社、中央电视台等国家级媒体宣传集体或个人先进事迹的，加 2~5 分；

（三）水政监察机构纳入行政序列的，加 1~3 分；

（四）报请省（市、自治区）人民政府或有关部门出台有关加强水政监察队伍建设、保障建设等方面政策且对全国有借鉴作用的，加 1~3 分；

（五）结合本地、本单位实际，开展有特色、有亮点、有效果的主题活动，加 1~2 分。

第九条　考核结果分为："优秀"、"良好"、"合格"、"基本合格"和"不合格"五个等次。分值在 90 分以上的为"优秀"等次；分值在 80~89 分的为"良好"等次；分值在 70~79 分的为"合格"等次；分值在 60~69 分的为"基本合格"等次；分值在 59 分以下的为"不合格"等次。

第十条　被考评单位当年出现下列情形之一的，直接评定为"不合格"：

（一）殴打、体罚、虐待当事人或因重大执法过错造成当事人轻伤以上的；

（二）因执法工作中出现重大过错，造成恶劣社会影响的；

（三）因执法过错引发群体上访的；

（四）水政监察人员违法乱纪被司法机关追究刑事责任的；

（五）被考评单位拒绝接受考评或者弄虚作假情节严重的。

第十一条　被考评单位于下一年度的 2 月底前，对照《水政监察工作考核评分标准》进行自评并上报 5 套自评报告和佐证材料。各省（市、自治区）水行政主管部门和新疆生产建设兵团水利局的自评报告和佐证材料同时报送有关流域机构。

流域机构管辖范围在所在地有交叉的，由水利部安全监督司指定主送单位。

第十二条　下一年度的 5 月底前，水利部完成对各流域机构、各省（市、自治区）水行政主管部门和新疆生产建设兵团的水政监察评议考核工作。

考核结果由水利部向全国水利系统通报，同时抄送各省（市、自治区）人民政府法制工作部门。

第十三条　对评定为"优秀"、"良好"等次的单位，水利部授予其荣誉称号，颁发奖牌、证书，并以"以奖代补"方式，对水政监察装备和经费给予重点支持，同时以适当方式表彰和奖励被考评单位主要领导、分管领导和水政监察机构主要负责人及有关人员，具体办法另行制定。

第十四条　水政监察工作考核与水利项目投资、水利评先表模挂钩。对被评定为"优秀"、"良好"等次的单位，在水利项目计划、投资或有关资金安排等方面予以优先考虑或重点倾斜；对被评定为"不合格"等次的被考评单位，取消全国水利系统综合性先进单位参评资格，并在水利项目计划、投资、有关资金安排上予以制约。

第十五条 水政监察评议考核与目标管理考核、岗位责任制考核等有机结合，避免重复评议考核。水利部和流域机构组织的相关考核涉及水政监察工作内容的，应当直接使用水政监察评议考核结果。

第十六条 被考评单位有下列情形之一的，撤销奖励并追回授予的奖牌、证书：

（一）弄虚作假的；

（二）隐瞒严重错误的；

（三）法律、法规、规章规定应当撤销奖励的其他情形。

第十七条 在水政监察评议考核工作中，发现水政监察机构和水政监察人员在行政执法过程中有不履行或者不正确履行法定职责的，由有关部门按照相关法律法规及《水行政执法过错或者错案责任追究制》的规定追究责任；涉嫌犯罪的，移送司法机关依法追究刑事责任。

第十八条 对在评议考核中评定为"不合格"和"基本合格"的被考评单位，责令其认真分析原因，明确整改措施，限期整改。限期内仍不整改或整改达不到要求的，建议有关部门对有关责任人问责或采取组织措施。

第十九条 各流域机构、各省（市、自治区）水行政三管部门和新疆生产建设兵团对下一级单位或下一级水行政主管部门的水行政执法评议考核，可参照本办法。

第二十条 本办法由水利部安全监督司负责解释。

第二十一条 本办法自公布之日起施行。

水行政执法监督检查记录制度

1. 依据

《国务院关于加强市县政府依法行政的决定》（国发〔2008〕17号）规定："完善行政执法程序，根据有关法律、法规、规章的规定，对行政执法环节、步骤进行具体规范……建立监督检查记录制度。"

2. 目的、意义

为加强水行政执法监督工作，防止或者纠正违法或不当的具体行政行为，保护公民、法人或者其他组织的合法利益，促进依法治水，根据以上规定，制定本制度。本制度所称执法监督检查，是指上级水政监察队伍对下级水政监察队伍及其水政监察人员的执法活动实施督察的制度。

督察范围包括：行政执法主体是否合法；行政执法程序是否正当；适用法律依据是否正确；行政执法处理决定是否适当等，目的在于监督水行政机关及执法人员在水行政执法各个阶段的行政行为，是对行政执法责任制的重要补充。行政执法的监督检查，可以在一定程度上限制行政执法人员滥用权力、越权等不当行政执法行为。对督察过程中发现的问题，发出《督察通知书》，责令限期改正，对重大行政处罚还应跟踪督办。实行行政执法督察制度，对于纠正违法或者不当的行政执法行为，维护公民、法人和其他组织的合法权益，促进依法行政都具有重要意义。

3. 本制度规范的行为

本制度对水政监察队伍实施监督检查活动予以规范。

4. 主要内容

（1）督察方式及时间

上级水政监察机构应当定期或不定期地对下级水政监察机构及其水政监察员的执法活动进行督察。定期督察每年不少于 1 次，不定期督察根据工作需要随时进行。

（2）义务

下级水政监察队伍及其水政监察员有义务接受上级执法督察，如实提供有关情况和资料，不得以任何理由拒绝检查。

（3）督察内容

水行政执法督察包括以下内容：

1）法定职责是否履行；

2）执法主体是否合法；

3）执法程序是否正当；

4）适用依据是否正确；

5）行政处罚认定的事实是否准确；

6）执法文书、案卷是否规范；

7）执法人员风纪是否严整。

（4）处理

在水行政执法督察中发现的问题，按以下规定处理：

1）现场执法活动存在明显的违法行为的，立即予以制止；

2）水行政执法机关及其执法人员作出违法和不当的具体行政行为的，责令限期改正或者纠正；

3）水行政执法机关及其执法人员不严格履行法定职责的，责令履行；

4）行政执法主体不合法的，责令纠正。

（5）问责

对执法违法、发生错案和执法过错的，按《水行政执法错案和执法过错责任追究制》的规定追究责任。

5. 本制度与其他制度的关系

本制度与《水政监察工作评议考核及奖惩办法》、《水行政执法案卷评查制度》相关联，同属于上级水政监察队伍对下级水政监察队伍的检查、监督制度。

6. 参考文本

水行政执法监督检查记录制度

第一条　为加强水行政执法监督工作，防止或者纠正违法或不当的具体行政行为，保护公民、法人或者其他组织的合法利益，促进依法治水，根据《国务院关于加强市县政府依法行政的决定》（国发〔2008〕17号）和《水政监察工作章程》（水利部令第13号）等规定，制定本制度。

第二条　本制度所称执法监督检查，是指上级水政监察机构对下级水政监察机构及其执法人员的执法活动实施督察并记录的制度。

第三条　上级水政监察机构应当定期或不定期地对下级水政监察机构及其执法人员的执法活动进行督察。定期督察每年不少于1次，不定期督察根据工作需要随时进行。

第四条　水行政执法机关及其执法人员有义务接受执法督察，如实提供有关情况和资料，不得以任何理由拒绝检查。

第五条　水行政执法督察包括以下内容：

（一）法定职责是否履行；

（二）执法主体是否合法；

（三）执法程序是否正当；

（四）适用依据是否正确；

（五）行政处罚认定的事实是否准确；

（六）执法文书、案卷是否规范；

（七）执法人员风纪是否严整。

第六条　在水行政执法督察中发现的问题，按以下规定处理：

（一）现场执法活动存在明显的违法行为的，立即予以制止；

（二）水行政执法机关及其执法人员作出违法和不当的具体行政行为的，责令限期改正或者纠正；

（三）水行政执法机关及其执法人员不严格履行法定职责的，责令履行；

（四）行政执法主体不合法的，责令纠正。

第七条　对监督检查情况应完整记录，并作为年终考核依据。

第八条　对执法违法、发生错案和执法过错的，按《水行政执法错案和执法过错责任追究制》的规定追究责任。

第九条　本制度自公布之日起施行。

大案要案请示、审查和备案制度

1. 依据

水利部《关于印发水政监察规范化建设实施意见的通知》（政资监〔1996〕2 号）："加强执法队伍的层级监督，建立大案要案请示、审查和备案制度，保证水行政执法的有效、公正"。

2. 目的、意义

为加强水行政执法监督，避免出现执法违法行为，保障水事违法案件的有效查处，根据有关法律、法规和规章的规定，制定本制度。建立《大案要案请示、审查和备案制度》有利于加强执法队伍的层级监督，促进依法行政。

3. 本制度规范的行为

本制度对水政监察机构办理大案要案请示、审查和备案事宜进行规范。

4. 主要内容

（1）定义

本制度所称大案要案是指：

1）违反水法规行为造成直接经济损失 10 万元以上的；

2）违反水法规行为依法拟处公民 1 万元以上、法人和其他组织 10 万元以上罚款的，或者吊销取水许可证、河道采砂许可证的；

3）案情复杂、影响较大、性质恶劣的。

（2）请示、报告

本级水政监察队伍发现的大案要案，应当及时了解初步案情，并采取有效措施防止事态扩大，及时向上一级水政监察机构报告。

（3）提交材料

请示、报告大案要案时，应提交以下材料：

1）大案、要案请示；

2）案件来源材料（包括举报、自查、移送等）；

3）经初查获取的违法事实证据及其相关证据；

4）其他有关材料。

（4）审查

上级水政监察机构接到大案要案请示、报告等材料后，应当及时对案情进行审查，并视情况提出本级行政机关立案查处、指定下级查处。

（5）报告及跟踪

下级水政监察队伍查处的大案要案，应将案件进展情况及时向上级水政监察队伍汇报。上级水政监察队伍对大案要案的查处要做好跟踪、指导工作。

（6）结案报告

下级水政监察机构查处的水事违法大案要案，应在结案后 10 个工作日内，将有关材料呈报上一级水政监察机构备案。

大案要案备案材料应附全套案卷材料，上报材料可以是原件，也可以是复印件。备案材料应规范、真实、可靠。

（7）问责

对不按照规定请示、报告和备案的案件，造成重大损失或者其他严重后果的，依法对相关领导和人员给予行政处分。

5. 本制度与其他制度的关系

本制度与《水行政执法案卷评查制度》《水行政执法监督检查记录制度》相关联，都是上级对下级实施监督的制度。

6. 参考文本

大案要案请示、审查和备案制度

第一条 为加强水行政执法监督，避免出现执法违法行为，保障水事违法案件的有效查处，根据水利部《关于印发水政监察规范化建设实施意见的通知》（政资监〔1996〕2号）规定，制定本制度。

第二条 本制度所称大案要案是指：

（一）违反水法规行为造成直接经济损失 10 万元以上的；

（二）违反水法规行为依法拟处公民 1 万元以上、法人和其他组织 10 万元以上罚款的，或者吊销取水许可证、河道采砂许可证的；

（三）案情复杂、影响较大、性质恶劣的。

第三条 本级水政监察队伍发现的大案要案，应当及时了解初步案情，并采取有效措施防止事态扩大，及时向上一级水政监察队伍报告。

第四条 请示、报告大案要案时，应提交以下材料：

（一）大案、要案请示；

（二）案件来源材料（包括举报、自查、移送等）；

（三）经初查获取的违法事实证据及其相关证据；

（四）其他有关材料。

第五条 上级水政监察队伍接到大案要案请示、报告等材料后，应当及时对案情进行审查，并视具体情况提出本级行政机关立案查处或者指定下级查处的意见，报局领导审定。

第六条　下级水政监察队伍查处的大案要案,应将案件进展情况及时向上级水政监察队伍汇报。上级水政监察队伍对大案要案的查处要做好跟踪、指导工作。

第七条　下级水政监察队伍查处的水事违法大案要案,应在结案后 10 个工作日内,将有关材料呈报上一级水政监察队伍备案。

第八条　对不按照规定请示、报告和备案的案件,造成重大损失或者其他严重后果的,依法对相关领导和人员给予行政处分。

第九条　本制度自发布之日起施行。

水政监察队伍接受社会监督制度

1. 依据

胡锦涛总书记在中国共产党第十七次全国代表大会上的报告中指出:"完善制约和监督机制,保证人民赋予的权力始终用来为人民谋利益。确保权力正确行使,必须让权力在阳光下运行。要坚持用制度管权、管事、管人,建立健全决策权、执行权、监督权既相互制约又相互协调的权力结构和运行机制。健全组织法制和程序规则,保证国家机关按照法定权限和程序行使权力、履行职责。完善各类公开办事制度,提高政府工作透明度和公信力。"

2. 目的、意义

为确保水政监察队伍公正执法,促进执法人员廉洁从政,保障公民、法人和其他组织的知情权和监督权,根据以上规定,制定本制度。

倾听群众呼声,自觉接受社会监督,是水政监察机构本质属性的必然体现,是建立健全监督机制的客观要求,也是实现法律公正的必然要求。人民群众是公正执法的直接受益者,也是执法不公的最大受害者。水政监察机构及水政监察人员是否廉洁从政,人民群众最有发言权。只有在严格的监督之下,才能使我们的水行政执法人员不犯错误或少犯错误,把滋生腐败的可能消灭在萌芽状态。重视和加强社会监督,也是维护水法律公平、正义的重要保证,只有构建严密有效的监督体制,才能保证执法权力的每一次行使都在法律的框架内运行,最终促进依法行政的实现。

3. 本制度规范的行为

本制度对各级水政监察机构自觉接受社会监督行为予以规范。

4. 主要内容

(1)公示身份

各级水政监察机构的水政监察人员一律实行挂牌服务,公布执法人员姓名、职务、执法证号。

（2）接受层级监督

各级水政监察机构要自觉接受上级水政监察队伍和本级人大的监督，主动向上级水政监察队伍、本级人大常委会报告水行政执法情况。

（3）接受专门监督

各级水政监察机构要自觉接受纪检、监察部门的专门监督，在执法人员中开展廉政教育，不办"人情案"、"关系案"。

（4）接受司法监督

各级水政监察机构要自觉接受检察院、法院的司法监督，认真履行执法职责，严格执法程序，规范文书制作。

（5）接受舆论监督

各级水政监察机构要自觉接受报刊、电台、电视台、互联网等媒体监督，宣传贯彻水法律、法规，对水行政执法人员的违法行为及违纪情况予以曝光，促进依法行政。

（6）接受社会监督

各级水政监察机构要自觉接受各行各业、广大人民群众监督，聘请政风行风监督员，定期对执法工作开展评议。

（7）监督形式

监督形式包括：

1）设立监督电话和意见箱、意见簿，安排专人负责管理；

2）定期向相对人发放意见征求表，进行满意度调查、测评；

3）聘请政风行风监督员；

4）建立水政监察队伍与相对人联系制度，征求意见；

5）每年召开有人大代表、政协委员、行政相对人代表和政风行风监督员参加的座谈会不少于一次，通报有关情况，主动征求意见和建议。

（8）问责

各社会组织、团体、企事业单位、公民举报水行政执法人员的违法行为，一经查实，严肃处理，并将处理结果向社会公布。

5. 本制度与其他制度的关系

本制度与《水行政执法过错或者错案责任追究制度》《水行政执法案卷评查制度》《水行政执法监督检查记录制度》和《大案要案请示、审查和备案制度》相关联，它们同属于监督制度，但又有区别，后者为内部监督，本制度为外部监督。

6. 参考文本

<h3 style="text-align:center">水政监察队伍接受社会监督制度</h3>

第一条　为确保水政监察队伍公正执法，促进执法人员廉洁从政，保障公民、法人

和其他组织的知情权和监督权，根据有关规定，制定本制度。

第二条　各级水政监察队伍的水政监察人员一律实行挂牌服务，公布执法人员姓名、职务、职责范围、执法证号。

第三条　各级水政监察队伍要自觉接受上级水政监察队伍和本级人大的层级监督，主动向上级水政监察队伍、本级人大常委会报告水行政执法情况。

第四条　各级水政监察队伍要自觉接受纪检、监察部门的专门监督，在执法人员中开展廉政教育，不办"人情案"、"关系案"。

第五条　各级水政监察队伍要自觉接受检察院、法院的司法监督，认真履行执法职责，严格执法程序，规范文书制作。

第六条　各级水政监察队伍要自觉接受报刊、电台、电视台、互联网等媒体监督，宣传贯彻水法律、法规，对水行政执法人员的违法行为及违纪情况予以曝光，促进依法行政。

第七条　各级水政监察队伍要自觉接受各行各业、广大人民群众监督，聘请政风行风监督员，定期对执法工作开展评议。

第八条　监督形式包括：

（一）设立监督电话和意见箱、意见簿，安排专人负责管理；

（二）定期向相对人发放意见征求表，进行满意度调查、测评；

（三）聘请政风行风监督员；

（四）建立水政监察队伍与相对人联系制度，征求意见；

（五）每年召开有人大代表、政协委员、行政相对人代表和政风行风监督员参加的座谈会不少于一次，通报有关情况，主动征求意见和建议。

第九条　各社会组织、团体、企事业单位、公民举报水行政执法人员的违法行为，一经查实，严肃处理，并将处理结果向社会公布。

第十条　本制度自发布之日起施行。

第二部分
水行政执法规范

第一章　水事违法案件查处规范

一、立案

案件管辖

1.　《水行政处罚实施办法》　对水行政处罚的管辖进行原则规定

（1）国务院水行政主管部门及其所属的流域管理机构管辖法律、行政法规规定的水行政处罚。

（2）除法律、行政法规另有规定的外，水行政处罚由违法行为发生地的县级以上地方人民政府水行政主管部门管辖。上级水行政主管部门有权管辖下级水行政主管部门管辖的水行政处罚。下一级水行政主管部门对其管辖的水行政处罚，认为需要由上一级水行政主管部门管辖的，可以报请上一级水行政主管部门决定。对管辖发生争议的，应当协商解决或者报请共同的上一级水行政主管部门指定管辖。

（3）法律、法规授权组织管辖其职权范围内的水行政处罚。在执法实践中，对于级别管辖和跨区域的大江大河大湖地域管辖比较容易发生疑义。

2.　水行政处罚的级别管辖

水行政处罚的级别管辖是指上下级水行政主管部门之间对实施水行政处罚的分工和权限的划分，它所解决的是在水行政主管部门系统内哪些水行政处罚应由哪一级水行政主管部门实施的问题。我国现行水法规中有关水行政处罚级别管辖的规定不尽一致。

《行政处罚法》第二十条对行政处罚的级别管辖做了原则性的规定，具体的行政处罚级别管辖问题必须由专业法规来解决。综合我国现行水法规中有关水行政处罚的规定，水行政处罚的级别管理辖规定分以下七种情况：一是由县级以上地方人民政府水行政主管部门（河道主管机关）管辖；二是由县级以上人民政府水行政主管部门管辖；三是由县级人民政府水行政主管部门管辖；四是由水行政主管部门或其授权的流域机构根据发放取水许可证的权限进行管辖；五是由市、县级人民政府管辖；六是由法律、法规授权的组织（如流域机构或工程管理机构）管辖；七是由大坝主管部门管辖（见国务院水库大坝安全管理条例）。第一、第二两种水行政处罚级别管辖的规定形式在现行水法规中最为普遍，也是确定水行政处罚级别管辖的最主要依据。这两种规定形式只规定了有权作出水行政处罚决定的最低一级水行政主管部门县级水行政主管部门（河道主管机关）。在此情况下，上级水行政主管部门只要不超越管辖区域，原则上可以依法实施各种水行政处罚。水行政处罚实践中，需要澄清两个有关级别管辖的问题：

（1）水行政处罚的级别管辖与河道分级管理的关系

《中华人民共和国河道管理条例》规定，不同等级的河道由不同级别的河道主管机关（相当于水行政主管部门，下同）实施管理。那么在上级河道主管机关实施管理的河道管理范围内的水行政处罚，下级河道主管机关有无管辖权？这个问题的答案不能一概而论。我国目前河道管理实行统一管理与分级管理相结合的制度，除上级河道管理机关设立管理机构直接管理的河道或工程外，上级的统一管理实际上仅局限于河道管理范围内建设项目方案的审查，河道所在流域的综合规划和专业规划的制定及实施，工程调度等方面，而工程维修、养护、违反河道管理法规案件的查处等大量的日常工作，都是由河道所在地的基层河道主管机关承担的。所以在上级河道主管机关实施统一管理的河道管理范围内的水行政处罚，除法律、法规授权流域机构或其他管理组织作出处罚外，下级河道主管机关有权管辖。

（2）需要经过同级人民政府或上级水行政主管部门批准的水行政处罚

经批准的水行政处罚并没改变级别管辖。《取水许可和水资源费征收管理条例》规定，有相应的违法情形，并且情节严重的取水单位，由水行政主管部门或者其授权发放取水许可证的部门报县级以上人民政府批准，吊销其取水许可证。《江苏省水利工程管理条例》第三十条第一款第（一）项规定对违反该条例第八条规定的，情节严重，造成重大损失的，经上级水利部门批准，可以处以1万~10万元的罚款。这两条规定中的水行政处罚的管辖权是否应归属于批准水行政处罚的机关。批准机关在下级机关对这两种水行政处罚作出决定之前，从大的方向和综合各种利害关系进行全面分析后，作出批准或者不予批准的决定，一般不对事实问题进行全面审查，这种批准行为并不直接对行政相对人产生权利义务关系，只是对水行政处罚决定在方向性和综合性上的把关，属于监督行为，批准机关只行使监督权，承担相应的监督责任，而被批准的行政处罚的决定权仍归属于下级机关，即这两种水行政处罚的级别管辖并未因要报批而改变。

3. 流域管理和行政区域管理相结合体制下的水行政处罚地域管辖

水以流域为单元而客观存在，这一自然特质使得人类不得不面对因水形成的自然与社会的复杂关系。为此，我国确立了流域管理和行政区域管理相结合的水资源管理体制，人与自然的冲突使得这一体制的实现障碍重重，在此体制下实施的水行政处罚管辖难免存在诸多困惑，此处参照实务工作者的经验，以跨区域湖泊为例进行分析。

（1）跨流域的水行政处罚地域管辖现状

我国的不少湖泊面积，日见缩小甚至消失、水质渐趋恶化。原因之一在于，流域与区域之间和区域与区域之间水行政管理、处罚的管辖界定模糊，甚至没有界定。作为水资源管理基本实体法的《水法》，作为水行政处罚程序法的《行政处罚法》与《水行政处罚实施办法》，对于处罚管辖的规定存在冲突，水行政执法机关因而无法正确行使水行政处罚权。我国湖泊众多，不乏流域性大湖。国务院水行政主管部门特别设立了流域机构实施跨省（自治区、直辖市）的流域性湖泊的直接管理，各省级水行政主管部门一般也设立了跨市的省内流域性湖泊直接管理机构。流域性湖泊跨县、跨市、跨省，往往是相邻省、市、县的界湖，对其水事违法行为的行政处罚管辖没有界定，即使有界定，也纯属理论层面的。实践中"流域管辖"难以覆盖到位，仅享有理论上的管辖权；"区域管辖"又无法可依，行使管辖权涉嫌超权越位。久而久之，跨流域的水行政处罚地域管辖就形同虚设。其主要原因在于：

第一，相关职能部门多头管辖。这里先借用公、检、法机关之间及其与其他行政机关之间案件查处的分工概念，来区分一下主管与管辖："主管"就是各行政机关所享有的行政处罚权限，"管辖"则是水行政机关之间的处罚权限划分。湖泊的开发、利用、节约和保护，涉及的主管机关众多，除水利外，还有渔业、交通、国土、环保、林业、农业、旅游、开发、公安等行政机关。他们各自根据相关的法律法规行使行政权力。然而问题在于他们在行使权力时，往往只重视了利用，而轻视了管理，更忽视了保护。湖泊面积由大到小甚至到无，水质不断下降甚至恶化也就在意料之中了。就湖泊管理而言，相关行政机关不会放过对于利益的追逐。渔业部门通过发放养殖证、捕捞证收取费用，同时也行使对于无证进行养殖、捕捞违法行为的行政处罚。广义地说，水面也是国土的组成，但国土部门目前管理的只是土地，他们面对越来越多的建设需求和国家严格的土地政策，只能要求以"土地换土地"，而建设单位只有以"水面换土地"，"牺牲"的只有湖泊了。在此"水土转换"交易中，受益的是国土、建设主管部门，还有建设单位、开发商等。当然国土、建设等主管机关，不仅可以在上述过程中收取有关费用，而且还可在建设的过程中使用行政处罚权来获利。交通主管机关在水运、航道管理的过程中，除按规定收取相关规费外，还行使对于违规从事船舶运输、损坏航道等的行政处罚权。公安机关则通过收取水上治安费、船舶寄泊费等来进行治安管理、施行行政处罚。如此种种不一而足，相比之下，水行政主管部门只是"肩挑"湖泊防洪的公益重任。

第二，属地管辖区域难以清晰界定。中华民族的历史某种意义上说就是一部治水史。而治水的重点就在大河大湖。湖泊形成时间久远，环湖的行政区划在历史发展中经过不断的变迁和调整而稳定下来，但因为湖泊的自然特点使得各区域的管理界限不清。例如洪泽湖，目前环湖分布着淮安市（地级市）的淮阴区、洪泽县、盱眙县，宿迁市（地级市）的泗洪县、泗阳县。该5县对于湖区水域管辖权的划分是依据《江苏省人民政府关于同意调整洪泽湖区行政区划的批复》（苏政复〔1985〕140号）进行的。该批复规定相邻县间陆上"边界点"向湖心延伸所构成的三角水域即为各县的行政管辖区域。对于各县乡镇之间的湖区水域界线，也依照同样的方法划定。这样，临湖各县似乎有了法律意义上的属地管辖区域。因为"湖心"没有定义，即使有定义，面对宽阔的湖面，人们怎么把握湖心？湖面上的界线又怎样确立？所能做到的也就是纯属概念性的理论界线。一是其"地"所属实际未定；二是即使"有所定"，人们也难以"认知"。长期以来对于湖区的水事违法行为的查处，由于界限不明、责任不清，造成临湖政府自由处置权非常之大。

（2）法律上尚未解决流域和区域的管辖关系

首先，实体法上的理论冲突。主要表现为流域管辖与区域管辖的冲突。由于湖泊尤其是流域性湖泊的重要地位，加之湖泊有着"桀骜不驯"的特点，决定了国家首先要从立法的高度重视水资源的统一管理。因此，在《水法》总则中，第十二条就规定"水资源管理实行流域管理与区域管理相结合"的原则，并授权"国务院水行政主管部门在大江大河和重点湖泊设立的流域管理机构，在所管辖的范围内行使法律、行政法规和国务院水行政主管部门授予的水资源管理和监督职责"。很显然，在水资源管理权的归属上，区域优于流域。作为水行政管理权之一的水行政处罚权，也理当"流域"优于"区域"。许多省（自治区、直辖市）的地方性法规，对"省内流域"管理的机构设置和职责也有类似的规定。然而，在《水法》第七章法律责任中，第六十五条至第七十二条有"对于违反水法行为的处罚由县级以上水行政主管部门或者流域管理机构实施"的规定，从表面看，就存在着水行政处罚"区域"优于"流域"。从深层次讲，这不是简单的词序上的颠倒，可以看出从立法开始就存在着"流域"与"区域"的矛盾状态。即理论管理上"流域"优先，实际处罚上"区域"优先。《水法》作为水行政管理的基本法，就存在"流域"与"区域"管辖争议。现实中还大量存在"地方性法规、规章"等多种执法依据，存在诸如"法律法规授权组织"等多类行政主体，其管辖冲突严重程度就可想而知了。

其次，程序法上的理论冲突。《行政处罚法》第二十条规定："行政处罚由违法行为发生地的县级以上地方人民政府具有行政处罚权的行政机关管辖，法律、行政法规另有规定的除外。"由此规定可知，属地区域管辖是行政处罚的一般原则。鉴于水资源管理的特殊体制，《水行政处罚实施办法》第十七条首先规定"国务院水行政主管部门及其所属的流域管理机构管辖法律法规规定的水行政处罚"，第十八条又作"除法律、行政法规另有规定外，水行政处罚由违法行为发生地的县级以上人民政府水行政主管部门管辖"的规定。这样，水行政处罚管辖采用的是流域管辖优先的原则。其冲突在于，第一，两者的管辖原则是矛盾的。《行政处罚法》确立的是"区域管辖"为一般原则，《水行政处罚实施办法》规定的是"流域管辖"为一般原则。第二，从《行政处罚法》对于"除外"规定的要求看，"处罚办法"作为部门规章无权对属地管辖的一般原则再作"除外"规定。第三，两者的"除外"规定，都排除了地方性法规对于水行政处罚"省内流域管辖优先规定"的权力。也就是说像《江苏省湖泊条例》这样的地方性法规，无权作"省内流域管辖"优先的规定。

立案条件

1. 立案的条件

立案的条件是确立案件的理由或根据。一般来说，立案必须同时具备三个条件，即实施条件、法律条件和程序条件。

（1）实施条件是指在已获得的证据材料中已经初步证明了水事违法行为的存在。当然，在具体的案件中，并不要求全部违法事实都搞清楚，只要具有一定的实施根据，能够证明违法行为的发生即可。

（2）法律条件是指依据我国现行水法规规定，应当对违法行为追究法律责任。对不需要追究法律责任的水事违法行为，则不能或不必要立案。通常不论是公民还是法人或其他组织，承担法律责任必须同时具备客观上有违法实施的存在，主观上必须有过错，违法者必须具有责任能力三个条件。

（3）程序条件是指从管辖和职责分工来讲，该违法行为的查处在水行政主管部门职权范围内。

因此，水事违法案件的立案条件为：

（1）违反水法规的事实被初步证明为存在；

（2）根据现行水利法律法规的规定，该违反水法规的行为应当被追究法律责任；

（3）属于本部门管辖和职责范围内处理；

（4）违法者具有行为责任能力；

（5）符合法定有效追诉期限。

2. 可以不先行立案而予以查处或处置的情形

一般情况下，有管辖权的水行政机关乃至执法人员，对于其管理范围的工程场地、设施、设备等各种现场毁损、侵害事实（以下称侵害事实），在3种情况下可以先调查（处置）后立案：一是适用"当场处罚"的事实情况，即符合《行政处罚法》第三十三条、《水行政处罚实施办法》第二十二条的规定情形。二是水行政执法人员在巡查时当场发现违法行为正在实施，不当场进行处置可能引起严重损害后果的紧急事实情况。水行政执法人员可以依据《水政监察章程》第十六条赋予的"进行现场检查、勘察和取证等；要求被调查的公民、法人或组织提供有关情况和材料；询问当事人和有关证人，作出笔录、录音或录像等；责令有违反水法规行为的单位和个人停止违反水法规的行为。必要时，可采取防止造成损害的紧急处理措施；对违反水法规的行为依法实施行政处罚或者其他行政措施"职权，采取必要的相应措施或处理。三是显而易见的自然侵害的事实情况，可以当场予以确认，做好善后工作。对于"侵害事实"一时不能确定是否自然侵害的，也应经立案调查确定为"自然侵害"后，予以撤销案件。

案件来源

1. 立案的材料来源

近年来，水行政机关通过广泛深入的水法宣传，使人民群众对于水法律法规有了一定的了解。通过对水行政执法范围、内容、项目的公示和设立举报电话等方式，畅通了获取案件信息的渠道。另外水行政机关"预防为主"思想的确立，对所管水利工程的执法巡查力度日益加大，应该说水行政处罚案件的来源是广泛的。实践中案件的来源主要有水行政机关执法人员巡查发现、公民或其他组织的举报、受害人的控告或申请、上级水行政机关交办、其他行政机关移送、违法行为人"自首"（借用刑事领域的术语）等多种渠道。

2. 水行政监督检查

（1）水行政监督检查方法

1）审查（书面检查）。通过查阅有关书面材料、审批文件、平面布置图、统计表等对相对人进行的检查；水行政主体为实施水行政监督检查，可以要求相对人对有关事项提供必要的证明、资料，水行政主体对相对人报送的有关文件、材料或资料进行核对、查证，判断其合法性、合理性和真实性。

2）调查。水行政主体采用调查的手段查明相对人守法的情况，调查对象可以不限于水行政监督检查的对象。调查可分为一般调查、专案调查、联合调查、并案调查、现场调查、全面调查等，其中专案调查、现场调查、联合调查经常被采用。调查一般是在事后，为了使水行政处理决定建立在合法真实的基础上，由水行政主体采取的手段。作为水行政监督检查的一种方法，调查是一种比较正式的手段。调查应客观公正，避免先入为主，最后要提出客观全面的调查报告。

3）实地检查。执法人员直接进入现场进行的检查，它是最常用、最直观的检查方法之一，是发现问题、消除隐患、总结经验、表彰先进的一种十分有效的水行政监督检查手段；实地检查的方式很多，从范围来说有专门检查（也称专题检查，指就某一专门领域进行的水行政监督检查）、抽样检查（水行政主体对部分相对人或一部分检查对象进行检查，从而了解整个情况）、综合检查（全面检查，水行政主体对相对人水事活动中各个方面守法情况的检查），从时间来说有定期检查、突击（临时）检查。

4）听取汇报。水行政主体通过对相对人自己的说明来了解相对人守法的情况。这种检查手段只有和其他手段合并使用，才能收到较好的效果。

5）统计。水行政主体通过某些数据的了解来对相对人的守法情况进行检查。

6）专项检查。对某项特定的工作所作的监督检查，如定期或不定期地，由水政监察员对取水单位的退水水质进行检查。

7）自查。水行政主管部门要求相对人对自身的守法情况自行作出检查，并向水行政主管部门报告自查结果的检查。如节水情况的自查。

（2）监督检查的内容

水行政监督检查的内容广泛，凡涉及水法规明确规定的事项，都可纳入水行政监督检查的范围。水行政监督检查的内容主要包括以下几方面：

1）水资源管理方面。重点检查取水许可制度的落实情况，包括取水量、退水水质、计量设施；检查取水单位水资源费的缴纳情况；检查城市和农村节约用水情况；检查向河道、湖泊、水库、渠道、运河等水域设置或扩大排污口的情况等。

2）河道管理方面。重点检查涉河建设项目是否办理审批手续，是否按照审批意见采取补救措施，是否在规定的界线和位置上实施，是否缴纳占用水源水域补偿费；检查河道采砂是否办理许可手续，是否按照规定的作业方式和作业范围采砂，是否按规定存放废弃石渣；检查河道设障情况，主要检查在堤防及护堤地范围内，有无建房、放牧、开渠、打井、挖窖、葬坟、晒粮、存放物料、开采地下资源、进行考古发掘及开展集市贸易活动等。

3）水土保持方面。重点检查开发性建设项目水土保持方案的编报和"三同时"实施情况；检查25°陡坡地有无开垦种植；检查开垦禁垦坡度以下，5°以上荒坡地是否经县级人民政府水行政主管部门批准；检查有无毁林开荒、烧山开荒和在陡坡地、干旱地区铲草皮、挖树兜的情况；检查水土保持设施补偿费和水土流失防治费的缴纳及使用情况等。

4）防汛方面。重点检查防洪规划保留区内非防洪工程的建设情况；检查兴建防洪工程和其他水工程、水电站是否符合防洪规划（即防洪规划同意书的实施情况）；检查防洪工程设施保护范围内有无危害防洪工程安全的行为等。

5）水工程管理方面。重点检查水工程管理范围和保护范围内有无危害水工程安全的活动；检查水工程遭破坏情况等。

除了以上几方面的检查内容外，还有很多是工作制度落实情况的检查，如检查防洪规划的编制情况、防御洪水方案的制定、在建工程的质量、施工安全等，由于其监督检查的客体不是水行政管理相对人，故不列入水行政监督检查的范围，而只能列入行政监督的范围。

受理与立案的程序

受理与立案的程序就是立案的具体操作过程。从行政法制建设和行政法制原则出发，为确保依法行政，必须严格确立行政违法案件的立案程序。水行政违法案件的立案应当经过受理、审查、决定三个阶段。

1. 受理

受理实际是接受立案材料的过程。从水行政执法的实践看，水事违法案件立案材料的来

源主要如下：

（1）单位或个人的控告、举报。这是立案最主要，也是最最普遍的材料来源。控告是指受害人或其法定代理人为了保护自身的利益而实施的告诉行为；举报则是与事实无直接利害关系的单位或个人为维护公共利益或出于正义而实施的检举行为。控告、举报可以采用书面或者口头提出，接受口头控告、举报的工作人员，应当写成笔录，经宣读无误后，由控告人、举报人签名或者盖章。单位的书面控告、举报，应加盖公章，并由负责人签名或者盖章；公民个人的书面控告、举报，应盖印章或签名。在实践中，匿名举报占有一定的数量，对此要进行认真、具体分析。因为有的是出于害怕打击报复而不敢署名；有的因怕负责人而不愿署名；也有的是利用匿名举报进行诬陷。在查证属实前，不能以匿名举报材料作为立案的根据。同时，对于不愿公开姓名的举报人、控告人，为了防止其因举报、控告而遭受打击报复，水行政主管部门及其水政监察机构应为其保密。凡接受控告、举报的工作人员，应当向控告人、举报人讲明诬告应承担的法律责任。注意，要区分诬告与举报不实的界限，只要不是捏造事实，伪造证据，即使控告、举报的事实有出入甚至有错误，也不能视为诬告。

（2）交通、城建、土地等其他主管部门的移送。即没有管辖权的行政机关受理水行政违法案件后，经审查确认不属于自己管辖的，移送到具有管辖权的水行政主管部门处理。

（3）上级主管部门的交办。上级主管部门在行政执法活动中，发现有水事违法行为并需要根据水法规规定追究当事人行政违法责任的，可以交由下级水行政主管部门处理。对上级主管部门交办的案件材料，下级水行政主管部门应当接受，并经初步查实后作为立案的依据。

（4）水行政主管部门自行发现和获得的材料。在水行政主管部门检查工作或水政监察队伍巡查活动中发现的违法事实，是立案材料的直接来源。

（5）违法当事人的主动交代。即行为人在实施水事违法行为后，迫于压力，主动到

水行政主管部门坦白交代，经审查其违法事实存在的，即可成为立案的直接依据。例如，在水工程管理范围内进行爆破致使水利工程产生裂缝或不均匀沉降等。行为人主动认识到，自己的行为可能使水利工程遭到损毁，可能对水利工程的安全及正常运行构成威胁，迫于良心和压力主动到水行政主管部门坦白并承认错误。这时，水行政主管部门判定其在不触犯法律的条件，给予其适当处罚。

2. 审查

审查是决定是否立案的关键，主要如下：

（1）审查判断所有材料是否能够证实确有违反水法规的事实存在。在具体要求上，并非查清所有事实，只要基本上能证实即可。

（2）审查判断已经查实的案件材料应否追究法律责任。即根据水利法律法规的规定，审查已经查实的违法行为有无法律依据，是否可以对其作出处罚或处理（因为违法行为不一定有追究其法律责任的法律依据）以及违法行为人有无法定免责情节等。

（3）审查本机关是否对该水事违法事实享有管辖权。首先，通过对案件材料的审查，确认案件事实及性质；其次，从纵向的级别管辖、地域管辖和横向的职责权限分析，判断本机关有无管辖权。如确有管辖权，应予以立案；否则应及时通知举报人、控告人向有管辖权的部门举报或控告，必要时，也可将该案材料移送处理。

3. 决定

决定包括准予或不准两个方面，应主要考虑以下情况：

（1）对于经审查认为具备立案条件的，应当履行立案手续，包括：

1）由承办人填写《立案审批表》，主要写明案件来源、案情及发案地点和时间、现有的证据材料、立案的法律依据和承办人的初步意见；

2）由水行政主管部门或其授权的水政机构负责人签署同意立案，并注明确切时间；

3）立案审批表批准后，由水政机构指派两人以上水政监察员调查取证；

4）凡符合向上级主管部门备案条件的案件，即呈报上级备案。

（2）对于经过审查，认为不符合立案条件的，应当作出不予立案的决定。但根据立案材料的来源不同，要有一个明确答复：

1）对控告、举报的材料，接收材料的行政主体应将不立案的原因通知控告人、举报人；

2）对于控告人（被害人）对立案决定不服的，可以申请复查，以充分保障控告人的权利；

3）对上级主管部门交办的案件，上级部门对不立案的决定持有异议的，可督促重新进行审议；

4）对于案情简单，经审查适用当场处罚程序的，可以在不报请主管部门或水政机构负责人审批的情况下，由水政监察员当场制作《水事违法行为当场处罚决定书》，记明违法行为的有关事实、理由以及相关证据、处罚依据和内容等，并分别由承办人和被处罚人签名或盖章。

二、调查取证

调查的概念

调查是水行政主管部门查处水事违法案件的一个重要阶段。它是为了查明水事违法案件的真相，获得证据或查获违法行为人，而依法进行的专门调查工作和采取有关行政强制措施的活动。

对水事违法案件进行调查，其目的是查明案件的有关事实，为作出行政处罚提供事实根据。它与刑事诉讼中的侦查有着很大的区别。侦查是公安机关、国家安全机关和人民检察院依刑事诉讼法所实施的专用手段，往往带有明显的强制性。调查虽也有一定的强制性，但仅仅是一种行政措施，通常不能对人身加以限制。

对于违法案件的调查，主要从以下几方面理解：

（1）调查是行政执法机关的一种职权。根据我国行政法律、法规、规章的规定，对行政违法行为的调查只能由享有国家行政职权的行政机关才能进行，其他机关、团体和个人无权进行。因此，水政监察员在调查取证过程中的角色，完全是代表水行政主管部门行使职权。

（2）调查包括专门调查和采取有关措施。所谓专门调查，是指围绕案件事实而进行的各项调查工作，包括询问当事人、询问证人、勘验检查、鉴定以及提取其他证据等。所谓有关措施是指为确保专门调查工作的顺利进行，所采取的一些相应的行政强制措施，如暂扣作业工具、责令停止违法行为、责令改正（纠正）违法行为、抽样取证、登记保存等措施。

（3）调查是行政处罚的必经程序，它是正确作出行政处罚的基础和前提。为此，对水事违法案件的处理必须遵循"以事实为根据，以法律为准绳"的原则，认真做好调查工作。

（4）调查必须依据法律、法规和规章规定的程序进行。我国行政法律、法规和规章对于询问当事人、询问证人、暂扣财物的程序，以及责令停止违法行为等措施的条件、程序和时限都作了明确而具体的规定。如询问当事人、证人应当制作笔录，并经被询问人审阅无误后，签名或盖章。

（5）调查的目的主要表现在三个方面：一是查明违法事实；二是查找违法行为人；

三是获取与案件事实有关的各种证据，如书证、物证、证人证言等。

综上所述，水事违法案件的调查就是水行政主管部门运用法律、法规和规章规定的各种专门方法和有关措施，发现和收集证据，揭露和查明水事违法事实，查获水事违法行为人，并防止其逃避管理和处罚的活动。

调查的实施

开展专门调查是调查取证工作的重要环节和步骤，是能否及时、有效、准确地取得违法者的违法证据的关键。

1. 询问当事人

询问当事人是指水政监察员为了证实水事违法事实，依法对水事违法行为人或嫌疑人进行审问的调查活动。它是每个案件必须进行的一种重要的调查行为，其目的是收集和核对证据材料，查明案件真实情况。询问当事人，对水政监察员来讲，是弄清违法行为的具体情节、判明案件的性质、查明事实真相的一种手段；对当事人而言，是为自己进行辩解的一个机会。通过询问当事人，一是可以查清当事人是否有水事违法事实以及应否承担法律责任；二是可以辨别其他证据的真伪；三是可以起到教育当事人承认错误、服从处理的作用。

对当事人询问之前，水政监察员应当做好充分准备，认真审阅案件的有关材料，熟悉案件和适用的政策、法规，确定需要通过询问查明的问题，必要时应制作询问提纲，以保证询问有目的、有计划、有步骤地进行。具体来讲，询问当事人应注意以下几个问题：

（1）询问当事人必须由法定人员进行。这里所谓的法定人员包含两层含义：一是指享有行政处罚权的机关或组织指派的水政监察员；二是指要符合法定人数，一般来说，不得少于 2 人。

（2）询问当事人必须保障当事人的合法权益，严格遵循法定的程序和方法进行。一般情况下，水政监察员询问当事人应当个别进行，应当到当事人所在单位或住所进行询问，在法律有明确规定的情况下，也可以传唤其到指定地点接受询问。询问时，水政监察员应当表明自己的身份，并告知当事人应如实回答提问，以及作虚假回答应承担的责任。询问当事人还必须遵守法定时间，禁止拖延，否则超过 24 小时即为非法拘禁。询问的主要内容包括：当事人的履历情况，与案件有关的事实，当事人对自己行为的认识和辩解。

（3）对未成年人、不通晓当地语言文字的人、聋哑人等具有特殊情况的当事人进行询问时，应采取相应措施。如询问未成年人，应通知其法定监护人到场，法定监护人不得妨碍询问的进行；询问不通晓当地语言文字的人，应聘请翻译人员进行翻译；询问聋哑人，应聘请通晓聋哑人手势的人参加，等等。

（4）询问当事人应当作笔录。询问笔录应当将询问人的提问和当事人的供述或辩解记载清楚。询问完毕，应将笔录交被询问人核对或向其宣读。记载如有遗漏或者出现差错，被询问人可以提出补正或者改正。经确认无误后，当事人应当逐页在笔录上签名或者盖章，并在最后一页末行的下一行注明"以上笔录无误"等字样。当事人拒绝在笔录上签名或者盖章的，应当在笔录上注明，有可能的话，请知情者证明。需要当事人写出书面材料的，应当由当事人书写；书写确有困难的，可找人代写，但当事人应在材料上签名或者盖章。

除以上应注意的事项外，询问当事人还应注意讲究策略和方法。比如，进行有的放矢、有针对性的政策教育，选择适当时机提示证据（这不同于诱供），利用供述的前后矛盾加以揭露等，使当事人如实作出供述。

2. 询问证人

询问证人，是指办案人员为收集证据、查明案情，依法向案件知情者进行了解的一项调查活动。是收集证人证言通常采用的方式。询问证人同询问当事人一样，也必须依法进行，并应注意以下几个问题：

（1）询问证人必须由法定办案人员进行。在询问前，办案人员应当熟悉有关案情的材料，明确询问目的和需要查清的问题。同时，了解证人与当事人之间的关系，以免作伪证。

（2）询问证人应当个别进行。为了避免证人之间互相影响和出现其他不利作证的因素，在调查中如果有两个以上证人，询问时就应当分别进行。同时，为了方便群众和有利于询问的进行，办案人员应当尽可能地到证人所在地或工作单位去询问，以尽量减少影响证人的正常生活和工作。在其住所或单位不便进行询问时，也可以通知证人到指定地点进行，但绝对禁止对证人采取拘传或其他强制性方法强制其到场作证。

（3）询问证人时要注意询问方法和询问纪律。首先，办案人员应表明自己的身份，然后询问证人的身份及有关情况，并告知如实提供证言是其应尽的义务以及在提供证言时所享有的权利。其次，询问证人时，不得作提示性、暗示性的发问，严禁采用暴力、胁迫、引诱、欺骗等违法方法。再次，对于有特殊情况的证人，应区分不同情况进行。如询问未成年人，应通知其监护人或法定代理人到场；询问聋哑人，应有懂哑语的人翻译。最后，对于不愿作证的，要消除其顾虑，有针对性地进行思想教育，鼓励、增强其作证的勇气。

（4）询问证人应当作笔录。笔录要如实地、完整地、不失原意地记载证人的陈述，并交证人核对或向其宣读，经核对无误后，由证人和办案人员签名或盖章。必要时，办案人员也可以让证人亲笔书写证言。

3. 勘验、检查

勘验、检查是办案人员对于与水事违法行为有关的场所、物品、人身等进行实地现场勘验、检查，以发现和搜集水事违法活动遗留下来的各种痕迹和物品的一种调查活动。

勘验、检查作为调查活动的重要方法，应由法定人员进行。一是由水政监察员进行；二是在必要时，也可以聘请具有专门知识的人进行。同时，为了保证勘验、检查的客观公正性，可以邀请与案件无关的公民作为见证人参加勘验和检查，也可以通知有关的当事人参加。当事人拒绝参加的，不影响勘验、检查的进行，但对某些重要现场进行勘验、检查要有见证人，包括其单位委托人员或近亲属及邻居等现场见证。勘验、检查应当制作勘验检查笔录，由参加勘验、检查的办案人员、专门人员和见证人签名或盖章。

4. 鉴定

鉴定是指由水行政主管部门指派或聘请的具有专门知识的人对案件中某些专门性问题进行科学鉴别和判断的一种调查取证的措施。鉴定人应具备下列条件：

（1）精通与案件中需要鉴定的问题有联系的某种专门知识；

（2）经水行政主管部门指派或聘请；

（3）与本案无利害关系或其他可能影响公正鉴定的关系。鉴定前，办案人员需就鉴定的内容和鉴定的目的向鉴定人提出明确要求，并提供鉴定所需材料。鉴定人在接受鉴定任务后，应及时按指定事项进行鉴定，并作出具体、明确、完整的鉴定结论。鉴定结论应由鉴定人签名或盖章，鉴定人所在单位加盖公章，并注明鉴定人的真实身份（包括职务和职称）。办案人员对鉴定结论有异议的，可以请鉴定人作出解释，或要求补充鉴定和重新鉴定。

5. 提取其他证据

在专门调查工作中，除上述几项调查活动外，收集物证、书证和视听资料的方法主要有三种：一是抽样取证；二是登记保存；三是复制。

（1）抽样取证

抽样取证是指从成批的物品中选取其中个别的物品进行化验、鉴定或者勘验，以鉴别该批物品是否可以作为违法行为的证据。采取这一方法，简单易行，对当事人的权益影响不大，因而被行政机关普遍采用。但就水事违法案件来讲，该方法用得较少。

（2）登记保存

登记保存是指行政机关在证据可能灭失或者以后难以取得的情况下，经行政机关负责人批准，对需要保全的物品、书信、文件、图纸等证据当场登记造册，暂时先予封存，责令当事人妥为保管，不得动用、转移、损毁或者隐匿的一种行政措施。办案人员在采取登记保存措施时，应当严格依法实施。第一，必须是在证据可能灭失或者以后难以取得的情况下，才可以采取证据登记保存的措施；第二，必须向当事人出具由行政机关负责人签发的保存证据通知书，且现场要有见证人；第三，对当事人与案件无关的物品，不能采取证据登记保存措施；第四，登记保存要开列清单，一式两份（一份交持有人，一份存卷备查），由办案人员、当事人和见证人在登记保存清单上签名或者盖章；第五，登记保存物品时，在原地保存可能妨害公共秩序、公共安全或者对证据保存不利的，可以异地保存；第六，办案人员必须将登记保存的情况及时报告行政机关，行政机关应在 7 日内及时作出处理决定，逾期登记保存措施自行解除。

（3）复制

复制是提取书证和视听资料的一种常用调查方法。复制的方法主要包括摘录、转录、复印、拍照等，但不管采用哪一种方法，经复制的书证和视听资料都要求有持有人签名或者盖章，并注明原件保存的地方。

证据

1. 证据的概念及特征

所谓证据是指用来证明案件真实情况的一切事实。在行政处罚中，证据就是行政处罚机关依法作出行政处罚决定，实施具体行政行为的事实根据。作为证明案件真实情况的证据，必然具有四个基本特征，即证据的客观实在性、关联性、合法性和目的性。

（1）证据是客观存在的事实，即具有客观实在性。查处水事违法行为是水行政主管部门的重要职责，但这些违法行为总是在一定时间、空间和条件下进行的，必然作用于客观外界并引起外界一定的变化，这就是案件事实。案件事实为某人所感知，或者行为后留下书证、物品等，这就是存在于外界的并能据以查明案件真实情况的证据。作为证据的事实，是不依赖于办案人员的主观意志而客观存在的，任何主观想象、猜测、假设或捏造的情况，都不能作为证据。

（2）证据是与行政违法案件有关联的事实，即证据的关联性。它是指案件事实与行为人违法违规行为以及危害结果存在着必然联系。客观事实是多种多样的，但客观存在的事实并不都是证据，作为证据的客观事实必须同案件事实有客观联系，也就是能够证明案件真实情况的事实。同案件事实没有相关性，即便是客观事实，也不能成为证据。因此，办案人员在调查取证时，对收集到的证据材料必须经过检验、辨认和必要的科学技术鉴定，绝不能按照自己的主观想象，随意加以肯定或否定。

（3）证据是依法取得的，即具有合法性的特征。第一，调查取证的人员要合法，必须是具有水行政执法资格的水政监察员；第二，收集证据的手段要合法，不能采取威胁、引诱、欺骗等不合法手段；第三，收集证据的程序要合法，例如《水行政处罚实施办法》第二十七条规定了水政监察人员调查时应当遵守的程序，如果违背这一规定，收集的证据就不能作为认定案件的事实。

（4）证据具有目的性，即证据用来证明案件的真实情况。在水事违法案件的调查取证过程中，水政监察员通过细致、周密的逻辑分析，罗列调查提纲，确定调查范围，目的也就是为证实某一案件的真实情况。

证据的客观实在性、关联性、合法性和目的性，密切联系，不可分割地表现在每一件有效的证据之中。我们只有深刻理解证据的四个特征，才能真正理解证据的概念，才能发挥其在查处水事违法案件中的重要作用。

2. 证据的分类及表现形式

（1）证据的分类

证据可按照其自身的特点，从不同的角度，依不同的标准划分为不同的种类。这主要是从理论上对证据的一种划分。这种划分不具有法律的约束力。但通过这种划分可以揭示各类不同证据的特征，便于水政监察员正确地收集、判断和有效地运用证据，从而达到认定证据的目的。

证据主要分为如下几类。

1）原始证据与传来证据

这是根据证据的来源不同划分的。凡是来自原始出处，即直接来源于案件事实的证据，为原始证据；而经过转述、转抄等第二手事实，称为传来证据。原始证据与传来证据就其真实性程度来说，原始证据真实性相对较大，传来证据则有出现失真的可能。但两者的真实可靠程度是相对而言的，只有经过查证，才能认定。

2）直接证据与间接证据

这是根据证据能否单独直接证明案件的主要事实来划分的。凡是能单独直接证明案件主要事实的证据，为直接证据；凡是不能单独直接证明案件主要事实，必须与其他证据结合起来才能证明案件主要事实的证据，为间接证据。

在水事违法案件中，能单独证明案件主要事实的证据往往表现为当事人陈述、证人证言、被害人陈述等；不能单独证明案件主要事实的证据，主要表现为书证、物证等。为了有利于迅速查明真实情况，及时作出处理决定，办案人员应当注意尽量收集直接证据。当然，在收集和运用直接证据的过程中，笔者也发现由于大量直接证据为人的言辞证据，如当事人陈述和辩解、证人证言等，易发生伪造、篡改和出现误差。这是引起错案的重要原因之一。所以，采用直接证据也须与其他证据相互印证。

在运用间接证据定案时，必须遵循以下原则：第一，真实性原则。即每一个间接证据，都须查证属实。第二，一致性原则。每一个间接证据之间以及与案件事实之间不能存在矛盾，且是与本案有客观联系的证据。第三，完整性原则。即所有用以定案的间接证据，必须环环相扣，形成一个完整的锁链状证明体系。证据不完整、不充分，缺少某一环节，则不能用于定案。

3）言辞证据与实物证据

这是根据证据的表现形式来划分的。凡是通过人的陈述表现出来的，即以言辞作为表现形式来证明案件真实情况的证据，称为言辞证据，通常也称人证，如证人证言、当事人陈述、被害人陈述、鉴定结论等。凡是以物的外部形态或者以它所记载的内容来证明案件的真实情况的证据，称为实物证据，如书证、物证及勘验检查笔录等。言辞证据是由人用言语叙述的客观事实，因此其真实性不仅受客观因素、陈述者主观倾向的影响，还与陈述者的记忆、判断、表述、感受等个人因素密切相关。所以，在应用和审查言辞证据时，应注意综合判断。实物证据则具有实实在在的外形，直接反映案件事实的某一特征。因此，我们要判断其与案件事实之间是否有必然联系，以判明其证明力。

4）指控证据与辩护证据

这是根据证据的证明作用，是否肯定当事人有违法行为来划分的。凡是能证明当事人有违法行为的证据，叫指控证据，行政执法机关据此对当事人进行指控。凡是否定当事人具有违法行为，或证明其违法行为轻微的证据，叫辩护证据。指控证据与辩护证据是相互对立、相互排斥的。如果在查处水事违法案件中只注重收集指控证据，而不注意收集辩护证据，不听取当事人的辩解，就有可能出现错误的处理决定。因此，要善于用辩护证据来不断检验自己原来已分析判断的情况是否符合实际，只有当其中一种证据被排除和否定之后，另一类证据才能作为定案的依据。

（2）证据的具体表现形式

根据现行行政法规的规定，证据的具体表现形式包括书证、物证、证人证言、被害人陈述、当事人陈述、勘验检查笔录、鉴定结论、视听资料等。具体表现形式如下：

1）书证，是指用文字、符号或图形等方式，记载或表述人的思想和行为内容，来证明案件真实情况的物品。水行政处罚的书证主要包括信函、文件、图纸、记录、发票、付款凭证、账簿、记账凭证、报表、协议等。收集书证的方法很多，一是直接调取行为人的信函、文件、报表、协议等有关书证；二是检查行为人的账目、发票以及银行付款往来单据等书证；三是通过调查，从有关单位及个人手中收集书证；四是通过公安部门协助对行为人隐匿书证的地方进行搜查，以收集书证。收集书证可采取抄录、影印、照相、复印等手段。

2）物证，是指能够证明案件真实情况的一切物品和痕迹。物证是以它的外部特征和物质属性来证明案件客观真实情况的。所谓外部特征是指物品或痕迹的外部形状、存在位置、存在期限等。所谓物质属性是指物品的本质属性，包括物品特有的质量或物理性能、化学性质等。

3）证人证言，是指证人就自己所知的案情所作的陈述。它有以下特征：一是证人必须是知道案情的人，不能更换代替；二是证人证言的来源具有十分广泛的客观基础，既可以是证人亲耳听到、亲眼看到、亲身实践感受到的事实，也可以是听他人转述而获悉的对案件有意义的客观事实；三是证人证言一般是口头形式提供的，也可以用书面形式提供。证人必须具备一定的资格，根据行政处罚实践以及我国有关法律规定，有三类人不能作为证人：一是精神上、生理上有缺陷或者年幼，不能辨别是非，不能正确表达意思的人；二是共同违法案件中，同案当事人不能互为证人；三是办案人员、鉴定人员、翻译人员、代理人不能同时充当证人。

4）被害人陈述，是指违法行为的直接受害者，就自己遭受违法行为直接侵害的事实向行政处罚机关所作的叙述。通常情况下，被害人受到直接侵害，对行政违法事实经过比较清楚，而且大多情况下，还能提供一定的书证、物证等，故其陈述具有重要的证明作用。但是，也应注意，由于被害人受其所遭侵害的影响，心理状态比较偏激，其陈述易出现偏差等现象，这就要求办案人员在收集此类证据时，必须慎重对待，求真去异。

5）当事人陈述，是指违法单位和个人，就案件的有关情况向行政处罚机关所作的陈述。它包括三个方面的内容：一是当事人供述，即当事人承认自己所做的违法行为及具体过程、情节等；二是当事人的辩解。即当事人否认自己有违法行为；或者虽然承认自己违法，但说明其有从轻处罚、减轻处罚的情节以及免予处罚的情形；三是当事人所作的其他陈述，包括检举揭发与本案有关的其他违法行为；由于当事人是行政法律关系的一方相对人，对自己是否参加违法行为最为清楚，因此不论是当事人陈述还是供述和辩解，作为证据都具有较强的证明力。但在实践中也应注意到，当事人陈述具有真实性和虚伪性并存的特点。这是因为当事人与案件的处理结果有最直接的利害关系。有时即使违法事实确实存在，当事人往往也会作虚假的供述和辩解，以逃避行政制裁。只有在证据确凿、无法抵赖的情况下，才被迫交代；有的则避重就轻，像"挤牙膏"似的，办案人员挤一点他就说这一点，否则就不说。因此，对当事人陈述、供述和辩解，应当充分考虑其双重性，在认真研究的基础上，结合其他证据综合判断。

6）勘验、检查笔录，是指办案人员对行政违法活动有关的场所、物品、人身等通过检查、检验、测量、拍照、绘图等手段所作的客观记载。它应如实反映检查活动的全过程，其内容通常包括勘验、检查的时间、地点、内容，勘验、检查的情况和结果。最后由参加现场勘验、检查的勘检人员、见证人、当事人在笔录上签名或盖章。在勘验、检查中，应注意对住所进行搜查或对人身进行检查时，应报经县级以上主管机关领导批准，由公安机关执行。公安机关作出的勘验、检查笔录，可作为证据附案存查。

7）鉴定结论，是指行政处罚机关委托专门鉴定机构或聘请有专门技术的鉴定人员，运用专门知识对行政违法案件中某些专门性问题进行分析、鉴别和判断所得出的书面结论。在水事违法案件中，需要通过鉴定解决的专门性问题主要有：水利工程质量鉴定；水利工程遭到损毁后，其危害后果的鉴定；有关账目、报表等的鉴定；证件、文书的鉴定等。鉴定人既要叙述根据鉴定材料所观察到的事实，又要在分析研究这些事实的基础上，作出鉴别和判断的结论，但鉴定结论不应就政策法规问题作出评判。

8）视听资料，是指通过录像、录音反映出的形象和音响，或以计算机储存的资料来证明案件事实的证据。现阶段，我国许多法律、法规（包括《行政诉讼法》）中，都将视听资料列为一种独立的证据。因此，应当注意对视听资料的收集、使用及研究，使其发挥更大的作用。

3. 证据的收集

收集证据是办案人员为了发现和获取证据所进行的一项活动。它必须遵循一定的原则，基本要求如下：

（1）收集证据必须依照法律规定的程序进行。主要是依据《行政处罚法》和《水行政处罚实施办法》。这是因为只有依据法定程序，才能收集到客观真实的证据，才能切实保障公民及法人的民主权利和其他合法权利，才能防止虚假证据的出现，为正确定案提供可靠根据。

（2）收集证据必须有目的、有计划地进行。为提高调查取证的工作效率，办案人员应根据每个案件的具体情况，制订收集证据的计划，确定收集证据的方法、步骤和要达到的目的。只有把取证活动纳入计划之中，才能保障及时有效地收集证据。

（3）收集证据必须客观、全面。证据是客观存在的事实，所以收集证据必须尊重客观事实，要按照证据的本来面目如实地加以收集。绝不能以主观臆想代替客观事实或者偏听偏信，随意取舍，更不能弄虚作假，断章取义，歪曲事实，制造假证据。因此，只有尊重客观实际，才能全面收集证据；只有全面进行收集，才能得到客观真实的证据。客观与全面相互影响、相互促进，不可偏颇。

（4）收集证据必须主动、及时。证据的收集具有很强的时间性，一个案件是否能及时查获，往往与是否能及时收集证据有关。此外，对于正在实施的违法行为，如违章建房等，早一点调查，可以早一点责令停止，以免造成更大的经济损失，也便于案件的最终处理。因此，一经立案的案件，要抓住战机、主动出击、及时取证，防止证据被损毁、藏匿和灭失。

（5）收集证据必须深入细致。深入细致就是要求不放过每一个与案件有关的证据材料及疑点，力求尽可能多地收集各种证据，以便相互印证，取得真实、可靠的证据。

（6）收集证据必须依靠群众。收集证据必须取得广大群众的帮助、支持，实行专门机关与群众相结合，使案件真相大白。实践中，许多水事违法案件是经群众举报、控告后查处的，因此取得群众的支持是完成取证任务、打击违法活动的重要一环。同时，调查取证实际也是一种宣传教育，使广大群众更多地了解违法行为的违法所在及危害后果，从而自觉地维护正常的水事秩序。

4. 证据的审查判断

审查判断证据，是指办案人员对收集到的证据进行分析研究，鉴别真伪，确定其与行政违法案件事实之间有无联系，有何联系，以确定其证明效力，从而对案件事实作出结论的重要活动。

（1）证据的有效条件及影响证据有效性的因素

证据的有效条件是指证据对查明案件事实具有证明力所应具备的有效要件，主要有四个方面：

1）依法收集是证据有效的前提条件；

2）客观、全面是证据有效的基础条件；

3）证据与事实之间存在因果关系是证据有效的内在条件；

4）查证核实是证据有效的法定条件。

在实践中，由于受到各种主客观因素的影响，往往会出现收集证据不全面、不准确、不充分以及违反程序规定等情况，从而影响证据的有效性，以致在处理案件时由于事实不清、定性不准、处罚不当，给行政处罚工作带来不良后果。影响证据有效性的因素突出表现在以下四个方面：

1）取证手续不符合法律法规的要求，从而影响证据的有效性。实际办案中常常出现因法律手续不全等原因而导致证据无效。

2）收集的证据不全面、不准确、不充分，直接影响证据的有效性。有的办案人员只注重直接证据，忽视间接证据，只注重主要证据，忽视一般证据，使证据不完整，不能相互印证。有的证据不准确，甚至相互矛盾。这些都影响证据的真实有效性。

3）收集的证据缺乏必要的法律形式，从而不能有效地起到证明作用。收取的调查材料要注明来源或出处，并由被调查人或所在单位签名、盖章；笔录如有差错遗漏，应当允许被调查人更正或补充等。证据如没有来源和出处，就会导致与案件无关联而失去法律效力。办案中，如果存在复印原始凭证或询问当事人未经原单位盖章（或当事人签字）的情况，一旦原件毁灭（或当事人翻供），整个案件就会被推翻。

4）证据文字表述不清楚、不准确，从而影响证据的证明效力。有的办案人员在收集证据时，用了一些诸如"大概"、"可能"、"也许"、"好像是"、"大部分"、"去年"、"前年"等含混不清、模棱两可的词语。这些文字显然不能准确地反映案件的事实情况，从而不能起到有效的证明作用。此外，还有人为因素、客观环境变化以及虚假证据等，也会直接影响证据的有效性。

（2）证据审查判断的方法

审查判断证据是对收集到的证据进行"去粗取精、去伪存真、由此及彼、由表及里"的加工整理，逐步抓住证据与证据之间、证据与案件事实之间的内在联系，审查证据是否属实以及与案件事实是否紧密相连。审查判断证据的方法主要有：

1）具体问题具体分析。各种证据都有其各自的特点，鉴别证据是否真实可靠，就要研究和分析与证据相联系的具体时间、地点和条件。具体要从两个方面进行分析：在主观方面，主要分析所提供的证据是否出于提供人的不良动机，是否因证人生理上或认识上的缺陷而造成证据内容不准确或出现偏差，是否存在因办案人员主观臆断造成的失真等。在客观方面，主要分析是否有特定的环境或情况的变化而使证据不能准确反映客观事实，以及证据在传递、转抄、复制中有无误差等。

2）矛盾分析法。在收集到的各种证据中，证据本身以及证据之间、证据与案件事实之间，可能会出现相互矛盾的地方。利用矛盾分析法，就是要找出这些矛盾，排除虚假的证据材料，使证据保持一致性，从而对案件事实作出正确的结论。

3）综合分析法。就是联系案件中的所有证据，进行全面分析和对比，从而保证证据确实充分，以对案件事实作出正确的结论。对全部证据进行综合分析，须以单个证据的查证属实为基础，也就是说，应在证据与证据的联系中加以考察。既要判断证据之间是否具有锁链性以及是否存在矛盾，又要判断证据与案件事实之间是否具有关联性。对经综合分析发现不全面、不完整的证据，要进一步深入调查，补充完整；对出现矛盾的地方要认真分析，加以解决，使证据紧密相连，环环相扣，确保证据确实充分，对案件事实作出正确判断。

4）对质法。对质是指为了确认某一事实是否真实，由行政机关组织了解该事实的两个或两个以上的人，就其真实情况进行互相质询的一种活动。采用这一方法的先决条件必须是参与质询的人对同一事实的陈述存在尖锐矛盾。对质一般是在当事人与证人、被害人之间或证人与证人之间进行的。对质必须在个别询问的基础上进行。开始时，先让参加对质的人就所了解的事实分别进行陈述，然后让每个对质者就其他对质者所作的不符合事实的陈述提出质问，由对方作出回答。这样有利于行政机关对他们陈述的证明力和真实性作出正确的判断。

5）反证法。是指用否定某一证据的办法来肯定与之恰好相反的证据为真实的一种方法。使用该方法进行审查判断必须注意：用以证明相反判断为虚假的论据，必须是已经查证属实的判断；相反判断必须与待证判断构成矛盾，形成非此即彼的关系；反证法只能用来确认案件中的局部事实。

6）排除法。就是把待证判断同其他可能提出的诸多判断放在一起，通过证明其他诸多判断的错误来确认或推论待证判断正确性的方法。实践中，遇到对案件中的某一事实同时存在几种相互矛盾的说法，而无法作出准确的判断时，就需要采取该方法。使用该方法必须注意：用以证明其他判断错误的根据必须真实，使用排除法必须穷尽所有可能提出的判断。如某养殖专业户诉沼泽水闸管理所经济赔偿一案中，就是采用排除的方法提供证据材料的。该案原告向法院诉称：由于沼泽水闸管理所人员违章开启大闸，海水倒灌，其河蟹养殖水域水质咸度增高，蟹卵死亡，损失惨重，要求大闸管理所予以经济赔偿。但原告没能提供沼泽水闸管理所人员具体开启闸门的时间以及海水倒灌的详细情况。其论点只是蟹卵的死亡是水质咸度增高所致，而水质的咸度增高就是海水倒灌的结果，别无其他途径。据此，当地水利部门开展了多方调查，聘请水产养殖、土壤监测等方面的专家，查阅地形资料、地方志等，向法院提供了蟹卵死亡并非水质咸度增高所致的有力证据。该养殖区域原本是一个晒盐场，因此土壤盐度高，人民法院在审查该案时也是采用排除法进行的。最后，法院认为原告提出的判断不足以排除被告提供的其他判断的可能，因此判决驳回诉讼请求。

以上各种方法可以互相补充，相辅相成，交错进行，在运用时可以根据具体案件而定。

（3）对各种具体证据的审查判断

1）书证。书证是由行为人制作的，最容易伪造和变造。其真实性程度如何，需要加以辨别、文字鉴定以及同其他证据联系起来加以判断。

首先，要审查书证的制作及制作背景。如书证是否存在欺骗、威胁、暴力等不正常状态下制作的情况，是否存在理解错误或记载失实的情况。要重视对书证上的笔迹、印章的核对，从而判断书证是否属于伪造、编造和其他失实的情况。

其次，要审查书证的来源。一是审查书证获取之前的状况，是否有涂改、伪造等情况，必要时通过鉴定来加以核实。二是审查书证复制过程是否合法、科学，复制的书证是否完全与原件对应；必要时可通过查阅原件核对。

最后，重点审查书证的内容。对内容的审查，既要注意书证是否有断章取义的情况，又要注意对书证进行实质性的审查。例如，对发票的审查，一要看出具发票的单位或接收发票的单位，是否与案件有联系；二要看发票开出的日期，是否与案件中某一事实发生的日期相对应；三要看发票开具的物品名称、单价、金额，是否与案件事实相一致；四要核查发票各联的内容，看是否有弄虚作假行为等。

2）物证。对于物证的审查判断，一是通过辨认，即将物证交由行为人、证人、被害人进行辨认，确定其真实性。二是采取鉴定，即对于物证的物质属性，提交法定检验机构进行鉴定。三是印证，即将物证与其他证据联系起来，进行对照分析，看其是否一致。

3）证人证言。由于证人证言是证人事后对案件事实的回忆和表达所产生的证据，所以在审查判断时应注意以下几个方面的问题：

审查证人的作证资格，即注意证人的年龄、智力发育程度以及生理、精神上是否有缺陷。

审查证言的来源，即审查证人对案件的表述是耳闻目睹的，还是道听途说的。如果是听他人所述，则应找原来知道情况的人加以核实。

审查证人证言是否受主客观因素影响，包括证人与当事人、证人与案件处理结果是否存在利害关系；证人提供证言有无受胁迫、引诱和逼供等情况。

审查证人证言与其他证据是否一致。

4）被害人陈述。由于被害人是遭受当事人不法侵害的具体承担者，其既对案情十分清楚，又会因怀有义愤而言过其实。因此，对被害人陈述的审查，应特别注意其有无夸大的成分，有无因精神紧张而产生错觉的情况。同时，还应审查被害人与当事人之间的真实关系。

5）当事人陈述。当事人陈述能否作为定案的根据，关键在于其内容是否反映了案件的客观真实情况，应着重分析当事人陈述是否合乎情理，有无其他动机和目的。同时，还应了解当事人陈述的环境，看有无逼迫或诱供之嫌。

6）鉴定结论。由于鉴定结论是鉴定人主观判断所得出的反映客观事实的结论，它受到很多条件和外界因素的限制。因此，对其审查判断一要审查鉴定依据的样品是否真实、可靠，取样是否依法、科学；二要审查鉴定人是否具有解决这一问题的专业知识，是否与案件有利害关系，其鉴定的方法是否科学等；三要审查鉴定结论与其他证据之间、与案件事实之间有无矛盾。此外，还要对鉴定结论的书面形式进行审查，看其手续是否齐全，有无鉴定人签名及所在单位有无加盖公章。

7）勘验、检查笔录。勘验、检查笔录是较为可靠的证据，但它也可能受某些客观条件和主观因素的影响，出现偏差和错误。对勘验、检查笔录的审查判断主要考虑两个方面的因素：一是勘验、检查现场有无因自然条件或人为的原因发生变化或受到破坏的情况。二是勘验、检查人员的业务技能和责任心。此外，还要审查勘验、检查笔录是否符合法定程序和法律手续。

8）视听资料。对视听资料的审查重点在于其制作过程，注意审查资料形成的时间、地点及周边环境，研究它是否是原始资料及其保管情况，以判断其有无剪辑和伪造。必要时进行科学技术鉴定，并与案件其他证据相互印证，综合判断。

调查终结

调查终结是指行政处罚程序中调查取证工作的结束。在水事违法案件处理的一般程序中，调查终结是调查取证程序中最后一个相对独立的阶段。在这个阶段中，办案人员应向水行政主管部门提出"案情调查终结报告"。调查终结报告分两种情况：一是对经调查认为当事人的行为已构成违反水法规的行为，应追究其法律责任的报告；二是对经调查发现当事人的行为不构成违法行为或者情节显著轻微，不应追究法律责任的报告。

1. 当事人应当承担法律责任的报告

对当事人应当承担法律责任的案件，必须同时具备四个条件，方能进入调查终结阶段：

（1）水事违法行为已经查清，包括违法行为的主体、违法动机、目的、手段、后果、地点和时间等。

（2）证据确凿充分。

（3）对违法行为的性质认定准确。

（4）法律手续完备。

对具备上述条件而宣告进入调查终结阶段的案件，其报告书的内容有：案由；当事人的基本情况；当事人的违法事实及具体情节，有无从轻或加重的法定情形；承办人员对本案的处理（处罚）意见及法律依据；承办机构（一般指水政监察队伍）意见；参与调查人员名单和调查起止时间等，并附该案立案呈批表及有关证据材料。同时，根据《水行政处罚实施办法》的规定，对于情节复杂或者对公民处以超过 3 000 元罚款、对法人或者其他组织处以超过 3 万元罚款、吊销许可证的案件，应由水行政主管部门负责人集体讨论决定。实践中我们认为，除以上规定的要集体讨论外，其他比如拆除违章建筑、采取补救措施等行政处理决定（折算金额在 1 万元以上的）也应尽可能地集体讨论，集思广益，充分发挥其他相关处室的作用，使案件的处理更合理、更科学。

2. 不应追究法律责任的报告

经过调查，发现有对当事人不应追究法律责任的某种情形时，即宣告调查终结，作出撤销案件的决定。此时，办案人员也应写出报告书，说明不应追究当事人法律责任的事实和理由，报请主管部门负责人审批。

查封、扣押

查封、扣押是行政机关在执法过程中经常运用的行政强制措施，是为解决行政执法过程中对违法行为、危害事件的预防、制止和控制而设计的行为和制度。在行政执法中具有查封、扣押权是行政执法部门实现执法目标必不可少的手段。首先，查封、扣押是制止违法行为，阻止违法行为的后果继续蔓延的有效手段。其次，查封、扣押所起的固定证据的作用，在依法行政中十分重要。《长江河道采砂管理条例》规定了"扣押非法采砂船舶"的行政强制措施，《水土保持法》规定了"查封、扣押实施违法行为的工具及施工机械、设备"的行政强制措施。

查封、扣押是一种阻止违法行为、限制财产流通的行政强制措施。查封是对动产、不动产就地封存，防止有关人员对财产任意移动、调换、使用的行为，一般不转移到行政机关，通常是就地封存，直接在涉案物品上贴上封条，查封场所则在涉案场所的门、窗、仓库等处张贴封条，并且应当在封条上注明期限。扣押是行政机关为取证或者防止当事人转移财产而对动产采取的扣留行为，被扣押的财产要置于行政机关的专门场所，处于其控制之下，这是扣押和查封的最本质的区别。

在民事诉讼中也有查封、扣押措施，但那是财产保全的方法和执行措施，是由法院采取的措施，本质上是司法行为，与作为行政强制措施的查封、扣押有着本质的不同。

1. 查封、扣押主体

查封、扣押应当由法律、法规规定的行政机关实施，其他任何行政机关或者组织不得实施。这也意味着法律、行政法规、地方性法规有权规定行政机关可以实施查封和扣押，其他法律文件都不能规定。

2. 查封、扣押的对象和范围

查封的对象既可以是场所，也可以是财物，还可以是设施。而扣押的对象通常情况下主要是指财物等动产。但是，在查封和扣押时应当注意：首先，查封、扣押限于涉案的场所、设施或者财物，不得查封、扣押与违法行为无关的场所、设施或者财物，不得随意扩大查封和扣押的范围，防止行政强制的滥用。其次，不得查封、扣押公民个人及其所扶养家属的生活必需品，这是为了保障被查封人和扣押人的基本生活水平。最后，当事人的场所、设施或者财物已被其他国家机关依法查封的，不得重复查封。实践中可能会有这样的情况，行政机关针对违法行为人的违法行为可能会采取查封措施，但是要查封的对象已经被司法机关或其他行政机关先行查封，此时就不能重复查封，只能采取其他的强制措施。

3. 查封、扣押决定书

行政机关做出查封、扣押决定，应当履行实施行政强制措施的一般程序，如需要行政机关负责人批准，表明身份、告知、听取陈述和申辩等，并且要制作查封、扣押决定书和相关的清单，当场交付给当事人。查封、扣押决定书应当载明下列事项：

（1）当事人姓名或者名称、地址；

（2）查封、扣押的理由、依据和期限；

（3）查封、扣押场所、设施或者财物的名称、数量等；

（4）申请行政复议或者提起行政诉讼的途径和期限；

（5）行政机关的名称、印章和日期。

查封、扣押清单需制作一式二份，由当事人和行政机关分别保存。

4. 查封、扣押的期限

针对之前实践中存在的查封、扣押的期限规定混乱的情况，《行政强制法》明确规定了查封、扣押的期限最长不得超过 30 日。如果案情比较复杂，经行政机关负责人批准，可以延长 30 日。但是，如果法律、行政法规另有期限规定的，则从其规定。需要引起注意的是，这里规定的"行政法规"，不包括地方性法规，即地方性法规无权规定查封和扣押的期限。当然，规章和其他规范性文件就更没有这项权力。

同时，延长查封、扣押的决定应当及时告知当事人，并说明理由。这要求行政机关必须以书面方式制作决定书并交付当事人，并在决定书中说明延长期限的理由。

如因案情需要需对物品进行检测、检验、检疫或者技术鉴定的，查封、扣押的期间不包括检测、检验、检疫或者技术鉴定的期间。但是检测、检验、检疫或者技术鉴定的期间应当明确，并书面告知当事人。这里法律也无法确定一个具体的期限，因为查封、扣押的物品各异，其所需的检测设备、检测流程、检测难易程度依其特性而不同，所需的期限也各自不同，因此《行政强制法》没有规定统一的期限限制，仅仅要求必须要有明确的期限，这个期限的确定属于行政机关的自由裁量范围。当然，从合理行政的目的出发，这个确定的期限应当是检测、检验、检疫或者技术鉴定的合理期限，行政机关不得以此变相延长查封、扣押的期限。此外，检测、检验、检疫或者技术鉴定的费用由行政机关承担，这一方面减轻了当事人的负担，另一方面也从经济角度对行政机关随意进行检测、检验、检疫或者技术鉴定有一定的控制作用。

5. 行政机关的保管义务和赔偿责任

行政机关应当对查封、扣押的场所、设施或者财物妥善保管，不得使用或者损毁；造成损失的，应当承担赔偿责任。由于此前没有明确的统一规范，实践中行政机关对于扣押的物品存在保管不善甚至随意使用的问题，严重侵害了当事人的财产权利。因为此时被查封和扣押的设施和财物的所有权依然是当事人。因此行政机关在实施了查封和扣押措施之后，应专设相应的保管人员。保管人员在对查封、扣押的物品检查核对无误后，开出收据，在清单上签章。保管人员应当建立相应的查封、扣押财产台账，在台账上对查扣财产的来源、数量、状态、保管与最终的去向，做相应的记载。执法量大的执法部门还应当开辟专用场所或者委托专业机构保管查扣财产。

对查封的场所、设施或者财物，行政机关可以委托第三人保管。一般而言，对于下列物品，可以不由执法部门管理机构保管：一是对不动产、大型物品等不便提取的财物，在不影响办案的情况下，应当先行登记，并委托有关部门封存保管；二是对珍贵文物、珍贵动物及其制品、珍稀植物及其制品，按照国家有关规定移送主管部门；三是对毒品、淫秽物品等违禁品，及时移交有关部门，或者根据办案需要严格封存，不得使用或者扩散；四是对爆炸性、易燃性、放射性、毒害性、腐蚀性等危险品，及时移交有关部门或者根据办案需要委托有关部门妥善保管。

对于行政机关委托保管的，第三人不得损毁或者擅自转移、处置。因第三人的原因造成的损失，由行政机关先行向当事人赔付，然后可以向第三人追偿。因为此时包含了两个法律关系，一是当事人和行政机关的关系，行政机关负有妥善保管、不得使用或者损毁的义务，一旦当事人的财物发生损失当然由行政机关赔偿；二是行政机关和第三人法律关系，双方是委托关系，委托人是行政机关，被委托人是第三人，委托保管所造成的损害后果由委托人承担，即行政机关承担。如果损害是由第三人的原因造成的，行政机关在向当事人先行赔付之后，可以向第三人追偿。

查封、扣押发生的保管费用由行政机关承担，这旨在从经济上约束行政机关随意查封、扣押的行为，控制行政机关肆意延长查封、扣押期限的冲动。

6. 查封、扣押的后续处理

行政机关采取查封、扣押措施后，应当及时查清事实，在 30 日内做出处理决定。如果案情复杂，经行政机关负责人批准，可以延长 30 日。根据《行政强制法》第二十七条和第二十八条的规定，处理结果主要有以下几种：

（1）没收。这主要针对当事人违法事实清楚的非法财物，如一些禁止流通物、限制流通物或者利用合法物品实施违法行为的。

（2）销毁。法律、行政法规规定应当销毁的，应当依法销毁。一般情况下，应当销毁的主要包括：一是无利用价值的财物；二是禁止流通的物品。对于某些禁止在市场流通的物品，采取查封、扣押措施的行政执法机关应当立即将该物品销毁或移交有关机关处理。因为该类物品禁止流通，所以在公开市场上既不具有价值，也就没有变现的可能。

（3）解除查封、扣押。如果在查封扣押之后，行政机关发现有不应查封、扣押的情形的，应当及时做出解除查封、扣押的决定。

7. 查封、扣押的解除

如果在查封扣押之后，行政机关发现有下列情形的，行政机关应当及时做出解除查封、扣押的决定：

（1）当事人没有违法行为的。此时查封和扣押显然已经缺乏事实根据。

（2）被查封、扣押的场所、设施或者财物与违法行为无关。《行政强制法》明确规定：查封、扣押限于涉案的场所、设施或者财物，不得查封、扣押与违法行为无关的场所、设施或者财物。如果查封、扣押范围一旦不当，应立即解除。

（3）行政机关对违法行为已经做出处理决定，不再需要查封、扣押。此种情况下无须再采取这样的措施。

（4）查封、扣押期限已经届满的。查封、扣押本来就是对场所、设施和财物的暂时限制，行政机关做出查封、扣押的决定时必须明确查封、扣押的期限，到期如果没有延长应当做出解除查封、扣押的决定。法律、行政法规规定的期限是最长期限，一旦届满，行政机关又没有做出其他的处理决定，不论何种理由必须解除查封和扣押。

（5）其他不再需要采取查封、扣押措施的情形。这是一条兜底条款，法律、法规如果规定了其他的不需要采取查封、扣押措施的情形，行政机关也应当及时解除查封、扣押，而不仅仅以上述四种情形为限。

解除查封、扣押应当立即退还被扣押财物；已将鲜活物品或者其他不易保管的财物拍卖或者变卖的，退还拍卖或者变卖所得。变卖价格明显低于市场价格，给当事人造成损失的，应当给予补偿。

在实践中对于易腐烂变质，或是虽不易腐烂、变质，但价格受市场行情影响较大的鲜活物品，无论实施查封或是扣押措施，都需要及时做出处置，因此，行政执法机关有即时处置的权力，即可以立即将此类物品，委托专业机构如所在地的农副产品批发市场或者集贸市场进行变现。

三、案件处理

责令改正

《水法》第七章法律责任中大部分条款都有对于相对人违反法律法规的行为，县级以上人民政府或水行政主管部门应当"责令停止违法行为、恢复工程原状、赔偿损失、采取补救措施"等的规定。

"责令停止、改正或限期改正违法行为，恢复工程原状、赔偿损失、采取补救措施"等行为，是行政主体为了制止违法行为而要求行政相对人为或者不为一定行为的意思表示，它既不是行政处罚，也不是行政强制措施，而是一种行政命令。

1. 责令改正要依法实施

责令改正应按法条具体规定来实施，而不应下达法无规定或与法违背的改正要求。例如：上海市为了保护被誉为"上海城市生命线"的原水引水管渠的安全运行，设定了管渠的保护范围和控制范围，在保护范围内，严令禁止建造建筑物、构筑物。对于该类违法行为，按《上海市原水引水管渠保护办法》第十条第一款规定"……责令限期拆除，并可处以五千元以上五万元以下的罚款"，则不应下达补办相关手续的改正措施，而应该按法条规定要求当事人限期拆除，以达到立法本意的目的。

2. 责令改正的意思表示应明确

行政执法是严谨的工作，对当事人提出的改正要求的意思表示应明确，不能含混不清或引起歧义。尤其要把握好改正内容和时间节点要求。例如，对擅自在河道管理范围内施工的违法行为，应当在责令改正通知书上明确写明停止施工或向有关具体部门办理施工许可手续等改正具体内容，而不能简单地在责令改正通知书上写上"责令改正"，导致当事人无所适从，难以实施。同时，对于改正的时间节点要明确，不应在责令改正通知书上写上"限期补办手续"之类的文字。

3. 采取责令改正措施可事先告知

前文所述，责令改正与行政处罚是完全不同的行政措施。既不同，则在程序上的要求也不相同。根据《行政处罚法》的规定，实施行政处罚必须要经过处罚事先告知或听证告知的程序，要给予当事人陈述申辩或者听证的机会。而责令改正则无这方面的程序要求。因此，执法机构可以直接下达责令改正通知，无须事先告知。但无须告知并不代表不能告知。从以人为本、构建和谐社会的精神实质出发，对于实施改正措施可能对当事人或利害相关人影响较大的案件，执法机构可以采取主动告知的方式，给予当事人或者利害相关人陈述申辩甚至听证的机会，以保护其合法权益，同时也给予本执法机构避免错误的机会。

4. 责令改正下达的方式

根据《行政处罚法》第二十三条规定，行政处罚和责令改正往往是伴随进行的关系，但该条规定中并未明确执法机构实施责令改正措施是先于行政处罚下达还是与行政处罚同时下达，即未明确责令改正是否作为行政处罚实施的前置程序。而从水务执法的具体实践中，下达责令改正措施的方式也是因违法行为的性质不同而有所不同。下达方式有以下4种：

（1）当场下达责令改正措施

首先应满足紧迫性和必要性的条件，对于违法行为不予当场制止或者当场要求限期改正，将产生较为严重的危害性后果，应当场下达责令改正措施。例如：上海市执法人员在进行现场水质抽查中，对于浊度、余氯等现场就可以测定出的指标，如超标，则应依据《上海市供水管理条例》第三十八条第一款第一项规定"供水水质或者用于人工回灌地下的自来水水质不符合国家规定标准的，责令其限期改正，并处以五千元以上五万元以下的罚款"，当场要求违法行为人限期改正。再如，上海市执法人员正值汛前或汛期发现黄浦江防汛墙被凿洞、开缺，则应依据《上海市黄浦江防汛墙保护办法》第十八条第一款第（一）项规定"……责令其停止侵害，限期补救，并按下列规定予以处罚……"，当场责令违法行为人停止违法行为，限期采取补救措施。当场确认违法行为实施主体以及取证难度较大，尤其是限制性违法行为也很难在当场就确认是否经有关部门的许可，而且，当场下达责令改正措施对执法人员的法律业务水平和专业知识要求较高，应当谨慎操作。如必须采用，应在现场明确违法主体以及通过现场取证确认违法事实的基础上进行，同时尽可能满足前述紧迫性和必要性的条件。同时，采取责令改正措施必须有水务专业法律、法规、规章的明文规定，法无规定的不得下达，改正意思表示也应明确。

（2）行政处罚告知之前下达

不能当场明确违法行为实施主体、难以当场取证或者不能当场认定违法事实，不适于当场下达责令改正。另外，无紧迫性和必要性的条件，一般不要当场下达。经过深入调查取证后，一旦主体明确、证据确凿、事实清楚的违法行为，且必须依法及时采取相应行政措施的案件，在具体量罚还不能确定之前，执法机构应下达责令改正措施。改正措施下达后，执法机构应当及时了解违法行为人配合整改的态度以及落实整改要求的具体措施，并要求其出具相关证明材料，根据《行政处罚法》第二十七条第一款第（一）项的规定"当事人主动消除或者减轻违法行为危害后果的，应当依法从轻或者减轻行政处罚"以及第二十七条第二款规定"违法行为轻微并及时纠正，没有造成危害后果的，不予行政处罚"，以及水务专业法律法规的相关规定，作出相应的拟处罚决定（行政处罚事先告知或者听证告知）或者不予处罚。

（3）在行政处罚告知同时单独下达

经过深入调查取证后，对于主体明确、证据确凿、事实清楚的违法行为，且必须依法采取相应行政措施的案件，执法机构可在向当事人送达行政处罚事先告知书（听证告知书）同时，单独下达相关责令改正措施。由于拟处罚决定和责令改正措施是同时下达，因此，违法行为人在陈述申辩或听证环节提出以整改态度较好或者落实整改要求积极为由，希望执法机构从轻、减轻或者免除处罚的要求，办案人员应充分听取，并要求违法行为人出具相应证明（证据）材料。在违法行为人陈述理由充分、证明（证据）材料经核实为真实有效的前提下，执法机构应根据《行政处罚法》第二十七条第一款第（一）项、第二十七条第二款规定以及水务专业法律法规的相关规定，作出相应的处罚决定或者不予处罚。

（4）在行政处罚告知同时一并下达

经过深入调查取证后，对于主体明确、证据确凿、事实清楚的违法行为，且必须依法采取相应行政措施的案件，执法机构可将相关责令改正措施的内容一并写入行政处罚事先告知书（听证告知书）送达违法行为人。这种方式实际上是执法机构将有关责令改正的要求对违法行为人进行了事先告知。此种方式虽不是必经程序，但也有存在的合理性。前文对此已有说明，此处不再赘述。

除以上4种责令改正下达方式外，在同一个案件办理过程中，还可能根据案情的发展，当事人的不配合情况出现多次下达责令改正的情况，办案人员应根据具体情况不同而灵活运用，真正起到预防或制止违法行为，要求违法行为人履行法定义务、消除不良后果或恢复原状的作用。

5. 责令改正的结局有三种情况

责令改正措施一旦采取，办案人员要做好跟踪、落实督促工作，了解当事人是否按要求按时间节点落实了责令改正要求，只有当事人依法履行完毕行政处罚决定和责令改正的要求，才能按规定结案。如果当事人拒不执行，应按法规规定，由执法机构组织强制执行或者申请人民法院强制执行。

告知

1. 告知的概念及意义

告知是指行政处罚机关在行政处罚决定作出之前，将拟作出行政处罚决定的事实、理由、依据及当事人依法享有的权利和义务告诉当事人，并听取当事人对案件处理的陈述和申辩的过程，它是行政处罚的必经程序。

向当事人进行必要的告知，使其有陈述事实，提出反证等参与意见的机会，有助于澄清案件事实和正确适用法律，作出公正的处理。同时，告知这一事前（处罚之前）行政救济措施，也有利于当事人得到法制教育、服从正确的处罚决定，减少行政诉讼，促进民主与法制进程。

2. 告知的内容

告知的内容包括如下四个方面：

（1）告知作出行政处罚决定的事实、理由和依据。事实就是行政相对人应当受到行政处罚的事实根据，即水事违法事实。这种事实必须是水法规规定应予以行政处罚的事实。理由是指必须对行政相对人作出行政处罚的缘由，包括违反水法规的具体条款和水事违法行为与危害后果具有的因果关系。依据是指作出行政处罚决定的法律依据。水法规没有明文规定的行为不能对相对人处以行政处罚。

（2）告知当事人应当享有的权利。包括要求听证的权利，申请回避的权利，拒绝回答无关问题的权利，陈述、申辩的权利，申请复议的权利，提起诉讼的权利等。其中，后两项权利通常在行政处罚决定书中告知。

（3）告知应当履行的义务。包括告知当事人如实提供证据材料或交代问题的义务，接受传唤的义务，必须执行行政处理（处罚）决定的义务。

（4）告知应注意的事项。包括告知当事人申请回避应注意提供必要的证据、申请复议时应采取何种方式及在何时提出等。

3. 告知的时间

行政机关立案调查后，应及时告知当事人拥有的各项权利，包括申辩权、出示证据权、听证权及必要的律师辩护权等。具体什么时间告知，《行政处罚法》除规定在作出行政处罚决定之前外，没有更为具体的规定。笔者认为，告知应当在合理的时间内进行，以防止告知流于形式。所谓合理时间是指被告知后，当事人或利害关系人能有一定的时间行使某些权利和承担某些义务。从实践来看，告知时间选在调查终结或重大案件集体讨论结束时为宜。因为这时行政机关已将案件定性，且有了较明确的处理意见。

4. 告知的形式

法律对告知的形式并无明确规定，但笔者认为，如果行政机关将要作出对当事人处以义务或者涉及其权益的行政处罚，应当以书面形式通知当事人，必要时也可以通知利害关系人。书面通知包括如下内容：当事人姓名或单位全称，当事人违法的事实及理由，处理（处罚）的内容及依据，当事人提出申辩、陈述的期限，作出告知通知的机关盖章。

5. 告知的效力

告知当事人是为了使其有机会陈述和申辩。因此，《行政处罚法》规定，如果行政机关及其办案人员不按照法律规定，向当事人告知给予行政处罚的事实、理由和依据，或者拒绝听取当事人的陈述和申辩，除当事人放弃陈述和申辩权利外，行政处罚决定将不能成立。当事人进行陈述和申辩，行政机关必须充分听取当事人的意见；对当事人提出的事实、理由和证据，应当进行复核；当事人提出的事实、理由或者证据成立的，行政机关应当采纳。行政机关不得因当事人申辩而加重处罚。

听证

1. 听证的概念及特征

从一般意义上理解，听证是指行政机关在作出行政处罚之前为利害关系人提供机会，对特定的问题进行论证、辩驳的过程。它之所以被各国视为基础的、核心的行政程序，是因为它反映了现代民主制度公开、公正、平等的要求。我国《行政处罚法》规定的听证程序具有以下几个特征：

（1）听证是由行政机关中具有相对独立地位，未直接参与案件调查的人员主持，并由有关利害关系人参加的活动。在水行政处罚中，一般由水政机构的负责人或分管水政工作的机关负责人担任主持。

（2）听证公开进行；任何人都可以参加听证会，了解案情。

（3）听证只适用于特定的行政处罚，并非必经程序。

2. 听证程序适用的范围

我国《行政处罚法》第四十二条规定：行政机关作出责令停产停业、吊销许可证和执照、较大数额罚款等行政处罚决定之前，应当告知当事人有要求举行听证的权利；当事人要求听证的，行政机关应当组织听证。这一规定说明以下几个问题：

（1）并非所有的行政处罚案件都可以运用听证程序，只有行政机关责令停产停业、吊销许可证和执照、较大数额罚款等行政处罚决定，才有可能适用听证程序。

（2）较大数额罚款应由国务院有关部门或省级人民政府结合实际，加以规定。如《水行政处罚实施办法》规定，水行政处罚机关作出对公民处以超过 5 000 元、对法人或者其他组织处以超过 5 万元罚款以及吊销许可证等水行政处罚之前，应当告知当事人有要求举行听证的权利。

（3）适用听证程序的条件除符合以上特定的处罚种类外，还必须有当事人的请求。

3. 听证程序的实施

（1）当事人要求听证的，应当在收到行政机关听证告知书后 3 日内提出。

（2）行政机关应当在举行听证的 7 日前，通知当事人举行听证的时间、地点，并在听证的 3 日前，将听证的内容、时间以及有关事项予以公告。

（3）听证除涉及国家秘密、商业秘密或者个人隐私外，应当公开举行。

（4）听证由行政机关指定非本案调查人员主持，当事人对主持人有异议的，有权申请回避。

（5）当事人可以亲自参加听证，也可以委托一至两人代理。

（6）听证步骤：

1）听证主证人宣布听证事由和听证纪律；

2）听证主持人核对案件调查人和当事人身份；

3）听证主持人宣布听证组成人员，告知当事人在听证中的权利和义务，询问当事人是否申请回避。当事人申请听证主持人回避的，听证主持人应当宣布暂停听证，报请水行政处罚机关负责人决定是否回避；申请其他人员回避的，由听证主持人当场决定；如无须回避，则宣布听证开始，如须回避，则宣布暂停；

4）由案件调查人提出当事人违法的事实、证据和拟作出的行政处罚（处理）决定的建议及理由；

5）当事人及其委托代理人对指控事实及相关问题进行陈述、申辩和质证。

6）听证主持人就案件事实、证据和法律依据进行询问。

7）案件调查人、当事人作最后陈述。

8）听证主持人宣布听证结束。

（7）听证应当制作笔录。笔录主要内容包括：案由，当事人的姓名或者名称、法定代理人及委托代理人、案件调查人的姓名，听证主持人、听证员、听证记录人姓名，举行听证的时间、地点和方式，案件调查人提出的事实、证据、法律依据和水行政处罚建议，当事人陈述、申辩和质证的内容，其他需要载明的事项。听证笔录应当交当事人和调查人员审核无误后签名或者盖章，其中证人证言部分应当经证人核对后签名或者盖章，最后由听证主持人审核后与听证员、听证记录员一起签名或者盖章。

4. 听证结论

行政机关组织听证，一是保障当事人的合法权益不受侵犯；二是保证行政机关行政处罚决定的正确，不能因为听证影响行政效率，使行政处罚案件久拖不决。因此，听证结束后，听证主持人应及时写出听证报告（或书面意见），连同听证笔录一并上报本机关负责人。听证报告应当包括以下内容：听证案由；听证主持人、听证员和书记员姓名；听证的时间、地点；听证基本情况；听证主持人意见；所附证据材料清单等。

5. 听证注意事项

在整个听证具体操作过程中，行政机关应注意以下事项：

（1）听证主持人应负责掌握听证的进程，维护听证会的秩序，并根据实际情况，作出延期、中止或终结听证的决定。听证会听证的重点应当是拟作出的行政处罚决定是否有确凿的违法事实、证据是否充分、法律依据是否正确。因此，除非有法律明确规定，应由行使调查职能的调查人员负举证责任，听证会上应着重查明调查人员收集的证据是否客观、真实、合法；收集证据的程序是否符合法律规定。同时，应当给当事人充分的陈述意见的机会，通过当事人的质证与陈述来查明案情，核实证据。切不可形成听证主持人与案件调查人员共同审理当事人的局面。

（2）听证笔录是作出行政处罚裁决的依据，所有认定案件主要事实的证据都必须在听证会上出示，并经过质证和辩论，反映在听证笔录中。

（3）听证程序事实上只是一种特殊的调查处理程序，并不包含行政处罚程序的全过程。

（4）水行政处罚机关举行听证，不得向当事人收取费用。

审查

1. 审查的概念

水事违法案件的审查，是指案件调查终结后，由调查人员写出调查终结报告，经办案机构（包括水政监察专职队伍或者其他组织）负责人审查后，连同案卷交水行政主管部门承担法制工作的机构（一般是指水政机构）进行的书面审核。它是依据国家制定的一系列有关法律、法规、规章及规范性文件，通过对水事违法案件的审核，提出具体的书面意见和建议的专门性工作，是对调查取证工作的检验和继续，也是对当事人陈述、申辩的再审。

案件的审查处于调查终结和作出处理两者之间，起到了承上启下的作用。一方面，通过审查机构对全案包括案件证据、案件性质、适用法律、处罚程序等方面的审核，判断证据是否确实充分、定性是否准确、处理意见是否恰当、查办案件程序是否合法，从而为正确定性，作出处罚（处理）打下基础。另一方面，通过审查，查找问题和错误，提出纠正意见，包括修改建议和退回补充调查意见等。这也是现代行政处罚程序关于行政处罚调查权与决定权相分离的基本要求和重要方法。

2. 审查的任务

审查工作的根本任务就是通过对案件事实、适用法律和定性处罚的审查、判断，进一步明确当事人的违法行为及应承担的相应责任，为正确定案处理奠定基础。具体任务包括三个方面：一是对全案事实和证据加以审核。鉴别证据，判明真伪，剔除矛盾，使案件事实更加清楚、证据更具证明力。二是对案件性质及处理依据进行审核。正确确定案件性质、准确应用法律依据，全面分析当事人的违法动机、违法手段、违法后果，依法给予恰当的处罚。三是对查办案件的程序进行审核，看有无违反办案程序的情况以及是否因违反程序而影响案件的公正处理。针对上述任务，审查工作必须遵循"实事求是、有错必纠"的原则，在实际工作中，重证据，重调查研究，尊重客观事实，认真分析案情，防止主观臆断。

3. 审查结论

案件经过审查，应由审查机构及工作人员作出审查结论，即对案件事实、案件性质、适用法律及查处程序是否完整、正确、合法提出具体的意见和建议，最后确定对行政违法行为人的处罚结论。一般审查结论包括同意承办机构意见、适当予以修改和退回补充调查三种情况。其中除退回补充调查的案件外，其他案件应根据实际情况分别作出如下决定：

（1）确有应受水行政处罚的违法行为的，根据情节轻重及具体情况，作出水行政处罚（处理）决定；

（2）违法行为轻微，依法可以不予水行政处罚（处理）的，不予水行政处罚（处理）；

（3）违法事实不能成立的，不得给予水行政处罚（处理）；

（4）违法行为依法应当给予治安管理处罚的，移送公安机关；

（5）违法行为已构成犯罪的，移送司法机关。

制作处罚决定书

水行政处罚决定书是水行政主管部门作出行政处罚行为的书面形式。

1. 处罚决定书的主要内容

依照《行政处罚法》的规定，行政处罚决定书应当载明下列事项：

（1）当事人的姓名或者名称、地址。对公民个人的行政处罚，应当写明当事人的姓名、性别、年龄、职业、工作单位或者住所；对单位的行政处罚，应当写明单位的名称、法定代表人姓名和职务、地址。

（2）违反水法规的事实和证据。

（3）行政处罚的种类和依据。是指水行政主管部门给予当事人何种行政处罚，以及作出行政处罚所依据的法律、法规或者规章的具体条款项目。

（4）行政处罚的履行方式和期限。履行方式是指当事人是以什么方式履行行政处罚，如到指定银行缴纳罚款、自行拆除违章建筑等。期限是指法律规定的或者水行政主管部门要求、限定当事人履行行政处罚决定的日期。如当事人不按照履行方式和限定的期限履行行政处罚决定，即属违法，行政机关可以采取执行措施。

（5）不服行政处罚决定，申请行政复议或者提起行政诉讼的途径和期限。

（6）作出行政处罚决定的行政机关的名称和作出决定的日期。行政处罚决定书应按统一预定的格式，编有号码，依法填写。

2. 制作决定书的基本要求

（1）执法主体要合法

根据现行水法规和《行政处罚法》的有关规定，具有水行政处罚权的只能是各级人民政府水行政主管部门，其他机构（包括各级水政监察队伍、水土保持监督管理机构）一律不能以其名义作出水行政处罚决定，否则就是越权行为。

（2）事实表述要清楚

决定书中所表述的事实是指水行政主管部门经过查证属实以后认定的违法事实。它一方面要求执法人员全面、客观地描述案件的事实真相，包括违法时间、地点、动机、目的、过程、情节、后果等方面内容，不能过于简单；另一方面也要求执法人员紧紧围绕违反水法规、属于水行政主管部门职权范围内的事实，用最精练的文字加以阐述，剔除不相干的因素，以免有超越职权之嫌。如在处罚决定书中表述了"当事人违法采砂经营"这一事实，就是不妥的。因为"经营"活动不受水法规调整，即使当事人有违法经营的事实，也不能由水行政主管部门实施行政处罚。

（3）法律依据要正确

每一起案件必须同时引用定性条款和处罚条款，前者用来指明案件的违法所在，而后者用来证明处罚主体、处罚（处理）内容的合法性。两者都不可少。但在实践中往往存在缺乏定性条款或者缺乏处罚条款等情况。另外，在引用处罚条款时，有的办案人员善于引用各种效力（包括法律、法规、规章及规范性文件）的规定，结果由于不同效力条文之间对同一违法事实的处罚（处理）规定不一致，就容易发生矛盾。例如，对于未经批准或者不按照规定在河道管理范围内采砂这一违法行为，依据《水法》规定，可以责令停止违法行为，限期清除障碍或者采取补救措施，并处罚款；依据《河道管理条例》规定，可以责令其纠正违法行为、采取补救措施，并处警告、罚款、没收非法所得。而水行政主管部门同时引用《水法》和《河道管理条例》的规定，作出了没收非法所得这一处罚决定，就会引起矛盾。倘若以《水法》为准，则不能作出没收非法所得的决定；以《河道管理条例》为准，则违反了效力原则。因此，适用法律只需正确，不需要充分。

（4）处罚内容要适当

处罚的内容应根据当事人的违法情节和危害程度，在法定处罚幅度内给予恰当的选择，以防止畸轻畸重，显失公正。具体来讲，在处理上主要应考虑以下情节：

1）当事人的主观因素，即违法的动机和目的。一般来说，对于故意违法的要从重处理，对于因过失或迫于无奈而违法的要从轻处理。

2）当事人的违法手段。

3）当事人违法的对象，即其侵犯的具体客体。如果侵害的标的涉及国家利益和公众人身安全，如危害水工程安全等，就应当从重处理。

4）违法所造成的损害结果。损害结果是社会危害性程度大小的直接反映。因此，对损害结果严重的要依法从重处理，以切实惩戒违法行为。

此外，还要对违法时的环境和条件、违法行为人的一贯表现、违法后的态度以及是偶犯还是惯犯等情节加以分析，以便在具体处罚中加以考虑，从而作出恰当的处罚。

（5）权利义务要明确

在水行政处罚（处理）决定中有关行政处罚的内容，必须翔实具体，具有可操作性，否则容易在执行阶段造成被动。如责令拆除违章建筑时，如果不明确时限以及位置界线等条件，就难以执行。一旦申请人民法院强制执行，法院就会以执行标的不明，而裁决不予执行。同样，如果决定书中不明确告知当事人诉讼、复议等权利，其决定书也是不合法的。

审批

审批是指水行政主管部门内部按照职责、权限的分工，由主管或分管领导对调查终结，并经法制（水政）机构审查的案件处罚决定进行的最后审定。它是内部监督制度的一种体现。为了准确地审批案件，认真履行审批工作职责，在案件审批中，要坚持实行集体审批制和领导分工负责制，坚决防止审批案件走过场，流于形式。

在审批案件中，要坚持以下三个原则：一是实事求是原则，要从客观实际出发，不先入为主。二是公正执法原则，做到不分地区，不分单位，不论什么人，只要有水事违法事实，就要依法处理。三是民主集中原则，少数服从多数，由主管或分管领导决定最终的处理结果。

案件的审批必须有明确的书面意见，实践中有的省（自治区、直辖市）专门制作了"水行政处罚审批表"，有的省（自治区、直辖市）制作了统一格式的审批表，如内蒙古水利厅监制的水行政处罚法律文书中就有"水行政处罚法律文书签发单"，它集所有的法律文书审批于一体，使用起来较为方便。水行政处罚决定书应当由机关法定代表人签发，也可以由法定代表人授权的其他负责人签发。

水行政处罚的适用

1. 法律法规对相关概念界定不同情况下水行政处罚的适用

水法律法规体系虽已基本形成，但仅经历 20 多年的发展过程，仍然是不成熟的专业法规体系。水事法律法规的不统一、不完善使行政处罚适用的规范性难以实现，同一种违法行为因法律法规对相关概念的定性不同，行政处罚因而存在差异。此以擅自凿井违法行为为例进行分析。

擅自凿井是违反水资源统一管理行为的主要表现形式之一。擅自凿井违法行为可以定性为擅自修建水工程、擅自修建取水工程、擅自凿井，这 3 种性质的违法行为在《水法》《取水许可和水资源费征收管理条例》《地下水资源管理条例》有不同的处罚措施，定性不同、处罚依据不同、处罚幅度也不同。

（1）关于《水法》

《水法》第六十五条第二款规定了擅自修建水工程的处罚措施。《水法》第七十九条规定："本法所称水工程，是指在江河、湖泊和地下水源上开发、利用、控制、调配和保护水资源的各类工程。"单从本条看，凿井工程是水工程的一种。但是这一条文只是规定了本法中"水工程"的基本含义。除了以上的条文外，《水法》的许多条文中也多次提到了"水工程"一词，这些"水工程"的含义并不完全一致，有些水工程只是指地表水工程，有些则是指水坝和堤防。因此，适用《水法》第六十五条时，应当根据这些条文在法律体系中的地位，按照不同的语境或上下文的法意，具体阐明法律条文规范的意旨，这在法理学中称为法律体系解释。根据这一法律解释方法，从《水法》第六十五条第一、第三款的内容可以看出，该条第二款所说的水工程主要是指对行洪产生影响的水工程。因此，采用水法第六十五条作为处罚擅自凿井行为的依据并不十分恰当。

（2）《取水许可和水资源费征收管理条例》

《取水许可和水资源费征收管理条例》第四十九条，对于未取得取水申请批准文件擅自建设取水工程或者设施的违法行为作出了明确的处罚规定：责令停止违法行为，限期补办有关手续；逾期不补办或者补办未被批准的，责令限期拆除或者封闭其取水工程或者设施；逾期不拆除或者不封闭其取水工程或者设施的，由县级以上地方人民政府水行政主管部门或者流域管理机构组织拆除或封闭，所需费用由违法单位或者个人负担，可以处以 5 万元以下罚款。擅自凿井是擅自建设取水工程的一种形式，用《取水许可和水资源费征收管理条例》第四十九条处理是适合的。

（3）与地方性法规的结合适用

《新疆维吾尔自治区地下水资源管理条例》第二十二条，关于擅自凿井违法行为的处罚明确规定，责令取水单位停止违法行为，并处 1 000 元以上 1 万元以下罚款；造成他人损失的，应当赔偿。相对于《取水许可和水资源费征收管理条例》而言，处罚额度不大。因此对于未经批准在建凿井工程，尚未取水、造成影响不大的违法凿井行为，建议依据《新疆维吾尔自治区地下水资源管理条例》第二十二条进行处罚。

2. 对共同水事违法行为的认定与处罚

（1）共同违法行为的情形

由于行政处罚程序的不尽完善，对共同违法行为的认定、处罚等没有具体规定，给实践中的水行政处罚带来了一定的困惑，急需加以规范。此处以河道违法采砂行为为例进行分析。

采砂行为涉及开采、租赁、运输、销售多个环节。从违法行为的外在表现看：就开采而言，有自船开采，租船开采；就运输而言，有自船承运，租船承运；就销售而言，有自采（运）砂船上直接销售，有场地（码头）销售等；就船主而言，有直接承运，有关船租赁等。从违法行为人的主观状态看，有事先共谋，有临时组合，甚至有现场"搭班"，形形色色不一而足，给实施水行政处罚带来了相当的难度。

（2）对共同违法行为实施水行政处罚的法律依据

首先，实体法中没有关于共同违法行为的处罚规定。《水法》第三十九条规定："国家实行河道采砂许可制度。在河道管理范围内采砂，影响河势稳定或者危及堤防安全的，有关县级以上人民政府水行政主管部门应当划定禁采区和规定禁采期，并予以公告。"由于该条授权国务院制定河道采砂许可制度实施办法，因此《水法》第七十七条特别指出："对违反第三十九条有关河道采砂许可制度规定的行政处罚，由国务院规定。"《河道管理条例》第二十五条列举规定了，在河道管理范围内进行包括"采砂"在内的一系列行为必须经河道主管机关批准。第四十四条规定："对于未经批准或者不按河道主管机关的规定在河道管理范围内采砂的，县级以上人民政府河道主管机关除责令其纠正违法行为、采取补救措施外，还可以并处警告、罚款、没收违法所得；构成犯罪的，依法追究刑事责任。"从上述规定不难看出，对于河道采砂的管理缺乏可操作性，仅就行政处罚中运用最多的"罚款"而言，都没有数额的规定。鉴于长江黄金水道的地位以及采砂活动的日益猖獗，国务院制定了《长江河道采砂管理条例》这一特别法规。《长江河道采砂管理条例》从长江河道采砂的规划、许可、收费、处罚等方面进行了规范，对遏制长江河道采砂的无序状况起到了十分重大的作用。

其次，程序法中关于共同违法行为的处罚规定过于原则。作为行政机关实施行政处罚的程序大法《行政处罚法》，没有提及共同违法行为。只能从该法总则确立的原则中把握对于共同违法行为的处罚。《行政处罚法》第四条规定："行政处罚遵循公正、公开的原则。设定和实施行政处罚必须以事实为依据，与违法行为的事实、性质、情节以及社会危害程度相当。"这就要求在对共同违法行为人实施水行政处罚时，从公正的原则出发，根据共同违法人各自的违法事实、行为性质、作案情节及其违法行为在造成社会危害后果中的作用，分别予以处罚。作为水行政处罚程序的具体操作规范水利部《水行政处罚实施办法》，其中提到了对于共同违法行为的处罚原则。《水行政处罚办法》第六条规定："两个以上当事人共同实施违法行为的，应当根据各自的违法情节，分别给予水行政处罚。"遗憾的是，《水行政处罚办法》也没有对如何认定共同违法行为、界定共同违法行为中各自的责任分担、确定共同违法行为处罚的罚则适用等问题作出规定。水行政执法实践中对于共同违法行为的处罚，还是倍感困惑而难以实施。

最后，行政解释过于简单、武断。随着长江河道采砂管理的不断深入，实践中出现了采砂过程中对于运砂船舶的处罚如何适用《长江河道采砂管理条例》第十八条的问题。对这个问题，国务院法制办在取得国务院同意后，以国法函〔2002〕238号复函作出解释（以下简称《解释》）：运砂船舶在长江采砂地点装运非法采砂船舶偷采河砂的，属于与非法采砂船舶共同实施非法采砂行为；依照《长江河道采砂管理条例》第十八条的规定给予处罚；在长江上行驶的运输船舶载有河砂，不能提供合法证件的，依照《水路运输管理条例》的有关规定给予处罚。《江苏省长江河道管理实施办法》第二十九条据此《解释》作出了相同的规定。无疑，《解释》对于非法采砂活动中开采、运输等错综复杂情形的处理，提供了简洁的法规依据。尽管如此也还有诸多问题需要解决。一是运砂船舶需要甄别。尽管《解释》确定了现场运砂船舶属于共同实施非法采砂行为，但水行政处罚的实际承受者是人或法人。在光船租赁的情形下，运砂船舶就出现船主与租船（承运）人两种相对人，如何实施处罚没有明确规定。实际上采砂船舶也有类似情况。二是认定运砂船舶与采砂船舶属于共同违法过于武断。对于采砂船舶而言，实施采砂活动有义务了解有关河道的禁采区与禁采期。对于运砂船舶而言，了解有关河道的禁采区与禁采期的义务明显要低于采砂船舶。实践中采、运双方临时搭班的也不鲜见。甚至有采砂船舶蒙蔽运砂船舶，声称其采砂合乎规定是合法而为。三是认定运砂船舶与采砂船舶属于共同违法不便于实施处罚。《解释》规定，对运砂船舶依照《长江河道采砂管理条例》第十八条的规定给予处罚。但对于共同违法行为，如何区分责任、确定处罚种类、罚款是限额分担还是分别适用等问题都没有规定。一旦相对人对处罚结果不服，极易提出行政诉讼，给水行政处罚机关带来被动。

3. 存在雇佣关系的水事违法行为行政处罚的适用

实践中存在着大量由雇佣关系而产生的水事违法行为，对其处罚无论是程序法还是实体法抑或是行政处罚，理论上都鲜有涉及。基于我国《民法通则》《刑法》对雇佣关系所产生的侵权、犯罪行为之归责原则与处罚规定，可以初步找到因"雇佣"发生水事违法行为时，对雇、佣双方实施水行政处罚的思路。

（1）水事违法中雇佣关系存在的背景与表现

水利资源是一个广泛的概念，不仅指水资源，还包括大量的土地资源、森林资源、湿地资源、砂石资源、治水历史等"本生"资源，以及由自然景观、工程景观、水文化等"衍生"而来的旅游资源。这些资源都是国家资源，但其中的有形资源，如江河湖海及其工程管理范围、保护范围等，大多依据水法律、法规的规定，通过国土资源管理部门"确权划界"，由水行政主管部门行使保护、管理、使用、收益的权利，即由"国家资源"依法转化为"水利资源"。水利行业限于防洪保安的重大使命和无大量资金注入等原因，对水利资源的开发利用十分有限。水利资源成了其他行业乃至地方政府觊觎的目标。市政建设、旅游景点开发、房产开发、围湖造地（田）、砂石开采等争先恐后。在这些行为中，许多都是未经水行政主管部门许可的非法行为，存在着很多实质为"雇佣关系"

的违法行为。比如河道非法采砂行为，可能是某相对人雇用采砂船主为其实施采砂，在采砂违法行为中，采砂船主与运砂船主之间的关系更是复杂多样。再比如，在河湖岸线的非法开发建设行为中，由业主（多为地方政府或其部门）招标、施工单位中标再转包等，对于这些违法行为如果仅处罚"雇主"，似乎放纵了"雇员"的违法行为。

（2）处理雇佣关系的民法规定

雇佣关系本存在于民事领域。一般情况下，雇主对受雇人在执行职务期间给他人造成的损害，承担赔偿责任。当然这也是有条件的：一是雇主和受雇人之间存在雇佣关系；二是受雇人的行为是执行雇佣合同的"职务"行为；三是雇主对受雇人的选任、监督、管理上有违反注意义务的过错。这是由我国确立的民事违法行为归责原则决定的。在我国民法领域，民事违法行为通常有侵权行为、违约行为和不履行其他民事法定义务的行为。"雇佣活动或雇佣关系中侵权行为"属于特殊侵权行为，其归责为：雇员在从事雇佣活动中致人损害的，雇主应当承担赔偿责任；雇员因故意或者重大过失致人损害的应当与雇主承担连带赔偿责任。雇主承担连带赔偿责任的可以向雇员追偿。从事雇佣活动，是指从事雇主授权或者只是范围内的生产经营活动或者其他劳务活动。雇员的行为超出授权范围，但其表现形式是履行职务或者与履行职务有内在联系的，应当认定为从事雇佣活动。

（3）存在雇佣关系的水事违法行为水行政处罚的实施

《行政处罚法》规定了几种不予处罚或者不得给予处罚的情形，即第二十五条、第二十六条、第二十七条、第二十九条、第三十条、第三十八条的规定，也就是对无责任能力人实施的、轻微并及时纠正的没有造成后果的、过了追究时效的、违法事实不清的等违法行为。显然，"雇员"违法未列入其中，而对已存在的雇佣关系违法行为人的处罚，当从以下几方面进行思考：

1）厘清雇佣关系与"劳动关系、承揽关系、帮工"等行为的法律区别

雇佣关系与劳动关系、承揽关系、帮工等法律关系相近，似易混淆，实际均有所区别。雇佣关系与劳动关系的区别如下。首先，广义上的雇佣关系包含"劳动关系"，但雇佣关系中的用工主体范围相当广泛，可以是自然人、法人或其他组织。而劳动关系中的用工主体则"主要指我国境内的企业、个体经济组织、民办非企业单位等组织，同时包括与劳动者建立劳动关系的国家机关、事业组织、社会团体"等。其次，雇佣关系中主体地位是平等的。他们之间是一种"劳务"与"报酬"之间的交换，受雇人可以不遵守雇佣方的内部规定（当然也不享受雇佣方的福利待遇），受雇人还可以同时选择给两家以上的雇佣方提供劳务。而劳动关系主体双方具有行政上的隶属关系。劳动者是用人单位的内部成员，一般情况下，劳动者只能在一个单位工作。再者，雇佣关系强调按照当事人双方的意思自治，只要当事人双方的约定不违反法律的强行性规定，不违反公序良俗，国家就不予干预，其权利义务的调整主要参照《民法通则》等民事法律规范。而对于劳

动关系则有大量的劳动法规予以规制。

雇佣关系与承揽关系的区别是：后者是基于承揽合同的履行在定作人与承揽人之间所产生的法律关系。而承揽合同是指承揽人按照定作人的要求完成一定的工作并交付工作成果，定作人接受成果并给付承揽人报酬的合同。雇佣关系与帮工的区别是：后者是指帮工人自愿或应被帮工人之邀，无偿给被帮工人提供劳务，并按被帮工人的意思，在一定时间内完成某项工作的行为。帮工具有无人身依附、时间短、一次性、无偿等特点。

2）厘清"雇佣"违法行为中"佣"方有无过错，采用民事归责原则实施水行政处罚

我国民法体系中无过错责任原则是指当事人实施了加害行为，虽然其主观上无过错，但根据法律规定仍应承担责任的归责原则。在水事违法行为中，当存在雇佣关系的情况时，对"雇主"采用无过错或过错推定归责原则、对"雇佣"采用过错归责原则，分别实施水行政处罚。即当被雇人按照雇主的要求实施的行为违反了水法律法规的规定，对水资源、水工程造成了侵害，应当认定雇主承担水行政法律责任，对其实施行政制裁。而在雇员因故意或者重大过失、超出雇主授权范围行事，导致水资源、水工程损害的情形下，依法对其实施水行政处罚。

3）厘清"雇佣"违法行为中双方责任，采用刑事责任追究原则实施水行政处罚

雇佣关系在理论上一目了然，实践中雇佣关系并非一成不变，往往会在雇佣关系、协（合）作关系、单位内部关系之间游离转化。比如河道非法采砂行为，有可能开始是某相对人雇佣采砂船主为其实施采砂，而采砂船主出于利益的考虑，不甘于受雇的状态，独立实施采砂出售给某相对人，两者之间成了买卖关系，这样，实施水行政处罚的相对人就发生了变化。当然，在采砂违法行为中，采砂船主与运砂船主之间的关系更是复杂多样。再比如，在河湖岸线的非法开发建设行为中，由业主（多为地方政府或其部门）招标、施工单位中标再转包等，如果仅处罚"雇主"，似乎放纵了"雇员"的违法行为，不利于遏制目前业已存在于这些领域的水事违法行为的高发态势。实体法和程序法中均未见对"雇佣"违法行为的处罚规定，甚至行政处罚法和水行政处罚实施办法也没有述及单位违法行为问题。对于共同违法行为，《水行政处罚实施办法》第六条规定："两个以上当事人共同实施违法行为的，应当根据各自的违法情节，分别给予水行政处罚。"但《水行政处罚实施办法》没有对如何认定何为共同违法行为、界定共同违法行为中各自的责任分担、确定共同违法行为处罚的罚则适用等问题作出规定，也未见相关行政解释。笔者认为，对"雇佣"违法行为，应当参照刑事处罚中关于"共同犯罪"、"单位犯罪"的处罚原则实施水行政处罚。对于一起水事违法案件，应当区分参与人在其中的"主要作用、次要作用、帮助作用、雇佣作用"，依法分别作出给予处罚、从轻减轻处罚、不予处罚的决定。对于"单位"违法行为，则对该单位与主管人员和直接责任人员分别给予水行政处罚。

4）对雇佣双方采用不同的处罚种类或行政措施实施水行政处罚

水行政管理事务繁多，具体水行政行为也有水行政许可、确认、命令、强制、征收、奖励、调解、裁决、合同、指导、监督检查、处罚等多种。就水行政处罚而言，其相对人可能是公民、法人和其他组织；其违法行为有侵占河湖、非法建设、非法圈圩、非法采砂等危害水资源、水工程的众多现象。而与其相适应的水行政处罚的种类也是多种多样的。行政处罚法规定了"警告；罚款；没收违法所得，没收非法财物；责令停产停业，暂扣或者吊销许可证，暂扣或者吊销执照；行政拘留；法律、行政法规规定的其他行政处罚"等6种。水行政处罚实施办法规定了"警告；罚款；吊销许可证；没收非法所得；法律、法规规定的其他水行政处罚"等5种。就兜底的"法律、法规规定的其他水行政处罚"而言，散见于水法律法规的法则之中。此外，水法律法规还规定了诸多水行政强制措施与水行政强制执行的方法，这样可保证水行政执法目标的实现。就对雇佣关系所致的水事违法行为的处罚而言，可以根据雇佣双方各自的实际违法情形，有针对性地施以行政处罚，达到水行政制裁的目的。一般而言，对雇主施以"财产罚（罚款、没收）、行为罚（吊销许可证）、人身罚（在违反治安管理的情况下请公安部门实施）"为主；对雇员施以"行为罚（吊销许可证）、申诫罚（警告、通报批评）为主"。此外，可以责令雇佣双方"停止违法行为、采取补救措施、恢复工程原状"，对雇佣双方施以"强制检查、强制扣押"等水行政强制措施和"强制划拨、强制吊销、强制拍卖、强制清障、强制拆除、代为恢复原状、强制治理、执行罚"等水行政强制执行。

水行政处罚自由裁量

1. 适用水行政处罚自由裁量权的必要性

行政处罚自由裁量权是指国家行政机关在实施行政处罚过程中在法律、法规规定的原则和范围内有选择余地的处置权利。它是行政机关及其工作人员在行政执法活动中客观存在的，由法律、法规授予的职权。

自由裁量权在我国的水行政处罚中是必要性在于：一是水事违法行为涉及的内容广泛，情况复杂，法律、法规不可能对所有情况下的水行政处罚都规定得明确具体，详尽无遗；二是水利的专业性、时间性、地域性很强，法律、法规不应该对水行政处罚作过于僵化的硬性规定；三是我国目前的水法律法规还不够健全，有些内容还不够完备，表现出一定的"概括性"和"模糊性"，有些法律、法规尚无具体的实施细则或实施办法。总之，水法律、法规应当授予水行政主管部门在行政处罚中必要的自由裁量权，使之能根据客观形势，权衡轻重，灵活运用，在法定范围内作出合法、合理的行政处罚，以达到依法行政，维护国家权益的目标。

2. 水行政处罚自由裁量权的主要表现

（1）在行政处罚幅度内的自由裁量权

例如，《水法》第七十一条规定：建设项目的节水设施没有建成或者没有达到国家规定的要求，擅自投入使用的，由县级以上人民政府有关部门或者流域管理机构依据职权，责令停止使用，限期改正，处 5 万元以上 10 万元以下的罚款。这里的罚款处罚就可以由水行政主管部门在 5 万元以上 10 万元以下的幅度内进行选择。

（2）选择行为方式的自由裁量权

例如，《江苏省水资源管理条例》第四十七条规定：违反本条例第三十八条第一款规定，未安装取水计量设施或者安装的取水计量设施不能正常使用的，或者擅自拆除、更换取水计量设施的，责令其限期安装或者修复；逾期拒不安装或者修复的，可以吊销其取水许可证。这里的"可以"就包含了水行政主管部门作为或不作为。

（3）对事实性质认定的自由裁量权

例如，《防洪法》第五十四条规定：违反本法第十七条规定，未经水行政主管部门签署规划同意书，擅自在江河、湖泊上建设防洪工程和其他水工程、水电站的，责令停止违法行为，补办规划同意书手续；违反规划同意书的要求，影响防洪但尚可采取补救措施的，责令限期采取补救措施，可以处 1 万元以上 10 万元以下的罚款。这里的是否影响防洪就由水行政主管部门进行认定。

（4）对情节轻重认定的自由裁量权

例如，《水法》第六十九条规定："有下列行为之一的，由县级以上人民政府水行政主管部门或者流域管理机构依据职权，责令停止违法行为，限期采取补救措施，处 2 万元以上 10 万元以下的罚款；情节严重的，吊销其取水许可证：（一）未经批准擅自取水的；（二）未依照批准的取水许可规定条件取水的。"这里的情节是否严重的认定，也给了水行政主管部门较大的裁量空间。

3. 水行政处罚自由裁量权行使中存在的问题

由于水事违法行为的复杂性，赋予水行政主管部门一定的自由裁量权，符合国家水行政管理的要求，有利于社会稳定，有利于经济发展，也有利于法制建设。但是也要看到，由于自由裁量权具有较大的主观性，因此，部分水行政主管部门违背法律的精神和目的随意使用甚至滥用自由裁量权的问题也是存在的。

（1）轻责重罚

如一些单位或个人未经批准开凿浅水井取水的行为，其造价也就几百元，责令改正后就可恢复原状，造成的社会危害也不严重，而有些水行政主管部门对此类案件的罚款远超过几百元，显然不符合罚当其责的原则。

（2）重责轻罚

《水法》第六十六条规定：有下列行为之一，且防洪法未作规定的，由县级以上人民政府水行政主管部门或者流域管理机构依据职权，责令停止违法行为，限期清除障碍或者采取其他补救措施，处 1 万元以上 5 万元以下的罚款：在江河、湖泊、水库、运河、渠道内弃置、堆放阻碍行洪的物体和种植阻碍行洪的林木及高秆作物的；围湖造地或者未经批准围垦河道的。而在实际操作中，水行政主管部门对河湖设障的处罚最多仅限于限期清除，经济处罚基本没有执行。

（3）显失公正

如《江苏省水资源管理条例》第四十四条第二款规定：在地下水限制开采区内擅自增加深井数量的，责令其限期封井或者采取补救措施，并可以处 1 万元以上 3 万元以下的罚款。同在限采区，两个规模相等的企业，开采深度也基本一样，水行政主管部门对非法凿井罚款有的 1 万元，有的近 3 万元，处罚悬殊较大，违背了平等适用原则。

（4）主观随意性大

《水法》第六十五条第三款规定：虽经水行政主管部门或者流域管理机构同意，但未按照要求修建前款所列工程设施的，由县级以上人民政府水行政主管部门或者流域管理机构依据职权，责令限期改正，按照情节轻重，处 1 万元以上 10 万元以下的罚款。在情节轻重的认定过程中，水行政主管部门随意性太大，执法人员主观臆断的案例时有发生，其认定缺乏客观性，难以服人。

（5）法律适用的倾向性选择

同样的非法凿井取水行为，可以进行处罚的依据就有《水法》第六十九条、《江苏省水资源管理条例》第四十四条、《取水许可和水资源费征收管理条例》第四十九条。由于处罚额度都不一样，发生了水行政执法人员按照情感进行选择适用的案例。

4. 水行政处罚自由裁量权的适用

法律只有处处以人为本，以人民群众的根本利益为出发点，尊重人，关心人，才能真正发挥其定纷止争的功能，处理好各方利益间的冲突，使社会主义和谐社会建设落到实处。正因为此，人性化的执法已逐步成为构建和谐社会的重要工程，而自由裁量权的行使过程中如何维护相对人的权益将直接决定行政执法是否实现了人性化。就水行政主管部门来讲，水行政处罚自由裁量权的行使应该和社会发展的取向相适应。

（1）总体原则

1）适当从轻。水行政处罚种类中罚款占了较大的比重，并且数额少则几千元，多则数十万元。由于罚款处罚是对相对人严厉的经济处罚，水行政执法人员自由裁量的过程中在维护法律尊严的前提下，尽量处以低限，应当遵循教育与处罚相结合的原则，更多地对相对人进行教育，体现和谐社会的价值。

2）公平合理。行政处罚的基本价值取向是公平、合理，这也是水行政处罚自由裁量权最基本的要求。在行政执法工作中，要以事实为依据，以法律为准绳，正确行使自由裁量权，符合立法的目的和精神，做到依法行政。

3）过罚相当。在行使自由裁量权时应当考虑违法行为的事实、性质、情节以及社会危害程度等，作出的行政处罚要与违法行为相当。对于性质、情节、危害后果相同的同类案件在实施自由裁量权时，适用的法律依据、处罚种类及处罚幅度应当相同。

4）程序正当。行使水行政处罚自由裁量权，应当严格遵守水行政处罚的法定程序。作出减轻、从轻、一般、从重处罚的，应当在送达《行政处罚告知书》或《听证告知书》时，一并告知拟作出减轻、从轻、一般、从重处罚的事实、理由和依据。

（2）具体适用

1）考虑地区经济发展差异。地方经济的发展一直都存在不平衡性，因此，对相同或类似的案件，在处罚的过程中，要充分考虑经济差异，这才能真正体现水行政执法人员对法律基本精神的准确把握和灵活运用。下面就两起案件举例说明：在郑州市几乎同时发生了两起非法取水案件，违法主体同为规模较大企业，情节基本类似，但一个发生在经济相对落后的地区，一个在经济相对发达的地区，适用《水法》第六十九条，经济处罚在 2 万元以上 10 万元以下，在经过充分考虑的基础上，分别给予了 3 万元和 6 万元的处罚，这种看似不公正地考虑实际上体现了相对的公正，最终两起案件都顺利地执行到位。基于上述考虑是因为如果对欠发达地区的企业处罚过重，可能会挫伤企业在该地区投资的积极性，这对于经济欠发达地区来讲可能是一个重要的损失，在坚持依法行政的基础上也要考虑地方经济发展的因素，毕竟经济发展是当前社会的主旋律。

2）考虑违法事实。在水行政处罚的自由裁量过程中要客观公正地考虑相对人的违法事实。如非法取用地下水和擅自凿井是两个不同的违法事实，分别适用不同的处罚条款，因为有的非法凿井案件在井成之后并没有开始取水，所以不能认定为非法取水。不同的事实，处罚的适用也是不一样的，非法凿井案件适用《江苏省水资源管理条例》第四十四条或《取水许可和水资源费征收管理条例》第四十九条，而非法取水则适用《水法》第六十九条。

3）考虑相对人主观恶意。在水行政处罚的过程中曾存在这样的情形，同是河道管理范围内违章建设的案件，一个发生在相对偏远的农村，农民为了改善居住条件，在河岸上扩建房屋，相对人根本就不知道这种行为是违法的；而市区的一家企业明知占用河道需要审批，却未经批准在河岸上修建码头。对于这两个同样性质的案件，在处罚的过程中，没有仅限于对行为的认定，根据《水法》或《防洪法》对相对人都处以几万元的罚款，而是根据相对人的主观恶意分别给予了程度不同的处罚。再者，如果在案件查处过程中，有的相对人能够自觉地接受教育，及时恢复原状；而有的相对人百般阻挠，对限期拆除通知置若罔闻。这些都是在自由裁量的时候必须考虑的因素，只有考虑这些因素，才能体现公正、公平。

4）考虑违法行为造成的后果。水行政处罚过程中，违法行为造成的后果也是进行自由裁量时考虑的重要因素。如在水事违法活动中常见的河道内违法设障，如果相对人能够及时清除阻水障碍，那么对汛期的行洪并没有什么影响，就可以不进行经济处罚；如果没有及时清除，给行洪带来影响，或者由于阻水原因导致洪水给当地财产带来损失，那肯定要进行经济处罚，甚至要追究其他责任。

5）考虑相对人承受能力。在水行政处罚过程中，尤其是实行经济处罚的时候，要充分考虑相对人的承受能力。如同样是非法取用地下水的案件，一个相对人是年营业额1万元左右的个体浴室，另一个是纳税超百万的大型国有企业，适用《水法》第六十九条，未经批准擅自取水的可以处2万元以上10万元以下的罚款，即使对国有企业处以9万元的罚款，企业仍是照常运转，而对于小型的个体经营者，罚款2万元都可能导致其生活难以为继。在构建和谐社会的今天，在自由裁量的过程中，考虑相对人的承受能力显得尤为重要，它关系到法律的执行效果，关系到法律的价值取向，更关系到社会的和谐稳定。

没有水法律、法规依据时涉水违法行为的处理

在水事法律、法规短期内难以对违法行为的处罚提供足够支持的情况下，应当善于借力相关联法律法规的处罚作用，充分运用水事法律法规以外的法律规范处罚涉水违法行为，以维护正常的水事管理秩序。

以发生在新疆的无营业执照、无资质凿井行为为例进行分析。《新疆维吾尔自治区地下水资源管理条例》第十二条第二款规定：凿井工程承建单位应具备相应的资质等级。2002年新疆维吾尔自治区凿井施工单位资质管理规定（新水政资〔2002〕29号）颁布后，哈密地区经过几年的努力，对有资质的凿井单位的管理逐步规范、到位，现共有1家甲级、12家乙级资质的凿井施工单位，有67台钻机登记注册。对于无资质凿井的违法行为，在现有的水法律、法规中并没有明确处罚措施。在近年的违法水事案件查处中，无资质凿井主要为无营业执照的黑钻机。从事凿井经营活动应当到所在地工商行政管理部门办理营业执照，对于没有办理营业执照而从事凿井经营活动的，可以联合工商行政管理部门有权给予相应的工商行政管理处罚。《城乡个体工商户管理暂行条例》第七条规定：申请从事个体工商业经营的个人或者家庭，应当持所在地户籍证明及其他有关证明，向所在地工商行政管理机关申请登记，经县工商行政管理机关核准领取营业执照后，方可营业。第二十二条规定：凡未办理营业执照而从事经营活动的，由工商行政管理机关根据不同情况分别给予警告、罚款、没收非法所得、责令停止营业。《合伙企业登记管理办法》第二十六条规定：未经企业登记机关依法核准登记并领取营业执照，以合伙企业名义从事经营活动的，由企业登记机关责令停止经营活动，可以处5 000元以下的罚款。《个人独资企业登记管理办法》第三十五条规定：未经登记机关依法核准登记并领取营业

执照，以个人独资企业名义从事经营活动的，由登记机关责令停止经营活动，处以 3 000 元以下的罚款。

四、执行

送达

送达是指水行政主管部门依照法定的程序和方式将水行政处罚（处理）决定书和其他有关法律文书送交当事人的行为。它是水行政处罚法律文书得以生效的必经程序，也是行政处罚决定发生法律效力的基本前提。根据《水行政处罚实施办法》规定，水行政处罚决定书制成后，应当通知当事人到水行政主管部门受领或由水政监察员直接送到当事人的住所或工作单位，向当事人宣读，并在宣读后当场交付当事人。宣告时当事人不在场的，水行政主管部门应当在 7 日内将水行政处罚决定书依照民事诉讼法的有关规定，送达当事人。水行政处罚法律文书的送达方式有如下六种。

（一）直接送达

直接送达是指水行政主管部门以及水政监察队伍指派水政监察员直接将水行政处罚决定书送交被处罚人的送达方式。它是一种最普遍、最重要的送达方式，既能体现水行政执法的庄重性和严肃性，又能给被处罚人直接了解处罚内容，提出异议的机会。直接送达时，应注意下列事项：

（1）送达必须有送达回证。由受送达人在送达回证上注明收到日期，并签名或者盖章。

（2）受送达人是公民的，本人不在时，可以将水行政处罚决定书交给与其同住的成年家属签收。

（3）受送达人为法人或其他组织的，应将水行政处罚决定书送交法定代表人或者负责人，或者该法人或其他组织的收发部门签收，并由其在送达回证上注明收到日期，签名或者盖章。

（4）受送达人已向水行政主管部门或水政监察组织指定代收人的，应将水行政处罚决定书送交代收人签收，并由代收人在送达回证上注明收到日期，签名或者盖章。

（二）留置送达

留置送达是指受送达人拒绝签收水行政处罚决定书时，由水政监察员将决定书留在受送达人的住所，即视为已经送达的送达方式。采用留置送达，送达人应当邀请当地居民委员会或村民委员会等有关基层组织或者受送达人所在单位的代表到场，说明情况，在送达回证上注明拒收的事由和日期，由送达人、见证人签名或者盖章，将水行政处罚决定书留在当事人的住处或者收发部门。实践中，也可以采取照相、录像、录音等方式证明留置送达这一事实，但照相、录像时应注意：拍摄务必以受送达人处的环境（如收发室、办公室）为背景，并有明显的标志；拍摄的内容能反映送达人送达文书的现场（包括在场当事人、见证人的身影）；拍摄之前应告知当事人拍摄的缘由，尽量取得当事人的配合；拍摄时事先设定好日期和时间。录音时应注意，要将整个送达过程全部录下，包括告知当事人正在录音、宣读送达文书的内容以及送达人与当事人、见证人的对话。

（三）委托送达

委托送达是指水行政主管部门直接送达确有困难的，而委托有关单位向被处罚人送交水行政处罚决定书的送达方式。委托送达主要适用于被处罚人或者其他利害关系人不在实施行政处罚的水行政主管部门或者法定授权组织的管辖地域或居住地，或者受送达人住所地交通不便的情况。接受委托的单位必须具有履行送达职责的能力，且不得将委托事项再委托给第三人（不包括被委托单位的成员）。委托单位委托送达水行政处罚决定书时，应将委托的事项和要求明确地告知受委托单位，以便受委托单位准确、及时地予以送达。受委托单位接受委托后，应立即将水行政处罚决定书直接送达受送达人，以受送达人在送达回证上注明的签收日期为送达日期。

（四）转交送达

如果受送达人是军人或者是被监禁的，或者是被劳动教养的，则应采用转交送达方式，主要通过部队的政治机关、监狱或者劳动教养单位转交。

（五）邮寄送达

邮寄送达是指水行政主管部门通过邮局，将水行政处罚决定书挂号寄给被处罚人及利害关系人的送达方式。

邮寄送达是一种简便易行的送达方式，在直接送达有困难时，一般都采取邮寄送达的方式。但是，采用这种方式应注意以下几点：

（1）水行政处罚决定书应由水行政主管部门指派专人直接交付邮局挂号寄给受送达人。

（2）受送达人是军人的，应挂号寄给受送达人所在部队团以上单位的政治机关转交。

（3）受送达人是被监禁、劳教的人员的，应挂号寄给受送达人所在监狱或者劳动改造、劳动教养等单位转交。

（4）受送达人应在挂号回执上注明收到的日期，签名或者盖章；挂号回执上注明的收件日期为送达日期。

（六）公告送达

公告送达是指水行政主管部门发布公告，告知被处罚人限期受领水行政处罚决定书的送达方式。公告送达一般适用于受送达人下落不明，或者采取以上送达方式无法送达的情况。公告送达中，受送达人自发出公告之日起经过一定期限而未受领水行政处罚决定书的，即视为送达。对于公告期限，《行政处罚法》没有作出规定，笔者认为应当参照民事诉讼法，将一般行政处罚决定规定为 60 天，涉外行政处罚决定规定为 6 个月为宜。送达公告一般通过报刊、广播等媒介发布。

水行政执法机关强制执行的程序

即水行政执法机关所有自行强制执行都必须履行的程序。包括启动条件、执行前催告、当事人权利保障、执行决定形成、执行决定书送达、执行中止、执行终结、执行回转、执行和解、执行文明、强制拆除，等等。

1. 启动条件

行政机关什么情况下可以自行强制执行。《行政强制法》第三十四条规定：行政机关依法作出行政决定后，当事人在行政机关决定的期限内不履行义务的，具有行政强制执行权的行政机关依照本章规定强制执行。在水政监察办案实践中，应当具备两个方面的条件，办案机关才能自行强制执行：一是时间。应当是在行政处罚决定书明确告知的履行期限完全过去以后。二是履行程度。包括全部未履行和部分未履行的。但是，行政机关已经同意当事人分期履行或者延期履行的，不能包括在内；对当事人提出分期履行或者延期履行申请的，应当先审核、处理、答复当事人申请后再决定是否启动强制执行。

2. 执行前催告

《行政强制法》第三十五条规定：行政机关作出强制执行决定前，应当事先催告当事人履行义务。催告是指当事人在行政决定作出后不自觉履行义务，行政机关督促当事人在一定期限内履行义务，否则将承担被强制执行后果的一种告诫程序。强制执行是违背当事人意愿并对之施加强制力的行为，其结果往往会涉及当事人的精神、财产、经营资格等重大的人身、财产、收益权利。为此，应该在强制执行前为当事人留有一定期限，劝说其及时履行处罚决定。通过催告程序督促当事人自觉履行行政义务，这体现了教育与强制相结合的原则，体现了对当事人的尊重，有助于缓冲强制执行的心理冲击，减轻当事人的对抗情绪，达到执行的目的。

按照《行政强制法》第三十五条规定，催告应当以书面形式作出，并载明下列事项：

（1）履行义务的期限；

（2）履行义务的方式；

（3）涉及金钱给付的，应当有明确的金额和给付方式；

（4）当事人依法享有的陈述权和申辩权。

3. 当事人权利保障

按照《行政强制法》第三十六条规定,当事人收到催告书后有权进行陈述和申辩。行政机关应当充分听取当事人的意见,对当事人提出的事实、理由和证据,应当进行记录、复核。当事人提出的事实、理由或者证据成立的,行政机关应当采纳。

享有陈述权和申辩权,是当事人在行政机关作出具体行政行为的过程中所享有的程序性权利,是行政程序公正的基本要求,是行政活动中当事人参与权的体现。陈述和申辩的时限是整个催告期间。在催告前、催告中、催告后,当事人都可以进行陈述和申辩。办案机关有义务认真听取当事人的陈述和申辩意见,不得以任何借口拒绝或者阻碍当事人行使陈述权和申辩权,否则违反法定程序,进而导致强制执行程序违法。办案机关应客观地分析当事人的陈述和申辩意见,不能片面地或有选择地听取意见,不能忽视当事人维护自身合法权益的意见,不得因陈述和申辩加重处罚。当事人可以书面或口头方式提出陈述和申辩意见。对当事人以口头方式提出的事实、理由和证据,办案机关应当进行记录、复核。如果当事人认为陈述和申辩程序违法而提起行政复议和行政诉讼,负有举证义务的办案机关可以提供书面记录作为证据。当事人提出的事实、理由或者证据成立的,办案机关应当有错必纠、予以采纳,根据情况对行政决定作出调整。如果当事人提出的事实、理由或者证据不成立,则应明确驳回。

在水政监察办案实践中,一般需要使用两种文书,以作为办案机关保障当事人陈述权和申辩权的证据:一是答复书。当事人提出执行异议的陈述和申辩有三种情形:一是对执行的异议;二是对处罚决定的异议;三是对两者都提出异议。对此,都应当及时答复。二是记录。对当事人口头陈述和申辩的记录,必须有当事人的签名。

4. 执行决定形成

按照《行政强制法》第三十七条规定,形成强制执行决定涉及三个方面的具体操作程序:

一是可以决定强制执行。《行政强制法》第三十七条第一款规定:经催告,当事人逾期仍不履行行政决定,且无正当理由的,行政机关可以作出强制执行决定。在水政监察办案实践中,"当事人逾期"应当是超过催告书上告知的履行日期。催告书与行政处罚决定书告知的履行日期不一致的,按照有利于当事人原则确定。"无正当理由"包括两种情形:当事人没有提出陈述和申辩意见;虽然提出了陈述和申辩意见,但已经被驳回。

二是强制执行决定的形式和内容。《行政强制法》第三十七条第一款规定:强制执行决定应当以书面形式作出,并载明下列事项:

(1)当事人的姓名或者名称、地址;

(2)强制执行的理由和依据;

(3)强制执行的方式和时间;

(4)申请行政复议或者提起行政诉讼的途径和期限;

（5）行政机关的名称、印章和日期。

水行政执法机关自行强制执行的，应制发《行政强制执行决定书》。

三是特殊情况的立即决定。《行政强制法》第三十七条第三款规定：在催告期间，对有证据证明有转移或者隐匿财物迹象的，行政机关可以作出立即强制执行决定。在水政监察办案实践中，根据这一规定作出立即强制执行决定必须具备两个条件：一是掌握有明确的证据；二是掌握的证据能够证明当事人有转移或者隐匿财物的迹象。

5. 执行决定书送达

《行政强制法》第三十八条规定：催告书、行政强制执行决定书应当直接送达当事人。当事人拒绝接收或者无法直接送达当事人的，应当依照《中华人民共和国民事诉讼法》的有关规定送达。

特别需要注意的是，在直接送达、委托送达、公告送达等3类6种方式中，对催告书、行政强制执行决定书的送达，只有在采用直接送交方式无法送达的前提下，才可以顺延采用委托送达、公告送达等2类4种方式。

6. 执行中止

执行中止，又称中止执行，是指强制执行程序开始后，由于出现某种特殊情况而暂时停止强制执行，待该情况消除后继续执行的制度。行政机关作出强制执行决定是以实现行政管理目的为终点，一般情况下不能随意停止或者中途放弃。但是，在水政监察执法办案实践中，有时会出现某种无法克服和难以避免的特殊情况，使强制执行不能继续进行或者不宜进行，应当暂时停止，待法定中止情形消失后再继续执行。

（1）中止执行的情形

按照《行政强制法》第三十九条第一款规定，有下列情形之一的，中止执行：

——"当事人履行行政决定确有困难或者暂无履行能力的。"包括以下情形：一是不可抗力。出现无法预见、无法预防、无法避免和无法控制的情形，以致义务无法如期履行；二是经济或生活困难，当事人暂时无力履行金钱给付等义务；三是因突发疾病等身体健康原因暂不能履行义务；四是其他情形。

——"第三人对执行标的主张权利，确有理由的。"这是基于保护第三人合法权益而作出的规定。第三人是指合法权益将受到强制执行影响的当事人以外的公民、法人或者其他组织。如果第三人对执行标的主张抵押权、质权、所有权以及因租赁关系而获得的使用权等，而对争议标的权属情况不清，则应当暂时停止执行，待确定权属后再决定怎样执行。

——"执行可能造成难以弥补的损失，且中止执行不损害公共利益的。"强制执行应采取最小损害的方式实现行政管理目的。在可能造成难以弥补损失的情况下，如果继续强制执行会得不偿失。当然，这种中止执行必须以不损害公共利益为前提。

——"行政机关认为需要中止执行的其他情形。"如强制执行可能导致被执行人过激行为（暴力对抗或自杀）或者发现据以执行的行政决定存在问题等。在水政监察办案实践中，必然会碰到确实需要中止执行的其他情形。《行政处罚法》第五十二条规定，只有关于当事人确有经济困难，经当事人申请和行政机关批准，可以暂缓或者分期缴纳罚款的规定，都没有关于行政处罚执行中止的规定。因此，其他情形由办案机关视具体情况而裁量认定。当然，也不能滥用自由裁量权而随意中止执行。

（2）强制执行的恢复

《行政强制法》第39条第2款规定：中止执行的情形消失后，行政机关应当恢复执行。对没有明显社会危害，当事人确无能力履行，中止执行满三年未恢复执行的，行政机关不再执行。

中止执行是暂时停止执行，不是永久停止执行。如果过长时期使财产处罚执行处于不确定状态，会不利于财产流通和市场交易，影响社会财富价值的实现。因此，在中止执行的法定情形消失后办案机关有恢复执行的义务。如果中止执行的法定情形一直没有消除或者永不消除的，办案机关可以进入不再执行程序或者终结执行程序。

（3）不停止执行问题

按照《行政诉讼法》和《行政复议法》的规定，复议或者诉讼期间，有些处罚可以停止强制执行，有些处罚则不停止强制执行，与强制执行实施过程中是否中止执行并不矛盾。

7. 执行终结

又称终结执行、执行终止，指在强制执行实施过程中，由于发生某种特殊情况，致使强制执行没有必要或不可能继续进行，从而结束执行程序的制度。

行政强制法第40条规定，有下列情形之一的，终结执行：

——"公民死亡，无遗产可供执行，又无义务承受人的。"被执行的公民死亡的，办案机关可以先中止执行，等待继承人承受义务。如果遗产继承人没有放弃继承权，办案机关可以变更被执行人为继承人，由该继承人在所继承遗产的范围内履行义务；如果继承人放弃继承权，办案机关可以直接强制执行被执行公民的遗产；如果被执行公民既无遗产，又无义务承受人的，强制执行无法进行，应当终结。

——"法人或者其他组织终止，无财产可供执行，又无义务承受人的。"企业法人或者其他组织终止的原因有：1）解散（自然解散、决议解散、判决解散、合并或分立解散）；2）处罚终止（被依法关闭、撤销、吊销执照）；3）被依法宣告破产；4）国家政策调整或发生战争、灾害毁灭等其他原因。进入清算期后，在财产分割顺序上，民事债务清偿优先，行政处罚收缴在后。如果民事债务清偿完结后没有剩余财产，则行政处罚决定的罚没款收缴只能终止执行。此种情形，处罚决定的确定力、拘束力仍然存在。撤销登记、吊销执照等其他行为罚的执行力也存在。但财产罚的执行力已经大为弱化。一般来说，只有在被依法宣告破产的情况下，才会发生没有义务承受人的情况。

——"执行标的灭失的。"即场所、设施和物品等执行标的的固有物理、化学性质，因自然或人为因素的作用改变而失去原有形态、数量、质量、价值，永久不能恢复原状的法律状态。不包括罚款和没收违法所得指向的非特定金钱给付。

——"据以执行的行政决定被撤销的。"在水政监察办案实践中，行政处罚决定的撤销包括四种情形：一是办案机关主动撤销；二是上级机关监督撤销；三是复议撤销；四是诉讼撤销。行政处罚决定是强制执行的依据，原处罚决定依法撤销或者变更后，其决定内容的确定力、拘束力与执行力相应地已经消失或者调整。原行政处罚决定的可执行性也相应地已经消失或者调整。原行政处罚决定亦应当终止执行或者调整执行内容，如果行政处罚决定被全部撤销，强制执行应全部终结；如果行政处罚决定被部分撤销，则强制执行应部分终结。

——"行政机关认为需要终结执行的其他情形。"在水政监察办案实践中，办案机关可以根据终结执行的基本精神和实际情况，认定其他需要终结执行的情形，决定终止执行。如：毁灭性的自然灾害。如 2008 年 5 月 12 日的汶川大地震，对重灾区的当事人，财产处罚应当终止执行，其他行为处罚可以不执行的也应当终止执行。

8. 执行回转

执行回转是一项错误弥补制度。指在执行中或者执行完毕后，据以执行的行政决定被撤销、变更，或者执行错误的，行政机关对已被执行的财产重新恢复到执行程序开始前状态的执行制度。

《行政强制法》第四十一条规定：在执行中或者执行完毕后，据以执行的行政决定被撤销、变更，或者执行错误的，应当恢复原状或者退还财物；不能恢复原状或者退还财物的，依法给予赔偿。在水政监察办案实践中，执行回转方式"恢复原状或者退还财物"中：恢复原状是指原物恢复到受损害前的形状、性能或状态的赔偿方式。退还财物分为几种情况；执行标的为特定物的，应返还特定物；执行标的为种类物的，应返还相同规格、数量和品质的种类物；执行标的为"金钱给付"的，应当返还相同数额的金钱。

9. 执行和解

执行和解是我国行政强制执行制度的创新。达成和解需要双方有妥协。行政决定是公权力行使行为，合法合理的行政决定应当得到全面执行。如果相对人对行政决定的合法性和合理性有争议，可以通过行政复议或者行政诉讼途径解决。如果在执行程序还对行政决定进行和解，会影响行政决定的确定力和执行力。因此，理论上不存在执行和解的空间。但是，从现实情况看——在水政监察办案实践中更是如此，在不损害公共利益的前提下，办案机关在强制执行环节主动作出一些妥协和让步，就执行内容和方式达成和解，减少被执行人的部分义务，以实现当事人的主动履行，能够大为缓解矛盾、减少社会冲突，大幅度提高执行效果。因此，行政强制法创立的执行和解制度是符合我国目前的行政强制执行现状的。

《行政强制法》第四十二条规定：实施行政强制执行，行政机关可以在不损害公共利益和他人合法权益的情况下，与当事人达成执行协议。执行协议可以约定分阶段履行；当事人采取补救措施的，可以减免加处的罚款或者滞纳金。执行协议应当履行。当事人不履行执行协议的，行政机关应当恢复强制执行。

和解的方式是达成执行协议。执行协议既不属于单方面作出的行政决定，也不属于平等民事主体之间的民事合同，性质上属于行政合同。按照行政强制法规定，水政监察办案实践中的执行和解，涉及以下几个问题：

（1）和解前提

办案机关可以与当事人达成执行协议，但前提是：不损害公共利益和他人的合法权益。如对违法发布广告的"停止发布、公开更正、没收广告费用并处罚款"的处罚，不能协议成为"分阶段地先履行缴纳罚没款，后履行停止发布、公开更正"。

（2）执行协议形式

行政强制法没有规定执行协议的形式，即书面、口头、电子数据形式都可以。

（3）执行协议内容

行政强制法规定了两个方面：一是"可以约定分阶段履行"这一项的指向应当是行政处罚决定—不是指行政强制执行决定—所科定的义务。如：罚款、没收违法所得等；二是"可以减免加处的罚款"。这一项的附带条件是当事人采取补救措施。

（4）恢复强制执行

执行协议应当履行，当事人不履行执行协议的，行政机关应当恢复强制执行。当然，同意签订协议的办案机关也应当严格履行承诺。如果毁约，当事人可以申请行政复议或者起诉。

10. 执行文明

按照《行政强制法》第五条规定的适当原则。公权力的行使不能以过度伤害公民权利来实现其管理目的。虽然行政强制执行代表公权力维护公共利益，但被执行者也依法享有自己的人身、财产权利，应该予以尊重和保护。行政强制执行直接作用于当事人的人身和财产，稍有不慎就会影响和侵害相对人的合法权益。文明执法的基本要求是规范化、科学化、人性化，应当坚持以人为本、依法行政、执政为民的理念，充分尊重当事人的合法权益；坚持教育与强制相结合，注意自我约束，杜绝"暴力"强制，避免激化对立情绪，防止引发社会矛盾。

（1）时间限制

《行政强制法》第四十三条第一款规定：行政机关不得在夜间或者法定节假日实施行政强制执行。但是，情况紧急的除外。

所谓"夜间"，指从天黑到天亮的一段时间。有的认为，一般指晚上10时至晨6时之间的期间。

所谓"法定节假日"，指根据国家的纪念要求或民族的风俗习惯，由国家法律统一规定的用以进行庆祝及度假的休息时间。包括周末双休日和节日两类。

所谓可以在夜间或者法定节假日实施行政强制执行的"情况紧急"，一般包括两种情形：一是人为因素。如有证据证明有转移或者隐匿财物迹象的；二是自然因素。如需要立即清除道路、河道、航道或者公共场所遗洒物、障碍物或者污染物，当事人不能清除的，行政机关可以决定立即实施代履行。

日间开始实施的，可以在夜间继续实施完毕。

（2）不影响居民生活

《行政强制法》第四十三条第二款规定：行政机关不得对居民生活采取停止供水、供电、供热、供燃气等方式迫使当事人履行相关行政决定。

值得注意的是，这一规定的保护对象仅指居民生活。至于法人和其他组织，行政机关依然可以采取停止供水、供电、供热、供燃气的方式督促其履行义务。但是，在水政监察办案实践中，对于无法与居民生活分开控制水、电、热、燃气供应的生产经营场所实施行政强制执行时，应当将不影响居民生活放在首位衡量。否则，可能会造成当事人的对立情绪，激化不必要的矛盾，不利于社会稳定。

加处罚款

根据《行政强制法》的规定，行政机关自己执行的行政强制执行方式主要有以下几种：

（1）加处罚款或者滞纳金；

（2）划拨存款、汇款；

（3）拍卖或者依法处理查封、扣押的场所、设施或者财物；

（4）排除妨碍、恢复原状；

（5）代履行；

（6）其他强制执行方式。

《行政处罚法》明确规定，当事人到期不缴纳罚款的，每日按罚款数额的3%加处罚款。如果有的法律对加处罚款或者滞纳金有明确规定，依照其规定执行。因此，《行政处罚法》通过普遍授权的形式，赋予行政机关对不履行缴纳罚款的当事人，可以实施加处罚款的行政强制执行。但是，加处罚款是一种间接强制方式，虽然能起到督促当事人履行缴纳罚款的作用，但如果当事人不理会、不畏惧加处罚款带来的经济上和心理上的压力，这种间接强制有可能对当事人起不到应有的作用，缴纳罚款义务的行政决定仍得不到履行，行政管理的目的仍没有实现。在这种情况下，必须通过采取强制执行的手段实现行政管理目的。《行政强制法》规定，行政机关依照规定实施加处罚款或者滞纳金超过三十日，经催告当事人仍不履行的，具有行政强制执行权的行政机关可以强制执行；没有行政强制执行权的行政机关应当申请人民法院强制执行。

根据上述规定，结合水行政执法实施罚款的相关法律规定，水政监察部门可以对未履行缴纳罚款义务的当事人依法实施加处罚款的间接行政强制执行（即执行罚），如果当事人仍不履行的，应当向人民法院申请直接行政强制执行。

1. 加处罚款的法定期限

《行政强制法》规定："行政机关依法作出行政决定后，当事人在行政机关决定的期限内不履行义务的，具有行政强制执行权的行政机关依照第四章规定强制执行。"这是行政强制执行的一般规定。针对金钱给付义务的执行，《行政强制法》规定："行政机关依法作出金钱给付义务的行政决定，当事人逾期不履行的，行政机关可以依法加处罚款或者滞纳金。加处罚款或者滞纳金的标准应当告知当事人。加处罚款或者滞纳金的数额不得超过金钱给付义务的数额。"此外，《行政处罚法》的规定：行政决定一经作出，当事人就应当按照行政处罚决定要求的期限履行，即使对行政处罚决定不服，申请行政复议或者提起行政诉讼，行政处罚决定不停止执行。因此，水政监察部门履行加处罚款行政强制执行的法定期限，就是行政处罚决定书规定的缴纳罚款的期限，超过该期限的，水政监察部门可以实施加处罚款的间接强制执行。

2. 加处罚款的行政强制执行程序

当事人超过法定期限不履行缴纳罚款义务的，水政监察部门依法履行行政强制执行，应当遵守下列程序规定：

（1）送达罚款决定时，告知当事人加处罚款的标准。

（2）当事人逾期不履行罚款决定的，制作并送达加处罚款强制执行决定书。

（3）当事人不履行加处罚款决定的，制作并送达催告书。

（4）加处罚款超过30日，经催告仍不履行的，申请人民法院直接强制执行。但是，已经实施查封、扣押措施的，可以将查封、扣押的财物依法拍卖抵缴罚款。

水政监察部门履行上述行政强制执行程序时，需要注意以下几点：

1. 告知当事人加处罚款的标准

这是水政监察部门实施加处罚款前的一项法定义务，必须履行。加处罚款是执行罚，是间接强制执行的一种，是对于拒不履行行政决定确定的金钱给付义务的当事人，以加处新的金钱给付义务的方式，迫使当事人履行。《行政处罚法》普遍授权行政机关执行罚，明确当事人到期不缴纳罚款的，每日按罚款数额的3%加处罚款。如果有关法律对加处罚款或者滞纳金有明确规定的，依照其规定执行。《行政强制法》也规定行政机关依法作出金钱给付义务的行政决定，当事人逾期不履行的，行政机关可以依法加处罚款或者滞纳金。因此，当事人逾期不履行罚款行政处罚决定的，水政监察部门可以实施加处罚款的强制执行决定，但在实施加处罚款的强制执行决定前，必须履行告知义务，告知当事人加处罚款的标准，即每日按罚款数额的3%加处罚款。

实际操作中，告知当事人加处罚款的义务，可以在行政处罚决定书中一并予以说明。另外，因加处罚款的数额是按日累计，根据《行政强制法》的规定，最终加处罚款的数额不得超过罚款本身的数额，即加处罚款的最大数额等于罚款数额。

2. 加处罚款强制执行决定书

《行政强制法》对行政机关实施行政强制执行的一般程序中规定，行政机关作出强制执行决定前，应当事先催告当事人履行义务。当事人收到催告书后有权进行陈述和申辩。行政机关应当充分听取当事人的意见，对当事人提出的事实、理由和证据，应当进行记录、复核。经催告，当事人逾期仍不履行行政处罚决定，且无正当理由的，行政机关可以作出强制执行决定。强制执行决定应当以书面形式作出，并载明当事人的姓名或者名称、地址，强制执行的理由和依据，强制执行的方式和时间，申请行政复议或者提起诉讼的途径和期限，行政机关的名称、印章和日期等事项。同时，《行政强制法》也规定行政机关依法作出金钱给付义务的行政决定，当事人逾期不履行的，行政机关可以依法加处罚款或者滞纳金。因此，加处罚款作为一项行政强制执行决定，与一般的行政强制执行决定一样，具有以下特点：一是强制执行决定应当以书面形式作出；二是强制执行决定必须以行政处罚决定为基础，依据行政处罚决定而作出；三是强制执行决定必须以当事人逾期不履行已经生效的行政处罚决定所确定的义务为前提，其目的是当事人不自觉履行义务的情况下，保证义务的履行；四是强制执行决定书符合法定形式。

根据上述原则，加处罚款强制执行决定书应当包括下列内容：

（1）当事人的姓名或者名称、地址。其表述的内容应当与水政监察部门给予当事人罚款的行政处罚决定书中的内容相一致。

（2）强制执行理由和依据。理由是指当事人在水政监察部门行政处罚决定的期限内不履行罚款义务的具体情况，为什么没有履行，如果没钱，是否申请延期或者分期交付罚款等。依据是指水政监察部门实施强制执行所依据的法律上的具体规定，引用《行政处罚法》的规定，即当事人到期不缴纳罚款的，每日按罚款数额的3%加处罚款。

（3）强制执行的方式和时间。强制执行的方式这里是指加处罚款，时间由水政监察部门根据具体情况确定。在这里，《行政强制法》对强制执行的时间也没有作出规定，因此，这实际操作中，可以由水政监察部门根据当事人的具体情况酌情确定，其目的是促使当事人尽快履行法定义务。

（4）申请行政复议或者提出行政诉讼的途径和期限。行政强制执行是一项具体行政行为，加处罚款是行政强制执行的一种，当然也有救济的途径。《行政复议法》规定："公民、法人或者其他组织认为具体行政行为侵犯其合法权益的，可以自知道该具体行政行为之日起六十日内提出行政复议申请；但是法律规定的申请限期超过六十日的除外。"

"因不可抗力或者其他正当理由耽误法定申请期限的，申请期限自障碍消除之日起继续计算。"《行政诉讼法》规定："申请人不服复议决定的，可以在收到复议决定之日起十五日内向人民法院提起诉讼。复议机关逾期不作出决定的，申请人可以在复议期满之日起十五日内向人民法院提起诉讼。法律另有规定的除外。""公民、法人或者其他组织直接向人民法院提起诉讼的，应在知道作出具体行政行为之日起三个月内提出。法律另有规定的除外。""公民、法人或者其他组织因不可抗力或者其他特殊情况耽误法定期限的，在障碍消除后的十日内，可以申请延长期限，由人民法院决定。"因此，加处罚款强制执行书与行政处罚决定书一样，要明确写明申请行政复议或者提出行政诉讼的途径和期限。

（5）行政机关的名称、印章和日期。与行政处罚决定书一样，加处罚款强制执行书同样要写明实施的水行政管理部门名称，并加盖公章，注明日期。

代履行

1. 水法中有关代履行的规定及其特点

此处所称水法是广义的水法，包括《水法》《防洪法》《水土保持法》等涉水法律、法规。依据《行政强制法》第十二条规定的行政强制执行的方式种类划分，水行政强制执行的方式没有一部专门的法律规定，散见于各个水法律法规和规章，主要有代履行、加处罚款或者滞纳金以及排除妨碍、恢复原状3种行政强制执行方式。水法中关于代履行的规定主要如下（仅选取部分内容）。

《水法》第六十五条规定，在河道管理范围内建设妨碍行洪的建筑物、构筑物，或者从事影响河势稳定、危害河岸堤防安全和其他妨碍河道行洪的活动的，由县级以上人民政府水行政主管部门或者流域管理机构依据职权，责令停止违法行为，限期拆除违法建筑物、构筑物，恢复原状；逾期不拆除、不恢复原状的，强行拆除，所需费用由违法单位或者个人负担，并处1万元以上10万元以下的罚款。未经水行政主管部门或者流域管理机构同意，擅自修建水工程，或者建设桥梁、码头和其他拦河、跨河、临河建筑物、构筑物，铺设跨河管道、电缆，且防洪法未作规定的，由县级以上人民政府水行政主管部门或者流域管理机构依据职权，责令停止违法行为，限期补办有关手续；逾期不补办或者补办未被批准的，责令限期拆除违法建筑物、构筑物；逾期不拆除的，强行拆除，所需费用由违法单位或者个人负担，并处1万元以上10万元以下的罚款。第六十七条规定，在饮用水水源保护区内设置排污口的，由县级以上地方人民政府责令限期拆除、恢复原状；逾期不拆除、不恢复原状的，强行拆除、恢复原状，并处5万元以上10万元以下的罚款。

《防洪法》第五十七条规定，违反本法围海造地、围湖造地、围垦河道的，责令停止违法行为，恢复原状或者采取其他补救措施，可以处 5 万元以下的罚款；既不恢复原状也不采取其他补救措施的，代为恢复原状或者采取其他补救措施，所需费用由违法者承担。第五十八条规定，未经水行政主管部门对其工程建设方案审查同意或者未按照有关水行政主管部门审查批准的位置、界线，在河道、湖泊管理范围内从事工程设施建设活动的，责令停止违法行为，补办审查同意或者审查批准手续；工程设施建设严重影响防洪的，责令限期拆除，逾期不拆除的，强行拆除，所需费用由建设单位承担；影响行洪但尚可采取补救措施的，责令限期采取补救措施，可以处 1 万元以上 10 万元以下的罚款。

《水土保持法》第五十五条规定，违反本法在水土保持方案确定的专门存放地以外的区域倾倒砂、石、土、矸石、尾矿、废渣等的，由县级以上地方人民政府水行政主管部门责令停止违法行为，限期清理，按照倾倒数量处每立方米 10 元以上 20 元以下的罚款；逾期仍不清理的，县级以上地方人民政府水行政主管部门可以指定有清理能力的单位代为清理，所需费用由违法行为人承担。第五十六条规定，违反本法开办生产建设项目或者从事其他生产建设活动造成水土流失，不进行治理的，由县级以上人民政府水行政主管部门责令限期治理；逾期仍不治理的，县级以上人民政府水行政主管部门可以指定有治理能力的单位代为治理，所需费用由违法行为人承担。

此外，《取水许可与水资源费征收管理条例》第四十九条规定，未取得取水申请批准文件擅自建设取水工程或者设施的，责令停止违法行为，限期补办有关手续；逾期不补办或者补办未被批准的，责令限期拆除或者封闭其取水工程或者设施；逾期不拆除或者不封闭其取水工程或者设施的，由县级以上地方人民政府水行政主管部门或者流域管理机构组织拆除或者封闭，所需费用由违法行为人承担，可以处 5 万元以下罚款。《河道管理条例》第三十六条规定，对河道管理范围内的阻水障碍物，按照"谁设障，谁清除"的原则，由河道主管机关提出清障计划和实施方案，由防汛指挥部责令设障者在规定的期限内清除。逾期不清除的，由防汛指挥部组织强行清除，并由设障者负担全部清障费用。《抗旱条例》第六十条规定，违反本条例规定，水库、水电站、拦河闸坝等工程的管理单位以及其他经营工程设施的经营者拒不服从统一调度和指挥的，由县级以上人民政府水行政主管部门或者流域管理机构责令改正，给予警告；拒不改正的，强制执行，处 1 万元以上 5 万元以下的罚款等。

从这些规定中可以看到如下特点：

（1）水法中代履行主要是对水行政命令的强制执行，违法行为人对责令改正或责令限期改正决定中的义务不履行，即启动了代履行程序。例如《水法》第六十五条第一款规定的"强行拆除"，和它前面规定的"限期拆除违法建筑物、构筑物，恢复原状"这一行政命令相伴随，属于行政强制执行，由于该法授权可由水行政机关行使，因而这里的"强行拆除"就是代履行。行政命令意味着必须令行禁止，必须得遵守和实现。行政相对人违反行政命令，行政主体可依法对其进行制裁，有时也可以采取行政强制执行。因此，行政命令的作出往往会成为行政制裁或者行政强制执行的原因或根据，而行政强制制裁或者行政强制执行往往成为行政命令的形成效力得以最终实现的后续保障。从《水法》第六十五条第一款来看，县级以上人民政府水行政主管部门或者流域管理机构依据职权，"责令停止违法行为，限期拆除违法建筑物、构筑物，恢复原状"是水行政机关对行政相对人设定作为和不作为义务的行政命令，当这个行政命令不被遵守，也就是行政相对人"逾期不拆除、不恢复原状"时，水行政执法主体可以采取"强行拆除"的行政强制执行和"并处一万元以上十万元以下的罚款"的行政制裁。

（2）代履行与行政罚款在一个法条里同时指向同一个违法行为，对此违法行为的处理，代履行是必须实施的行为，即羁束行政行为，而罚款处罚则可能是自由裁量行为。例如，《防洪法》第五十七条、《取水许可与水资源费征收管理条例》第四十九条均做了这样的规定。

（3）在这些法律文件中，对同样是代履行的行为表述方式存在较大差异。这不单是立法技术问题，更重要的是反映了民主法制理念的不断强化。共用三种表述方式：《水法》第六十五条、第六十七条均表述为"强行拆除"；《防洪法》第五十七条规定为"代为恢复原状或者采取其他补救措施"，第五十八条规定为"强行拆除"；《水土保持法》第五十五条、第五十六条均规定为"县级以上人民政府水行政主管部门可以指定有治理能力的单位代为治理"；《取水许可与水资源费征收管理条例》第四十九条规定为"由县级以上地方人民政府水行政主管部门或者流域管理机构组织拆除或者封闭"；《河道管理条例》第三十六条规定"由防汛指挥部组织强行清除"；《抗旱条例》第六十条规定为"拒不改正的，强制执行"。总的规律是制定较早的法规用的是"强制拆除"，制定较晚的法规则更倾向于用"代为"表述。

（4）以上法条均明确了水行政强制执行主体。《行政强制法》第十三条规定："行政强制执行由法律设定。法律没有规定行政机关强制执行的，作出行政决定的行政机关应当申请人民法院强制执行。"因此，行政强制执行继续实行法院司法执行和行政机关自行执行的双轨制，主体为两类：一类是由行政机关依照法律、法规的授权对行政相对方直接采取强制执行措施；另一类是由行政机关向人民法院提出强制执行申请，由人民法院执行。这里的行政机关包括：水行政主管部门、县级以上地方人民政府或其防汛指挥机构。行政强制执行权不得委托，有执行权的行政机关和法院可以在必要的情况之下委托他人实施相关的执行行为。

（5）法规、规章规定的水行政强制执行方式的合法性。《行政强制法》第十三条规定："行政强制执行由法律设定。法律没有规定行政机关强制执行的，作出行政决定的行政机关应当申请人民法院强制执行。"那么，法规、规章规定的上述水行政强制执行方式是否一律无效呢？应区别对待：法规、规章规定的水行政强制执行的对象、条件、种类没有超出法律设定的行政强制执行规定的范围，视为该法规、规章引用了法律设定的行政强制执行，并非自身设定，应该具有合法性；法律没有设定或者法律虽然有设定，但法规、规章规定的水行政强制执行的对象、条件、种类超出该法律设定的行政强制执行规定的范围，视为该法规、规章设定了水行政强制执行，不符合《行政强制法》的规定，就不具有合法性。例如，《河道管理条例》第三十六条规定的"代履行"就是引用了《防洪法》第四十二条的规定，应具有合法性；再如，《长江河道采砂管理条例》第二十二条规定的"按日加收3‰的滞纳金"没有法律设定，不具有合法性。

2. 从责令限期改正到强制执行的期限

在河道管理范围内违法建筑、在水库湖泊内筑坝、拦河等水事违法案件频频发生，水行政执法过程中遇到的突出问题主要是行政处理时间较长，到申请法院强制执行时，需要3个多月的时间，在此时间内，违法者大多数未停止违法行为，且采取昼伏夜出等方式逃避监管，到执行阶段时往往违法建筑已经形成，直接导致了执法成本高、相对人抵触激烈等问题。

（1）"限期拆除违法建筑物"中的"限期"

《水法》《防洪法》等法律、法规中，对于有关水事违法案件的处理，规定了"限期拆除"、"责令限期拆除"等，但都没有规定限期的时间。在行政执法实践中，在作出责令停止违法行为的决定书以及下达行政处罚决定时，往往作出限期10日或5日等规定，但逾期后往往不能直接进行实施强制执行，严重影响水行政执法的效果，因此如何在法律法规没有规定限期的时间情况下，制定拆除期限则显得尤为重要。

（2）与强制执行直接相关的期限规定

《行政复议法》第九条规定："公民、法人或者其他组织认为具体行政行为侵犯其合法权益的，可以自知道该具体行政行为之日起六十日内提出行政复议申请。"《行政诉讼法》第六十六条规定："公民、法人或其他组织对具体行政行为在法定期限内不提起诉讼又不履行的，行政机关可以申请人民法院强制执行。"最高人民法院《关于执行行政诉讼法若干问题的解释》第八十八条规定："行政机关申请人民法院强制执行其具体行政行为，应当自被执行人的法定起诉期限届满之日起180日内提出，逾期申请的，除有正当理由外，人民法院不予受理。"由于水行政主管部门是依法履行法律法规赋予的强制执行权，因此，在实行行政强制执行，也应参照人民法院强制执行的时间和要求，即强制执行的启动时间是"被执行人的法定起诉期限届满之日"。

（3）水行政执法中对"限期"的处理思路

通过对上述几个法律概念的理解，可以解决限期的时间和水行政强制执行等问题。行政机关在作出该类行政处罚决定，且处罚决定中有并处罚款等内容时，应当在处罚决定书中明确责令限期拆除的期限，可以设定限期在3个月内自行拆除。这样就使得与一般处罚申请强制执行的法定起诉期限相吻合，也符合《行政复议法》《行政诉讼法》和《最高人民法院关于执行〈行政诉讼法〉若干问题的解释》的规定。从而解决了拆除这一特别规定与罚款等一般规定申请执行期间不一致的矛盾。对河道堤防管理范围内的违法建设，因其社会影响较大，水利部门如不依法尽快处理，会导致"狼群效应"即违法参与者越来越多，处理难度不断加大。因此在《水法》《防洪法》对"限期拆除"的期限未做特别规定的情况下，为了及时制止违法行为、减少违法损失、降低执法成本和提高执法效率，在处理此类案件中，水行政主管部门应当根据《防洪法》，可只作出限期拆除的决定书（如在主汛期可直接由防汛指挥机构直接下达清障令），不再并处罚款，限期的时间以15日为宜。时间到期后，就可按照相应的强制执行方式开展执法活动。这样既增强了法律条款的可操作性，又达到了维护水法规尊严的目的。

3. 水行政执法实务中实施强制拆除的经验

水行政执法实务中实施强制拆除的经验有：

（1）坚持教育与处罚相结合的原则，做到教育先行，尽量让当事人自行拆除违法建筑广泛、深入地宣传《水法》《防洪法》等水法律、法规，并针对性地指出该违法行为的危害及可能引起的严重后果，以情动人、以法感人，起到教育、感化的作用，达到敦促当事人自觉拆除违法建筑物、构筑物的目的。教育与处罚相结合的原则作为行政处罚的一项基本原则，它要求水行政执法人员要做好水法律法规的宣传教育工作，营造全社会学习《水法》、宣传《水法》、遵守《水法》的氛围；在实施具体的水行政处罚时，要加强对受罚人的法制教育，使其知道自己行为的违法性和应受的惩罚，责令其自行拆除违法建筑；在水行政执法人员做了大量细致的说服教育工作而受罚人在规定的期限内仍未自行拆除的情况下，可以以法定程序，本着尽量减少受罚人财产损失的前提下组织强行拆除。

（2）针对水事违法个案的不同特点，制定周密的强行拆除方案

水行政机关在制定强行拆除方案时要注意以下几点。一是实体上的必要性。即当事人所实施的行为必须确实违反了水法律、法规的规定，必须予以拆除。二是程序上的合法性。程序合法贯穿于水行政执法的始终，在对违法的建筑实施强行拆除时，要严格履行必要的法律手续，做到无懈可击。三是手段上的灵活性。由于目前实施强行拆除还没有严格的程序规定，加之水行政机关没有对人身的强制权和必要的强制手段，因此实施强行拆除时必须选择有利时机避免正面冲突，尽量减少当事人的损失。四是对象上的区别性。对于法人、社团或其他组织实施的违法行为，要向其上级主管部门说明情况，争取他们的理解和支持。对于公民个人实施的违法行为，要争取其周边群众的声援和支持。

（3）正确把握当事人的违法事实。针对"在河道管理范围内建设妨碍行洪的建筑物、构筑物，或者从事影响河势稳定、危害河岸堤防安全和其他妨碍河道行洪的活动"，进行细致、严谨的调查取证。必须查明违法事实及危害后果，可能的情况下，还需要对危害后果进行定量测算和定性评价两方面调查。核心目的是对该行为进行案件定性：究竟是否构成水事违法案件。本阶段工作成果：最终形成具有高度说服力的行政证据体系，证

据之间互为补充，互为印证，互为支持，有完整的证据链条，能够充分证明违法事实。对某些违反《水法》的行为，实施强行拆除措施是法律赋予水行政机关在特定的条件下行使的行政职能，并且与其他的行政处罚不一样，它不需要经过行政复议、行政诉讼等司法救济途径即可达到行政处罚的目的。因此，水行政机关在采取强行拆除这一手段时要特别注意对当事人的违法事实、证据、法律的运用和查处程序上的准确和合法，否则要承担赔偿的责任。

（4）强制拆除实施前，执法人员应当向义务人出示身份证件、行政处罚决定书和强制拆除通知书，并说明有关情况；应当履行义务的公民、法人或其他组织的法定代表人不在场时，执法人员应邀请公民的亲属、该单位的工作人员，也可以邀请当地派出所或居委会的同志到场作为执行见证人。见证人有证明执行情况和在有关记录文件上签字的义务。需要有关单位协助执行的，可以依法申请有关单位予以协助。

（5）争取相关部门的支持、配合。强制拆除实施中，邀请公安、城管等部门协同配合，依法排除妨碍。依靠"三法"和加强"借用"力量的联络。水行政机关对某些违法建筑物、构筑物实施强行拆除措施是法律赋予的行政职权，但法律并没有赋予水行政机关对拒不履行"强行拆除"处罚的强制执行权。因此，强行拆除措施的实施在目前还是有相当大的难度。这就要求各级水行政机关既要严格执法，又要善于执法，通过向当地立法机关的人大常委会、地方人民政府的法制工作机构、人民法院（即"三法"）汇报等办法取得他们的支持以及当地县乡（镇）人民政府、村民委员会、公安机关和新闻媒体的配合，达到既保护水行政执法人员的人身安全，也壮大了水行政执法的声威的目的。

（6）违法单位或个人应当承担强行拆除违法建筑物、构筑物的费用计算。首先，水行政主管部门需要核算强制执行的全部费用：一是强制执行的直接费用，如租赁作业工具、机械等所付出的直接开支；二是强制执行的间接费用，如由于封锁航运、交通管制等造成的间接损失；三是行政工作成本，如出动水政监察人员、公安警员的开支。三者要准确计算。一般情况下，水行政主管部门只能责令当事人负担第一部分，即强制执行的直接费用。行政工作成本应该从行政机关执法经费中列支，如果还有间接费用，应建议损失方以"违法单位或者个人"为被告，向人民法院提起民事诉讼（水行政主管部门可以作为证人出庭作证）。其次，水行政主管部门向当事人送达书面的法律文书，要求当事人限期缴纳至指定地点或账户。如果当事人没有按期缴纳执行费用，又没有说明理由，水行政主管部门可申请人民法院执行。本阶段工作成果：形成强制执行费用构成清单、限期缴纳执行费用通知书。水行政机关实施强行拆除措施发生的所有费用即为法律上规定由违法单位或个人应当负担的费用。包括执法人员的误餐费，强行拆除的时间（含途中）超过3小时的按半天计，超过6小时的按全天计，其标准按当地财政部门规定的误餐费或差旅费；由于某些拆除工作需要特殊工种的人员，其雇佣人员的工资、补贴等；执法车辆及其他机械动力的燃油费、过路、过桥（渡）费；拆除时必需的铲车、推土机等机械的租赁费；其他不可预见性的费用。

人民法院强制执行

1. 申请强制执行的范围

　　水行政管理部门哪些事宜可以申请人民法院强制执行。根据《行政诉讼法》的规定，人民法院的行政强制执行包括两种：一是对人民法院行政判决、裁定的强制执行；二是非诉行政案件。因此，行政机关申请人民法院强制执行也包括两种：一是公民、法人或者其他组织拒绝履行人民法院生效的行政判决、裁定的，行政机关可以向第一审人民法院申请强制执行；二是具体行政行为的相对人对具体行政行为在法定期限内没有提起行政复议或者行政诉讼，行政机关可以申请人民法院强制执行，即非诉行政执行。

　　根据《行政诉讼法》的上述规定，水行政管理部门除对公民、法人或者其他组织拒绝履行人民法院生效的行政判决、裁定外，对下列具体行政行为可以申请人民法院强制执行：

　　（1）罚款、吊销许可证和执照、责令停产停业、没有违法所得等行政处罚。

　　（2）查封、扣押等行政强制措施。

　　（3）加处罚款、代履行等间接强制执行。

　　（4）《行政复议法》《行政诉讼法》及其他法律法规规定的具体行政行为。

2. 申请强制执行的条件和期限

　　申请强制执行的条件，根据《行政强制法》的规定，水行政管理部门申请人民法院强制执行的前提条件：

　　（1）当事人（义务人）在法定期限内不申请行政复议或者提起行政诉讼，又不履行行政决定；

　　（2）申请人民法院强制执行前，履行了催告义务，催告当事人履行义务，且催告书送达十日后当事人仍未履行义务。

　　关于法定期限，《行政复议法》规定，公民、法人或者其他组织申请行政复议的法定期限是 60 日，自知道该具体行政行为之日起 60 日内提出。《行政诉讼法》规定："公民、法人或者其他组织直接向人民法院提起诉讼的，应当在知道作出具体行政行为之日起三个月内提出。"但是，如果其他法律对当事人提起行政复议或者行政诉讼的期限另有规定的，依照特别规定为准，遵循特别法优于一般法原则。

　　催告程序，是指当义务人逾期不履行生效法律文书中指定的行政义务时，水行政管理部门通知义务人在一定期限内自觉履行义务，并告知相对人不履行义务将要产生对其不利后果的程序。催告书同样要具备以下条件：

（1）催告书应当以书面形式作出；

（2）催告书应当载明当事人履行义务的期限、履行义务的方式，涉及金钱给付的，应当载明金额和给付方式、当事人依法享有的陈述权和申辩权；

（3）当事人不履行义务的后果。

注意的是，这里的"十日"可以理解就是催告书中所列的"履行期限"，即催告书中所列的履行期限不应超过十日。至于这个期限如何计算，有两种方式：第一种方式，可以在行政复议或者行政诉讼期限届满之日的前十日向当事人发出催告书，如果当事人在此十日内不履行义务，又赶上当事人申请行政救济的期限届满，则水行政管理部门即可以从届满之日起向人民法院申请强制执行。第二种方式，水行政管理部门在当事人申请行政救济的期限届满后向当事人发出催告书，如果这样，则只能是在催告书送达十日后当事人仍未履行义务的情况，水行政管理部门方可向人民法院申请强制执行。这样的话，第二种方式要比第一种方式延后十日。

申请强制执行的期限：根据《行政强制法》规定，没有行政强制执行权的行政机关申请人民法院强制执行的期限是从当事人行使行政救济的法定期限届满之日起三个月内，可以申请人民法院强制执行。

注意两点：

（1）申请执行期限的起算点问题。《民法通则》规定的期间计算方式是以历法为计算方式，即以日、月、年计算期间。按此规定，水行政管理部门申请人民法院强制执行的3个月的起算点应从当事人申请行政救济期间届满之日的次日起算。如某人于2011年4月30日收到行政处罚决定书，他向法院提起诉讼的3个月的期限应从5月1日至7月31日。如果他在该期间内没有提起行政诉讼，则行政机关申请人民法院强制执行的期间应从8月1日至10月31日。

（2）3个月的期间为除斥期间，没有中止、中断之说。

3. 人民法院受理强制执行案件的管辖

（1）关于诉讼强制执行的管辖

公民、法人或者其他组织拒绝履行人民法院生效的行政判决、裁定的，水行政管理部门可以向第一审人民法院申请强制执行。

（2）关于罚款、吊销许可证和执照、责令停产停业、没收违法所得等具体行政行为的非诉强制执行的管辖

根据《行政强制法》规定，水行政管理部门可以向所在地有管辖权的人民法院申请强制执行；执行对象是不动产的，向不动产所在地有管辖权的人民法院申请强制执行。如何理解管辖权，《最高人民法院关于执行〈中华人民共和国行政诉讼法〉若干问题的解释》第八十九条规定："行政机关申请人民法院强制执行其具体行政行为，由申请人所在地的基层人民法院受理；执行对象为不动产的，由不动产所在地的基层人民法院受理。"

根据 1998 年最高人民法院《关于人民法院执行工作若干问题的规定（试行）》的规定，对于专利处理决定和处罚决定的管辖，由被执行人住所地或者财产所在地的省、自治区、直辖市有权受理专利纠纷案件的中级人民法院执行。国务院各部门、各省、自治区、直辖市人民政府和海关依照法律、法规作出的处理决定和处罚决定，由被执行人住所地或者财产所在地的中级人民法院执行。因此，对于有管辖权的人民法院的理解，要具体情况分析确定，一般案件是基层人民法院，但有些案件可能就是中级人民法院。

4. 申请强制执行需要提供的材料

根据《行政强制法》的规定，水行政管理部门向人民法院申请强制执行，应当提供下列材料：

（1）强制执行申请书。

（2）行政决定书及作出决定的事实、理由和依据。

（3）当事人的意见及行政机关催告情况。

（4）申请强制执行标的情况。

（5）法律、行政法规规定的其他材料。

强制执行申请书应当由行政机关负责人签名，加盖行政机关的印章，并注明日期。

注意以下几点：

（1）强制执行申请书

强制执行申请书是水行政管理部门申请人民法院强制执行其具体行政行为的书面表现形式，也是申请行为的形式要件。强制执行申请书应当包括以下内容：表明水行政管理部门申请法院强制执行的意见；申请水行政管理部门的名称、法定代表人；被执行人的姓名或者名称、住址等内容；由水行政管理部门负责人签名，加盖水行政管理部门的印章，并注明日期。

（2）行政决定书及作出该决定的事实、理由和依据

除需要提交法律文书外，应当载明与执行有关的事项，这些事项包括：具体行政行为的主要内容、理由和依据，以及义务人拒不履行义务的事实等。还需要提交证明被执行的具体行政行为的合法材料。这些材料包括：水行政管理部门具有作出该具体行政行为的权限，包括法律法规的规定和本部门的"三定"规定；水行政管理部门据此作出该具体行政行为的事实和相关证据；水行政管理部门作出该具体行政行为的法律依据等。

（3）当事人的意见及水行政管理部门催告情况

催告是申请人民法院强制执行的先决条件。水行政管理部门是否履行催告程序，当事人是否接到催告书，催告书规定的履行期限是否已经到达，当事人是否提出异议等。这些都是必需的。如当事人在催告期间履行了应当履行的义务，水行政管理部门就不需要申请人民法院强制执行，人民法院也将不予受理。

（4）申请强制执行标的情况

执行程序中，执行标的是具有给付内容的法律文书所确定的给付内容，是法院强制执行行为所指向的对象，包括财产和行为两个方面。人民法院的执行活动，目的是要使生效的法律文书得以实现，落实生效法律文书既定的权利和义务的给付内容。因此，执行标的是生效法律文书所确定的权利、义务的给付内容，包括：

（1）权利和义务关系；

（2）给付方式，即以何种方式兑现既定的权利和义务，如给付金钱、交付财物、完成行为等；

（3）给付的物质种类，如现金、实物、行为等；

（4）数额或者要求，即物的价值、数目和具体标准。

5. 人民法院的受理、审查和裁定

人民法院收到水行政管理部门的申请及提供的有关材料后，将依照有关规定决定是否受理，对内容进行审查，最后作出裁定。

（1）受理

根据《行政强制法》的规定，人民法院接到水行政管理部门强制执行的申请，应当在五日内受理。人民法院裁定不予受理的，水行政管理部门对人民法院不予受理的裁定有异议的，可以在十五日内向上一级人民法院申请复议，上一级人民法院应当自收到复议申请之日起十五日内作出是否受理的裁定。

受理是人民法院依据国家司法权力对行政机关提出强制执行的申请进行审查的单方面行为的结果，是执行程序能否开始的关键。根据最高人民法院《关于执行〈中华人民共和国行政诉讼法〉若干问题的解释》第八十六条规定，水行政管理部门的申请及所提供的材料只要符合下列条件的，人民法院应当受理。否则，不予受理：

1）具体行政行为已经生效并具有可执行内容。已经生效是指具体行政行为已经符合条件，包括行政行为期限条件等已经满足，法律程序符合规定，法律文书已经生效。具有可执行的内容是指行政行为具体可强制执行的标的，如金钱给付，能够强制作为或者替代履行，或者其他可执行的标的。

2）申请人是作出该具体行政行为的水行政管理部门，即谁作出具体行政行为，谁就是申请人。

3）被申请人是该具体行政行为所确定的义务人，即该义务人是行政行为确定的直接的行政相对人。义务人必须明确，与行政决定所确定的义务人相一致。

4）被申请人在具体行政行为确定的期限内或者水行政管理部门另行指定的期限内未履行义务。第一种情况是，被申请人在具体行为确定的期限人未履行，要有证据证明；第二种情况是，被申请人在水行政管理部门另行指定的期限内未履行，包括被申请人与水行政管理部门达成和解，由水行政管理部门另行指定履行期限等情况。如果被申请人在指定的期限内履行了行政行为确定的义务，人民法院就不受理行政强制执行的申请。

5）水行政管理部门在法定期限内提出申请。第一种情况，注意"法定期限"，义务人在法定期限内不申请行政复议或者提起行政诉讼，又不履行行政决定的，水行政管理部门可以自期限届满之日起三个月内，依照规定申请人民法院强制执行。超过三个月申请人民法院强制执行的，人民法院不予受理。第二种情况，注意"催告期"，催告书送达十日内义务人仍未履行义务的，水行政管理部门可以向有管辖权的人民法院申请强制执行。

6）被申请执行的行政案件属于受理申请执行的人民法院管辖，即水行政管理部门必须向有管辖权的人民法院提出申请，遵照人民法院管辖的规定提出申请。

水行政管理部门对人民法院不予受理的裁定有异议的，可以在十五日内向上一级人民法院申请复议，上一级人民法院应当自收到复议申请之日起十五日内作出是否受理的裁定。如果上一级人民法院经过复议，作出不予受理的裁定，该裁定为终局裁定。在具体过程中，水行政管理部门可以分情况对行政决定的执行问题作出说明，如对行政决定的形式瑕疵或者内容瑕疵作出相应修改，以符合人民法院受理条件，如果是因为人民法院没有管辖权，可以向有管辖权的人民法院提出申请。

（2）审查

人民法院接到水行政管理部门强制执行的申请材料后，要进行审查。审查是作出执行裁定的前提。审查分为书面审查和实质审查两种形式。一般情况下，人民法院进行书面审查，认为需要时，也可以进行实质审查。

书面审查，主要以水行政管理部门提供的书面材料为主进行审查，相当于形式审查。书面审查主要审查以下内容：

1）水行政管理部门是否在法定期限内提出的申请。水行政管理部门应当在当事人申请行政救济（行政复议或者行政诉讼）的法定期限届满之日起三个月内申请人民法院强制执行。水行政管理部门逾期提出申请的，除有正当理由外，人民法院不予受理。

2）水行政管理部门是否按照规定提供了齐备的申请材料。包括：强制执行申请书；行政决定书及作出决定的事实、理由和依据；当事人的意见及行政机关催告情况；申请强制执行标的情况；法律、行政法规规定的其他材料。强制执行申请书应当由水行政管理部门负责人签名，加盖水行政管理部门的印章，并注明日期。

3）行政决定是否具备法定执行效力。行政决定具备法定执行效力是指行政决定已经发生法律效力，包括在复议、诉讼期间没有申请行政复议或者提起行政诉讼，加处罚款或者滞纳金超过三十日后，当事人仍未履行的情形。

4）行政决定不具有需要实质审查的情形，即存在3种情况：明显缺乏事实根据的；明显缺乏法律、法规依据的；其他明显违法并损害被执行人合法权益的。

实质审查。人民法院在进行书面审查时，发现明显缺乏事实根据，或者明显缺乏法律、法规依据，或者存在其他明显违法并损害被执行人合法权益的情况，将进行实质审查，可以听取被执行人和行政机关的意见。实质审查的期限是三十日。

（3）裁定

人民法院通过书面审查，认为没有问题的，应当自受理之日起七日内作出执行裁定。需要进行实质审查的，人民法院依法进行实质审查。实质审查的期限是三十日。人民法院应当自受理之日起三十日内作出是否执行的裁定。裁定不予执行的，应当说明理由，并在五日内将不予执行的裁定送达水行政管理部门。水行政管理部门对人民法院不予执行的裁定有异议的，可以自收到裁定之日起十五日内向上一级人民法院申请复议，上一级人民法院应当自收到复议申请之日起三十日内作出是否执行的裁定。

6. 紧急情况下申请人民法院立即执行的特殊规定

根据《行政强制法》的规定，因情况紧急，为保障公共安全，水行政管理部门可以申请人民法院立即执行。经人民法院院长批准，人民法院应当自作出执行裁定之日起五日内执行。

（1）申请立即执行的条件

根据《行政强制法》的规定，只有符合"情况紧急"和"保障公共安全"所需要两个条件，才可申请人民法院立即执行，不受人民法院对行政机关申请强制执行受理、审查和裁定的限制。实际工作中，至于如何把握"情况紧急"和"保障公共安全"，由水行政管理部门根据具体情况作出判断，最后由人民法院进行裁量。

（2）申请立即执行的程序

根据《行政强制法》的规定，因情况紧急，为保障公共安全，水行政管理部门可以申请人民法院立即执行。人民法院收到水行政管理部门的申请后，也应当对申请情况进行书面审查，譬如申请材料是否齐全、自己是否有管辖权、申请是否逾期等。如果水行政管理部门的申请不存在以上问题，并且人民法院也认为水行政管理部门的申请属于情况紧急的情形，经人民法院院长批准，应当及时受理作出执行裁定，并在作出执行裁定之日起五日内执行。

暂扣物品的保管和处理

1. 暂扣物品的保管

暂扣物品，是指水政监察机关在案件调查过程中，为搜集证据，查明案件事实，或为及时制止违法行为，减少违法行为的危害后果，根据案情和法律规定采取查封或查扣等强制措施暂时剥夺当事人使用权和处置权的涉案物品和非法物品（以下称涉案物品）。

暂扣物品包括查封物品与扣押物品。查封物品，是指执法机关将需要查封的涉案物品就地封存，交由当事人或实际控制人保管且不得转移、隐匿、使用和销售的物品；扣押物品，是指执法机关将需要扣押的涉案物品采取查扣措施后自己保管或委托他人保管的物品。暂扣物品有两个基本特征：一是涉案。涉案，是被暂扣的重要原因之一，因为只有暂扣涉案物品，才能及时有效地制止违法行为和有利于执法机关获取证据；二是当事人所有或使用。涉案物品一经暂扣，当事人便暂时失去了控制权、使用权和处分权，但未失去所有权。

暂扣物品保管，是指暂扣物品的保存与管理活动。为了保证案件调查处理工作的顺利进行和有效维护当事人的合法权益不受侵害，执法机关应当合理安排并妥善保管暂扣物品。

（1）查封物品的保管

实践中，查封物品的保管有两种情形，即当事人控制的由当事人负责保管，控制权不在当事人的，由实际控制人负责保管。无论当事人保管还是实际控制人保管，都应当履行下列程序：

1）认真清点核实。查封涉案物品时，调查人员必须会同当事人或当事人和实际控制人对拟查封物品的名称、品种、型号、规格、质量、数量、单价、总价款等具体情况认真、细致地清点核实和确认。

2）制作查封物品清单。为明确查封物品的保管责任，查封时必须制作查封物品清单。查封物品清单对拟查封物品的名称、品种、型号、规格、数量、质量、单价、总价款等具体情况应当详细记载，并确保记载内容与实际情况完全一致。调查人员与当事人或当事人和实际控制人都应当在查封物品清单上签名或盖章。

查封物品由当事人保管的，查封物品清单应当一式两份：一份交由当事人保存，一份入卷；查封物品由实际控制人保管的，应当一式三份：一份由当事人保存，一份由实际控制人保存；一份入卷。

3）告知保管人义务。无论查封物品由当事人保管还是由实际控制人保管，都应当以书面形式明确告知其下列义务：保管人依法对查封物品承担妥善保管，不得销售、转移、藏匿、损坏和擅自使用的义务，否则，将依法承担不利的法律后果。

（2）扣押物品的保管

实践中，扣押物品的保管也有两种情形，即水政监察机关自己保管和委托保管，保管责任由执法机关承担。保管好扣押物品是水政监察机关依法应当承担的重要职责和义务，因为扣押物品不仅涉及当事人、国家、社会或他人合法权益的有效维护，而且，在扣押期间容易出现丢失、损毁等情形，因此，具备保管条件的执法机关应当自己保管，不易委托保管。所谓保管条件，是指保管扣押物品的场所和安全、通风设施等基本条件，以及保管危险化学品、贵重物品等应具备的特殊条件。

为了保管好扣押物品，执法机关必须建立健全下列制度：

一是查管分离。为了保证扣押物品的安全和调查人员能够集中精力调查处理案件，必须查、管分离，即涉案物品一经扣押，必须移交专职人员保管，调查人员不再承担保管责任。

二是专设库房。为了保证扣押物品的安全，执法机关应当专设暂扣物品专用仓库，将暂扣物品存放在专用仓库，避免与单位自用仓库或其他仓库相混同。

三是保管人员应当相对固定。扣押物品种类繁多，情况复杂，出入库程序严格，且各类物品的保管要求各不相同；保管人员应当相对固定，以便其熟悉保管业务和相关程序，积累保管知识和经验，提高扣押物品保管的专业性和安全性。

四是建立库房安全保卫制度。不仅库房本身应当状况良好，通风方便和安全可靠，还必须建立健全库房安全保卫制度。租用库房应当选择门卫制度严格，闲杂人员较少，车辆进出方便的地方。

五是建立健全检查防范制度。对进入库房的扣押物品应当坚持定期或不定期检查，防止扣押物品霉变、腐烂或丢失、损毁。

委托保管，是指水政监察机关因不具备暂扣物品保管条件而委托有条件的单位或个人保管的情形。委托保管的，调查人员应当会同受托人认真清点核实委托保管物品，并制作委托保管物品清单。委托保管物品清单登记的委托保管物品名称、品种、数量等内容与实际情况应当完全一致。调查人员和受托人都应当在委托保管物品清单上签名或盖章。委托保管物品清单应当一式两份作为委托保管合同的附件，一份由受托人保存，一份入卷。委托保管应当注意下列事项：

一是被委托人应当具备良好的主客观条件。主观条件包括综合素质良好的保管人员和健全完善的保管制度，以及安全可靠的保卫措施等；客观条件包括完善、安全、可靠的仓储场所和硬件设施，以及科学先进的监控、监测设备与技术等。

二是明确双方的权利与义务。委托保管的，执法机关应当向受托人出具保管委托书，并订立委托保管合同，详细约定双方的权利与义务，特别应当突出强调受托人必须履行不得擅自动用、销售、转移和损毁委托保管物品的义务，否则，不仅要承担违约责任，还可能承担由此引起的其他法律责任。

三是委托保管物品出现意外的，必须追究受托人的法律责任。委托保管的，执法机关与受委托人之间通过委托保管合同建立了委托保管民事法律关系，当委托保管物品发生丢失、损毁等情况时，受托人除承担相应的民事法律责任外，执法机关应当依法追究受托人的行政法律责任，涉嫌犯罪的，应当移送公安机关。

扣押物品的保管还应当注意下列事项：

一是明确保管责任的起始点。对涉案物品采取扣押措施后，扣押物品的控制权由当事人转移到执法机关，控制权的转移必然引起保管责任的转移。法律对扣押物品保管责任转移的起始点没有规定，但根据一般常识可以认为，调查人员与当事人共同签署扣押物品清单之时，便是执法机关取得扣押物品控制权和承担保管责任的起始点；调查人员与保管人员共同签署扣押物品入库单时，便是保管人员承担保管责任的起始点。

二是保障搬运安全。扣押物品需要运离查扣现场，为了保证装卸、运输过程的安全，调查人员必须做到以下几点：

（1）会同承运人对其承运物品的名称、品种、数量等认真清点核实，必要时应当制作单车（船、机）承运物品清单；

（2）以书面形式告知承运人对承运物品依法应当履行的义务和不履行义务应当承担的法律责任，口头告知的应当制作告知笔录，并由承运人签名或盖章；

（3）对运输车（船、机）所有权人、牌号和承运人姓名、单位、驾照号码、联系方式等情况详细予以记录；

（4）必要时调查人员应当跟车（船、机）监控，协助承运人保障运输途中的安全。

2. 暂扣物品的入出库制度

（1）出入库的概念

入库，是指经一定程序将暂扣物品存入保管仓库，保管责任由调查人员转移到保管人员的程序制度。出库，是指经一定程序从专用仓库提出暂扣物品，保管责任由仓库保管人员转移到调查人员或暂扣物品处理人员（以下称调查人员）的程序制度。暂扣物品出库应当具备下列条件：一是暂扣物品需要发还当事人。当暂扣涉案物品的目的已经实现或暂扣期限届满，不需要或依法不得继续暂扣时，应当解除暂扣措施并将暂扣物品发还当事人。二是案件被移送。案件被移送的，暂扣物品应当随案移送。三是暂扣物品被没收且需要处理。

暂扣物品出入库是暂扣物品保管与处理的必经程序，既涉及暂扣物品本身的安全，也涉及保管责任的转移，是暂扣物品保管责任制度的重要组成部分，因此，执法机关应当建立健全暂扣物品出入库制度，严格出入库程序，保证暂扣物品在出入库环节责任明确，物品安全。

（2）暂扣物品出入库程序

1）清点核实。暂扣物品出入库都意味着保管责任的转移，因此，保管人员应当会同调查人员或处理人员对暂扣物品的名称、品种、型号、规格、质量和数量等事项认真进行清点核实。

2）制作出入库清单。在清点核实的基础上，保管人员应当会同调查人员或处理人员制作暂扣物品出入库清单。出入库清单记载的暂扣物品名称、品种、规格、型号、批号、质量和数量等事项，与实际出入库的暂扣物品名称、品种、规格、型号、批号、质量和数量等事项应当完全一致。出入库清单是暂扣物品出入库和暂扣物品保管责任转移的唯一凭证，因此，保管人员和调查人员或处理人员都应当在出入库清单上签名或盖章。出入库清单应当一式两份：一份入卷，一份由保管人员保存。

入库清单应当载明下列内容：

1）暂扣物品所属案件名称；

2）存放暂扣物品的仓库名称或编号、地址；

3）暂扣物品名称、品种、规格、型号、质量和数量等详细情况；

4）库内放置方位和位置；

5）入库时间；

6）保管人员与调查人员签名等。

出库清单应当载明下列事项：

1）暂扣物品所属案件名称；

2）出库时间；

3）出库理由；

4）出库暂扣物品名称、品种、规格、型号、批号、质量和数量等；

5）仓库保管人员和调查人员或处理人员签名等。

（3）出入库注意事项

一是严格程序。暂扣物品出入库涉及暂扣物品的安全和暂扣物品保管责任的转移，是一项非常严肃的法律行为，执法机关必须建立健全出入库制度，严格出入库程序，做到保管责任清楚，保管物品安全。

二是账物、账账相符。暂扣物品出入库前，保管人员与调查人员或处理人员必须认真清点核实并制作出入库清单，保证账物相符，账账相符。账物或账账不符的不得出入库。

三是入库物品要堆放稳固。暂扣物品进入库房后，调查人员不能一走了之，应当在保管人员的统一组织与指导下，协助保管人员将入库物品堆放到位、整齐和稳固，以方便区分、保管和提取。

3. 暂扣物品的处理

暂扣物品的处理，是指执法机关依据法律规定和案件调查处理的实际需要，以及暂扣物品的具体情况处置暂扣物品的情形。暂扣涉案物品的目的，是及时制止违法行为和方便搜集证据，尽快查明案件事实，当暂扣目的已经实现，暂扣措施作为手段已没有存在的必要，或暂扣期限届满、暂扣物品需要及时处理的，执法机关应当及时处理。暂扣物品的处理有先行处理、发还、没收、移送和其他特殊处理等情形。

（1）先行处理

先行处理，是指水政监察机关对易腐烂、变质或季节性较强等不易保存的暂扣物品，在尚未作出最终处理决定之前，根据暂扣物品的具体情况依法变价或作其他处理的情形。暂扣物品种类繁多，品质和保存期限各异，有的易腐烂变质，有的具有很强的季节性。腐烂、变质或过季将导致其失去使用价值和价值，给当事人或国家造成一定经济损失。

为了减少这种损失，水政监察机关对易腐烂、变质或季节性强的暂扣物品应当依法先行处理。先行处理易腐烂、变质或季节性强的暂扣物品，是水政监察机关应当承担的法律责任，是对国家、社会和当事人合法权益负责的具体体现。对应当先行处理而因执法机关的原因未先行处理，导致暂扣物品腐烂、变质或因过时而造成损失的，水政监察机关应当承担法律责任。

现行处理的程序如下：

1）申报。案件调查机构或仓库保管人员对拟先行处理的暂扣物品应当制作暂扣物品先行处理审批表，连同认定暂扣物品可能腐烂、变质或过时的证据材料一并报水政监察机关负责人审批。暂扣物品先行处理审批表应当一式一份入卷。

暂扣物品先行处理审批表应当载明下列内容：

暂扣物品所属案件名称；

暂扣物品名称、品种、数量等具体情况；

拟先行处理物品易腐烂、变质或过时的认定证据或依据；

先行处理的法律依据；

先行处理的方式和理由；

调查人员或保管人员签署的先行处理建议和签名；

案件调查机构或相关机构负责人签署的部门意见和签名；

执法机关负责人签署的初审意见和签名；

制作时间和执法机关盖章等。

2）审批。水政监察机关负责人应当在认真审查核实拟先行处理物品的具体情况和相关证据，以及调查人员或保管人员的意见或建议的基础上，对是否先行处理和如何先行处理暂扣物品作出决定，并在暂扣物品先行处理审批表的相关栏目中签署决定意见和签名。

3）协商意见。为了维护当事人的合法权益，保证暂扣物品先行处理行为的合法性和合理性，水政监察机关决定拟先行处理暂扣物品时，应当通过制作并送达先行处理暂扣物品意见协商函的形式征求当事人意见。先行处理暂扣物品意见协商函应当一式两份，一份送达当事人，一份入卷。

意见协商函应当明确告知当事人下列事项：

拟先行处理的暂扣物品名称、规格、数量、质量等基本情况；

拟先行处理物品易腐烂、变质或过时的认定证据或依据；

先行处理的法律依据；

不先行处理可能造成的经济损失和责任；

执法机关拟采用的先行处理方式（适用法定方式的，必须选择法定方式，不适用法定方式的，应当选择公正合理和能够使暂扣物品保值增值的方式）；

当事人回复意见的期限和方式，等等。

当事人有权利根据暂扣物品的具体情况对是否先行处理提出"同意"或"不同意"的意见，并在规定的期限内采用书面形式将自己的意见回复给执法机关。

实践中水政监察机关与当事人协商意见的结果通常有以下几种：一是当事人同意执法机关的先行处理意见和方式；二是当事人同意先行处理，不同意执法机关提出的处理方式并提出新的处理方式；三是当事人同意先行处理，但不同意执法机关提出的处理方式，自己也未提出新的处理方式；四是当事人不同意先行处理。

4）先行处理。执法机关应当根据与当事人协商的结果分别不同情况予以处理。

当事人既同意先行处理，也同意先行处理方式的，应当在收到当事人意见回复函后尽快处理，并将处理结果以书面形式告知当事人。

当事人同意先行处理，不同意水政监察法机关提出的处理方式并提出新的处理方式的，只要不违反法律规定，应当按照当事人提出的处理方式处理，并将处理结果以书面形式告知当事人。

当事人同意先行处理，但不同意水政监察机关提出的处理方式，自己也未提出新的处理方式的，应当依据法律规定，在保全证据并严格履行先行处理审批程序的基础上，按照自己的方式处理，并将处理结果以书面形式告知当事人。

当事人不同意先行处理的，应当对暂扣物品的具体情况作进一步分析、研究和认定，并根据以下原则精神决定是否先行处理：对证据确实充分，能够准确认定暂扣物品变质、腐烂或过时的，在保全证据的前提下依法先行处理，并将处理结果以书面形式告知当事人；对不能准确认定暂扣物品变质、腐烂或过时的，可暂不处理，但必须收集保存两类证据：一是难以准确认定暂扣物品变质、腐烂或过时的证据；二是执法机关已经提出先行处理意见并与当事人书面协商的证据。

（2）发还

发还，是指执法机关将暂扣物品返还当事人的情形。暂扣涉案物品是手段而不是目的，目的是及时制止违法行为和有利于搜集证据，有效维护市场交易秩序。执法目的实现后，对依法应当发还的暂扣物品应当及时发还当事人。

暂扣物品的发还程序如下：

1）申报。调查人员根据法律规定和案件调查处理的实际需要认为应当将暂扣物品全部或部分发还当事人的，应及时制作解除强制措施审批表和暂扣物品发还审批表，并报执法机关负责人审查批准。解除强制措施审批表和暂扣物品发还审批表应当一式一份入卷。

2）审批。水政监察机关负责人应当根据法律规定和案件调查处理的实际需要及时作出是否发还的决定，并在解除强制措施审批表和暂扣物品发还审批表的相关栏目中签署决定意见和签名。

3）告知当事人。决定发还暂扣物品的，调查人员应当及时制作并向当事人送达解除强制措施和暂扣物品发还通知书。解除强制措施通知书应当告知当事人解除强制措施的理由和依据；发还暂扣物品通知书应当告知当事人发还暂扣物品的理由、依据和领取暂扣物品的时间、地点。当事人应当按时领取暂扣物品。

4）履行出库程序。向当事人交付暂扣物品之前，调查人员应当会同保管人员制作暂扣物品出库单，严格履行出库程序。

5）制作暂扣物品发还单。向当事人交付暂扣物品时，保管人员应当协助调查人员会同当事人认真清点核实拟发还的暂扣物品，向当事人交付的暂扣物品名称、品种、规格、型号、批号、质量和数量等应当与暂扣财物清单所载明的内容完全一致。清点核实后，调查人员应当制作暂扣物品发还单。暂扣物品发还单是执法机关向当事人发还暂扣物品的唯一法律凭证，应当一式两份：一份送达当事人，一份入卷。

暂扣物品发还单应当载明下列内容：

当事人名称（姓名）；

发还物品的名称、品种、规格、型号、批号、质量和数量等详细情况；

发还时间和地点；

当事人签名或盖章；

调查人员签名等。

（3）没收

对暂扣物品中依法应当没收的，水政监察机关作出行政处罚决定时应当直接决定没收。没收暂扣物品的，应当制作并向当事人送达行政处罚决定书和没收财物票据，没收财物票据应当有一联入卷。

（4）移送

案件移送其他执法机关调查处理的，暂扣物品应当随案移交，不得截留和擅自处理。受移送机关应当协助移送机关认真履行移送程序，安全顺利地交接，防止暂扣物品在交接过程中丢失或损毁。

（5）暂扣物品处理的特殊情形

1）当事人不明暂扣物品的处理

法律法规对当事人不明的暂扣物品如何处理没有规定，但根据法律原则精神和案件调查处理实践，执法机关应当依现有证据查找当事人。现有证据通常包括举报材料、已经取得的证据和暂扣财物本身提供的信息，等等。依现有证据能够确认当事人的，按照正常程序处理；依现有证据无法确认当事人的，应当通过公告送达方式通知当事人接受调查处理。公告期限15天。

公告期限届满当事人仍未前来接受调查的，执法机关不能消极等待，应当进一步审查核实和甄别认定暂扣物品的法律属性和质量。经甄别认定分别作出下列处理：

没收。对假冒伪劣等质量不合格商品和非法物品，依法予以没收。

公告认领。对合法且质量合格和安全可靠的，应当公告通知当事人认领。公告认领的理由主要有以下几点：一是合法且质量合格和安全可靠，依法应当发还当事人；二是对质量合格和安全可靠但法律属性难以认定的，应推定其合法，依法也应当发还当事人；三是因当事人不明，其他送达方式无法送达发还通知书；四是强制措施因期限届满而解除，暂扣物品依法应当发还当事人。

公告认领的期限是六个月。六个月内无人认领的，按无人认领暂扣物品处理。

2）无人认领暂扣物品的处理

无人认领暂扣物品，是指物品所有权虽完整归属于所有权人，但因所有权人不明或所有权人不主张权利而由执法机关暂时控制和保管的物品。无人认领暂扣物品应当具备以下特征：一是无人认领暂扣物品是执法机关依法暂扣的涉案物品；二是无人认领暂扣物品是当事人明确且依法应当发还当事人的物品；三是无人认领暂扣物品是当事人下落不明或当事人不主张权利的物品。

对无人认领的暂扣物品，应当采取拍卖等法定方式变价处理，变价款应当在执法机关的专门账户上予以保存。变价款自暂扣物品变价之日起一年内仍无人认领的，扣除保管和变价处理等费用后上缴财政。上缴财政后当事人前来认领的，执法机关应当通知财政部门将扣除必要费用后的变价款发还当事人，不得以上缴财政为由拒不发还。

3）无主暂扣物品的处理

无主暂扣物品，是指没有权利人或权利人不明确的暂扣物品。无主暂扣物品应当具备以下两个特征：一是水政监察机关依法暂扣的物品；二是没有权利人或权利人不明确的物品。

传统上水政监察机关将无人认领的暂扣物品也称为无主财物，但随着我国民主法治建设的发展进步和《物权法》的颁布实施，已不能将无人认领暂扣物品定义为"无主财物"，理由主要有两个方面：一是"无人认领"与"无主"的法律性质不同。"无人认领"不意味着没有权利人，即使权利人下落不明或不主张权利，还可能有主张权利的继承人或债权人，而"无主"意味着没有权利人；二是执法机关没有认定无主财物的权利。无主财物隐含两个基本问题，即无主财产是否真的"无主"和无主财产应当归谁所有。对上述两个问题的解决国家有专门法律制度，即由人民法院按特别程序依法将某项财产宣布为无主财产，并判归国家或集体组织所有，从而确定财产关系，维护国家、集体和个人的利益，稳定社会经济秩序。

实践中需要认定无主暂扣物品的情形比较少见，但不能完全排除这种可能性。

结案

承办人员在案件执行完毕后，应及时填写"水行政处罚案件结案报告"，经主管领导批准结案后，由承办人员将案件有关材料编目装订、立卷归档。案情重大和情况复杂的案件，以及上级交办的案件，结案后，应当报所交办的上级主管部门备案。特别重要的案件，还要写出查处情况的专门报告。

1. 水行政处罚案件档案的概念

案件档案是水行政主管部门在办理水事违法案件过程中形成的，经过整理立卷归档保存的文书材料。它是一种专业档案。案件档案的管理有着十分重要的法律意义和作用，它与办案质量有着直接的关系。如果一个案卷的文书残缺不全，装订次序混乱，不仅失去了案卷应有的作用，而且还会影响到案件查处工作的顺利进行。为此，对立卷归档工作要作具体的规定。例如，2011年黄河水利委员会制定印发了《黄河水利委员会水行政执法案卷评查办法》。通过实践，笔者认为，案件档案具有以下方面的法律意义：

（1）案件档案能够具体地反映案件查处的全部过程的真实面貌，它是水行政主管部门在查处案件过程中执行法律、法规和规章的具体反映。一个案件要经得起历史的检验，则应把案卷整理保管好，便于长期备用和复查。同时，它也是积累办案经验、总结教训的重要材料来源。

（2）案件档案是水行政处罚机关依据有关法律、法规和规章规定给予违法当事人行政处罚的基本条件之一。因为案件档案是案件的基本反映，一起水事违法案件的成立，必须有确实、充分的违法行为的证据材料加以证实，而反映和保全水事违法案件的只能是案件档案。

（3）案件档案也是办案人员业务水平、工作作风的直接反映。

2. 案件档案材料整理和立卷归档

案件办理完结后，具体办案人员应将查处过程中的所有材料立卷归档。即凡是查处水事违法案件中形成的、记述案件办理情况的文书和证明案件真实情况的书面材料都属案件归档材料范围。它主要包括下列几方面材料：

（1）办案文书。包括立案呈批表、调查终结报告、处罚决定书、复议决定书等。

（2）有关具体案件的请示、批复、签发稿及有关领导修改过的文稿。

（3）证据材料。如笔录材料，包括调查笔录、现场勘（检）查笔录等。

（4）其他材料。包括各种通知书、委托书、收据凭证、公函和送达回证等。

案件档案一般一案两卷，分正卷和副卷。个别复杂而材料又特别多的案件，也可分多卷整理装订。案件卷宗材料应按时间顺序、问题的重要程度或者办案程序的进程依次编排。

归入正卷的必须是与认定处理的水事违法案件直接有关并可以对外公开的材料，共13类，其编排顺序为：卷宗封面，卷宗目录，立案呈批表，认定案件事实的各种证据，其他各种通知书及送达回证，处罚决定及送达回证，行政复议有关材料（包括复议申请书、答辩书、复议决定书等），行政诉讼有关材料（包括应诉通知书、起诉状副本、答辩状、法院开庭通知书、传票、代理词、法院判决书或裁定书等），案件执行笔录及其他相关材料，结案报告，备考表，证物袋，卷宗封底。

归入副卷的主要是内部文书材料及一些与案件有关但与违法事实没有联系的材料，还包括一些重复又需要保存的材料，共10类，其编排顺序一般为：卷宗封面，卷宗目录，受理案件有关材料（包括上级交办、其他部门移送、群众举报等材料、登记表及函件），案件调查终结报告，案件集体讨论笔录，各种法律文书签发单，听证报告书，其他不宜对外公开的材料，与案件有关或与正卷重复需保存的其他材料，卷宗封底。

案件文书材料的立卷归档工作，应由案件经办人员负责。即应从立案之后就开始收集有关本案的各种文书材料，汇集立卷归档。案件档案的立卷归档过程与办案过程应该同步进行，整个办案过程，就是形成和收集案卷材料的过程。案件办结以后，经办人员要认真检查全案的文书材料是否收集齐全，法律手续是否完备。

在整理案卷材料时，对破损或褪色的材料，应进行修补和复制；装订部位若有字迹的，要用纸加衬边；纸面过小的书写材料，要加粘衬纸；纸张大于卷面的材料，要按卷宗大小从里向外和从上朝下折叠整齐；字迹难以辨认的材料，要附上抄件；外文材料应当译成中文附在后面；需要附卷的信封要打开平放，邮票不要撕掉。

一个案件的文书材料经过系统排列后，要逐页编号，但案卷封面、卷内目录和卷宗封底不编页码。页码应统一使用阿拉伯数字，统一编在右上角。卷内文书材料的编目应以一份文书编一个顺序号，按卷内排列顺序逐件填写。案件文书材料一经装订成册，就成为正式档案，不能随意拆散，不得涂改和抽页。对移交司法机关追究刑事责任的案件，要复制一份副卷，按正式案卷保存。

为了提高案件材料立卷归档工作的质量，经办人员在归档前，应经档案管理人员验收，检查案卷装订是否符合要求，卷面、卷内目录填写是否正确无误，字迹是否清楚、工整，卷内文件排列、编号是否正确无误等。经验收，符合要求的案卷，应在规定期限内交由档案室归档。以简易程序处理的水行政处罚案件，案卷可以简化，但现场笔录、处罚决定书、罚没收据等材料必须齐全，以时间顺序装订成册。

五、水事违法行为查处法律法规适用

取水许可

1. 未经批准擅自取水，或者虽经批准而不依法取水所应承担的

违反条款：《水法》第四十八条。

处罚依据：《水法》第六十九条、《取水许可与水资源费征收管理条例》第四十八条。

处罚内容：责令停止违法行为，限期采取补救措施，处二万元以上十万元以下的罚款；情节严重的，吊销其取水许可证。

2. 未取得取水申请批准文件擅自建设取水工程或者设施的

违反条款：《取水许可与水资源费征收管理条例》第二十一条、《取水许可管理办法》第二十二条。

处罚依据：《取水许可与水资源费征收管理条例》第四十九条。

处罚内容：责令停止违法行为，限期补办有关手续；逾期不补办或者补办未被批准的，责令限期拆除或者封闭其取水工程或者设施；逾期不拆除或者不封闭其取水工程或者设施的，由县级以上地方人民政府水行政主管部门或者流域管理机构组织拆除或者封闭，所需费用由违法行为人承担，可以处 5 万元以下罚款。

3. 申请人隐瞒有关情况或者提供虚假材料骗取取水申请批准文件或者取水许可证的

处罚依据：《取水许可与水资源费征收管理条例》第五十条。

处罚内容：取水申请批准文件或者取水许可证无效，对申请人给予警告，责令其限期补缴应当缴纳的水资源费，处 2 万元以上 10 万元以下罚款；构成犯罪的，依法追究刑事责任。

4. 伪造、涂改、冒用取水申请批准文件、取水许可证的

处罚依据：《取水许可与水资源费征收管理条例》第五十六条。

处罚内容：责令改正，没收违法所得和非法财物，并处 2 万元以上 10 万元以下罚款；构成犯罪的，依法追究刑事责任。

5. 不按照规定报送年度取水情况的

违反条款：《取水许可与水资源费征收管理条例》第四十二条。

处罚依据：《取水许可与水资源费征收管理条例》第五十二条第（一）项。

处罚内容：责令停止违法行为，限期改正，处 5 000 元以上 2 万元以下罚款；情节严重的，吊销取水许可证。

6. 不按规定提供取水、退水计量资料的

违反条款：《取水许可管理办法》第四十四条。

处罚依据：《取水许可管理办法》第五十条第（三）项。

处罚内容：责令其限期改正，并可处 1000 元以下罚款。

7. 拒绝接受监督检查或者弄虚作假的

违反条款：《取水许可与水资源费征收管理条例》第四十五条第二款。

处罚依据：《取水许可与水资源费征收管理条例》第五十二条第（二）项。

处罚内容：责令停止违法行为，限期改正，处 5000 元以上 2 万元以下罚款；情节严重的，吊销取水许可证。

8. 未安装计量设施的

违反条款：《取水许可与水资源费征收管理条例》第四十三条。

处罚依据：《取水许可与水资源费征收管理条例》第五十三条第一款。

处罚内容：责令限期安装，并按照日最大取水能力计算的取水量和水资源费征收标准计征水资源费，处 5000 元以上 2 万元以下罚款；情节严重的，吊销取水许可证。

9. 计量设施不合格或者运行不正常的

违反条款：《取水许可与水资源费征收管理条例》第四十三条。

处罚依据：《取水许可与水资源费征收管理条例》第五十三条第二款。

处罚内容：责令限期更换或者修复；逾期不更换或者不修复的，按照日最大取水能力计算的取水量和水资源费征收标准计征水资源费，可以处 1 万元以下罚款；情节严重的，吊销取水许可证。

10. 擅自停止使用取退水计量设施的

违反条款：《取水许可管理办法》第四十二条。

处罚依据：《取水许可管理办法》第五十条第（二）项。

处罚内容：责令其限期改正，并可处 1000 元以下罚款。

11. 拒不执行审批机关作出的取水量限制决定，或者未经批准擅自转让取水权的

违反条款：《取水许可与水资源费征收管理条例》第四十一条。

处罚依据：《取水许可与水资源费征收管理条例》第五十一条。

处罚内容：责令停止违法行为，限期改正，处 2 万元以上 10 万元以下罚款；逾期拒不改正或者情节严重的，吊销取水许可证。

12. 建设项目的节水设施没有建成或者没有达到国家规定的要求，擅自投入使用的

违反条款：《水法》第五十三条。

处罚依据：《水法》第七十一条。

处罚内容：责令停止使用，限期改正，处五万元以上十万元以下的罚款。

13. 擅自停止使用节水设施的

处罚依据：《取水许可管理办法》第五十条第（一）项。

处罚内容：责令其限期改正，并可处 1000 元以下罚款。

水质、排污口

1. 退水水质达不到规定要求的

处罚依据：《取水许可与水资源费征收管理条例》第五十二条第（三）项。

处罚内容：责令停止违法行为，限期改正，处 5000 元以上 2 万元以下罚款；情节严重的，吊销取水许可证。

2. 未经水行政主管部门或者流域管理机构审查同意，擅自在江河、湖泊新建、改建或者扩大排污口的

违反条款：《水法》第三十四条第二款。

处罚依据：《水污染防治法》第七十五条第二款、第三款。

处罚内容：责令限期拆除，处二万元以上十万元以下的罚款；逾期不拆除的，强制拆除，所需费用由违法者承担，处十万元以上五十万元以下的罚款。

3. 虽经县级以上地方人民政府水行政主管部门或者流域管理机构审查同意，但未按要求设置入河排污口的

处罚依据：《水法》第六十五条第三款、《防洪法》五十八条、《入河排污口监督管理办法》第二十一条第二款。

处罚内容：责令限期改正，按照情节轻重，处一万元以上十万元以下的罚款。

4. 拒绝依照《水污染防治法》规定行使监督管理权的部门的监督检查，或者在接受监督检查时弄虚作假的

违反条款：《水污染防治法》第二十七条。

处罚依据：《水污染防治法》第七十条。

处罚内容：责令改正，处一万元以上十万元以下的罚款。

水资源费征收

取水单位或个人拖欠缴纳水资源费的：

违反条款：《取水许可与水资源费征收管理条例》第二十八条。

处罚依据：《水法》第七十条。

处罚内容：责令限期缴纳；逾期不缴纳的，从滞纳之日起按日加收滞纳部分千分之二的滞纳金，并处应缴或者补缴水资源费一倍以上五倍以下的罚款。

河道采砂

1. 未办理河道采砂许可证，擅自在长江采砂的

违反条款：《长江河道采砂管理条例》第九条第一款。

处罚依据：《长江河道采砂管理条例》第十八条第一款、《长江河道采砂管理条例实施办法》第二十四条第（一）项。

处罚内容：责令停止违法行为，没收违法所得和非法采砂机具，并处10万元以上30万元以下的罚款；情节严重的，扣押或者没收非法采砂船舶，并对没收的非法采砂船舶予以拍卖，拍卖款项全部上缴财政。拒绝、阻碍水行政主管部门或者长江水利委员会依法执行职务，构成违反治安管理行为的，由公安机关依法给予治安管理处罚；触犯刑律的，依法追究刑事责任。

2. 虽持有河道采砂许可证，但在禁采区、禁采期采砂的

处罚依据：《长江河道采砂管理条例》第十八条第二款、《长江河道采砂管理条例实施办法》第二十四条第（二）项。

处罚内容：责令停止违法行为，没收违法所得和非法采砂机具，并处10万元以上30万元以下的罚款；情节严重的，扣押或者没收非法采砂船舶，并对没收的非法采砂船舶予以拍卖，拍卖款项全部上缴财政，并吊销河道采砂许可证。拒绝、阻碍水行政主管部门或者长江水利委员会依法执行职务，构成违反治安管理行为的，由公安机关依法给予治安管理处罚；触犯刑律的，依法追究刑事责任。

3. 未按照河道采砂许可证规定的要求采砂的

违反条款：《长江河道采砂管理条例》第十二条第一款。

处罚依据：《长江河道采砂管理条例》第十九条、《长江河道采砂管理条例实施办法》第二十四条第（三）项。

处罚内容：责令停止违法行为，没收违法所得，处5万元以上10万元以下的罚款，并吊销河道采砂许可证；触犯刑律的，依法追究刑事责任。

4. 伪造、涂改或者买卖、出租、出借或者以其他方式转让河道采砂许可证的

违反条款：《长江河道采砂管理条例》第十二条第三款。

处罚依据：《长江河道采砂管理条例》第二十一条、《长江河道采砂管理条例实施办法》第二十四条第（四）项。

处罚内容：触犯刑律的，依法追究刑事责任；尚未触犯刑律的，由县级以上地方人民政府水行政主管部门或者长江水利委员会依据职权，没收违法所得，并处 5 万元以上 10 万元以下的罚款，收缴伪造、涂改或者买卖、出租、出借或者以其他方式转让的河道采砂许可证。

5. 不依法缴纳长江河道砂石资源费的

违反条款：《长江河道采砂管理条例》第十七条第一款。

处罚依据：《长江河道采砂管理条例》第二十二条。

处罚内容：责令限期缴纳；逾期未缴纳的，按日加收 3‰ 的滞纳金；拒不缴纳的，处应缴纳长江河道砂石资源费金额 2 倍以上 5 倍以下的罚款，并吊销河道采砂许可证。

6. 运砂船舶在长江采砂地点装运非法采砂船舶偷采的河砂的

处罚依据：《长江河道采砂管理条例》第十八条第一款、《长江河道采砂管理条例实施办法》第二十五条。

处罚内容：责令停止违法行为，没收违法所得和非法采砂机具，并处 10 万元以上 30 万元以下的罚款；情节严重的，扣押或者没收非法采砂船舶，并对没收的非法采砂船舶予以拍卖，拍卖款项全部上缴财政。拒绝、阻碍水行政主管部门或者长江水利委员会依法执行职务，构成违反治安管理行为的，由公安机关依法给予治安管理处罚；触犯刑律的，依法追究刑事责任。

河道利用

在江河、湖泊、水库、运河、渠道内弃置、堆放阻碍行洪的物体和种植阻碍行洪的林木及高秆作物，且防洪法未作规定的

违反条款：《水法》第三十七条第（二）款。

处罚依据：《水法》第六十六条第（一）项。

处罚内容：责令停止违法行为，限期清除障碍或者采取其他补救措施，处一万元以上五万元以下的罚款。

围垦河道与入海河口

在长江、黄河、珠江、辽河、淮河、海河入海河口范围内，违反河口整治规划围海造地的

违反条款：《防洪法》第十五条第二款、第二十三条。

处罚依据：《防洪法》第五十七条。

处罚内容：责令停止违法行为，恢复原状或者采取其他补救措施，可以处五万元以下的罚款；既不恢复原状也不采取其他补救措施的，代为恢复原状或者采取其他补救措施，所需费用由违法者承担。

涉河建设项目

1. 未经水行政主管部门对其工程建设方案审查同意或者未按照有关水行政主管部门审查批准的位置、界线，在河道、湖泊管理范围内从事工程设施建设活动的

违反条款：《防洪法》第二十七条第二款。

处罚依据：《防洪法》第五十八条。

处罚内容：责令停止违法行为，补办审查同意或者审查批准手续；工程设施建设严重影响防洪的，责令限期拆除，逾期不拆除的，强行拆除，所需费用由建设单位承担；影响行洪但尚可采取补救措施的，责令限期采取补救措施，可以处一万元以上十万元以下的罚款。

2. 未经水行政主管部门或者流域管理机构同意，擅自修建水工程，或者建设桥梁、码头和其他拦河、跨河、临河建筑物、构筑物，铺设跨河管道、电缆，且防洪法未作规定的

违反条款：《水法》第三十八条第一款。

处罚依据：《水法》第六十五条第二款。

处罚内容：责令停止违法行为，限期补办有关手续；逾期不补办或者补办未被批准的，责令限期拆除违法建筑物、构筑物；逾期不拆除的，强行拆除，所需费用由违法单位或者个人负担，并处一万元以上十万元以下的罚款。

3. 虽经水行政主管部门或者流域管理机构同意，但未按照要求修建水工程，或者建设桥梁、码头和其他拦河、跨河、临河建筑物、构筑物，铺设跨河管道、电缆的

处罚依据：《水法》第六十五条第三款。

处罚内容：责令限期改正，按照情节轻重，处一万元以上十万元以下的罚款。

4. 未按照规划治导线整治河道和修建控制引导河水流向、保护堤岸等工程，影响防洪的

违反条款：《防洪法》第十九条第一款。

处罚依据：《防洪法》第五十五条。

处罚内容：责令停止违法行为，恢复原状或者采取其他补救措施，可以处一万元以上十万元以下的罚款。

水工程

1. 未经水行政主管部门签署规划同意书，擅自在江河、湖泊上建设防洪工程和其他水工程、水电站的

违反条款：《防洪法》第十七条。

处罚依据：《防洪法》第五十四条。

处罚内容：责令停止违法行为，补办规划同意书手续；违反规划同意书的要求，严重影响防洪的，责令限期拆除；违反规划同意书的要求，影响防洪但尚可采取补救措施的，责令限期采取补救措施，可以处一万元以上十万元以下的罚款。

2. 破坏、侵占、毁损堤防、水闸、护岸、抽水站、排水渠系等防洪工程和水文、通信设施以及防汛备用的器材、物料的

违反条款：《防洪法》第三十七条。

处罚依据：《防洪法》第六十一条。

处罚内容：责令停止违法行为，采取补救措施，可以处五万元以下的罚款；造成损坏的，依法承担民事责任；应当给予治安管理处罚的，依照治安管理处罚条例的规定处罚；构成犯罪的，依法追究刑事责任。

3. 侵占、毁坏水工程及堤防、护岸等有关设施，毁坏防汛、水文监测、水文地质监测设施，且防洪法未作规定的

违反条款：《水法》第四十一条。

处罚依据：《水法》第七十二条第（一）项。

处罚内容：责令停止违法行为，采取补救措施，处一万元以上五万元以下的罚款；违反治安管理处罚条例的，由公安机关依法给予治安管理处罚；给他人造成损失的，依法承担赔偿责任。构成犯罪的，依照刑法的有关规定追究刑事责任。

4. 在水工程保护范围内，从事影响水工程运行和危害水工程安全的爆破、打井、采石、取土等活动，且防洪法未作规定的

违反条款：《水法》第四十三条第四款。

处罚依据：《水法》第七十二条第（二）项。

处罚内容：责令停止违法行为，采取补救措施，处一万元以上五万元以下的罚款；违反治安管理处罚条例的，由公安机关依法给予治安管理处罚；给他人造成损失的，依法承担赔偿责任。构成犯罪的，依照刑法的有关规定追究刑事责任。

水库大坝

1. 毁坏大坝或者其观测、通信、动力、照明、交通、消防等管理设施的

违反条款：《水库大坝管理条例》第十二条。

处罚依据：《水库大坝管理条例》第二十九条第（一）项。

处罚内容：责令其停止违法行为，赔偿损失，采取补救措施，可以并处罚款；应当给予治安管理处罚的，由公安机关依照《中华人民共和国治安管理处罚法》的规定处罚；构成犯罪的，依法追究刑事责任。

2. 在大坝管理和保护范围内进行爆破、打井、采石、采矿、取土、挖沙、修坟等危害大坝安全活动的

违反条款：《水库大坝管理条例》第十三条。

处罚依据：《水库大坝管理条例》第二十九条第（二）项。

处罚内容：责令其停止违法行为，赔偿损失，采取补救措施，可以并处罚款；应当给予治安管理处罚的，由公安机关依照《中华人民共和国治安管理处罚法》的规定处罚；构成犯罪的，依法追究刑事责任。

3. 擅自操作大坝的泄洪闸门、输水闸门以及其他设施，破坏大坝正常运行的

违反条款：《水库大坝管理条例》第十四条。

处罚依据：《水库大坝管理条例》第二十九条第（三）项。

处罚内容：责令其停止违法行为，赔偿损失，采取补救措施，可以并处罚款；应当给予治安管理处罚的，由公安机关依照《中华人民共和国治安管理处罚法》的规定处罚；构成犯罪的，依法追究刑事责任。

4. 在库区内围垦的

违反条款：《水库大坝管理条例》第十五条。

处罚依据：《水库大坝管理条例》第二十九条第（四）项。

处罚内容：责令其停止违法行为，赔偿损失，采取补救措施，可以并处罚款；应当给予治安管理处罚的，由公安机关依照《中华人民共和国治安管理处罚法》的规定处罚；构成犯罪的，依法追究刑事责任。

5. 在坝体修建码头、渠道或者堆放杂物、晾晒粮草的

违反条款：《水库大坝管理条例》第十七条。

处罚依据：《水库大坝管理条例》第二十九条第（五）项。

处罚内容：责令其停止违法行为，赔偿损失，采取补救措施，可以并处罚款；应当给予治安管理处罚的，由公安机关依照《中华人民共和国治安管理处罚法》的规定处罚；

构成犯罪的，依法追究刑事责任。

6. 擅自在大坝管理和保护范围内修建码头、 鱼塘的

违反条款：《水库大坝管理条例》第十七条。

处罚依据：《水库大坝管理条例》第二十九条第（六）项。

处罚内容：责令其停止违法行为，赔偿损失，采取补救措施，可以并处罚款；应当给予治安管理处罚的，由公安机关依照《中华人民共和国治安管理处罚法》的规定处罚；构成犯罪的，依法追究刑事责任。

水文管理

1. 拒不汇交水文监测资料的

违反条款：《水文条例》第二十五条。

处罚依据：《水文条例》第四十一条第（一）项。

处罚内容：责令停止违法行为，处1万元以上5万元以下罚款。

2. 使用未经审定的水文监测资料的

违反条款：《水文条例》第二十七条。

处罚依据：《水文条例》第四十一条第（二）项。

处罚内容：责令停止违法行为，处1万元以上5万元以下罚款。

3. 非法向社会传播水文情报预报， 造成严重经济损失和不良影响的

违反条款：《水文条例》第二十二条第一款。

处罚依据：《水文条例》第四十一条第（三）项。

处罚内容：责令停止违法行为，处1万元以上5万元以下罚款。

4. 侵占、 毁坏水文监测设施或者未经批准擅自移动、 擅自使用水文监测设施的

违反条款：《水文条例》第二十九条、第三十条。

处罚依据：《水文条例》第四十二条。

处罚内容：责令停止违法行为，限期恢复原状或者采取其他补救措施，可以处5万元以下罚款；构成违反治安管理行为的，依法给予治安管理处罚；构成犯罪的，依法追究刑事责任。

5. 在水文监测环境保护范围内从事种植高秆作物、 堆放物料、 修建建筑物、 停靠船只的

违反条款：《水文条例》第三十二条第（一）项。

处罚依据：《水文条例》第四十三条。

处罚内容：责令停止违法行为，限期恢复原状或者采取其他补救措施，可以处1万元以下罚款；构成违反治安管理行为的，依法给予治安管理处罚；构成犯罪的，依法追究刑事责任。

6. 在水文监测环境保护范围内从事取土、挖砂、采石、淘金、爆破和倾倒废弃物的

违反条款：《水文条例》第三十二条第（二）项。

处罚依据：《水文条例》第四十三条。

处罚内容：责令停止违法行为，限期恢复原状或者采取其他补救措施，可以处 1 万元以下罚款；构成违反治安管理行为的，依法给予治安管理处罚；构成犯罪的，依法追究刑事责任。

7. 在水文监测环境保护范围内从事在监测断面取水、排污或者在过河设备、气象观测场、监测断面的上空架设线路的

违反条款：《水文条例》第三十二条第（三）项。

处罚依据：《水文条例》第四十三条。

处罚内容：责令停止违法行为，限期恢复原状或者采取其他补救措施，可以处 1 万元以下罚款；构成违反治安管理行为的，依法给予治安管理处罚；构成犯罪的，依法追究刑事责任。

水行政许可管理

1. 水行政许可申请人隐瞒有关情况或者提供虚假材料申请水行政许可的

处罚依据：《水行政许可实施办法》第五十五条。

处罚内容：给予警告；水行政许可申请属于直接关系防洪安全、水利工程安全、水生态环境安全、人民群众生命财产安全事项的，申请人在 1 年内不得再次申请该水行政许可。

2. 被许可人以欺骗、贿赂等不正当手段取得水行政许可的

处罚依据：《水行政许可实施办法》第五十六条。

处罚内容：给予警告。被许可人从事非经营活动的，可以处 1 千元以下罚款；被许可人从事经营活动，有违法所得的，可以处违法所得 3 倍以下罚款，但是最高不得超过 3 万元，没有违法所得的，可以处 1 万元以下罚款，法律、法规另有规定的除外。取得的水行政许可属于直接关系防洪安全、水利工程安全、水生态环境安全、人民群众生命财产安全事项的，申请人在 3 年内不得再次申请该水行政许可；构成犯罪的，依法追究刑事责任。

3. 涂改、倒卖、出租、出借行政许可证件，或者以其他形式非法转让行政许可的

处罚依据：《水行政许可实施办法》第五十七条、《行政许可法》第八十条第（一）项。

处罚内容：给予警告或者降低水行政许可资格（质）等级。被许可人从事非经营活动的，可以处1千元以下罚款；被许可人从事经营活动，有违法所得的，可以处违法所得3倍以下罚款，但是最高不得超过3万元，没有违法所得的，可以处1万元以下罚款，法律、法规另有规定的除外；构成犯罪的，依法追究刑事责任。

4. 超越行政许可范围进行活动的

处罚依据：《水行政许可实施办法》第五十七条、《行政许可法》第八十条第（二）项。

处罚内容：给予警告或者降低水行政许可资格（质）等级。被许可人从事非经营活动的，可以处1千元以下罚款；被许可人从事经营活动，有违法所得的，可以处违法所得3倍以下罚款，但是最高不得超过3万元，没有违法所得的，可以处1万元以下罚款，法律、法规另有规定的除外；构成犯罪的，依法追究刑事责任。

5. 向负责监督检查的行政机关隐瞒有关情况、提供虚假材料或者拒绝提供反映其活动情况的真实材料的

处罚依据：《水行政许可实施办法》第五十七条、《行政许可法》第八十条第（三）项。

处罚内容：给予警告或者降低水行政许可资格（质）等级。被许可人从事非经营活动的，可以处1千元以下罚款；被许可人从事经营活动，有违法所得的，可以处违法所得3倍以下罚款，但是最高不得超过3万元，没有违法所得的，可以处1万元以下罚款，法律、法规另有规定的除外；构成犯罪的，依法追究刑事责任。

6. 未经水行政许可，擅自从事依法应当取得水行政许可的活动的

处罚依据：《水行政许可实施办法》第五十八条。

处罚内容：责令停止违法行为，并给予警告。当事人从事非经营活动的，可以处1千元以下罚款；当事人从事经营活动，有违法所得的，可以处违法所得3倍以下罚款，但是最高不得超过3万元，没有违法所得的，可以处1万元以下罚款，法律、法规另有规定的除外；构成犯罪的，依法追究刑事责任。

水利建设质量管理

1. 由于咨询、勘测、设计单位责任造成质量事故的

处罚依据：《水利工程质量事故处理暂行规定》第三十三条。

处罚内容：令其立即整改并可处以罚款；造成较大以上质量事故的，处以通报批评、停业整顿、降低资质等级、吊销水利工程勘测、设计资格；对主要责任人处以行政处分、取消水利工程勘测、设计执业资格；构成犯罪的，移送司法机关依法处理。

2. 勘察单位、设计单位未按照法律、法规和工程建设强制性标准进行勘察、设计的

违反条款：《水利工程建设安全生产管理规定》第十二条、第十三条。

处罚依据：《建设工程安全生产管理条例》第五十六条第（一）项、《水利工程建设安全生产管理规定》第四十条。

处罚内容：责令限期改正，处10万元以上30万元以下的罚款；情节严重的，责令停业整顿，降低资质等级，直至吊销资质证书；造成重大安全事故，构成犯罪的，对直接责任人员，依照刑法有关规定追究刑事责任；造成损失的，依法承担赔偿责任。

3. 由于监理单位责任造成质量事故的

处罚依据：《水利工程质量事故处理暂行规定》第三十二条。

处罚内容：令其立即整改并处以罚款；造成较大以上质量事故的，处以罚款、通报批评、停业整顿、降低资质等级、直至吊销水利工程监理资质证书；对主要责任人处以行政处分、取消监理从业资格、收缴监理工程师资格证书、监理岗位证书；构成犯罪的，移送司法机关依法处理。

4. 由于施工单位责任造成质量事故的

处罚依据：《水利工程质量事故处理暂行规定》第三十四条。

处罚内容：令其立即自筹资金进行事故处理，并处以罚款；造成较大以上质量事故的，处以通报批评、停业整顿、降低资质等级、直至吊销资质证书；对主要责任人处以行政处分、取消水利工程施工执业资格；构成犯罪的，移送司法机关依法处理。

5. 质量检测单位伪造或提供不公正检测数据的

处罚依据：《水利工程质量检测管理规定》第二十七条。

处罚内容：责令改正，有违法所得的，没收违法所得，可并处1万元以上3万元以下的罚款；构成犯罪的，依法追究刑事责任。

6. 由于设备、原材料等供应单位责任造成质量事故的

处罚依据：《水利工程质量事故处理暂行规定》第三十五条。

处罚内容：进行通报批评、罚款；构成犯罪的，移送司法机关依法处理。

水利建设安全生产

1. 建设单位未提供建设工程安全生产作业环境及安全施工措施所需费用的

违反条款：《水利工程建设安全生产管理规定》第八条、第十条。

处罚依据：《建设工程安全生产管理条例》第五十四条第一款。

处罚内容：责令限期改正；逾期未改正的，责令该建设工程停止施工。

2. 建设单位未将保证安全施工的措施或者拆除工程的有关资料报送有关部门备案的

违反条款：《水利工程建设安全生产管理规定》第九条第一款、第十一条第二款。

处罚依据：《建设工程安全生产管理条例》第五十四条第二款。

处罚内容：责令限期改正，给予警告。

3. 建设单位将拆除工程发包给不具有相应资质等级的施工单位的

违反条款：《水利工程建设安全生产管理规定》第十一条第一款。

处罚依据：《建设工程安全生产管理条例》第五十五条第（三）项。

处罚内容：责令限期改正，处 20 万元以上 50 万元以下的罚款；造成重大安全事故，构成犯罪的，对直接责任人员，依照刑法有关规定追究刑事责任；造成损失的，依法承担赔偿责任。

4. 勘察单位、设计单位采用新结构、新材料、新工艺的建设工程和特殊结构的建设工程，设计单位未在设计中提出保障施工作业人员安全和预防生产安全事故的措施建议的

违反条款：《水利工程建设安全生产管理规定》第十三条第三款。

处罚依据：《建设工程安全生产管理条例》第五十六条第（二）项。

处罚内容：责令限期改正，处 10 万元以上 30 万元以下的罚款；情节严重的，责令停业整顿，降低资质等级，直至吊销资质证书；造成重大安全事故，构成犯罪的，对直接责任人员，依照刑法有关规定追究刑事责任；造成损失的，依法承担赔偿责任。

5. 工程监理单位未对施工组织设计中的安全技术措施或者专项施工方案进行审查的

违反条款：《水利工程建设安全生产管理规定》第十四条第二款。

处罚依据：《建设工程安全生产管理条例》第五十七条第（一）项。

处罚内容：责令限期改正；逾期未改正的，责令停业整顿，并处 10 万元以上 30 万元以下的罚款；情节严重的，降低资质等级，直至吊销资质证书；造成重大安全事故，构成犯罪的，对直接责任人员，依照刑法有关规定追究刑事责任；造成损失的，依法承担赔偿责任。

6. 工程监理单位发现安全事故隐患未及时要求施工单位整改或者暂时停止施工的

违反条款：《水利工程建设安全生产管理规定》第十四条第三款。

处罚依据：《建设工程安全生产管理条例》第五十七条第（二）项。

处罚内容：责令限期改正；逾期未改正的，责令停业整顿，并处 10 万元以上 30 万元以下的罚款；情节严重的，降低资质等级，直至吊销资质证书；造成重大安全事故，构成犯罪的，对直接责任人员，依照刑法有关规定追究刑事责任；造成损失的，依法承担赔偿责任。

7. 施工单位拒不整改或者不停止施工，工程监理单位未及时向有关主管部门报告的

违反条款：《水利工程建设安全生产管理规定》第十四条第三款。

处罚依据：《建设工程安全生产管理条例》第五十七条第（三）项。

处罚内容：责令限期改正；逾期未改正的，责令停业整顿，并处 10 万元以上 30 万元以下的罚款；情节严重的，降低资质等级，直至吊销资质证书；造成重大安全事故，构成犯罪的，对直接责任人员，依照刑法有关规定追究刑事责任；造成损失的，依法承担赔偿责任。

8. 工程监理单位未依照法律、法规和工程建设强制性标准实施监理的

违反条款：《水利工程建设安全生产管理规定》第十四条第一款。

处罚依据：《建设工程安全生产管理条例》第五十七条第（四）项。

处罚内容：责令限期改正；逾期未改正的，责令停业整顿，并处 10 万元以上 30 万元以下的罚款；情节严重的，降低资质等级，直至吊销资质证书；造成重大安全事故，构成犯罪的，对直接责任人员，依照刑法有关规定追究刑事责任；造成损失的，依法承担赔偿责任。

9. 施工单位未设立安全生产管理机构、配备专职安全生产管理人员或者分部分项工程施工时无专职安全生产管理人员现场监督的

违反条款：《水利工程建设安全生产管理规定》第二十条第一款。

处罚依据：《建设工程安全生产管理条例》第六十二条第（一）项、《安全生产法》第八十二条第（一）项。

处罚内容：责令限期改正；逾期未改正的，责令停产停业整顿，可以并处二万元以下的罚款。

10. 施工单位的主要负责人、项目负责人未履行安全生产管理职责的

违反条款：《水利工程建设安全生产管理规定》第十八条。

处罚依据：《建设工程安全生产管理条例》第六十六条第一款。

处罚内容：责令限期改正；逾期未改正的，责令施工单位停业整顿；造成重大安全事故、重大伤亡事故或者其他严重后果，构成犯罪的，依照刑法有关规定追究刑事责任。

11. 施工单位的主要负责人、项目负责人、专职安全生产管理人员、作业人员或者特种作业人员，未经安全教育培训或者经考核不合格即从事相关工作的

违反条款：《水利工程建设安全生产管理规定》第二十二条、第二十五条第一款、第二款。

处罚依据：《建设工程安全生产管理条例》第六十二条第（二）项、《安全生产法》第八十二条第（三）项、第（四）项。

处罚内容：责令限期改正；逾期未改正的，责令停产停业整顿，可以并处二万元以下的罚款。

12. 施工单位在施工组织设计中未编制安全技术措施、施工现场临时用电方案或者专项施工方案的

违反条款：《水利工程建设安全生产管理规定》第二十三条第一款。

处罚依据：《建设工程安全生产管理条例》第六十五条第（四）项。

处罚内容：责令限期改正；逾期未改正的，责令停业整顿，并处 10 万元以上 30 万元以下的罚款；情节严重的，降低资质等级，直至吊销资质证书；造成重大安全事故，构成犯罪的，对直接责任人员，依照刑法有关规定追究刑事责任；造成损失的，依法承担赔偿责任。

13. 施工单位挪用列入建设工程概算的安全生产作业环境及安全施工措施所需费用的

违反条款：《水利工程建设安全生产管理规定》第十九条。

处罚依据：《建设工程安全生产管理条例》第六十三条。

处罚内容：责令限期改正，处挪用费用 20% 以上 50% 以下的罚款；造成损失的，依法承担赔偿责任。

14. 施工单位使用未经验收或者验收不合格的施工起重机械和整体提升脚手架、模板等自升式架设设施的

违反条款：《水利工程建设安全生产管理规定》第二十四条。

处罚依据：《建设工程安全生产管理条例》第六十五条第（二）项。

处罚内容：责令限期改正；逾期未改正的，责令停业整顿，并处 10 万元以上 30 万元以下的罚款；情节严重的，降低资质等级，直至吊销资质证书；造成重大安全事故，构成犯罪的，对直接责任人员，依照刑法有关规定追究刑事责任；造成损失的，依法承担赔偿责任。

15. 为建设工程提供机械设备和配件的单位，未按照安全施工的要求配备齐全有效的保险、限位等安全设施和装置的

违反条款：《水利工程建设安全生产管理规定》第十五条。

处罚依据：《建设工程安全生产管理条例》第五十九条。

处罚内容：责令限期改正，处合同价款 1 倍以上 3 倍以下的罚款；造成损失的，依法承担赔偿责任。

16. 施工起重机械和整体提升脚手架、模板等自升式架设设施安装、拆卸单位未编制拆装方案、制定安全施工措施的

违反条款：《水利工程建设安全生产管理规定》第二十三条。

处罚依据：《建设工程安全生产管理条例》第六十一条第一款第（一）项。

处罚内容：责令限期改正，处 5 万元以上 10 万元以下的罚款；情节严重的，责令停业整顿，降低资质等级，直至吊销资质证书；造成损失的，依法承担赔偿责任。

水利建设招投标

1. 必须进行招标的项目而不招标的

违反条款：《招标投标法》第三条。

处罚依据：《招标投标法》第四十九条。

处罚内容：责令限期改正，可以处项目合同金额千分之五以上千分之十以下的罚款；对全部或者部分使用国有资金的项目，可以暂停项目执行或者暂停资金拨付；对单位直接负责的主管人员和其他直接责任人员依法给予处分。

2. 将必须进行招标的项目化整为零或者以其他任何方式规避招标的

违反条款：《招标投标法》第四条。

处罚依据：《招标投标法》第四十九条。

处罚内容：责令限期改正，可以处项目合同金额千分之五以上千分之十以下的罚款；对全部或者部分使用国有资金的项目，可以暂停项目执行或者暂停资金拨付；对单位直接负责的主管人员和其他直接责任人员依法给予处分。

3. 泄露应当保密的与招标投标活动有关的情况和资料的，或者与招标人、投标人串通损害国家利益、社会公共利益或者他人合法权益的

违反条款：《招标投标法》第十五条。

处罚依据：《招标投标法》第五十条。

处罚内容：处五万元以上二十五万元以下的罚款，对单位直接负责的主管人员和其他直接责任人员处单位罚款数额百分之五以上百分之十以下的罚款；有违法所得的，并处没收违法所得；情节严重的，暂停直至取消招标代理资格；构成犯罪的，依法追究刑事责任。给他人造成损失的，依法承担赔偿责任。违法行为影响中标结果的，中标无效。

4. 招标人以不合理的条件限制或者排斥潜在投标人的，对潜在投标人实行歧视待遇的，强制要求投标人组成联合体共同投标的，或者限制投标人之间竞争的

违反条款：《招标投标法》第十八条第二款、第三十一条第四款。

处罚依据：《招标投标法》第五十一条。

处罚内容：责令改正，可以处一万元以上五万元以下的罚款。

5. 招标人向他人透露已获取招标文件的潜在投标人的名称、数量或者可能影响公平竞争的有关招标投标的其他情况的，或者泄露标底的

违反条款：《招标投标法》第二十二条。

处罚依据：《招标投标法》第五十二条。

处罚内容：给予警告，可以并处一万元以上十万元以下的罚款；对单位直接负责的

主管人员和其他直接责任人员依法给予处分；构成犯罪的，依法追究刑事责任。

6. 投标人相互串通投标或者与招标人串通投标的

违反条款：《招标投标法》第三十二条第一款、第二款。

处罚依据：《招标投标法》第五十三条。

处罚内容：中标无效，处中标项目金额千分之五以上千分之十以下的罚款，对单位直接负责的主管人员和其他直接责任人员处单位罚款数额百分之五以上百分之十以下的罚款；有违法所得的，并处没收违法所得；情节严重的，取消其一年至二年内参加依法必须进行招标的项目的投标资格并予以公告，直至由工商行政管理机关吊销营业执照；构成犯罪的，依法追究刑事责任。给他人造成损失的，依法承担赔偿责任。

7. 投标人以向招标人或者评标委员会成员行贿的手段谋取中标的

违反条款：《招标投标法》第三十二条第三款。

处罚依据：《招标投标法》第五十三条。

处罚内容：中标无效，处中标项目金额千分之五以上千分之十以下的罚款，对单位直接负责的主管人员和其他直接责任人员处单位罚款数额百分之五以上百分之十以下的罚款；有违法所得的，并处没收违法所得；情节严重的，取消其一年至二年内参加依法必须进行招标的项目的投标资格并予以公告，直至由工商行政管理机关吊销营业执照；构成犯罪的，依法追究刑事责任。给他人造成损失的，依法承担赔偿责任。

8. 投标人以他人名义投标或者以其他方式弄虚作假，骗取中标的

违反条款：《招标投标法》第三十三条。

处罚依据：《招标投标法》第五十四条。

处罚内容：处中标项目金额千分之五以上千分之十以下的罚款，对单位直接负责的主管人员和其他直接责任人员处单位罚款数额百分之五以上百分之十以下的罚款；有违法所得的，并处没收违法所得；情节严重的，取消其一年至三年内参加依法必须进行招标的项目的投标资格并予以公告，直至由工商行政管理机关吊销营业执照。

9. 评标委员会成员收受投标人的财物或者其他好处的

违反条款：《招标投标法》第四十四条第二款。

处罚依据：《招标投标法》第五十六条。

处罚内容：给予警告，没收收受的财物，可以并处三千元以上五万元以下的罚款，对有所列违法行为的评标委员会成员取消担任评标委员会成员的资格，不得再参加任何依法必须进行招标的项目的评标；构成犯罪的，依法追究刑事责任。

10. 评标委员会成员或者参加评标的有关工作人员向他人透露对投标文件的评审和比较、中标候选人的推荐以及与评标有关的其他情况的

违反条款：《招标投标法》第四十四条第三款。

处罚依据：《招标投标法》第五十六条。

处罚内容：给予警告，没收收受的财物，可以并处三千元以上五万元以下的罚款，对有所列违法行为的评标委员会成员取消担任评标委员会成员的资格，不得再参加任何依法必须进行招标的项目的评标；构成犯罪的，依法追究刑事责任。

水土保持

1. 在崩塌、滑坡危险区或者泥石流易发区从事取土、挖砂、采石等可能造成水土流失的活动的

违反条款：《水土保持法》第十七条第二款。

处罚依据：《水土保持法》第四十八条。

处罚内容：责令停止违法行为，没收违法所得，对个人处一千元以上一万元以下的罚款，对单位处二万元以上二十万元以下的罚款。

2. 在禁止开垦坡度以上陡坡地开垦种植农作物，或者在禁止开垦、开发的植物保护带内开垦、开发的

违反条款：《水土保持法》第十八条第二款、第二十条。

处罚依据：《水土保持法》第四十九条。

处罚内容：责令停止违法行为，采取退耕、恢复植被等补救措施；按照开垦或者开发面积，可以对个人处每平方米二元以下的罚款、对单位处每平方米十元以下的罚款。

3. 采集发菜，或者在水土流失重点预防区和重点治理区铲草皮、挖树兜、滥挖虫草、甘草、麻黄等的

违反条款：《水土保持法》第二十一条。

处罚依据：《水土保持法》第五十一条。

处罚内容：责令停止违法行为，采取补救措施，没收违法所得，并处违法所得一倍以上五倍以下的罚款；没有违法所得的，可以处五万元以下的罚款。

4. 林区采伐林木不依法采取防止水土流失措施的

违反条款：《水土保持法》第二十二条。

处罚依据：《水土保持法》第五十二条。

处罚内容：责令限期改正，采取补救措施；造成水土流失的，由水行政主管部门按照造成水土流失的面积处每平方米二元以上十元以下的罚款。

5. 依法应当编制水土保持方案的生产建设项目，未编制水土保持方案或者编制的水土保持方案未经批准而开工建设的

违反条款：《水土保持法》第二十六条。

处罚依据：《水土保持法》第五十三条第（一）项。

处罚内容：责令停止违法行为，限期补办手续；逾期不补办手续的，处五万元以上五十万元以下的罚款；对生产建设单位直接负责的主管人员和其他直接责任人员依法给予处分。

6. 生产建设项目的地点、规模发生重大变化，未补充、修改水土保持方案或者补充、修改的水土保持方案未经原审批机关批准的

违反条款：《水土保持法》第二十五条第三款。

处罚依据：《水土保持法》第五十三条第（二）项。

处罚内容：责令停止违法行为，限期补办手续；逾期不补办手续的，处五万元以上五十万元以下的罚款；对生产建设单位直接负责的主管人员和其他直接责任人员依法给予处分。

7. 水土保持方案实施过程中，未经原审批机关批准，对水土保持措施作出重大变更的

违反条款：《水土保持法》第二十五条第三款。

处罚依据：《水土保持法》第五十三条第（三）项。

处罚内容：责令停止违法行为，限期补办手续；逾期不补办手续的，处五万元以上五十万元以下的罚款；对生产建设单位直接负责的主管人员和其他直接责任人员依法给予处分。

8. 水土保持设施未经验收或者验收不合格将生产建设项目投产使用的

违反条款：《水土保持法》第二十七条。

处罚依据：《水土保持法》第五十四条。

处罚内容：责令停止生产或者使用，直至验收合格，并处五万元以上五十万元以下的罚款。

9. 在水土保持方案确定的专门存放地以外的区域倾倒砂、石、土、矸石、尾矿、废渣等的

违反条款：《水土保持法》第二十八条。

处罚依据：《水土保持法》第五十五条。

处罚内容：责令停止违法行为，限期清理，按照倾倒数量处每立方米十元以上二十元以下的罚款；逾期仍不清理的，县级以上地方人民政府水行政主管部门可以指定有清理能力的单位代为清理，所需费用由违法行为人承担。

10. 开办生产建设项目或者从事其他生产建设活动造成水土流失，不进行治理的

违反条款：《水土保持法》第三十二条第一款。

处罚依据：《水土保持法》第五十六条。

处罚内容：责令限期治理；逾期仍不治理的，县级以上人民政府水行政主管部门可以指定有治理能力的单位代为治理，所需费用由违法行为人承担。

11. 拒不缴纳水土保持补偿费的

违反条款：《水土保持法》第三十二条第二款。

处罚依据：《水土保持法》第五十七条。

处罚内容：责令限期缴纳；逾期不缴纳的，自滞纳之日起按日加收滞纳部分万分之五的滞纳金，可以处应缴水土保持补偿费三倍以下的罚款。

第二章　水行政许可

一、水行政许可概述

水行政许可的含义与特征

水行政许可是水行政主体应水行政向对方的申请，通过颁发许可证、资格证、同意书等形式，依法赋予水行政相对方从事某一水事活动的法律资格或实施某一水事活动的法律权利的一种具体水行政行为，具有以下法律特征：

（1）水行政许可是一种依申请而为的具体水行政行为，与水行政主体依职权主动赋予水行政相对方一定的权利、科以以及一定的义务的行为明显不同。没有水行政相对方的申请，水行政主体是不能主动赋予其许可的。换句话说，水行政许可必须以水行政向对方提出许可申请为前提。

（2）水行政许可是一种采用颁发许可证、资格证、同意书等形式的水行政行为。执行水行政许可的目的是通过水行政主体赋予水行政相对方某种特定的法律资格、法律权利，并在一个允许的期限内有效作为管理手段，从而准许获得此种许可、资格、同意书等法律资格、法律权利的组织、公民个人从事其他组织、公民个人所不能从事的某种特定的水事活动，实施其他组织、公民个人所不能实施的某种特定行为。因此，水行政许可必须具备一定的形式要件。一方面有助于对已经取得某种特定的法律资格、法律权利的组织、公民个人与未取得某种特定的法律资格、法律权利的组织、公民个人相区别；另一方面有助于水行政主体和社会对已经取得某种特定的法律资格、法律权利的组织、公民个人的水事行为、活动的监督，促进管理。

水行政许可的形式要件就是许可证、资格证、同意书等。

（3）水行政许可是水行政主体赋予水行政相对方从事某种特定水事活动、实施某种特定水事行为的一种法律资格、法律权利的行为。如赋予申请人采砂许可、取水许可，相应地，申请人就取得了采砂、取水的资格和权利。

水行政许可的种类和内容

1. 河道围垦审核　（省级）

执法依据：《中华人民共和国防洪法》第二十三条："确需围垦的，应当进行科学论证，经水行政主管部门确认不妨碍行洪、输水后，报省级以上人民政府批准。"

2. 大型水库注册登记

执法依据：《水库大坝安全管理条例》（国务院令第77号）第二十三条："大坝主管部门对其所管辖的大坝应当按期注册登记，建立技术档案。"

3 水利工程质量检测单位资格认定

执法依据：《国务院对确需保留的行政审批项目设立行政许可的决定》（国务院令第412号）。

4. 建设项目水资源论证机构资质认定

执法依据：《国务院对确需保留的行政审批项目设立行政许可的决定》（国务院令第412号）。

5. 取水许可

执法依据：（1）《中华人民共和国水法》第七条："国家对水资源依法实行取水许可制度和有偿使用制度"，第四十八条："直接从江河、湖泊或者地下取用水资源的单位和个人，应当按照国家取水许可制度和水资源有偿使用制度的规定，向水行政主管部门或者流域管理机构申请领取取水许可证。"

（2）《取水许可和水资源征收管理条例》（国务院令第460号）第三条："县级以上人民政府水行政主管部门按照分级管理权限，负责取水许可制度的组织实施和监督管理。"

6. 非防洪建设项目洪水影响评价报告书审批

执法依据：《中华人民共和国防洪法》第三十三条："在洪泛区、蓄滞洪区内建设非防洪建设项目，应当就洪水对建设项目可能产生的影响和建设项目对防洪可能产生的影响作出评价，编制洪水影响评价报告，提出防御措施。建设项目可行性研究报告按照国家规定的基本建设程序报请批准时，应当附具有关水行政主管部门审查批准的洪水影响评价报告。"

7. 占用防洪规划保留区土地审核

执法依据：《中华人民共和国防洪法》第十六条："防洪规划确定的河道整治计划用地和规划建设的堤防用地范围内的土地，经土地管理部门和水行政主管部门会同有关地区核定，报经县级以上人民政府按照国务院规定的权限批准后，可以划定为规划保留区。"

8. 河道管理范围内修建建设项目审批

执法依据：（1）《中华人民共和国水法》第三十八条第一款："在河道管理范围内建设桥梁、码头和其他拦河、跨河、临河建筑物、构筑物，铺设跨河管道、电缆，应当符合国家规定的防洪标准和其他有关的技术要求，工程建设方案应当依照防洪法的有关规定报经有关水行政主管部门审查同意。"

（2）《中华人民共和国防洪法》第二十七条："建设跨河、穿河、穿堤、临河的桥梁、码头、道路、渡口、管道、缆线、取水、排水等工程设施，应当符合防洪标准、岸线规划、航运要求和其他技术要求，不得危害堤防安全，影响河势稳定、妨碍行洪畅通；其可行性研究报告按照国家规定的基本建设程序报请批准前，其中的工程建设方案应当经有关水行政主管部门根据前述防洪要求审查同意。前款工程设施需要占用河道、湖泊管理范围内土地，跨越河道、湖泊空间或者穿越河床的，建设单位应当经有关水行政主管部门对该工程设施建设的位置和界线审查批准后，方可依法办理开工手续；安排施工时，应当按照水行政主管部门审查批准的位置和界线进行。"

（3）《中华人民共和国河道管理条例》（国务院令第3号）第十一条："修建开发水利、防治水害、整治河道的各类工程和跨河、穿河、穿堤、临河的桥梁、码头、道路、渡口、管道、缆线等建筑物及设施，建设单位必须按照河道管理权限，将工程建设方案报送河道主管机关审查同意后，方可按照基本建设程序履行审批手续。"

9. 河道采砂许可

执法依据：（1）《中华人民共和国水法》第三十九条"国家实行河道采砂许可制度"。

（2）《中华人民共和国河道管理条例》（国务院令第3号）第二十五条："在河道管理范围内进行下列活动，必须报经河道主管机关批准；涉及其他部门的，由河道主管机关会同有关部门批准：（一）采砂、取土、淘金、弃置砂石或者淤泥。"

（3）《长江河道采砂管理条例》第九条第一款"国家对长江采砂实行采砂许可制度"。

10. 水土保持方案审批

执法依据：《中华人民共和国水土保持法》第二十五条第一款："在山区、丘陵区、风沙区以及水土保持规划确定的容易发生水土流失的其他区域开办可能造成水土流失的生产建设项目，生产建设单位应当编制水土保持方案，报县级以上人民政府水行政主管部门审批，并按照经批准的水土保持方案，采取水土流失预防和治理措施。没有能力编制水土保持方案的，应当委托具备相应技术条件的机构编制。"

11. 在江河、湖泊新建、改建或者扩大排污口的审核

执法依据：《中华人民共和国水法》第三十四条："禁止在饮用水水源保护区内设置

排污口。在江河、湖泊新建、改建或者扩大排污口，应当经过有管辖权的水行政主管部门或者流域管理机构同意，由环境保护行政主管部门负责对该建设项目的环境影响报告书进行审批。"

12. 水工程防洪规划同意书的审批

执法依据：《中华人民共和国防洪法》第十七条："在江河、湖泊上建设防洪工程和其他水工程、水电站等，应当符合防洪规划的要求；水库应当按照防洪规划的要求留足防洪库容。前款规定的防洪工程和其他水工程、水电站的可行性研究报告按照国家规定的基本建设程序报请批准时，应当附具有关水行政主管部门签署的符合防洪规划要求规划同意书。"

13. 开发建设项目水土保持方案验收

执法依据：《中华人民共和国水土保持法》第二十七条："依法应当编制水土保持方案的生产建设项目中的水土保持设施，应当与主体工程同时设计、同时施工、同时投产使用；生产建设项目竣工验收，应当验收水土保持设施；水土保持设施未经验收或者验收不合格的，生产建设项目不得投产使用。"

14. 江河故道利用审批

执法依据：《中华人民共和国河道管理条例》第二十九条："江河的故道、旧堤、原有工程设施等，非经河道主管机关批准，不得填堵、占用或者拆毁。"

15. 河道整治工程建设方案审批

执法依据：《中华人民共和国河道管理条例》第十一条："修建开发水利、防治水害、整治河道的各类工程和跨河、穿河、穿堤、临河的桥梁、码头、道路、渡口、管道、缆线等建筑物及设施，建设单位必须按照河道管理权限，将工程建设方案报送河道主管机关审查同意后，方可按照基本建设程序履行审批手续。"

16. 大中型水库整险加固设计审批和竣工验收

执法依据：《水库大坝安全管理条例》（国务院令第77号）第二十七条第二款："险坝加固必须由具有相应设计资格证书的单位作出加固设计，经审批后组织实施。险坝加固竣工后，由大坝主管部门组织验收。"

17. 险坝加固运行方式改变审批

执法依据：《水库大坝安全管理条例》（国务院令第77号）第二十六条第二款："在险坝加固前，大坝管理单位应当制定保坝应急措施；经论证必须改变原设计运行方式的，应当报请大坝主管部门审批。"

18. 改变江河河势自然控制点的审批

执法依据：《中华人民共和国防汛条例》（国务院令第441号）第三十四条第二款："未经有管辖权的人民政府或者授权的部门批准，任何单位和个人不得改变江河河势的自然控制点。"

19. 扩占河道岸线的审批

执法依据：《中华人民共和国河道管理条例》（国务院令第 3 号）第十七条第一款："河道岸线的利用和建设，应当服从河道整治规划和航道整治规划。计划部门在审批利用河道岸线的建设项目时，应当事先征求河道主管机关的意见。"

20. 水库管理范围内建设活动审批

执法依据：《水库大坝安全管理条例》（国务院令第 77 号）第十七条："禁止在坝体修建码头、渠道、堆放杂物、晾晒粮草。在大坝管理和保护范围内修建码头、鱼塘的，须经大坝主管部门批准。"

21. 水利工程调度运用计划审批

执法依据：《中华人民共和国防汛条例》（国务院令第 441 号）第十四条："水库、水电站、拦河闸坝等工程的管理部门，应当根据工程规划设计、经批准的防御洪水方案和洪水调度方案以及工程实际状况，在兴利服从防洪、保证安全的前提下，制定汛期调度运用计划，经上级主管部门审查批准后，报有管辖权的人民政府防汛指挥部备案，并接受其监督。"

22. 建设项目水资源论证报告书审批

执法依据：（1）《建设项目水资源论证管理办法》（水利部、国家发改委令第 15 号）第九条："建设项目水资源论证报告书，由具有审查权限的水行政主管部门或流域管理机构组织有关专家和单位进行审查，并根据取水的急需程度适时提出审查意见。"

（2）《国务院对确需保留的行政审批项目设立行政许可的决定》（国务院令第 412 号）第一百六十八第："建设项目水资源论证报告书由各级水行政主管部门审批。"

23. 占用农业灌溉水源、灌排工程设施审批

执法依据：（1）《占用农业灌溉水源、灌排工程设施补偿办法》（水利部、财政部、国家计委水政资〔1995〕457 号）第六条："任何单位或个人占用农业灌溉水源、灌排工程设施，必须事先向有管辖权或管理权的流域机构和水行政主管部门提出申请，并提交有关文件资料，经审查批准后，发给同意占用的文件，并报上一级水行政主管部门备案。"

（2）《国务院对确需保留的行政审批项目设立行政许可的决定》（国务院令第 412 号）第一百七十条："占用农业灌溉水源、灌排工程设施由县级以上水行政主管部门审批。"

24. 水利基建项目初步设计文件审批

执法依据：（1）《水利工程建设程序管理暂行规定》（水利部水建〔1998〕16 号）第六条："初步设计由项目法人组织审查后，按国家现行规定权限向主管部门申报审批。"

（2）《国务院对确需保留的行政审批项目设立行政许可的决定》（国务院令第 412 号）第一百七十二条："水利基建项目初步设计文件由县级以上水行政主管部门审批。"

25. 水利工程开工审批

执法依据：（1）《水利工程建设程序管理暂行规定》（水利部水建〔1998〕16 号）第八条："项目法人或其代理机构必须按审批权限，向主管部门提出主体工程开工申请报告，经批准后，主体工程方能正式开工。"

（2）《国务院对确需保留的行政审批项目设立行政许可的决定》（国务院令第 412 号）第一百七十三条："水利工程开工由县级以上水行政主管部门审批。"

水行政许可的程序

水行政许可的程序，是指水行政主体实施水行政许可时的步骤、方式、时间期限等内容，是行政许可法律制度的重要组成部分。水行政许可行为直接影响水行政相对方的权益，水行政主体对相对方的申请是否批准，关系到相对方能否取得某种特定权利、资格，能否从事某种特定的水事活动，实施某项特定的行为。因此，水行政许可程序一定要规范、完善。根据我国目前的水事管理法律、法规的规定，水行政许可的程序大致包括受理、审查和作出决定三个阶段。

1. 受理

受理是指水行政主体对申请人的许可申请进行形式审查后表示接受。申请人的许可申请是水行政主体实施水行政许可的前提。申请人的某项水行政许可要获得批准，首先要向水行政主体提交申请书，并附送相关的说明材料。申请人的申请书应载明以下内容：

（1）申请人的基本情况。为公民个人的，应载明姓名、住所和其他基本情况；为组织的，应载明该组织的名称、住址、法定代表人姓名等内容。

（2）申请的具体事项。如取水许可中，应载明取水目的与取水量、年内各月的用水量、保证率，水源及取水地、取水方式，节水措施，退水地点和退水中所含主要污染物的处理措施等。

（3）提出申请的理由和法律依据。

（4）应当具备的其他材料。这要根据具体的申请事项而定，不同的申请事项应具备的其他材料各不相同。如在取水许可申请中，申请人就要报送其取水许可涉及第三人合法的水事权益的妥善处理的书面材料。

水行政主体在对申请人的水行政许可申请进行形式审查时，并不意味着申请人的该水行政许可申请已经被水行政主体受理。水行政主体对申请人的申请材料进行形式审查主要是审查其许可申请是否为书面形式，要求申请水行政许可的意思表示是否真实，申请人的自身条件是否叙述清楚，是否提供了相应的证明材料等。如果申请人的申请材料在形式上有一定的缺陷，如申请人在申请书中没有关于其已经具备某种水行政许可条件的明确陈述，或者说缺少对其已具备某种水行政许可条件的证明文件的，水行政主体应当退回申请人的申请，并告知其理由。只有在水行政主体对申请人的书面申请材料进行形式审查无误并表示接受后才完成受理。

2. 审查

水行政主体在受理申请人的水行政许可申请后，应当在水事法律、法规所规定的时间期限内对申请人的申请材料进行实质审查，以确定申请人是否具备取得某种相应水行政许可的法定条件。具体而言，主要是审查以下内容：

（1）审查申请人是否具备从事某项水行政许可的条件。如《水文水资源调查评价资质和建设项目水资源论证资质管理办法（试行）》就分别对申请甲、乙两种不同资质所应具备的条件进行了规定：对甲级要求是本行业的骨干单位，能够按照水文水资源专业配套法规、规范、标准，独立承担和完成一个省、自治区、直辖市和一个大江大河流域或更大范围内的水文勘测、水文情报预报和水资源调查评价工作任务；而对乙级则要求是本行业的主要单位，能够按照水文水资源专业配套法规、规范、标准，独立承担和完成一个地区、市和一个中等水系范围内的水文勘测、水文情报预报和水资源调查评价工作。此外，还对甲、乙不同资质的技术条件、人员素质和成果质量等均作了规定。

（2）征询相关方面的意见。如在河道内建设项目的同意管理中，申请人在河道内的建设项目涉及第三人合法的水事权益的，水行政主体在审查时就应当征询第三人对该建设项目的意见。又如在取水许可管理中，申请人的取水申请涉及第三人合法的水事权益时，水行政主体同样要征询第三人的意见。

（3）考核申请人。该环节主要是针对申请人为公民，而且是申请资格类许可的情形。如《水利工程建设监理工程师管理办法》对水利工程建设监理工程师资格的申请人应当具备的条件规定如下：

1）获得中级技术职称后具有三年以上的水利工程建设实践经验；

2）经过水利部认定的监理工程师培训单位培训并取得结业证书；

3）应当通过由水利工程建设监理主管部门组织的资格考试。要从事水利工程建设监理业务的人员还必须加入一个水利工程建设监理单位并经注册。

（4）核实申请内容。如果水行政主体对申请人的申请内容的真实性存在疑问，或者认为有必要核实申请书所载明的申请人能够从事某项特定水事活动的条件、能力、场所等内容，就可以进行实地调查，以核实其内容。如在取水许可管理中，对申请人提出的水源地、取水口、退水措施与节水措施、取水计量器具等都可以进行实地核实。

3. 作出决定

水行政主体通过对水行政许可申请人的申请书与相关材料进行审查后，认为申请人的申请符合某项特定的水行政许可的法定条件，就应当作出向申请人颁发该水行政许可证书、资格证书或同意书等有关的行政决定并及时颁发相应证书；若认为申请人的申请不符合某项特定的水行政许可的法定条件，则作出不予许可的决定，并向申请人说明理由。申请人对水行政主体的上述决定不服的，可以依法申请行政复议或直接提起行政诉讼。

若水行政主体在法定的行政许可期限内既未给予申请人以水行政许可的决定，也没有给予不予许可的决定，为维护其合法权益，申请人可以依法申请行政复议或直接提起行政诉讼，请求复议机关或人民法院责令水行政主体履行其法定职责。这种情形所引发的行政复议或行政诉讼即是水行政主体消极行政的结果。

水行政许可监督检查

为切实履行水行政管理职责，加强水行政许可项目的监督检查，及时制止和纠正违法行为，维护公民、法人或其他组织的合法权益，规范水事秩序和维护社会公共利益，应依据《行政许可法》《水政监察工作章程》等有关规定，建立省级水行政许可监督检查制度，加强对省级行政区域内依法取得水行政许可的项目实施监督检查。

1. 体制和主体

水行政许可项目实行许可机关监督检查和属地监督检查相结合的监管体制。省水行政主管部门对全省水行政许可项目的监督检查进行管理。省级许可的项目由省水行政主管部门相关责任机构负责其承办的行政许可项目的监督检查；项目所在地的市、县二级水行政主管部门具体做好日常监督检查工作。市、县级许可的项目分别由市、县水行政主管部门确定监督检查的责任机构。各级水行政主管部门所属的水政监察机构应当加强对水行政许可项目的检查，及时了解相关责任机构对行政许可项目的监督检查情况，并对监督检查和水政巡查中发现的被许可人不按水行政许可决定实施等违法行为依法作出处理。

作出准予许可决定的水行政主管部门应当对准予许可的项目确定监督检查主体。省级许可的事项，有关责任机构应当与所在地的市、县水行政主管部门加强联系，制定监督检查方案，明确监督检查的方式、内容、频率及要求，建立监督检查情况交办和报告制度，掌握许可项目实施的全过程。对于实施情况复杂、专业技术强、检查范围广、检查频率高的许可事项，水行政主管部门可以委托有水利专业资质的机构，开展监督检查工作。被委托机构在首次履行监督检查时，应当向被许可人出具水行政主管部门的委托证明。

2. 水行政许可监督检查的重点内容

水行政许可监督检查的重点是水行政许可决定（批复）中的各种要求、法定义务以及补救措施的落实情况。主要有：

（1）涉河建设项目的检查重点

1）主体工程涉河部分的位置、界线和标高及实际占用水域的情况；

2）施工期间临时设施建设占用水域的审批及执行情况；

3）工程建设对水系及堤防（护岸）的影响及整改措施；

4）汛期应急度汛方案编制及执行情况；

5）水域替代工程建设情况或占用水域补偿费缴纳情况；

6）许可批复中的其他要求。

（2）水土保持项目的检查重点

1）建设单位向设计、施工、监理和监测单位提交水土保持方案的情况；

2）项目初步设计中的水土保持设施设计情况；

3）水土保持投资列入工程总投资的情况；

4）施工合同对水保设施建设的要求，监理合同对水保设施建设的内容；

5）水土保持方案的实施情况；

6）水土保持设施建设质量与水土保持方案及初步设计、施工图设计的相符性；

7）水土保持补偿费缴纳情况，临时处置措施的落实情况；

8）需要开展水土保持监测项目的监测事项、监测报告；

9）水土保持方案或水土保持措施发生重大变更时的相关手续履行情况；

10）已完工项目开展验收准备工作情况；

11）与建设项目水土保持工作相关的其他事项。

（3）取水许可项目的检查重点

1）取水单位的取水情况（取水方式、取水地点、实际取水量或发电量）；

2）取水计量设施、取水实时监控设施的安装及运行情况；

3）计划用水执行情况；

4）节水设施的建设与运行情况；

5）退水水质监测及退水水质情况；

6）水资源费的缴纳情况；

7）取用水影响补偿措施落实情况；

8）与取水管理相关的其他情况。

（4）河道采砂许可项目的检查重点

1）采砂作业的范围和方式；

2）采砂作业对水系及水质的影响及相应措施；

3）实际开采的数量及时间安排；

4）采砂对堤防、桥梁等建筑物的影响及措施；

5）采砂作业安全标识及度汛措施；

6）许可批复中其他相关要求，其他许可项目根据实施情况而定。

3. 主要程序

准予许可的行政许可决定书（批复意见）应当在送达被许可人时，同时告知有监督检查任务的水政监察机构。水政监察机构在接到决定书（批复意见）后，应当及时确定跟踪该许可项目检查的责任人员和具体要求。水行政许可监督检查时，应当有两人以上在场，并出具相关证件。水行政许可监督检查一般采用实地踏勘测量、查阅相关书面资料或原始记录、检测仪器设备、现场检查建设项目进度、质量及安排、被许可人自检等方式。监督检查过程中，应当采用拍照、录像、收集相关资料等手段，保留证据，并如实填写监督检查情况表，有关检查人员应当签名。检查时，行政机关可以依法查阅或者要求被许可人报送有关材料；被许可人应当如实提供有关情况和材料。

水行政许可中的工程措施与信赖保护原则

1. 信赖保护原则对水行政许可意义更为特殊

水管理是自然要素和社会要素的有机结合，水行政许可中工程设施规模大、周期长，对行政许可决定的科学性、规范性提出更高要求。特别是取水许可程序制度中，专门规定了取水工程设施建设环节。《取水许可和水资源费征收管理条例》第二十一条规定，取水申请经审批机关批准，申请人方可兴建取水工程或者设施。须由国家审批、核准的建设项目，未取得取水申请批准文件的，项目主管部门不得审批、核准该建设项目。第二十三条同时规定，取水工程或者设施竣工后，申请人应当按照国务院水行政主管部门的规定，向取水审批机关报送取水工程或者设施试运行情况等相关材料；经验收合格的，由审批机关核发取水许可证。可见，取水工程或者设施的建成和验收通过，是取水许可程序完成的最终决定环节。而取水工程或者设施往往投资巨大、建设周期长，如果因取水许可程序中出现问题而致许可行为的违法、无效，按照信赖保护原则，不仅使行政公权力的严肃性受到重大影响，而且势必造成社会资源的巨大浪费。

2. 水行政许可中信赖保护原则的基本要求

水行政许可要遵循合法、合理、公正为本兼顾效率、公开与参与等水行政执法的基本原则，此外，水行政许可还要遵循的一条重要的基本原则，即信赖保护原则。由于水行政行为有确定力，水行政决定一旦作出，就被推定为合法有效。法律要求水行政相对人对此予以信任和依赖。水行政机关自我纠正错误，主要限于对水行政相对人科以赋以义务，如水行政处罚等为内容的违法水行政行为方面，在此领域，即使水行政相对人已超过水行政复议或者水行政诉讼期限，水行政机关仍可随时撤销这类违法水行政行为。但对于水行政许可这类授益性水行政行为，信赖保护原则取代法律优先原则而居于主导地位。信赖保护原则的具体要求：一是水行政行为具有确定力，水行政行为一经作出，未有法定理由和经法定程序不得随意撤销、废止或改变；二是对水行政相对人的授益性水行政行为作出后，事后即使发现违法或者对政府不利，只要行为不是因为水行政相对人过错所造成，亦不得撤销、废止或改变；三是水行政行为作出后，如事后发现有较严重违法情形或可能给国家、社会公共利益造成重大损失，必须撤销或改变此种行为时，水行政机关对撤销或改变此种行为给无过错的水行政相对人造成的损失应给予补偿。

二、取水许可

取水许可申请范围

准确把握取水许可申请的范围和主体，是依法实施取水许可的前提和关键。对于管理者而言，能否准确把握取水许可申请的范围和主体，将决定其是否依法履行职责，防止出现违法许可、越权许可和不作为的行为；对于申请取用水的单位和个人而言，便于其依法保护其申请取用水的权利和履行相应的取用水义务。

1. 申请范围的规定

哪些情形需要申请取水，哪些情形不需要申请取水，这是建立取水许可制度必须首先明确的问题。关于取水许可申请的适用范围，结合《取水许可和水资源征收管理条例》（以下简称《条例》）第二条的规定，需要重点把握以下几点：

（1）取水的范围界定

《条例》第二条第一款规定："本条例所称取水，是指利用取水工程或者设施直接从江河、湖泊或者地下取用水资源。"而所谓水资源，按照《水法》第二条第二款的规定，《水法》所称水资源是包括地表水和地下水。因此，取水许可的适用范围就是利用取水工程或者设施取用地表水和地下水的行为。也就是说，凡是利用取水工程或者设施取用地表水和地下水的行为，都要适用《条例》关于取水许可的规定，但法律、法规规定可以免予的情形除外。这里需要强调的是，地热水和矿泉水具有水资源的属性，是地下水的重要组成部分。虽然在1998年国务院机构改革时明确将地热水和矿泉水的行政管理职能划归水利部承担后，2000年中央机构编制委员会办公室下发14号文件，又对地热水资源实行分部门管理，但开发利用地热水和矿泉水必须实行取水许可。

《条例》将"取水"界定为"取用水"后，扩展了取水许可的调整范围，如它可包括取水自用的用水户，也可包括取水为他人供水的取水户，对开发利用地表水而言，既可以是河道外取用水，也可以是河道内取用水。尽管有些河道内取用水目前实施取水许可管理较为困难，如水上娱乐、航运、水产养殖等，但将取水许可适用范围界定为"取用水"，为今后取水许可管理的扩展留下了法律空间和依据。特别是北方部分城市实施地温空调，对其实施取水许可管理难度很大，《条例》对取水的重新界定可以将这一主要利用地下水温功能的行为纳入管理范围。但需要说明的是，无论是在取水许可的适用范围作如何理解，一定要依据《水法》和《条例》的规定，符合立法的宗旨与原则，还要结合地区的水资源开发利用实际，认真总结本地区实施取水许可的实践经验，并借鉴外地成功做法，在制定地方性配套法规时合理界定取水许可的调整范围。如关于水库等水资源调蓄工程的取水许可证发放问题，各地的理解就不完全一致，在实践中也做法不一。分析其原因，首先，水库等水利工程的功能的多重性，如防洪、灌溉、发电、供水等，每个水利工程的设计功能不同，并且随着经济社会发展的需要在改变。其次，取水方式的多样性，有坝前取水、坝下取水、库区取水、河道取水等多种取水方式。再次，水库的规模不一，运行时间不同，如特大型的水库库区范围可达数百公里，并跨越多个行政区域，而兴建于几百年的水利工程，如四川省的都江堰水利枢纽，已经具有天然河道的特征。最后，取水许可管理与水利工程管理的需要不同。有些地区在实施取水许可的实践中将取水许可证发放给水库的管理单位便于管理，有些地区将取水许可证发放给每个具体取用水单位更便于管理。鉴于上述对水库等水资源调蓄工程发证的分析，应该倾向于对每个具体用水单位实施取水许可。其理由为：一是直接向取用水单位发证，便于水资源费的征收管理；二是可以不必过多地考虑上述水库等水利工程的功能、取水方式、水库的规模和运行时间等因素；三是可以有效地防止取水权的"垄断"经营，有利于对具体取用水单位实施节水管理。特别是随着经济社会的发展和水资源的紧缺，不少地区出现通过市场融资的方式兴建水库等水利工程，并且水库的规模较大，如果将取水许可证发放给水库管理单位，那么水库的所有者就拥有了取水权，通过供水合同方式向不同的用水户供水，水行政主管部门就很难对水库的调蓄水量实行优化配置，也不能对具体用水户实施节水管理。当然，为保护兴建水库投资者的利益，可以规定其水资源的优先使用权，在实施取水许可时要征求水库投资或者管理单位的意见。总之，对于水库等水资源调蓄工程的取水许可制度的实施，一是要从实现水资源可持续利用、人与自然和谐共处的目的出发，充分考虑实施取水许可管理的需要与可能；二是要本着"不重不漏"的原则，合理界定取水许可的调整范围；三是要符合地方实际，以全面贯彻取水许可制度为目标。

（2）需要办理取水申请的必须是直接取用水的单位和个人

《水法》第四十八条有关"直接从江河、湖泊或者地下取用水资源的单位和个人，应当按照国家取水许可制度和水资源有偿使用制度的规定，向水行政主管部门或者流域管理机构申请领取取水许可证"，在《取水许可和水资源征收管理条例》第二条第一款中，也重点强调"直接"二字，即一级取用水户。实际上，有很多取水工程，后面有复杂的供水系统，并不是所有的取用水户都需要办理取水许可申请。比如：自来水公司直接从地下取水，然后通过供水管网向企业和居民供水。对于自来水公司而言，其直接从地下取水的，需要办理取水许可申请；而对于利用自来水公司的供水管网取用水的企业和居民而言，由于其不是直接从地下取水，按照《条例》第二条第一款的规定，不需要取水许可证。又如某些大型灌区，渠首工程和灌区分属不同部门管理，渠首管理单位直接从河道取用，需要办理取水许可申请手续，而灌区管理单位以及灌区内的农民从渠首后面的渠道中取水，不需要办理取水许可证。

在上述两个例子中，直接取用水户和由其供水的用水户之间是供水的买卖关系，两者之间签订供水协议，按照有关规定明确水费的执行标准和交费方式（包括水资源费）。从国家调控水资源的开发利用角度而言，需要控制的是直接开发利用水资源的单位和个人。因此，《条例》规定将直接取用水纳入取水许可管理范围。

（3）需要办理取水许可申请的必须是利用取水工程和设施取用水的单位和个人

《条例》第二条第一款对取用水附加了限制条件"利用取水工程或者设施"，并在第三款对取水工程或者设施又作了明确的解释，即"本条例所称取水工程或者设施，是指闸、坝、渠道、人工河道、虹吸管、水泵、水井以及水电站等"。

本条明确了取用水的方式是利用取水工程或设施，进一步补充和细化了《水法》有关取水许可制度的规定，提高了相应规定的可操作性。《水法》第四十八条规定："直接从江河、湖泊或者地下取用水资源的单位和个人，应当按照国家取水许可制度和水资源有偿使用制度，向水行政主管部门或者流域管理机构申请领取取水许可证，并缴纳水资源费，取得取水权。"这里仅规定"直接从江河、湖泊或者地下取用水资源"，在实践中不借助取水工程或设施，而直接从江河、湖泊或者地下取用水资源的取水方式是很少的。同时，也并不是所有直接从江河、湖泊或地下取水的，都需要申请办理取水许可手续，只有利用取水工程或设施取用水的，才需要办理，而利用其他方式，如利用人力或畜力直接取用少量水资源的，不需要办理取水许可手续。如此限定的原因在于，一般情况下，利用取水工程或设施取用水量较大，有可能对局部区域或流域水资源产生较大影响，而利用人力或畜力等方式取用水量较小，对区域或流域水资源影响甚微。

《条例》第二条第三款对取水工程或设施包括的类型进行了明确，由于地表取用水关系比较复杂，特别需要注意以下几方面：

1）利用上述工程或设施，无论是将地表水取到河道外进行利用，还是在河道内直接加以利用不消耗水量，都需要办理取水许可申请。尽管河道内用水一般不消耗水量，但往往改变河川径流的时程分配，或消耗水能，或改变水温等，影响其他用水户对水资源的利用或改变水资源的自然属性。因此，从水资源管理的角度，必须纳入取水许可管理范畴。

2）在河道内建坝，往往对水资源的利用是综合的。如在河道内建坝，抬高水位，在库区内有取水，同时利用水能发电，则库区取用水和发电取用水，需分别申请取水许可，获得取水权。

（4）特殊规定

《条例》第三十三条第三款特别规定："为了公共利益需要，按照国家批准的跨行政区域水量分配方案实施的临时应急调水，由调入区域的取用水的单位或者个人，根据所在地水资源费征收标准和实际取水量缴纳水资源费。"本规定将"按照国家批准的跨行政区域水量分配方案实施的临时应急调水工程"同一般的"取水工程或设施"区别开。由于水资源属于国家所有，因此，国家具有配置水资源的权力，为实现国家宏观配置水资源的目的而兴建的调水工程，工程本身的目的在于配置，而非直接地利用水资源。只有从上述调水工程中取用水的单位或者个人，才是水资源的受益者和直接利用者。因此，这类调水工程不需要办理取水许可申请手续，由该类调水工程供水的单位或者个人办理取水许可申请手续，并缴纳水资源费，取得取用水权。

在这里需要注意调水工程前面附加的限制条件，即"按照国家批准的跨行政区域水量分配方案实施的临时应急调水"，也即只有当调水工程是实现国家批准的跨行政区域水量分配方案实施，并进行临时应急调水时，适用于本条。按照《水法》第三条和第四十五条的规定，国家批准是指国务院或其授权的部门批准。这里存在的问题是，如"南水北调"等按照国家批准的跨流域、跨行政区域的长期调水工程如何实施取水许可，需要进行深入探讨，并在相应规章里给予规定与补充。笔者认为按照上述"临时应急调水"的取水许可管理模式实施较为科学、合理，即这类水资源配置工程不需要办理取水许可申请，而由受水区直接取用水的单位或个人向取水口所在地省、自治区、直辖市人民政府水行政主管部门办理取水许可申请。

2. 不需要办理取水许可申请的情形

《条例》根据《水法》第七条、第四十八条的有关规定，在第四条对不需要申请取水许可的情况，分五种情形予以规定：（1）农村集体经济组织及其成员使用本集体经济组织的水塘、水库中的水的。（2）为家庭生活和零星散养、圈养畜禽饮用等少量取水的。（3）为保障矿井等地下工程施工安全和生产安全必须进行临时应急取（排）水的。（4）为消除对公共安全或者公共利益的危害临时应急取水的。（5）为农业抗旱和维护生态与环境必须临时应急取水的。

同时第二款规定：前款第（2）项规定的少量取水的限额，由省、自治区、直辖市人民政府规定；第（3）项、第（4）项规定的取水，应当及时报县级以上地方人民政府水行政主管部门或者流域管理机构备案；第（5）项规定的取水，应当经县级以上人民政府水行政主管部门或者流域管理机构同意。

按照上述五项规定，分别解释如下。

（1）农村集体经济组织及其成员兴建水塘或水库要不要办理取水许可申请

第一项的规定，明确了农村集体经济组织及其成员使用本集体经济组织的水塘、水库中的水，不需要申请取水许可。这项规定主要是引用了《水法》第七条的规定。根据《中华人民共和国宪法》和《水法》的规定，水资源属于国家所有。国家鼓励单位和个人依法开发、利用水资源，并保护其合法权益。为了保持我国水资源归属和开发利用法律制度的稳定性和延续性，调动农村集体经济组织和农民兴修农田水利设施的积极性，将农村集体经济组织及其成员使用本集体经济组织的水塘、水库中的水设定在实施取水许可制度和资源有偿使用制度范围之外。但这里首先要明确何谓农村集体经济组织及其成员，按照目前有关法律规定和农村、牧区实际，农村集体经济组织就是农村、牧区的村民委员会，其成员是指隶属于该村民委员会的农牧民。其次必须是取用本集体经济组织的水塘、水库中的水，不包括使用其他经济组织的水塘、水库中的水，或国有水塘、水库中的水以及地下水，也不包括其他组织或取用水人使用该集体经济组织的水塘、水库中的水。如张村的村民使用李村的水塘、水库中的水则不在此范围内。再次是按照《水法》第七条的规定，农村集体经济组织的水塘、水库必须是归其所有的，也就是全部是由农村集体经济组织及其成员投资兴建和实施管理的水库和水塘，否则就不在此范围。在实践中有些水库国家曾给予一定的投资，农民也进行投工投劳，并由农村集体经济组织进行管理，这类水库的权属如何界定，是否实施取水许可，需要在实践中探讨。对于农村集体经济组织及其成员新建水库，《水法》第二十五条第三款规定"农村集体经济组织修建水库应当经县级以上地方人民政府水行政主管部门批准"，水行政主管部门在批准时可以综合考虑水库对流域、区域和上下游、左右岸水资源和水环境的影响。

（2）对少量取水的规定

《条例》在第四条规定，家庭生活和零星散养、圈养畜禽饮用等少量取水不需要办理取水许可。这里的家庭生活和零星散养、圈养畜禽饮用等少量取水包含打井取用地下水，但不包括供应生活用水的自来水厂的水或家庭办起的经营性的畜禽养殖厂取水或灌溉用水。由于各地水资源条件不一、差别较大，对于少量取水的规定，《条例》中不作明确的规定，而由省、自治区、直辖市人民政府规定，水行政主管部门或者有关流域机构可依据相应规定执行。

（3）对临时应急取水的处理

《条例》第四条第三项至第五项规定了临时应急取水的三种情况，对于保障公共安全和公共利益，维护人民群众的生命和财产安全，维持社会稳定和保护生态环境是十分必要的。《条例》第四条第三项规定是在原《办法》第四条规定的免于申请取水许可证的情形之一"为保障矿井等地下工程施工安全和生产安全必须取水的"基础上，根据取水许可实施的实际需要进行了规范和限制。按照原《办法》的规定，煤矿生产和建筑施工不需要申请取水许可，相应地也不缴纳水资源费。而煤矿生产和建筑施工疏干排水方案设计是最大限度地考虑施工安全和生产安全，造成超过实际需要的大量疏干排水，不少地区因疏干排水导致地下水位下降、水源枯竭或者地面塌陷，给周边群众的生产生活造成损害，引起一系列社会和生态问题。但由于此类取水不能实施取水许可，水行政主管部门无权进行监管，造成水资源的浪费，为此，部分省、自治区、直辖市通过地方立法加以规范和限制。如《内蒙古自治区实施〈水法〉办法》规定"开采矿藏或者建设地下工程必须疏干排水的，应当按照经水行政主管部门批准的疏干排水方案进行，不得擅自扩大疏干排水区域"；山西省规定煤矿按照产量缴纳水源补偿费。《条例》将临时应急取（排）水规定为不需要申请取水许可的情形，如矿井发生透水事故，为保障安全紧急排水，不需要申请领取取水许可证。而为保障矿井等地下工程施工安全和生产安全必须进行的长期正常的取（排）水要办理取水许可申请，有利于水资源的保护。《条例》第四条第四项规定是在原《办法》第四条规定的免于申请取水许可证的情形之一"为防御和消除对公共安全或者公共利益的危害必须取水的"基础上，增加了"临时"和"应急"限制，据此，为消除对公共安全或者公共利益的危害的长期正常取水应当办理取水许可申请。《条例》第四条第五项增加了为农业抗旱和维护生态与环境必须临时应急取水免于取水许可申请的规定，同样的道理，为农业抗旱和维护生态与环境必须长期正常的取水应当办理取水许可申请。同时，《条例》设立了备案制度。对于上述第三种临时应急取水的情况，需报县级以上水行政主管部门或流域管理机构备案或者同意。至于报县级以上水行政主管部门还是流域管理机构，要根据所利用取水工程的取水许可审批权限进行。

在这里，需要准确把握三点：一是这类取水是一次性的；二是持续时间十分有限；三是这类取水是不可或缺的。

取水许可申请主体

《取水许可和水资源费征收管理条例》第二条规定："取用水资源的单位和个人，除本条例第四条规定的情形外，都应当申请领取取水许可证，并缴纳水资源费。"第十条规定："申请取水的单位或者个人（以下简称申请人），应当向具有审批权限的审批机关提出申请。"

由上述两条规定可以看出，取水许可申请的主体是"取用水资源的单位和个人"。但往往也会出现项目在筹建阶段，仅组建了项目建设管理单位或项目筹建管理组织，在此情况下，项目建设管理单位或项目筹建管理组织可以作为申请人，办理取水许可申请。在项目建成经取水许可审批机关审验后，将许可证发给正式组建的项目管理单位。

另一种情况是联合兴办取水工程的，则须由联合兴办人委托的法人代表办理取水许可申请，此时，需要出具申请人委托书。但需要说明的是，有些水利工程项目的前期工作是由地方水行政主管部门开展的。水行政主管部门不宜作为取水许可申请的主体。

取水许可申请程序

取得取水许可批准文件，是建设项目获得审批和核准的必备条件。根据国务院《关于投资体制改革的决定》，目前我国的建设项目审批方式和程序有了重大的改革，国家不再对所有的项目进行审批，而是根据项目使用资金的来源不同，分为审批制、审核制和备案制。由于建设项目的审批方式不同，办理取水许可申请的时间也不一样。因此，在进行取水许可申请时，一定要注意与项目审批和核准程序的衔接，准确把握建设项目办理取水许可申请的有关要求，正确掌握拟取用水的单位或者个人提出取水申请的时间。

1. 项目审核程序与取水许可申请的关系

按照项目审核方式的不同，分别介绍项目审核与办理取水许可申请之间的关系。

（1）实行审批制的项目

利用政府性资金建设的项目，采用审批方式，一般要经过"项目建议书"、"可行性研究报告"和"设计施工"三个阶段。取水许可管理的阶段划分为建设项目水资源论证、取水许可申请与审批、取水工程竣工后的验收和核发取水许可证三个阶段。

在项目获准立项后，要对拟建项目在技术、工程、经济和外部协作等方面的可行性进行全面分析、论证，并进行方案比较，推荐最佳方案。可行性研究报告是项目决策的依据，而水源条件的可行性是项目可行性研究阶段需要论证的主要内容之一。水源条件的可行性分为技术层面和行政层面两个方面，从技术上要开展建设项目水资源论证，对项目取用水的合理性、取水量、取水水源、保证程度、对其他用户和水环境的影响分析等进行论证。依据技术层面的审查意见，还要由有审批权的水行政主管部门或者流域管理机构进行行政层面上的审批，这样项目的水源条件才能够获得有效的保障。因此，在项目业主向投资主管部门报送可行性研究报告之前，必须开展建设项目水资源论证和办理取水许可申请手续。

（2）实行核准制和备案制的项目

企业不使用政府性资金投资建设的重大和限制类固定资产投资项目，实行核准制。实行核准制的项目参见《政府核准的投资目录》。核准权限分中央和地方投资主管部门。

企业不使用政府性资金投资建设本目录以外的项目，除国家法律法规和国务院专门规定禁止投资的项目以外，实行备案管理。按照属地管理的原则，向地方投资主管部门备案。

实行核准制和备案制的项目，原则上国家投资主管部门不再批准项目建议书、可行性研究报告和开工报告的程序，只对项目申请报告进行审核或备案，政府主要从国家产业政策、建设外部条件、经济社会发展与生态环境保护等方面进行审查。因此，实行核准制的项目在核准时，应进行建设项目水资源论证和办理取水许可申请手续。按照项目所属行业主管部门要求仍需作可行性研究报告的，则在报送项目可行性研究报告前，进行建设项目水资源论证和办理取水许可申请。实行备案制的项目，原则上是在取得地方投资主管部门的项目备案文件后，进行建设项目水资源论证和办理取水许可申请。

（3）未列入基本建设程序的项目

未列入基本建设程序的项目，提出取水许可申请的阶段后延，申请人应当在开工前，进行建设项目水资源论证和办理取水许可申请。

（4）取水事项有较大变更的项目

按照《条例》第二十二条第二款的规定："建设项目中取水事项有较大变更的，建设单位应当重新进行建设项目水资源论证，并重新申请取水。"在这里，所谓的较大变更，结合水利部、原国家计划委员会《建设项目水资源论证管理办法》的有关规定，主要包括以下几个方面：

（1）项目建设的性质发生了重大变化的。

（2）项目建设的规模发生了重大变化的。

（3）项目建设地点及取水标的发生了重大变化的。

（4）项目取水工程建设和退水地点发生了重大变化的。

（5）项目主要用水工艺发生了重大变化的。

除法律、法规与规章规定的情形，有关水行政主管部门或者流域管理机构，不得擅自要求建设单位重新进行建设项目水资源论证和申请取水，以保障取水申请人的权益。

2. 办理申请的有关程序

办理取水申请需经过以下几个阶段：

（1）提出申请

由取用水资源的单位或者个人（以下简称为申请人）向有取水申请审批权或者《条例》规定的水行政主管部门提出取水申请，取水申请要提交以下材料：

1）由国务院水行政主管部门统一印制的取水许可申请书。申请人提出取水申请，是实施取水许可的前期条件。申请书要求的内容在《条例》第十二条中作了具体的规定，它既包括了取水申请人要求取水审批机关准予其取水的意思表示，又包括取水审批机关要求取水申请人提供的是否符合取水许可条件和标准的有关信息。取水申请书需要采取格式文本的，具有审批权限的机关应当提供格式文本。

2）建设项目需要取水的，提交经审定的建设项目水资源论证报告书及其审查意见；不需要进行水资源论证的，需提供水资源论证表及水行政主管部门出具的审核意见。

3）属于备案项目的，提供有关备案材料。由于备案项目不再需要办理审批或者核准手续，不需将获得取水许可作为项目审批或者核准的前置条件，为了掌握备案制项目的具体情况，以便全面合理地审查其取水申请，因而规定了备案制项目申请取水时需提供有关备案材料。

4）与第三者有利害关系的说明，以及第三者的承诺书或其他相关文件。取水行为可能影响到取水人以外的第三者的利益，如影响他人取水、影响他人的生产生活活动、抽取地下水造成地面沉降等。申请人申请取水时，应当对取水行为可能引起的与第三者的利害关系以及处理利害关系的措施、方法以及与第三者的协商情况等加以说明，以防止因取水而与第三者发生纠纷，影响取水许可的实施。例如通过水权转换获得取用水权指标的出让方的承诺书等。

5）国务院水行政主管部门规定的其他材料。国务院水行政主管部门作为国务院主管水行政的部门，基于水资源管理的职责，本条例授权其对取水申请应当提交的其他有关材料作出规定。国务院水行政主管部门作出的规定应当明确、具体，符合法定形式。其他部门或者地方无权对取水申请应当提交的材料作出规定。

根据《行政许可法》和《条例》的有关规定，申请人一般应以书面方式提出，也可以向具备接收条件的并具有审批权限的审批机关通过信函、电报、传真、电子数据交换和电子邮件等方式申请。取水许可审批机关还应当将法律、法规、规章规定的有关办理取水许可的依据、条件、数量、程序、期限以及需要提交的全部材料的目录和申请书示范文本等在办公场所公示。由于《条例》没有明确规定申请人必须到行政机关办公场所提出取水申请，所以可以委托代理人提出取水许可申请。

（2）审查

受理机关在收到申请人提出的取水许可申请后，应当及时填写取水许可申请材料登记表，将收到许可申请的时间、申请人、申请事项、提交材料情况等记录在案，并在规定的5个工作日对申请人提交的材料进行审查，视不同情况提出正式处理意见，并书面告知申请人。不属于本机关受理范围的，正式告知申请人向有受理权限的机关提出申请；申请人提交的申请材料不完备或申请书填注不明的，要出具补正通知书，告知申请人补正。这里需要强调的是，《行政许可法》规定了"当场更正"和"一次性告知"的原则，申请材料存在可以当场更正的错误的，应当允许申请人当场更正；申请材料不齐全或者不符合法定形式的，应当当场或者在5日内一次告知申请人需要补正的全部内容，逾期不告知的，自收到申请材料之日起即视为受理。

（3）补正

申请人接到补正通知书后，应当在接到补正通知书之日起30个工作日内补正。逾期不补正的，其取水许可申请无效。申请人补正齐全后，再正式向受理机关申报。

（4）受理

受理机关在接到申请人提交的申请材料，经审查材料齐备或申请人补正材料齐全后，应予以受理并出具书面受理凭证，受理凭证加盖审批机关的专用印章和注明日期。当然，决定不予受理的，也应当出具加盖审批机关专用印章和注明日期的书面凭证。

建设项目水资源论证制度

建设项目水资源论证制度是我国水资源管理工作中实行的另一项具有重要意义的制度。它是深化取水许可制度实践的结果，与取水许可制度紧密相连。建设项目水资源论证制度自 2002 年 5 月 1 日实施以来，已取得显著效果，对提高取水许可审批的科学性和合理性，促进水资源的优化配置和可持续利用，保障建设项目的合理用水要求，起到了积极作用。对建设项目水资源论证应着重把握两点：

（1）取水许可制度与水资源论证制度均为《水法》规定的水资源管理制度，除直接从江河、湖泊或地下取水并需申请取水许可证的新建、改建、扩建的建设项目要进行水资源论证外，国民经济和社会发展规划以及城市总体规划的编制、重大建设项目的布局等也要进行水资源论证。国务院令第 412 号决定将取水许可与建设项目水资源论证报告书的审批列为保留的行政许可项目，说明建设项目水资源论证制度是单独的行政许可事项，取水许可与建设项目水资源论证报告书的审批主体可以不同。

（2）《条例》将建设项目水资源论证作为取水许可审批的前置程序，把建设项目水资源论证报告书及其审查意见作为审批取水许可申请的依据。也就是说将直接从江河、湖泊或地下取水并需申请取水许可证的建设项目的水资源论证纳入取水许可的范畴。但建设项目水资源论证报告书通过了有关水行政主管部门的审批，不一定就当然地批准取水许可申请。所以，从事水资源管理的人员应当掌握建设项目水资源论证的基本内容和相关要求。

1. 建设项目水资源论证的范围

虽然《水法》第二十三条规定"国民经济和社会发展规划以及城市总体规划的编制、重大建设项目的布局，应当与当地水资源条件和防洪要求相适应，并进行科学论证"，但2002 年由水利部和国家发展和计划委员会联合发布的《建设项目水资源论证管理办法》第二条仅规定"对于直接从江河、湖泊或地下取水并需申请取水许可证的新建、改建、扩建的建设项目（以下简称建设项目），建设项目业主单位（以下简称业主单位）应当按照本办法的规定进行建设项目水资源论证，编制建设项目水资源论证报告书"。

由本条规定可以看出，进行建设项目水资源论证的项目要具备如下条件：一是直接从江河、湖泊或地下取水的项目；二是需要申请取水许可证的项目。并进一步明确具备上述两个条件的项目，不管是新建还是改建或扩建，都需要进行水资源论证。

但并不是所有符合上述条件的项目均需要进行水资源论证。考虑到有些项目的取水规模较小，开展建设项目水资源论证必要性不大，为了提高办事效率和方便业主单位申请，对于取水量较小且对周边影响较小的建设项目可以不进行水资源论证，仅填写水资源论证表或进行简单的项目取水用途、用水合理性、取水水源和取水量保证程度以及取水和退排水对其他用户和水生态与水环境的影响分析。可以不编制建设项目水资源论证报告书的具体限额与标准，《建设项目水资源论证管理办法》第十五条授权由省、自治区、直辖市人民政府水行政主管部门规定。

2. 建设项目水资源论证与取水许可的关系

《建设项目水资源论证管理办法》第九条第二款规定"建设项目水资源论证报告书的审查意见是审批取水许可（预）申请的技术依据"，《取水许可和水资源费征收管理条例》又将建设项目水资源论证作为取水许可审批的前置程序，把建设项目水资源论证报告书及其审查意见作为审批取水许可申请的依据。这一规定明确了建设项目水资源论证与取水许可之间的关系，前者是技术层面的审查，审查单位出具的审查意见和评审组意见是侧重于技术方面的审查意见，但建设项目水资源论证报告书的审批作为国务院决定保留的行政许可项目，同样适用《行政许可法》的有关规定，对申请人和审批机关具有行政层面的强制约束力；后者同样作为一种行政许可，其是否决定审批除考虑建设项目水资源论证审查意见明确的取水可靠性和用水合理性，还要综合考虑有关法律规定，如《条例》第二十条规定的不予批准的情形，国家产业政策以及可能对第三者或者社会公共利益产生的损害等，取水许可一经决定，行政相对人必须严格遵守，审批机关也相应地承担起保障申请人合法取水权益的责任。

从程序上，直接从江河、湖泊或地下取水并需申请取水许可证的新建、改建、扩建的建设项目水资源论证在前，提出取水许可申请在后，且经审定的建设项目水资源论证报告书、审查单位出具的审查意见、专家评审组意见和专家署名的个人意见是申请人办理取水许可申请必须附具的材料之一。

这里需要说明的是，目前在实践中不少水资源管理人员将水资源论证作为取水许可制度的组成部分主要基于两种原因：

（1）《建设项目水资源论证管理办法》规定的水资源论证范围仅包括了直接从江河、湖泊或地下取水并需申请取水许可证的新建、改建、扩建的建设项目，而将《水法》第二十三条规定"国民经济和社会发展规划以及城市总体规划的编制、重大建设项目的布局"搁置在外，而这一部分确实是应当进行水资源论证的重要方面，只有国民经济和社会发展布局在宏观上与当地水资源条件相适应，才能从根本上防止部分地区超过水资源和水环境的承载能力盲目建设，促进水资源的可持续利用。这也是将水资源论证表述前冠以"建设项目"限定的原因。因此，各流域机构、各级水行政主管部门应当在认真做好建设项目水资源论证工作的同时，要积极探索开展国民经济和社会发展规划以及城市总体规划的编制、重大建设项目布局水资源论证的有效途径，进一步加强和完善建设项目水资源论证制度。

（2）由于受水利行业多年来只重视项目技术审查的习惯影响，水行政主管部门和流域管理机构还没有充分认识到建设项目水资源论证报告书审批是一种行政许可行为，也没有真正理解决定出具建设项目水资源论证报告书审查意见和决定取水许可二者应当考虑因素的区别，正是在审批建设项目水资源论证报告书时提前考虑了决定取水许可时应当考虑的因素，而在实践中造成审批了建设项目水资源论证报告书，就当然地办理取水许可的现象。

因此，对于水资源论证工作，应当定位为国民经济和社会发展规划以及城市总体规划的编制、重大建设项目的布局的水资源论证报告书及审批意见，是审批国民经济和社会发展规划以及城市总体规划的编制、重大建设项目的布局的水资源技术支撑；建设项目水资源论证报告书及审批意见是审批取水许可的技术依据。

3. 建设项目水资源论证的审查权限与主体

《建设项目水资源论证管理办法》第四条规定："县级以上人民政府水行政主管部门负责建设项目水资源论证工作的组织实施和监督管理。"可见，实施建设项目水资源论证工作是以区域管理为主的。同时，《建设项目水资源论证管理办法》还规定了水利部或者流域管理机构的审查权限，明确除水利部或者流域管理机构的审查权限之外的建设项目水资源论证报告书的分级审查权限，由省、自治区、直辖市人民政府水行政主管部门确定。

（1）水利部的审查权限

水利部《建设项目水资源论证报告书审查工作管理规定（试行）》规定，水利部授权流域管理机构审批取水许可（预）申请的建设项目，符合下列情况之一的，其水资源论证报告书由水利部审定：

1）跨流域（特指国家确定的重要江河、湖泊）取水的。

2）取水许可审批的取水总量超过流域取水许可总量控制指标（或流域内批准取水的总耗水量超过本流域水资源可利用量），新增取水的。

3）项目取水存在重大争议，且流域管理机构提请水利部审定的。

这里所指的国家确定的重要江河，按照《水法》和《条例》的规定，应由国务院水行政主管部门确定，一般认为是指国务院水行政主管部门设立的流域管理机构管理的江河、湖泊。

原则上，流域取水许可审批的取水总量不得超过流域取水许可总量控制指标（或流域内批准取水的总耗水量不得超过本流域水资源可利用量），在此限度之外新增取水的，无论是流域管理机构还是地方水行政主管部门，均无权再审批新增取水的许可项目或审查通过新增取水的建设项目水资源论证报告书，而是由水利部审批。

对于第三种情况，流域管理机构能协调处理好的，由流域管理机构审查，协调不成，需报水利部审定。

（2）流域管理机构的审查权限

流域管理机构负责对以下建设项目水资源论证报告书进行审查：

1）水利部授权流域管理机构审批取水许可申请的建设项目。

2）兴建大型地下水集中供水水源地（日取水量 5 万吨以上）的建设项目。

在这里需要注意，水利部授权流域管理机构审批取水许可申请的建设项目与《条例》第十四条规定的流域管理机构负责审批取水许可申请的建设项目并不一致，需要水利部重新授权；大型地下水集中供水水源地（日取水量 5 万吨以上）的建设项目，可能超出了流域管理机构取水许可审批权限。

（3）县级以上地方水行政主管部门的审查权限

上述范围之外的其他建设项目，其审查权限归地方水行政主管部门，具体审查权限，由省、自治区、直辖市人民政府水行政主管部门确定。

4. 建设项目水资源论证报告书的审查程序及时限要求

建设项目水资源论证报告书审批作为一种行政许可，有关管理人员要特别注意按照《行政许可法》和水利部《建设项目水资源论证报告书审查工作管理规定（试行）》规定的审查时限和程序要求实施，避免在审查程序上出现不合法的行为。建设项目水资源论证审查程序包括以下几个步骤。

（1）提出申请

业主单位向有审查权限的机关提出书面审查申请，并附具有关材料（水资源论证报告书一式 20 份、建设项目水资源论证工作委托合同、审查机关认为应提交的与审查工作有关的其他材料）。

（2）受理

审查机关应自收齐送审材料之日起 15 日内作出是否予以受理的决定。予以受理的，审查机关应对审查方式和审查时间作出安排，并通报有关单位；不予受理的，应向业主单位书面说明理由。

（3）组织审查

审查机关应自下达受理通知之日起 30 日内完成审查工作。逾期不能完成的，需说明理由，经上一级水行政主管部门同意后，可以延长 15 日；对取水规模较大、技术复杂、影响较大的报告书审查时限，经报请水利部同意后，可适当延长，但延长时限不得超过 30 日。

报告书审查一般采取会审方式，由审查机关组织有关专家和单位代表召开报告书审查会。

对取水规模较小、技术较为简单或遇特殊情况不能召开审查会的，可采取书面函审方式，由审查机关书面征求有关专家和单位的意见。

审查单位选聘专家组织审查时，要注意两点：一是结合项目的行业类型和地区特点，选聘相应专业的专家组成评审组，并指定评审组组长；二是专家评审组人数为单数，且不少于 5 名，其中从水利部水资源论证评审专家库中选聘的专家人数不得少于专家总人数的 1/2。

（4）出具审查意见

评审结束后，要出具正式的审查意见，包括专家评审组意见、专家署名的个人评审意见。最后，审查单位要根据专家评审组意见出具单位审查意见。其中报告书经评审需要修改的，业主单位应补充修改。审查机关审核后出具审查意见。

5. 建设项目水资源论证的资质要求

由于《条例》第十一条对编制建设项目水资源论证报告书有资质要求，这里简要介绍进行建设项目水资源论证的有关资质规定。根据水利部《水文水资源调查评价资质和建设项目水资源论证资质管理办法（试行）》的规定，建设项目水资源论证资质分为甲、乙两级。对于下列建设项目，其水资源论证报告书只能由取得甲级资质的单位承担：

（1）由国务院或国务院委托国家计委（现国家发展和改革委员会）审批的。

（2）在国际跨界河流、国际边界河流干流上取水的。

（3）在省际边界河流、湖泊上取水的。

（4）跨省（自治区、直辖市）行政区域、跨流域（特指国家确定的重要江河、湖泊）取水的。

（5）涉及国家、地区安全的特殊行业取水的。

这里需要强调的是，实行垂直管理的有些水利技术单位，其上级单位取得水资源论证资质，下级单位并不能当然地就具有了相应资质，更不能具有水资源论证资质的单位通过上级主管部门或者本单位通过文件的形式授予下级单位使用水资源论证资质，有关水资源论证的资质管理与授予只有水利部和省、自治区、直辖市水行政主管部门有权审批。需要合作的水资源论证项目，也要按照水利部的有关文件要求进行。

申请受理

1. 受理的主体

《条例》在取水许可受理主体的规定方面与原《办法》有一定的差别，主要是：

（1）按照简化许可程序的原则，不再实行逐级审查。原《办法》对于由上级水行政主管部门审批的取水许可申请，允许下级水行政主管部门受理，提出审查意见，逐级审核上报。《条例》则规定申请人直接向审批机关提出申请。

（2）由流域管理机构审批的取水许可，由省、自治区、直辖市人民政府水行政主管部门代为接收的，受理权限仍属于流域管理机构，省、自治区、直辖市人民政府水行政主管部门没有决定受理或者不予受理的权限，省级水行政主管部门在提出意见后，将全部材料报送流域管理机构。

（3）申请利用多种水源，且各种水源的审批机关不同的，应当向其中最高一级审批机关提出申请。当然，最高一级审批机关为流域管理机构的，仍是申请人向取水口所在地的省、自治区、直辖市人民政府水行政主管部门提出申请，而不是直接向所在流域的流域管理机构提出申请。

2. 受理程序及时限要求

受理机关在收到申请人提出的取水许可申请后，要经过以下几个阶段：

（1）及时填写取水许可申请材料登记表，将收到许可申请的时间、申请人、申请事项、提交材料情况等记录在案，并规范文档管理。这些信息将作为举行听证、发生行政复议和诉讼以及追究有关管理人员责任的凭证。

（2）在规定的 5 个工作日对申请人提交的材料进行审查，包括材料是否齐全、填写内容是否明确、是否属于本机关审查权限范围内。

（3）视不同情况提出正式处理意见，并书面告知申请人。申请材料齐全、符合法定形式、属于本机关受理范围的，予以受理，出具受理凭证；不属于本机关受理范围的，正式告知申请人向有受理权限的机关提出申请；申请人提交的申请材料不完备或申请书填注不明的，要出具补正通知书，告知申请人补正。

（4）申请人提交的申请书、应提交的文件不完备的，应当在接到补正通知书之日起 30 个工作日内补正。逾期不补正的，其取水许可申请无效。申请人补正齐全后，提交受理机关。

（5）取水许可权限属于流域管理机构的，省级水行政主管部门应当自收到申请之日起 20 个工作日内提出意见，并连同全部申请材料转报流域管理机构。这里需要说明的是，按照《条例》规定，省级水行政主管部门作为流域管理机构审批取水许可申请的代为接收单位，无论提出的初步意见是否同意，还是申请材料是否齐全，都要在规定的时间内将申请材料转报流域管理机构。

3. 受理阶段的审查

受理阶段的审查与审批阶段的审查要求不同。受理阶段的审查主要侧重于材料是否齐全、申请表的填写是否清楚和明确、是否属于本机关受理范围。尽管本阶段审查的技术要求不高，但政策性非常强，特别是按照《行政许可法》的要求，补正要求需一次性提出，不能重复提出补正要求。因此，有关管理人员必须熟悉相关规定，包括对需要提出的申请材料的要求、申请表格填写的要求、审查权限的规定等。

根据《行政许可法》规定，结合取水申请的实际情况，审批机关对取水申请经受理审查后，区分三种情形分别处理：

（1）申请材料齐全、符合法定形式、属于本机关受理范围的，予以受理。予以受理的条件是：申请材料形式齐全、内容完整，即符合《取水许可和水资源费征收管理条例》第十一条规定的应当提交的材料，《取水许可管理办法》第十条的补充，《取水许可和水资源费征收管理条例》第十二条规定的取水申请书包含的事项；属于本机关职权范围，即符合第十条、第十四条规定的取水申请受理权限和取水审批权限。取水申请人向有权机关提交符合法定形式的申请，且申请材料齐全，该机关应当予以受理。

（2）提交的材料不完备或者申请书内容填写不明的，通知申请人补正。《行政许可法》对行政许可的受理期限和形式审查作了具体规定。取水审批机关收到申请材料后，应当对申请材料是否齐全、是否符合法定形式进行审查。审查符合要求的，应即时予以受理；申请材料不符合要求、需要补正的，应当当场或者自收到材料之日起 5 日予以告知。

（3）不属于本机关受理范围的，告知申请人向有受理权限的机关提出申请。

根据《行政许可法》的规定，申请人只能向法定的行政许可机关提出申请，也只有该法定的行政机关才能接受其管辖范围内的申请并予审查。申请人向无许可权的行政机关提出申请的，申请行为无效，被申请机关应当作出不予受理的书面决定。作出不予受理决定的行政机关应当告知申请人受理其申请的行政机关。但这里需要注意两个问题：一是涉及取水口跨省、自治区、直辖市的，取水审批权要通过协调达成一致意见，再审批取水申请。其具体协商主体、程序和期限需要明确。二是近年出现的大量的跨流域、跨行政区域的调水工程，必须按《条例》规定，应当明确调水工程的取水审批权限。这两个问题目前倾向性的处理意见是：取水口跨省、自治区、直辖市的，取水审批权由流域管理机构商同相关省、自治区、直辖市人民政府决定，或者规定取水口的所属水工程在哪里注册，就由注册所在地水行政主管部门负责；跨流域、跨行政区域的调水工程，由受水区取水口所在地水行政主管部门受理。当然，这需要通过法规的形式予以确定。

审批权限

1. 取水许可审批权限设立

取水许可审批权限设立依据于法律。《水法》第七条规定："国务院水行政主管部门负责全国取水许可制度和水资源有偿使用制度的组织实施。"第十二条规定："国家对水资源实行流域管理与行政区域管理相结合的管理体制。国务院水行政主管部门负责全国水资源的统一管理和监督工作。国务院水行政主管部门在国家确定的重要江河、湖泊设立的流域管理机构，在所管辖的范围内行使法律、行政法规规定的和国务院水行政主管部门授予的水资源管理和监督职责。县级以上人民政府水行政主管部门按照规定的权限，负责本行政区域内水资源的统一管理和监督工作。"取水许可制度作为《水法》确立的水资源管理的基本法律制度，必须明确申请取水许可的取用水单位和个人，应当向哪一个、哪一级、哪个地方的水行政主管部门或者流域管理机构提出申请，即要明确各级水行政主管部门和流域管理机构在审批取水许可申请的权限划分。

2. 取水许可审批权限设立的基本原则

从便民和高效的角度出发，设立审批权限应尽可能考虑在基层水行政主管部门审批，以方便取用水单位和个人。但由于水资源开发利用涉及流域上下游、左右岸乃至全流域取用水和生态环境，同时为了便于协调、防止水事纠纷，《取水许可和水资源费征收管理条例》在取水许可审批权限设立方面，原则规定了流域管理机构的审批权限，并授权国务院水行政主管部门、省级人民政府分别对流域管理机构、各级地方人民政府水行政主管部门的审批权限作出具体规定。设立取水许可审批权限通常考虑以下原则：

（1）对跨行政区域取用水的，应由共同的上一级水行政主管部门审批。

（2）行政区域边界河流、湖泊限额以上的取用水，由共同的上一级水行政主管部门负责审批。

（3）国际跨界河流的指定河段和国际边界河流限额以上的取水，由流域机构负责审批。

（4）对可能影响流域或者区域水资源布局、社会经济发展的特定河段、湖泊取用水的，应根据其取水量的大小和影响的范围，设立由哪一级水行政主管部门审批。

（5）为确保对国家经济社会有重大影响的重点项目的取水，可根据规模等因素，设定由较高一级的水行政主管部门审批。

（6）对于取用地下水的，根据我国现行的资源管理体制和行政区域划分，以地方水行政主管部门审批为宜。

3. 取水许可审批权限划分

《条例》第十四条明确规定取水许可实行分级审批。流域管理机构审批权限设定的内容为：

（1）长江、黄河、淮河、海河、滦河、珠江、松花江、辽河、金沙江、汉江的干流、太湖以及其他跨省、自治区、直辖市河流、湖泊的指定河段限额以上的取水；

（2）国际跨界河流的指定河段和国际边界河流限额以上的取水；

（3）省际边界河流、湖泊限额以上的取水；

（4）跨省、自治区、直辖市行政区域的取水；

（5）由国务院或者国务院投资主管部门审批、核准的大型建设项目的取水；

（6）流域管理机构直接管理的河道（河段）、湖泊内的取水。

前款所称的指定河段和限额以及流域管理机构直接管理的河道（河段）、湖泊，由国务院水行政主管部门规定。

鉴于在实践中，流域管理机构和地方水行政主管部门，特别是省级水行政主管部门在取水许可审批权限方面容易产生矛盾，将流域管理机构审批权限解释如下：

（1）长江、黄河、淮河、海河、滦河、珠江、松花江、辽河、金沙江、汉江的干流、太湖以及其他跨省、自治区、直辖市河流、湖泊的指定河段限额以上的取水。原《办法》第十九条规定："（一）长江、黄河、淮河、海河、滦河、珠江、松花江、辽河、金沙江、汉江的干流，国际跨界河流，国境边界河流以及跨省、自治区、直辖市河流指定河段限额以上的取水。"

由于全国各流域间水资源状况差异较大，在《条例》中无法用统一的标准来明确各流域的特定河段和取水限额，因此，赋予国务院水行政主管部门对流域管理机构审批的指定河段和限额以及流域管理机构直接管理的河道（河段）、湖泊进行具体规定。水利部于 1994 年分别发布了关于授予黄河、淮河、长江、海河、珠江、松辽等水利委员会取水许可管理权限的通知（水政资〔1994〕197 号、276 号、438 号、460 号、555 号、554 号），对有关流域管理机构实施取水许可管理的河段及其限额作出了具体规定。上述这些授权文件应在总结经验和充分协商的基础上，针对存在的问题，进行适当的修改和调整。

（2）国际跨界河流的指定河段和国际边界河流限额以上的取水。原《办法》第十九条规定的是"国际跨界河流，国境边界河流指定河段限额以上的取水"，其范围界定基本一致。水利部依据原《办法》于 1996 年 1 月 3 日作出了《关于国际跨界河流、国境边界河流和跨省（自治区）内陆河流取水许可管理权限的通知》（水政资〔1996〕5 号）。

（3）省际边界河流、湖泊限额以上的取水。此规定与原《办法》相同。有关省际边界河流的取水限额可参照《水利部关于国际跨界河流、国境边界河流和跨省（自治区）内陆河流取水许可管理权限的通知》（水政资〔1996〕5 号）规定，水利部可根据实际需要，进一步明确省际边界河流、湖泊取水限额标准。

（4）跨省、自治区、直辖市行政区域的取水。原《办法》第十九条规定的是"跨省、自治区、直辖市行政区域限额以上的取水"。《条例》没有了"限额以上"的表述，即说明取水口与用水单位不在同一省、自治区、直辖市行政区域的，取水许可由有关流域管理机构审批。但跨省、自治区、直辖市行政区域的取水并不一定取水量大，因此，按照《条例》第四条第（二）项规定，取水口或者用水单位所在地省、自治区、直辖市人民政府规定属于少量取水的，就不需要流域管理机构审批。

（5）由国务院或者国务院投资主管部门审批、核准的大型建设项目的取水。原《办法》第十九条规定的是"由国务院批准大型建设项目的取水"，显然，依据投资体制改革，《条例》将范围作了相应的调整，除由国务院审批的大型建设项目外，还包括国务院投资主管部门即国家发改委审批、核准的大型建设项目。根据国务院《关于投资体制改革的决定》精神，原则上是使用政府投资建设的项目实行审批制，企业不使用政府投资建设的项目，实行核准或备案制。但由国务院或者国务院投资主管部门审批、核准的大型建设项目的取水量不一定大，社会关系与取水影响未必复杂，大型建设项目的范围如何结合取水量进行适当界定值得研究。水利部依据原《办法》于 1995 年 12 月 8 日作出了《关于对国务院审批的大型建设项目取水许可管理有关问题的通知》（水政资〔1995〕494

号）中将国务院审批的大型建设项目界定为"由国务院批准的或由国务院委托国家计委、经贸委批准的总投资 2 亿元以上的建设项目"和"由国务院提请全国人大批准的建设项目"，已不适应国务院关于投资体制改革的决定精神。因此，为体现取水许可的高效与便民，水利部应当在有关流域管理机构协商省（自治区、直辖市）水行政主管部门的基础上，力争会同国家发改委结合取水量合理界定"大型建设项目"，同时，对地下水的审批尽量以行政区域管理为主。

（6）流域管理机构直接管理的河道（河段）、湖泊内的取水。流域管理机构直接管理的河道（河段）、湖泊是指如黄河水利委员会下属的山东和河南河务局管理的河段，但需要注意的是河务局不是法律上规定的流域管理机构，不能从事取水许可审批。

除流域管理机构审批外的其他取水的审批权限，《条例》规定由省、自治区、直辖市人民政府规定。如《内蒙古自治区取水许可制度实施细则》规定：（一）地下水年取水在 300 万立方米以上，地表水用于工业和城镇生活年取水在 300 万立方米以上或其他用水年取水在 3000 万立方米以上的，由取水口所在地旗（县）水行政主管部门提出意见，报盟（市）水行政主管部门审核后，由自治区水行政主管部门审批、发证。（二）地下水年取水 100 万立方米以上不足 300 万立方米，地表水用于工业和城镇生活年取水 100 万立方米以上不足 300 万立方米或其他用水年取水 1000 万立方米以上不足 3000 万立方米的，由取水口所在地旗（县）水行政主管部门审核，报盟（市）水行政主管部门审批、发证。（三）地下水年取水不足 100 万立方米，地表水用于工业和城镇生活年取水不足 100 万立方米或者其他用水年取水不足 1000 万立方米的，由旗（县）水行政主管部门审批、发证。（四）在自治区内流经两个以上行政区域河流指定河段及界河上的取水，由当地水行政主管部门的共同上级水行政主管部门审批、发证。

审批原则

《取水许可和水资源费征收管理条例》第十七条规定，审批机关受理取水申请后，应当对取水申请材料进行全面审查，并综合考虑取水可能对水资源节约保护和经济社会发展带来的影响，决定是否批准取水申请。

审批取水许可时应当遵循如下原则。

1. 符合规划原则

《条例》第六条规定："实施取水许可必须符合水资源综合规划、流域综合规划、水中长期供求规划和水功能区划，遵守依照《中华人民共和国水法》规定批准的水量分配方案；尚未制定水量分配方案的，应当遵守有关地方人民政府间签订的协议。"《水法》专门设置第二章"水资源规划"规定了制定全国水资源战略规划（即水资源综合规划），流域综合规划和区域综合规划，以及流域和区域专业规划的权限、程序和修改等，使水资源规划形成一个完整的规划体系；同时，为更好地合理配置，最大限度地发挥水资源的经济、社会和生态效益，还将河流内一定量的水资源在上下游、左右岸之间进行分配，在河道生态环境和生活用水、生产用水之间分配，制定水量分配方案或签订有关地方人民政府间的分水协议。实施取水许可的核心目标是合理配置水资源，因此，在实施取水许可时，符合水资源综合规划、流域综合规划、水中长期供求规划和水功能区划，遵守依照水法规定批准的水量分配方案，遵守有关地方人民政府间签订的协议，是保证水资源合理配置，保障水资源开发、利用、节约、保护等有序、合理进行的基本原则要求。

2. 总量控制原则

《条例》第十五条规定："批准的水量分配方案或者签订的协议是确定流域与行政区域取水许可总量控制的依据。"根据《水法》第四十五条规定："调蓄径流和分配水量，应当依据流域规划和水中长期供求规划，以流域为单元制定水量分配方案。跨省、自治区、直辖市的水量分配方案和旱情紧急情况下的水量调度预案，由流域管理机构商有关省、自治区、直辖市人民政府制定，并报国务院或者其授权的部门批准后执行。"目前，我国在国家确定的重要江河中，只有在黄河流域制定批准了水量分配方案。1987年国务院办公厅转发了国家计划委员会和水电部《关于黄河可供水量分配方案报告的通知》（国办发〔1987〕61号），国家计划委员会、水电部《关于黄河可供水量分配方案报告》中确定了沿黄各省和有关省（自治区、直辖市）的水量分配方案，如内蒙古为 58.6 亿米^3，山东为 70 亿米^3。此外，如黑河、漳河、滦河、塔里木河等用水矛盾较大的河流也制定了水量分配方案。部分河流的流域内有关各省在平等协商的基础上签订了水量分配协议。这些批准的水量分配方案或者签订的协议是确定流域与行政区域取水许可总量控制的依据。

取水许可总量控制是根据批准的水量分配方案或者签订的协议，在综合考虑流域的可供水量和现状用水情况，确定的各流域或者行政区域的最大取水许可量。根据取用水户的申请和相应用水定额，核算其合理的用水量，汇总后在本流域用水总量限额内协调平衡最后取用水户的配水总量和年度用水计划。因此，取水许可总量控制可以理解为是根据水资源承载能力的自上而下的配置，是一种原则性的封顶监督管理，也是一种自上而下的、相互协调的动态管理。由于目前我国对取用水的总量控制还没有制定统一的管理模式，包括一些已制定了水量分配的河流，其分配水量有的是河川径流量，有的是耗水量，还有的是水资源总量。为了实施好取水许可总量控制，需要把握好以下四个方面：

（1）流域或者区域上的水资源可利用量的总量控制。其主要依据是全国水资源综合规划的成果，实施取水许可必须符合水资源综合规划、流域综合规划、水中长期供求规划和水功能区划，同时要重点控制流域或者区域的耗水量不得超过水资源可利用量，并合理考虑批准取水许可的退排水量，不允许超过水功能区所确定的水域（河道）纳污总量。

（2）取水许可审批的取水总量不得超过流域机构或上级水行政主管部门依据经批准的水量分配方案（或协议）分配给本行政区域的水量指标；尚未制定水量分配方案或协议的流域和区域，取水许可审批的取水总量不得超过经批准的流域机构或上级水行政主管部门制定的本行政区域取水许可总量控制指标所确定的水量指标。取水总量已超出有关水量分配方案（或协议）或取水许可总量控制指标所确定的本行政区域水量指标的行政区域，原则上不再审批新增取水量。

（3）对于地下水的取水许可总量控制要以地下水的可开采量作为主要控制指标，区分未超采区、限制开采区和禁止开采区依法实施取水许可总量控制。

（4）在上级水行政主管部门或者流域管理机构下达的取水许可控制指标的指导下，取水审批机关依照本地区下一年度取水计划、取水单位或者个人提出的下一年度的取水计划，是实现取水许可总量控制的主要措施。

3. 定额管理原则

定额管理是实现总量控制目标的关键环节。总量控制目标层层分解，制定用水量总量的分配指标和各行业用水定额，最终落实到每一个取用水户。《条例》第十六条规定："按照行业用水定额核定的用水量是取水量审批的主要依据。"也就是说，审批机关审查取水许可申请时，批准的取水量不得超过按行业用水定额标准核定的水量。尚未制定本行政区域行业用水定额的，可以参照国务院有关行业主管部门制定的行业用水定额执行。

4. 地表水与地下水统筹考虑，开源与节流相结合、节流优先原则

水资源是大气降雨循环再生的动态自然资源，大气水、地表水和地下水相互转化，不能分割。因此，实施取水许可必须充分考虑水循环的整体性和水的各种形态相互影响的特性。究竟是取用地表水还是取用地下水，还是兼而有之，这要根据当地资源条件，从有效地保护、节约水资源并获得最大经济、社会、生态与环境效益的目标出发，因地制宜、统筹兼顾来解决。当然，还要考虑国家的有关产业政策，如国家发展和改革委员会《关于燃煤电站项目规划和建设有关要求的通知》（发改能源〔2004〕864号）中明确要求，北方缺水地区建设燃煤电站项目严禁采用地下水，同时鼓励利用污水处理后的再生水和煤矿生产疏干水。

5. 优先满足城乡居民生活，统筹兼顾生产与生态用水的原则

《水法》第二十一条规定："开发、利用水资源，应当首先满足城乡居民生活用水，并兼顾农业、工业、生态环境用水以及航运等需要。"人对水的第一需求就是饮水保障，获得充足、洁净的饮水，是城乡居民最基本的生活需要，也是"以人为本科学发展观"最本质的要求。因此，在实施取水许可考虑各项用水需求时，应当把生活用水放在优先地位，对农业、工业、生态与环境等用水则本着全面规划、统筹兼顾的原则协调安排，既要基本保障经济和社会发展用水，又努力改善生态环境用水，逐步形成水资源合理配置的格局和安全供水体系。审批机关审批水量时应当优先满足人的基本生活需求，并充分考虑维持生态环境所需基本水量的基础上，对其他经济取用水进行许可。

上述五项原则，从综合的观点看，实质上是贯彻落实以人为本的科学发展观在取水许可审批中的体现。其中，总量控制原则和定额管理原则是核心，因为其他的原则从一定意义上都可以视为这两个原则的延伸。审批取水许可，把握住总量控制和定额管理是至关重要的。

审查内容

审查的主要内容包括对取水申请事项、取水水量的合理性、取水水源的可靠性、取用水的可行性等方面的实质审查。审查机关应当将已通过专家审查的建设项目水资源论证报告书作为取水许可审查的主要依据。不需要水资源论证的取用水项目也应对以下几个方面的内容进行审查。

1. 审查申请人的申请事项

（1）审查申请人资格。取用水申请人为个人的，要求提供身份证及其复印件；取用水申请人为企业的，要求提供工商营业执照及其复印件；取用水申请人为机关事业单位的，要求提供单位代码证及其复印件；取用水申请人为社团组织的，要求提供社团登记证书及其复印件。

（2）审查取水工程概况，包括取水工程名称、取水工程类型、取退水地点、取水用途、取用水量等。

（3）审查是否需要办理取水许可审批手续。

（4）审查取水许可申请书填写是否符合要求。

（5）审查提供取水许可申请资料是否完备齐全。

2. 审查取水水量的合理性

（1）政策性审查。审查建设项目所属行业、产品、规模、工艺技术和当地水资源条件等方面是否符合国家政策。重点审查建设项目是否属于国家鼓励发展的项目、产品和技术，或者是否属于国家明令淘汰的、制止重复建设的项目。对于国家和地方鼓励发展的项目、产品和技术的建设项目，在水源和水量上要优先给予审批；国家和地方明令淘汰的落后的生产能力、工艺、产品和低水平重复建设的项目，对其申请的取水许可申请不予批准。目前国家已出台的产业政策有：《产业结构调整指导目录（2005 年本）》，国家发展和改革委员会 2005 年 12 月 2 日以主任令第 40 号发布，并于发布之日起实施；《外商投资产业指导目录》，国家发改委、经贸委、对外贸易经济合作部以主任（部长）令第 21 号发布，自 2005 年 4 月 1 日起实施；《国家重点鼓励发展的产业、产品和技术目录

（2000 年修订）》；《当前工商领域固定资产投资重点》，国家经贸委投资〔1999〕256 号发布；《第一批严重污染环境（大气）的淘汰工艺与设备名录》，1997 年 6 月 5 日，国家经贸委、环保局、机械工业部国经贸资〔1997〕367 号《关于公布第一批严重污染环境（大气）的淘汰工艺与设备名录的通知》；《淘汰落后生产能力、工艺和产品的目录》（第一批），国家经贸委令第 6 号，自 1999 年 2 月 1 日起施行；《淘汰落后生产能力、工艺和产品的目录》（第二批），1999 年 12 月 30 日，国家经贸委令第 16 号，自 2000 年 1 月 1 日起施行；《淘汰落后生产能力、工艺和产品的目录》（第三批），国家经贸委令第 32 号，自 2002 年 7 月 1 日起施行；《工商投资领域制止重复建设目录》（第一批），国家经贸委令第 14 号，自 1999 年 9 月 1 日起施行；水利类建设项目应符合国务院印发的《水利产业政策》（国发〔1997〕35 号）和地方制定的水利产业政策实施方案。

（2）审查取水许可申请是否符合有关水资源规划、水量分配方案、区域水量总量控制、地下水管理划分、水功能区管理等。

（3）审查建设项目是否与项目所在地的水资源条件、开发利用程度、区域的用水水平等相适应。

（4）审查河道内的水是否满足生态用水及通航的需要。

（5）审查建设项目用水的合理性。主要从用水定额、用水重复利用率、节水工艺和节水设施的可靠性及其"三同时"落实情况、计量设施安装是否合理、节水的潜力等方面，分析建设项目用水的合理性。

3. 审查取水水源的可靠性

应对来水量和用水量的可能变化及其各种组合情况进行方案比较，分析各种组合方案的供水保证率和抗风险能力，结合审查取水水质状况能否满足要求，综合分析比较后审查取水的可靠性。

4. 审查取用水的可行性

（1）审查取水口位置的合理性。从取水河段的稳定性，取水口位置与现有取水口、排污口的关系以及对第三者的影响等方面，分析取水口位置设置的合理性。

（2）审查退水情况是否可行，退水口设置是否合理。包括废污水产生的环节、退水量、对水功能区的影响和纳污能力的影响。

（3）审查废污水处理及回用情况。

（4）审查取退水对水生态保护的影响。

（5）审查建设项目对第三者的影响及补偿措施及其落实情况，主要审查有利害关系人的承诺书或协议。

（6）审查建设项目水资源保护措施是否可行，保护措施或者方案设计是否可靠。这里需要强调，建设项目水资源论证和取水许可作为两项具有联系的行政许可项目，前者更侧重于技术审查，即项目取水的可靠性、合理性及取水的影响等，有关国家产业政策、用水总量控制等并不是考虑的重点。经水行政主管部门或者流域管理机构审定的建设项目水资源论证报告书及审查意见是办理取水许可申请的技术依据，但并不意味着通过了建设项目水资源论证报告书审查就当然地取得取水许可申请的批准。水行政主管部门或者流域管理机构还应当按照上述原则进行全面审查。

审查程序

1. 取水许可审查方式

水行政主管部门对取水许可申请，可采用以下方式进行审查。

（1）材料审查

对于相对人提出的取水许可申请，水行政主管部门或者流域管理机构应当对其所提供的申请材料所反映情况的真实性进行审查，同时，对其提供的材料所显示的条件是否具备取水许可的要求进行审查，这是水行政主管部门或者流域管理机构作出批准或不批准取水许可申请决定前的主要审查内容。

（2）实地核查

有的取水许可，水行政主管部门或者流域管理机构必须去现场核实申请材料反映的内容是否与实际情况一致。为提高核查的质量，确保行政行为的公正性，根据法定的条件和程序，需要对申请材料的实质内容进行核实，水行政主管部门或者流域管理机构应当指派两名以上工作人员，主动出示工作证件，表明身份，进行实地核查有关材料。

（3）听取利害关系人意见

在审查行政许可申请的过程中，申请人的主张及其依据都已经反映在其申请材料中。从申请人角度而言，为了取得取水许可，其申请书及申请材料主要是用来证明其具备取得取水许可的法定条件，不会或者很少反映第三人的合法权益、公共利益。为此，取水许可程序制度方面，设置了保护第三者的合法权益、社会公共利益的相关程序，规定了听取利害关系人意见程序、听证程序。

2. 取水许可审批程序

根据《条例》有关规定，审批机关在受理取水申请后进行审查，对取用城市规划区地下水的取水申请，审批机关应当征求城市建设主管部门的意见。这里的征求意见，与原《办法》规定的"审核同意并签署意见"有着本质的区别。对取用城市规划区地下水的取水申请，在征求城市建设主管部门的意见时，反馈的意见只是水行政主管部门是否决定批准取水许可的参考意见，即使城市建设主管部门提出不同意批准的意见，水行政主管部门认为符合批准条件也可以批准。而原《办法》规定的"审核同意并签署意见"是城市建设主管部门提出不同意批准的意见，水行政主管部门就不得批复。根据《条例》

的立法精神，审批取用城市规划区地下水的取水申请，征求城市建设主管部门意见，其目的是确定城市公共供水管网是否能够满足用水需要。

取水许可权限属于流域管理机构的，取水口所在地的省、自治区、直辖市人民政府水行政主管部门在受理取水申请后进行初步审查提出意见，无论是否同意取水，也要将初步审查意见连同全部申请材料转报流域管理机构，由流域管理机构按照上述程序决定。

听证程序

听证程序是行政机关作出行政决定前给予当事人就重要事实表示意见的机会，通过公开、公正、民主的方式达到行政目的的程序。一般而言，根据个人利益与公共利益均衡原则和成本不大于收益原则，确定需要听证的范围。按照《行政许可法》的有关规定，《条例》将听证第一次以法定的程序引入取水许可审批程序。正确理解取水许可审批的听证程序，要着重把握以下几点。

1. 取水许可听证

取水许可听证是取水许可审批机关在作出影响公民、法人或者其他组织合法权的取水许可前，向其告知决定理由和听证权利，公民、法人或者其他组织随之向审批机关表达意见、提供申辩和质证，以及审批机关听取意见、接纳其证据的程序所构成的一种法律制度。这是公众、取用水单位和个人参与水资源管理的主要形式，是公众、取用水单位和个人、与取用水有利害的第三者通过向水行政主管部门陈述自己的意见，努力使自己的意见、陈述体现在水行政主管部门作出取水许可决定的内容中，从而体现出水行政许可的公开、公平和公正。

2. 取水许可听证的适用范围

设立听证程序，让利害各方的意见在水行政程序中充分得到展现、吸纳，可以提高取水许可决定的公正性、公开性和可接受性，但要求所有取水许可决定作出之前均举行听证，必然会造成人力、物力、财力的浪费，从而影响行政效率。基于兼顾公平与效率的考虑，取水许可需要听证的事项有以下两个方面。

（1）取水许可审批机关依职权组织听证的事项

《条例》第十八条规定："审批机关认为取水涉及社会公共利益需要听证的，应当向社会公告，并举行听证。"其目的是为了取水许可审批机关掌握有关信息，维护社会公共利益。因此，参加听证的人员范围不仅应当包括申请人，还应当包括对取水许可事项有兴趣的其他社会公众。这就要求审批机关在对取水许可申请进行审查的过程中，应当考查行政许可事项是否会影响到公共利益。如果认为取水许可申请对公共利益可能产生较大的影响，审批机关就应当将有关的取水许可事项予以公告，使社会对此予以关注，听取社会各界包括专家的意见。

取水涉及社会公共利益的情形主要包括取水可能影响流域或者区域的水资源状况、影响水功能区水域使用功能、对饮水安全构成威胁、影响水生态与环境、造成水文地质条件改变等。涉及社会公共利益的取水一般属于比较重大的取水事项。采取听证的形式，目的是为了便于审批机关掌握相关信息，维护社会公共利益。

（2）取水许可审批机关依申请进行听证的事项

《条例》第十八条规定："审批机关认为取水涉及社会公共利益需听证的，应当向社会公告，并举行听证。取水涉及申请人与他人之间重大利害关系的，审批机关在作出是否批准取水申请的决定前，应当告知申请人、利害关系人。申请人、利害关系人要求听证的，审批机关应当组织听证。"这里的"他人"是指审批机关和申请人以外的同取水许可的实施有直接利益关系的个人或组织。取水涉及申请人与他人之间的重大利害关系包括影响他人取水、造成水质污染、造成地面沉降、造成他人其他人身财产损失以及妨害他人公平竞争取水等。审批机关在具体的听证程序中负有告知的义务，在法定期限内组织听证的义务以及承担听证费用的义务。

取水直接涉及申请人与利害关系人之间重大利害关系的，申请人或利害关系人提出听证申请的，取水许可审批机关即有组织听证的义务；申请人或利害关系人没有提出听证申请的，取水许可审批机关可以不组织听证。这里需注意两点：一是取水许可审批机关必须清楚取水涉及的利害关系人，并有义务告知其情况；二是要严格区分这利害关系是否是取水所直接涉及的。在现实操作中，如水电站开发很多实质是土地纠纷或者林权纠纷，而往往以水事纠纷名义提出。

3. 取水许可听证的程序和效力

为此，听证程序应按照《行政许可法》和《行政处罚》中关于听证的规定进行：

（1）对应申请举行的听证，水行政机关在作出取水许可决定前，应当告知申请人、利害关系人享有听证的权利。

（2）申请人、利害关系人应在被告知听证权利之日起5日内提出听证申请，否则就失去其享有的听证权；行政机关应当在20日组织听证。

（3）行政机关应当于举行听证的7日前通知申请人和已知的利害关系人听证的时间、地点，必要时予以公告。水行政主管部门主动举行的听证，应当公告有关事项，便于当事人做好准备工作，充分收集有关材料，参加听证。

（4）听证应当公开举行，让公众有机会了解听证的过程，加强监督，从而确保听证的公正进行。听证的公开进行是指听证过程对社会公众开放，允许公众参加旁听。但是涉及国家机密、商业秘密和个人隐私的事项，听证可以不公开进行。

（5）行政机关应当指定该审查取水许可的工作人员以外的人员为听证主持人；申请人或者利害关系人认为主持人与本取水许可事项有直接关系的，有权申请回避。

（6）举行听证时，审查该取水许可申请的工作人员应当提供审查意见的证据、理由，申请人、利害关系人可以提出证据，并进行申辩和质证。

（7）听证应当制作笔录，听证笔录应当交听证参加人确认无误后签字或者盖章。

（8）听证笔录的效力。行政机关必须以听证记录中所展示的并经过对质得以认证、确有证明力的证据作为事实依据，而不能以案卷以外的事实作为决定的基础。

4. 取水许可审批的中止

《条例》第十八条规定："因取水申请引起争议或者诉讼的，审批机关应当书面通知申请人中止审批程序；争议解决或者诉讼终止后，恢复审批程序。"

这一条主要基于取水引发水事纠纷而设定的，在水资源开发利用的水事活动中，上下游、左右岸，防洪、治涝、灌溉、排水、供水、水运、水能利用、水资源保护等各种水事活动之间，存在不同的需求和利害关系，如果处理不当，会引起各地区、各方面的矛盾，容易发生水事纠纷。如不能及时地和很好地解决水事纠纷当事人之间的矛盾，将会影响到人民生活，阻碍经济的发展，成为社会不稳定的隐患。有的水事纠纷如解决处理不当，还有可能使矛盾激化，酿成刑事案件，甚至造成大规模的群众性械斗。水事纠纷从当事各方关系上来说，分为两类：一类是不同行政区域之间发生的水事纠纷，其性质属行政争端；另一类是单位之间、个人之间、单位与个人之间发生的水事纠纷，这类纠纷属于民事纠纷。

发生民事水事纠纷后，当事人可以通过三种方式进行解决：一是双方协商解决；二是可申请人民政府或者其所授权的部门调解；三是当事人可直接向人民法院提起民事诉讼。为了保证当事人的合法权益，防止纠纷激化，扩大事态，制止违法行为，在水事纠纷过程中，当事人不得单方改变现状，从而保障对水事纠纷的合理处理。因此，在这样的情况下，对取水申请审批的中止是非常必要的，有利于水事纠纷的公正解决。

许可决定

1. 取水许可审批机关有对取水许可申请作出决定的义务

实践中，一些取水许可审批机关对取用水单位和个人提出的取水许可申请或者故意拖延，或者严重不负责任，不在法定的期间内作出决定等不作为的现象时有发生。《条例》第十七条规定，审批机关受理取水申请后，应当对取水申请材料进行全面审查，并综合考虑取水可能对水资源节约保护和经济社会发展带来的影响，决定是否批准取水申请。

审批机关作出取水许可决定应当遵循以下三点要求：一是应当在法定的期限内作出决定；二是应当按照规定的程序作出决定；三是应当根据审查的结果作出相应的决定。

2. 取水许可审批机关应当根据申请人是否符合法定条件、标准作出取水许可决定

（1）准予取水许可决定

申请人的取用水申请符合取水许可法定条件、标准的，审批机关应当作出准予取水许可决定，同意申请人兴建取用水工程或者设施。

1）取水许可审批机关在取用水意见中，应对取水申请人的取水地点、取水水源、年取水量、最大取水流量、取水用途、取水和退水水质、计量设施的装置、节约用水、退水地点、废污水处理、退水量、水资源保护措施、竣工验收等方面提出明确要求，取用地下水的，还应对井深、井径、成井要求、地下水动态监测等提出要求。同时，审批机关应当在审批意见中按照《条例》第二十二条之规定，明确告知取用水申请人如果"取水申请批准后 3 年内，取水工程或者设施仍未开工建设，或者需由国家审批、核准的建设项目仍未取得国家审批、核准的，取水申请批准文件自行失效"。

2）取水许可审批机关作出的准予取水许可决定，应当予以公告，公众有权查阅。取水许可的公开，既便于群众监督审批机关实施取水许可的行为，督促其依法行政；也便于社会公众了解从事取用水的单位和个人是否取得取水许可，有利于监督被许可的单位和个人的活动，预防和减少未经取水许可从事开发利用水资源的现象。

（2）不予取水许可决定

取水许可审批机关作出不予取水许可的决定应当说明理由，告知救济权。

1）不予取水许可必须作出书面决定。取水许可审批机关对取用水申请人作出不予批准的，可在取水许可申请表中注明不予取水许可的意思表示，加盖本行政机关印章、注明日期；或者作出加盖本机关印章、注明日期的不予取水许可的书面决定。

2）不予取水许可必须说明理由。取用水申请人知道了不予批准的理由与依据，才有可能了解取水许可审批机关是否是依法作出取水许可决定，是否提出申请行政复议或提起行政诉讼，也是对取用水申请人的尊重。《条例》第二十条明确规定以下八种情形应当不予批准取水许可：一是在地下水禁采区取用地下水的；二是在取水许可总量已经达到该地区取水许可控制总量的地区增加取水量的；三是可能对水功能区水域使用功能造成重大损害的；四是取水、退水布局不合理的；五是城市公共供水管网能够满足用水需要时，建设项目自备取水设施取用地下水的；六是可能对第三者或者社会公共利益产生重大损害的；七是属于备案项目，未报送备案的；八是法律、行政法规规定的其他情形。

3）取水许可审批机关作出不予取水许可的决定应当告知申请人享有申请行政复议、提起行政诉讼的权利。为防止出现申请人因不懂得行使救济权而不能有效维护其合法权益的情况，取水许可应当告知取水申请人在什么时间内向哪个行政机关申请行政复议，或向哪个法院提起行政诉讼。

3. 取水许可审批的期限

取水许可的期限制度是为了保证水行政主管部门实施取水许可活动的高效，而对取水许可的实施程序整体及各个环节提出的时间上的限制。规定期限制度，可以促进水行政机关提高办事效率，也是为了防止取水许可审批机关以拖延时间的方式损害取水申请的单位和个人的权益。

在取水许可期限的设计上必须明确、合理、高效，要考虑到审查对象的复杂性、行政机关的实际情况等设定取水许可期限，并不是审查期限越短越好。《条例》中规定了取水许可审批机关应当自受理取水申请之日起 45 个工作日内决定批准或者不批准，这期限不包括听证和征求有关部门意见所需的时间。

《条例》第十九条对取用城市规划区地下水的取水申请作了特别规定，要求取用城市规划区地下水的取水申请，审批机关应当征求城市建设主管部门的意见，并对征求意见的期限进行明确，为 5 个工作日。

4. 批准取水许可申请的法律效果

取水申请经审批机关批准，申请人可以兴建取水工程或者设施。

须由国家审批、核准的建设项目，取得取水申请批准文件后，可以向项目主管部门申报审批或核准。

取水申请人取得 3 年有效期的预取水权。非因法定事由，即取水工程或者设施未开工建设，或者须由国家审批、核准的建设项目未取得国家审批、核准的，取水申请批准文件不得撤销。

许可证的核发

取水许可证是单位和个人取用水资源的合法证件，也是取水许可申请人取得取水权的象征。取水许可审批机关向取水许可申请人核发取水许可证，标志着整个取水许可申请和审批程序的终结。

1. 核发取水许可证的申请领取

取水工程或者设施竣工后，申请人应当按照国务院水行政主管部门的规定，向取水审批机关报送取水工程或者设施试运行情况等相关材料，申请领取取水许可证。根据水利部 2008 年发布的第 34 号令《取水许可管理办法》，申请人应当向取水审批机关报送以下材料。

（1）建设项目的批准或者核准文件；

（2）取水申请批准文件；

（3）取水工程或者设施的建设和试运行情况；

（4）取水计量设施的计量认证情况；

（5）节水设施的建设和试运行情况；

（6）污水处理措施落实情况；

（7）试运行期间的取水、退水监测结果。

拦河闸坝等蓄水工程，还应当提交经地方人民政府水行政主管部门或者流域管理机构批准的蓄水调度运行方案。地下水取水工程，还应当提交包括成井抽水试验综合成果图、水质分析报告等内容的施工报告。取水申请批准文件由不同流域管理机构联合签发的，申请人可以向其中任何一个流域管理机构报送材料。

2. 取水工程或者设施的验收

取用水申请人向审批机关提交有关申请验收资料，审批机关应尽快组织验收。验收时应注意以下两点：一是上一级审批机关应当会同下级水行政主管部门共同验收；二是验收时应从水资源的角度进行验收取水工程是否符合取水许可审批所提出的要求，如取水能力是否与审批的取水量一致、项目建设节水措施是否符合节水要求、水资源保护措施是否落实等，而不是验收其主体工程本身工程质量。

3. 取水许可证的核发与公告

取水工程或者设施经验收合格竣工后，审批机关应当向取水许可申请人核发取水许可证。直接利用已有的取水工程或者设施取水的，经审批机关审查合格，发给取水许可证。审批机关应当将发放取水许可证的情况及时通知取水口所在地县级人民政府水行政主管部门，并定期对取水许可证的发放情况予以公告。

（1）取水许可证样式与内容

取水许可由国务院水行政主管部门统一制作，分正本和副本各一件，正本由取水申请人持有，副本由取水许可审批机关或者其委托的监督管理机关和取用水申请人各备存一份。《条例》第二十四条规定，取水许可证应当载明取水单位或者个人的名称，取水期限，取水量和取水用途，水源类型，取、退水地点及退水方式、退水量。其中规定的取水量是在江河、湖泊、地下水多年平均水量情况下允许的取水单位或者个人的最大取水量。

（2）取水许可证的费用

《条例》第二十四条规定审批机关核发取水许可证只能收取工本费。目前，取水许可证的工本费为每套 10 元。根据《行政许可法》规定行政机关实施行政许可，依照法律、行政法规收取费用的，应当按照公布的法定项目和标准收费；所收取的费用必须全部上缴国库，任何机关或者个人不得以任何形式截留、挪用、私分或者变相私分。因此，审批机关能收取的取水许可证工本费也应当全部上缴国库。而水行政主管部门或者流域管理机构实施行政许可所需经费，应当列入本行政机关的预算，由本级财政予以保障，按照批准的预算予以核拨。

（3）取水许可证有效期限

《条例》第二十五条规定，取水许可证有效期限一般为 5 年，最长不超过 10 年。根据目前取水许可制度实施的实际，取水许可证有效期限原则上按照 5 年控制。取水许可证有效期届满，需要延续的，取水单位或者个人应当在有效期届满 45 日前向原审批机关提出申请，原审批机关应当在有效期届满前，作出是否延续的决定，重新换发取水许可证。

取水单位或者个人向原审批机关提出的延续申请，应包括以下内容：

（1）取水人生产运行情况；

（2）取水人的取用水和退水情况；

（3）取水人水资源费缴纳情况；

（4）节水设施、污水处理设施运行情况；

（5）原取水许可事项的变更说明；

（6）其他与取水许可延续有关的内容。

原审批发放取水许可证的机关应当对原批准的取水量、实际取用水量、节水水平和退水状况以及取水权人所在行业的平均用水水平、当地水资源供需状况和经济社会发展变化等进行全面评估，在取水许可证届满前决定延续或不延续。取水事项有重大变化的，应当重新进行水资源论证，并重新办理取水许可申请，报有审批权限的机关审批。

这里需要注意的是，取水许可证有效期限并不是取水许可的有效期限，取水人的取水权目前法律还没有具体期限。在实践中，部分流域管理机构和水行政主管部门在取水许可证有效期限届满换发取水许可证时进行取水许可水量的核减是不符合法律规定的。首先，取水许可作为一项行政许可，取水人取得的取水权应当受法律保护，审批机关非因法定事由和履行法定程序，不得擅自核减水量；其次，换发取水许可证是对原取水权的延续，而不是重新审核，如发现原审批取水许可水量超过本地区行业用水定额的，可以通过年度取水计划对用水实施总量控制和定额管理；再次，如果取水许可证有效期限届满，换发取水许可证时进行水量核减，取水权人就没有投资节水的积极性，《条例》规定的取水权转让制度就不可能实施。同时，审批机关在换发取水许可证时，不得向取水单位和个人提出法律规定以外的其他要求。

许可的变更与重新申请

1. 取水许可的变更

取水许可的变更是取水权人向原审批机关对已取得的取水许可证载明事项（如取水地点、取水量、取水用途、退水地点、退水污染物种类或排放浓度、退水方式或退水量等）进行非实质性重大变更。可以变更的事项主要是需变更取水人名称或其法定代表人等。原审批机关应当依法对变更取水许可的申请进行审查，认为取用水户提出的申请符合法定条件、标准的，应依法办理变更手续，并在持证人变更记录中注明。

2. 取水许可的重新申请

取水许可证有效期限内，取水事项有较大变更的，取水权人应重新向原取水许可审批机关提出取水申请，经审批机关批准后，办理取水许可手续。取水事项有重大变更主要有以下几种情形：

（1）取水水源或者取水方式或者取水地点发生重大改变的。

（2）取水量发生重大变化的。

（3）取水用途发生重大变化的。

（4）退水地点发生重大改变的。

（5）退水污染物种类或排放浓度发生重大变化的。

（6）退水方式或退水量发生重大变化的。

未经批准，取用水户擅自改变取水许可内容进行取用水的，属未依照批准的取水许可规定条件取水的行为，可按《水法》第六十七条进行处理。

3. 取水许可证的注销

在实践中，审批机关没有注销取水许可的现象比较普遍，有的注销取水许可后不收回取水许可证，或者没有通知取用水户，或者没有向社会公示。为了维护正常的水资源管理秩序，在出现特定事实而使取水许可失去效力的时候，取水许可审批机关应办理有关手续，注销取水许可，向社会公示取水许可失去效力的事实。已经作出的取水许可注销自生效之日起，如果继续取用水的，属于未经批准擅自取水的违法行为。

应当注销取水许可的四种情形：

（1）连续停止取水满2年的。由于不可抗力或者进行重大技术改造等原因造成停止取水满2年的，经原审批机关同意，可以保留取水许可证。

（2）取水许可有效期届满未延续的。取用水户未申请延续取水许可的，或者提出的延续申请未被审批机关批准。

（3）取用水主体消失的。取用水户为个人，该公民死亡或失踪的；取用水户为法人或者其他组织的，其法人或者其他组织被依法终止的。

（4）因不可抗力导致取水许可行为无法实施。如因气候原因，取水水源干涸或者水源水质恶化，不能满足其取水要求，取用水户不可能再实施该取水许可的行为。

4. 取水权的转让

《条例》第二十七条规定依法获得取水权的单位或者个人，通过调整产品和产业结构、改革工艺、节水等措施节约水资源的，在取水许可的有效期和取水限额内，经原审批机关批准，可以依法有偿转让其节约的水资源，并到原审批机关办理取水权变更手续。具体办法由国务院水行政主管部门制定。这是国家行政法规第一次对取水权有偿转让的明确规定，其目的是在国家进行水资源配置的过程中，引入市场机制，充分体现取水权的经济利益，调动取水权人的节水积极性，促进水资源的优化配置和节水型社会的建设。

（1）取水权的取得

"取水权"这一法律概念的提出，是在 2002 年 8 月修订后的《水法》第四十八条："直接从江河、湖泊或者地下取用水资源的单位或者个人，应当按照国家取水许可制度和水资源有偿使用制度的规定，向水行政主管部门或者流域管理机构申请领取取水许可证，并缴纳水资源费，取得取水权。"这是我国法律第一次明确了"取水权"的概念。关于取水权何时取得，目前存在不同的认识，有的认为水资源应该像土地和矿产资源一样，使用者取得使用权，既要缴纳资源占有费，又要按年缴纳使用费；有的认为水资源有别于土地和矿产资源，它不是专有性资源，存在流动性、循环性、随机性、可重复利用性以及公益性较强等多种特点，同时，十多年来，在取用水户中已形成先用水、后交费的传统习惯，因此主张按计量收费。《条例》第三十二条规定："水资源费缴纳数额根据取水口所在水资源费征收标准和实际取水量确定。水力发电用水和火力发电贯流式冷却用水根据取水口所在地水资源费征收标准和实际发电量确定缴纳数额。"这是一种比较好的、留有余地的规定，但并不意味着将来不实行两部制水资源费，对取用水户征收容量水资源费需要进一步探索和研究。

（2）取水权有偿转让的主要内容

《条例》在取水许可制度中对节约的水资源可以有偿转让作出了原则性规定，主要内容包括有：

1）实施有偿转让的主体必须是依法申请领取取水许可证并缴纳水资源费，取得取水权的单位和个人。

2）转让的水资源必须是通过调整产品和产业结构、改革工艺、节水等措施节约的水资源。调整产品和产业结构、改革工艺、节水等措施应当符合国家有关政策和标准。

3）在取水许可的有效期和取水限额内。只有取水许可有效期限和取水限额以内的水资源，取水人才具有取水权。

4）应当经原取水审批机关批准，并办理取水权变更手续，更换取水许可证。转让节约的水资源引起取水主体的变化，引起取水量的分置、取水方式的变化等，应当经原取水审批机关批准。

5）可以依法有偿转让。实行有偿转让，可以体现水资源的价值，鼓励当事人节水。取水权转让的费用是转让双方自愿交易的给付，不等于水资源费，受让的取水人仍然要依照本条例的规定缴纳水资源费。

（3）节约的水资源的转让涉及较为复杂的技术和管理问题，具体的操作办法由国务院水行政主管部门另行规定。

第三章　水行政征收

一、水行政征收概述

水行政征收的含义与特征

1. 水行政征收的特征

水行政征收是指水行政主体根据水事法律规范的规定，以强制方式无偿取得水行政相对方财产所有权的一种水行政行为，如收取河道采砂管理费、水文专业有偿服务费等。其具有以下法律特征：

（1）水行政征收是水行政主体针对相对方即公民、法人或其他组织依职权所实施的一种单方面的水行政行为。

（2）水行政征收的实施必须以相对方负有水事法律规范所规定的缴纳义务为前提。

（3）水行政征收的实质在于水行政主体以强制方式无偿取得相对方的财产所有权。

2. 水行政征收与水行政征用、水行政没收的区别

水行政征收与水行政征用之间的区别。水行政征用是指水行政主体为了公共利益的需要，依照法定程序强制征用水行政相对方的财产、劳务的一种水行政行为。水行政征收与水行政征用的区别主要体现在：

（1）从二者的法律后果来看，水行政征收的法律后果是水行政相对方的财产所有权转归国家，而水行政征用的法律后果则是水行政主体暂时取得了被征用方财产的使用权，并不发生财产所有权的转移。

（2）从二者的行为对象来看，水行政征收一般仅限于财产内容，而水行政征用的对象不仅限于财产内容，还包括被征用方的劳务。

（3）从能否取得补偿来看，水行政征收是水行政主体按照国家法律无偿取得水行政相对方的财产所有权，而水行政征用则是有偿的，应当在征用结束后返还所征用的财产，造成损失的，应当依法给予赔偿。

水行政征用在我国的水事管理实践中有着重要的意义，其具体体现在《防洪法》第四十五条所规定的内容之中。《防洪法》的规定有助于各级人民政府和水行政主体动用一切可以动用的社会力量共同防御洪涝等自然灾害，维护国家和社会的公共利益。

　　水行政征收与水行政没收之间的区别。水行政征收与水行政没收在表现形式以及法律后果方面都是相同的，均是以强制方式取得水行政相对方的财产所有权，而且是实际取得其财产所有权。但是，水行政征收与水行政没收仍然存在着重大的差别：

　　（1）水行政征收与水行政没收所发生的法律依据不同。水行政征收是以水行政相对方负有水事法律规范上的缴纳义务为前提的，而水行政没收则是以水行政相对方违反了水事法律规范的规定为前提的。

　　（2）水行政征收与水行政没收二者的法律性质不同。水行政征收是一种独立的水行政行为，而水行政没收则是一种附属的水行政行为，属于水行政处罚的一个种类。

　　（3）水行政征收与水行政没收二者所适用的法律程序不同。水行政征收依据专门的征收程序，而水行政没收则依据《行政处罚法》和《水行政处罚实施办法》，以及其他水事法律规范中有关水行政没收的程序规定。

　　（4）二者在行为的连续性上表现不同。对于水行政征收而言，只要实施水行政征收的法律依据与事实继续存在，水行政征收就可以一直延续下去，其行为往往具有连续性；而水行政没收则不同，对某一水事违法行为只能给予一次性水行政没收的处罚。

水行政征收的种类与内容

　　根据目前的水事法律规范，水行政征收内容大致有以下几个方面：

1. 水利工程水费

　　为了合理利用水资源，促进节约用水，保证水利工程必需的运行管理、维修和更新改造费用，以充分发挥水资源的经济效益，凡工业、农业和其他一切用水单位、公民个人，都应当依法按照规定标准向水利工程管理单位缴纳水费。水利工程水费亦即通常所说的水费。根据《水利工程水费核定、计收和管理办法》的规定，水利工程水费有以下几项：

　　（1）农业水费；

　　（2）工业水费；

　　（3）城镇生活用水水费；

　　（4）水力发电用水水费；

　　（5）环境和公共卫生等用水水费；

　　（6）由水利设施专门进行养殖、种植等用水水费。

　　目前，水利工程水费的征收是水行政征收的一项重要工作，也是开展的比较好的一项水行政征收。但是，仍然存在着比较突出的问题，那就是水利工程水费的标准过低，没有反映其实际运行成本，在一定程度上助长了水资源浪费现象。1997年颁布的《水利产业政策》着重提出要在三年时间内解决水利工程水费标准过低的问题，按照市场经济的运行规律重新制定标准，核定水利工程水费的征收标准。

2. 水资源费

水资源费是指水行政主体对利用水工程或机械设施直接从地下或江河湖泊取水的取水者，按照国家或省级人民政府所制定的标准依法所征收的费用。向取水者征收水资源费是由我国人民民主专政的国家政权性质所决定的。根据《宪法》，我国的所有自然资源都属于国家所有系资源性国有财产，取水者应当按照有偿使用原则向国家缴纳水资源费。

对水资源等资源性国有财产实行有偿使用是人类认识自然、改造自然的需要，因此由水行政主体代表国家向一切取水者征收水资源费是取水者有偿使用水资源等资源性国有财产的一种体现，也是国家以强制方式实现其国家所有权权能的一种体现，从而促进和保证全社会对水资源等资源性国有财产的合理、充分和有效利用与保护。

从目前我国水资源费的征收情况来看，存在着以下问题：一是缺乏统一征收保证。由于国家没有制定一个统一的征收标准，仅授权由各省、自治区、直辖市自行制定本行政区域内的水资源费的征收办法，以确定征收标准，而事实上大多数的省、自治区、直辖市都没有制定，于是出现这样一种情况，即国家水事法律允许征收，有行政的依据，但是却没有一个具体征收标准，造成实际上无法征收的尴尬局面；二是水资源费的标准过于低下，没有体现出其作为资源和生产、生活要素的真正价值。据资料显示，目前在黄河流域，1000 千千克黄河水的水资源费仅仅相当于一瓶矿泉水的价格，水资源费的标准之低可见一斑。加上其他因素的影响，实际能够征收上来的就更低。在今后的水事管理活动中，要大力宣传水资源等资源性国有财产的所有权属性和有偿使用的原则，促进对其的合理开发利用和保护，实现国民经济和社会的可持续发展。

3. 河道工程修建维护管理费

对于受洪水威胁的省、自治区、直辖市，为了加强本行政区域内防洪工程设施的建设，提高防御洪水的能力，水行政主体可以按照国务院的有关规定向在防洪保护区范围内的工业、商业企业和公民个人征收河道工程修建维护管理费，用于河道堤防等防洪工程的建设、维修和设施的更新改造。

《防洪法》第五十一条第二款对河道工程修建维护管理费征收范围作了明确规定。因为防洪工程设施是国民经济和社会发展的基础设施，服务于全社会，其社会效益和经济效益都是非常可观的。征收河道工程修建维护管理费不但对基础设施的公益性消耗有所补偿，而且有利于社会各方面对防洪基础地位的认识，推动防洪事业的全面发展。国务院于 1988 年 6 月颁布的《河道管理条例》已经明确规定征收河道工程修建维护管理费，并授权省级地方人民政府制定相应的办法。目前全国范围内已经有 20 余个省、自治区、直辖市制定了河道工程修建维护管理费征收管理使用办法，开展了河道工程修建维护管理费征收管理工作。但是在实际征收工作中，执行标准偏低，许多地方的实际征收比率并不高。《防洪法》的再次确认有助于推动此项征收工作的开展。

4. 河道采砂管理费

河道采砂管理费是为了加强河道的整治与管理，合理采取河道范围内的砂石，水行政主体向在河道管理范围内采挖砂石、取土和淘金（包括淘取其他金属和非金属）的采砂者所征收的一种费用，用于河道的整治、堤防工程的维修和工程设施的更新与改造。水利部于1990年与国家财政部、物价局联合颁布的《河道采砂收费管理办法》是水行政主体开展此项征收工作的具体法律依据。有些地方人民政府也制定有相应的地方法规，如《宁夏回族自治区河道采砂收费管理办法》。

5. 水文专业有偿服务费

水行政主体为工业农业、交通运输、地质矿产、环境保护等行业的企事业单位和个体

从业者，以及党政军领导机关所属的企事业单位的生产经营和创收活动提供了各种专项服务，如水文勘测与测绘、水文情报预报，包括提供水文资料、报汛、水质化验等，可以依法向其征收水文专业有偿服务费。水利部颁布的《水文站网管理办法》和《水文专业有偿服务收费管理试行办法》是水行政主体开展此项征收管理工作的具体法律依据。目前此项工作开展得比较好的是四川省和广西壮族自治区，其分别制定了征收水文专业有偿服务费的地方性法规，为水行政主体开展征收水文专业有偿服务费工作提供了必要的法律依据和制度保障。

6. 防汛费

《防汛条例》第三十九条第二款规定："在汛期，有防汛任务的地区的单位和个人应当承担一定的防汛抢险的劳务和费用，具体办法由省（自治区、直辖市）人民政府制定。"

7. 水土流失补偿费

《水土保持法》第三十二条规定："开办生产建设项目或者从事其他生产建设活动造成水土流失的，应当进行治理。在山区、丘陵区、风沙区以及水土保持规划确定的容易发生水土流失的其他区域开办生产建设项目或者从事其他生产建设活动，损坏水土保持设施、地貌植被，不能恢复原有水土保持功能的，应当缴纳水土保持补偿费，专项用于水土流失预防和治理。专项水土流失预防和治理由水行政主管部门负责组织实施。水土保持补偿费的收取使用管理办法由国务院财政部门、国务院价格主管部门会同国务院水行政主管部门制定。生产建设项目在建设过程中和生产过程中发生的水土保持费用，按照国家统一的财务会计制度处理。"

水行政征收的方式与程序

1. 水行政征收的方式

水行政征收的方式包括水行政征收的行为方式与计算方式。根据现行的水事法律规范，水行政征收的行为方式有定期定额征收、查定征收等。至于具体采用何种征收方式，由水行政主体根据水事法律规范的规定，结合相对方的具体情况而定。但是，无论采取何种方式，都应当以书面形式进行征收。

2. 水行政征收的程序

水行政征收的程序是指水行政征收行为应采取的先后步骤。根据水事法律规范的规定，水行政征收的实现方式有：

（1）水行政相对方自愿缴纳；

（2）由水行政主体强制相对方缴纳。当水行政相对方按照规定的方式，在法定的期限内向水行政主体主动履行缴纳义务后，水行政征收行为即告结束；水行政相对方未按照规定方式，在法定的期限内主动履行缴纳义务的，水行政征收即进入强制征收程序。

二、水资源费征收

水资源费征收主体

1995 年国务院办公厅印发了《国务院办公厅关于征收水资源费有关问题的通知》（国办发〔1995〕27 号）明确："在国务院发布水资源费征收和使用办法前，水资源费的征收工作暂按省、自治区、直辖市的规定执行。"1997 年国务院颁布《水利产业政策》进一步明确："国家实行水资源有偿使用制度，对直接从地下或江河、湖泊取水的单位依法征收水资源费。……收取的水资源费要作为专项资金，纳入预算管理，专款专用。"国务院及其办公厅的上述文件对各省制定水资源费管理规定、开征水资源费起到了一定的推动作用。

由于 1988 年颁布的《水法》规定"国家对水资源实行统一管理与分级、分部门管理相结合的制度"，水资源费征收是水资源管理的一项主要内容之一，因此，各省制定的水资源费征收管理规定，基本上也是实行分部门管理，对水利、城建等部门划分了不同的征收范围，实行分别征收，各负其责。

1998 年国务院机构改革及以后各省机构改革，逐步理顺了水资源管理体系，取水许可审批和水资源费征收统一由水行政主管部门负责。特别是 2002 年修订后的《水法》第七条、第四十八条，2006 年国务院颁布的《取水许可和水资源费征收管理条例》第三条、第三十一条，在国家上述法律、法规有关条款中，明确了水行政主管部门负责水资源费征收的主体地位。其中《条例》第三十一条规定："水资源费由取水审批机关负责征收；其中，流域管理机构审批的，水资源费由取水口所在地省、自治区、直辖市人民政府水行政主管部门代为征收。"上述规定确定了水资源费实施"谁审批：谁征收"的原则，流域管理机构审批的取水作为特例，法规授权由省、自治区、直辖市人民政府水行政主管部门代为征收。代收水资源费，既是取水口所在地省、自治区、直辖市人民政府水行政主管部门的权利，也是必须履行的法定义务。

根据修改后的《水法》和《条例》的规定：水资源费的征收主体为县级以上地方人民政府水行政主管部门，除此之外，其他任何单位或者个人不能成为水资源费的征收主体。

水资源费征收范围

1. 水资源费征收范围与取水许可实施范围相应

《水法》第四十八条规定："直接从江河、湖泊或者地下取用水资源的单位和个人，应当按照国家取水许可制度和水资源有偿使用制度的规定，向水行政主管部门或者流域管理机构申请领取取水许可证，并缴纳水资源费，取得取水权。但是，家庭生活和零星散养、圈养畜禽饮用等少量取水的除外。实施取水许可制度和征收管理水资源费的具体办法，由国务院规定。"《取水许可和水资源费征收管理条例》第二条第二款规定："取用水资源的单位和个人，除本条例第四条规定的情形外，都应当申请领取取水许可证，并缴纳水资源费。"《条例》第四条规定五种不需要缴纳水资源费的情况：一是农村集体经济组织及其成员使用本集体经济组织的水塘、水库中的水；二是家庭生活和零星散养、圈养畜禽饮用等少量取水；三是为保障矿井等地下工程施工安全和生产安全必须进行临时应急取（排）水；四是为消除对公共安全或者公共利益的危害临时应急取水；五是为农业抗旱和维护生态与环境必须临时应急取水。《条例》第三十三条、第三十条，还对农业生产用水的水资源费作出了规定。

2. 农村集体经济组织及其成员使用本集体经济组织的水塘、水库中的水资源费规定

（1）农村集体经济组织界定

农村集体经济组织的概念最早出现在 1982 年《中华人民共和国宪法》中。此后，1993 年、1999 年、2002 年的宪法修正案仍然沿用了这一概念。但农村集体经济组织的含

义至今全国也没有严格的法律界定。有的地方在地方性法规中作了界定，比如四川、陕西、贵州等地，有的地方作了政策性规定。农村集体经济组织一般是指乡（镇）、村、组农民（成员）以生产资料集体所有的形式组建的独立核算的经济组织；此外，农村集体经济组织的表现形式还有乡（镇）经济联合总社（合作社）、村经济联合社（合作社）、组经济联合社（合作社）等。

（2）使用农村集体经济组织水塘、水库中的水不收水资源费例外情况

《水法》第三条规定："农村集体经济组织的水塘和由农民集体经济组织修建管理的水库中的水，归各该农村集体经济组织使用。"水塘一般都比较小，使用水塘中的水不应缴纳水资源费。使用水库中的水是否缴水资源费，需要考虑以下两种情况：

1）很多水库是农民投劳、国家投入资金修建，对这类水库水行政主管部门应当根据投资情况进行界定，并经本级政府批准后执行。如果农民投劳折算投入比例很小，不应当划入属于农民集体经济组织修建的水库免缴水资源费的范畴。

2）虽然属于农民集体经济组织修建管理的水库，但由于水库集水面积很小，其水源主要靠上游河道补给，水库取水应当办理取水许可证，缴纳水资源费，其缴纳的水资源费由使用水库的用水人承担。

（3）其他企事业单位或个人以及其他集体经济组织

其他企事业单位或个人以及其他集体经济组织，从农民集体经济组织修建管理的水库取水，应当缴纳水资源费。根据水资源费的性质，由于农民无权征收水资源费，企事业单位或个人缴纳的水资源费只能由水行政主管部门代表国家收取。

3. 农业生产用水水资源费规定

《条例》第三十三条规定：直接从江河、湖泊或者地下取用水资源从事农业生产的，对超过省、自治区、直辖市规定的农业生产用水限额部分的水资源，由取水单位或者个人根据取水口所在地水资源费征收标准和实际取水量缴纳水资源费；符合规定的农业生产用水限额的取水，不缴纳水资源费。取用供水工程的水从事农业生产的，由用水单位或者个人按照实际用水量向供水工程单位缴纳水费，由供水工程单位统一缴纳水资源费；水资源费计入供水成本。

根据上述规定，农业生产用水两种情况需要缴纳水资源费：一是直接从江河、湖泊或者地下取用水超限额部分需要缴纳水资源费；二是取用供水工程供水需要缴纳水资源费。作出从供水工程供水从事农业生产需要缴纳水资源费的规定，因供水工程取水需要缴纳水资源费，供水工程的供水户一般都比较多，有工业、农业、生活等，按供水工程的实际取水量计算水资源费，至少可以方便供水工程水资源费计算和收取。

《条例》第三十条规定："农业生产取水的水资源费征收的步骤和范围由省、自治区、直辖市人民政府规定。"由于对农业生产取水是否要征收水资源费，征收范围如何定，以及定什么样的征收标准等问题，历来存在争议，目前全国各省、自治区、直辖市的实践

也有很大差异。因此，《条例》在第三十三条对农业生产水资源费征收范围和步骤作了规定的同时，又给予省、自治区、直辖市人民政府对农业生产水资源费征收范围和步骤自主作出规定的权益，目的是使我国农业生产水资源费征收工作更能切合我国各地实际。

妥善处理农业生产直接取水的水资源费征收，关系到节约水资源和农民减负增收。农业生产取水量大，用水模式粗放，不利于水资源的可持续利用，《条例》规定对农业生产取水征收水资源费，只是一种手段，目的是促进灌溉方式转变，培养农民节约用水意识，上述条款，统筹考虑了减轻农民负担与促进水资源节约利用两个因素。农民用水除直接从江河、湖泊或者地下限额内取用水不缴纳水资源费外，其余使用本集体的水塘、水库中的水、农业抗旱必须临时应急取水，以及家庭生活和畜禽饮用等少量用水，均不需要缴纳水资源费。而且《条例》规定，农业生产取水的水资源费征收标准应当低于其他用水的水资源费征收标准，粮食作物的水资源费应当低于经济作物的水资源费征收标准。

4. 保障矿井等地下工程施工安全和生产安全必须进行临时应急取（排）水，为消除对公共安全或者公共利益的危害临时应急取水水资源费规定

矿井等地下工程施工正常情况下都需要疏干（排）地下水，这类疏干（排）水也应当缴纳水资源费。只有在发生突发事件时，为保障矿井等地下工程施工安全和生产安全必须进行临时应急取（排）水的，才属法定的不缴纳水资源费范畴。

为消除对公共安全或者公共利益的危害临时应急取水，涉及这方面的范围比较广，比较突出的如饮水安全问题，水源地水质达不到饮用水水质要求，需要采取调水措施从其他水域调水等，属于法定的不缴纳水资源费范畴。对于为消除对公共安全或者利益的危害必须长期正常取水，仍然需要缴纳水资源费。

上述两种情况的应急取水，不需要缴纳水资源费，但都需要及时报水行政主管部门或者流域管理机构备案。

5. 农业抗旱和维护生态与环境必须临时应急取水，家庭生活和零星散养、圈养畜禽饮用等少量取水水资源费规定

我国是贫水国家，由于水资源过度开发，生态环境问题比较突出，需要经常性临时取水以改善生态环境。《条例》规定维护生态与环境必须临时应急取水，不需要缴纳水资源费，但应当经县级以上人民政府水行政主管部门或者流域管理机构同意。维护生态与环境必须临时应急取水免征水资源费，应当界定为发生突发性水污染事故的应急取水。因生态环境需要经常性临时取水，应当制定用水使用计划，纳入正常性的水资源管理范围，实施取水许可管理和缴纳水资源费。

家庭生活和零星散养、圈养畜禽饮用等少量取水不需要申领取水许可证，缴纳水资源费。少量取水的限额由省、自治区、直辖市人民政府规定，少量取水范围不包括供应生活用水的自来水厂的水或家庭办的经营性的畜禽养殖厂取水或灌溉用水。

6. 其他取用水情况水资源费规定

（1）中央直属水电厂的发电用水、火电厂的循环冷却水和矿泉水、地热水

《水法》和《条例》对水资源费征收范围采用排除法，即除《条例》第四条和第三十三条第二款规定的情形外，都应依法缴纳水资源费。按此规定，中央直属水电厂的发电用水和火电厂的循环冷却水、矿泉水、地热水都应缴纳水资源费。1995 年国务院办公厅印发了《国务院办公厅关于征收水资源费有关问题的通知》（国办发〔1995〕27 号）和 2003 年国务院法制办公室《对国土资源部〈关于进一步明确矿泉水、地热水管理职责分工问题的函〉的复函》（国法函〔2003〕197 号）以及中央机构编制委员会办公室《关于矿泉水地热水管理职责分工问题的通知》（中编办〔1998〕14 号）等关于中央直属水电厂的发电用水、火电厂的循环冷却水和矿泉水、地热水的规定应当自然废止。

（2）无证取水水资源费

无证取水分两种情况：一是经过取水许可审批，项目建成试运行期间取水，但还未领取取水许可证；二是未经取水许可审批，擅自取水。这两种情况都应当缴纳水资源费。根据计量用水管理要求，建设项目应当在工程建成的同时，完成计量设施安装工作。项目建成在试运行期间，工程还未经验收取水的，应当根据实际计量的水量缴纳水资源费。工程建设施工期的施工用水，因工程还未建成，往往不具备计量条件，只能按批准施工期临时取用水量计收水资源费。

未经取水许可审批，擅自取水，按照《条例》第五十条和第五十三条的规定，除了按取水设备最大取水能力补缴水资源费外，还应按《水法》第六十九条或者《条例》第五十条的规定，处 2 万元以上 10 万元以下的罚款，并限定其立即停止违法行为。

水资源费征收标准

《取水许可和水资源费征收管理条》第二十八条规定：取水单位或者个人应当按照经批准的年度取水计划取水。超计划或者超定额取水的，对超计划或者超定额部分累进收取水资源。水资源费征收标准由省、自治区、直辖市人民政府价格主管部门会同同级财政部门、水行政主管部门制定，报本级人民政府批准，并报国务院价格主管部门、财政部门和水行政主管部门备案。其中，由流域管理机构审批取水的中央直属和跨省、自治区、直辖市水利工程的水资源费征收标准，由国务院价格主管部门会同国务院财政部门、水行政主管部门制定。

制定合理的水资源费标准的作用

制定合理的水资源费标准，有利于提高政府对水资源的宏观调控作用和培育水权市场形成机制，促进水资源的可持续利用和经济社会的可持续发展。

1. 促进水资源可持续利用

水资源开发利用需要与人口、资源、环境以及经济建设相协调，征收的水资源费，应当能回收水资源节约和保护管理工作的费用，补偿开发利用中对生态环境产生的负面影响，否则，水资源就不能得到有效保护。因此，制定合理的水资源费标准，可以保护水环境，实现水资源可持续利用，促进经济社会持续发展。

2. 提高水资源管理水平，促进用水户合理用水和提高用水户节约用水技术水平

目前，我国各地普遍存在标准偏低的问题，难以充分发挥经济杠杆的作用。出现这种情况有多方面的原因，对水资源短缺形势和对水资源费征收意义认识不足是其重要原因之一。由于有这种情况的存在，因此，各地普遍面临水资源费征收标准需要进行合理调整的问题。适当提高水资源费标准，可以促进企业加强用水管理、提高用水技术水平、集约经营、降低成本，促进企业在生产过程中精心设计、合理利用、优化配置和节约水资源。如果水资源费标准严重偏离价值，标准过低，就会造成水资源严重浪费，加剧水资源的短缺。

标准制定的原则

制定水资源费征收标准是一个十分复杂的问题。《条例》第二十九条对制定水资源费征收标准的原则作了四项规定：一是促进水资源的合理开发、利用、节约和保护；二是与当地水资源条件和经济社会发展水平相适应；三是统筹地表水和地下水的合理开发利用，防止地下水过量开采；四是充分考虑不同产业和行业的差别。

1. 促进水资源的合理开发、利用、节约和保护

促进水资源的合理开发、利用、节约和保护，它是制定水资源费标准的首要原则，也是征收水资源费的主要目的。如果不能达到此目的，征收水资源费就失去了应有的作用。我国水资源可利用量有限，面临的形势严峻，合理开发、利用、节约和保护水资源是长期而艰巨的任务。因此，水资源费征收标准的制定既要充分考虑本地区水资源的稀缺程度，也要考虑水资源本身的价值和水资源条件，要考虑水资源开发利用的供需现状、存在问题和将来的发展趋势。确定水资源费标准首先需要从当地水资源的实际出发，对

水资源的节约与保护起到一定经济杠杆调节作用，充分利用好国家确定的超定额累进征收水资源费的政策，以促进水资源的优化配置。

2. 与当地水资源条件和经济发展水平相适应

由于我国水资源的时空分布不均，不仅各地区水资源状况差别很大，而且东西部、南北方经济发展水平也不同，不同的经济发展水平，导致经济承受能力的差异很大。深入分析当地水资源条件，调查了解水资源费在各类用水户中所占成本的比例及其产生的影响，因地制宜地提出与当地水资源条件和经济社会发展水平相适应的收费标准，才能有利于发挥水资源费的经济调节作用。水资源丰富的地区应确定较低的费率，水资源稀缺地区应确定较高的费率；经济发达地区的水资源费标准应高于经济欠发达地区，在考虑水资源承受能力的同时，考虑取用水单位的经济承受能力。

3. 统筹地表水和地下水合理开发利用

水资源包括地表水和地下水，地表水是循环周期快，深层地下水补给时间很长，几百米以下的深层地下水过量开采后，有的需要几百年甚至上千年才能得以恢复。对地下水特别是深层地下水应重点进行保护，可以使用地表水的，应尽可能不使用地下水。制定水资源费征收标准对地表水和地下水的合理利用有一定的导向作用，如果制定的地下水水资源费征收标准过低，在利益的驱动下，可能诱导人们去大量取用地下水，引起一系列生态与地质环境问题。为了防止地下水过量开采，地下水的水资源费标准应高于地表水水资源费标准，利用经济杠杆对地下水水资源实施有效保护。

4. 考虑不同产业和行业的差别

水资源有多种用途，通常可分为工业、农业、城镇生活等不同用水，往下细分，如工业用水可分为一般工业用水和发电用水，发电用水又可分为火力发电用水和水力发电用水等。不同产业和行业用水，不仅对水资源费承受能力不同，而且对水资源消耗和影响也不同。如工业与农业相比，工业承受水资源费能力就比农业强；火力发电用水与水力发电用水相比，其用水过程，用水目的，对水资源消耗和影响显然不同。因此，在制定水资源费征收标准时，必须充分考虑不同产业和行业的差别，做到分类制定，体现其差异性。

水资源费作为一种经济手段来调控水资源的开发利用，应当和国家产业政策相一致。国家鼓励的产业水资源费应低于国家限制的产业水资源费标准；农业生产取水的水资源费应当低于其他用水的水资源费标准；高耗水行业的水资源费应当高于低耗水行业的水资源标准；洗车、浴室、餐饮等第三产业用水的水资源费标准应当高于其他产业的水资源费标准，使国家有限的水资源更好地为国民经济建设服务。

制定水资源费征收标准，除了遵循以上各项原则外，还应体现优质水高价、低质水低价的原则，鼓励使用中水，以提高水资源的利用效益和效率。

标准的制定

制定了具体的水资源费征收标准，水资源费征收制度才能全面地贯彻落实。我国地域辽阔，省、自治区、直辖市之间，水资源贮存条件、开发利用状况、经济社会发展情况存在较大差异，水资源稀缺程度、供需状况、水资源价值量、用水户类型、用水户对水资源费承受能力等也存在较大差异，难以制定全国统一的水资源费标准，由各省制定水资源费标准能相对比较适合各地的实际情况。

1. 制定水资源费标准主体

制定水资源费征收标准的主体是国务院和省、自治区、直辖市两级人民政府价格主管部门和同级财政部门、水行政主管部门。省以下人民政府有关主管部门无权制定水资源费标准。省级有关主管部门制定水资源费标准后需报本级人民政府批准，和报国务院价格主管部门、财政部门和水行政主管部门备案。省级人民政府批准是地方制定水资源费征收标准发生法律效力的关键，未经批准便不具有法律效力。备案是一种监督审查，以保障地区间、行业间水资源费标准的合理性。

2. 超计划或者超定额累进水资源费征收标准

制定水资源费征收标准应当由两部分组成：一是水资源费基本征收标准，是指使用水行政主管部门下达用水计划内的水量征收水资源费的标准；二是超计划或者超定额用水累进水资源费标准，是指对超出计划或者用水定额的每一级次范围内的水量分别适用各级次费率的累进形式。实行超定额累进标准，缴纳的水资源费会随取用水数额的增加而增加，可以更有效地促进用水户节约用水，充分体现水资源费在水资源节约保护工作方面的调控作用。

3. 国务院有关主管部门制定水资源标准

《条例》规定，由流域管理机构审批取水的中央直属和跨省、自治区、直辖市水利工程的水资源费征收标准，由国务院有关主管部门制定。作出这一规定，主要是考虑到水资源费要计入供水成本，水资源费与水价紧密相连。《水利工程供水价格管理办法》第十六条已规定："中央直属和跨省、自治区、直辖市水利工程的供水价格，由国务院价格主管部门商水行政主管部门审批。"《条例》的上述规定和《水利工程供水价格管理办法》的上述规定相呼应。中央直属水利工程主要指南水北调工程和流域机构直属水利工程；除了南水北调水利工程、流域机构直属水利工程和跨省、自治区、直辖市水利工程的水资源费征收标准，由国务院有关主管部门制定外，流域机构审批的其取水工程的水资源费征收标准，由省级有关部门制定。

由于南水北调水利工程、流域机构直属水利工程和跨省、自治区、直辖市水利工程的范围分布在全国各省范围内，制定标准既要和各省制定的水资源费标准相衔接，又要综合反映全国水资源费征收标准的情况，必须在充分调研的基础上，才能制定相对比较合适的标准。在国务院有关主管部门未出台有关标准前，为了使水资源费征收不出现空白，应当执行地方有关标准。

标准的应用

征收水资源费，首先要确定水资源费缴纳数额。水资源费缴纳数额涉及水量和水资源费征收标准两个方面，它直接关系到取水单位或者个人的经济利益，作为水资源费征收单位，在准确核定水量的同时，必须按标准收费。

1. 水资源费标准适用范围

《条例》第三十二条规定："水资源费缴纳数额根据取水口所在地水资源费征收标准和实际取水量确定。"第三十三条规定："为了公共利益需要，按照国家批准的跨行政区域水量分配方案实施的临时应急调水，由调入区域的取用水的单位或者个人，根据所在地水资源费征收标准和实际取水量缴纳水资源费。"

根据上述规定，征收水资源费执行取水口所在地水资源费标准；跨行政区域临时应急调水水资源费执行调入区的标准，前者属于普遍性的规定，后者是特例。正常情况下的跨行政区域调水，应当执行取水口所在地的水资源费标准。跨行政区域调水，如何界定为临时应急调水和正常性的调水，一是取决于调水线路的长短；二是取决于受益范围的大小；三是取决于是临时性的，还是经常性的，对于长距离大范围经常性的调水，不能界定为临时应急调水。如：正在实施的南水北调工程，因为是长距离的调水，受益范围涉及几个省的较大区域，需要按既定的调水计划实施经常性的调水，虽不应列入临时应急调水，但理论上也应参照《条例》第三十三条，执行调入区域取水口所在地的水资源费标准。对于一般行政区域调水，调水线路较短、受益范围较小，存在因为公共利益的需要临时应急调水的情况，应当执行调入区的水资源费标准。如：根据黄河水量分配方案实施的引黄济津临时应急调水，根据首都水资源规划实施的河北、山西向北京临时应急调水，都不是经常性的调水。应由调入区域的取用水的单位或者个人办理取水许可证，并根据所在地水资源费征收标准和实际取水量缴纳水资源费。

2. 按标准收费

水资源费征收标准总体有两类：一是省制定的地方水资源费标准；二是国家制定的水资源费标准。省制定的地方水资源费标准，对于不同地区、不同水源和水资源不同用途，执行不同的标准；国家制定的水资源费标准，同样存在不同地区、不同水源和水资源不同用途将执行不同的标准，特别是对于不同流域，由于水源及经济条件差异很大，国家应当制定不同的水资源费标准。在一个行政区内，可能涉及几个流域，即使在一个县范围内，也可能涉及 2～3 个流域，对于这些行政区域执行的水资源费标准就相对比较复杂，需要水资源费征收单位的有关人员熟悉水资源费标准的情况，防止不按规定的水资源标准征收水资源费的情况发生。

3. 公共供水水资源费标准执行

各地制定水资源费征收标准，包括公共设施供水直接从江河、湖泊或者地下取用水资源的收费标准。但执行公共供水水资源费标准，需要将水资源费列入供水水价。如果水资源费未列入水价，存在两个问题：一是公共供水水资源费标准难以执行到位；二是即使执行到位，由于水资源费未列入水价，作为价外收费，按国家有关规定，税收部门可能将水行政主管部门征收的水资源费按一定的比例缴入税费。公共供水水价受价格控制因素等影响，又不可能经常进行调整。为了有利于水资源费标准执行到位，水行政主管部门应当做细致的工作，在公共供水调价时，适时将水资源费标准列入公共设施供水水价。

水资源费征收程序

《取水许可和水资源费征收管理条例》第三十三条规定：取水审批机关确定水资源费缴纳数额后，应当向取水单位或者个人送达水资源费缴纳通知单，取水单位或者个人应当自收到缴纳通知单之日起 7 日内办理缴纳手续。《条例》第三十四条规定：取水单位或者个人因特殊困难不能按期缴纳水资源费的，可以自收到水资源费缴纳通知单之日起 7 日内向发出缴纳通知单的水行政主管部门申请缓缴；发出缴纳通知单的水行政主管部门应当自收到缓缴申请之日起 5 个工作日内作出书面决定并通知申请人；期满未作决定的，视为同意。水资源费的缓缴期限最长不得超过 90 日。

上述条款，对水资源费缴纳及缓缴程序作了比较明确的规定，必须按规定依法征收水资源费。在具体实施过程中，视不同情况，可以分征收水资源费、催缴水资源费和处罚三个不同阶段和步骤。

1. 下达缴费通知单，收取水资源费

水资源费征收部门在向取水户下发缴费通知单之前，需要先确定缴费数额。《条例》第三十二条规定："水资源费缴纳数额根据取水口所在地水资源费征收标准和实际取水量确定。水力发电用水和火力发电贯流式冷却用水可以根据取水口所在地水资源费征收标准和实际发电量确定缴纳数额。"该条款规定水资源费计量方法有两种：一是按实际取水量计费；二是按实际发电量计费。对取水单位未安装计量设施、计量设施不合格或者运行不正常的，根据《水法》和《条例》的规定，按照日最大取水能力计算的取水量和水

资源费征收标准计征水资源费。

下达缴费通知单可以采取两种处理方法：一是水资源费征收单位根据计量水量和收费标准向取水单位或者个人送达水资源费缴纳通知单，取水单位或者个人根据通知单确定的缴费数额向指定银行缴费，水行政主管部门定期到银行核对各缴费单位或者个人水资源费缴费情况后，分别向缴费单位或者个人开具水资源费收费发票；二是水资源费征收单位根据计量水量和收费标准先向取水单位或者个人送达水资源费收费发票，定期到银行核对各缴费单位或者个人水资源费缴费情况。以送达开具的水资源费收费发票，代替水资源费缴费通知单。

取水单位或者个人因特殊困难不能按期缴纳水资源费的，取用水户可以申请缓缴水资源费。水资源费征收单位收到取用水户缓缴水资源费的申请后，除了应当在规定时间内作出书面决定，并通知申请人，在作出决定之前，应当对取用水单位或者个人申请缓缴水资源费理由进行核实，查明情况，必要时深入有关单位进行调查。情况属实，并符合缓缴水资源费条件的，才能批准申请人缓缴水资源费。《条例》规定缓缴水资源费的期限不得超过 90 天，具体缓缴期限应考虑取用水户资金周转等情况决定。

水资源费征收部门不同意缓缴水资源费的，取用水户应当在接到水资源费征收单位不同意缓缴水资源费书面决定之日起 7 日内缴纳水资源费；水资源费征收部门同意缓缴水资源费的，取用水户应当在缓缴期限内缴纳水资源费。

水资源费缴纳数额确定后，收费单位应当将缴费通知单，或开具的水资源费收费票据要送达到取水单位或者个人，体现了建设服务型政府的宗旨。缴费通知单或开具的水资源费收费发票应注明：缴费义务人实际取水量或者实际发电量；具体的征收标准；缴费金额；缴费地点（银行）；缴费时间等。缴费义务人根据缴费通知单的要求，履行缴费义务。

2. 下发限期缴费通知书，催缴水资源费

如果取水户不能在上述规定时间内缴费，根据《水法》第七十条的规定，收费机关首先是责令其限期缴纳，其次才是加收滞纳金和罚款。限期缴纳水资源费和缴费义务人缴纳水资源费不同，缴费人依法缴费是履行义务，水资源费征收单位对缴费义务下达限期缴费通知书，是一种行政处罚。有关水资源费缓缴限期，《水法》及其《条例》都没有作出具体的规定，应属于收费机关的自由裁量权，但是规定的限期要注意合理，一般以不超过 10 天为宜。限期缴费通知，由水资源费征收单位直接送达缴费单位，一式两份，并由缴费单位或者个人签字认定，作为以后可能发生的处罚提供依据。

3. 处罚

收费单位下达限期缴费通知后，取水单位或者个人仍不履行缴费义务，根据《水法》第七十条的规定，水资源费征收单位应当依法进行处罚，并分步实施。

（1）下达处罚告知书

　　《中华人民共和国行政处罚法》第三十一条："行政机关在作出行政处罚决定之前，应当告知当事人作出行政处罚决定的事实、理由及依据，并告知当事人依法享有的权利。"《中华人民共和国行政处罚法》第四十二条："行政机关作出责令停产停业、吊销许可证或者执照、较大数额罚款等行政处罚决定之前，应当告知当事人有要求举行听证的权利；当事人要求听证的，行政机关应当组织听证。当事人不承担行政机关组织听证的费用……"

　　因此，在作出行政处罚之前，收费机关应当告知当事人作出行政处罚决定的事实、理由及依据，并告知当事人依法享有的权利。在告知当事人依法享有的权利中，既包括陈述、申辩的权利，需要听政的，也应当一并告知要求听证的权利。

　　水资源费征收单位下达行政处罚告知书后，取用水户能及时缴费的，水资源费征收单位只能收取应缴纳的水资源费和滞纳金，但不能罚款。

　　（2）下达行政处罚决定

　　行政处罚告知书送达后，听取当事人陈述、申辩或者听证后，调查终结，水资源费征收机关应及时作出行政处罚决定书，并及时送达当事人。处罚决定书的主要内容包括：

　　1）当事人的姓名或者名称、地址；

　　2）违反水法规的事实和证据；

　　3）行政处罚的依据和种类；

　　4）行政处罚的履行方式和期限；

　　5）不服行政处罚决定申请行政复议或者提起行政诉讼的途径和期限；

　　6）作出行政处罚决定的行政机关的名称和作出决定的日期。下列行政处罚决定书的格式供参考。

　　（3）执行

　　水行政主管部门执行处罚时，滞纳金可以和应缴纳的水资源费一并开水资源费专用发票，罚款需要开财政罚款专用票据。

　　如果取用水单位或者个人对水行政主管部门依法作出的处罚拒绝履行，水行政主管部门可以依法强制执行或申请人民法院强制执行，迫使其履行义务。

　　申请人民法院强制执行的，由申请人所在地的基层人民法院受理；执行对象为不动产的，由不动产所在地的基层人民法院受理。基层人民法院认为执行确有困难的，可以报请上级人民法院执行；上级人民法院可以决定由其执行，也可以决定由下级人民法院执行。

水资源费征收管理及其使用

　　《条例》第三条第三款规定："县级以上人民政府水行政主管部门、财政部门和价格主管部门依据本条例规定的管理权限，负责水资源费的征收、管理和监督。"根据部分职责分工，水行政主管部门主要负责水资源费征收和使用，编制水资源费使用计划；财政部门主要负责审批水资源费使用计划及水资源费入库及解缴；价格主管部门在水行政主管部门和财政部门配合下，负责水资源费标准制定工作。

1. 水资源费征收

（1）水资源费征收方式

《条例》对水资源费征收设立了一种方式，两个特例。一种方式是水资源费由取水许可审批机关负责征收。两个特例，一是流域管理机构审批的取水许可由所在地省级水行政主管部门代为征收；二是取用供水工程的水从事农业生产的，由用水单位或者个人按照实际用水量向供水工程单位缴纳水费，由供水工程单位统一缴纳水资源费。省级水行政主管部门为流域管理机构代为征收水资源费，作为国家行政法规授权，省级水行政主管部门应当负有法定的职权和义务。农业生产使用供水工程供水的用户千千万万，由水资源费征收部门到各用水户征收水资源费势必加大水资源费征收部门的工作量，而现有供水工程单位已有较完善的收费机制，由供水工程单位统一缴纳水资源费，使水资源费的缴纳机制更切合实际。

目前水利部门征收规费比较多，有水资源费、河道占用补偿费、水土保持补偿费，实行水务一体化管理的，还收取污水处理费、排水费等。有的水行政主管部门为了解决多面孔收费给缴费部门造成不好的影响，水利局规定统一由一个或者两个部门收费。应该说这是一种比较好的收费方法，但采用这种收费方法，一方面属于行政事业性收费，必须由行政主管部门或者有行政管理职能的部门负责，带有企业性质的单位不能征收水资源费；另一方面必须分别开收费发票，不允许行政事业性收费和经营性收费混为一谈，不利于各费种的使用与管理。

（2）跨行政区域应急调水水资源费征收

《条例》第三十三条规定："为了公共利益需要，按照国家批准的跨行政区域水量分配方案实施的应急调水，由调入区域的取用水的单位或者个人，根据所在地水资源费征收标准和实际取水量缴纳水资源费。"上述规定不同于《条例》第四条规定的"为消除对公共安全或者公共利益的危害临时应急取水"和"为农业抗旱和维护生态与环境必须临时应急取水"。按照国家批准的跨行政区域水量分配方案实施的临时应急调水，虽然也是临时应急调水，但它是事前可预见的，同时其取（调）水是以水量分配方案为基础的，需要办理取水许可证，缴纳水资源费。为消除对公共安全或者公共利益的危害临时应急取水以及为农业抗旱和维护生态与环境必须临时应急取水，发生这类情形是由于不可抗力而必须实施的临时应急取（调）水，事前并没有水量分配方案，也就不可能按本《条例》的规定遵守经批准的水量分配方案取水，不需要办理取水许可证，也不需要缴纳水资源费。作为跨行政区域应急调水调入区域的水行政主管部门应当按照上述《条例》第三十三条的规定，按本区域的水资源费征收标准和实际取水量收取水资源费。

（3）加强计量

水行政主管部门能否足额收费，减少收费过程中的扯皮现象，对取用水户是否实施计量和计量设施能否正常运行是关键。实施计量用水管理是一项非常复杂的工作，取水工程或者设施种类很多，有闸、坝、渠道、人工河道、虹吸管、水泵、水井以及水电站等，不同取水工程需要采用不同的计量方法。目前社会上计量设施虽然比较多，但其性能和适用范围差异却比较大，加之有的计量设施本身精度就较差，搞好计量用水管理工作，需要水资源管理部门熟悉计量设施市场情况和计量设施性能情况，认真研究不同的取用水户适用可行的计量方式，实现计量准确、运行管理方便。

（4）提高水资源费到位率

提高水资源费到位率，是水资源费征收部门应尽的职责。各地应当根据水资源年度使用量和水资源费征收标准，逐级下达水资源费征收年度计划，并进行考核，对水资源费征收到位率较高的应当给予奖励。水资源费具体征收单位，应当实行责任到人，实施目标责任制管理。对欠缴水资源费的，按法定程序进行追缴；因特殊原因需要缓缴水资源费的，除了按缓缴程序办理外，应严格控制缓缴对象的数量。目前我国正处于经济建设快速发展时期，为了吸引外资等保证地方经济发展，水资源费征收受行政干预很多。为了保证水资源费的到位率，水行政主管部门在加大水资源费征收管理力度的同时，对于因行政干预等下级水行政主管部门征收水资源费难度较大的，省水行政主管部门可以统一制定政策，规定由上级水行政主管部门代为征收。

（5）水资源费征收发生争议

水资源费征收过程中，一方面收费机关和缴费义务人可能会对缴费基数、标准等产生争议；另一方面收费机关之间也可能就收费权归属问题而产生争议。收费主体与缴费义务人之间的争议，当事人不服的，可以向有关行政机关申辩、陈述，也可以直接提出行政复议或诉讼。为了减少水资源费征收机关和缴费义务人发生争议，关键是建立健全的取水计量管理制度，按时抄表，并通过收费单位收费人员和取用水户管水人员相互签字认定。取水口位于行政区域边界，可能在征费主体之间发生争议。这是行政系统内部的争议，可以通过行政程序内部途径加以解决，由收费主体之间共同的上级主管部门裁决。

2. 水资源费管理

《条例》第三十五条规定："征收的水资源费应当按照国务院财政部门的规定分别解缴中央和地方国库。因筹集水利工程基金，国务院对水资源费的提取、解缴另有规定的，从其规定。"水资源费作为行政性收费，是国家财政收入的重要组成部分，按照《财政部关于加强政府非税收入管理的通知》要求，应当统一纳入非税收入管理范围，全额上交财政部门，实行专户储存。

（1）票据

水资源费是行政事业性收费，应当使用水资源费专用票据。经过多年实践和加强管理，全国各省从开始征收水资源费使用一般收入缴款书等各式各样的发票，目前已逐步统一使用水资源费专用票据。为了加强水资源费管理，水资源费专用票据，应当由省财政厅统一印制和发放，并对全省各市、县领取的水资源票据进行登记，作省水利厅和省财政厅对全省水资源费征收进行监管的依据。

（2）账户

征收水资源费，应当设立专用账户。为了规范水资源费专用账户管理，水资源费专用账户应当由财政部门设立，该账户作为水行政主管部门征收水资源费进入财政收入的过渡账户。为了防止征收的水资源费截留和挪用，保证水资源费足额上缴国库，该账户除缴库外，水资源费征收部门无权从该账户支取经费。

（3）水资源费上缴

水资源费应当按照国务院财政部门的规定分别解缴中央和地方国库。根据《财政部关于加强政府非税收入管理的通知》规定：政府非税收入分成比例涉及中央与地方分成的政府非税收入，其分成比例应当由国务院或者财政部规定，涉及省级与市、县级分成的政府非税收入，其分成比例应当由省、自治区、直辖市人民政府或其同级财政部门规定。目前各省基本都已出台水资源费征收和使用管理规定，并明确了省、市、县的分成比例。《条例》未明确地方征收的水资源费上缴中央财政的具体比例和解缴程序，需要由国务院或者财政部另行规定。目前水利部和财政部门正在起草《水资源费征收和使用管理办法》，该办法将对中央和地方的水资源费分成比例作出明确规定。中央与地方分成比例确定后，省、市、县已明确的分成比例需要作相应的调整。

制定各级水资源费分成比例应当既要考虑水资源属于国家所有的属性，又要充分考虑到水资源的分布格局，各地水资源价格标准，水资源开发利用保护工作经费需求等，做到"责、权、利"三者的有机统一。

3. 水资源费的使用

水资源费是与政府收支有关的行政事业性规费。为了保证其支出真正用于与水资源节约、保护和管理有关的各项活动，征收的水资源费必须纳入财政预算统一管理，不允许存在财政预算之外的支出活动。

根据《条例》第三十六条水资源费"主要用于水资源的节约、保护和管理，也可以用于水资源的合理开发"和《条例》第三十五条"因筹集水利工程基金，国务院对水资源费的提取、解缴另有规定的，从其规定"的规定。水资源费主要使用于以下三大类型。

（1）水资源的节约、保护和管理

水资源的节约、保护范围很广，目前我国水资源状况是水量不足、水污染非常严重，水资源费不可能解决水资源节约、保护和管理工作的所有问题。目前征收水资源费数额有限，其作用也是有限的。水资源节约、保护和管理的水资源费使用范围宜为：水资源调查、评价经费补助；根据水资源节约、保护和管理的需要，进行水资源补充监测的经费；水资源节约、保护和管理政策法规研究；水资源管理信息系统建设和运行维护；水资源规划编制经费补助；水量分配方案和水量调度预案的研究和编制；水资源节约、保护和管理基础资料的收集、整编和信息发布；水资源节约、保护和管理的先进科学技术的研究、推广和应用；水功能区的划定和实施；地下水限采区、禁采区的划定和实施；水域纳污能力、限制排污总量意见的核定；节水型社会建设试点经费补助；取用水户节水技术改造资金补助；水资源节约、保护和管理奖励资金；水资源管理人员培训和宣传教育资金等。

（2）水资源合理开发

水资源开发利用项目很多，需要的费用数额巨大，水资源费的作用极其有限。如目前正在实施的南水北调工程建设，是典型的水资源开发利用，其需要的费用主要由国家财政支出和通过市场化运作筹集，如果仅仅通过征收水资源费筹集资金，该项工程可能很难实施，《条例》规定也可用于水资源合理开发，应理解为小范围补助性质的，适用的范围宜为：国家和省、自治区、直辖市确定的水资源配置工程的前期工作；具有公益性的重要水源工程建设资金补助；地下水水源井封闭及水源置换工程建设资金补助；水生态保护补水工程建设资金补助等。

（3）水利工程基金

《条例》第三十五条规定："因筹集水利工程基金，国务院对水资源费的提取、解缴另有规定的，从其规定。"《条例》对水利工程基金的上述规定，属于水资源费用途的特别规定。基金需要由国务院设立，省级人民政府无权设立基金。《条例》中所述水利工程基金实际特指南水北调工程建设基金，国务院对基金的收取、作用等已作了明确规定，并明确：在征收南水北调基金期间，有关省征收的水资源费不上缴中央财政。

为了按照上述三项用途使用好水资源费，一是必须在《条例》对水资源费使用用途原则规定的基础上，国家或者有关责任部门通过制定有关规定，细化各项使用用途，增加其可操作性。使水资源费更好地"取之于水，用之于水"，服务于水资源管理、节约和保护工作。二是在水资源费用于水资源开发利用方面，为防止市、县征收的水资源费，不适当地用于水资源开发利用，水资源管理工作经费却不能保证，国家制定的《水资源费征收和使用管理办法》应当明确，水资源费用于水资源开发利用，应当经省级水行政主管部门审定。

第四章　水事纠纷处理中的调解和裁决

防治水害和开发水利，是人类社会改造自然的伟大实践。由于水利事业涉及面广，在水资源开发利用中，上下游、左右岸之间以及防洪、治涝、灌溉、排水、供水、水运、水能利用、水环境保护等各项涉水事业之间，往往存在着不同的要求和需要，存在着相互作用、错综复杂的利害关系。这些水事利害关系如果处理不得当，就会引起水事纠纷。随着人口的增长和经济社会的快速发展，我国的水资源状况发生了重大变化。水资源短缺的矛盾已经充分暴露出来，在某些地区已经成为严重阻碍经济发展的主要问题。同时，日趋严重的水污染不仅破坏了生态环境，而且进一步加剧了本来就十分严重的水资源短缺矛盾，引发水事纠纷的因素发生了新的变化：20世纪80年代以前，主要是平原地区排涝纠纷，其影响主要是农业生产；80年代以后，随着经济的发展和人口的增长，由排水矛盾造成的水事纠纷呈下降趋势，而由于争水、争地、水污染、水资源开发利用等矛盾造成的水事纠纷逐年上升，其影响已经扩展到社会生活的各个方面。随着经济社会的快速发展，利益格局深刻调整，利益主体多元化，利益关系复杂化，水事纠纷呈多发趋势，严重的水资源缺乏，使水事纠纷呈现出涉及面更广、矛盾更复杂的特点。要进一步增强政治敏锐性和责任感，完善水事纠纷预防和调处机制，维护和谐稳定的水事环境。水事纠纷有民事纠纷和行政争议两类。水行政部门应依法实施水行政行为，正确把握水行政准司法与法院司法等行为的区别。调解、裁决是处理水事纠纷的两种基本机制，两者具有不同的程序，但坚持的基本原则大致相同，在实践中各有侧重。水事纠纷不同于一般的经济纠纷，不适用仲裁。按照可持续发展治水思路和民生水利的要求，应当加强工程技术措施，完善社会运行与调节机制，预防水事纠纷的发生。

一、水事纠纷调解

水事调解的概念和特点

2004年，33名全国人大代表提出关于制定《行政调解法》的议案：我国现行调解制度主要由法院调解、行政调解和人民调解组成，但目前因缺乏统一规范，行政调解的作用及效力没有得到充分发挥。为此，需要尽快制定《行政调解法》。制定《行政调解法》，有利于缓解法院和各级政府信访部门的工作压力，可以帮助弥补国家行政法制建设中的立法空缺，保障行政调解工作的有效运行。议案的提出说明行政调解在我国有很重要的作用。《水法》规定，"单位之间、个人之间、单位与个人之间发生的水事纠纷，应当通过协商或者调解解决。"水事调解就是指政府或水行政主管部门依照有关的水法律、法规、政策，通过说服教育的方法，对单位之间、个人之间、单位与个人之间发生的水事纠纷进行调停、斡旋，促使水事纠纷双方当事人友好协商，达成协议，解决水事纠纷的活动。其特点有以下几点：

（1）调解的主体是水行政主管部门，由水行政主管部门主持调解，而与法庭调解、人民调解不同。

（2）调解的对象是当事人之间的水事纠纷。

（3）依申请而为，当事人自愿，始终不具有强制性。

（4）需要法律授权，必须依法进行。

（5）水行政纠纷的范围是一般水行政纠纷，不是特定水行政纠纷，只要法律无相反规定，行政机关就可处理。

（6）水事调解是诉讼外调解，不是诉讼必经程序，不能限制当事人的诉讼权。

水事调解的机制

单位之间、个人之间、单位与个人之间的水事纠纷一般属于民事纠纷性质，应当按照一般处理民事纠纷的法律程序进行调处。因此，《水法》第五十七条规定：单位之间、个人之间、单位与个人之间发生的水事纠纷，应当协商解决；当事人不愿协商或者协商不成的，可以申请县级以上地方人民政府或者其授权的部门调解，也可以直接向人民法院提起民事诉讼；县级以上地方人民政府或者其授权的部门调解不成的，当事人可以向人民法院提起民事诉讼；在水事纠纷解决前，当事人不得单方面改变现状。由这一规定可知，水行政调解的机制是：

（1）当事人之间可以像处理一般民事纠纷自行协商解决，自行协商的形式在合法范围内不限，达成协议后，双方应当共同签订协议书，以保证双方遵守协议承诺，彻底解决矛盾。协商与调解不同，协商只需要水行政主管部门为其创造一定的条件，或者做一些必要的说服动员工作，促使纠纷双方坐在一起共同协商，并就纠纷事项达成协议，最后形成协议书。协商不需要第三者必须参加。但是必须说明，其具体协议事项应经水行政主管部门审查，必须是有关解决双方纠纷的具体事项，必须符合法律规定的原则。协议书经纠纷双方签字生效。

（2）当事人如果不愿意协商或者协商不成的，可以选择申请行政调解或向人民法院起诉。如果申请行政调解的话，其处理结果是形成调解书，纠纷双方签字和调解人签章方能生效。水行政机关在作出行政调解决定后，当事人若对调解结果不服，只能向法院提起行政诉讼，法院依照行政诉讼法的规定对行政调解的合法性进行审查，而如果直接向人民法院提起民事诉讼的，法院按照处理一般民事纠纷的程序来加以处理。值得注意的是：当事人双方或一方对调解或者处理决定不服的，如向人民法院起诉，应把对方当事人作为民事被告向法院起诉，而不能把人民政府或者其授权的主管部门列为行政诉讼中的被告向法院起诉；如果当事人对人民政府或者授权的主管部门，就水资源使用权归属问题所作的处理决定不服的，可以依法向人民法院提起行政诉讼。

水事调解机关与参加人

水事调解机关。水事调解机关是指依照法律授权，在当事人自愿申请的前提下，对水事纠纷进行调解处理的业务部门。主要指水行政主管部门和政府业务主管部门。双方当事人不在同一个管辖区的，原则上由合同纠纷发生地或被诉方所在地水行政主管部门和业务主管部门负责调解。

行政调处参加人。水事纠纷双方当事人，指发生水事纠纷的单位和个人；第三人，即水行政调解机关，指县级以上地方人民政府或者其授权的部门。

水事调解程序

《水法》对调处水事纠纷的程序有两条规定。第五十七条规定，单位之间、个人之间及单位与个人之间发生的水事纠纷，其调处程序是双方协商解决，如不愿协商或协商不成的，可以请求县级以上地方人民政府或其授权的主管部门调解，也可以直接向人民法院起诉。调解不成的，当事人可以在接到通知之日起15日内向人民法院起诉。第五十八条规定，县级以上人民政府或其授权的主管部门在处理水事纠纷时，有权采取临时处置措施，当事人必须服从。临时处置是调处水事纠纷中的一项重要措施，它能够防止矛盾进一步激化，为以后的调处工作奠定了可靠的基础。

单位之间、个人之间、单位与个人之间水事纠纷的水行政调处案件类似人民法院审理的民事案件。故其查处程序应参照民事案件的审理程序进行。

1. 申请与受理

水事纠纷当事人可向主管部门提出纠纷调解申请书一式三份，纠纷简单或当事人要求紧急的，也可由当事人口述，调解人员做笔录代申请书。调解申请书类似民事权益受到侵害的当事人的起诉状，应当写明申请人和被申请人（纠纷对方）的基本情况、调解请求和所根据的事实与理由，提供有关证据和证据来源、证人姓名和住所、图片、有关部门的报告；提出调解申请的日期和调解处理要求。

水行政主管部门接到调解申请后，应迅速审核是否符合以下条件：申请人请求调解的纠纷属于水事纠纷，并危害其合法权益；有明确的被申请人；有具体的调解请求和事实证据；属于本行政管辖范围。符合条件的，就立即报告同级人民政府，取得授权后，即决定受理；如果没有取得授权或调解申请不符合其中之一项条件，则不受理，并及时将原因告诉申请人；对调处申请书内容不全的，应发还申请人，要求补正。

2. 立案

水行政主管部门决定受理的水调解案件，应由水行政机构填写《水调解案件立案呈批表》，提出调解委员会名单和指定调解承办人员，并请求水行政机关主管部门领导批准立案。

水调解案件经批准立案后，水行政机关应及时将《水事纠纷调解申请书》副本和答辩通知书发送被申请人，限期提出答辩书。同时向申请人发送立案通知书，要求双方在水事纠纷解决之前，不得单方面改变水的现状，不得扩大、激化矛盾。纠纷当事人一方人数众多时，可通知当事人推举代表人参加调解，代表人参加调解的行为对代表的当事人发生效力。

对方当事人从《水事纠纷调解申请书》副本和答辩通知书送达之日起5日内，提交《答辩书》一式三份和可就有关问题进行陈述，将《答辩书》送达申请人；《答辩书》内容应包括：答辩人、单位、地址和对方当事人的关系；对申请人提出的主张和要求进行认定和否定；陈述有关事实和理由并附相关证据。

3. 调查取证

调查取证即根据双方当事人提交的《申请书》《答辩书》和对问题的陈述，对纠纷进行调查研究、核实、调解。调解承办人员要认真审阅调解案件文书等有关材料，写出调查提纲，收集纠纷当事人行为事实的一切证据。包括历史的和当时的书证、物证、视听材料、证人证言、当事人陈述、鉴定结论、现场勘测笔录。通过调查取证，迅速找出引起纠纷的症结和纠纷行为事实对纠纷对方、他人的危害以及是否违法。

案件调查结束后，承办人员应写出《水调解案件调查报告》，并视案情分别提出处理意见：

（1）纠纷当事人一方或双方行为事实违法。转入水行政案件查处程序，依法作出行政处罚决定。

（2）纠纷行为事实未构成违法，但对纠纷对方和他人造成明显经济损失或妨碍，应当提出采取补救措施和赔偿的协商调解方案。

（3）被申请人的行为事实既没违法，又没有对申请人构成明显危害或妨碍，应当说服纠纷双方自行协商和解。

（4）预计调解不成时，应就其赔偿和解决纠纷事项提出具体的裁决处理意见。《水调解案件调查报告》的格式，可以采用与《水行政案件调查报告》相同的格式。

4. 案件评议

水调解案件的调查材料和调查报告经水政机构审查后，由水政机构建议，水行政机关领导主持调解委员会会议，承办人员作详细汇报。然后，根据调解委员会集体讨论，水行政机关领导对水调解案件提出处理意见。案件承办人员要对案件集体讨论情况作笔录。

5. 动员协商争议

根据调查掌握的事实，对纠纷当事人双方进行说服动员。分清是非，讲清道理，说明利害关系，本着团结为重增进睦邻关系的原则，给他们一段时间，尽可能自行协商解决争议。如能自行和解，要形成协议书，协议书事项应经调解承办人员审查，双方签字或盖章后生效。

6. 调解解决

当事人双方不愿意协商或者协商不成，则由调解承办人员根据水行政机关领导对案件提出的处理意见，主持纠纷双方在自愿的原则下进行调解。调解达成的协议，包括解决纠纷的方法、对纠纷损害采取补救或赔偿的方式、数额及期限等事项，协议内容不得违反法律规定。调解承办人员制作《纠纷调解协议书》，由双方当事人签名盖章后，送达双方当事人执行，不能达成协议时，制作《纠纷处理意见书》送双方当事人；调解处理过程中的有关费用由责任者承担。

二、水事纠纷裁决

水事裁决的概念与特征

水事裁决是指县级以上政府或者其授权的水行政主管部门依照法律、法规的规定，对不同行政区域之间发生的、与水行政管理活动密切相关的、与合同无关的民事纠纷进行审查，并作出裁决的活动。水事裁决的内容，是水行政主管部门根据水事纠纷当事人双方的陈述和调查的结果，对纠纷当事人的行为事实给对方和他人造成的妨碍和经济损失的补偿事项，依法作出公正合理的裁决。水事裁决的特征有：

（1）水事裁决的对象是与行政管理相联系的民事纠纷，而不是单纯的民事纠纷，也不是单纯的行政争议。如因水资源的所有权和使用权引起的争议，因水污染引起的赔偿争议，都是水行政裁决的适用对象。正因为与行政有关联性，才可以由行政机关来裁决。虽然我国现行法律、法规中也有把行政机关主动实施的行政管理行为称为裁决的规定，如《中华人民共和国治安管理处罚法》规定的行政机关的裁决处罚等，但笔者认为，既然法律法规已有相应的更准确的概念来表述，如"处罚"、"决定"等再用"裁决"来表达，不但于事无益，反而更会增加混乱。

（2）水事裁决的主体是法律授权的县级以上政府和水行政主管部门。没有专门法律的授权，水行政主管部门便不能成为裁决的主体。

（3）水事裁决必须以业已存在争议或纠纷并大都由当事人依法提出申请为前提。除法律法规特别规定外，行政裁决是一种依申请的行为，因而裁决主体非依法律授权或未经当事人依法申请不得主动实施，这类似于法院遵循的不告不理规则。在裁决关系中，裁决主体是作为独立于纠纷当事人之外的第三方参与其间的，从而形成了裁决关系中与法院审判相类似的三方法律关系。因此，行政主体依法主动行使职权对相对人实施的行政行为如行政处罚等，不属于行政裁决。

（4）水事裁决具有法律效力。行政行为是行政主体依法行使国家行政权而作出的具有法律效力的行为。水事裁决作为行政行为的一种，行政主体同样要为当事人设定法律上的权利义务，这种权利义务同样具有确定力、拘束力和执行力等法律效力。这与行政调解等行为是不同的。

水事裁决的性质

通过对《水法》中规定的裁决行为即水事裁决与行政法中行政裁决有关原理的比较，可以看出水事裁决不属于行政裁决。目前通行的对行政裁决的界定是行政机关或法定授权的组织，对平等主体之间发生的、与行政管理活动密切相关的、特定的民事纠纷（争议）进行审查并作出裁决的具体行政行为。可见，行政裁决的特征主要有：

（1）行政裁决的主体是法律法规授权的行政机关。行政裁决是经法律法规授权的特定行政机关，而不是司法机关，但是并非任何一个行政机关都可以成为行政裁决的主体，只有那些对特定行政管理事项有管理职权的行政机关，经法律法规明确授权，才能对其管理职权有关的民事纠纷进行裁决，成为行政裁决的主体。如《中华人民共和国商标法》《中华人民共和国专利法》《中华人民共和国土地管理法》《中华人民共和国森林法》《中华人民共和国食品卫生法》《中华人民共和国药品管理法》等对侵权赔偿争议和权属争议作出规定，授权有关行政机关对这些争议予以裁决。

（2）行政裁决的民事纠纷与行政管理有关。当事人之间发生了与行政管理活动密切相关的民事纠纷，是行政裁决的前提。随着社会经济的发展和政府职能的扩大，行政机关获得了对民事纠纷的裁决权。但行政机关参与民事纠纷的裁决并非涉及所有民事领域，只有在民事纠纷与行政管理密切相关的情况下，行政机关才对该民事纠纷进行裁决，以实现行政管理的目的。

（3）行政裁决是依申请的行政行为。争议双方当事人在争议发生后，可以依据法律法规的规定，在法定的期限内向特定的行政机关申请裁决。没有当事人的申请行为，行政机关不能自行启动裁决程序。

（4）行政裁决具有准司法性。行政裁决是行政机关行使裁决权的活动，具有法律效力。行政机关在实施行政裁决时，是以第三者的身份居间裁决民事纠纷，有司法性质，同时又是以行政机关的身份裁决争议，具有行政性质。因此，行政裁决具有司法性和行政性，称为准司法性。

（5）行政裁决是一种具体行政行为。行政机关依照法律法规的授权针对特定的民事纠纷进行裁决，是对已经发生的民事纠纷依职权作出的法律结论。这种行政裁决具有具体行政行为的基本特征。行政相对人不服行政裁决而引起的纠纷属于行政纠纷。对此，除属于法定终局裁决的情形外，当事人可依法申请行政复议或提起行政诉讼。

根据我国目前法律、法规的规定，行政裁决的种类有：

（1）侵权纠纷的裁决。侵权纠纷是由于一方当事人的合法权益受到他方侵犯而产生的纠纷。平等主体一方当事人涉及行政管理的合法权益受到他方侵害时，当事人可以依法申请行政机关进行制止和决定赔偿，行政机关就此争议作出裁决。法律明文规定行政主体在对违法行为做出处理的同时，对违法行为人的侵权行为造成他人的损害可依法做出强制性赔偿裁决。如《水污染防治法》第五十五条规定："造成水污染危害的单位，有责任排除危害，并对直接受到损失的单位或者个人赔偿损失。赔偿责任和赔偿金额的纠纷，可以根据当事人的请求，由环境保护部门或者交通部门的航政机关处理；当事人对处理决定不服的，可以向人民法院起诉。当事人也可以直接向人民法院起诉。"

（2）补偿纠纷的裁决。补偿，在现代汉语中的解释是"抵消损失、消耗，补足缺欠、差额"，在法学词语中，是指对财产侵害行为造成损失的补偿，着眼于被剥夺的财物，予以公平弥补。如《城市房屋拆迁管理条例》第十四条规定："拆迁人与被拆迁人对补偿形式和补偿金额、安置用房面积和安置地点、搬迁过渡方式和过渡期限，经协商达不成协议，由批准拆迁的房屋拆迁主管部门裁决。"涉及补偿的还有草原、水面、滩涂、土地征用的补偿等。

（3）损害赔偿纠纷裁决。损害赔偿纠纷是一方当事人的权益受到侵害后，要求侵害者给予损害赔偿所引起的纠纷。这种纠纷通常存在于食品卫生、药品管理、环境保护、医疗卫生、产品质量、社会福利等方面。产生损害纠纷时，权益受到损害者可以依法要求有关行政机关作出裁决，确认赔偿责任和赔偿金额，使其受到侵害的权益得到恢复或赔偿。如《环境保护法》第四十一条规定："造成环境污染危害的，有责任排除危害，并对直接受到损害的单位或者个人赔偿损失。赔偿责任和赔偿金额的纠纷，可以根据当事人的请求，由环境保护行政主管部门或者其他依照法律规定行使环境监督管理权的部门处理；当事人对处理决定不服的，可以向人民法院起诉。当事人也可以直接向人民法院起诉。"

（4）权属纠纷的裁决。权属纠纷，是指双方当事人因某一财产的所有权或使用权的归属产生争议，包括土地、草原、水流、滩涂、矿产等自然资源的权属争议，双方当事人可依法向行政机关请求确认，并作出裁决。如《中华人民共和国土地管理法》第十三条规定："土地所有权和使用权争议，由当事人协商解决；协商不成的，由人民政府处理。全民所有制单位之间、集体所有制单位之间、全民所有制和集体所有制单位之间的土地所有权和使用权争议，由县级以上人民政府处理。个人之间、个人与全民所有制单位和集体所有制单位之间的土地使用权争议，由乡级人民政府或者县级人民政府处理。"人民政府对土地权属争议所作的处理，就是行政裁决。

（5）国有资产产权裁决。如《国有资产产权界定和产权纠纷处理暂行办法》第二十九条规定："全民所有制单位之间因对国有资产的经营权、使用权等发生争议而产生的纠纷，应维护国有资产权益的前提下，由当事人协商解决。协商不能解决的，应向同级或共同上一级国有资产管理部门申请调解和裁定，必要时报有权管辖的人民政府裁定，国务院拥有最终裁定权。"

（6）专利强制许可使用费裁决。如《中华人民共和国专利法》第五十四条规定："取得实施强制许可的单位或者个人应当付给专利权人合理的使用费，其数额由双方协商；双方不能达成协议的，由国务院专利行政部门裁决。"

（7）劳动工资、经济补偿裁决。所谓劳动工资、经济补偿纠纷，是指因用人单位克扣或者无故拖欠劳动者工资，拒不支付劳动者延长工作时间工资报酬，低于当地最低工资标准支付劳动者工资，或者解除劳动合同后未依法给予劳动者经济补偿而发生的纠纷。如《中华人民共和国劳动法》第九十一条规定："用人单位有下列侵害劳动者合法权益情形之一的，由劳动行政部门责令支付劳动者的工资报酬、经济补偿，并可以责令支付赔偿金：1）克扣或者无故拖欠劳动者工资的；2）拒不支付劳动者延长工作时间工资报酬的；3）低于当地最低工资标准支付劳动者工资的；4）解除劳动合同后，未依照本法规定给予劳动者经济补偿的。"

（8）民间纠纷的裁决。如国务院颁布的《民间纠纷处理办法》规定，基层人民政府可以依法裁决民间纠纷。基层人民政府对民间纠纷作出处理决定应当制作处理决定书，并经基层人民政府负责人审定、司法助理员署名后加盖基层人民政府印章。基层人民政府作出的处理决定，当事人必须执行。如有异议的，可以在处理决定做出后，就原纠纷向人民法院起诉。超过 15 天不起诉又不执行的，基层人民政府根据当事人一方的申请，可以在其职权范围内，采取必要的措施予以执行。

特别需要指出的是，行政裁决可以进入救济程序，可以提起行政复议和行政诉讼。第一，行政裁决可以提起行政复议。行政裁决不属于《行政复议法》第八条第二款所规定的"不服行政机关对民事纠纷作出的调解或者其他处理"的情形。调解行为对当事人的民事权利、义务虽然发生一定影响，但调解是在当事人自愿的基础上进行的。对当事人权利、义务发生影响的决定因素是当事人的意志。调解没有执行力，当事人可以遵守，也可以不遵守。而行政裁决的内容，直接确定或影响了双方的权利和义务，并且行政裁决是行政机关单方面作出的，不以当事人意志为转移，具有行政强制执行效力的行政行为。《行政复议法》第六条规定："有下列情形之一的，公民、法人或者其他组织可以依照本法申请行政复议：（十一）认为行政机关的其他具体行政行为侵犯其合法权益的。"行政裁决属于具体行政行为，行政裁决一经作出，即具有公定力、预决力、确定力、约束力及执行力，因此，行政裁决是可以被提起行政复议的具体行政行为。第二，关于行政诉讼问题。1987年最高人民法院《关于人民法院审理案件如何适用〈土地管理法〉第十三条〈森林法〉第十四条规定的批复》规定，人民法院审理此类案件应以原争议双方为诉讼当事人。根据该批复精神，各级法院曾一度将所有的行政裁决案件均作民事案件受理。1991年最高人民法院《关于贯彻执行〈中华人民共和国行政诉讼法〉若干问题的意见》改变了上述答复的态度，规定公民、法人或者其他组织对人民政府或者其主管部门有关土地、矿产、森林等资源的所有权或者使用权归属的处理决定不服，依法向人民法院起诉的，人民法院应当作为行政案件受理。根据上述规定，法院对行政裁决案件作为行政诉讼案件受理。1999年11月24日最高人民法院发布的《关于执行〈中华人民共和国行政诉讼法〉若干问题的解释》也未将行政裁决案件排除在受案范围之外，审判实务中对行政裁决案件属于行政诉讼受案范围也渐趋一致，各级法院也都受理了大量的行政裁决案件。由此可见，水事纠纷裁决不属于行政裁决，主要理由是：

水事纠纷裁决从表面上看，属于行政裁决种类之一，即权属纠纷的裁决。但权属纠纷立法本意强调的是发生在个人之间、个人与全民所有制单位和集体所有制单位之间的自然资源使用权争议，而不是行政区域之间的权属争议。《水法》第五十七条规定的纠纷情形本属于行政裁决适用的权属纠纷，但《水法》并未授权行政机关对此具有裁决权，而只授予县级以上水行政主管部门的调解权。因此，我国的水行政主管部门仅有对特定民事纠纷的调解权，没有行政裁决权；县级以上政府对水事纠纷也没有法理意义上的行政裁决权，其裁决行为是《水法》设定的特别行政行为。此外，从具体行政行为的内涵看，具体行政行为是行政主体指向行政相对人的行为，它发生在行政系统之外，而水事纠纷裁决指向行政区域之间，也即在行政系统之内进行裁决，因此，这种裁决可视为内部行政行为，是在行政组织内部对国家资源的使用权进行调整或者配置。

水事裁决的种类与作用

水事裁决的种类有：

（1）水资源权属纠纷的裁决。水资源权属纠纷，指双方当事人因水资源的所有权或使用权的归属发生争议。双方当事人可依法向水行政机关请求确认，水行政机关依法作出裁决，裁决结果是水资源权属关系得以确认。

（2）侵权纠纷的裁决。侵权纠纷的裁决，指不同行政区域之间发生的、与水行政管理活动密切相关的民事纠纷中，一方当事人的合法权益受到他方侵犯时，受侵犯方可请求水行政主管部门裁决。

（3）损害赔偿纠纷的裁决。如水污染造成的损害，水行政裁决机关可依法作出裁决，确认赔偿责任和赔偿金额。

水事裁决的作用：水事裁决权是指水行政机关裁决争议、处理纠纷的权力。裁决争议、处理纠纷本来是法院的固有权力，但在现代社会，由于社会经济的发展和科技的进步，水行政管理涉及的问题越来越专门化，越来越具有专业技术性的因素。这样，普通法院在处理与此有关的争议和纠纷方面越来越困难和越来越感到不适应，而水行政机关因为长期管理这方面的事务，恰恰具有处理这类争议、纠纷的专门知识、专门经验和专门技能。于是，法律赋予水行政机关以准司法权，即允许水行政机关在水行政管理过程中裁决和处理与相应管理有关的民事、行政争议和纠纷。水行政机关在行政管理过程中，直接裁决和处理与此有关的争议、纠纷，显然有利于水行政管理目标的实现。当然，为了保障公正和法治，水行政机关的行政裁决通常还要受到司法审查的监督。

水事裁决的程序

地区之间的水事纠纷案件的水行政裁决过程，实质是地方政府间行政争端的行政处理过程，《水法》对此类水事纠纷没有规定处理程序，只规定由当事各方协商解决，协商不成的，由上一级人民政府处理。从理论上讲，水行政裁决大致应有以下程序。

水行政主管部门调解处理，水事纠纷都是因为当事人一方的水事活动引起的，当事人一方的水行政主管部门对本地区与其他地区发生的水事纠纷，应当迅速查清原因，通告对方水行政主管部门，互相制止本方引起纠纷的水事活动，同时行文报告政府领导和上一级水行政主管部门，以便得到及时处理和解决。

上一级人民政府裁决。申请：水事纠纷双方当事人在争议发生后，协商解决不成的，可依据法律、法规的规定，在法定期内向上一级人民政府申请裁决。

　　受理：上一级人民政府收到当事人的申请后，应对申请书进行初步审查。符合条件的，应当受理；不符合条件的，应及时通知申请人并说明理由。

　　调查、审理：上一级人民政府应对纠纷的事实和证据进行查证核实，可以自行调查、审理，也可以责令当事人举证。

　　裁决：上一级人民政府在通过审查、了解情况之后，应及时裁决。同时还要通知当事人能否起诉以及起诉期限和管辖法院。

　　执行：水行政主管部门对水事纠纷当事人不愿意通过调解解决的纠纷，而就其行为给对方和他人造成损失的赔偿问题作出的裁决，文书一经送达，则具有单方性和强制性的法律效力，属于具体行政行为，当事人必须执行。

　　水事纠纷当事人，如对水行政机关就其赔偿问题作出的裁决不服，可以向作出裁决机关的上一级主管部门申请复议，也可以向人民法院提起诉讼。如果当事人对水行政裁决逾期不申请复议、不起诉又不执行时，作出裁决的水行政主管部门为了维护行政执法的尊严，应当申请人民法院强制执行。执行结束后，人民法院将执行情况书面通知申请执行的水行政机关。

　　如果当事人申请复议或向人民法院起诉，在复议机关和人民法院没有通知停止执行时，也不影响执行或强制执行。但原作出行政裁决的水行政机关应当积极参加复议或应诉，并认真收集复议或应诉过程中有关案件的各种材料和资料。根据最高人民法院《关于贯彻执行（中华人民共和国行政诉讼法）若干问题的意见（试行）》第四项的规定，"公民、法人或者其他组织对行政机关就赔偿问题所作的裁决不服的，可以向人民法院提起行政诉讼"。因此，这时的水调解案件已经转化为水行政案件。

　　对地区之间水事纠纷的水行政裁决处理，由共同的上一级人民政府作出，与单位之间、个人间、单位与个人之间水事纠纷的水行政裁决不同，不允许纠纷双方提起诉讼，应视为终审裁决。

不同行政区域之间的水事纠纷

　　由于新的仲裁法实施后，我国的仲裁制度发生了根本性的改革，特别是对仲裁范围、仲裁机构的设置等方面的规定有了较大的变化。根据新仲裁法的规定，边界水事纠纷不适用仲裁。

　　《中华人民共和国仲裁法》（以下简称《仲裁法》）于 1995 年 9 月 1 日起施行，这是对我国仲裁制度根本性的改革。在《仲裁法》颁布以前，我国有 14 个法律、82 个行政法规和 190 个地方性法规，作出了有关仲裁的规定。涉及涉外经济合同纠纷、技术合同纠纷、版权纠纷、劳动纠纷等经济、技术、行政领域的纠纷。全国上下相应设立了各种类别的仲裁机构。仲裁制度已遍及经济和民事法律关系的许多领域，成为我国法律制度的重要组成部分。但是仲裁制度本身存在的问题已明显地不适应发展社会主义市场经济的要求。一是在《仲裁法》制定之前，虽然有许多的法律法规对仲裁做了规定，但是，没有形成统一规范的法律制度，其仲裁范围、程序以及机构的设立等都是相互孤立，各自为政，处于分散混乱的状态。二是原有的仲裁制度分国内仲裁和涉外仲裁两部分，国内仲裁的性质属于行政仲裁，其仲裁机构隶属于政府的某一部门，并实行部门管辖、级别管辖、地域管辖，仲裁员的职权和行政官员没有本质上的区别。而涉外管辖属民间仲裁，涉外仲裁机构下设于商会，属于社团性质。仲裁员办案是独立的，不受任何机关团体的干预。这种国内仲裁和涉外仲裁实行两种不同制度的做法，与建立统一的、符合国际惯例的市场经济秩序的改革目标是矛盾的。

《仲裁法》的制定实施，彻底改革了我国原有的仲裁制度，成为我国与国际上通行的仲裁制度接轨、解决经济纠纷的一部重要的法律。新仲裁制度有以下特点：

（1）仲裁范围。根据《仲裁法》第一条、第二条的规定只对经济纠纷（合同纠纷和其他财产纠纷）适用仲裁。第三条规定，有关婚姻、收养、监护、扶养、继承纠纷和依法应当由行政机关处理的行政争议不能仲裁。《仲裁法》一改过去按行业划分仲裁机构并没定仲裁范围的方式，规定了统一的仲裁范围，即平等主体之间的合同纠纷和其他财产权益纠纷可以仲裁，除此以外的纠纷均被排除在外，不再适用仲裁。特别规定了依法应由行政机关处理的行政纠纷不能仲裁。

（2）仲裁机构。按照《仲裁法》的规定，新的仲裁机构将一改旧的行政模式，不与任何行政机关发生隶属关系，同时也摆脱行业色彩，不搞层层设立，仲裁机构之间也没有隶属关系。因为，仲裁机构如依附于某一行政机关，其仲裁活动必然要受到该行政机关的职能倾向和利益倾向的干扰和制约，其公正性就难以保证。另外，仲裁的特点要求仲裁机构处于不偏不倚的地位。按《仲裁法》组建的仲裁机构属于自律性的社团组织，是保证其独立性的基本条件，由社会各界专家组成的仲裁机构管理层，有利于保持中立的地位。同时，仲裁机构又不同于一般的自律性社团组织，它担负着法律赋予的对民事纠纷的裁决权，并有强制力。

从仲裁法的特点可以看出边界地区水事纠纷不适用仲裁。部门、省（自治区、直辖市）之间的水事纠纷一般来讲都是属于行政纠纷。省际水事纠纷是由省（自治区、直辖市）之间在水资源的开发利用和防治水害的过程中涉及两省间的利害关系而产生的矛盾。其行为主体是两省或其所属的市、县地方政府或有关主管部门。《水法》第三十五条规定，地区之间发生的水事纠纷应当本着互谅互让、团结协作的精神协商处理；协商不成的，由上一级人民政府处理。根据《仲裁法》的规定，依法应当由行政机关处理的行政争议不能仲裁。《水法》已规定地区之间发生的水事纠纷由上一级人民政府处理，也就不适用仲裁了。另外，部门之间的水事纠纷是因部门之间的职责交叉或因部门的利益而引发的矛盾，其行为主体是两个国家机关或政府的行政主管部门，这类纠纷也是行政纠纷，应当由两个行政机关或两个行政主管部门的共同上级进行处理。另外，从仲裁机构的设置和仲裁当事人自愿选择的原则等几个方面分析都可以得出边界水事纠纷不适用仲裁。

《水法》第五十六条与第五十七条的比较分析与实务运用

对第五十六条与第五十七条的比较分析：

《水法》第五十六条规定：不同行政区域之间发生水事纠纷的，应当协商处理；协商不成的，由上一级人民政府裁决，有关各方必须遵照执行；在水事纠纷解决前，未经各方达成协议或者共同的上一级人民政府批准，在行政区域交界线两侧一定范围内，任何一方不得修建排水、阻水、取水和截（蓄）水工程，不得单方面改变水的现状。《水法》第五十七条规定：单位之间、个人之间、单位与个人之间发生的水事纠纷，应当协商解决；当事人不愿协商或者协商不成的，可以申请县级以上地方人民政府或者其授权的部门调解，也可以直接向人民法院提起民事诉讼；县级以上地方人民政府或者其授权的部门调解不成的，当事人可以向人民法院提起民事诉讼；在水事纠纷解决前，当事人不得单方面改变现状。

对此两法条所规定的裁决和调解程序比较如下：

（1）纠纷双方范围大小。前者可能发生在：乡镇之间、县市之间、市地之间和省区之间共4类；后者可能发生在单位之间、个人之间、单位与个人之间共3类。

（2）纠纷解决可能适用的程序情形多少。前者可能出现：协商有效得以解决、协商不成经裁决解决共2种；后者可能出现：协商有效得以解决、协商不成调解解决、协商不成诉讼解决、不经协商调解解决、不经协商诉讼解决、直接诉讼解决、协商不成进而调解不成最后诉讼解决共7种。

（3）协商环节是否必经。尽管都表述"应当协商"但前者为强制性，后者为引导性（后者前文指出"应当协商"，后文则指出"不愿协商"，不能认为这是相互矛盾的规定，而是强调了法的引导功能，是立法亮点）。

（4）有权处理机关的级别高低。前者处理只能是上级人民政府，因为行政区域中乡镇为最基层，因此，事实上只有县级以上人民政府有裁决权；后者处理可以是有管辖权的县级以上人民政府，也可以由此政府授权其所属部门，被授权部门主要是水行政主管部门，也可能因为水事务的复杂性授权土地、环保、卫生等共同参与。

（5）行为效力不同。调解结果不具有最终效力；不管是哪级政府的裁决，结果均为终局。因此，存在县级政府的裁决为终局裁决的情况，说明县级政府行政权的效力可比司法权，反映了社会经济发展中行政权的扩张之势。

实务分析：乡级政府和县级政府在水事纠纷处理中的职权

此案发生和审理时，2002 年《水法》尚未实施。案件发生后，当地乡政府和县政府均参与了案件处理，他们的一些行为与新《水法》的规定不相符合。引用此案的目的在于能够辨别乡政府和县政府的哪些做法与《水法》冲突，进而反思新《水法》关于水事纠纷处理制度的合理性和科学性。

案情及审理：上诉人上饶县尊桥乡岛山村民委员会张家村民小组因不服上饶县人民政府水事纠纷行政处理决定一案，不服上饶市中级人民法院（2000）饶行初字第 5 号行政判决，向本院提起上诉。本院依法组成合议庭，公开开庭审理了本案，上诉人上饶县尊桥乡岛山村民委员会张家村民小组（以下简称张家）诉讼代表人张××及其委托代理人孙××，被上诉人上饶县人民政府（以下简称上饶县政府）法定代表人赵××的委托代理人於××，上饶县尊桥乡岛山村民委员会肖家村民小组（以下简称肖家）诉讼代表人肖××及其委托代理人肖×、陈××到庭参加了诉讼。本案现已审理终结。

经审理查明，张家与肖家是两个相邻的村民小组，它们背靠着一座名叫"洋历坑"的小山，山上有多处地下泉水眼，其中以处于肖家享有山林所有权山场的"牛眼睛"泉水眼地势最高，水量充沛。几处泉水汇集成一条水沟，流至山下张家的水田里，张家约 12.8 亩水田靠此水灌溉。肖家有 54 户人家，265 人。村内有两口水井，长期以来是肖家村民的饮用水。由于人口增加，家禽的养殖，两口水井水质受到污染，村民的健康受到威胁。2000 年 6 月初，肖家村民自筹资金 15000 元，决定到 1000 米以外的"牛眼睛"泉水引水，建设自来水工程。张家村民知道此事后，认为会影响其农田灌溉，表示反对，并在肖家施工时前去阻拦，由此引发水事纠纷。此后，上饶县尊桥乡人民政府多次召集双方代表协商处理，但未达成协议。为防止矛盾激化，尊桥乡政府作出了《关于岛山村肖家、张家用水纠纷的处理决定》，要求肖家必须立即停止并拆除在建引水工程，维护泉水原状；在用水纠纷未解决之前，"牛眼睛"泉水必须继续供农田灌溉。肖家不服该决定，一边向上饶县政府申请复议，一边继续施工。上饶县政府派有关部门到实地查看，上饶县环保局、上饶县卫生防疫站对肖家饮用水进行了抽样检查，认为确实存在较重污染。同年 7 月 24 日，上饶县政府作出了《关于尊桥乡岛山村肖家和张家村民小组水事纠纷上访的几点意见》，要求尊桥乡政府积极组织实施对肖家饮用水源污染的改造工程，改造后水质应达到饮用水标准，其改造费用由乡政府牵头，县有关部门协助造出工程预算，根据情况，分级负担。待水源污染改造完毕，肖家以水井距离厕所、猪栏太近，改造后水源质量难以保证和下半年水井水量小，不能维持正常饮用为由，再次上访。此时，肖家的引水工程已基本完成。为彻底解决张家、肖家用水纠纷，上饶县委、县政府组成了联合调查组。8 月 22 日，上饶县委副书记、上饶县政府副县长带领县政府法制局、水电局、环保局、公安局等部门有关人员深入现场调查，实地查看了肖家的饮用水源、张家水田及山泉水源。经实地查看，调查人员发现张家水田在干旱季节，虽田面无水，但泥土仍湿润，禾苗长势良好，而灌溉水沟沿途几处严重渗漏。经水利技术人员测算，如果对灌溉水沟进行处理，消除渗漏，并调剂一部分"牛眼睛"泉水引至张家水田，完全可以保证一般年份的灌溉和饮用水需要。为此，上饶县委、上饶县政府作出了《关于对尊桥乡岛山村肖家和张家村民小组水事纠纷的处理决定》主要内容是：

（1）根据《中华人民共和国水法》第十四条和《江西省实施〈中华人民共和国水法〉办法》第三条的规定，对肖家的自来水工程，予以鼓励支持。同时决定：①在肖家自来水引水源即"牛眼睛"处，另铺设一条同等口径的管道，进行分水，引流到张家水田。②对水沟渗漏处用水泥砂石做拦水墙或铺管道，消除渗漏。③所需经费由县政府承担。

……

（4）撤销尊桥乡政府作出的《关于岛山村肖家、张家用水纠纷的处理决定》，原县政府下达给尊桥乡政府《关于对尊桥乡岛山村肖家和张家村民小组水事纠纷上访的几点意见》予以废止。

原审法院认为，肖家村民自筹资金，建设自来水工程，从"牛眼睛"处取水，使家家户户用上了纯净的山泉自来水，既解决了肖家村民的饮用水问题，又方便了群众生活，有益于村民身体健康；且肖家建设引水工程也符合法律规定，对肖家的引水工程应予以鼓励支持。因肖家引用的水是"牛眼睛"部分泉水，"牛眼睛"仍有多数泉水可用于灌溉；张家的 12.8 亩农田并不完全靠"牛眼睛"一处泉水灌溉；且上饶县政府决定出资从"牛眼睛"处另铺设一条与肖家引水管道同等口径的管道进行分水，引流到张家水田，并对灌溉水沟渗漏处进行技术处理，以消除渗漏。只要措施得力，确实落实到位，是可以解决张家水田灌溉问题的。故肖家的引水工程对张家的农田灌溉不会有大的影响。上饶县政府的处理决定经过认真考察与科学论证，既尊重了历史，又面对了现实，既解决了肖家饮用水问题，又兼顾了张家的农田灌溉，有利于张家、肖家村民的生产和生活，有利于维护社会稳定，促进安定团结。上饶县政府的决定，符合法律规定，程序合法，应予支持。为此，依照《行政诉讼法》第五十四条第（一）项之规定，判决维持上饶县政府 2000 年 8 月 22 日作出的《关于尊桥乡岛山村肖家和张家村民小组水事纠纷的处理决定》。案件受理费 100 元由张家承担。

上诉人张家上诉请求本院撤销原审判决，改判被上诉人上饶县政府对被上诉人肖家的违法行为重新作出处理决定，理由如下：第一，原审判决认定事实不清，证据不足。从原判认定的事实不难看出，被上诉人肖家从一开始就强行引"牛眼睛"的泉水，擅建自来水工程，而其原饮用水仅存在生活污染问题，却又拒绝改造，原判以此事实得出肖家的行为"符合法律规定"错误，其认定"可以解决张家水田灌溉问题"也缺乏事实依据。第二，原审判决在对证据的采信上明显偏袒两被上诉人。第三，原审判决适用法律错误，被上诉人上饶县政府没有依法在规定的时间内答辩和提供证据，应视其为作出具体行政行为没有证据。

被上诉人上饶县政府答辩请求本院驳回上诉人的上诉，维持原判，理由如下。第一，肖家引用少量生活用水，根据法律规定并经县水政部门认定，不需要办理申请用水许可，不存在擅自建自来水工程的问题。第二，上饶县政府处理决定的法律依据是《水法》第十四条、《江西省实施〈中华人民共和国水法〉办法》第三条。"牛眼睛"泉水出自肖家责任山内，有山林权证为证。肖家多年未使用，并不等于放弃了使用权。难道说张家多年无偿使用肖家责任山的小股泉眼流水，现在就成了合法权益？第三，上诉人称"牛眼睛"的泉水口已被肖家用于自来水工程而全部封闭，无水流到张家的"洋历坑"农田不符合事实，上饶县政府处理决定的主要内容就是分水。第四，上诉人称"原审判决在对证据的采信上明显偏袒两被上诉人"，只能证明其缺乏法律知识。肖家请人拍摄张家早稻丰收的摄像片等证据，法庭也未采纳。第五，上饶县政府已在本案审理前向法庭阐明将逾期提供证据的理由，不存在原审判决在认定上饶县政府提供的证据上适用法律错误的问题。

被上诉人肖家答辩认为如下。第一，原审判决认定事实清楚，证据充分。肖家在自有的责任山地表上引出一股山泉水作为生活饮用水不存在违法性，肖家建自来水工程也没有影响上诉人张家的部分农田灌溉。上饶县政府对本案的处理也是慎重的。第二，原审判决对证据的采信是科学的，根本不存在偏袒谁的问题。第三，原审判决适用法律正确。为此，请求本院依法维持原判，驳回上诉人的上诉。

以上事实有上诉人上诉状，被上诉人答辩状，各方当事人陈述，肖家山林权证，上饶县水政监察大队出具的说明肖家不需要申请取水许可的证明，上饶县卫生防疫站检验报告书，上饶地区卫生防疫站卫生检测结果报告单及卫生监督意见书，上饶县尊桥乡政府《关于岛山村肖家、张家用水纠纷的处理决定》，上饶县政府下发尊桥乡政府《关于对尊桥乡岛山村肖家和张家村民小组水事纠纷上访的几点意见》，上饶县政府 2000 年 8 月 22 日"处理岛山村肖、张用水纠纷会议记录"，肖家村民小组《申请复议书》，上饶县政府向上饶地委、行署作出的《关于尊桥乡岛山村肖家和张家水事纠纷调处情况的汇报》，张家"洋历坑"田××，上饶县政府法制局於××、上饶县水电局鲁××、张××、林××、刘××、上饶县环保局张××、郑××、余××，上饶县公安局李××署名对 2000 年 8 月 22 日现场勘察进行说明的《关于对肖家、张家用水纠纷的现场测定意见》以及郑××有关说明林××为水利工程师的证言等证据所证实。

分析：肖家村民因原有水源污染，自筹资金修建自来水工程，从"牛眼睛"泉水引水用于生活饮用，根据《水法》第三十二条、国务院《取水许可制度实施办法》第三条的规定，不需要申请取水许可，张家以《江西省人民政府批转省水利厅〈关于在全省进行取水登记和发证工作意见〉的通知》（赣府发〔1994〕57 号）中的有关规定及证人郑××说明该工程需要申请取水许可的证言对此提出异议理由不成立。张家靠"牛眼睛"泉水灌溉的农田，确因引水工程受到一定影响，但其提出证明农田受到影响程度的证据均由本村村民提供或系未经法院许可而录制的视听资料，不予采信。肖家提供的未经法院许可而录制的说明张家农田未受影响的视听资料，亦不予采信。上饶县政府在对因肖家引水工程受到一定影响的农田灌溉问题进行科学论证提出解决方案，并决定由政府出资予以实施的情况下，对肖家的自来水工程予以支持，符合《水法》第十四条"开发利用水资源，应当首先满足城乡居民生活用水，统筹兼顾农业、工业用水和航运需要"的规定，且有利于生产，有利于生活，有利于社会的安定团结。张家一定要以换田方式来作为补救措施理由不充分。上饶县政府逾期向法院提供答辩状及其作出被诉具体行政行为的证据和依据并非无正当理由，张家认为应视其为作出具体行政行为没有证据不能成立。原审判决认定事实清楚，适用法律正确。因此，依照《行政诉讼法》第六十一条第（一）项的规定，二审法院作出判决如下：驳回上诉，维持原判。本案二审诉讼费 100 元，由上诉人上饶县尊桥乡岛山村民委员会张家村民小组承担。

第五章　水行政执法风险防范

一、水行政执法风险的表现形式

违反水行政处罚程序要求

1. 主体违法

水政监察案件中对主体部分的具体要求：

（1）实施行政处罚的机关或组织应具有法定行政处罚主体资格。

（2）实施行政处罚的行为符合法定职责权限。

（3）依照法律、法规、规章规定受委托执法的组织应当以委托机关名义实施行政处罚。

（4）承办行政处罚案件的人员应具备行政执法资格。

（5）被处罚对象应当主体适格，依法能够独立行使权利和承担法律责任。

2. 违法事实认定不清

水政监察案件中对事实部分的具体要求：

（1）被查处的违法行为事实认定清楚、证据确凿。

（2）对违法行为的定性正确。

（3）当事人的行为属于依法应当给予行政处罚的行为，有充分的法律依据和事实证据。

（4）执法文书应当准确载明当事人的基本情况、法律事件或行为发生的时间、地点、违法行为的事实、情节、性质和危害后果等内容。

3. 证据与论证不足

水政监察案件中对证据和处罚决定论证部分的具体要求：

（1）卷内证据应当合法、有效，足以证明法律事件或行为的事实、性质、情节及后果。

（2）证据应当充分，证据之间能相互印证，形成有效的证据链，提取证据应当符合法定程序。

（3）案卷中应附有有关当事人的身份证明、营业执照、许可证等证据材料，并经当事人签字确认。

（4）行政处罚决定书及行政处罚事先告知书应有说理性内容，说明事理、情理和法理。主要包括：

1）对违法行为的构成要件、因果关系和违法事实的认定过程等应当陈述清楚；

2）阐述证据形式和证据所要证明的内容；

3）适用法律依据时应当完整地引用定性依据和处罚依据；

4）对当事人陈述申辩的理由、证据或听证的过程、结论和行政处罚机关是否采纳意见的理由、依据，应当详细阐述，当事人放弃陈述申辩或听证的应予以说明；

5）作出从轻、减轻或其他有裁量幅度的行政处罚的，应当在行政处罚决定书中说明理由和依据。

4. 欠缺法律依据或适用法律错误

水政监察案件中对适用法律依据部分的具体要求：

（1）作出行政处罚的依据必须符合《行政处罚法》及有关法律、法规、规章的要求。

（2）适用的法律依据应当正确、现行有效，符合法律适用原则。

（3）执法文书中引用的法律、法规、规章名称应使用全称，引用依据条、款、项内容准确、完整。

5. 违反法定程序或超越法定权限

水政监察案件中对执法程序部分的具体要求：

（1）办理行政处罚案件，应当符合立案（受理）、调查取证、审查、告知、决定、送达、执行等基本步骤和流程，执法程序规范。

（2）反映执法活动的内容、过程和结果都有相应的文书记载。

（3）作出或者解除（撤销）立案、抽样取证、证据先行登记保存、行政强制措施、行政处罚、行政强制执行等决定应填写相应的案件审批表，办理审批手续，制作相应的法律文书。

（4）现场检查（勘验）、调查取证由2名以上持合法有效行政执法证件的执法人员进行。

（5）现场检查（勘验）、调查取证时执法人员应向当事人出示证件、表明身份，并在执法文书上有记载和确认。

（6）所有与案件事实有关的证据材料，包括现场检查（勘验）笔录、抽样取证物品清单、涉案物品清单、现场照片、调查（询问）笔录，当事人身份证明文件、执法文书的送达回证等证据材料，有当事人拒绝签字的，执法人员应当说明拒签的理由，有见证人的应由见证人签字。

（7）先行登记保存证据、查封扣押物品应在法定期限内依法作出处理，依法应当解除登记保存或强制措施的，应当及时解除，返还物品。

（8）冻结存款、汇款应在法定期限内依法作出处理，依法应当解除冻结的，应当及时解除冻结。

（9）调查取证阶段结束后，行政执法人员应当制作案件调查终结报告，阐明案件的基本事实、违法情形、证据材料、适用依据、处理意见等，送交有关负责人逐级审查、签署意见。

（10）依法应当移送司法机关或其他行政机关处理的案件，应当及时移送并有移送记录。

（11）作出行政处罚决定前必须告知当事人拟处罚的事实、理由、依据和处罚的种类、罚款数额等内容，并告知当事人依法享有的权利。

（12）当事人提出陈述、申辩的，行政机关必须充分听取当事人的意见，并对当事人提出的事实、理由和证据进行复核。当事人提出的事实、理由或者证据成立的，行政机关应当采纳；依法不予采纳的，应当说明理由。

（13）拟作出的行政处罚符合听证条件的，应当在行政处罚事先告知书上告知当事人依法享有要求听证的权利和期限；当事人要求听证的，行政机关应当按听证程序组织听证。

（14）对情节复杂或者重大违法行为给予较重行政处罚的案件，行政机关负责人应当集体讨论决定。集体讨论应当制作讨论记录，载明主持人、参加人、记录人和讨论内容、讨论意见、最终结论，并有参加人签名或盖章。

（15）作出的行政处罚决定书应当做到：

1）形式上符合相应的法律文书制作要求；

2）完整记载被处罚人的基本情况；

3）陈述违法事实清楚，证据充分，说理透彻；

4）适用法律依据正确，处罚适当、明确；

5）明确告知行政处罚的履行方式和期限；

6）正确告知不服处罚决定的救济途径和期限；

7）有行政处罚实施机关的署名、印章和作出日期。

（16）送达。行政处罚决定等执法文书的送达符合法定的方式、时限，应当有相应的送达回证（公告送达的应有公告副本和影印件），符合法定程序。

（17）执行。行政处罚决定书送达以后，应督促当事人在规定的期限内履行；当事人拒不履行的，应当依法强制执行或者申请人民法院强制执行。

（18）不得在夜间或者法定节假日实施行政强制执行。

（19）不得对居民生活采取停止供水、供电、供热、供燃气等方式迫使当事人履行相关行政决定。

（20）应有的执行文书齐全，包括以下几种：

1）罚款或没收违法所得有相应法定票据；

2）没收非法财物的有相应的票据和清单；

3）延期或分期缴纳罚款的，应有当事人申请和行政机关批准文书，加处罚款应有相应的执法文书和法定票据；

4）行政机关依法强制执行的，应有相应的强制执行通知书和强制执行笔录；

5）申请人民法院强制执行的有相关文书及记载。

（21）实行罚缴分离。当场收缴罚款的应当符合法定条件和要求，并在 2 日内将罚款缴付指定银行。

（22）没收财物应当依法处置，有相应的处置凭证或销毁凭证和监销记录。

（23）行政处罚案件办结、处罚决定履行完毕，有规范的结案报告，有行政机关负责人签署的意见。

（24）行政执法中发现的违法行为，应当责令当事人立即改正或限期改正，并对改正情况进行复查。

违反取水许可申请、受理、审查与决定、监督管理

1. 违反取水许可申请、受理、审查与决定的

（1）对符合法定条件的取水申请不予受理或者不在法定期限内批准的。

（2）不在办公场所公示依法应当公示的材料的。

（3）在受理、审查、决定行政许可过程中，未向申请人、利害关系人履行法定告知义务的。

（4）申请人提交的申请材料不齐全、不符合法定形式，不一次告知申请人必须补正的全部内容的。

（5）未依法说明不受理行政许可申请或者不予行政许可的理由的。

（6）依法应当举行听证而不举行听证的。

（7）对不符合法定条件的申请人准予行政许可或者超越法定职权作出准予行政许可决定的。

（8）对符合法定条件的申请人不予行政许可或者不在法定期限内作出准予行政许可决定的。

（9）对不符合法定条件的单位或者个人核发许可证、签署审查同意意见的。

（10）违反审批权限签发取水申请批准文件或者发放取水许可证的。

（11）不履行监督职责，或者发现违法行为不予查处，造成严重后果的。

（12）不按照水量分配方案分配水量的。

（13）其他滥用职权、玩忽职守、徇私舞弊的行为。

2. 对未取得取水申请批准文件的建设项目，擅自审批、核准的

《取水许可和水资源征收管理条例》第二十一条的规定，须由国家审批、核准的建设

项目，未取得取水申请批准文件的，项目主管部门不得审批、核准。也就是说凡是需要直接从江河、湖泊、地下取用水资源的建设项目，都首先应当取得取水申请批准文件，否则项目主管部门（例如各级计划、发展改革部门）不能批准项目建设。实践中，一些项目主管部门不认真执行法规规定，在没有取得取水申请批准文件时，擅自审批、核准建设项目，将依法承担相应的法律责任。

如果项目主管部门及其工作人员违法审批、核准的，对当事人利益造成现实损害的，还应当承担国家赔偿责任。

3. 违反取水许可纪律的

行政机关工作人员办理取水许可、水资源费征收、实施监督检查，索取或者收受他人财物或者谋取其他利益，构成犯罪的，依法追究刑事责任；尚不构成犯罪的，依法给予行政处分。

行政机关不依法履行监督职责或者监督不力，造成严重后果的；在取水许可、水资源费征收管理过程中滥用职权、玩忽职守、徇私舞弊的，情节严重的，由其上级行政机关或者监察机关责令改正，对直接负责的主管人员和其他直接责任人员依法给予行政处分；构成犯罪的，依法追究刑事责任。

4. 违法实施取水许可的

行政机关及其工作人员违法实施取水许可，行政机关应当承担国家赔偿责任。承担国家赔偿责任的要件为：

（1）违法实施取水许可。取水许可的实施是行政机关受理申请、授予、变更、延续、撤销、注销行政许可活动的总和；

（2）违法实施取水许可行为对当事人利益造成现实损害。例如，违法实施的取水许可增加了申请人的支出，致使当事人财产利益受到损害。

违反水资源费征收管理规定

水行政主管部门及其工作人员有截留、侵占、挪用水资源费的，要承担相应的法律责任。具体表现为以下几种形式：

（1）不按照规定征收水资源费的。

（2）不符合缓缴条件而批准缓缴水资源费的。

（3）侵占、截留、挪用水资源费的。

（4）不履行监督职责，或者发现违法行为不予查处，造成严重后果的。

有上述行为之一的，上级行政机关或者监察机关发现后，要责令改正，情节严重的，对直接负责的主管人员和其他直接责任人员要依法给予行政处分。构成犯罪的，依法追究刑事责任。对于被侵占、截留、挪用的水资源费，应当依法予以追缴。

（5）隐瞒应当上缴的财政收入，滞留、截留、挪用应当上缴的财政收入，坐支应当上缴的财政收入的。《财政违法行为处罚处分条例》规定，财政收入执收单位及其工作人员隐瞒应当上缴的财政收入，滞留、截留、挪用应当上缴的财政收入，坐支应当上缴的财政收入的，予以收缴，对单位给予警告或者通报批评，对直接负责的主管人员和其他直接责任人员给予记大过处分，情节较重或严重的，给予降级、撤职、开除的处分。

（6）对违反规定征收水资源费、取水许可证照费的。由价格主管部门依法予以行政处罚。这里的违反规定是指不按确定的标准和范围收费，是由价格主管部门依法进行行政处罚。

二、水行政执法法律责任追究

行政责任

1. 《行政机关公务员处分条例》的规定

2007年4月22日，国务院第495号令公布了《行政机关公务员处分条例》，该条例对规范行政机关公务员的行为，保证行政机关及其公务员依法履行职责有重要意义。

根据《行政机关公务员处分条例》的规定，行政机关公务员的处分形式分为警告、记过、记大过、降级、撤职和开除六种。行政机关公务员在受处分期间不得晋升职务和级别，其中，受记过、记大过、降级、撤职处分的，不得晋升工资档次；受撤职处分的，应当按照规定降低级别；受开除处分的，自处分决定生效之日起，解除其与单位之间的人事关系，不再担任公务员职务。

如果水行政执法人员的执法行为有下列情形之一的，应当从重处分。

（1）在二人以上的共同违法违纪行为中起主要作用的；

（2）隐匿、伪造、销毁证据的；

（3）串供或者阻止他人揭发检举、提供证据材料的；

（4）包庇同案人员的；

（5）有其他法定的从重情节的。

根据《行政机关公务员处分条例》的规定，自2007年7月1日起，水行政管理机关公务员依法被判处刑罚的，给予开除处分。这里讲的"被判处刑罚"，包括各种形式的刑罚。在司法实践中，原来如有公务员被判处有期徒刑同时被宣告缓刑的，有的行政机关不对这样的公务员给予开除处分，但根据《行政机关公务员处分条例》的规定，自2007

年 7 月 1 日起，如果行政机关仍然要保留被判处有期徒刑同时宣告缓刑的公务员的公职显然是不可能的了。

2. 《事业单位工作人员处分暂行规定》

为严肃事业单位纪律，规范事业单位工作人员行为，保证事业单位及其工作人员依法履行职责，2012 年 8 月 22 日，人力资源和社会保障部、监察部通过了《事业单位工作人员处分暂行规定》，自 2012 年 9 月 1 日起施行。对法律、法规授权的具有公共事务管理职能的事业单位中经批准参照《中华人民共和国公务员法》管理的工作人员给予处分，参照《行政机关公务员处分条例》的有关规定办理。对行政机关任命的事业单位工作人员，法律、法规授权的具有公共事务管理职能的事业单位中不参照《中华人民共和国公务员法》管理的工作人员，国家行政机关依法委托从事公共事务管理活动的事业单位工作人员给予处分，适用本规定；但监察机关对上述人员违法违纪行为进行调查处理的程序和作出处分决定的权限，以及作为监察对象的事业单位工作人员对处分决定不服向监察机关提出申诉的，依照《中华人民共和国行政监察法》及其实施条例办理。

根据《事业单位工作人员处分暂行规定》，事业单位及其工作人员的处分形式分为警告、记过、降低岗位等级或者撤职、开除。事业单位工作人员受到警告处分的，在受处分期间，不得聘用到高于现聘岗位等级的岗位；在作出处分决定的当年，年度考核不能确定为优秀等次。事业单位工作人员受到记过处分的，在受处分期间，不得聘用到高于现聘岗位等级的岗位，年度考核不得确定为合格及以上等次。事业单位工作人员受到降低岗位等级处分的，自处分决定生效之日起降低一个以上岗位等级聘用，按照事业单位收入分配有关规定确定其工资待遇；在受处分期间，不得聘用到高于受处分后所聘岗位等级的岗位，年度考核不得确定为基本合格及以上等次。事业单位工作人员受到开除处分的，自处分决定生效之日起，终止其与事业单位的人事关系。

如果事业单位工作人员有下列情形之一的，应当从重处分：

（1）在两人以上的共同违法违纪行为中起主要作用的；

（2）隐匿、伪造、销毁证据的；

（3）串供或者阻止他人揭发检举、提供证据材料的；

（4）包庇同案人员的；

（5）法律、法规、规章规定的其他从重情节。

赔偿责任

国家赔偿，是指国家机关及其工作人员违法行使职权，侵犯公民、法人或者其他组织的合法权益并造成损害，由国家承担责任，对受害人予以赔偿的制度。根据赔偿义务机关的性质和特点，以及我国《国家赔偿法》的相关规定，国家赔偿可分为行政赔偿和司法赔偿。

安全生产监督管理机关和执法人员违法行政损害行政相对人合法权益造成损失的，安全生产监督管理机关和安全生产监察执法责任人负有依法赔偿责任。安全生产监督管理机关承担的赔偿责任称行政赔偿，个人承担的赔偿责任称行政追偿。

行政赔偿是国家对国家行政机关及其工作人员违法行使行政权力或者处在他们的管理或监督之下的物体给相对人造成的损害所承担的赔偿责任。

1. 行政赔偿的构成要件

（1）侵权行为主体。侵权行为主体应当是国家行政机关及其工作人员、法律法规授权的组织或国家机关委托的组织和个人；

（2）职务行为违法。我国《国家赔偿法》规定的国家机关及工作人员违法行使职权的行为是引起国家赔偿责任的根本条件；

（3）损害事实。损害事实是指由国家机关及其工作人员的行为使公民、法人或其他组织的合法权益遭受损害；

（4）因果关系。因果关系是指可引起赔偿的损害必须为侵权行为主体的违法执行职务的行为所造成。行政赔偿的范围包括侵犯人身权的行为、侵犯财产权的行为、精神损害的赔偿。

2. 受害人有权取得赔偿的情形

（1）违法实施罚款、没收财物等行政处罚的；

（2）违法对财产采取查封、扣押、冻结等行政强制措施的；

（3）非法征收财产的；

（4）造成财产损害的其他违法行为。

3. 国家不承担赔偿责任的情形

（1）行政机关工作人员与行使职权无关的个人行为；

（2）因公民、法人和其他组织自己的行为致使损害发生的；

（3）法律规定的其他情形，主要是不可抗力和第三人的过错。

我国行政赔偿请求的提出和实现有两种途径：一种是赔偿请求人单独向赔偿义务机关提出行政赔偿请求，另一种是赔偿请求人在行政复议、行政诉讼中一并提出。赔偿义务机关应当自收到《行政赔偿申请书》之日起两个月内作出处理决定。赔偿义务机关逾期不予赔偿，或者赔偿请求人对赔偿的数额有异议的，请求人自期间届满之日起三个月内可以向人民法院提起诉讼。

行政追偿是指国家在向赔偿请求人支付费用后，依法责令具有故意或重大过失的工作人员、受委托的组织或个人承担部分或全部赔偿费用的法律制度。

国家赔偿的计算标准是《国家赔偿法》所确立的根据损害程度确定赔偿的计算准则。

4. 侵犯财产权的赔偿标准

（1）处罚款、罚金、追缴、没收财产或违法征收、征用财产的，返还财产；

（2）查封、扣押、冻结财产的，解除对财产的查封、扣押、冻结，造成财产损害或者灭失的，依照《国家赔偿法》第三十六第三项、第四项的规定赔偿；

（3）应当返还的财产损坏的，能够恢复原状的恢复原状，不能恢复原状的按照损坏程度给付相应的赔偿金；

（4）应当返还的财产灭失的，给付相应的赔偿金；

（5）财产已经拍卖或者变卖的，给付拍卖或者变卖所得的价款；变卖的价款明显低于财产价值的，应当支付相应的赔偿金；

（6）返还执行的罚款或者罚金、追缴或者没收的金钱，解除冻结的存款或者汇款，应当支付银行同期存款利息；

（7）对财产权造成其他损害的，按照直接损失给予赔偿。

5. 精神损害的赔偿标准

《国家赔偿法》第三十五条规定：有本法第三条或者第十七条规定情形之一的，致人精神损害的，应当在侵权行为影响的范围内为受害人消除影响，恢复名誉，赔礼道歉；造成严重后果的，应当支付相应的精神损害抚慰金。

以上是安全生产监督管理机关执法人员在执行职务过程中违法或违纪、过错应当承担的法律责任。应当注意的是：公务员法规定免予行政处分，是指机关对虽有违反纪律行为，但情节显著轻微，且经过批评教育已经认识并能够改正的违纪人员的一种处理措施。公务员的违法违纪行为构成犯罪的，除依法追究刑事责任外，还要依法追究行政责任和其他法律责任，如对服刑人员要给予开除的处分；对尚未构成刑事犯罪或构成犯罪但免于刑事起诉的，要依法追究行政处分责任，被追究行政责任的，要承担责任后果，如给予了行政处分的，要承担处分的法律后果。

刑事责任

承担刑事责任应符合构成要件该当性、违法性和有责性三个具有递进式逻辑结构的要件。具体而言，在将某一行为认定为犯罪时，必须进行三次评价：构成要件该当性为事实评价，为犯罪成立提供行为事实的基础；违法性是法律评价，排除正当防卫、紧急避险等违法阻却事由；有责性是主观评价，分析行为人是否具备责任年龄和责任能力、主观上是否具备犯罪的故意或过失、是否欠缺期待可能性，为追究刑事责任提供主观根据。这三个要件，形成一个过滤机制：只要行为符合构成要件，原则上就可以推定构成犯罪，但属于违法阻却事由的除外；存在违法性，原则上就可以推定行为人有责任，但行为人行为时无责任能力，或者无罪过事件，或者不具有期待可能性的除外。

根据刑法的规定，安全生产监督管理机关可能会构成下列几种犯罪：

1. 贪污罪

《刑法》第三百八十二条规定："国家工作人员利用职务上的便利，侵吞、窃取、骗取或者以其他手段非法占有公共财物的，是贪污罪。"贪污罪的犯罪客体是公有财物；犯罪主体是国家机关工作人员，包括各级国家权力机关、行政机关公务人员和国有企业以及其他有关人员；客观要件是利用职务上的便利，实施了侵吞、窃取、骗取或者以其他手段非法占有公共财物的违法行为；主观要件是具有侵吞、窃取、骗取或者以其他手段非法占有公共财物的故意。

《刑法》第三百八十三条第 1 款的规定，犯贪污罪的，可以根据贪污数额和情节轻重，分别依照下列四种量刑幅度进行处罚。

（1）个人贪污数额在 10 万元以上的，处 10 年以上有期徒刑或者无期徒刑，可以并处没收财产；情节特别严重的，处死刑，并处没收财产。

（2）个人贪污数额在 5 万元以上不满 10 万元的，处 5 年以上有期徒刑，可以并处没收财产；情节特别严重的，处无期徒刑，并处没收财产。

（3）个人贪污数额在 5000 元以上不满 5 万元的，处 1 年以上 7 年以下有期徒刑；情节严重的，处 7 年以上 10 年以下有期徒刑。个人贪污数额在 5000 元以上不满 1 万元，犯罪后有悔改表现，积极退赃的，可以减轻处罚或者免予刑事处罚，由其所在单位或者上级主管机关给予行政处分。

（4）个人贪污数额不满 5000 元，情节较重的，处 2 年以下有期徒刑或者拘役；情节较轻的，由其所在单位或上级主管机关酌情给予行政处分。

对多次贪污未经处理的，按照累计贪污数额处罚。

2. 受贿罪

《刑法》第三百八十五条规定："国家工作人员利用职务上的便利，索取他人财物的，或者非法收受他人财物的，为他人牟取利益的，是受贿罪。"国家工作人员在经济往来中，违反国家规定，收受各种名义的回扣、手续费，归个人所有的，以受贿论处。

根据《刑法》第三百八十六条之规定，犯受贿罪的，根据受贿所得数额及情节，依照贪污罪的规定处罚；索贿的从重处罚。

（1）个人受贿数额在 10 万元以上的，处 10 年以上有期徒刑或者无期徒刑，可以并处没收财产；情节特别严重的，处死刑，并处没收财产。

（2）个人受贿数额在 5 万元以上不满 10 万元的，处 5 年以上有期徒刑，可以并处没收财产；情节特别严重的，处无期徒刑，并处没收财产。

（3）个人受贿数额在 5000 元以上不满 5 万元的，处 1 年以上 7 年以下有期徒刑；情节严重的，处 7 年以上 10 年以下有期徒刑。个人受贿数额在 5000 元以上不满 1 万元，犯罪后有悔改表现、积极退赃的，可以减轻处罚或者免予刑事处罚，由其所在单位或者上级主管机关给予行政处分。

（4）个人受贿数额不满 5000 元，情节较重的，处 2 年以下有期徒刑或者拘役；情节较轻的，由其所在单位或者上级主管机关酌情给予行政处分。

3. 滥用职权罪和玩忽职守罪

这两类犯罪都规定在《刑法》第三百九十七条中。滥用职权罪是指国家机关工作人员违反法律规定的权限和程序，滥用职权，致使公共财产、国家和人民利益遭受重大损失的行为。玩忽职守罪是指国家机关工作人员严重不负责任，不履行或者不认真履行职责，致使公共财产、国家和人民利益遭受重大损失的行为。国家机关工作人员滥用职权或者玩忽职守，致使公共财产、国家和人民利益遭受重大损失的，处 3 年以下有期徒刑或者拘役；情节特别严重的，处 3 年以上 7 年以下有期徒刑。本法另有规定的，依照规定。国家机关工作人员徇私舞弊，犯前款罪的，处 5 年以下有期徒刑或者拘役；情节特别严重的，处 5 年以上 10 年以下有期徒刑。本法另有规定的，依照规定。因此，如果国家机关工作人员滥用行政强制权或者不履行职责的，都有可能构成本罪。

4. 私分罚没财物罪

私分罚没财物罪是指司法机关、行政执法机关违反国家规定，将应当上缴国家的罚没财物，以单位名义集体私分给个人，数额较大的行为。《刑法》第三百九十六条规定，国家机关、国有公司、企业、事业单位、人民团体，违反国家规定，以单位名义将国有资产集体私分给个人，数额较大的，对其直接负责的主管人员和其他直接责任人员，处 3 年以下有期徒刑或者拘役，并处或者单处罚金；数额巨大的，处 3 年以上 7 年以下有期徒刑，并处罚金。司法机关、行政执法机关违反国家规定，将应当上缴国家的罚没财物，以单位名义集体私分给个人的，依照前款的规定处罚。因此，行政机关、人民法院以单位的名义非法截留、私分行政强制的款项、财物的，也会构成本罪。

5. 徇私舞弊不移交刑事案件罪

徇私舞弊不移交刑事案件罪是指行政执法人员徇私舞弊，对依法应当移交司法机关追究刑事责任的案件不移交，情节严重的行为。《刑法》第四百零二条规定，行政执法人员徇私舞弊，对依法应当移交司法机关追究刑事责任的不移交，情节严重的，处 3 年以下有期徒刑或者拘役。符合上述立案标准的具体规定的情形即为一般的徇私舞弊不移交刑事案件罪，对此处以 3 年以下有期徒刑或者拘役。

第六章　水行政执法文书制作规范

一、水行政处罚文书

《水事案件受理通知书》

1. 文书依据

《水行政处罚实施办法》（水利部令第 8 号）第二十四条。

2. 文书类别

本文书为制作式。

3. 制作说明

（1）发文字号：参见《水行政执法法律文书规范》。

（2）当事人姓名或名称：报案是自然人的，写其姓名；报案人是单位的，写其名称。

（3）违法当事人姓名或名称：据实填写。

（4）行政机关名称：据实填写。

（5）年月日：据实填写。

4. 参考式样

水事案件受理通知书

×县水受〔　　〕号

_____：

　　你（你单位）于____年____月____日向我局反映的_____涉嫌违反水法律、法规、规章一案，经初步审查：当事人具有违反水法规事实，依照法律、法规、规章的规定应当给予水行政处罚，属本机关管辖，违法行为未超过追究时效，我局决定予以受理。

　　此通知

（行政机关名称及盖章）

年　　月　　日

《水事案件不予受理通知书》

1. 文书依据

《水行政处罚实施办法》（水利部令第8号）第二十四条。

2. 文书类别

本文书为制作式。

3. 制作说明

（1）发文字号：参见《水行政执法法律文书规范》。

（2）当事人姓名或名称：报案是自然人的，写其姓名；报案人是单位的，写其名称。

（3）违法当事人姓名或名称：据实填写。

（4）不予受理理由：当事人不具有违反水法规事实；依照法律、法规、规章的规定不应当给予水行政处罚；不属于本机关管辖；违法行为超过了追究时效。

（5）行政机关名称：据实填写。

（6）年月日：据实填写。

4. 参考式样

水事案件不予受理通知书

×县水受〔　　〕号

_____：

　　你（你单位）于____年____月____日向我局反映的_____涉嫌违反水法律、法规、规章一案，经审查，我局决定不予受理。理由如下：

_____

_____

　　此通知

（行政机关名称及盖章）

年　　月　　日

《立案呈批表》

1. 文书依据

《水行政处罚实施办法》（水利部令第8号）第二十四条规定："除依法可以当场作出行政处罚决定的以外，公民、法人或者其他组织有符合下列条件的违法行为的，水行政处罚机关应当立案备处：（一）具有违反水法规事实的；（二）依照法律、法规、规章的规定应当给予水行政处罚的；（三）属水行政处罚机关管辖的；（四）违法行为未超过追究时效的。"符合上述4个条件，方可立案；不符合上述4个条件，则不予立案。

《行政处罚法》第二十九条规定，"违法行为在两年内未被发现的，不再给予行政处罚。法律另有规定的除外。"目前，《水法》《防洪法》《水土保持法》没有对追究时效另行规定，故追究时效为两年。

2. 文书类别

本文书为填写式。

3. 注意事项

凡是项目里没有内容或暂时不知晓的，填写"无"或者"不详"，不能留空。

4. 制作说明

（1）姓名：填写报告人姓名要尽量准确无误。如不便核实，要在姓名后面加"（音）"。

（2）性别：据实填写。

（3）年龄：填写举报者虚岁、实岁均可。

（4）单位或住址：选项，填单位或住址，要尽量详细，城镇要填写到门牌号；农村没有门牌号的，要填写到村组。

（5）电话：填写报告人的联系电话，以便联系。

（6）报案时间：填写×年×月×日，必要时可填写到"×时×分"，不能只写月日不写年份，不能年份简写，如把"2008年"简写成"08年"。

（7）方式：主要有电话、来信、电子邮件、传真、上门举报；移交、自查等多种，视情况填写。

（8）发案时间：本栏填写报告人、移交人反映的"发案时间"，或自查初步查证的时间。真正的"发案时间"有待调查确认。

（9）发案地点：填写要具体，原则上越具体越好。

（10）违法单位：本项与12项互为选项，违法单位名称要准确无误，有待调查取证确认。

（11）法定代表人：法人代表姓名应尽可能准确，有待调查确认。

（12）违法人或直接责任者姓名：违法者姓名，要力求准确，有待调查取证确认。

（13）性别：据实填写。

（14）年龄：填写虚岁、实岁均可。

（15）工作单位或住址：有工作单位的，填写工作单位的全称或规范化简称，没有工作单位的是城镇的，填写街道门牌号码；是农村且没有门牌号的，填写到村组。

（16）案情简介：概括案件的基本情况，务求准确、简练、明了。

（17）受理人建议：本内容可直接印制在文书上。

（18）主管领导批示：本栏由分管领导或"一把手"签署意见，如分管领导和"一把手"领导较长时间外出，可由主持工作的领导签署意见、姓名及年月日。

（19）备注：填写需要说明的事项，如说明事项较多，可分项列出。

（20）填表人：据实填写，填表人一般为办案人员。

（21）立案机关：填写行政机关全称或规范化简称，加盖局行政公章，不能加盖局内设机构公章，更不能填写水政监察队伍和加盖水政监察队伍公章（法规授权执法的除外）。

（22）填表日期：据实填写。

5. 参考式样

立案呈批表

报案人	姓名		性别		年龄		单位或住址		
	电话		报案时间				方式		
发案时间						发案地点			
违法单位						法定代表人			
违法人或直接责任者姓名		性别		年龄		工作单位或住址			
案情简介									
受理人建议	经审查，本案：1. 具有违反水法规事实；2. 依照法律、法规、规章的规定应当给予水行政处罚；3. 属本机关管辖；4. 违法行为未超过追究时效。符合《水行政处罚实施办法》（水利部令第8号）第二十四条规定的4个立案条件，建议立案。 签章：　　　　　　　　　　　　　　　　年　月　日								

续表

水政监察队伍 负责人审核意见	签章：　　　　　　　　　　　　　　　年　　月　　日
主管领导批示	签章：　　　　　　　　　　　　　　　年　　月　　日
备注	

填表人：_____　　　立案机关（盖章）：_____

填表日期：____年____月____日

《物证提取单》

1. 文书依据

《中华人民共和国行政诉讼法》（以下简称《行政诉讼法》）第三十一条、《水行政处罚实施办法》（水利部令第 8 号）第二十一条规定证据有以下几种：

（1）书证；

（2）物证；

（3）视听资料；

（4）证人证言；

（5）当事人的陈述；

（6）鉴定结论；

（7）勘验笔录、现场笔录。

根据以上规定，制定本文书。

2. 文书类别

本文书为填写式。

3. 定义

物证指以物品、痕迹等客观物质实体证明案件事实的证据，如向河道倾倒的渣土、偷采的砂石等。提取的物证另行归档。

4. 制作说明

（1）发文字号：参见《水行政执法法律文书规范》。

（2）案由：参见《水行政执法法律文书规范》。

（3）办案单位：填写水行政主管部门或水政监察队伍名称均可。

（4）物品持有人：物品持有人是自然人的，填写姓名；是法人或其他组织的，填写其名称。

（5）性别：据实填写。

（6）出生年月：据实填写。

（7）住址或地址：填写自然人住址或法人或其他组织的地址。

（8）工作单位：当事人为自然人且有工作单位的填写此栏。

（9）联系电话：据实填写。

（10）取证时间：据实填写。

（11）取证地点：据实填写。

（12）编号：据实填写。

（13）名称：据实填写。

（14）规格：写明物证的规格。

（15）数量：据实填写。

（16）特征：写明物证的特征，如大小、形状等。

（17）备注：据实填写。

（18）物证照片：将提取的物证照片粘贴此处。物证另行存档。

（19）持有人或者见证人：由物品持有人签名或盖章。

（20）时间：据实填写。

（21）承办人：据实填写。

（22）时间：据实填写。

5. 参考式样

物证提取单

×县水物〔　　　〕号

案由			办案单位			
物品持有人		性别			出生年月	
住址或地址						
工作单位			联系电话			
取证时间	年　月　日　时			取证地点		
编号	名称	规格	数量		特征	备注

续表

物证照片	
持有人或者见证人（签名）： 　　　　　　　　年　月　日	承办人（签名）： 　　　　　　　　年　月　日

《询问笔录》

1. 文书依据

《行政处罚法》第三十七条规定"……询问或者检查应当制作笔录"。据此，设制本法律文书。

2. 文书类别

本文书为填写式。

3. 相关准备

在进行询问之前，要做好有关准备工作，准备材料纸、印泥和询问提纲，避免遗漏和被动。

4. 检查核对

询问结束后，记录人要对笔录中的涂改、增删之处仔细检查，看有无遗漏。否则，则视为事后添加，影响证据效力。

5. 常见问题

（1）案由不规范。一些执法人员自己生造"违法行为"；

（2）不真实。记录的不是口语，给人感觉都是事后整理加工的，现场感不强；

（3）所询问的问题不能起到证据作用；

（4）不合法。《行政处罚法》规定案件调查人员不得少于两人，有些执法人员在询问笔录中只填写1人。

6. 填写说明

（1）案由：参见《水行政执法法律文书规范》。

（2）被询问人：填写姓名要准确。

（3）性别：据实填写。

（4）年龄：据实填写。

（5）职务（职业）：视被调查人的具体情况填写，职业通常有：农民、学生、个体户、自由职业者，等等。

（6）工作单位：填写被调查人工作单位全称或规范化简称，被调查人没有工作单位的，填"无"。

（7）与当事人关系：通常有：雇用、夫妻、同学、同事、同乡、邻居等，视情况填写。

（8）详细住址：被调查人是城镇的，填写到门牌号，是农村且无门牌号的填写到村组。

（9）调查时间：据实填写，调查时间是下午的，如下午2时30分，应写"14时30分"。

（10）调查地点：视具体情况填写。

（11）询问人：即调查人，不得少于两人，调查人中含有记录人，不能漏写记录人的姓名。

（12）记录人：据实填写。

（13）问：根据调查提纲或案情询问，询问的问题要与案情有关，能起到证据作用。

（14）答：记录人要如实记录被调查人的答话，全面、准确地记录被调查人的真实意思。要口语化不要书面语言，方言、语气叹词都要记录下来。也就是说，被调查人原话是怎么讲的，记录人就怎么记录，不得添枝加叶，想象发挥。

（15）被询问人（签章）：签名或盖章，考虑被调查人不可能随时把印章带在身上，实践中以指印代之，较之盖章更具有法律效力。笔录中的涂改、增删，必须经被调查人捺指印确认。

（16）询问人（签章）：由调查人签名或盖章，人员不得少于两人。

7. 参考式样

询问笔录

共　页第　页

案由：_____

被询问人：_____；性别：_____；年龄：_____；职务（职业）：_____

工作单位：_____；与当事人关系：_____

详细住址：_____

询问时间：_____ 至_____

询问地点：_____；询问人：_____；记录人：_____

我们是××县水利局执法人员，这是我们的执法证，请您过目。现就××一案，依法向您调查。根据《中华人民共和国行政处罚法》第三十七条"当事人或者有关人员应当如实回答询问，并协助调查或者检查，不得阻挠”的规定，请您如实回答我们的提问。

问：_____

_____

答：_____

_____

问：_____

_____

答：_____

_____

被询问人（签章）：　　　　　　　　询问人（签章）：

（续页）

共　页第　页

_____

_____

_____

_____

_____

_____

_____

_____

_____

被询问人（签章）：　　　　　　　　询问人（签章）：

《勘验（检查）笔录》

1. 文书依据

《行政处罚法》第三十七条规定"……询问或者检查应当制作笔录"，据此，设制本文书。

2. 文书类别

本文书为填写式。

3. 定义

勘验（检查）笔录是执法人员对现场进行勘察、检验、测量、绘图、拍照、检查所作的记录。

4. 填写说明

（1）案由：参见《水行政执法法律文书规范》。

（2）勘验时间：据实填写。

（3）勘验地点：要尽可能详细，据实填写。

（4）勘验内容：勘验的设备或者现场等。

（5）勘验（检查）情况：记录勘验、检查的情况，如果案件是向河道倾倒渣土，就要记录弃渣是多少立方米等。如果是非法偷采砂石，就要记录发动机冷热、砂石干湿等情况。

（6）勘验（检查）人员：不得少于两人，如果包括记录人在内才两人，此处必须写上记录人姓名。

（7）记录人：据实填写。

（8）当事人：当事人是公民的，由其签名；当事人是法人或其他组织的，由其代表签名。拒不签字的，由执法人员注名当事人拒签，最好有摄影、摄像佐证。

（9）见证人：基层组织或有关代表或公证人员签名。

5. 参考式样

勘验（检查）笔录

第　页共　页

案由：＿＿＿＿＿＿＿＿＿＿＿＿＿＿＿＿＿＿＿＿＿＿

勘验（检查）时间：＿＿＿年＿＿月＿＿日＿＿时＿＿分至＿＿时＿＿分

勘验（检查）地点：＿＿＿＿＿＿＿＿＿＿＿＿＿＿＿＿

勘验（检查）内容：＿＿＿＿＿＿＿＿＿＿＿＿＿＿＿＿

勘验（检查）情况：＿＿＿＿＿＿＿＿＿＿＿＿＿＿＿＿

_____

_____

_____

_____

_____

_____

_____

（附图）

勘验（检查）人（签章）：　　　　　　　　记录人（签章）：

当事人（签章）：　　　　　　　　　　　　见证人（签章）：

（续页）

共　页第　页

_____

_____

_____

_____

_____

_____

_____

_____

_____

_____

_____

_____

勘验（检查）人（签章）：　　　　　　　　记录人（签章）：

当事人（签章）：　　　　　　　　　　　　见证人（签章）：

《现场笔录》

1. 文书依据

《行政处罚法》第三十七条规定"……询问或者检查应当制作笔录",据此,设制本文书。

2. 文书分类

本文书为填写式。

3. 注意事项

《行政诉讼法》第三十一条关于证据的规定把勘验笔录、现场笔录归在一类,大同小异,所以,调查取证时,二者选其一即可。

4. 填写说明

本文书填写较简单,据实填写。

5. 参考式样

现场笔录

第　页共　页

案由:＿＿＿＿＿＿＿＿＿＿＿＿＿＿＿＿＿＿＿＿＿＿＿＿＿＿＿＿＿＿＿＿＿＿＿＿

调查时间:＿＿年＿＿月＿＿日＿＿时＿＿分至＿＿时＿＿分

调查地点:＿＿＿＿＿＿＿＿＿＿＿＿＿＿＿＿＿＿＿＿＿＿＿＿＿＿＿＿＿＿＿＿＿＿＿

调查情况:＿＿＿＿＿＿＿＿＿＿＿＿＿＿＿＿＿＿＿＿＿＿＿＿＿＿＿＿＿＿＿＿＿＿＿

＿＿

＿＿

＿＿

＿＿

＿＿

＿＿

＿＿

＿＿

（附图）

调查人（签章）:　　　　　　　　　　　记录人（签章）:

当事人（签章）:　　　　　　　　　　　见证人（签章）:

（续页）

共　页　第　页

_____

_____

_____

_____

_____

_____

_____

_____

调查人（签章）：　　　　　　　　记录人（签章）：

当事人（签章）：　　　　　　　　见证人（签章）：

《登记保存物品决定书》

1. 文书依据

《行政处罚法》第三十七条第二款规定"在证据可能灭失或者以后难以取得的情况下，经行政机关负责人批准，可以先行登记保存，并应当在七日内及时作出处理决定，在此期间，当事人或者有关人员不得销毁或者转移证据"，据此，设制本文书。

2. 文书类别

本文书为制作式。

3. 注意事项

本文书为选项，需要登记保存物品的才有此文书。本文书的目的是调查取证，并非扣押，扣押为行政强制，不能混同。

4. 制作说明

（1）发文字号：参见《水行政执法法律文书规范》。

（2）当事人姓名或名称：当事人是公民的，填其姓名；当事人是法人或其他组织的，填其全称。姓名或名称不能出任何差错。

（3）违法事实：违法事实要与法律、法规规定的违法行为完全一致。

（4）法律依据：法律条文要准确无误，否则就构成实体违法。

（5）落款：填写水利部门全称。

（6）日期：据实填写。

5. 参考式样

登记保存物品决定书

×县水登〔　〕号

＿＿＿＿＿＿＿＿＿＿＿＿：

经查，你（你单位）＿＿＿＿＿＿＿＿＿＿＿＿＿＿＿＿＿＿

＿＿＿＿＿＿＿＿＿＿＿＿＿＿＿＿＿＿＿＿＿＿＿＿＿＿＿＿

＿＿＿＿＿＿＿＿＿＿＿＿＿＿＿＿＿＿＿＿＿＿＿＿＿＿＿＿

涉嫌违反了＿＿＿＿＿＿＿＿＿＿＿＿＿＿＿＿＿＿＿＿＿＿＿

＿＿＿＿＿＿＿＿＿＿＿＿＿＿＿＿＿＿＿＿＿＿＿＿＿＿＿＿

＿＿＿＿＿＿＿＿＿＿＿＿＿＿＿＿＿＿＿＿＿＿＿＿＿＿＿＿

之规定，因取证需要，现根据《中华人民共和国行政处罚法》第三十七条第二款之规定，对你（你单位）下列物品（详见清单）予以登记保存。

　　附：登记保存物品清单

（行政机关名称及盖章）
年　月　日

《登记保存物品清单》

1. 文书依据

《行政处罚法》第三十七条第二款规定"在证据可能灭失或者以后难以取得的情况下，经行政机关负责人批准，可以先行登记保存，并应当在七日内及时作出处理决定，在此期间，当事人或者有关人员不得销毁或者转移证据"，据此，设制本文书。

2. 文书类别

本文书为填写式。

3. 注意事项

本文书的目的是调查取证，并非扣押，扣押为行政强制，不能混同。

4. 填写说明

（1）当事人姓名（名称）：当事人是公民的，填其姓名；当事人是法人或其他组织的，填其全称。姓名或名称不能出现任何差错。

（2）案由：参见《水行政执法法律文书规范》。

（3）名称：写需要登记保存的品名。

（4）规格型号：据实填写。如登记保存的是某机械或物品，按其铭牌上的规格型号填写。

（5）数量：据实填写，一定要准确，否则，事后易引起不必要麻烦。

（6）完好程度：填写清楚，否则事后易产生纠纷。

（7）备注：注明需要说明的事项，特别是所登记的物品残缺等。

（8）当事人：当事人是公民的，由其签名；当事人是法人或其他组织的，由其代表签名。拒不签字的，由执法人员注明当事人拒签。

（9）承办人：写办案人员姓名，不少于两人。

（10）落款：填写执法部门全称，加盖印章。

（11）日期：据实填写。

5. 参考式样

登记保存物品清单

当事人姓名（名称）					
案由					
名称	规格型号	单位	数量	完好程度	备注

以上＿＿＿＿＿＿＿＿＿＿＿＿＿＿＿＿＿＿＿＿＿＿＿由当事人原地保存。

以上＿＿＿＿＿＿＿＿＿＿＿＿＿＿＿＿＿＿＿＿＿＿＿由本机关异地保存。

此清单一式两份，一份由水行政主管部门留存，一份交当事人。

当事人（签章）： 见证人（签章）：

承办人（签章）：

（行政机关名称及盖章）
年 月 日

《送达回证》

1. 文书依据

根据《行政处罚法》《中华人民共和国民事诉讼法》（以下简称《民事诉讼法》）、《水行政处罚实施办法》等有关文书送达规定，设制本文书。

2. 文书类别

本文书为填写式。

3. 注意事项

有些执法机关把所有送达的文书记录在一张《送达回证》上，是不规范的。因为《送达回证》是按程序下达的，也是按程序归档的，如果把所有送达的文书记录在一张《送达回证》上，不便归档，也不利于监督执法程序是否正确。

4. 填写说明

（1）发文字号：参见《水行政执法法律文书规范》。

（2）文书名称及文号：填写送达的文书名称及文号。

（3）送达人：据实填写，送达人必须是两个人以上。

（4）送达时间：据实填写。

（5）送达地点：据实填写。

（6）收件人：收件人是单位的，单位的办公室人员及其他工作人员都可以签收，但必须加盖单位公章或收发章；收件人是自然人的，由本人签收，本人不在，交他（她）的同住成年家属签收。

（7）代收人：据实填写。

（8）备注：记载要说明的事项，如当事人拒收等情况。如果收件人拒收，参照《民事诉讼法》第七十九条办理。

5. 参考式样

送达回证

×县水回〔 　〕号

文书名称及文号	
送达人	
送达时间	
送达地点	
收件人（签字）	
代收人（签字）	
备注	

《登记保存物品决定书》

1. 文书依据

《行政处罚法》第三十七条第二款规定"在证据可能灭失或者以后难以取得的情况下，经行政机关负责人批准，可以先行登记保存，并应当在七日内及时作出处理决定，在此期间，当事人或者有关人员不得销毁或者转移证据"，据此，设制本文书。

2. 文书类别

本文书为制作式。

3. 注意事项

本文书的目的是调查取证，并非扣押，扣押为行政强制，不能混同。

4. 填写说明

（1）发文字号：参见《水行政执法法律文书规范》。

（2）当事人姓名或名称：当事人是公民的，填其姓名；当事人是法人或其他组织的，填其全称。姓名或名称不能出任何差错。

（3）时间：作出登记保存决定的时间。

（4）字号：原字号。

（5）处理决定：给予什么处理，如"解除登记"等。

（6）落款：填写水利部门全称并加盖公章。

（7）日期：据实填写。

5. 参考式样

登记保存物品决定书

×县水登〔　　〕号

＿＿＿＿＿＿＿＿＿＿＿＿＿＿：

　　＿＿＿＿＿年＿＿＿月＿＿＿日我局作出《登记保存物品决定书》（×县水登字〔　　〕号）。根据《中华人民共和国行政处罚法》第三十七条第二款之规定，现对登记保存的你（你单位）的物品，作出如下处理决定：＿＿＿＿＿＿＿＿＿＿＿＿＿＿＿＿＿＿＿＿＿

＿＿

＿＿

＿＿

（行政机关名称及盖章）

年　　月　　日

《责令停止违法行为通知书》

1. 文书依据

法律、法规在"法律责任"中，一般都有"责令停止违法行为"的规定，以《水法》第六十条为例："……（四）责令被检查单位停止违反本法的行为，履行法定义务。"据此，设制本文书。

2. 文书类别

本文书为制作式，但如果情况紧急，可现场填写。

3. 注意事项

（1）填写、制作《责令停止违法行为通知书》，当事人必须具有违法事实，且证据确凿。

（2）责令停止违法行为不是行政处罚，文书中不能含有处罚内容。

（3）本文书既可以在一般程序中下达，也可在立案前或巡查时下达。

4. 填写、制作说明

（1）发文字号：参见《水行政执法法律文书规范》。

（2）主送单位（人）：当事人是单位的，填写单位的全称，单位的名称要准确无误。

（3）经查你单位（人）：填写单位和个人主要违法事实。

（4）证据：填写证据名称。

（5）涉嫌违反了……的规定：填写法律、法规、规章条款。

（6）附：填写当事人违反法律、法规、规章的条文，如当事人的违法行为是向河道倾倒垃圾、渣土，填写《防洪法》第二十二条第二款规定："禁止在河道、湖泊管理范围内建设妨碍行洪的建筑物、构筑物，倾倒垃圾、渣土，从事影响河势稳定、危害河岸堤防安全和其他妨碍河道行洪的活动。"这是尊重当事人的知情权。不得在此栏写：责令限期清除、限期拆除、补办手续、罚款等内容。

（7）行政机关名称及印章：据实填写，加盖行政机关公章。

（8）年月日：据实填写。

5. 参考式样

责令停止违法行为通知书

×县水停〔　〕号

_____：

经查你（你单位）_____

_____

以上事实有＿＿＿＿＿＿＿＿＿＿＿＿＿＿＿证实，涉嫌违反了＿＿＿＿＿＿＿＿＿＿

＿＿＿＿＿＿＿＿＿＿＿＿＿＿＿＿＿＿＿＿＿＿＿＿＿＿＿＿＿＿＿＿＿＿＿＿

＿＿＿＿＿＿＿＿＿＿＿＿＿＿＿＿＿＿＿＿＿＿＿＿＿＿＿＿＿＿＿＿＿＿＿＿

的规定，现责令立即停止违法行为，听候处理。

附：＿＿＿＿＿＿＿＿＿＿＿＿＿＿＿＿＿＿＿＿＿＿＿＿＿＿＿＿＿＿＿＿＿

＿＿＿＿＿＿＿＿＿＿＿＿＿＿＿＿＿＿＿＿＿＿＿＿＿＿＿＿＿＿＿＿＿＿＿＿

＿＿＿＿＿＿＿＿＿＿＿＿＿＿＿＿＿＿＿＿＿＿＿＿＿＿＿＿＿＿＿＿＿＿＿＿

＿＿＿＿＿＿＿＿＿＿＿＿＿＿＿＿＿＿＿＿＿＿＿＿＿＿＿＿＿＿＿＿＿＿＿＿

＿＿＿＿＿＿＿＿＿＿＿＿＿＿＿＿＿＿＿＿＿＿＿＿＿＿＿＿＿＿＿＿＿＿＿＿

（行政机关名称及盖章）

年 月 日

《责令补办行政许可手续通知书》

1. 文书依据

《水法》《防洪法》在法律责任中都有责令补办许可手续的规定，如《防洪法》第五十八条规定"补办审查同意或者审查批准手续"，据此，设制本文书。

2. 文书类别

本文书为制作式。

3. 制作说明

（1）发文字号：参见《水行政执法法律文书规范》。

（2）主送单位（人）：当事人是单位的，填写单位的全称，单位的名称和自然人的姓名要准确无误。

（3）经查你单位（人）：填写单位或自然人主要违法事实。

（4）证据：填写证据名称。

（5）涉嫌违反了……的规定：填写法律、法规、规章条款。

（6）依据：法律、法规、规章依据。

（7）期限：据实填写。

（8）行政机关名称及印章：据实填写，加盖行政机关公章。

（9）年月日：据实填写。

4. 参考式样

责令补办行政许可手续通知书

×县水补〔　　〕号

_____:

经查你（你单位）_____

_____

_____以上事实有_____证实，涉嫌违反了_____

_____

的规定，根据_____

_____

_____

规定，现责令你单位于_____年____月____日前到我局补办行政许可审批手续。

特此通告

（行政机关名称及盖章）
年　　月　　日

《调查报告》

1. 文书依据

根据《行政处罚法》第三十八条、《水行政处罚实施办法》第三十条规定，设制本法律文书。

2. 文书类别

本文书为制作式。

3. 填写说明

（1）案由：参见《水行政执法法律文书规范》。

（2）调查时间：据实填写。

（3）组织调查机关：填行政机关或监察队伍均可。

（4）调查人：不得少于两人。

（5）当事人情况：当事人是单位的，要填写单位名称（全称或规范化简称）、单位性质（国有、集体、合资、合作、民营等）、单位驻地、经营范围等基本情况；当事人是自然人的，要填写姓名、性别、年龄、职业、住址等基本情况。

（6）调查事实、证据：叙述事件的发生、发展、已造成的后果或可能发生的后果，违反了法规的哪些规定。通过调查获取了哪些证据：书证、物证、视听资料（录音、录像、影碟）、证人证言、勘验笔录等。

（7）处罚依据：据实填写。

（8）处罚意见：根据调查的情况，建议根据××法给予什么处罚或者根据××法规不给予行政处罚或者涉嫌违反《治安管理处罚法》或《刑法》，依法移交等建议。

（9）局领导审查意见：由局领导签署同意、不同意或其他意见。

（10）调查人：由调查人签名盖章，人数不得少于两人。

（11）时间：据实填写。

4. 参考式样

调查报告

案由：_____

调查时间：自_____年___月___日至_____年___月___日

组织调查机关：_____

调查人：_____

当事人情况：_____

_____

_____

调查事实、证据：_____

_____

_____

处罚依据：_____

_____

_____

处罚意见：_____

_____

_____

局领导审查意见：_____

_____

_____

调查人（签章）：　　　　　　　　　　　　　年　　月　　日

《水事违法案件讨论笔录》

1. 文书依据

《行政处罚法》第三十八条规定："对情节复杂或者重大违法行为给予较重的行政处罚，行政机关的负责人应当集体讨论决定。"根据本规定，设制本文书。

2. 文书类别

本文书为填写式。

3. 注意事项

本文书为选项，并非所有的案件必须集体讨论决定，《行政处罚法》第三十八条规定"对情节复杂或者重大违法行为给予较重的行政处罚，行政机关的负责人应当集体讨论决定"，此外的案件，就不需要集体讨论。

4. 填写说明

（1）案由：参见《水行政执法法律文书规范》。

（2）时间：据实填写。

（3）地点：据实填写。

（4）主持人：据实填写。

（5）记录人：据实填写。

（6）参加人：据实填写。

（7）调查人介绍案情：由主要调查人员介绍案情，违法事实、查获的证据、处罚依据、拟给予何种处罚等。

（8）参加人员发言：准确记录各参加人员的发言。

（9）讨论结果：记录会议形成的处理意见。

（10）参加人员签章：参加会议的人员签字或盖章。

5. 参考式样

水事违法案件讨论笔录

第　页共　页

案由：＿＿

时间：＿＿＿＿＿年＿＿＿月＿＿＿日＿＿＿时＿＿＿分至＿＿＿时＿＿＿分

地点：＿＿

主持人：＿＿＿＿＿＿＿；记录人：＿＿＿＿＿＿＿；参加人员：＿＿＿＿＿＿＿＿＿＿＿＿＿

＿＿＿

讨论内容：＿＿＿＿＿＿＿＿＿＿＿＿＿＿＿＿＿＿＿＿＿＿＿＿＿＿＿＿＿＿＿＿＿＿＿＿＿＿

调查人×××介绍案情：＿＿＿＿＿＿＿＿＿＿＿＿＿＿＿＿＿＿＿＿＿＿＿
＿＿＿＿＿＿＿＿＿＿＿＿＿＿＿＿＿＿＿＿＿＿＿＿＿＿＿＿＿＿＿＿＿＿＿
＿＿＿＿＿＿＿＿＿＿＿＿＿＿＿＿＿＿＿＿＿＿＿＿＿＿＿＿＿＿＿＿＿＿＿
＿＿＿＿＿＿＿＿＿＿＿＿＿＿＿＿＿＿＿＿＿＿＿＿＿＿＿＿＿＿＿＿＿＿＿

参会人员发言：＿＿＿＿＿＿＿＿＿＿＿＿＿＿＿＿＿＿＿＿＿＿＿＿＿＿＿
＿＿＿＿＿＿＿＿＿＿＿＿＿＿＿＿＿＿＿＿＿＿＿＿＿＿＿＿＿＿＿＿＿＿＿
＿＿＿＿＿＿＿＿＿＿＿＿＿＿＿＿＿＿＿＿＿＿＿＿＿＿＿＿＿＿＿＿＿＿＿
＿＿＿＿＿＿＿＿＿＿＿＿＿＿＿＿＿＿＿＿＿＿＿＿＿＿＿＿＿＿＿＿＿＿＿

讨论结果：＿＿＿＿＿＿＿＿＿＿＿＿＿＿＿＿＿＿＿＿＿＿＿＿＿＿＿＿＿
＿＿＿＿＿＿＿＿＿＿＿＿＿＿＿＿＿＿＿＿＿＿＿＿＿＿＿＿＿＿＿＿＿＿＿
＿＿＿＿＿＿＿＿＿＿＿＿＿＿＿＿＿＿＿＿＿＿＿＿＿＿＿＿＿＿＿＿＿＿＿
＿＿＿＿＿＿＿＿＿＿＿＿＿＿＿＿＿＿＿＿＿＿＿＿＿＿＿＿＿＿＿＿＿＿＿

参加人员（签章）：

《不予行政处罚决定书》

1. 文书依据

《行政处罚法》第二十七条规定"……违法行为轻微并及时纠正，没有造成危害后果的，不予行政处罚"，第三十八规定"……（二）违法行为轻微、依法可以不予行政处罚的，不予行政处罚"，据此，设制本文书。

2. 文书类别

本文书为制作式。

3. 制作说明

（1）发文字号：参见《水行政执法法律文书规范》。

（2）主送单位（人）：填写单位名称或自然人姓名，要准确无误。

（3）地址：填写详细地址。

（4）经查你（你单位）：填写违法事实。

（5）证据：填写查获的证据。

（6）违反了……的规定：违反了××法的×条规定。

（7）行政机关名称及盖章：作出决定的行政机关名称并加盖公章。

（8）年月日：据实填写。

4. 参考式样

不予行政处罚决定书

×县水不罚〔 〕号

_____：

地址：_____

经查你（你单位）_____

_____，以上事实有_____证实。违反了_____

_____的规定，鉴于违法行为轻微并及时纠正，没有造成危害后果，根据《中华人民共和国行政处罚法》第二十七条第二款、第三十八条第一款第二项之规定，决定不予行政处罚。

（行政机关名称及盖章）

年 月 日

《水事违法案件移交函》

1. 文书依据

《行政处罚法》第二十二条规定"违法行为构成犯罪的，行政机关必须将案件移送司法机关，依法追究刑事责任"，第三十八条第一款第四项规定："违法行为已构成犯罪的，移送司法机关。"据此，设制本文书。

2. 文书类别

本文书为制作式。

3. 制作说明

（1）发文字号：参见《水行政执法法律文书规范》。

（2）主送单位：据实填写。

（3）案由：据实填写。

（4）依据：据实填写。

（5）移交材料名称及份数：据实填写。

（6）行政机关名称及盖章：据实填写，加盖行政机关公章。

（7）年月日：据实填写。

4. 参考式样

水事违法案件移交函

×县水移〔　〕号

_____：

　　我局对_____一案已调查终结，经审查，该案涉嫌违反了《_____
____》第____条规定，根据《中华人民共和国行政处罚法》第二十二条、第三十八条第
一款第四项之规定，现依法移交你单位处理。

　　附移交资料：

　　1.

　　2.

　　3.

　　……

（行政机关名称及盖章）

年　　月　　　日

《行政处罚告知书》

1. 文书依据

　　《行政处罚法》第三十一条规定，"行政机关在作出行政处罚决定之前，应当告知当
事人作出行政处罚的事实、理由及依据，并告知当事人依法享有的权利"。据此，设制本
文书。

2. 文书类别

　　本文书为制作式。

3. 注意事项

　　处罚告知与听证告知有相似之处，但也有区别，不能等同。相同之处是，都是告知
当事人有相关的权利；不同之处是，一个是陈述申辩，一个是听证、质证，听证告知适
用处罚较重的案件，处罚告知适用所有案件。

4. 填写说明

（1）发文字号：参见《水行政执法法律文书规范》。

（2）主送单位（人）、地址：当事人是单位的，填写单位全称和地址；当事人是自然人的，填写姓名要准确无误。

（3）你（你单位）……一案：填写案由。

（4）你（你单位）：填写违法事实。

（5）涉嫌违反了……的规定：填写涉嫌违反了哪部法律、法规、规章的规定。

（6）根据……之规定：法律、法规、规章条款依据。

（7）处罚：拟给予何种处罚，必须与法律、法规、规章的规定完全一致。有罚款幅度的，要填写具体。

（8）期限：法律没有明确规定，一般3~7个工作日。

（9）行政机关名称及印章：作出行政处罚的行政机关名称，加盖行政机关印章。

（10）年月日：以领导的签发日为准。

5. 参考式样

行政处罚告知书

×县水罚告〔　〕号

_____：

　　我局对你（你单位）_____一案已调查终结，即将作出行政处罚决定，依照《中华人民共和国行政处罚法》第三十一条、第三十二条之规定，现将有关事项告知如下：

　　你（你单位）_____

_____，以上事实有_____证实，涉嫌违反了_____

_____的规定，根据_____之规定，我局拟对你（你单位）

给予以下处罚：_____

_____

_____。

　　你（你单位）可在接到本告知书之日起____日内到我局口头或书面陈述、申辩，逾期视为放弃权利。

（行政机关名称及盖章）

年　　月　　日

《陈述、申辩笔录》

1. 文书依据

《行政处罚法》第三十二条规定"当事人有权进行陈述和申辩。行政机关必须充分听取当事人的意见，对当事人提出的事实、理由和证据，应当进行复核；当事人提出的事实、理由或者证据成立的，行政机关应当采纳。行政机关不得因当事人申辩而加重处罚"，据此，设制本文书。

2. 文书类别

本文书为填写式。

3. 注意事项

（1）本文书为选项，当事人如放弃陈述、申辩的权利就没有此文书。

（2）当事人如进行陈述、申辩，执法人员要记录完整，尽可能口语化。

4. 填写说明

（1）案由：参见《水行政执法法律文书规范》。

（2）当事人姓名或名称：当事人是自然人的，填其姓名；当事人是法人或其他组织的，填其全称。

（3）时间：据实填写。

（4）地点：据实填写。

（5）承办人：填写接待当事人的人员姓名。

（6）记录人：据实填写。

（7）陈述申辩人（签章）：当事人签章。

（8）承办人（签章）：承办人签章。

5. 参考式样

陈述、申辩笔录

第　页共　页

案由：_____

当事人姓名（名称）：_____

时间：____年____月____日____时____分至____时____分

地点：_____

承办人：_____记录人：_____

陈述、申辩记录：

_____

_____

_____

_____

_____

_____

_____

_____

_____

_____

_____

陈述、申辩人（签章）：　　　　　　承办人（签章）：

《听证告知书》

1. 文书依据

《行政处罚法》第四十二条规定："行政机关作出责令停产停业、吊销许可证或者执照、较大数额罚款等行政处罚决定之前，应当告知当事人有要求举行听证的权利；当事人要求听证的，行政机关应当组织听证。"据此，设制本文书。

2. 文书类别

本文书为制作式。

3. 制作说明

（1）发文字号：参见《水行政执法法律文书规范》。

（2）主送单位（人）：据实填写，单位和个人名称、姓名要准确无误。

（3）经查你（你单位）：填写违法事实。

（4）涉嫌违反了……规定：填写违反了哪部法规的哪条规定。

（5）依据：据实填写。

（6）处罚：填写拟给予什么处罚，罚款有幅度的，要写具体数额。

（7）期限：法律未作规定，一般为3~7个工作日。

（8）行政机关名称及印章：下达《听证告知书》的行政机关名称，加盖行政机关印章。

（9）年月日：以领导签发的日期为准。

4. 参考式样

听证告知书

×县水听告〔　　〕号

_____：

经我局查明，你（你单位）_____以上事实有_____证实，涉嫌违反了_____的有关规定。根据_____之规定，我局拟给予_____的行政处罚。

根据《中华人民共和国行政处罚法》第四十二条第一款之规定，你（你单位）有要求举行听证的权利。若要求举行听证，请自收到本通知书之日起____日内向我局提出书面申请，逾期视为放弃听证的权利。

特此告知

（行政机关名称及盖章）
年　　月　　日

《听证通知书》

1. 文书依据

《行政处罚法》第四十二条规定："行政机关应当在听证的7日前，通知当事人举行听证的时间、地点。"据此，设制本文书。

2. 文书类别

本文书为制作式。

3. 制作说明

（1）发文字号：参见《水行政执法法律文书规范》。

（2）主送单位（人）：据实填写。

（3）时间：《行政处罚法》第四十二条规定："行政机关应当在听证的7日前，通知当事人举行听证的时间、地点"，这是保证当事人有足够的时间准备听证，也就是说至少要给当事人7天的准备时间。如果行政机关没有给足7天时间，就违反了法律规定，行政机关一定要按法律规定的时间执行。

（4）地点：据实填写。

（5）行政机关名称及印章：据实填写，加盖行政机关印章。

（6）年月日：以领导签发的时间为准。

4. 参考式样

听证通知书

×县水听通〔　〕号

_____：

　　你（你单位）《关于要求举行听证的申请》收悉，经研究，我局定于____年____月____日____时____分在_____举行听证，届时务必到场。若委托他人参加听证，应于听证开始之前向我局提交授权委托书。拒不到场或无授权委托书，视为放弃听证的权利。

　　特此通知

（行政机关名称及盖章）
年　月　日

《听证公告》

1. 文书依据

《水行政处罚实施办法》第三十七条第二款规定："举行听证的三日前，水行政处罚机关应当将听证的内容、时间、地点以及有关事项，予以公告。"据此，设制本文书。

2. 文书类别

本文书为制作式。

3. 制作说明

（1）当事人姓名：据实填写。

（2）案由：与执法文书上的案由一致。

（3）听证时间：据实填写。

（4）听证主持人：据实填写。

（5）听证员：据实填写。

（6）书记员：据实填写。

（7）容量：据实填写。

（8）行政机关名称及印章：据实填写，加盖行政机关印章。

（9）年月日：以领导签发的时间为准。

4. 参考式样

听证公告

根据当事人_____要求举行听证的申请，_____一案定于____年____月____日____时____分在我局听证室公开举行。

听证主持人：_____；听证员：_____；书记员：_____；听证室容纳人数：____人。

特此公告

（行政机关名称及盖章）

年 月 日

《听证笔录》

1. 文书依据

《行政处罚法》第四十二条第七项规定"听证应当制作笔录"。据此，设制本文书。

2. 文书类别

本文书为填写式。

3. 填写说明

（1）发文字号：参见《水行政执法法律文书规范》。

（2）当事人姓名（名称）：当事人是自然人的，填写姓名要准确无误；当事人是单位的，填写单位全称。

（3）法定代表人：当事人是自然人和非法人单位的，此栏用斜线划掉；当事人是法人单位的，法人代表姓名要准确无误。

（4）委托代理人：当事人委托了代理人的，填写代理人姓名。

（5）案件调查人：为本案办案人员，人数不得少于两人。

（6）主持人：据实填写，非本案办案人员。

（7）听证员：据实填写，非本案办案人员。

（8）书记员：据实填写，非本案办案人员。

（9）听证时间：填写×年×月×日×时×分至×时×分。

（10）地点：填写要具体，如"××局听证室"或"××局会议室"，不能写成"×

×局"。

（11）方式：《行政处罚法》第四十二条规定"除涉及国家秘密、商业秘密或者个人隐私外，听证公开举行"，据此，根据实际情况填写"公开"或"不公开"。

（12）听证记录：记录要全面、准确无误。

（13）签章：听证结束后，分别交当事人、案件调查人、听证主持人、听证员签字或盖章。

听证笔录

第　页共　页

案由					
当事人姓名（名称）				法定代表人	
委托代理人		案件调查人			
主持人		听证员		书记员	
听证时间		地点		方式	

听证记录：

当事人（签章）＿＿＿＿＿＿案件调查人（签章）＿＿＿＿＿＿＿＿

听证主持人（签章）＿＿＿＿＿＿＿＿＿＿　听证员（签章）＿＿＿＿＿＿＿＿

（续页）

共　页第　页

_____

_____

_____

当事人（签章）＿＿＿＿＿＿ 案件调查人（签章）＿＿＿＿＿＿＿＿

听证主持人（签章）＿＿＿＿＿＿＿＿＿＿ 听证员（签章）＿＿＿＿＿＿＿＿＿

《听证报告》

1. 文书依据

《行政处罚法》第四十二条规定："行政机关作出责令停产停业、吊销许可证或者执照、较大数额罚款等行政处罚决定之前，应当告知当事人有要求举行听证的权利；当事人要求听证的，行政机关应当组织听证。"据此，设制本文书。

2. 文书类别

本文书为制作式。

3. 填写说明

（1）案由：根据法律、法规的表述，填写规范的案由。

（2）主持人：据实填写。

（3）听证员：据实填写。

（4）记录人：据实填写。

（5）听证时间：据实填写。

（6）听证确认的案件事实及证据：听证后确认的事实及证据。

（7）处罚建议及依据：提出处罚建议及依据。

（8）听证主持人：由听证主持人签名或盖章。

（9）年月日：据实填写。

（10）听证员：由听证员签名或盖章。

听证报告

第 页共 页

案由：＿＿＿＿＿＿＿＿＿＿＿＿＿＿＿＿＿＿＿＿＿＿＿＿＿＿＿＿＿＿＿＿

主持人：＿＿＿＿＿＿；听证员：＿＿＿＿＿＿＿；记录人：＿＿＿＿＿＿

听证时间：＿＿年＿＿月＿＿日；地点：＿＿＿＿＿＿＿＿＿＿＿＿＿＿＿＿

听证确认的案件事实及证据：＿＿＿＿＿＿＿＿＿＿＿＿＿＿＿＿＿＿＿＿＿

_____

_____

_____

_____

_____

_____

_____

_____

处罚建议及依据_____

_____

_____

听证主持人（签章）：　　　　年　　月　　日

　　听证员（签章）：　　　　年　　月　　日

《行政处罚决定书》

1. 文书依据

《行政处罚法》第三十九条规定："行政机关依照本法第三十八条的规定给予行政处罚，应当制作行政处罚决定书。"据此，设制本执法文书。

2. 文书类别

本文书为制作式。

3. 本文书常见问题

（1）缺地址。

（2）缺证据。

（3）缺履行方式和期限。

（4）复议诉讼期限不告知或告知错误。

（5）复议机关告知不全。

4. 制作说明

（1）发文字号：参见《水行政执法法律文书规范》。

（2）主送单位（人）：当事人是单位的，一定要写单位全称，且准确无误。当事人是自然人的，姓名也要准确无误，否则对当事人无法律效力，当事人可以拒绝履行处罚内容，造成行政执法的被动。

（3）地址：据实填写。

（4）经查你（你单位）：填写违反法律、法规或规章的事实。

（5）证据：填写获取的证据。

（6）违反规定：填写具体违反了法规或规章的哪条哪款。

（7）依照规定：填写处罚依据，即根据什么法律、法规或规章的哪条哪款。

（8）处罚：决定给予处罚的种类和罚款具体数额。此处罚额度可以等于或小于行政处罚告知书、听证告知书上的数额，不得高于告知书上的数额。

（9）履行方式和期限：当事人自行到财政专户指定银行缴费。根据《中华人民共和国行政处罚法》第四十八条第三款"当事人应当自收到行政处罚决定书之日起15日内，到指定的银行缴纳罚款"的规定，应给当事人15日的准备时间，且是在收到行政处罚决定书之日起，不是下达行政决定处罚决定之日。

（10）复议：根据《行政复议法》第四十二条第一款规定："对县级以上地方各级人民政府工作部门的具体行政行为不服的，由申请人选择，可以向该部门的本级人民政府申请行政复议，也可以向上一级主管部门申请行政复议。"

（11）起诉：填写水行政机关所在地的基层人民法院。

（12）行政机关名称及印章：作出行政处罚决定的行政机关名称，加盖行政机关印章。

（13）年月日：以领导签发日为准。

5. 参考式样

行政处罚决定书

×县水罚〔 〕号

_____：

　地址：_____

　经查你（你单位）_____

以上事实有_____证实，违反了_____的规定，依照_____之规定，决定处罚如下：_____

_____

　罚款限于_____年___月___日前自行缴至_____银行财政专户。

　如不服本处罚决定，可在接到本处罚决定书之日起，60日内向_____人民政府或水利局申请复议，或者3个月内直接向_____人民法院起诉，期满不申请复议、不起诉又不履行处罚决定，我局将申请人民法院强制执行。

（行政机关名称及盖章）
年　月　日

《强制执行申请书》

1. 文书依据

选项，申请人民法院强制执行的案件才有此文书。《行政处罚法》第五十一条规定："当事人逾期不履行行政处罚决定的，作出行政处罚决定的行政机关可以采取下列措施……（三）申请人民法院强制执行。"据此，设制本法律文书。

2. 文书类别

本文书为制作类。

3. 制作说明

（1）发文字号：参见《水行政执法法律文书规范》。

（2）申请人地址：据实填写。

（3）申请人法定代表人：据实填写。

（4）申请人：据实填写。

（5）被申请人地址：据实填写。

（6）被申请人法定代表人：据实填写。

（7）正文内年月日：填写《行政处罚决定书》上的年月日。

（8）正文内字号：据实填写。

（9）正文内被申请人：填写当事人的姓名或名称。

（10）正文内拒不执行_____的处罚决定：填写《行政处罚决定书》上给予当事人的行政处罚。

（11）正文内人民法院：据实填写。

（12）结尾处人民法院：据实填写。

（13）行政机关及印章：据实填写，申请机关名称并加盖印章。

（14）结尾处年月日：据实填写。

4. 参考式样

强制执行申请书

×县水申〔 　〕 号

申请人：××县水利局　　　地址：_____

法定代表人：_____

被申请人：_____　　地址：_____

法定代表人：_____

　　我局于_____年___月___日下达的《行政处罚决定书》（×县水罚〔 　〕____号）

已发生法律效力，被申请人_____拒不执行_____的处罚决定。根据《中华人民共和国行政处罚法》第五十一条第三项之规定，特申请_____人民法院强制执行。

　　此致

　　_____人民法院

（申请机关名称及盖章）

年　月　　日

《结案报告》

1. 定义

结案是指行政机关依据法定职权和程序，完成了对违法案件进行查处的全过程，包括立案、调查、处理、执行（或由法院强制执行），使法律规范的目的得以实现，从而使案件查处归于终结的活动。

2. 文书类别

本文书为制作类。

3. 常见问题

（1）执行不到位。

（2）结案表上无领导签名。

4. 制作说明

（1）案由：据实填写。

（2）结案时间：填写当事人履行行政处罚的时间或人民法院强制执行到位的时间。

（3）办案机关：填写水行政机关或监察队伍名称。

（4）办案人：据实填写，人数不得少于两人。

（5）简要案情及调查经过：可参照《立案表》中的"案情简介"和《调查报告》相关内容填写。

（6）处理情况：即下达的行政处罚种类及数额。

（7）执行情况：根据实际执行情况填写。

（8）结案建议：填写"建议结案"。

（9）主管领导批示：分管领导或"一把手"领导签署结案意见。

（10）办案人：由办案人员签名或盖章，人数不得少于两人。

（11）年月日：据实填写。

5. 参考式样

结案报告

案由：＿＿＿＿＿＿＿＿＿＿＿＿＿＿＿＿＿＿＿＿＿＿＿＿＿＿

结案时间：＿＿＿年＿＿＿月＿＿＿日

办案机关：＿＿＿＿＿＿＿＿＿＿；办案人＿＿＿＿＿＿＿＿＿＿＿＿＿

简要案情及调查经过：＿＿＿＿＿＿＿＿＿＿＿＿＿＿＿＿＿＿＿＿＿＿

＿＿＿＿＿＿＿＿＿＿＿＿＿＿＿＿＿＿＿＿＿＿＿＿＿＿＿＿＿＿＿＿

＿＿＿＿＿＿＿＿＿＿＿＿＿＿＿＿＿＿＿＿＿＿＿＿＿＿＿＿＿＿＿＿

处理情况：＿＿＿＿＿＿＿＿＿＿＿＿＿＿＿＿＿＿＿＿＿＿＿＿＿＿＿

＿＿＿＿＿＿＿＿＿＿＿＿＿＿＿＿＿＿＿＿＿＿＿＿＿＿＿＿＿＿＿＿

＿＿＿＿＿＿＿＿＿＿＿＿＿＿＿＿＿＿＿＿＿＿＿＿＿＿＿＿＿＿＿＿

执行情况：＿＿＿＿＿＿＿＿＿＿＿＿＿＿＿＿＿＿＿＿＿＿＿＿＿＿＿

＿＿＿＿＿＿＿＿＿＿＿＿＿＿＿＿＿＿＿＿＿＿＿＿＿＿＿＿＿＿＿＿

＿＿＿＿＿＿＿＿＿＿＿＿＿＿＿＿＿＿＿＿＿＿＿＿＿＿＿＿＿＿＿＿

结案建议：＿＿＿＿＿＿＿＿＿＿＿＿＿＿＿＿＿＿＿＿＿＿＿＿＿＿＿

＿＿＿＿＿＿＿＿＿＿＿＿＿＿＿＿＿＿＿＿＿＿＿＿＿＿＿＿＿＿＿＿

＿＿＿＿＿＿＿＿＿＿＿＿＿＿＿＿＿＿＿＿＿＿＿＿＿＿＿＿＿＿＿＿

主管领导批示：＿＿＿＿＿＿＿＿＿＿＿＿＿＿＿＿＿＿＿＿＿＿＿＿＿

＿＿＿＿＿＿＿＿＿＿＿＿＿＿＿＿＿＿＿＿＿＿＿＿＿＿＿＿＿＿＿＿

＿＿＿＿＿＿＿＿＿＿＿＿＿＿＿＿＿＿＿＿＿＿＿＿＿＿＿＿＿＿＿＿

签章：　　　　　　　　　　　　　　　　　年　　　月　　　日

办案人（签章）：　　　　　　　　　　　　年　　　月　　　日

《行政处罚决定书（简易程序)》

1. 文书依据

《水行政处罚实施办法》（水利部令第8号）第二十三条规定。

2. 文书类别

本文书为填写类。

3. 填写说明

（1）编号：事先编制在文书的号码。

（2）姓名：与单位名称互为选项。据实填写。

（3）住址：据实填写。

（4）单位：与自然人姓名互为选项。据实填写。

（5）法定代表人：据实填写。

（6）地址：据实填写。

（7）时间：据实填写。

（8）地点：据实填写。

（9）违法行为：据实填写。

（10）处罚内容：对法人或者其他组织处以 1000 元以下罚款、公民 50 元以下罚款或者警告。

（11）处罚依据：对当事人处罚的法律或法规或规章依据。

4. 参考式样

行政处罚决定书（简易程序）　　　　　　　编号：

姓名			住址		
单位			法定代表人		
地址					
违法事实	时间			地点	
	违法行为				
处罚内容					
处罚依据					
告知事项	1. 罚款限于　　年　月　　日前自行缴至　　　　　银行或执法人员依法当场收缴罚款。 　　2. 如不服本处罚决定，可在接到本处罚决定书之日起，60 日内向 　　县人民政府或　　　市局申请复议，或者直接向　　　人民法院起诉。 期满不申请复议、不起诉又不履行处罚决定，我局将申请人民法院强制执行。				
执法人员签章	年　月　日		处罚机关	××县××局（印章）	
地点				年　月　日	

二、行政强制文书

《强制拆除决定书》

1. 文书依据

《水法》第六十五条第一款、第二款等规定。

2. 文书类别

本文书为制作类。

3. 填写说明

(1) 发文字号:参见《水行政执法法律文书规范》。

(2) 当事人姓名或名称:据实填写。

(3) 地址:据实填写。

(4) 违法事实:据实填写。

(5) 证据:填写查获的所有证据。

(6) 违反法律、法规、规章规定:填写违反水法律或法规或规章的规定,具体到条、款、项、目。

(7) 强制依据:据实填写。

(8) 缴款依据:据实填写。

(9) 缴款时间:自收到决定书之日起15日内。

(10) 复议机关:据实填写,填写本级人民政府或上一级水行政主管部门名称,不能漏项。

(11) 诉讼机关:据实填写。

(12) 行政机关名称及印章:据实填写,并加盖印章。

(13) 时间:据实填写。

4. 参考式样

强制拆除决定书

×县水强〔　〕号

_____:

地址:_____

经查你(你单位)_____,以上事实有_____证实,

违反了_____的规定,我局限你

（你单位）于年月日前自行拆除，恢复原状，你（你单位）在期限内没有自行拆除，依照 _8_ 之规定，决定予以强制拆除。根据＿＿＿＿＿＿＿＿＿＿＿＿＿＿＿ 之规定，所需费用由你（你单位）承担，限于＿＿＿＿ 年＿＿月＿＿日前自行缴至银行财政专户。

　　如不服本强制拆除决定，可在接到本决定书之日起，60 日内向＿＿＿＿＿人民政府或水利局申请复议，或者 3 个月内直接向＿＿＿＿＿人民法院起诉。复议、诉讼期间本具体行政行为不停止执行。

（行政机关名称及盖章）

年　　月　　日

《强制扣押决定书》

1. 文书依据

《行政强制法》；《水土保持法》第四十四条第二款；《长江河道采砂管理条例》第十八条等规定。

2. 文书类别

本文书为制作类。

3. 填写说明

（1）发文字号：参见《水行政执法法律文书规范》。

（2）当事人姓名或名称：据实填写。

（3）地址：据实填写。

（4）违法事实：据实填写。

（5）证据：填写查获的所有证据。

（6）违反法律、法规、规章规定：填写违反水法律或法规或规章的规定，具体到条、款、项、目。

（7）强制依据：据实填写，与第 6 项对应。

（8）复议机关：据实填写，填写本级人民政府或上一级水行政主管部门名称，不能漏项。

（9）诉讼机关：据实填写。

（10）行政机关名称及印章：据实填写，并加盖印章。

（11）时间：据实填写。

4. 参考式样

强制扣押决定书

×县水强〔　〕号

　　_____：

　　地址：_____

　　经查你（你单位）_____，以上事实有_____证实，违反了_____ 的规定，依_____ 之规定，决定予以强制扣押。

　　如不服本强制扣押决定，可在接到本决定书之日起，60 日内向_____人民政府或水利局申请复议，或者 3 个月内直接向_____人民法院起诉。复议、诉讼期间本具体行政行为不停止执行。

（行政机关名称及盖章）
年　　月　　日

《强制封闭取水工程（设施）决定书》

1. 文书依据

《取水许可和水资源费征收管理条例》（国务院令第 460 号）第四十九条等规定。

2. 文书类别

本文书为制作类。

3. 填写说明

（1）发文字号：参见《水行政执法法律文书规范》。

（2）当事人姓名或名称：据实填写。

（3）地址：据实填写。

（4）违法事实：据实填写。

（5）证据：填写查获的所有证据。

（6）违反法律、法规、规章规定：填写违反水法律或法规或规章的规定，具体到条、款、项、目。

（7）强制依据：据实填写，与第6项对应。

（8）复议机关：据实填写，填写本级人民政府或上一级水行政主管部门名称，不能漏项。

（9）诉讼机关：据实填写。

（10）行政机关名称及印章：据实填写，并加盖印章。

（11）时间：据实填写。

4. 参考式样

强制封闭取水工程（设施）决定书

×县水强〔　〕号

_____：

地址：_____

经查你（你单位）_____，以上事实有_____
_____证实，违反了_____的规定，依照_____
_____之规定，决定予以强制封闭。

如不服本强制封闭决定，可在接到本决定书之日起，60日内向_____人民政府或水利局申请复议，或者3个月内直接向_____人民法院起诉。复议、诉讼期间本具体行政行为不停止执行。

（行政机关名称及盖章）

年　月　日

三、行政征收文书

《责令限期缴纳××费通知书》

1. 文书依据

《水法》第七十条等规定。

2. 文书类别

本文书为制作类。

3. 填写说明

（1）发文字号：参见《水行政执法法律文书规范》。

（2）当事人姓名或名称：据实填写。

（3）地址：据实填写。

（4）水事行为：据实填写。

（5）缴费依据：据实填写。

（6）缴费金额：据实填写。

（7）缴费时间：据实填写。

（8）缴款银行：据实填写。

（9）复议机关：据实填写。

（10）诉讼机关：据实填写。

（11）行政机关名称及印章：据实填写，并加盖印章。

（12）时间：据实填写。

4. 参考式样

责令限期缴纳××费通知书

×县水限〔　〕号

_____：

　　地址：_____

　　经查你（你单位）_____，根据_____之规定，你（你单位）应缴纳××费____万元，以上款项限____年____月____日前缴至_____银行财政专户。

　　如对本具体行政行为不服，可在接到本决定书之日起，60 日内向_____ 人民政府或水利局申请复议，或者 3 个月内直接向_____ 人民法院起诉，复议、诉讼期间本具体行政行为不停止执行。逾期不缴纳，我局将依照《中华人民共和国行政诉讼法》第六十六条之规定，申请人民法院强制执行。

（行政机关名称及盖章）

年　月　日

第三部分
水政监察基础

第一章　水资源管理

一、我国水资源现状

我国是一个水资源短缺的国家，水资源时空分布不均。近年来，我国连续遭受严重干旱，旱灾发生的频率和影响范围扩大，持续时间和遭受的损失增加。目前全国 600 多个城市中，400 多个缺水，其中 100 多个严重缺水，而北京、天津等大城市目前的供水已经到了最严峻的时刻。与此同时，由于人口的增长，到 2030 年，我国人均水资源占有量将从现在的 2200 立方米降至 1700 ~1800 立方米，需水量接近水资源可开发利用量，缺水问题将更加突出。此外，我国水资源开发中还存在着其他问题：

（1）洪水灾害对国民经济发展和社会安定存在潜在威胁。

（2）水的充分利用效率不高。

（3）水资源普遍受到污染。2003 年，淮河、海河、辽河、太湖、巢湖、滇池主要水污染物排放总量居高不下。淮河流域仍有一半的支流水质污染严重，海河、辽河生态用水严重缺乏，其中内蒙古的西辽河已连续五年断流。太湖、巢湖、滇池均为劣 V 类水质，总氮和总磷等有机物污染严重。

以黄河为例，工业污染是黄河水污染的主要原因，工业废水占黄河废污水排放总量的 73%，每年由于水污染造成的经济损失为 115 亿至 156 亿元。同时，令人担忧的是，沿黄地区许多农田被迫用污水灌溉，给区域内居民健康带来危害。据初步测算，区域内每年人体健康损失达 22 亿至 27 亿元。黄河水污染的同时还带来水资源价值损失、城镇供水损失，并增加了处理污水的市政额外投资，每年总损失近 60 亿元。

地球上的水虽然看上去很多，但是在当今经济技术条件下，可供人类开发利用的水资源并不多。据专家估计，地球上的 13.86 亿立方千米水资源总量中，其中 96.7% 的水集中在海洋里，目前还无法利用。而大陆上所有淡水资源总储量只占地球上的水量的 3.3%，这 3.3% 里的 85% 集中在南极和格陵兰地区的冰盖和高山渺无人烟的冰川中，在现阶段内也难以利用。地球上实际上能为人类开发利用的水资源主要是河流径流和地下淡水。地下水占地球淡水总量的 22.6%，为 8600 万亿吨，但一半的地下水资源处于 800 米以下的深度，难以开采，而且过量开采地下水会带来诸多问题。河流和湖泊水占地球淡水总量的 0.6%，为 230 万亿吨，是陆地上的植物、动物和人类获得淡水资源的主要来源，可是由于水体污染，这一部分可以利用的水资源又在急剧减少。大气中水蒸气量为地球淡水总量的 0.03%，为 13 万亿吨，它以降雨的形式为陆地补充淡水。目前能够为人类开采利用的河流径流和地下淡水一般只能达到 40%。我国多年平均降水总量为 6.2 万亿立方米，除通过土壤水直接利用于天然生态系统与人工生态系统外，可通过水循环更新的地表水和地下水的多年平均水资源总量为 2.8 万亿立方米，居世界第六位。按 1997 年人口统计，我国人均水资源总量为 2200 立方米，人均占有量仅有世界平均数的 1/4，居世界第 121 位，被列为世界上 12 个贫水国之一。随着工农业生产的发展，从 1980 年到 1999 年，我国社会经济总用水量增加了约 1/4，从 4437 亿立方米增加到 5591 亿立方米。其中农业用水占 70%，工业用水占 20%，生活用水占 10%。

二、我国水资源面临的形势

21 世纪面临的重大水问题。当代人口、资源和环境的协调发展已成为国际社会共同关注的重大战略问题。中国是世界人口大国，但从人均淡水资源占有量来说却是贫国。我国水资源可利用量以及人均和亩均的水资源数量极为有限，降雨时空分布严重不均，地区分布差异性极大，这是我国水资源短缺的基本特点。目前水资源短缺问题已成为国家经济社会可持续发展的严重制约因素。但我国水资源可利用量是有限的，就全国而言，人均占有淡水资源量只有 2200 立方米，从地区来看，水资源总量的 81% 集中分布于长江及其以南地区，其中 40% 以上又集中于西南五省（区），这是先天决定的水情。从人均占有量来看，人均占有淡水资源量南方最高和北方最低可以相差十倍，西部与东部相差高达五六百倍。其根本原因是我国北方属于资源型缺水地区。南方地区水资源虽然比较丰富，但由于水体污染，水质型缺水也相当严重。目前全国性的干旱缺水情况越来越严重，尤其北方地区发生水危机已不是危言耸听。

我国水资源的主要灾情

进入 20 世纪 90 年代，中国水旱灾害和水污染频繁发生，水多、水少、水脏与水环境恶化问题越来越严重。

1. 洪涝灾害

洪涝灾害累计的直接经济损失超过了 1.1 万亿元，约相当于同期财政收入的 1/5。直接经济损失超过 1000 亿元的年份有 1994 年（1797 亿元）、1995 年（1653 亿元）；直接经济损失超过 2000 亿元的年份有 1996 年（2208 亿元）、1998 年（2684 亿元）。世界银行曾测算，中国每年洪涝灾害造成的损失达 100 多亿美元。

2. 干旱灾害

由于供水不足，每年直接影响工业产值 2300 亿元。正常年份和较旱年份，粮食减产在 100 亿~250 亿千克（正常年份，如 1996 年减产 100 亿千克，较旱年份，如 1994 年、1995 年减产 250 亿千克），但遇到严重干旱年份，粮食减产曾高达近 500 亿千克（如 1997 年，北方一些地区干旱持续时间长达 100 多天，黄河下游发生了有史以来最严重的断流，断流天数、断流河长均创历史纪录。这一年因干旱粮食减产 476 亿千克，是新中国成立以来粮食减产最严重的年份）。世界银行曾测算，中国每年干旱缺水造成的损失约为 350 亿美元。

3. 水环境

一是水土流失，区域性、局部性的治理成效较大，但面上的水土流失治理进程缓慢，边治理、边破坏的现象还很严重，特别是开发建设项目人为造成的新的水土流失急剧增加。全国平均每年因开发建设活动等人为新增的水土流失面积达 1 万平方千米，每年堆积的废弃土石约 30 亿吨，其中 20% 流入江河，直接影响防洪安全。

二是水体污染严重，工业废污水排放量急剧增长，并未经处理直接排放到河道里，导致了以淮河、太湖污染为代表的水环境恶化。世界银行发表的中国环境报告测算，中国仅水和大气造成的污染，年损失为 540 亿美元，占中国国内生产总值的 8%。这就表明，水环境质量在继续恶化，造成的经济损失也十分巨大。

以上这三大灾害合计年均经济损失达 1000 亿美元，占全国国内生产总值的 15% 左右。从这三大灾害损失来看，21 世纪以来，水资源的短缺和水环境恶化将上升为主要矛盾。

主要矛盾

1. 水资源短缺形势严峻

近年来，全国水资源开发利用率已达到 21%。由于供水能力增长缓慢，1978—1998 年全国供水能力年增长率为 1% 左右，而同期国民经济以 8%~12% 的高速度增长，同期人口又增加了约 2.5 亿人，更加剧了缺水矛盾。值得注意的是，由于人类活动的影响，降雨与径流关系、产流与汇流条件都在发生变化，有些江河的天然来水量已呈现衰减的趋势。黄河下游频频发生断流，海河成为季节性河流，内陆河部分河流干涸，2000 年发生的旱灾，经济损失严重，充分暴露了我国城市供水系统和农村抗旱能力的脆弱性，是水资源供需矛盾的集中表现。

目前，全国每年缺水量近 400 亿立方米，其中，农业每年缺水 300 多亿立方米，平均每年因旱受灾的耕地达 0.27 亿公顷，年均减产粮食 200 多亿千克；城市、工业年缺水 60 亿立方米，直接影响工业产值 2300 多亿元。由于连续遭受华北干旱影响，为天津供水的潘家口水库水位已接近死库容，直接威胁到天津市的生活和生产用水。为此，国务院批准了水利部制定的"引黄济津"应急输水工程的实施方案。进入 21 世纪，随着我国人口的增长、生活质量水平的提高、城市化进程的加快，人均水资源占有量将进一步减少，而用水量却进一步增加，水资源供需矛盾更加突出，缺水已成为影响我国粮食安全、经济发展、社会安定和生态环境改善的首要制约因素。

2. 水已成为维护生态环境安全的严重问题

全国现有土壤侵蚀面积 367 万平方千米，占国土面积的 38%，其中水蚀面积 179 万平方千米，风蚀面积 188 万平方千米。黄河中上游和长江上游地区以及海河上游地区水土流失最为严重。严重的水土流失使我国每年平均损失耕地 6.67 万公顷，流失土壤 50 多亿吨，导致生态环境恶化，河湖泥沙淤积，加剧了洪、旱和风沙灾害。我国自然生态脆弱，加之不合理的人类活动，进一步加剧了水土流失、土地退化和水体污染。

全国地下水由于长期超采，又不能得到回补，目前年超采量达 80 多亿立方米，已形成了 56 个区域性地下水位下降漏斗，导致部分地区地面沉降、海水入侵。部分干旱和半干旱地区由于不合理的水资源开发利用，下游河道断流、河湖面积萎缩，下游有些湖泊消亡，生态环境严重恶化，胡杨林大面积枯死；草场退化，荒漠化加剧，沙尘暴发生频率增加。此外，有些灌区和绿洲，大水漫灌、排水不畅导致了严重的土壤次生盐渍化，土地质量下降，农业生产能力衰减。

三、我国的水资源管理体制与管理原则、措施

我国的水资源管理体制

1. 水资源管理体制

《水法》第十二条规定：国家对水资源实行流域管理与行政区域管理相结合的管理体制。国务院水行政主管部门负责全国水资源的统一管理和监督工作。国务院水行政主管部门在国家确定的重要江河、湖泊设立的流域管理机构（以下简称流域管理机构），在所管辖的范围内行使法律、行政法规规定的和国务院水行政主管部门授予的水资源管理和监督职责。县级以上地方人民政府水行政主管部门按照规定的权限，负责本行政区域内水资源的统一管理和监督工作。

水资源管理体制是国家管理水资源的组织体系和权限划分的基本制度，是合理开发、利用、节约和保护水资源以及防治水害，实现水资源可持续利用的组织保障。改革和完善水资源管理体制，进一步强化水资源的统一管理，是《水法》修订的一个重要内容。

从《水法》第十二条的规定可以看出我国的水资源管理体制，即国家对水资源实行流域管理与行政区域管理相结合的管理体制。

（1）国家对水资源实行流域管理与行政区域管理相结合的管理体制

水是人类赖以生存与经济社会发展不可替代的基础性资源，也是生态环境的基本要素。水资源与土地、森林、矿产等资源不同，它是一种动态的、可再生的资源。流域是一个以降水为渊源、水流为基础、河流为主线、分水岭为边界的特殊区域概念。水资源按照流域这种水文地质单元构成一个统一体，地表水与地下水相互转换，上下游、干支流、左右岸、水量水质之间相互关联、相互影响。这就要求对水资源只有按照流域进行开发、利用和管理，才能妥善处理上下游、左右岸等地区间、部门间的水事关系。水资源的另一特征是它的多功能性，水资源可以用来灌溉、航运、发电、供水、水产养殖等，并具有利害双重性。因此，水资源开发、利用和保护的各项活动需要在流域内实行统一规划、统筹兼顾、综合利用，才能兴利除害，发挥水资源的最大经济、社会效益和环境效益。目前，以流域为单元进行水资源的管理已经成为世界潮流。1992年，联合国环境与发展会议通过的《21世纪议程》指出：水资源的综合管理包括地表水与地下水、水质与水量两个方面，应当在流域一级进行，并根据需要加强或者发展适当的体制。我国的重要江河均是跨省区的流域，这一自然特点使得协调流域管理与行政区域管理的关系显得更为重要。

1988年制定颁布的原《水法》规定"国家对水资源实行统一管理与分级、分部门管理相结合的制度"，为推进我国水资源的统一管理迈出了重要的一步。但由于对水资源的权属管理部门与开发利用部门相互间的关系和职责划分不清，没有明确流域管理机构的职责和权限，导致部门之间职能交叉和职能错位的现象并存，"多龙治水"的问题依然存在。主要表现在：一是流域按行政区域分割管理；二是地表水、地下水分割管理；三是水量与水质分割管理。这种管理体制在实践中产生的主要问题有：一是不利于江河防洪的统一规划、统一调度和统一指挥。例如，有的地方在汛期上下游、左右岸各自为政，只顾自保，不顾整体，影响全局的防汛抗洪工作。二是不利于水资源统一调度，统筹解决缺水的问题。例如，一些地区在枯水期争相抢水，还有一些上游地区大量引水，造成下游地区江河断流、无水可用，给下游的经济社会发展和生态环境带来巨大的损害。三是不利于地表水、地下水统一调蓄，加剧了地下水的过量开发。据统计，全国地下水多年平均超采量67亿立方米，已经形成164个地下水超采区。四是不利于城乡统筹解决城市缺水的问题。五是不利于统筹解决水污染的问题。目前我国跨区域的水污染问题日益严重，局部治理，特别是下游地区治理无法真正改善江河水质和水环境，只有上下游统一治理、统一水量调度才能取得成效。六是不利于水资源经济、社会和环境等综合效益的发挥。新《水法》根据水资源的自身特点和我国的实际情况，借鉴一些国家水资源管理的通行做法和经验，按照资源管理与开发利用管理相分离的原则，确立了流域管理与行政区域管理相结合、统一管理与分级管理相结合的水资源管理体制。

（2）国务院水行政主管部门负责全国水资源的统一管理和监督工作

水资源统一管理的核心是水资源的权属管理。新《水法》明确规定，水资源属于国家所有，水资源的所有权由国务院代表国家行使。为了实现全国水资源的统一管理和监督，国务院水行政主管部门应当制定全国水资源的战略规划，对水资源实行统一规划、统一配置、统一调度、统一实行取水许可制度和水资源有偿使用制度等。为了实现全国水资源的统一管理和监督，国务院水行政主管部门在国家确定的重要江河、湖泊设立流域管理机构，在所管辖的范围内行使法律、行政法规规定和国务院水行政主管部门授予的水资源管理和监督职责。我国早在 20 世纪二三十年代就在主要江河设置了具有现代意义的流域管理机构，例如 1935 年设立的扬子江水利委员会、1933 年设立的黄河水利委员会和 1929 年设立的导淮委员会等。新中国成立后中央人民政府为了加强对大江大河的规划、治理和管理，在长江、黄河、淮河等流域成立了流域管理机构，其间机构几经变更。到目前，我国在长江、黄河、淮河、珠江、海河、松辽河这六大江河和太湖流域都成立了作为水利部派出机构的流域管理机构，行使《水法》《防洪法》《水污染防治法》《河道管理条例》等法律、行政法规规定的和水利部授予的水资源管理与监督职责。新《水法》对流域管理机构在水资源监督管理方面的职责进一步作了明确规定，具体包括：

1）水资源的动态监测和水功能区水质状况的监测。

2）国家确定的重要江河、湖泊以外的其他跨省、自治区、直辖市的江河、湖泊的流域综合规划和区域综合规划的编制。

3）在国家确定的重要江河、湖泊和跨省、自治区、直辖市的江河、湖泊上建设水工程的审查。

4）国家确定的重要江河、湖泊以外的其他跨省、自治区、直辖市的江河、湖泊的水功能区划。

5）管辖权限范围内的排污口设置审查。

6）管辖权限范围内的水工程保护。

7）跨省、自治区、直辖市的水量分配方案和旱情紧急情况下的水量调度预案的制定以及年度水量分配方案和调度计划的制定。

8）管辖权限范围内的取水许可证颁发和水资源费收取。

9）水事纠纷处理与执法监督检查等。

（3）县级以上地方人民政府水行政主管部门依法负责本行政区域内水资源的统一管理和监督工作

我国地域广阔，各地水资源状况和经济社会发展水平差异很大，实行流域管理和行政区域管理相结合的管理体制还必须紧密结合各地实际情况，充分发挥县级以上地方人民政府水行政主管部门依法管理本行政区域内水资源的积极性和主动性。新《水法》规定的流域管理机构与县级以上地方人民政府水行政主管部门在水资源监督管理上的一些具体职责还将由国务院或者国务院水行政主管部门制定的配套行政法规或者政府规章进一步界定。按照《水法》的有关规定，借鉴国外流域管理的成功经验，从总体上说，流域管理机构在依法管理水资源的工作中应当突出宏观综合性和民主协调性，着重于一些地方行政区域的水行政主管部门难以单独处理的问题，而一个行政区域内的经常性的水资源监督管理工作主要应由有关地方政府的水行政主管部门具体负责实施。地方在维护全国水资源统一管理、水法基本制度统一的前提下，也可以结合本地实际制定地方性水法规和有关政府规章，制定有利于本地水资源可持续利用的政策和有关规划、计划，依法加强对本行政区域内水资源的统一管理。

2. 水资源管理职责

《水法》第十三条规定：国务院有关部门按照职责分工，负责水资源开发、利用、节约和保护的有关工作。县级以上地方人民政府有关部门按照职责分工，负责本行政区域内水资源开发、利用、节约和保护的有关工作。这是《水法》对县级以上地方人民政府有关部门在水资源开发、利用、节约和保护的有关工作方面职责的规定。

（1）水资源是一项多功能、多用途的基础性资源，水资源的开发、利用、节约和保护涉及各行各业，是一项涉及多部门、多领域的工作。

新《水法》从我国实际出发，按照资源管理与资源开发利用相分开的原则建立的水资源统一管理体制并不是要将水资源开发、利用、节约和保护的各项工作都集中于一个部门，加强水资源的统一管理和发挥各有关部门的作用两个方面相辅相成，缺一不可。只有各有关部门共同依法把涉及水资源开发、利用、节约和保护的各项工作都做好，才能真正实现以水资源的可持续利用促进经济社会的可持续发展。因此，《水法》第十三条规定国务院有关部门和县级以上地方人民政府有关部门按照职责分工，负责水资源开发、利用、节约和保护的有关工作。

（2）国务院有关部门在水资源开发、利用、节约和保护工作方面的职责分工由有关法律、行政法规或者国务院批准的各有关部门的"三定"方案规定。

例如，根据《水法》的规定，全国的和跨省、自治区、直辖市的水中长期供求规划要经国务院发展计划主管部门审查批准后执行。根据《水污染防治法》的规定，环境保护行政主管部门是对水污染防治实施统一监督管理的机关；经济综合主管部门会同有关部门负责对落后的、耗水量高的工艺、设备和产品实行淘汰制度。县级以上地方人民政府有关部门对本行政区域内水资源开发、利用、节约和保护的工作可以按照职责分工确定。但是，水资源的权属管理必须统一，只能依法由国务院水行政主管部门和县级以上地方人民政府水行政主管部门负责。国务院水行政主管部门和县级以上地方人民政府水行政主管部门与各有关部门应当主动加强联系和合作，各司其职，密切配合，共同把水资源管好、用好、保护好，真正实现水资源的可持续利用，适应国民经济和社会发展的需要。

（3）提高水资源的有效利用率，保护水资源的持续开发利用，充分发挥水资源工程的经济效益，在满足用水户对水量和水质要求的前提下，使水资源发挥最大的社会、环境、经济效益。

广义的水资源管理，可以包括：① 法律。立法、司法、水事纠纷的调解处理。② 行政。机构组织、人事、教育、宣传。③ 经济。筹资、收费。④ 技术。勘测、规划、建设、调度运行。这四个方面构成一个由水资源开发（建设）、供水、利用、保护组成的水资源管理系统。这个管理系统是把自然界存在的有限水资源通过开发、供水系统与社会、经济、环境的需水要求紧密联系起来的一个复杂的动态系统。社会经济发展对水的依赖性愈强，对水资源管理的要求就愈高，各个国家不同时期的水资源管理与其社会经济发展水平和水资源开发利用水平密切相关。同时，世界各国由于政治、社会、宗教、自然地理条件和文化素质水平、生产水平以及历史习惯等原因，其水资源管理的目标、内容和形式也不可能一致。但是，水资源管理目标的确定都与当地国民经济发展目标和生态环境控制目标相适应，不仅要考虑自然资源条件以及生态环境的改善，而且还应充分考虑经济承受能力。

我国水资源管理的基本原则及措施

1. 基本原则

现代的水资源管理遵循以下基本原则：

（1）效益最优。对水资源开发利用的各个环节（规划、设计、运用），都要拟定最优化准则，以最小投资取得最大效益。

（2）地表水和地下水统一规划，联合调度。地表水和地下水是水资源的两个组成部分，存在互相补给、互相转化的关系，开发利用任一部分都会引起水资源量的时空再分配。充分利用水的流动性质和储存条件，联合调度地表水和地下水，可以提高水资源的利用率。

（3）开发与保护并重。在开发水资源的同时，要重视森林保护、草原保护、水土保持、河道湖泊整治、污染防治等工作，以取得涵养水源、保护水质的效应。

（4）水量和水质统一管理。由于水源的污染日趋严重，可用水量逐渐减少，因此在制定供水规划和用水计划时，水量和水质应统一考虑，规定污水排放标准和制定切实可行的水源保护措施。

2. 水资源管理的措施

（1）有效的水资源管理，必须有一定的措施保证。这些措施通常有以下内容：

1）行政法令措施。用国家行政权力，成立管理机构，制定管理法规。管理机构的权力为：审查批准水资源开发方案，办理水资源的使用证，检查政策法规的执行情况，监督水资源的合理利用等。管理法规分综合性法规和专门性法规两类，水法或水资源法属综合性法规，水土保持法、洪水保险法、水污染防治法和水利工程管理条例等属专门性法规。各种法规按照立法程序由国家颁布执行。

2）经济措施。它是管好用好水资源的一项重要手段，主要包括：审定水价和征收水费；明确谁投资谁受益的原则，对保护水源、节约用水、防治污染有功者给予资金援助和奖励，对违反法规者实行经济赔偿和罚款。此外，还有集中使用水利资金和征收水资源税等措施。

3）宣传教育措施。利用报刊、广播、电影、电视、展览会、报告会等多种形式，向公众介绍水资源的科普知识，讲解节约用水和保护水源的重要意义，宣传水资源管理的政策法规，使广大群众认识到水是有限的宝贵资源，自觉地用好并保护好水资源。

（2）加强水资源基本资料的调查研究，总结推广国内卓有成效的管理经验，学习采用国外先进的管理技术。此外，采用现代计算机技术和水资源系统分析方法，选择最优的开发利用和管理运用方案，乃是水资源管理的发展方向。

（3）涉及国际水域或河流的水资源问题，要建立双边或多边的国际协定或公约。

最严格的水资源管理制度

1. 实施最严格水资源管理制度的目的意义

针对我国人多水少、水资源时空分布不均的基本国情和水情，以及我国水资源短缺、水污染严重、水生态环境恶化等问题日益突出，2011 年，中共中央、国务院在《关于加快水利改革发展的决定（中发〔2011〕1 号）》中明确提出，在我国将实行最严格水资源管理制度。其目的是：深入贯彻落实科学发展观，以水资源配置、节约和保护为重点，强化用水需求和用水过程管理，通过健全制度、落实责任、提高能力、强化监管，严格控制用水总量，全面提高用水效率，严格控制入河湖排污总量，加快节水型社会建设，促进水资源可持续利用和经济发展方式转变，推动经济社会发展与水资源水环境承载能力相协调，保障经济社会长期平稳较快发展。

2. 实施最严格水资源管理制度的基本原则

坚持以人为本，着力解决人民群众最关心最直接最现实的水资源问题，保障饮水安全、供水安全和生态安全；坚持人水和谐，尊重自然规律和经济社会发展规律，处理好水资源开发与保护关系，以水定需、量水而行、因水制宜；坚持统筹兼顾，协调好生活、生产和生态用水，协调好上下游、左右岸、干支流、地表水和地下水关系；坚持改革创新，完善水资源管理体制和机制，改进管理方式和方法；坚持因地制宜，实行分类指导，注重制度实施的可行性和有效性。

3. 实施最严格水资源管理制度的主要目标

确定水资源开发利用控制红线，到 2030 年全国总用水量控制在 7 000 亿立方米以内；确立用水效率控制红线，到 2030 年用水效率达到或接近世界先进水平，万元工业增加值用水量（以 2000 年不变价计，下同）降低到 40 立方米以下，农田灌溉水有效利用系数提高到 0.6 以上；确立水功能区限制纳污红线，到 2030 年主要污染物入河湖总量控制在水功能区纳污能力范围之内，水功能区水质达标率提高到 95% 以上。

为实现上述目标，到 2015 年，全国用水总量力争控制在 6 350 亿立方米以内；万元工业增加值用水量比 2010 年下降 30% 以上，农田灌溉水有效利用系数提高到 0.53 以上；重要江河湖泊水功能区水质达标率提高到 60% 以上。到 2020 年，全国用水总量力争控制在 6 700 亿立方米以内；万元工业增加值用水量降低到 65 立方米以下，农田灌溉水有效利用系数提高到 0.55 以上；重要江河湖泊水功能区水质达标率提高到 80% 以上，城镇供水水源地水质全面达标。

4. 实施最严格水资源管理制度的具体措施

（1）加强水资源开发利用控制红线管理，严格实行用水总量控制。按照流域和区域统一制定规划，并加强相关规划和项目建设布局水资源论证工作。建立覆盖流域和省市县三级行政区域的取用水总量控制指标体系，实施流域和区域取用水总量控制；严格规范取水许可审批管理，对取用水总量已达到或超过控制指标的地区，暂停审批建设项目新增取水，对取用水总量接近控制指标的地区，限制审批建设项目新增取水；对其他不符合法律法规规定情形的取水申请，一律不予审批。合理调整水资源费征收标准，扩大征收范围，严格水资源费征收、使用和管理，严格依法查处挤占挪用水资源费的行为。切实加强地下水动态监测，实行地下水取用水总量控制和水位控制。依法制定和完善水资源调度方案、应急调度预案和调度计划，对水资源实行统一调度，有关地方人民政府和部门必须服从。

（2）加强用水效率控制红线管理，全面推进节水型社会建设。全面加强节约用水管理，切实履行推进节水型社会建设的责任，建立健全有利于节约用水的体制和机制，稳步推进水价改革。强化用水定额管理，以及组织修订和行业用水定额。建立用水单位重点监控名录，强化用水监控管理。落实节水设施建设"三同时"制度。加快推进节水技术改造，制定节水强制性标准，逐步实行用水产品用水效率标识管理，禁止生产和销售不符合节水强制性标准的产品。

（3）加强水功能区限制纳污红线管理，严格控制入河湖排污总量。完善水功能区监督管理制度，建立水功能区水质达标评价体系，加强水功能区动态监测和科学管理。加强饮用水水源保护，依法划定饮用水水源保护区，开展重要饮用水水源地安全保障达标建设。强化饮用水水源应急管理，完善饮用水水源地突发事件应急预案，建立备用水源。大力推进水生态系统保护与修复工作。

四、水资源管理内容

在水资源开发利用初期，供需关系单一，管理内容较为简单。随着水资源工程的大量兴建和用水量的不断增长，水资源管理需要考虑的问题越来越多，已逐步形成专门的技术和学科。

主要管理内容

1. 水资源的所有权开发权和使用权

所有权取决于社会制度，开发权和使用权服从于所有权。在生产资料私有制社会中，土地所有者可以要求获得水权，水资源成为私人专用。在生产资料公有的社会主义国家中，水资源的所有权和开发权属于全民或集体，使用权则是由管理机构发给用户使用证。

2. 水资源的政策

为了管好用好水资源，对于如何确定水资源的开发规模、程序和时机，如何进行流域的全面规划和综合开发，如何实行水源保护和水体污染防治，如何计划用水、节约用水和征收水费等问题，都要根据国民经济的需要与可能，制定出相应的方针政策。

3. 水量的分配和调度

在一个流域或一个供水系统内，有许多水利工程和用水单位，往往会发生供需矛盾和水利纠纷，因此要按照上下游兼顾和综合利用的原则，制定水量分配计划和调度方案，作为正常管理运用的依据。遇到水源不足的干旱年，还要采取应急的调度方案，限制一部分用水，保证重要用户的供水。

4. 防洪问题

洪水灾害给生命财产造成巨大的损失，甚至会扰乱整个国民经济的部署。因此，研究防洪决策，对于可能发生的大洪水事先做好防御准备，也是水资源管理的重要组成部分。在防洪管理方面，除维护水库和堤防的安全外，还要防止行洪、分洪、滞洪、蓄洪的河滩、洼地、湖泊被侵占破坏，并实施相应的经济损失赔偿政策，试办防洪保险事业。

5. 水情预报

由于河流的多目标开发，水资源工程越来越多，相应的管理单位也不断增加，日益显示出水情预报对搞好管理的重要性。为此必须加强水文观测，做好水情预报，才能保证工程安全运行和提高经济效益。

水资源权属管理制度

《水法》第三条规定：水资源属于国家所有。水资源的所有权由国务院代表国家行使。农村集体经济组织的水塘和由农村集体经济组织修建管理的水库中的水，归各该农村集体经济组织使用。这是《水法》对我国水资源权属法律制度的规定。

1. 水是人类生活和社会生产的基本物质，人们在开发利用水资源的过程中，形成了复杂的权益关系。随着社会的发展，人类开发利用水资源的规模越来越大，水越来越成为影响整个社会生活的重要因素，水资源权属已成为不能回避的重要法律问题。水资源权属法律制度是水资源所有权和因占有、使用水资源而产生的各种相关财产权益（如取水权）的统称。由于水资源是一种动态的资源，具有多种功能，可以重复使用，因此水资源权属与一般的财产权又有所不同，具有自己的特点。世界各国在长期的社会发展和用水实践中形成了自己成文或者不成文的水资源权属法律制度，这些规范的产生和存在都有其历史的合理性。因此，水资源权属法律制度是与不同国家和地区的社会制度、水资源状况、历史习惯、文化传统等紧密相关的，统一模式的水资源权属法律制度是不存在的。水资源权属法律制度的建立和完善是制定各种水事法律规范、设定水事法律关系中权利义务关系的基础。

2. 水资源属于国家所有。我国《宪法》第六条规定，中华人民共和国社会主义经济制度的基础是生产资料的社会主义公有制；第九条规定，矿藏、水流、森林、山岭、草原、荒地、滩涂等自然资源，都属于国家所有，即全民所有。我国水资源短缺，人均占有量只有世界人均水平的1/4，同时在时空分布上极不均衡。因此，水资源是我国最宝贵的自然资源之一，是实现可持续发展的重要物质基础。只有严格依照《宪法》的规定，坚持水资源属于国家所有，即全民所有，才能保障我国水资源的合理开发、利用、节约、保护和满足各方面对水资源日益增长的需求，适应国民经济和社会发展的需要。原《水法》依据《宪法》作出规定，"水资源属于国家所有，即全民所有"。新《水法》仍然延续了这一规定。新《水法》第二条还明确规定，"本法所称水资源，包括地表水和地下水"。因此，水资源属于国家所有的含义是地表水、地下水和其他形态的水资源都属于国家所有。水资源属于国家所有是我国水资源权属法律制度的基础和核心，一切水事立法都必须遵循和维护这一制度。

随着水资源紧缺和水环境污染成为一个世界性的重大难题，把水资源作为一种公共资源、公共财产，由政府加强对水资源开发利用的控制和管理已逐渐成为当今世界的一种趋势。例如，南非1998年通过的新《水法》在序言中规定：人们认识到水是一种稀有的，且时空分布不均衡的国有资源……人们还认识到水是一种属于全体人民的自然资源，而以往南非的种族歧视的法律和制度妨碍了人们公平公正地得到水，也妨碍了水资源的合理开发和利用；现在人们承认应由中央政府全面负责管理全国的水资源及其开发和利用，包括公平公正地分配水资源使其得到有效益的利用和分配。

3. 水资源的所有权由国务院代表国家行使。原《水法》在规定水资源属于国家所有时并没有明确规定水资源国家所有权的主体代表。由国务院代表国家行使国有水资源的所有权是《水法》修订新作出的规定。国有水资源受法律保护，水资源属于国家所有的法律表现形式是水资源的国家所有权。根据《民法通则》的规定，财产所有权是指所有人依法对自己的财产享有占有、使用、收益和处分的权利。因此，水资源的所有权由国务院代表国家行使，是指国务院代表国家（即全民）依法行使对国有水资源的占有、使用、收益和处分的权利。在法律上规定国务院是国有水资源所有权的代表，一是明确地方各级人民政府不是国有水资源的所有权代表，无权擅自调配、处置水资源，只能依法或者根据国务院的授权调配、处置水资源；二是赋予国务院行使国有水资源资产管理的职能，水资源有偿使用的收益权归中央人民政府，国务院有权决定国有水资源有偿使用收益的分配办法。明确水资源的所有权由国务院代表国家行使，为进一步改革和完善我国的水资源管理体制，加强水资源的统一管理，优化水资源的配置确立了坚实的法制基础。

4. 农村集体经济组织的水塘和由农村集体经济组织修建管理的水库中的水，归各该农村集体经济组织使用。根据《宪法》关于水流自然资源属于国家所有，即全民所有的规定，从我国水资源紧缺的实际状况出发，借鉴世界水资源管理立法的一些新实践、新经验，新《水法》对原《水法》第三条第二款"农业集体经济组织所有的水塘、水库中的水，属于集体所有"的规定作了上述修改。这样修改符合《宪法》和我国的实际，有利于国家加强对水资源的统一管理和优化配置，真正实现以水资源的可持续利用支持经济社会可持续发展的立法目的。同时，根据《民法通则》中有关国家所有的森林、山岭、草原、荒地、滩涂、水面等自然资源可以依法确定由集体所有制单位使用的规定，为尊重历史习惯，充分保护农村集体经济组织和农民兴办农田水利设施、合理开发利用水资源的积极性及其相关合法权益，新《水法》第三条作了农村集体经济组织的水塘和由农村集体经济组织修建管理的水库中的水，归各该农村集体经济组织使用的规定。

此外，新《水法》还明确规定：①农村集体经济组织及其成员使用本集体经济组织修建管理的水塘、水库中的水不实行取水许可和有偿使用制度。②农村集体经济组织或者其成员依法在本集体经济组织所有的集体土地或者承包土地上投资兴建水工程设施的，按照谁投资建设谁管理和谁受益的原则，对水工程设施及其蓄水进行管理和合理使用。③农村集体经济组织修建水库应当经县级以上地方人民政府水行政主管部门批准。这些规定既维护了国家水资源所有权的完整性和统一性，加强了国家对水资源的宏观管理，也充分保护了农村集体经济组织和农民现有的用水权益，保持了我国水资源权属法律制度的延续性和稳定性。

水资源调查评价

《水法》第十六条规定：制定规划，必须进行水资源综合科学考察和调查评价。水资源综合科学考察和调查评价，由县级以上人民政府水行政主管部门会同同级有关部门组织进行。

县级以上人民政府应当加强水文、水资源信息系统建设。县级以上人民政府水行政主管部门和流域管理机构应当加强对水资源的动态监测。

基本水文资料应当按照国家有关规定予以公开。

这是《水法》对制定规划必须进行水资源调查评价、加强水资源信息系统建设等基础性工作的规定。

（1）该条第一款规定，制定规划必须开展水资源综合科学考察和调查评价工作。水资源综合科学考察和调查的目的是全面客观地掌握水资源的自然状况与开发利用现状，以及未来的变化趋势，客观反映水资源开发利用中存在的问题。水资源调查评价成果是开发、利用、节约、保护、管理水资源和防治水害的依据。因此，进行水资源规划，为经济社会发展提供水资源保障，必须进行水资源调查评价。水资源综合科学考察和调查是水行政主管部门的职责，同时又涉及多部门、多学科的工作，所以由县级以上人民政府水行政主管部门会同同级有关部门组织进行。20 世纪 80 年代，我国由水利部组织进行了第一次全国性的水资源调查评价，提出《中国水资源评价》等成果，基本摸清了我国水资源状况。目前正在进行第二次全国性的水资源调查评价工作。

（2）该条第二款和第三款规范了水文和水资源信息工作。水文、水资源信息是制定规划的依据和重要基础，是提供水资源数量、质量和可利用量的基础，提供对现状用水方式、水平、程度、效率等评价成果的基本依据，为需水预测、节约用水、水资源保护、供水预测、水资源配置提供可靠的分析成果。由于水资源的时空分布和开发利用状况是变化的，尤其在我国北方地区近来变化较大，因此必须加强对水资源的动态监测，运用现代化的技术手段和先进的信息技术，加强水文、水资源信息监测系统建设，要实行水资源数量与质量、供水与用水、排污与环保相结合的统一监测网络体系，建立和完善供、用、排水计量设施，建设现代化水资源监测系统。水文资料是国家基本资料的重要组成部分。为了充分发挥水文资料的作用，更好地为国民经济和社会发展服务，基本水文资料应当按照国家有关规定予以公开。

水资源规划

《水法》第十四条规定：国家制定全国水资源战略规划。

开发、利用、节约、保护水资源和防治水害，应当按照流域、区域统一制定规划。规划分为流域规划和区域规划。流域规划包括流域综合规划和流域专业规划；区域规划包括区域综合规划和区域专业规划。

前款所称综合规划，是指根据经济社会发展需要和水资源开发利用现状编制的开发、利用、节约、保护水资源和防治水害的总体部署。前款所称专业规划，是指防洪、治涝、灌溉、航运、供水、水力发电、竹木流放、渔业、水资源保护、水土保持、防沙治沙、节约用水等规划。

这是《水法》对水资源规划体系的规定。

（1）以水资源的可持续利用支持经济社会的可持续发展，为全面建设小康社会提供有力支撑和保障，是我国新时期水利改革与发展的战略目标。开发、利用、节约、保护水资源和防治水害事关经济社会发展的大局和人民群众的根本利益，必须全面规划、统筹安排，即要根据水资源的基本状况和国民经济及社会发展对水资源的各项需求，统一制定规划，确定水资源开发、利用、治理的中长期目标，并规定实现目标的分步计划。通过规划的制定和执行，为经济社会发展提供五方面的基本保障：一是饮水保障，要优先满足城乡人民生活用水的要求，为城乡居民提供安全清洁的饮用水，改善公共设施和生态环境，逐步提高生活质量；二是经济社会对防洪保安的要求，保障人民生命财产安全；三是水对粮食安全的保障，基本满足粮食生产对水的需求，改善农业生产条件，为我国粮食安全提供水利保障；四是基本满足国民经济建设用水需求，保障经济持续、快速、健康发展；五是努力满足改善生态环境用水需求，逐步增加生态环境用水，不断改善自然生态和美化生活环境，努力实现人与自然的和谐与协调。该条共分 3 款，明确了国家和流域、区域规划，包括全国水资源战略规划、流域或区域的综合规划、流域或区域的专业规划。各项规划之间相协调和衔接，构成水资源规划体系。

（2）该条第一款规定了国家制定全国水资源战略规划。该款是在全国人大常委会审议《水法》过程中，根据部分委员的建议增加的。我国水资源时空分布不均，且水资源分布与经济社会发展布局不对称。水资源不足是制约我国经济社会发展的重要因素，为解决大江大河流域间的重大水资源调配和布局问题，仅有流域或者区域的水资源规划是不够的，还应当制定全国的水资源战略规划。因此，规划不仅要在流域、县级以上地方行政区域组织进行，更需要在全国规划层次和范围内组织进行。全国的水资源战略规划是宏观规划，主要是在查清我国水资源及其开发利用现状、分析评价水资源承载能力的基础上，根据水资源的分布和经济社会发展整体布局，计划水资源的配置和综合治理问题。目前，由国家发展和改革委员会与水利部牵头、有关部委和各省参加编制的全国水资源综合规划实质上就是全国水资源战略规划。举世瞩目的南水北调工程，需要贯通长江、淮河、海河、黄河，实现跨流域调水，就必须在全国水资源战略规划的基础上进行。

（3）该条第二款规定了流域规划和区域规划的法律地位及作用。开发、利用、节约、保护、管理水资源和防治水害应当按流域、区域统一制定规划，从事上述水事活动必须服从流域、区域规划。该款还规定了流域、区域规划均包括综合规划和专业规划两大类。

（4）该条第三款规定了综合规划与专业规划的内涵。综合规划是指根据经济社会发展需要和水资源开发利用现状编制的兴水利、除水害的总体部署，专业规划包括防洪、治涝、灌溉、航运、供水、水力发电、竹木流放、渔业、水资源保护、水土保持、防沙治沙、节约用水等规划，是上述水事活动的具体依据。

水资源开发利用

《水法》第三章规定了水资源开发利用的基本原则，阐述了水资源开发利用的主要内容。水资源的开发利用，必须与经济社会发展相适应，不同的历史时期和不同的经济发展水平，对水资源开发利用的要求不同。在继承原《水法》中科学合理且行之有效的原则和规定的基础上，适应现阶段经济社会对水资源开发利用的要求，新《水法》对原《水法》进行了较大修改。水资源开发利用的基本原则如下：

（1）全面规划，统筹兼顾。水资源的开发利用必须坚持兴利与除害相结合，兼顾上下游、左右岸和有关地区之间的利益，发挥水资源的多种功能，大力发展水电、水运等各项事业，充分发挥水资源的综合效益。

（2）以水资源合理配置为基础。遵循全面规划、合理开发、高效利用、优化配置、有效保护、科学管理的原则，以提高水资源利用效率和效益为核心，不断提高水资源的承载能力，促进水资源的可持续利用，统筹协调生活、生产和生态环境用水。

（3）以水资源供水安全体系建设为目标。通过建设调蓄工程增强水资源调蓄能力，对天然来水过程进行有效调控，提高供水能力，适应用水部门的需求过程，提高供水保证率。

（4）经济社会的发展要考虑水资源的条件，进行科学论证，在水资源不足的地区要对城市规模和建设耗水量大的工业、农业、服务业项目加以限制。

兴利与除害相结合的原则

《水法》第二十条规定：开发、利用水资源，应当坚持兴利与除害相结合，兼顾上下游、左右岸和有关地区之间的利益，充分发挥水资源的综合效益，并服从防洪的总体安排。这是我国《水法》中对开发、利用水资源关于坚持兴利与除害关系的基本法律原则的规定。

1. 我国水资源总量中大部分来自洪水，但水资源在一年内和年际间变化很大，汛期和多水年易形成洪涝灾害，非汛期和枯水年水少，往往又发生旱灾。这一特点决定了要防治洪涝、满足用水要求就必须坚持兴利与除害相结合。实行兴利与除害相结合的原则，首先应当在流域综合规划中体现。其次，该原则应当在骨干枢纽工程，特别是在大型水库的建设中得到体现。以防洪为主的水库，应当综合考虑各项兴利事业的需要，把拦蓄的大量洪水转化为可以提供利用的水，并且按照灌溉、供水、水运、水力发电、渔业等方面的需要，适时调节径流，以服务于水资源的综合利用。以发电、灌溉、供水为主的水库，也必须根据防洪的总体安排，承担一定的防洪任务。同时水资源是大气降水循环再生的动态自然资源，地表水与地下水相互转化，不可分割，也难以按地区、部门或城乡的界限划分，而应当按流域自然单元进行开发、利用和管理。不合理的资源开发导致严重的生态环境问题。我国现状是，水资源开发利用率为20%，但北方主要河流已超过50%，其中海河流域和黑河流域已超过90%。过度开发、大量挤占生态环境用水，导致河流断流、湖泊萎缩、湿地消失、天然植被破坏等一系列生态环境问题。地下水过量开采，造成地下水位持续下降、地面沉降、海水入侵、水源枯竭、水质恶化等环境问题。经济社会的发展和人口的增长，用水量急剧增加，水的供需矛盾日益突出，地区间用水矛盾十分尖锐，水事纠纷时有发生。所有这些都要求我们开发利用水资源要全面规划、统筹兼顾，发挥水资源的综合效益。

2. 开发、利用水资源，应当服从防洪的总体安排。我国特定的自然条件和水文特征，决定了防洪问题在我国具有特殊的重要性。我国大约有1/2的人口、1/3的耕地、上百座大中城市、许多重要交通干线和工矿企业处于江河洪水位以下，受江河洪水严重威胁的地区的工农业产值占全国的2/3。随着经济的发展和人口的增长，洪水造成的损失也越来越大。大江大河一旦出事，势必造成难以挽回的损失，打乱整个国家经济的布置，影响社会稳定。因此，开发利用水资源应当服从防洪的总体安排，按照《防洪法》的有关规定，规范各种水资源开发利用活动。

3. 该条保留了原《水法》中对水资源开发利用基本原则的规定，并赋予了新的内涵，对实现以水资源的可持续利用，保障经济社会的可持续发展具有重要意义。

城乡生活用水优先原则

《水法》第二十一条规定：开发、利用水资源，应当首先满足城乡居民生活用水，并兼顾农业、工业、生态环境用水以及航运等需要。

在干旱和半干旱地区开发、利用水资源，应当充分考虑生态环境用水需要。

这是《水法》对用水顺序的规定。

1. 水是基础性的自然资源和战略性的经济资源，是生态环境的控制性要素。在水资源发生供需矛盾时，如何安排城乡生活用水、农业用水、工业用水、生态环境用水和其他用水的先后顺序？对此，各国水法都有规定。其中有一个共同点，就是都把生活用水放在优先地位。我国水资源与人口、经济布局和城镇发展不相匹配，加之长期以来水源工程建设滞后，供水增长速度不能满足国民经济发展、人口增长及城市化发展的要求，全国区域性缺水越来越严重，特别是北方地区和重要城市的水资源供需矛盾十分突出。目前，我国用水需求如果按照正常需求和不超采地下水，年缺水量300亿~400亿立方米，倘遇大旱年份，缺额更多。全国600多座城市有400多座缺水，其比例达2/3，日缺水量1600万立方米，每年影响工业产值2300亿元。农业每年缺水300亿立方米，在农村尚有2 400多万人饮水困难。水是生命之源，社会对水的第一需求就是饮水保障。获得充足、洁净的饮水，是城乡居民最基本的生活需要。新《水法》第五章还特别增加了第五十四条，要求"各级人民政府应当积极采取措施，改善城乡居民的饮用水条件"。

随着人口的持续增长，我国人均水资源量将进一步减少；随着经济社会的快速发展，城市化进程的加快，以及人民生活质量的提高和生态环境的改善，用水需求将不断增加，对供水量和水质的要求不断提高，水资源供需矛盾将不断加剧。因此，要大力发展供水事业，确保安全供水，满足城乡用水需求。合理开发、高效利用和优化配置水资源，调整经济布局与产业结构，优先满足生活用水，基本保障经济和社会发展用水，努力改善生态环境用水，逐步形成水资源合理配置的格局和安全供水体系。

2. 该条第二款规定，在干旱、半干旱地区开发、利用水资源，应当充分考虑生态环境用水的需要。按照通常的划分，多年平均降水量小于200毫米为干旱区，小于400毫米为半干旱区。我国干旱区和半干旱区占整个国土面积近一半。干旱区和半干旱区生态环境的稳定，在很大程度上取决于水资源的供给状况。但是长期以来这些地区的水资源开发利用没有考虑生态环境保护，致使这些地区生态环境恶化，表现为地表植被退化甚至死亡、河道断流、湖泊萎缩、下游河床淤积、河口生态破坏、土地次生盐渍化等诸多生态问题。水资源的开发利用必须与社会和经济发展相适应，在不同的历史时期和不同的经济发展水平上，经济社会对水资源开发利用的要求不同。该款规定顺应了经济社会发展对水资源开发利用的要求，突出了环境用水，体现了与时俱进的精神。

跨流域调水的规定

《水法》第二十二条规定：跨流域调水，应当进行全面规划和科学论证，统筹兼顾调出和调入流域的用水需要，防止对生态环境造成破坏。这是《水法》对跨流域调水的规定。

1. 跨流域调水是水资源开发的重要手段。实施跨流域调水，进行流域间的水资源合理配置，对改变流域与区域间水资源分布不均，缓解重点缺水地区的水资源供需矛盾，具有十分重要的意义。世界各国对跨流域调水，改变缺水地区和干旱沙漠地区的生产条件与生态环境均十分重视。由于我国水资源不丰富、时空分布不均以及水资源极不平衡的特点，跨流域调水将是21世纪中国水利的一大特点。因为实施跨流域调水将对调出区的生态环境和水资源形势带来影响，所以该条保留了原《水法》相关条款的内容，规定：跨流域调水，应当进行全面规划和科学论证，统筹兼顾调出和调入流域的用水需要，防止对生态环境造成破坏。

2. 按照优化配置多种水资源，提高抗御干旱的能力，优先满足生活用水，基本保障经济和社会发展用水，努力改善生态环境用水的基本目标，跨流域调水主要是指城市供水。因为中国未来水资源供需矛盾主要集中在城市，只有在城市无法依靠本地水资源满足用水需要的前提下才考虑实施跨流域调水。跨流域调水要全面规划、科学论证，统筹考虑调出和调入流域的用水需要，绝不能造成调出区生态环境的恶化。国际上通行的标准是调水量不得超过调出河流总量的20%，河流本身开发利用率不得超过40%，否则将造成生态环境的破坏。

3. 我国开工建设的南水北调工程，是缓解我国北方地区缺水矛盾和提高城乡抗御干旱能力、实现水资源合理配置的重大战略性工程。通过东、中、西三条调水线路，实现长江、淮河、黄河、海河四大流域的水资源合理调配，形成南北方和东西部水资源互相补充的格局。南水北调直接供水的主要目标是城镇生活和工业用水，并可通过水量调配和优化调度等多种方式，缓解农业和生态环境的缺水状况，确保京津等特大城市的供水安全。

综合利用原则及水资源论证制度的规定

《水法》第二十三条规定：地方各级人民政府应当结合本地区水资源的实际情况，按照地表水与地下水统一调度开发、开源与节流相结合、节流优先和污水处理再利用的原则，合理组织开发、综合利用水资源。

国民经济和社会发展规划以及城市总体规划的编制、重大建设项目的布局，应当与当地水资源条件和防洪要求相适应，并进行科学论证；在水资源不足的地区，应当对城市规模和建设耗水量大的工业、农业和服务业项目加以限制。

这是《水法》对合理组织、综合利用水资源的原则和实行水资源论证制度的规定。

1. 水资源是大气降水循环再生的动态自然资源，大气水、地表水和地下水相互转化，不能分割。这三种形态存在于水循环的不同阶段，水在任何一个阶段受到损害，都会影响到其他阶段。因此，一些国家的水法规定地表水、地下水必须联合运用，统一调度。至于是开发地表水还是开发地下水，或是兼而有之，这要根据当地资源条件，从获得最大经济、社会、环境效益的目标出发，因地制宜，统筹兼顾。其实质也就是水资源优化配置问题。针对我国北方地区地下水严重超采的状况，一方面要避免丰富的地表水白白流走；另一方面要避免地下水严重超采，造成地下水位持续下降，带来环境地质灾害。

2. 针对长期以来在水资源开发利用中重开源、轻节流和保护的状况，《水法》根据国家新时期的治水方针，明确规定了开源与节流相结合、节流优先和污水处理再利用的原则。目前我国水资源已开发利用约 5600 亿立方米，有 3000 亿立方米尚可开发，说明还有"开源"的空间，但衡量水资源利用程度的主要指标为"水资源开发利用率"。通常水资源开发利用率是指供水能力（或保证率）为 75% 时可供水量与多年平均水资源总量的比值，是表征水资源开发利用程度的一项指标。我国现状水资源开发利用率为 20%，但流域之间差异很大。国际上一般认为，对一条河流的开发利用不能超过其水资源量的 40%，而黄河、海河、辽河、淮河的水资源利用率都超过了这一预警线，若不采取合理的积极措施，就可能会暴发严重的水资源和水环境危机。用了水以后必然会产生污水。用水量越大，产生的污水越多。污水如果不经过处理，就直接排放到水域中去，会有什么后果呢？虽然水体有一定的自我净化能力，但如果污水量超过了这片水域的水环境承载能力的话，必然会污染整个水域。因此，必须坚持开源与节流相结合，必须把节约用水放在突出位置，努力建设节水型农业、节水型工业和节水型社会。

然而，污水的产生又是不可避免的。根据预测，2030 年和 2050 年我国城市工业和生活废污水排放将达到 850 亿～1060 亿立方米和 1100 亿～1500 亿立方米。这就要求我们下大力气加大城市废污水的集中处理力度，发展低成本的废污水处理技术，进行资源化处理。处理后的废污水是我国北方缺水地区宝贵的再生资源，可作为农业灌溉、城市绿化用水，也可以回灌地下水或作为河道内用水等生态环境用水，可在很大程度上缓解我国农业与生态用水不足的压力。

3. 该条第二款作出了实行水资源论证制度的规定。水资源论证应当包括两个方面：一是水资源承载能力。水资源承载能力指的是在一定流域或区域内，其自身的水资源能够持续支撑的经济社会发展规模并维系良好生态系统的能力。二是水环境承载能力。水环境承载能力指的是在一定的水域，其水体能够被继续使用并仍保持良好生态系统时，所能够容纳污水及污染物的最大能力。这两者是相辅相成、紧密相连的。水资源虽然是可循环、可更新的资源，但在一定时期、一定地点，其承载能力也是有限的。因此，生产力布局和城市建设就应当与当地水资源条件也就是水资源承载能力以及防洪要求相适应。在水资源不足的地区，应当对城市规模和建设耗水量大的工业、农业和服务业项目加以限制。目前，水利部与国家发展和改革委员会已经发布了建设项目水资源论证管理办法，对论证工作作出了具体的规定。

此外，《水法》第二十四条规定：在水资源短缺的地区，国家鼓励对雨水和微咸水的收集、开发、利用和对海水的利用、淡化。这是《水法》对开发利用雨水等多种非传统水资源的规定。

（1）在合理开发地表水、科学利用地下水的同时，积极开发利用多种水资源，增加可供水量，是缓解缺水矛盾的重要途径。《水法》对此作出规定将会进一步推动多种非传统水资源的开发利用。

（2）雨水利用已成为当今世界缺水地区水资源开发的潮流之一。通过集水工程技术措施可开发雨水资源。在我国陕西、山西、甘肃、宁夏等黄土高原地区，河南、河北、内蒙古等干旱、半干旱缺水地区，以及东北的缺水旱地农业区，四川、广西、贵州等西南土石地区，通过修建水窖、水柜、旱井、蓄水池等小型、微型水资源工程，发展和建设集雨节灌的雨水集蓄利用工程，结合水土保持建设基本农田，提高了农业生产水平，改善了农民生活条件。

（3）我国北方沿海地区和西北内陆地区有相当数量的微咸水可以利用。华北平原半咸水和微咸水分别达到 36.3 亿立方米和 20 亿立方米，黄河流域的微咸水资源量约 50 亿立方米，具有较大的开发利用潜力。根据作物生理的需要，交替使用淡水和微咸水，可以弥补淡水的不足，促进缺水地区农业生产的发展。

（4）海水利用包括海水的直接利用和海水淡化。由于投资成本高，海水淡化近期还难以普及应用。而直接利用海水作工业冷却、生活冲洗、城市绿化和环境用水，以替代淡水资源，已成为我国沿海城市解决淡水资源紧缺的一条重要途径。2000 年我国直接利用海水 141 亿立方米，比 1995 年增加 1.2 倍。利用海水的行业包括发电、化工、石油化工、水产养殖、冶金、造船和纺织等，主要用做工业冷却、清洗及生活杂用等。与淡水资源相比，海水资源是取之不尽、用之不竭的资源，我国大陆海岸线长约 1.8 万千米，沿海城市的工矿企业如能充分利用海水资源，则对节约沿海地区淡水资源和缓解水资源紧缺状况都有着重要的意义。

兴建水工程设施的规定

《水法》第二十五条规定：地方各级人民政府应当加强对灌溉、排涝、水土保持工作的领导，促进农业生产发展；在容易发生盐碱化和渍害的地区，应当采取措施，控制和降低地下水的水位。

农村集体经济组织或者其成员依法在本集体经济组织所有的集体土地或者承包土地上投资兴建水工程设施的，按照谁投资建设谁管理和谁受益的原则，对水工程设施及其蓄水进行管理和合理使用。

农村集体经济组织修建水库应当经县级以上地方人民政府水行政主管部门批准。

这是《水法》关于加强对灌溉、排涝、水土保持工作的领导和农村集体经济组织及其成员兴建水工程设施的规定。

1. 1981 年以来，我国灌溉面积明显下降。虽然每年都有新增的灌溉面积，但不足以弥补因年久失修、损坏报废、设备老化、无力更新、基建占地、水源变化或水源被城市占用等因素而减少的灌溉面积。同时因灌溉不当、地下水位抬高，北方一些地区发生土壤次生盐碱化，南方一些地区出现渍害。上述问题在当前一些地区仍不同程度地存在。因此，该条第一款专门规定地方各级人民政府应当加强对灌溉、排涝、水土保持工作的领导，采取措施防治盐碱化和渍害。

2. 水利是农业的命脉。水利灌溉、水土保持和中低产田改造对于促进农业生产发展起着十分关键的作用。我国灌溉面积从 1949 年的 2.4 亿亩发展到目前的 8.2 亿亩，初步形成了以当地水资源利用为主体的供水格局和农田灌排工程体系，全国灌溉面积不到耕地面积的一半，而其粮食产量却占全国粮食总产量的 75%，棉花和蔬菜分别占到 80% 和 90%。农田水利的发展，促进了农村产业结构、种植结构的调整和农村生产方式的变革；促进了林牧渔业的发展，改善了农村生活条件和生态环境，繁荣了农村经济。我国能以占世界不足 10% 的耕地养活占世界 19% 的人口，使 13 亿人口解决温饱问题，这是世界瞩目的伟大成就。对此，农田水利建设发挥了举足轻重的作用。目前，我国粮食产量能够保障 13 亿人口的粮食安全，到 2030 年，我国人口将达到 16 亿，要在农业用水量不增加的情况下保障 16 亿人口的粮食安全，地方各级人民政府必须加强对灌溉、排涝、水土保持工作的领导，促进农业生产发展。

3. 为了调动和保护农村集体经济组织和农民投资兴建各种水利设施的积极性，以利于管理、开发、利用水资源，该条第二款规定，农村集体经济组织或者其成员依法在本集体经济组织所有的集体土地或者承包土地上投资兴建水工程设施的，按照谁投资建设谁管理和谁受益的原则，对水工程设施及其蓄水进行管理和合理使用。该条第三款规定了县级以上地方人民政府水行政主管部门对农村集体经济组织修建水库依法进行审批，这有利于国家对水资源的统一管理，可以防止私建水库引起上下游矛盾，兼顾了各方面的利益。

水能资源开发、利用要求的规定

《水法》第二十六条规定：国家鼓励开发、利用水能资源。在水能丰富的河流，应当有计划地进行多目标梯级开发。

建设水力发电站，应当保护生态环境，兼顾防洪、供水、灌溉、航运、竹木流放和渔业等方面的需要。

这是《水法》对水能资源开发、利用要求的规定。

1. 我国水能资源丰富，理论蕴藏量为 6.76 亿千瓦，可开发资源为 3.78 亿千瓦，均占世界第一位。丰富的水能资源是我国能源特别是电力发展的巨大优势。水能资源既是一项洁净的、可再生的能源，还兼有相当于开采煤炭、石油的一次能源建设和相当于修建火电站的二次能源建设的双重功能。这些都决定了水能开发在我国能源建设中的重要地位。新中国成立以来，我国水能资源开发利用取得了举世瞩目的成就。2000 年年底，全国已建成的大、中、小型水电站装机容量总计为 7679 万千瓦，当年发电量为 2398 亿千瓦时。但目前水能资源的开发利用率并不高，全国水力发电量仅占技术可开发利用量的 11%，大力开发我国丰富的水能资源仍是一项十分重要的任务。所以，该条第一款保留了原《水法》有关国家鼓励开发、利用水能资源的规定，以促进我国水电事业的发展。

2. 有计划地进行多目标梯级开发作为开发水能资源的基本原则，可以从下面两方面来看：一方面，水能资源作为我国一大常规能源，它的开发利用要满足国民经济发展对能源的需求，要与其他能源的开发和利用相协调。另一方面，水力发电作为水资源开发利用的一部分，它的开发应当在流域统一规划下，与水资源综合利用相协调。同时，应当坚持梯级开发的原则。多年来，我国在河流上建设梯级电站方面取得了丰富经验，如黄河上游龙羊峡、刘家峡、盐锅峡、八盘峡、青铜峡等工程的建成不仅提供了大量电力，也在防洪、灌溉等方面发挥着作用，不仅为西北地区的经济建设作出了贡献，同时也在整个黄河的治理中起着重要作用。

在水能资源开发中，应该坚持大中小并举的方针。小型水电同样具有重要作用。我国从 1983 年开始决定在水能资源丰富的地区，通过开发当地小水电资源建设农村水电初级电气化县。经过"七五"、"八五"、"九五"三个五年计划 15 年的努力，已累计建成653 个农村水电初级电气化县，使这些地区 1.2 亿无电人口用上了电，初步治理了数千条中小河流，增加水库库容 500 亿立方米，增加灌溉面积 168.67 万公顷，解决了 6 425 万人及 4 742 万头牲畜饮水困难，改善了农业生产条件和农民生活条件，提高了防洪抗旱能力。通过开发农村水电，建设初级电气化县，大力实施小水电代柴，改善了农村能源结构，促进了天然林保护和退耕还林还草。目前，农村水电供电区已有 2 000 万户居民不同程度地使用电炊具，节约了大量薪柴，减少了森林砍伐，缓解了水土流失。

3. 建设水电站应当保护生态环境，兼顾防洪、供水、灌溉、航运、竹木流放、渔业等方面的需要。我国是一个洪水灾害发生比较频繁的国家，也是一个水资源比较短缺的国家，还是一个内河航运在交通运输中占有重要地位的国家。开发河流的水能资源，建设水电站，除获得发电效益外，还可以获得其他综合利用效益。水能资源的开发可以实现水资源的综合利用。但是必须看到，水电站建设和运行中会遇到许多矛盾。如利用水电站的水库滞洪，汛期要求腾空水库，为拦洪、削减下泄流量做准备，但是这样做，又要降低水电站的水头，减少发电量。再比如，为了发电，需要拦河筑坝，这样会阻障船、筏和鱼类的通行。因此，在水电站建设和运行中应当充分考虑各方面的需要，妥善解决出现的矛盾，协调各方面的利益。

鼓励开发、利用水运资源

《水法》第二十七条规定：国家鼓励开发、利用水运资源。在水生生物洄游通道、通航或者竹木流放的河流上修建永久性拦河闸坝，建设单位应当同时修建过鱼、过船、过木设施，或者经国务院授权的部门批准采取其他补救措施，并妥善安排施工和蓄水期间的水生生物保护、航运和竹木流放，所需费用由建设单位承担。

在不通航的河流或者人工水道上修建闸坝后可以通航的，闸坝建设单位应当同时修建过船设施或者预留过船设施位置。

这是《水法》关于鼓励开发、利用水运资源和修建拦河闸坝妥善安排水生生物保护、航运、竹木流放的规定。

（1）我国水运资源丰富。我国有长江、黄河、珠江、淮河、海河、辽河、松花江七大主要水系，还有贯穿海河、黄河、淮河、长江、钱塘江五个水系的京杭大运河。水运也是水资源综合开发利用的一项重要功能。与其他运输方式相比，内河航运具有运能大、能耗小、成本低、占地少、对环境污染轻等特点。但是，兴建拦河工程会出现碍航、碍鱼等问题。1964 年国务院颁发了《关于加强航道管理和养护工作的指示》，它要求各单位、各地区和各部门在开发利用水资源时，必须对防洪、排涝、灌溉、发电、水电、水产、给水和木材流放等各方面统筹兼顾、全面规划，以收到综合利用的效果。原《水法》在制定过程中充分考虑了这些问题，作出相应规定。新《水法》保留了这些规定，是十分必要的。

（2）该条第一款关于修建过鱼设施和保护水生生物的规定，与《渔业法》的规定是一致的。《渔业法》第三十二条规定：在鱼、虾、蟹洄游通道建闸、筑坝，对渔业资源有严重影响的，建设单位应当建造过鱼设施或者采取其他补救措施。至于是修建过鱼设施或者采取其他补救措施，应经过科学论证或通过科学实验。如长江葛洲坝枢纽工程建设，对如何保护中华鲟问题进行了广泛的论证，决定不修鱼道而采取人工养殖方法。事实证明，这种补救措施的效果是好的。

（3）该条第二款保留了原《水法》"在不通航的河流或者人工水道上修建闸坝后可以通航的，闸坝建设单位应当同时修建过船设施或者预留过船设施位置"规定的同时，删去了"所需费用除国家另有规定外，由交通部门负担"的内容，主要是考虑到在计划经济条件下，修建闸坝主要由国家投资，所以规定过船设施所需费用由交通部门负担；在社会主义市场经济条件下，投资主体多元化，修建过船设施的投资与效益应一致，不宜规定由哪一个部门负担。

五、水权制度

水资源短缺、用水浪费和水污染严重是当前我国水资源问题的主要矛盾，解决矛盾的根本途径是建设节水型社会。节水型社会建设是一项需要长期坚持的工作，其本质特征是建立以水权、水市场理论为基础的水资源管理机制。因此，全面推进水权制度建设，是解决我国水资源问题的重要制度措施，是实现水资源可持续开发利用的保障，在未来我国水资源管理中具有重要的地位和作用。

1. 严峻的水资源形势要求推进水权制度建设

我国水资源总量不足，人均水资源量约占世界平均水平的30%；水资源时空分布不均，与土地、矿产资源分布和生产力布局不相匹配。随着我国经济的持续快速发展和工业化、城市化进程的加速，水资源供需矛盾将更加突出。地区之间和行业之间相互争水、工业用水挤占农业用水、生产用水挤占生态和环境用水等问题将日趋严峻。同时，大量的水资源的不合理开发利用，导致下游河道断流、尾闾萎缩和地下水位区域性大幅度下降，引发水污染加剧和地面沉降、地裂缝以及土地沙化、荒漠化等生态和环境问题，对我国的可持续发展构成了严峻的挑战。与此相对应的是，我国的用水浪费和低效率问题也十分突出。据统计，2003年我国农业灌溉用水有效利用系数仅为0.4~0.5，而发达国家为0.7~0.8；全国万元国内生产总值用水量高达465立方米，是世界平均水平的4倍；

万元工业增加值用水量为 218 立方米，是发达国家的 5 ~ 10 倍；工业水重复利用率为 50%，而发达国家已达 85%；城市供水管网漏损率达 20% 左右。同时，我国在污水处理和回用，海水、雨水利用等方面也处于较低的水平。

水资源的大量浪费和污染，进一步加剧了我国的水资源短缺。这些问题大部分是由于在市场经济条件下，我国水资源权属管理体系不健全，尤其是水权制度弱化或虚置造成的。同时，21 世纪初期是我国实现社会主义现代化第三步战略的关键时期。根据国民经济和社会发展预测，我国将在 2030 年左右出现用水高峰，在充分考虑节水的情况下，估计用水总量为 7000 亿 ~ 8000 亿立方米，已经接近全国 8000 亿 ~ 9000 亿立方米合理利用水量的上限，水资源开发的难度极大。要解决我国未来发展中的水资源短缺问题，需要水资源管理制度的创新，建立适合新形势和社会主义市场经济条件下的水资源权属管理体系，通过全面推进我国的水权制度建设，充分发挥市场机制在水资源配置中的作用，以经济手段鼓励节水和水资源保护，提高水资源利用的效率和效益，解决或缓解我国日趋严峻的水资源供需矛盾，促进经济社会的可持续发展。

2. 产权制度改革和 "依法行政" 要求推进水权制度建设

改革开放 30 多年来，我国初步建立了社会主义市场经济体制，当前以产权制度改革为核心的经济体制改革正在向纵深发展。在市场经济条件下，明晰产权，才能实现资源的高效配置。在水资源管理中，只有明晰了初始水权，建立实现水权交易的机制，才能体现水资源的价值，最大程度地发挥水资源配置效率和效益，调动节约用水的积极性，使水资源的损失和浪费降到最低限度。党的十六大和十六届三中全会把 "依法治国、依法行政" 作为全面建设小康社会、完善社会主义市场经济体制的重要任务。

依法行政，建设法治政府，要求依法界定政府与企业、政府与市场、政府与社会的关系，更多地运用法律手段管理经济社会事务，充分发挥市场在资源配置中的基础性作用；要求全面履行经济调节、市场监管、社会管理和公共服务的职能，提高行政管理效能。

依法行政要求我国的水资源管理向公共服务和监管转变，为公共利益服务，这是现代市场经济条件下对政府的基本要求。根据我国《水法》的规定，水资源的所有权由国务院代表国家行使，水资源管理是流域和行政区域相结合的管理体制，要把国家的水配置到用水户。因此，需要建立水权制度，它是水利行业行政管理服务于公共利益的具体措施。通过全面推进水权制度建设，水行政主管部门可以从大量具体烦琐的事务性工作中解脱出来，精兵简政，强化政府宏观调控与监督管理职能，提高政府工作效率，强化政府的服务功能。

3. 全面建设节水型社会需要健全的水权制度作保障

在 2004 年 3 月 10 日举行的中央人口资源环境工作座谈会上，胡锦涛总书记指出，坚持用科学发展观指导人口资源环境工作，要牢固树立以人为本、节约资源、保护环境、人与自然相和谐的观念；积极建设节水型社会，健全水权转让的政策法规，促进水资源的高效利用和优化配置。温家宝总理多次强调，水利工作要全面推进节水型社会建设，大力提高水资源利用效率；加强水资源管理，提高水的利用效率，建设节水社会，应该作为水利部门的一项基本任务。与传统的主要依靠行政措施推动节水的做法不同，节水型社会的本质特征是建立以水权、水市场理论为基础的水资源管理体制。因此，节水型社会的建设需要健全的水权制度作保障。在节水型社会建设中，需要建立两套指标体系和一套水权有偿转让机制。两套指标体系分别为水资源的宏观控制指标体系和微观定额指标体系。前者用来明确各地区、各行业、各部门乃至各企业、各灌区各自可以使用的水资源量，即明晰初始水权；后者用来规定产品生产或服务的具体用水量要求。水权有偿转让机制认为，水权是一种财产权，超用或占用他人的水权，就要付费；反之，出让水权，就应受益。一旦水权交易市场建立和完善，就会促进水权买卖双方的节水意识，调动社会的节水积极性和创造性，不断提高水资源的利用效率和效益。

4. 水权制度建设的内涵

我国《宪法》第九条和《水法》第三条规定，水资源属于国家所有，即国家拥有水资源的所有权。在水资源的开发利用中，水资源所有权和使用权出现分离，因此一般所讲的水权为水资源使用权。

水利部 2005 年出台的《水权制度建设框架》给出了水权制度定义，即水权制度是界定、配置、调整、保护和行使水权，明确政府之间、政府和用水户之间，以及用水户之间的权、责、利关系的规则，是从法制、体制、机制等方面对水权进行规范和保障的一系列制度的总称。水权制度建设是建立基于水资源国家所有，用水户依法取得、使用和转让等一整套的体系。建设水权制度是为了在社会主义市场经济条件下，根据我国的水资源特点，建立与水资源有关的各种权利属性的法律、管理和实施体系，以保障水资源的可持续利用。

初始水权分配就是，国家及其授权部门第一次通过法定程序将水资源使用权授予各个地区、各个部门以至单位和个人，实现水资源使用权的初始分配和明晰。在获得水资源使用权的同时，用户拥有使用权所含有的使用、收益和部分处置的权能。然后，通过建立水权有偿转让机制，实现水资源使用权的转让和交易，将水资源配置到效益高的地区或行业，提高水资源的配置效率和效益。

为了使初始水权的分配、取得和转让得以有序进行，必须建立一套包括水权界定、初始分配和转让在内的较完善的水权制度。建设和完善我国的水权制度，是我国社会主义市场经济建设的要求，也是水利行业为了适应我国的市场经济建设所积极进行的制度变革。水权制度的建立和完善，可以为正确处理上游和下游、地表水和地下水、农业用水和城市用水、经济用水和生态用水等之间关系，为运用经济手段和以市场方式处理供水与需水、用水短缺与浪费、开源与节流、防污等问题提供强有力的制度保障。

　　我国的水权制度建设内涵主要由水资源所有权制度、水资源使用权制度、水权转让制度三部分内容组成。其中水资源所有权制度包括水资源统一管理制度、全国水资源规划制度和区域用水矛盾的协调仲裁机制等；水资源使用权制度包括明晰初始水权、取用水管理和水资源保护等；水权转让制度包括水权转让的资格审定、水权转让的程序及审批、公告制度、利益补偿机制以及水市场的监管制度等。

第二章　河道管理

一、河道管理范围内建设项目管理

河道管理范围内建设项目管理，就是河道管理机关依法用行政手段对在河道管理范围内建设的项目实施有效管理，以保证防洪安全、水生态和水环境安全的行为。河道管理范围内建设项目的概念，我们分两个部分理解：一是河道管理范围，二是建设项目。

河道管理范围的概念

《河道管理条例》第二条规定：本条例适用于中华人民共和国领域内的河道（包括湖泊、人工水道，行洪区、蓄洪区、滞洪区）。《辞海》对河的定义为水道的通称，如内河、运河。《辞海》中对河流的定义：沿地表线形低凹部分集中的经常性或周期性水流。较大的叫河（或江），较小的叫溪。其补给来源有雨水、冰雪融水和地下水。发源地叫河源，流注海洋湖泊或另一河流的河段叫河口中。流路通常分为上、中、下游。干燥地区有些河流最后沉没于沙漠；石灰岩地区有些河流经溶洞或裂隙没入地下，成为地下河流（又称暗流或伏流）。利用河流可以发展农田灌溉、水上航运、水产养殖和水力发电。《辞海》对河槽的定义：河槽也叫河床，河谷中被水流淹没的部分。河槽随水位涨落而变化。洪水时期，被河水淹没部分叫做洪水河槽也叫滩；枯水时期有水流的部分，叫做枯水河槽，也称基本河槽或主槽。《辞海》没有河道的定义，综合上面叙述考虑，本书把河道定义为"河水流经的路线"。

随着人们整治江河、防治水害、开发水利事业的发展，河道内建设了许多河道整治工程、堤防、护岸工程等，这时河流已经不再是单纯的自然状态，河道内的各种防洪工程设施已成为河道不可分割的组成部分。因此，《防洪法》和《河道管理条例》中把河道分成有堤防和无堤防两种情况，并作出这样的界定：有堤防的河道、湖泊，其管理范围为两岸堤防之间的水域、沙洲、滩地、行洪区和堤防及护堤地；无堤防的河道、湖泊，其管理范围为历史最高洪水位或者设计洪水位之间的水域、沙洲、滩地、行洪区。河道的具体管理范围，由县级以上地方人民政府负责划定。

河道安全保护范围定义：在堤防背水侧河道管理范围以外一定距离内划定的区域，

其土地所有权和使用权不变，但对影响堤防安全的活动要加以限制。《河道管理条例》中称"河道安全保护范围"为"堤防安全保护区"，规定："在河道管理范围的相临地域划定堤防安全保护区。在堤防安全保护区内，禁止进行打井，钻探、爆破、挖筑鱼塘、采石、取土等危害堤防安全的活动。"

建设项目的概念

1. 基本概念

建设项目是指在一个总体设计或初步设计范围内，由一个或几个单项工程所组成，经济上实行统一核算、行政上实行统一管理的建设单位、事业单位或独立工程作为一个建设项目。如独立的工厂、矿山和联合企业，独立的学校、医院、农场、水库等，建设项目具有以下特征。

建设项目是按照一个总体设计或初步设计建设的，可以形成生产能力或使用价值的建设工程总体。因此，凡属一个总体设计中的主体工程和相应的附属配套工程、综合利用工程、环境保护工程、供水供电工程，以及水库的干渠配套工程等，都应作为一个建设项目的内容。即使这个总体设计内的各项工程分别在不同地区，分别由几个施工企业进行施工，也不能把它分割为几个建设项目，在一个总体设计内分期建设的单位，也只作为一个建设项目，不得按年度分期另立项目。

建设项目一般在行政上实行统一管理，在经济上实行统一核算。也就是说，每个建设项目，在行政管理上有独立的组织机构，有权统一管理总体设计或初步设计所规定的各项工程，按照国家基本建设管理的要求，单独编制并执行基层建设计划；有权与其他企业或单位签订经济合同和建立往来关系，能够对建设资金的收支和建设成本进行统一核算和管理，并按规定单位单独编制财务决算和竣工决算等。

现有企业、事业单位按照规定用基本建设投资单纯购置设备、工具、器具（包括车、船、飞机、勘探设备、施工机械等），不作为基本建设项目。全部投资在10万元以下的工程，国家不单独作为一个建设项目计算。我们在日常管理中经常碰到的问题，如在河道或者管理范围内取土、挖砂、设置广告牌、种植、临时堆放料物等，应不应当作为建设项目来管理呢？对照上述定义，应不属于建设项目的管理内容，应属于河道日常管理的内容。建设项目一般可进一步划分为单项工程、单位工程和分部、分项工程。

（1）单项工程。一般是指具有独立的设计文件，建成后能独立发挥生产能力或效益的工程，是建设项目组成部分。一个建设项目一般由一个或若干个单项工程组成，如：水力发电站的单项工程是指拦河坝、引水工程、泄洪工程、电站厂房等。

（2）单位工程。单位工程是单项工程的组成部分，是具有单独设计、独立施工，单独作为成本计算对象的工程。一个单项工程可划为若干个单位工程，如水电站中的隧洞引水工程可以划分为进水口工程、隧洞工程、调压井工程、压力管等工程。

（3）分部工程。分部工程，是单位工程的组成部分，它是按安装工程的结构、部位或工序划分的，如水电站的厂房单位工程又可分为土方、打桩、砖石、混凝土和钢筋混凝土、木结构等分部工程。

（4）分项工程。分项工程是分部工程的组成部分，一般是按不同的施工方法、不同的规格划分的。如水利工程一般以消耗人力，物力水平基本相近的结构部位为分项工程，如溢流坝的混凝土工程，分为坝身混凝土、闸墩、胸墙、工作桥等分项工程。

2. 建设项目的分类

建设项目种类繁多，它们之间既有量的差异，又有质的区别。为了适应建设项目科学管理的需要，就要根据不同的目的，按照各种不同的标志对建设项目进行分类。

（1）按投资的用途分为生产性建设项目和非生产性建设项目

生产性建设项目。指直接用于物质生产或为满足物质生产需要，能够形成新的生产力的建设项目。包括工业建设项目、建筑业建设项目、农林水利气象建设项目、交通运输邮电建设项目、商业和物资供应建设项目以及地质资源勘探建设项目等。

非生产性建设项目。指用于满足人民物质生活和文化生活需要，能够形成新的效益的建设项目。包括住宅、文教卫生建设项目、科学实验研究建设项目、公用事业建设项目、行政机关和团体建设项目以及其他非生产性建设项目。

（2）按建设性质分为新建项目，扩建项目、改建项目、迁建项目和恢复项目

建设项目的建设性质是按整个建设项目来划分的，一个建设项目只能有一种建设性质，在建设项目按总体设计全部建成以前，其建设性质一直不变。新建项目在完成原来的总体设计之后，又进行扩建或改建的，则应另作为一个扩建或改建项目。一个新建项目，如按总体设计的规模，分两期进行建设，第一期工程建成投产后，第二期工程继续建设，则仍作为新建项目，不能作为扩建项目。

新建项目，指在计划期从无到有、"平地起家"开始建设的项目。有的建设项目原有基础很小，经重新进行总体设计，扩大建设规模后，其新增的固定资产价值比原有固定资产价值超过3倍以上的，也属于新建项目。

扩建项目，指企业、事业和行政单位为了扩大原有产品的生产能力或增加新的效益，在计划期内新建的主要车间或工程的项目。

改建项目，指企业、事业和行政单位为提高生产效率，改进产品质量或改进产品方向，对原有设备或工程进行技术改造的项目。企业为提高综合生产能力，增加一些附属车间或非生产性工程，也属于改建项目。

迁建项目，指原有企业、事业和行政单位由于各种原因迁离原址到另外的地方建设的项目。在搬迁别地建设过程中，不论其建设规模是维持原规模，还是扩大规模，都是

迁建项目。

恢复项目，指企业、事业和行政单位因自然灾害、战争或人为的灾害等原因使原有固定资产已全部或部分报废，而后又恢复建设的项目。在恢复建设过程中，不论是按原来的规模恢复建设，还是在恢复的同时进行扩建的都算恢复项目。

（3）按建设规模分为大型、中型和小型项目

建设项目按批准的建设总规模或计划总投资分为大型、中型和小型三类；一个建设项目只能属于其中的一种类型。

建设项目的建设规模划分标准，工业项目是按产品的设计生产能力或投资额来确定的。非工业建设项目按工程效益（如水库的库容量、港口的年吞吐量、医院的床位数、学校的学员等）或投资额划分。

建设项目的建设总规模或总投资，应以批准的设计任务书或初步设计确定的总规模或总投资为依据。新建项目按项目的全部设计能力或全部投资计算，改扩建项目按改扩建新增的设计能力或改扩建所需投资计算。分期建设项目，应按总体设计规定的全部设计能力或总投资来确定其建设规模，不应以各分期工程的设计能力投资额划分。

河道管理范围内建设项目管理有关法律和标准

1. 《水法》的有关规定

第三十八条规定：在河道管理范围内建设桥梁、码头，其他拦河、跨河、临河建筑物、构筑物，铺设跨河管道、电缆，应当符合国家规定的防洪标准和其他有关的技术要求，工程建设方案应当依照防洪法的有关规定报经有关水行政主管部门审查同意。

2. 《防洪法》的有关规定

第二十七条规定：建设跨河、穿河、穿堤、临河的桥梁、码头、道路、渡口、管道、缆线、取水、排水等工程设施，应当符合防洪标准、岸线规划、航运要求和其他技术要求，不得危害堤防安全，影响河势稳定、妨碍行洪畅通；其可行性研究报告按照国家规定的基本建设程序报请批准前，其中的工程建设方案应当经有关水行政主管部门根据前述防洪要求审查同意。

前款工程设施需要占用河道、湖泊管理范围内土地，跨越河道、湖泊空间或者穿越河床的，建设单位应当经有关水行政主管部门对该工程设施建设的位置和界线审查批准后，方可依法办理开工手续；安排施工时，应当按照水行政主管部门审查批准的位置和界线进行。

第三十三条规定：在洪泛区、蓄滞洪区内建设非防洪建设项目，应当就洪水对建设项目可能产生的影响和建设项目对防洪可能产生的影响作出评价，编制洪水影响评价报

告，提出防御措施。建设项目可行性研究报告按照国家规定的基本建设程序报请批准时，应当附具有关水行政主管部门审查批准的洪水影响评价报告。在蓄滞洪区内建设的油田、铁路、公路、矿山、电厂、电信设施和管道，其洪水影响评价报告应当包括建设单位自行安排的防洪避洪方案。建设项目投入生产或者使用时，其防洪工程设施应当经水行政主管部门验收。在蓄滞洪区内建造房屋应当采用平顶式结构。

3. 《河道管理条例》的有关规定

第十一条规定，"修建开发水利、防治水害、整治河道的各类工程和跨河、穿河、穿堤、临河的桥梁、码头、道路、渡口、管道、缆线等建筑物及设施，建设单位必须按照河道管理权限，将工程建设方案报送河道主管机关审查同意后，方可按照基本建设程序履行审批手续。建设项目经批准后，建设单位应当将施工安排告知河道主管机关。"

按照河道管理权限，建设单位向河道主管机关提出申请，由河道主管机关组织专家进行论证，当不影响河势稳定、河道防洪安全，满足通航要求和其他技术要求时，方可按基本建设程序兴建工程项目。

第十二条规定，"修建桥梁、码头和其他设施，必须按照国家规定的防洪标准所确定的河宽进行，不得缩窄行洪通道。桥梁和栈桥的梁底必须高于设计洪水位，并按照防洪和航运的要求，留有一定的超高。设计洪水位由河道主管机关根据防洪规划确定。跨越河道的管道、线路的净空高度必须符合防洪和航运的要求。"

修建桥梁时，必须有足够的净跨和净空，以满足泄洪和通航要求，同时，河流要保持良好的水流条件，以利于河势稳定和航道顺直。修建码头时常常与防洪的矛盾较大，一方面航运部门为了便于装卸，希望将码头尽量向前伸；另一方面水利部门考虑防洪安全，不允许码头前伸过多。码头前伸过多会阻碍行洪，或者起挑流作用，影响河势稳定。因此，进行工程建设时，不能只从本单位利益出发，要顾全大局，以防留下安全隐患。

第十三条规定，"交通部门进行航道整治，应当符合防洪安全要求，并事先征求河道主管机关对有关设计和计划的意见。水利部门进行河道整治，涉及航道的，应当兼顾航运的需要，并事先征求交通部门对有关设计和计划的意见。"

由于河道整治与航道整治关系密切，为了协调这两种水事活动，规定交通部门进行航道整治，应事先征求河道主管部门对有关设计和计划的意见；水利部门进行河道整治涉及航道的，应当兼顾航运的需要，并事先征求交通部门对有关设计和计划的意见。水利部门与交通部门要协商处理好在河道整治与航道整治中的矛盾和关系，才能搞好河道与航道的建设，共同维护好河道与航道的安全。

第十六条规定，"城镇建设和发展不得占用河道滩地。城镇规划的临河界线，由河道主管机关会同城镇规划等有关部门确定。沿河城镇在编制和审查城镇规划时，应当事先征求河道主管机关的意见。"

近几年，临河的城镇建设对河道管理干扰较大，有些甚至侵占河床，缩小河道断面，造成河流受阻，影响行洪，为此规定了城镇建设和发展不得占用河道滩地，沿河城镇在编制和审查城镇规划时，应事先征求河道主管机关的意见。

第十七条规定，"河道岸线的利用和建设，应当服从河道整治规划。计划部门在审批利用河道岸线的建设项目时，应当事先征求河道主管机关的意见。河道岸线的界线，由河道主管机关会同交通等有关部门报县以上地方人民政府划定。"

由于我国经济建设的发展，港口、码头建设和其他工业建设利用河道岸线的情况日益增多，为此提出了河道岸线的利用和建设，应当服从河道整治规划和航道整治规划，审批利用河道岸线的建设项目时，河道主管机关要参与意见。河道岸线的界定，由河道主管机关会同交通等有关部门报县级以上地方人民政府划定。

第十九条规定，"省、自治区、直辖市以河道为边界的，在河道两岸外侧各十公里之内，以及跨省、自治区、直辖市的河道，未经有关各方达成协议或者国务院水行政主管部门批准，禁止单方面修建排水、阻水、引水、蓄水工程以及河道整治工程。"

为了解决省际边界河道的水事矛盾作出了省际边界河道的规定，这条规定对于解决省际边界河道的水事矛盾和纠纷起到了积极的作用。

4.《河道管理范围内建设项目管理的有关规定》

根据《河道管理条例》《水法》中关于河道内的建设项目必须履行审批程序，1992年水利部与国家计委联合颁发了《河道管理范围内建设项目管理的有关规定》（水政〔1992〕7号通知）（以下简称《规定》），对河道管理范围内建设项目审批程序作出具体规定。《规定》作为河道管理范围内建设项目管理的重要部门规章，共十五条，内容包括适用范围、管理权限、审查程序、审查内容、施工许可、工程竣工后的检查验收、检查等。

（1）适用范围

本规定适用于在河道（包括河滩地、湖泊、水库、人工水道、行洪区、蓄洪区、滞洪区）管理范围内新建、扩建、改建的建设项目，包括开发水利（水电）、防治水害、整治河道的各类工程，跨河、穿河、穿堤、临河的桥梁、码头、道路、渡口、管道、缆线、取水口、排污口等建筑物，厂房、仓库、工业和民用建筑以及其他公共设施。

《规定》的适用范围比较广。所说的河道管理范围包括了湖泊、水库、人工水道、行洪区、蓄洪区、滞洪区，凡是对防洪安全有影响的水域都包括在河道管理范围之内。《规定》包括水利工程和非水利工程。另外，在河道管理范围内无论新建、扩建还是改建的工程项目，都要按本《规定》实施管理。《规定》的可操作性比较强。

（2）管理权限

河道管理范围内的建设项目，必须按照河道管理权限，经河道主管机关审查同意后，方可按照基本建设程序履行审批手续。

由于"国家对河道实行按水系一管理和分级管理相结合的原则"，河道内的建设项目也要实行分级管理的原则。

由水利部所属的流域机构（以下简称流域机构）实施管理，或者由所在的省、自治区、直辖市的河道主管机关根据流域统一规划实施管理的河道有：在长江、黄河、松花江、辽河、海河、淮河、珠江主要河段的河道管理范围内兴建的大中型建设项目，主要河段的具体范围由水利部划定；在省际边界河道和国境边界河道的河道管理范围内兴建的建设项目；在流域机构直接管理的河道、水库、水域范围内兴建的建设项目；在太湖、洞庭湖、鄱阳湖、洪泽湖等大湖，湖滩地兴建的建设项目；其他河道范围内兴建的建设项目由地方各级河道主管机关实施分级管理，分级管理的权限由省、自治区、直辖市水行政主管部门会同计划主管部门规定。

（3）建设项目申请

在河道内兴建的建设项目，建设单位编制立项文件时必须按照河道管理权限，向河道主管机关提出申请。申请时应提供以下文件：申请书；建设项目所依据的文件；建设项目涉及河道与防洪部分的初步方案；占用河道管理范围内土地情况及该建设项目防御洪涝的设防标准与措施；说明建设项目对河势变化、堤防安全、河道行洪、河水水质的影响以及拟采取的补救措施；对于重要的建设项目，建设单位还应编制更详尽的防洪评价报告。在河道管理范围内修建未列入国家基建计划的各种建筑物，应在申办建设许可证前向河道主管机关提出申请。

（4）建设项目审查主要内容

河道主管机关接到申请后，应及时进行审查，审查的主要内容为：是否符合江河流域综合规划和有关的国土及区域发展规划，对规划实施有何影响；是否符合防洪标准和有关技术要求；对河势稳定、水流形态、水质、冲淤变化有无不利影响；是否妨碍行洪、降低河道泄洪能力；对堤防、护岸和其他水工程安全的影响；是否妨碍防汛抢险；建设项目防御洪涝的设防标准与措施是否得当；是否影响第三人合法的水事权益；是否符合其他有关规定和协议。

流域机构在对重大建设项目进行审查时，还应征求有关省、自治区、直辖市的意见。

（5）发放审查同意书

河道主管机关应在接到申请之日起六十日内将审查意见书面通知申请单位。同意兴建的，应发给审查同意书，并抄知上级水行政主管部门和建设单位的上级主管部门。建设单位在报送项目立项文件时，必须附有河道主管机关的审查同意书，否则计划部门不予审批。

审查同意书可以对建设项目设计、施工和管理提出有关要求。

（6）复议

审查通不过时，允许建设单位复议。第八条规定："河道主管机关对建设单位的申请进行审查后，作出不同意建设的决定，或者要求就有关问题进一步修改补充后再行审查的，应当在批复中说明理由和依据。建设单位对批复持有异议的，可在接到通知书之日起三十日内向作出决定的机关的上级水行政主管部门提出复议申请，由被申请复议机关会同同级计划主管部门商处。"

（7）建设项目发生变更时，要重新办理申请

计划主管部门在审批建设项目时，如对建设项目的性质、规模、地点作较大变动时，应事先征得河道主管机关的同意。建设单位应重新办理审查同意书。

（8）办理施工许可手续

建设项目经批准后，建设单位必须将批准文件和施工安排送河道主管机关审核后，方可办理开工手续。施工安排应包括施工占用河道管理范围内土地的情况和施工期防汛措施。

（9）施工期的监督、检查

建设项目施工期间，河道主管机关应对其是否符合审查同意书要求进行检查，被检查单位应如实提供情况。如发现未按审查同意书或经审核的施工安排的要求进行施工的，或者出现涉及江河防洪与建设项目防汛安全方面的问题，应及时提出意见，建设单位必须执行；遇重大问题，应同时抄报上级水行政主管部门。

（10）竣工验收

河道管理范围内的建筑物和设施竣工后，应经河道主管机关检验合格后方可启用。建设单位应在竣工验收六个月内向河道主管机关报送有关竣工资料。

（11）运行期的监督、检查

河道主管机关应定期对河道管理范围内的建筑物和设施进行检查，凡不符合工程安全要求的，应提出限期改建的要求，有关单位和个人应当服从河道主管机关的安全管理。

（12）有关罚则

未按本规定的规定在河道管理范围内修建建设项目的，县级以上地方人民政府河道主管机关可根据《河道管理条例》责令其停止建设、限期拆除或采取其他补救措施，可并处一万元以下罚款。

5. 权限分工

水利部从1993年开始对长江、黄河、松花江、辽河、海河、淮河、珠江七大流域机构审查河道管理范围内建设项目的权限作了规定，先后发出了《关于淮河水利委员会审查河道管理范围内建设项目权限的通知》（水利部水政〔1993〕143号）、《关于长江流域河道管理范围内建设项目审查权限的通知》（水利部水管〔1995〕5号）、《关于黄河水利委员会审查河道管理范围内建设项目权限的通知》（水利部水政〔1993〕263号）等，对七大江河的主要河段进行了具体划定。

其余河流按照管理权限由省、自治区、直辖市水行政主管部门会同计划主管部门划定。

6.《河道管理范围内建设项目防洪评价报告编制导则》

为加强河道管理范围内建设项目审查，规范河道管理范围内建设项目防洪评价报告的编制工作，根据《规定》，水利部制定了《河道管理范围内建设项目防洪评价报告编制导则》（办建管〔2004〕109号）（以下简称《导则》）。适用范围为全国河道管理范围内大、中型及对防洪有较大影响的小型建设项目防洪评价报告的编制工作。《导则》分为8章，各章题目分别为总则、概述、基本情况、河道演变、防洪评价计算、防洪综合评价、防治与补救措施、结论与建议，具体规定了防洪评价的编制要求。

河道管理范围内建设项目管理的内容

河道管理范围内建设项目管理主要包括审查、日常监督检查和对违规建设项目的处理等主要内容。

1. 审查根据

《防洪法》第二十七条，审查管理分为两个审查，一个是在建设项目可行性研究阶段，一个是在开工前。

建设项目审查报批程序一般分为以下几个步骤：

（1）申请。建设单位可行性研究报告报批前，向有审查权的河道主管机关提出申请，经专家评审通过的防洪评价报告作为申请材料的附件。

（2）受理。接到建设单位的申请后，有审查权的河道主管机关对建设单位所报材料进行审核，符合申请材料要求，在5日内出具受理通知书；同时，向有关水行政主管部门发出征求意见书。对所报材料不全或需进一步论证的，出具材料补正通知书。

（3）审查同意。根据有关部门提出的初审意见及流域规划和有关法规文件，提出审查批复意见，直接批复申请单位。流域机构审查的报水利部备案，同时将审查批复意见抄送有关河道主管机关。对不同意建设的，在批复中说明理由，同时告知申请单位可在30天内提出复议。

（4）设计审查。由于建设项目审查是在可行性研究报告报请批准前，有时项目设计深度难以达到审查要求，建设批复后，要求建设单位按批复要求将各阶段设计文件及设计图纸报水行政主管部门进一步审查。

（5）施工许可。建设项目开工前，建设单位向河道主管机关提出开工申请，领取《施工许可证》后开工建设。

2. 日常监督检查

各级水行政主管部门、流域管理机构和有关水利工程管理单位负责全国河道管理范围内建设项目和法人项目建设期有关行为的监督管理。监督管理包括现场监督、巡查和抽查，现场监督由河道管理范围内建设项目所在地县级人民政府水行政主管部门或者有关水利工程管理单位或者流域管理机构直属单位负责。河道管理范围内建设项目水行政许可部门对许可同意的建设项目进行巡查。上级人民政府水行政主管部门对下级人民政府水行政主管部门审查权限内建设项目进行抽查。流域管理机构对省级人民政府水行政主管部门审查权限内建设项目进行抽查。

现场监督单位由建设项目水行政许可部门在有关水行政许可同意的文书中确定。建设项目水行政许可部门为流域管理机构，且建设项目所在河段不为流域管理机构直管的，确定现场监督单位时与有关省级人民政府水行政主管部门协商。

监督管理的重点内容为：

（1）水行政许可手续是否齐全；

（2）在施工放样时，项目是否超出许可同意的位置和界线；

（3）在建设过程中，项目性质和规模是否发生重大变化，是否按照许可同意的要求实施；

（4）在竣工验收时，对防洪影响的补救措施是否实施，对第三人水事权益补偿协议是否落实，施工现场是否恢复；

（5）在竣工验收后，项目法人是否按要求报送有关竣工验收资料。

各级人民政府水行政主管部门和流域管理机构对所监督管理的建设项目应安排定期巡查。水利部根据需要不定期进行抽查，流域管理机构、省级人民政府水行政主管部门每年汛前组织一次抽查。各级人民政府水行政主管部门和流域管理机构根据举报等特殊情况可安排不定期检查。

3. 对违规建设项目进行处理

违规建设项目分为未经河道主管机关审查自行建设、未按批准的位置和界线进行建设以及越权审批的建设项目。各级人民政府水行政主管部门和流域管理机构对监督管理中发现的违法违规行为依法进行处理，并向上一级人民政府水行政主管部门或流域管理机构进行报告。上级人民政府水行政主管部门或流域管理机构对已发现或者正在查处的违法违规行为督促整改。

地方各级人民政府水行政主管部门每季度末对本季度审查权限内建设项目许可情况进行汇总，年末对本年度建设项目监督管理情况进行汇总，报送上一级人民政府水行政主管部门。同时，省级人民政府将每季度审查权限内建设项目许可情况和年度监督管理情况报送流域管理机构。流域管理机构将每季度审查权限内建设项目许可情况和年度监督管理情况报送水利部。

各级人民政府水行政主管部门或者流域管理机构应当建立健全举报制度，公布受理单位、举报电话和联系方式。各级人民政府水行政主管部门和流域管理机构对举报事件应及时调查、核实及处理。

二、河道采砂管理

概述

河道砂石是河床的重要组成部分，也是国家进行基础设施建设的重要物质资源，在修筑堤防、填塘固基、工程建筑、回填造地、烧制灰砖等方面应用广泛。我国江河河道中砂石资源储量丰富，开采历史悠久。20 世纪 70 年代后期，伴随着改革开放的进行，机械采砂首先在沿海发达地区兴起，并逐渐向内陆地区扩展。到 20 世纪末 21 世纪初，随着大型重点工程的全面提速，城市改造和新农村建设的稳步推进，各类砂料的需求量大增。在可观经济利益的驱动下，开采砂石的规模和范围迅速扩大。在全国各主要江河上，各种采砂设备蜂拥而至，无序采砂现象严重，一度形成滥采乱挖的混乱局面，不仅人为破坏了河床的自然形态，而且给河势稳定、防洪安全、通航安全、生态环境以及国民经济和社会发展等带来严重影响。如：长江中下游干流河道实施禁采前，在镇江段因非法采砂而引起的堤岸崩塌、海损事故和通信设施破坏事件时有发生；汉江上高峰时流动作业的各类淘取铁矿的作业船达 3 500 余艘；鄱阳湖上大功率吸砂船多达 200 余艘，经常滞留湖区的吸砂船约 130 艘；其他大江大河和重要江河湖泊无序采砂的问题也十分突出。

采挖河道砂石的暴利性和采砂船只的流动性，给采砂管理带来相当的困难，也使得无序开采及滥采乱挖对河道防洪、河势、航运安全的影响大增。主要表现为：一是破坏堤防、护岸等防洪工程和设施。在堤防和护岸工程附近挖砂取土，给堤防和护岸工程的稳定造成威胁，导致堤岸崩塌，致使险段增加，严重影响防洪安全。二是改变河势，导致水位降低，流路变化，致使供水、灌溉、水文观测等工程设施正常功能和效益受到影响。三是影响交通设施和航运安全。无序采砂可能引起河床下切，造成河道流速加快，形成险滩，出现堵船，并且危及过往船只的安全，同时还可能影响桥梁等涉水工程建筑物的安全。四是可能导致污染扩散，影响供水水质，恶化和诱发水环境及水生态灾害。五是给社会造成不安定因素。部分采砂者在完成了资本的原始积累后，趁机进行势力扩张，垄断砂石资源的开采、运输及销售，并形成一定的地方势力。为争夺砂场，相互结社争斗的事件时有发生。一段时期以来，无序采砂成为政府、社会各界人士和人民群众十分关注的热点和难点问题。

河流湖泊是砂石资源的重要载体，河道砂石的利用与公共安全紧密相关。河道砂石的利用，首先要以确保公共安全为前提。随着我国经济的快速发展，砂石供应紧张的局面将长期存在，砂石开采利用与人水和谐之间的矛盾也将日益突出。因此，为维护河势稳定，保障防洪安全、通航安全和基础设施安全，实现砂石资源在保护中开发利用，在利用中更好地保护的目的，就迫切需要加强对全国江河河道采砂活动的管理。使河道砂石资源得到科学合理的利用，将采砂活动纳入法制化、科学化、制度化管理。

法律依据

《中华人民共和国水法》第三十九条规定：国家实行河道采砂许可制度。河道采砂许可制度实施办法，由国务院规定。在河道范围内采砂，影响河势稳定或者危及堤防安全的，有关县级以上人民政府水行政主管部门应当划定禁采区或规定禁采期，并予以公告。

《中华人民共和国河道管理条例》第二十五条规定：在河道管理范围内采砂、取土、淘金、弃置砂石或者淤泥，必须报经河道主管机关批准，涉及其他部门的，由河道主管机关会同有关部门批准。

2008 年 7 月，国务院办公厅印发了水利部主要职责内设机构和人员编制规定，明确"长江宜宾以下干流河道采砂管理体制按《长江河道采砂管理条例》的规定执行。其他河道采砂管理的职责分工是：水利部对河道采砂影响防洪安全、河势稳定、堤防安全负责，国土资源部对保障河道内砂石资源合理开发利用负责，交通运输部对河道采砂影响通航安全负责。由水利部牵头，会同国土资源部、交通运输部等部门，负责河道采砂监督管理工作，统一制定河道采砂规划和计划。河道采砂的水上执法管理，要充分发挥交通运输部门执法机构的作用"。

由此可见，河道采砂管理是法律赋予水行政主管部门的一项重要职责。

基本概念

1. 河道

从广义上讲，凡行水的通道均属于河道范畴。《河道管理条例》对河道作了法律定义，即河道包括自然河道、湖泊、水库、洼淀、人工水道、行洪区、蓄滞洪区等。

2. 河道采砂

河道采砂是指在自然河道、湖泊、水库、洼淀、人工水道、行洪区、蓄滞洪区等管理范围内开采砂、采石、取土，以及淘金（含淘取其他金属和非金属）等翻动砂石的活动。

3. 采砂作业工具

采砂作业工具是指采砂船舶、挖掘机械、吊杆机械、分离机械，及其他相关机械和工具。

4. 可开采量

可开采量是指在不影响河道行洪安全和跨河、穿河、临河建筑物安全的前提下，允许开采的砂石料量。

5. 可采期与禁采期

可采期是在不影响河道行洪、输水的前提下，允许开采的时段；禁采期是禁止开采的时段。

6. 禁采区

禁采区是为保障河道行洪、输水安全、附近各种建筑物及村庄防洪安全确定的禁止开采区域。

河道砂石基本属性

河道砂石是构成河床的基本物质，是保持河床相对稳定和水流动态平衡必不可少的物质，是河道的重要组成部分。因此，不能把河道内的砂石与河道工程分割开来，而以矿产资源或建筑材料的形式单独存在。矿产资源是指有一定形态，含有有用的物质元素，含量达到一定工业价值的物质元素。因此，河道砂石不属于矿产资源的范畴，只是极少部分砂石含有少量矿产资源（如沙金、煤炭、稀有金属等）的成分。

河道中的水流是按照一定规律运动的，不依人的意志而转移。河道砂石是构成河床铺盖层和保护层的基本物质。河道是水流与河床的矛盾统一体，二者按河流动力学的客观规律相互制约，使河道处于相对稳定和动态平衡。

河道砂石的运移或开挖都会影响水流的形态和河势的稳定。无计划、不适当的开挖河道砂石，会引起河槽下切、河势异变，航道恶化，岸滩崩塌，危及两岸防护工程和被保护区域的防洪安全，其所造成的损失远比所开采的砂石价值高出许多倍。从河道砂石的成因及其对河流的影响作用考虑，维护好河道工程带来的综合效益（社会、经济、环境等方面的效益）远远超过利用部分河砂中的极少量矿产品的效益。

多年来积累下来的治河经验是"控制与疏导相结合，硬工程与软措施相辅佐"。河道采砂是参与河道变化的一项必然活动，如能够适应水流的运动规律，会有利于河道安全；如果乱挖乱堆，势必恶化河势，造成新的险工。"上游一弯变，下游弯弯变"就是河道演变的基本原理。只有通过科学规划和严密计划，才能把采砂与治河有机地结合起来，才能保障防洪安全和河道综合效能的充分发挥。

河道砂石分布状况是个变量，来一次大水，过一个汛期，砂石分布状况就要发生相对变化。因此，开采范围和作业方式也不能长期不变。

河道采砂管理范围

在研究河道采砂之前，我们先回顾一下河道管理范围的概念。《防洪法》第二十一条规定：有堤防的河道、湖泊，其管理范围为两岸堤防之间的水域、沙洲、滩地、行洪区和堤防及护堤地；无堤防的河道、湖泊，其管理范围为历史最高洪水位或者设计洪水位之间的水域、沙洲、滩地和行洪区。河道采砂管理范围是指在河道管理范围内开采砂、采石、取土，以及淘金（含淘取其他金属和非金属）等翻动砂石的活动的管理范围。

实践中，在河道采砂管理的范围上有个误区，或者说有不同的理解。有一部分人认为河道的管理范围未经过确权划界，水利部门持有土地证的河道管理范围是由水利部门管理，否则，水利部门是无权管理的。例如，某河道无堤防，如果按照历史最高洪水位来界定，其河道管理范围很宽，土地均为河滩地，其中有近 3000 亩土地通过确权划给了某林场，那么这部分的土地是否属于河道的管理范围呢？

要想搞清这问题，需从两个方面入手。首先要充分了解什么是管理权，所有权和使用权的关系；其次要了解使用权、部分使用权或者叫有限使用权的概念。

全国类似的情况很多，如华北地区"根治海河"时期新开挖、扩挖的河道如漳卫新河、滏阳新河、子牙新河、赵王新河、新盖房分洪道等也存在这类问题。这些河道当时征地时多数只征用了工程占压的土地，20 世纪 80～90 年代的土地划界时，一部分通过政府工作确权划给了水利部门，一部分仍然归当地群众集体所有，由群众自主使用，但必须符合水法、防洪法、河道管理条例等与河道管理相关的规定，如不能种植高秆植物、不能建窑挖坑，不能埋葬建坟、未经水行政主管部门批准不能开采砂石等。但相当明确的是这些河道的管理权属从来不变，由水行政主管部门按照有关的要求进行管理。

河道采砂管理工作认识

一要充分认识河道采砂管理工作的重要性。河道采砂事关河势稳定、防洪安全和通航安全，事关沿岸工农业生产生活设施的安全，任何时候都不能掉以轻心。各地要从贯彻落实科学发展观和构建社会主义和谐社会的高度，进一步提高对河道采砂管理工作重要性的认识。二要充分认识河道采砂管理工作的复杂性。河道采砂涉及社会方方面面，影响到部分群体和地方的利益。各级水行政主管部门，要从防洪安全的大局出发，采取有力措施，妥善处理好采砂管理过程中遇到的各种问题和矛盾，维护采砂管理的良好秩序，保持社会的稳定。三要充分认识河道采砂管理工作的敏感性。党中央、国务院高度重视和关心河道采砂管理工作，社会各界、新闻媒体也对河道采砂管理工作高度关注。能否做好河道采砂管理工作，不仅是对水行政主管部门行政能力和水平高低的检验，也是对人民政府依法行政能力的检验。四要充分认识河道采砂管理工作的风险性。由于利益驱使和部分黑恶势力卷入河道非法采砂活动，河道采砂管理工作往往面临一定风险。因此，要有强烈的危机和风险意识，做到警钟长鸣。五要充分认识河道采砂管理工作的长期性。随着国民经济的快速发展，在今后一段时期内，建筑市场对砂石资源仍将继续保持较旺盛的需求。高额利润，使一些不法分子不惜铤而走险，打击非法采砂将是流域机构和各级水行政主管部门肩负的一项长期而艰巨的任务。同时，对河道采砂实施有效监管，保证砂石资源的科学合理有序开采，依法保护采砂业主的合法权益，也将是一个长期的过程。因此，要充分认识采砂管理工作的重要性、长期性、艰巨性和复杂性，正确认识和把握河道采砂管理的规律，认真做好每个阶段的工作。

全国河道采砂管理现状

全国河道砂石基本情况

我国地域辽阔，河流众多，主要有长江、黄河、淮河、海河、松辽河、珠江、太湖七大江河流域以及东南、西北、西南等诸河流域。各主要流域的基本情况如下：

1. 长江流域

长江是我国第一大河。长江流域面积为 180 万平方千米，多年平均年径流量约 9 600 亿立方米，干流全长 6 300 余千米，其中宜昌以上为上游，宜昌至鄱阳湖口为中游，长 955 千米，鄱阳湖口以下为下游，长 938 千米。长江水系发育，流域面积大于 10 000 平方千米的支流有 49 条，大于 80 000 平方千米的支流有雅砻江、岷江、嘉陵江、乌江、沅江、湘江、汉江、赣江 8 条河流。长江流域其他重要支流还有沱江、涪江、澧水、资水、湘江、修水、抚河、信江、饶河等。

长江是一条含沙量较小而输沙量较大的河流。宜昌站多年平均含沙量 1.19 千克/立方米，悬移质多年平均输沙量为 4.92 亿千千克。长江干流及两岸支流来沙，经在湖泊、河道淤积，年均入海沙量大通站约为 4.27 亿千千克。根据长江上游干支流各站 1950～2006 年悬移质泥沙输沙量统计，屏山、朱沱和寸滩站多年平均输沙量分别为 24 700 万千千克、29 800 万千千克和 41 200 万千千克，横江、赤水河、岷江、沱江和嘉陵江分别为 1 300 万千千克、907 万千千克、4760 万千千克、877 万千千克和 11 000 万千千克。随着长江上游水库建设和水土保持工程的逐步实施，特别是三峡工程于 2003 年 6 月蓄水运行以来，宜昌站输沙量大幅减少，对长江中下游干流河道的泥沙补给带来了一定的影响。

2. 黄河流域

黄河是我国第二条大河，流经青海、四川、甘肃、宁夏、内蒙古、陕西、山西、河南、山东 9 省（自治区），在山东垦利县注入渤海，干流全长 5464 千米，流域面积 75.2 万平方千米。自河源至内蒙古托克托县的河口镇为上游，河口镇至河南郑州桃花峪为中游，桃花峪至入海口为下游。黄河支流众多，直接入黄的一级支流有 111 条，其中流域面积大于 1 000 平方千米的支流有 76 条。流域中较重要的支流有渭河、汾河、伊洛河、湟水、洮河、沁河等。

黄河是举世闻名的多泥沙河流，三门峡站多年平均（1956—2000 年）实测输沙量为 11.4 亿千千克，平均含沙量达 31.3 千克/立方米在国内外大江大河中居首位。与世界多沙河流相比，沙量之多，含沙量之高，是世界大江大河中绝无仅有的。

黄河泥沙以悬移质为主，根据黄河干流主要控制站 1956—2000 年悬移质输沙量统计，河口镇、龙华河、三黑小、花园口、利津站多年平均输沙量分别为 1.09 亿千千克、12.4 亿千千克、11.2 亿千千克、10.1 亿千千克和 7.9 亿千千克。

3. 淮河流域

淮河流域以废黄河为界，分淮河和沂沭泗河两大水系，流域面积分别约为 19 万 km^2 和 8 万 km^2，京杭大运河、分淮入沂水道和徐洪河贯通其间，沟通两大水系。

淮河发源于河南省桐柏山，东流经湖北、河南、安徽、江苏四省，主流在三江营入长江，全长 1 000 千米。淮河干流洪河口以上为上游，长 360 千米，洪河口至洪泽湖出口为中游，长 490 千米，中渡以下至三江营为下游入江水道，长 150 千米。洪泽湖的排水出路，除入江水道以外，还有苏北灌溉总渠和分淮入沂水道以及入海水道。淮河上中游支流众多，南岸流主要支流有白露河、淠河、池河，北岸支流主要有洪汝河、沙颍河、涡河等。

沂沭泗河水系位于淮河流域东北部，由沂河、沭河、泗河组成，均发源于沂蒙山区。沂河发源于沂山南麓，流入骆马湖，全长 333 千米，流域面积 11 820 平方千米。沂河辟有分沂入沭水道和邳苍分洪道，分沂河洪水入新沭河和中运河。沭河发源于沂山南麓，流入新沂河，全长 300 千米，流域面积 6 400 平方千米。泗河发源于蒙山西麓，流入南四湖，全长 159 千米，流域面积 2 338 平方千米。南四湖汇集蒙山西部及湖西平原各支流来水，由韩庄枢纽下泄，再汇集邳苍地区来水及由邳苍分洪道分泄的沂河洪水，经韩庄运河、中运河、骆马湖、新沂河入海。

淮河干流鲁台子水文站和蚌埠站多年平均输沙率为 340.2 千克/秒和 330.72 千克/秒，含沙量为 0.48 千克/立方米和 0.38 千克/立方米，年输沙量为 1 073 万千千克和 1 043 万千千克。沂河临沂年输沙量为 65 万千克，沭河新安站年输沙量为 23 万千克。

4. 海河流域

海河流域包括海河、滦河、徒骇马颊河三大水系，主要河流有永定河、漳河、滦河、大清河、滹沱河等，各水系呈扇形分布。其中发源于燕山、太行山迎风坡的河流，源短流急，泥沙量较少。发源于黄土高原、蒙古高原的河流源远流长，泥沙含量较多，两类河流相间分布。

永定河流域位于海河流域西北部，流域总面积 47 016 平方千米，其中官厅以上流域面积 43 480 平方千米，行政区划分属内蒙古、山西、河北、北京、天津五省（自治区、直辖市）。永定河由于水土流失严重，素有小黄河之称。漳河流域是海河流域南部的防洪骨干水系，西以太岳山为界，南接卫河、北接滏阳河。河道流经山西、河南、河北，漳河流域面积 19 220 平方千米。滦河流经河北、内蒙古两省（自治区）的 16 个县市，干流全长 888 千米。大清河流域跨山西、河北、北京、天津四省（直辖市），总面积 43 060 平方千米。滹沱河发源于山西省五台山北麓的繁峙县境内，东流至河北省献县枢纽与滏阳河及滏阳新河汇流入子牙河。干流总长 588 千米，总流域面积 24 774 平方千米。

海河流域气候温和，土地肥沃，物产丰富，工农业生产发达，交通便利，是我国的重要工农业基地，具有发展经济的优越条件。区域内工业门类齐全，石油、电力、冶金、化工、纺织、机械、电子、建材、食品等工业较为发达；京广、京九、津浦等重要的铁路，京深、京福、京开高速公路，107、106、105 国道等重要交通线横贯南北，与地方公路、铁路交织成网，四通八达。海河流域的京津地区是我国北方最大城市圈，是我国政治、经济、文化中心。

5. 松辽流域

松花江有两大源流区，嫩江是松花江的北源，全长 1 370 千米，流域面积 29.7 万平方千米；第二松花江是松花江的南源，干流总长 958 千米，流域面积 7.34 万平方千米。嫩江与第二松花江汇后为松花江干流，干流全长 939 千米，区间集水面积 18.64 万平方千米。松花江干流两岸河网发育，支流众多，集水面积大于 10 000 平方千米的有 6 条。

辽河是中国七大江河之一，位于东北地区的西南部，河流全长 1 345 千米，流域面积 19.38 万平方千米。上源为老哈河，老哈河与西拉木伦河在海流图相汇后称西辽河，西辽河在福德店与东辽河汇合后称辽河干流，途中有众多支流汇入，干流经辽宁省盘锦市双台子河注入渤海。

松花江为少沙河流。据嫩江阿彦浅站实测资料统计，多年平均年输沙量为 47 万千千克，第二松花江扶余站多年平均含沙量为 0.151kg/m³，年最大输沙量为 737 万千千克，年最小输沙量为 34.8 万千千克。

辽河为多沙河流，由于地域广阔，流域内地形地貌、气候、土壤、植被、水文等自然地理情况存在着明显的地区差别，因而泥沙分布也存在着地域区别。通江口站多年平均含沙量 4.13kg/m³，多年平均输沙量 706 万千千克，年最大输沙量 4 380 万千千克，年最小输沙量 16 万千千克。

6. 珠江流域

珠江是我国七大江河之一，南方最大的河流。珠江流域是一个复合型的流域，由西江、北江、东江及珠江三角洲诸河等四个水系所组成，流经云南、贵州、广西、广东、湖南、江西 6 省（自治区），香港与澳门特别行政区位于该流域范围内。珠江流域总面积 45.37 万平方千米，其中我国境内面积 44.21 万平方千米，另有 1.16 万平方千米在越南境内。

西江是珠江流域主要的水系，全长 2 075 千米，由南盘江、红水河、黔江、浔江及西江等河段所组成，流域面积 35.3 万平方千米，占珠江流域总面积的 77.83%。北江干流全长 468 千米，流域面积 46 710 平方千米，占珠江流域总面积的 10.30%。东江干流全长 520 千米，流域面积 27 040 平方千米，占珠江流域总面积的 5.96%。入注珠江三角洲的中小河流主要有潭江、流溪河、增江、沙河、高明河、深圳河等，流域面积 26 820 平方千米，占珠江流域总面积的 5.91%。流域内较重要的一级支流有郁江、柳江、桂江等。

郁江是珠江流域西江水系最大支流，位于广西壮族自治区南部。北源右江，南源左江，左、右江在邕宁县宋村汇合后始称郁江。自宋村经南宁至邕宁蒲庙段，习惯上亦称邕江。郁江流域总面积 9.225 3 万平方千米，干流全长 1 152 千米，总落差 1 655 米，平均坡降 1.4‰。

柳江发源于贵州省独山县，流经榕江、从江县后进入广西北部的三江县。柳江是西江流域一级支流，干流全长 750.5 千米，流域面积 58 270 平方千米，主要支流有古宜河、龙江和洛清江。柳江控制站柳州站以上河长 587.6 千米，集雨面积 45 413 平方千米，占全流域总面积的 77.9%。

桂江发源于广西兴安县，到大溶江镇汇入著名的古运河灵渠后称漓江、沿途流经灵川、临桂、桂林、阳朔、平乐等县市，汇恭城河后始称桂江，于梧州市汇入西江。桂江全长 438 千米，流域面积 18 790 平方千米，流域多年平均年径流量 144 亿立方米。桂江的含沙量较少，年输沙量为 265 万千千克。

珠江流域的河流输沙量主要来自西江，梧州站多年平均年输沙量为 7 490 万千千克，占珠江流域年输沙总量的 81.3%；北江石角站为 597 万千千克，占 6.5%；东江博罗站为 288 万千千克，占 3.1%。

珠江流域下游段为我国经济较发达地区，特别是珠江三角洲地区是我国改革开放的起源地和领头兵，城市密集、人口众多、航运发达、经济雄厚，对外贸易在全国占据重要位置。

7. 太湖流域

太湖流域是典型的平原河网地区，河道纵横交错、湖泊星罗棋布，流域内河道总长约 12 万千米，河道密度达 3.25km/平方千米，水系主要有黄浦江水系、苕溪水系、南河水系、洮漏水系、运河水系及沿长江、沿杭州湾水系等，主要湖泊有太湖、洮湖、涌湖、阳澄湖和淀山湖等。东南诸河从北至南主要河流有钱塘江、甬江、椒江、瓯江、飞云江、鳌江、赛江、闽江、木兰溪、晋江、九龙江等，由西向东独流入海。

太湖位于太湖流域中部，水域面积 2 338 平方千米，是我国第三大淡水湖泊。太湖湖体南北长 68.5 千米，东西平均宽 34 千米，属典型的平原河网地区浅水湖泊。太湖是太湖流域最重要的调蓄洪水并向太湖周边及下游地区供水的跨省界湖泊，对太湖流域防洪、水资源调度和水环境保护具有举足轻重的作用。

钱塘江发源于安徽省休宁县，至杭州闸口河长 484 千米，流域面积约 4.22 万平方千米。钱塘江主要支流有乌溪江、金华江、新安江、分水江、浦阳江等。钱塘江多年平均年径流量 404 亿立方米，含沙量甚少。闽江是福建省最大的河流，以富屯溪为正源，全长 577 千米，流域面积近 6.1 万平方千米，水量丰富，年径流量 621 亿立方米。南平以下是重要的水运通道，马尾是福州的外港。

太湖流域片是我国经济发达、产业密集、发展强劲的地区之一。2007 年年底，流域片总人口 12 486 万人，占全国总人口的 9.5%，国内生产总值（GDP）51 835 亿元，占全国 GDP 的 21%，人均 GDP 4.2 万元。

河道采砂及管理现状

1. 长江流域

长江中下游河道采砂主要分布在湖北、江西、安徽、江苏等省的长江河段。据不完全统计，在 2001 年 2 月长江中下游干流禁采之前，各省水行政主管部门共审批采砂区 44 个，审批的采砂总量达 5300 多万千千克。由于采砂者肆无忌惮，实际采砂量远大于上述数字。

2002 年《长江河道采砂管理条例》颁布实施以来，长江中下游干流河道采砂管理工作得到了稳步推进，进入了"采禁结合，以禁为主"的新阶段，长江河道采砂管理取得了显著成效。

2003 年 6 月，水利部颁布了《长江河道采砂管理条例实施办法》；同年 10 月和 12 月，国家发改委、财政部、水利部颁布了《长江河道砂石资源费征收使用管理办法》和《长江河道砂石资源费征收标准》。沿江四省也相继颁布了《条例》实施办法；长江水利委员会和沿江四省水行政主管部门制定了长江河道采砂许可证审批发放办法和可采区现场监督管理办法；湖北、江西、安徽和江苏等省相继制定出台了长江河道砂石资源费征收使用管理办法，逐步建立和完善了长江河道采砂管理法规体系和配套管理制度，使长江河道采砂管理开始步入了法制化、规范化的轨道。

2002 年 4 月水利部以水规计〔2002〕149 号文批复了《长江中下游干流河道采砂规划应急报告》。在《应急报告》的基础上，长江水利委员会于 2002 年 10 月完成了《长江中下游干流河道采砂规划报告》，2003 年 2 月，水利部以水规计〔2003〕39 号文批复了《规划报告》。

《采砂规划》批复后，长江中下游沿线部分省陆续开禁，开始按规划方案通过采砂许可方式进行有序的采砂管理，采砂管理工作逐步走上了依法、科学、有序的轨道，《采砂规划》在采砂管理过程中发挥了重要的指导作用。据初步统计，2004—2005 年度长江中下游干流湖北、江西、安徽三省批准的可采区为 16 个，年度采砂控制总量为 1 700 万千千克，采砂船控制数量为 55 艘。2005—2006 年度湖北、江西、安徽三省境内长江河道和鄂赣边界重点河段共实施规划可采区 14 个，许可的采砂控制总量为 1 355 万千千克，实际开采砂量约 1 132.5 万千千克，采砂船只控制数量为 41 艘。2006—2007 年度三省境内长江河道共实施规划可采区 11 个，年度采砂总量为 754.2 万千千克，采砂船控制数量为 30 艘。

《长江河道采砂管理条例》的颁布和《采砂规划》的实施，为江砂开采提供了法律保障和科学依据，促进了长江河道采砂管理工作的根本好转，扭转了长江河道采砂管理长期被动的局面，使得长江河道采砂管理总体上处于可控状态。

2. 黄河流域

黄河上中游及下游大清河和东平湖库区砂石资源较多，但开采量较小。近期由于利益的驱动，黄河上中游无序采砂活动日益增多。黄河上游安宁段，个别采砂户在航道及防洪安全区域内无序囤船采砂，导致采砂地黄河河道最窄处不足5m。黄河下游近年来，在地方经济迅速发展的同时，当地群众对采砂取土的需求量逐渐上升，群众取土主要是用于建窑厂或其他建设项目。由于河道游荡性大，采砂取土的位置也是千变万化，有的甚至在堤防安全保护区内采砂取土，给防洪安全造成威胁。2008年汛期，黄河下游河道内掀起了淘铁砂热潮，1 700多艘船拥进黄河下游河南孟州至山东郓城段淘铁，严重影响防汛安全和下游城镇供水安全。黄河防总采取各种措施将1 700多只采淘铁砂船只清理出河道，并下发通知，在黄河河道内全年禁采铁砂，以确保防洪安全、沿黄城镇供水安全和采淘铁砂人员的自身安全。

大清河是黄河下游支流。2001年8月1日，大清河流量仅1 050m³/s，始建于明朝永乐九年、具有"北方都江堰"之称的戴村坝工程中段130m乱石坝全部被冲垮，其原因是超量超深采砂，导致坝上下游防渗层遭到破坏所致。

近年来，大清河砂石资源不足，采砂逐渐转向东平湖老湖区，砂石在堤防上乱堆乱放，超载运砂现象日益严重，对东平湖堤防工程造成了损坏。东平湖采砂船大部分是柴油发动机，采砂产生大量的废水废油，是东平湖水质新增污染源，影响东平湖今后作为南水北调调蓄水库的运用。为此，山东黄河河务局、泰安市人民政府联合下发了"关于大清河、东平湖、大汶河东平段全面禁止采砂的通知"，坚决杜绝大清河、东平湖、大汶河东平段的一切采砂活动。

黄河下游大规模的机淤固堤始于1970年，1974年国务院批准正式列为防洪基建工程。直至目前为止，利用简易吸泥船、绞吸式挖泥船、组合式挖泥机等多种机械，挖取河道和滩地的泥沙，加固堤防（简称机淤固堤），共完成土方4亿立方米，机淤堤段总长近700千米，占下游堤防总长的50%以上。机淤固堤增强了堤身的稳定性，对解决大堤的渗漏、管涌等问题起了重要作用。

1998年在黄河河口开展了挖河固堤启动工程，通过对主河槽的开挖，增大了河道的泄洪排沙能力，同时利用挖出的泥沙对黄河大堤的薄弱堤段进行了淤背加高，提高了堤防的抗洪能力，取得了较好的效果。

在采砂管理方面：一是巡查难。黄河流域片采砂管理范围大，占线长，采砂多为自制小型采砂船，没有专用水上执法交通工具，多数应急租用，不能满足水上执法需要，监管难度较大。二是部门联合机制不强，无序采砂取证困难。采砂多在交叉河段区域，执法人员赶到后，非法采砂船就顺河开走或开到对岸，交通、安监、工商等部门尚未形成有效的联合执法机制。三是管理队伍不健全，能力建设滞后。随着日益发展的采砂活动，水政人员数量、素质不能适应新的情况，成为采砂管理的突出矛盾；管理手段落后，缺乏有效的管理设备设施，不能满足管理的需要。四是采砂管理法规不健全，对无序采砂缺少必要的强制处罚措施。

黄河流域目前大部分河段尚未进行采砂规划；已进行规划的河段，由于采砂规划编制时间紧，分散进行，缺少上下游、左右岸全盘考虑，已不适应当前经济发展和防洪工作要求。目前黄河流域经济发展迅速，一方面砂石资源市场需求急剧增加，加之一些支流因滥采乱挖出现安全隐患后采取全面禁采，制约了当地经济社会的发展。另一方面因河道采砂基础研究工作不够深入，对不同河段砂石的资源总量、级配、分布、可开采量、多年平均补给量、可采深度等方面系统分析论证不足，难以为《采砂规划》提供科学依据。采砂规划滞后，不仅使采砂管理缺乏基础依据，同时也制约了当地社会经济的发展。

3. 淮河流域

淮河流域防洪工程经过多年的整治，防洪标准有了较大的提高，但险工险段仍然存在，而无序采砂多在靠近堤防和险工处，河床下切加重险工险段的险情，甚至出现新的险工险段。如：江苏新沂境内的沭河由于连年的非法采砂，出现了新的险工，并使老虎溜等老险工段的险情进一步加剧；山东郯城境内的沭河渠沟段也由于非法采砂而出现险情，不得不斥资加固。

淮河流域主要河道湖泊中，通航河道有淮河干流、沙颍河、涡河、韩庄运河、中运河、南四湖、骆马湖湖内航道等，无序采砂挤占航道，改变航道现状，影响船只通行安全。近年来，各地航道主管部门多次主动与水利部门联合打击无序采砂，以保证通航安全。

在采砂管理方面：淮河流域目前没有负责采砂管理的专门机构和人员，一般由水政机构和水政监察队伍在所辖范围内实行综合执法。各级管理单位虽有一定数量的水利执法人员，但绝大部分属于兼职人员，其主要业务并不是水利执法，而是配合执法工作人员进行依法收费。专职水政监察员很少，依法查处无序采砂的力量和经费严重不足。目前一些大的采砂户通过多年的经营，凭借其雄厚的经济实力，购买了快艇、卫星定位系统等设备设施，对执法人员进行反监控，对抗管理，逃避打击。淮河流域采砂管理具有点多、线长、面广的特点，监管难度大，管理任务十分繁重，而现有执法装备严重短缺且配置水平较低，远远满足不了直管河道采砂管理的实际要求。

近年来，虽然采砂行为大部分已经纳入正常管理，但乱采乱挖现象仍难禁绝，无序开采、越界开采现象时有发生。沿河部分村民看到采砂巨大的利益，不顾河势和工程状况，就近开采；管理机构在采砂管理中，往往仅是凭经验进行审批和管理，对可采区和禁采区的划定及可采区开采量没有充分的依据，超量开采难以避免，这对于黄砂资源的保护及水利工程安全是非常不利的。

4. 海河流域

海委直管河道中，有采砂活动的主要是漳河，采砂规模小，尚未发生因采砂造成堤防险工等问题。1990—2005 年，初步估算漳河主要采砂段（京广铁路桥—南尚村段 46.2km）总采沙量为 457 万立方米，平均年采沙量 31 万立方米。由于上游岳城水库拦截了河道下泄的泥沙，现状河道没有新的砂源补充，不能做到采补平衡。2007 年发布了《水利部海河水利委员会关于直管河道全面禁止采砂的通告》文件，全面禁止直管河道采砂活动，漳河沿河 19 个采砂场点基本关停。

北京市潮白河、永定河河道的砂石资源是该市建筑用砂的主要来源，经过近 30 多年开采，砂石资源已基本枯竭。同时，河道面目全非、千疮百孔。目前，北京市各河道现状严禁采砂，局部存在着由河道采砂转移向河外农田采砂的现象。北京市于 1985 年制定了《北京市河道砂石开采管理暂行规定》，并制定了《河道采砂收费管理办法》。

河北省采砂河道涉及子牙河、大清河、北三河和滦河流域，已实行采砂许可制度。其中子牙河系发放 71 个采砂证，大清河系发放 70 个采砂证，北三河系发放 39 个采砂证，滦河河系发放 75 个采砂证。河北省于 1989 年制定了《河道采砂管理办法》，2003 年制定了《河北省河道采砂申请审查批准程序》，2008 年通过了《河北省河道采砂管理规定（草案）》。

海河流域由于各级河道采砂规模较小，采砂多为旱地开采，开采河段多在山前很短的河段内，现状只是按照有关规定进行管理。海河流域各级河道现状均缺少统一的采砂规划。虽然海委下发了河道严禁采砂通告，但由于河道滩地仍属沿河地方所有，在河道滩地上进行采砂管理难度非常大。北京市尚未对负责管辖的河道进行过采砂规划。河北省 2004 年以冀水政法〔2004〕63 号文对《青龙河桃林口水库以下河段河道采砂规划报告》进行了批复。目前正在编制大清河系的沙河曲阳、行唐界河段河道采砂规划。

5. 松辽流域

松辽流域采砂大多集中在松花江支流拉林河、呼兰河、辽河支流浑河等河道上。这些河道上滥采乱挖现象普遍，危害也逐渐显现。主要表现在：河势恶化，危及堤防安全；航道堵塞，影响正常通航；河流生态遭到破坏；社会治安恶化等。最近，在嫩江、第二松花江、松花江干流、辽河干流也出现了无序采砂现象，暴露了流域河道采砂管理上的不足。

借鉴长江采砂管理经验，黑龙江省、辽宁省于 2005 年先后颁布了《黑龙江省河道采砂管理办法》及《辽宁省河道采砂收费管理办法》。从近年来采砂管理的实践看，这些地方法规的制定在采砂管理中发挥了一定的作用，对流域内非法采砂产生了一定的遏制，但总的看来，松辽流域采砂管理还处于起步阶段。由于流域采砂规划尚未制定，《河道管理办法》缺乏技术支撑，流域内砂石可开采区及开采限量尚未明确规定，流域内采砂活动还处于粗放式管理阶段。

6. 珠江流域

广西壮族自治区先后出台了《自治区人民政府关于加强河道采砂管理若干问题的规定》、《广西壮族自治区河道采砂收费管理办法实施细则》和《广西壮族自治区河道管理规定》等配套法规。1999 年广西立了水政监察总队，全区 14 个地（市）均分别成立了水政监察支队，全区县（市）成立了 115 个水政监察大队，全区共有水政监察人员 2 300人。每年都派出督察组深入各地（市）进行采砂管理清查工作，比如，2002 年汛前在开展一年一度的河道采砂集中清理整顿工作中，共查处无序采砂事件 170 起，关闭非法采砂场 10 处，整顿不规范采砂点 117 处，收到了良好的效果。目前，广西壮族自治区已初步形成了水利、交通、国土资源三个部门齐抓共管的局面。

广东省制定了《广东省河道采砂管理条例》，各地、市、县根据本地实际，出台了有关河道采砂管理细则或规定。广东省明确由县级以上人民政府水行政主管部门负责河道采砂的统一管理和监督工作，为此水利部门正制定切实可行的采砂管理办法，以落实采砂管理条例的实施。采砂管理工作基本上达到"有章可循，有法可依"。

为进一步加强河道采砂管理，有效遏制乱采滥挖河砂的势头，维护正常的水事秩序，切实保护河道防洪安全，广东省政府在 2001 年颁布《关于进一步加强河道采砂管理的通知》，通知中确定全省河道采砂管理的组织领导和协调工作实行联席会议制度。联席会议由省水利厅牵头，省国土资源厅、公安厅、航道局、海事局、海洋与渔业局参加。各市、县（区）人民政府要加强对河道采砂管理的组织领导，协调好部门关系，并适时组织水利、国土资源（矿产）、海事、航道、公安等部门对所属河道采砂进行联合执法活动，加大执法力度，切实维护正常的河道采砂管理秩序，保证河道堤防防洪纳潮和交通安全。各级海事部门对证照不齐的"三无"船舶采（运）砂作业要坚决取缔，对超载采（运）砂船舶要严格管理，消除安全隐患。各级公安部门要加强对采砂船上暂住人口等的管理，消除治安隐患。

在采砂规划方面：广西水利厅 2000 年编制了广西壮族自治区河道采砂规划提纲（试行），2001 年组织完成了 21 个重点市、县河道采砂规划，2004 年南宁市组织完成了市辖区范围内主要河流的采砂规划，广西水利厅 2007 年对广西壮族自治区河道采砂规划提纲（试行）进行了修订。

广东省水利厅于 2004 组织编制《广东省主要河道采砂控制规划》，规划水平年为 2010 年。2005 年 8 月完成所有专题及总报告，并通过专家评审，由水利厅报省政府批准实施。2008 年，广州市开展了市区河道的采砂规划。

2007 年，海南省水务局组织开展了《海南省南渡江河道采砂与治导线规划》，目前该规划正在审批中。

7. 太湖流域

太湖取土由太湖流域管理局直接管理。太湖取土主要集中在太湖东侧苏州市吴江市、吴中区、高新区、相城区及无锡滨湖区，取土主要用于道路、堤防、绿化及城镇开发建设。

浙江省河道采砂主要集中在钱塘江、瓯江、曹娥江、浦阳江、苕溪等流域，其他河道也有少量采砂作业，年开采量约 2 500 万千千克。钱塘江上游、瓯江和曹娥江部分河段存在的主要问题是采砂弃料乱堆现象较为严重。钱塘江下游河道因超深开挖、离堤脚附近开挖的现象时有发生，对河道堤防的安全造成了危险。

采砂规划方面：浙江省已开始启动河道采砂规划的编制工作，目前，钱塘江下游（富春江电站至钱江六桥）已编制完成，规划年采砂量 1 586 万千千克，规划待审批后实施。

福建省及相关市县目前也已编制了相应的闽江采砂规划，闽江水口至罗星塔规划 16 个采砂区，年采砂量 245 万千千克。

太湖取土规划尚未开展。

采砂管理方面：浙江、福建省根据国家《河道采砂收费管理办法》，陆续制定了采砂管理办法和细则。流域内地方政府也相应出台了一系列管理制度，如《杭州市河道采砂管理办法》《宁波市河道采砂管理规定》《诸暨市河道采砂管理实施细则》《富阳市河道采砂管理办法》《福州市河道采砂管理办法》等。这些规章制度的建立，有效地规范和强化了河道采砂管理工作，使河道采砂管理逐步走上法制化、规范化的轨道。

太湖取土由太湖流域管理局按涉河项目有关规定进行管理，采取专家论证、行政许可制度，其中苏州市针对太湖取土专门印发了取土综合论证报告编制办法。浙江省的采砂管理体制各地不尽相同，全省以水行政主管部门为主，由省水利厅对河道采砂进行日常管理。福建省出台了《福建省河道采砂许可分级管理规定》，明确分级管理职责，省级水利部门主要负责河道采砂立法立规、规划实施、监督检查等宏观指导工作，河道采砂日常管理工作主要由市县两级政府负责牵头、水利等有关部门具体实施。

浙江省按照水利部、财政部、国家物价局《河道采砂收费管理办法》收取采砂管理费。福建省出台了《福建省河道采砂收费管理办法实施细则》（财政厅、水利厅、物价局文件，闽水〔2001〕政34号），建立统一收费制度，规定河道采砂管理费和矿产资源补偿费由水行政主管部门统一收取。

浙江全省建立了省级、省管市级、各县（市、区）及专门河道管理的各级水政执法队伍，从上到下形成了较为完善的水政执法网络，各级水政监察队伍正紧紧围绕全省水利中心工作，以全面推进依法行政总揽全局，以规范执法行为为重点，以保护水、水域、水工程不被破坏，维护了水利部门合法权益为核心。

福建省严厉打击，定期或不定期组织相关职能部门对河道采砂问题进行集中整治，宣传有关政策，打击违法采砂行为，及时加强对重点地区、重点流域、重点河段、重点人员的防范。各部门还要开展联合执法巡查和专项行动，加大对采砂活动的监管力度。

河道采砂规划

河道采砂规划是水利规划中的专业规划，河道采砂规划是河道采砂的基本依据，是确保河道防洪安全的主要措施。河道采砂规划报告包括的主要内容有：水文分析、规划的范围、规划期、河势分析、储砂量、对水利工程的影响。规划的内容应当包括以下内容：河道工程现状，结合河道整治进行采砂的可行性分析及预期达到的目的，划定禁采区和可采区、险工险段结合采砂治险及护险具体措施，可采取可采掘深度、宽度、长度及沙坑坡度，采砂弃料在非汛期堆放位置、形式及高度，采砂坑回填后采砂河段河床与上下游衔接坡度，确保两岸原有引提水灌溉设施功能的具体措施等。河道采砂规划的编制单位应当是具有相应资质的水利水电勘测设计单位。

如果河道采砂没有整体规划，任意挖河取砂，任意堆放弃料，形成人为河道障碍，改变水流方向，河道自然纵坡遭到严重破坏，主流水位下降，使沿河的水利工程设施被破坏。特别是一些已经有良好的土壤、植被覆盖层的滩地，遭到破坏后很难以以恢复。编制河道采砂规划、进行河道采砂项目可行性论证，是依法管理河道采砂活动的重要科学依据和有效技术措施，也是建立河道采砂长效管理机制的重要环节。

为加强河道采砂管理，保障全国江河重要河道的河势稳定、防洪安全、供水安全和通航安全，使河道砂石资源得到科学合理的利用，将采砂活动纳入法制化、科学化、制度化管理，加快编制全国江河重要河道采砂管理规划是十分必要和紧迫的。

1. 编制采砂规划的必要性

（1）河道采砂管理规划是切实维护河势稳定，保障防洪等公共安全的需要。

河道砂石是河道稳定、水沙平衡的物质基础。大规模无序、集中、超量的采砂，违反了河道演变的自然规律，破坏了河道原已形成的动态平衡以及人与自然已经形成的和谐相处环境，使河床形态发生急剧的变化，河床严重下切，改变流态和河势，导致深槽逼岸。滥采乱挖江砂，还加剧了河道边滩淤积、河槽冲刷和江岸坍塌，影响河势稳定，危及堤防和防洪安全。在分汊河段和河网地区的不均衡采砂，使得汊道分流比发生较大改变，水量分配失调，破坏已有的防洪排涝格局，加大局部地区的防洪压力，给沿江两岸经济发展和人民生命财产安全带来严重威胁。

近几年，全国主要江河均发生过由于非法采砂和滥采乱挖而引起的影响河势稳定和防洪安全的事件。如1996年1月，在长江镇扬河段沙头河口下段人民滩1号串沟口门处，采砂导致江岸发生崩坍，最大坍径350米，最大坍长620米，崩窝最深点高程为－11米，坍失江滩地近 300 亩，坍毁原抛石护岸工程长 460 米，直接经济损失数百万元。珠江出海口门之一的洪奇沥水道万顷沙联围八涌闸至九涌闸 2001 年有约 100 米堤段塌方，2004 年加固的过程中崩堤约 400 米，北江芦苞墟、西南镇险段堤脚河床近 10 年下切了 5~10 米，西南险段曾于 1999 年发生临河滩地、码头垮塌，2000 年出现大堤开裂和 2002 年出现原堤身裂缝继续扩展等险情。黄河上游安宁段，个别采砂户在航道及防洪安全区域内非法囤船采砂，导致采砂地和黄河河道最窄处不足 5 米，严重影响防汛安全和下游城镇供水安全。江苏新沂境内的沭河为自然形成的河道，河道狭窄弯曲，险工众多，由于连年的非法采砂，出现了新的险工，并使老虎溜等老险工段的险情进一步加剧。

　　河势是河道在长期的演变过程中，一切自然要素的总称，如平面形态、水沙条件、河床高程、岸滩分布等。维持河势稳定和保障防洪安全是河道治理的首要任务，是开发和利用砂石资源的前提和基础。为遏制非法采砂和滥采乱挖对河势稳定和防洪安全带来的危害，需要从源头上加强控制，将采砂的活动处于可控、可管范围，使采砂影响降低到最小。

　　（2）河道采砂管理规划是履行水行政主管部门职责，推进依法进行采砂管理的需要国务院办公厅印发的新的"三定方案"规定由水利部牵头负责编制全国河道采砂规划，河道采砂管理是法律赋予水行政主管部门的一项重要职责。

　　随着采砂管理的重要性越来越受到重视，2003 年后各流域机构、各省、直辖市、自治区纷纷加强了采砂的立法和规划工作。根据初步统计，截至 2008 年，全国有广东、陕西、河北等 10 余省（自治区、直辖市）出台了采砂管理条例、采砂管理办法或采砂管理规定，湖北、江西、安徽、江苏等省根据《长江河道采砂管理条例》制定了本省相应的《长江河道采砂管理条例实施办法》，福建省率先在全国基本完成全省河道采砂规划编制工作。全国主要江河中，长江宜宾以下干流河段和支流汉江、信江、修河、赣江中下游及鄱阳湖等多条江河湖泊已完成采砂规划，黄河干流有宁夏河段、兰州河段、西霞院河段已进行采砂规划，支流渭河城市河段（渭南市、咸阳市和西安市）、大汶河和沁河部分河段（沁阳伏背—武陟入黄口）也进行了一定程度的采砂规划，珠江流域的邕江、柳江、郁江、西江、北江、东江等已完成采砂规划，部分已获审批，淮河流域的沂沭泗水系主要河道湖泊已进行了采砂规划。

　　从近年采砂管理的实践来看，这些地方制定的采砂法规和区域性采砂规划在采砂管理中发挥了重要的作用，但从全国范围来看，采砂规划工作还处于起步阶段，大部分地区和流域还来制定相关规划，采砂活动还处于粗放式管理阶段。有些规划应急特征明显，如江西省信江和修河采砂规划即为应急规划；已制定的规划干支流、上下游管理标准不统一、采区划分和限制条件不一致；部分采砂规划的研究基础还很薄弱，存在明显的应急特征，采砂分区规划不尽合理，采砂总量未进行有效控制，规划实施与监管措施不具体，从而导致规划的指导性和可操作性不强，增加了监管难度和执法成本，不利于砂石资源的可持续利用。总体来看，现阶段采砂规划还不成熟、不完善，远未建立起系统、全面、科学的全国性采砂规划体系，无法适应新形势下采砂管理的需要。因此，迫切需要将各流域和地方编制的采砂规划进行汇总整理，按照一定的标准纳入全国江河重要河道采砂管理规划中，以提高采砂规划的完整性、协调性、适应性和可操作性。

（3）采砂管理规划是采砂管理科学依据，是促使砂石资源合理利用的需要。

河道泥沙的输移特性决定了河流中每年可供开采的砂石资源是有限的。其中对河道采砂实行年度采砂总量控制是维护河势稳定、保障防洪和通航安全的一项重要措施。如长江是一条含沙量较小但输沙量较大的河流，宜昌站平均输沙量为 4.92 亿千千克，但由于修建上游来沙量的减少和三峡水库拦蓄，长江中下游可采砂量减少，在这种情况下，规划中必须综合考虑河道演变特性、来水来沙特性、河床冲淤分布规律、采砂河段采砂后泥沙补给量、采砂的可能影响及可持续性等各方面因素，科学、合理的确定年度泥沙开采量。另外，来沙量受降雨时空分布、水土保持、沿江泥沙补给等多方面条件的影响，年际输沙量具有明显的随机性和不均匀性，在不合理的区域采砂，在不恰当的时间采砂，采用不恰当的作业方式采砂，都是对砂石资源的破坏。如果不对采砂进行科学合理的规划，无限制地、掠夺式的开采江砂，将会破坏相对稳定的河势，破坏河床的冲淤平衡。因此，制定河道采砂管理规划为适度、合理地利用江砂资源提供了制度保障和科学依据，有利于砂石资源的保护和可持续利用。

（4）河道采砂管理规划是综合治理非法采砂，规范采砂行为的需要。

河道采砂管理的目标是要达到依法、科学、有序。这三者之间相辅相成，"有序"是目的，"科学"是基础，"依法"是前提和保障。没有一个健全和便于操作的法律、法规体系，没有系统的科学规划，没有一整套有效的管理制度和实施办法，有序管理的目标将难以实现。非法采砂之所以猖獗一时，缺乏规范有效的监管措施是重要原因之一。

长江是我国建筑砂料的主要砂源区和非法采砂的重灾区，也是率先实施采砂立法和采砂规划的河流。为彻底整顿江砂开采秩序，加强长江河道采砂管理，2002 年 1 月 1 日国务院颁布施行了《长江河道采砂管理条例》，2003 年水利部以水规计〔2003〕39 号文对《长江中下游干流河道采砂规划报告》（以下简称《规划报告》）进行了批复。《规划报告》批复后，长江中下游干流沿江部分省市开始按规划方案实施，通过采砂许可方式进行采砂的有序管理，长江中下游干流采砂管理工作逐步走上了依法、科学、有序的轨道。从近年采砂管理情况来看，《规划报告》起到了重要的指导作用，长江中下游干流河道采砂管理状况较为良好，未发生对河势、防洪、通航安全等方面产生较大不利影响的情况，取得了良好的社会效益和一定的经济效益。在总结长江中下游采砂实施与管理经验的基础上，2006 年、2007 年水利部又先后启动了长江上游干流宜宾以下河段的采砂规划编制和长江中下游干流河道采砂规划的修编工作。目前，这两项报告已进入审查批复阶段。《长江河道采砂管理条例》的颁布和《规划报告》的实施，为江砂开采提供了法律保障和技术支撑，促进了长江河道采砂管理工作的根本好转，扭转了长江河道采砂管理长期被动的局面，使得长江河道采砂管理总体上处于可控状态。

现阶段，在部分河道上由于没有制定采砂专业规划，没有划定河道的禁采区和禁采期，没有对开采总量等进行统一的规划，造成大量非法采砂船蜂拥而至，对江砂资源进行掠夺性开采。随着经济建设的迅速发展，加之江砂开采的显著经济效益，今后一个时期江砂开采量将会进一步增加。因此，为了坚决彻底打击的非法采砂活动，必须结合流域实际情况，尽快制定采砂专业规划，将江砂开采纳入科学化、规范化管理的轨道。

（5）河道采砂管理规划是完善水利专业规划，实现流域综合治理的需要。

流域综合利用规划是对开发、利用和保护河流的总体规划，是流域治理的纲领性文件，它涉及多项专业规划与之配套，如河道治理规划、防洪规划、航运规划、岸线利用规划等。由于各种原因，在已制定的流域利用综合规划中，采砂规划没有引起足够的重视，给采砂管理带来盲目和被动，大规模无序、超量的采砂已威胁了防洪的安全，并造成一系列的严重问题。由于在管理、控制和审批采砂的具体操作时缺乏科学规划依据，给各级水行政主管部门的采砂执法管理工作带来很大的困难。

为使河道向健康良性方向发展，保障行洪、供水、灌溉、航运等综合利用的安全，实现河道采砂的依法、科学、有序管理，需要制定采砂控制规划。现阶段，部分流域的综合规划正在进行修编。随着人们对非法采砂危害认识的提高和治理非法采砂的需要，在新一轮的流域综合规划修编中，将采砂规划作为一项专业规划，纳入整个流域综合规划中正逢其时。因此，制定河道采砂规划既是为了满足当前河道采砂管理的急迫需要，也是为了满足流域专业规划的需要。

2. 规划编制依据和原则

（1）编制依据

1）法律法规：《中华人民共和国水法》《中华人民共和国防洪法》《中华人民共和国环境保护法》《中华人民共和国河道管理条例》《中华人民共和国防汛条例》《中华人民共和国水文条例》《中华人民共和国航道管理条例》《中华人民共和国内河交通安全管理条例》《中华人民共和国河道采砂收费管理办法》《长江河道采砂管理条例》《国务院办公厅关于印发水利部主要职责内设机构和人员编制规定的通知》（国办发〔2008〕75号）。

2）技术标准：《河道采砂规划编制规程》（SL 423—2008）、《河道演变勘测调查规范》（SL 383—2007）。

3）地方法规，地方制定的相关法规和流域或地方制定的相关规定。

（2）指导思想

紧紧围绕构建社会主义和谐社会的宏伟目标，全面贯彻落实科学发展观，按照构建环境友好型社会的要求和促进人水和谐的理念，正确处理砂石资源保护与利用的关系。

综合协调上下游、左右岸及相关专业规划之间的关系，尊重河道演变及河势发展的自然规律，通过对采砂分区的合理规划、采砂总量的科学分配和规划实施的有效监管，在保障防洪安全、河势稳定、供水安全、航运安全和满足生态环境保护要求的前提下，实现砂石资源的强化管理、科学保护和合理利用，促进经济社会的可持续发展。

（3）编制原则

1）坚持以维护河道河势稳定，保障防洪、通航、供水和水环境安全的原则。采砂规划要充分考虑防洪安全和通航安全以及沿江沿河涉水工程和设施正常运用的要求，要与各流域或区域综合规划以及防洪、河道整治、航道整治等专业规划相协调，注重生态环境保护。

2）坚持科学发展，可持续发展的原则。处理好当前与长远的关系，体现人水和谐、协调发展的治水理念和"在保护中利用、在利用中保护"的要求，适度、合理地利用江砂资源。

3）坚持全面、协调、统筹兼顾的原则。正确处理流域上下游、左右岸以及各地区之间的关系以及保护与利用、规划与实施、实施与监管的关系，按照建设节约型社会的要求，最大限度将采砂规划与河道治理和航道治理相结合，尽量满足新形势下河道采砂的需求。

4）坚持总量控制、分年实施的原则。突出规划的宏观性、指导性、适应性和可操作性的要求，为采砂管理提供基础依据。

5）坚持突出重点、兼顾一般的原则。对采砂管理矛盾突出、流域内经济发展水平较高和采砂对河道影响较大的河流，采砂规划应尽量详细具体，在此基础上，兼顾一般河流的采砂规划。

3. 采砂规划主要工作内容

（1）基础工作

1）基本资料收集整理。

收集与整理规划河流的社会经济、水文泥沙、地形地质、水环境与水生态、航运、涉水工程（护岸、堤防、港口、码头、涵闸、泵站、桥梁、隧道等）、堤防险工段、崩岸段以及河道整治、航道整治等资料。

搜集整理水行政主管部门、航道部门、海事机构、渔业主管部门制定或出台的法规、规章以及流域机构、省（直辖市）、地县制定或出台的有关法规文件等。

收集各流域中已有的采砂规划。

2）河道采砂现状及监管情况查勘与调研。

选择代表性河流，对全河段进行一次河道采砂现状及监管情况现场查勘与调查，内容包括：已开采的可采区数量、采砂总量；各可采区的开采量、作业时间、采砂设备的数量和型号（功率）、砂质情况以及江砂运往地区及用途；采砂实施中对防洪安全、河势稳定、通航安全、水环境与水生态、涉水工程等的影响及存在的管理问题；对采砂监管的要求与建议等。对已有采砂规划的河流，调查规划执行情况，总结原有规划的经验和不足，提出改善建议。

　　3）水文测验、地形测量、地质勘探。

　　规划以利用现有水文资料和地形资料为主，收集整理各河道已有地形图及河演分析成果，在局部重要采砂河段和采砂区，若有需要，可进行少量水文测验、地形测量工作。具体内容和范围待初步分析研究和现场查勘后确定。

　　（2）规划内容

　　规划内容主要包括河道采砂及监管现状分析评价，规划河流的河道演变与河势分析，河势稳定、防洪安全、通航安全、水生态环境保护对采砂的要求，河道采砂与泥沙补给影响，采砂分区规划，采砂总量控制及分配规划，采砂影响分析及环境评价，规划实施与管理以及采砂管理控制性指标专题研究等。具体规划时，可根据不同河流的特性、规划的基础条件和采砂管理的实际，分类确定规划的深度要求。

　　1）河道采砂及监管现状分析评价。

　　调查河道采砂现状及监管情况，对现状采砂情况进行分类统计，分析评价各河道的采砂区（采砂点）分布特征，了解砂石资源开发利用程度、水平，总结现状砂石开采审批及管理上存在的主要问题。结合国家主体功能分区、防洪分区、水功能分区、农业区划、自然生态分区等，分析现状采砂区分布与相关规划和区划的协调性以及各河段砂石资源保护与利用的合理性，提出可采区调整的方向和指导性建议，为采砂分区规划奠定基础。

　　2）规划河流的河道演变与河势分析。

　　研究河道演变特性是编制河道采砂规划的重要基础工作。本规划将在充分利用以往河演分析成果的基础上，根据历年水文泥沙和地形资料，分析各河段现状河床演变规律，并根据近年来水沙变化情况，对河道及河势变化的可能趋势进行分析预估，并从稳定河势与行洪安全的角度，提出采砂分区规划的初步分析意见。

　　由于各规划河道的类型及特性的差异、治理开发情况及采砂作业方式的不同，河道演变及泥沙补给分析的内容和方法也有所不同。对于山区性河道及山区性向平原性过渡的河道，河道演变分析的内容可侧重于推移质堆积物的堆积演变分析，分析内容的深度可适当简化。对于平原冲积性河道，开发利用的程度加大，河道稳定性要求增加，河道演变分析的内容应力求全面深入。当规划河段的资料缺乏时，河道演变分析可结合的实地调查并参照相关类似河流进行类比分析，其分析内容的深度可适当简化。

　　3）河势稳定、防洪安全、通航安全、生态环境保护对采砂的要求。

　　在河演分析的基础上，分析提出各河段主要砂源区的分布地点与范围，有针对性地对各河段重点砂源区的河床组成、床砂输移运动规律、床砂可能补给量等进行分析，并重点分析采砂对重要控制节点、汊道形势、沿江岸线开发利用、重点护岸段、堤防险工段和重要防洪设施的影响。在此基础上，从河势稳定和防洪安全的角度提出河道采砂的控制条件或意见。

根据各河流的航道规划、港口布局规划、港口群建设、航道整治工程的分布等情况，分析研究各河段主要砂源区河道采砂对通航安全的影响，并从通航安全的角度提出河道采砂的控制条件或意见。

根据各河流的水环境功能分区、水生态敏感区分布及水生生物资源与珍稀物种保护的要求，分析研究各河段主要砂源区采砂对水功能区及水生态的影响，并从水环境和水生态保护的角度提出河道采砂的控制条件或意见。

4）河道采砂与泥沙补给影响关系研究。

河道采砂使河床形态发生人为改变，改变了河道局部的正常水流和河床组成，从而加剧了泥沙冲淤变化，一定程度影响了原有河床的产输沙平衡。为分析河道采砂对泥沙自然补给带来影响，在监测资料较丰富的局部重点河段，可通过一维水沙数模计算和代表性采砂区的二维水沙数模计算，并在与实测输沙量进行对比的基础上，对采砂河段的水沙特性、泥沙输移情况以及采砂后泥沙补给规律进行评价，为适度、合理地利用砂石资源提供科学依据。

5）采砂分区规划。

采砂分区规划的目的是在合理考虑采砂需求的同时，有利于采砂管理。划定禁采区和可采区是采砂管理的最基本要求，但对于有采砂需求和管理要求又存在不确定性因素的，为留有余地，可以考虑设置保留区。

采砂分区规划中应综合考虑河势稳定、防洪安全、通航安全、沿江涉水工程和设施正常运行、水生态环境保护等方面的要求，并结合各流域的具体情况，研究与采砂管理相适应的分区规划原则，全面考虑，区别对待，有所侧重。

对禁采区应严格根据有关法律、法规和砂石禁采的相关限制条件进行划定。可采区的划分应在尊重历史形成和现状分布的基础上，根据河段的河势变化情况和各方面的保护性要求进行划分，对已有采砂规划的河流，应尽量将原有规划采区纳入本次规划。保留区应结合不同河段的河道保护和管理要求，科学、灵活的划定。

禁采区应确定禁采区范围。可采区规划应包括各可采区规划范围、年度控制实施范围、采砂控制高程、控制采砂量、可采期和禁采期，对于重要河段，还应确定采砂机具类型和数量、采砂作业方式以及弃料的处理方式等。保留区规划范围宜根据河道具体情况确定，对于河势变化不大的河段，可考虑将禁采区和可采区之外的区域规划为保留区，对于河势变化较大的河段，可考虑具体划定保留区的范围，给出平面控制点坐标。

6）采砂总量控制及分配规划。

综合规划河道演变特性、来水来沙特性、河床冲淤分布规律、采砂河段采砂后泥沙补给量、采砂的可能影响及可持续性等各方面因素，在保证防洪安全、河势稳定、通航安全和满足生态保护要求的原则的前提下，研究提出规划期内各河道采砂年度控制总量及分河段（或分地区）控制开采量的初步规划意见。

7）采砂影响分析及环境评价。

采砂影响分析应包括采砂对河势稳定、防洪安全、通航安全、生态与环境和涉河工程正常运行等方面的影响（不利影响与有利影响均要分析），分析可采区规划与江河流域综合规划和区域综合规划以及相关专业规划的关系，提出结论性意见及减免不利影响的对策措施。

需要在河道管理范围内设置堆砂场时，应从河道行洪、岸坡稳定、环境保护等方面的影响综合考虑，提出堆砂场的数量、分布、范围、堆放时限及堆放要求等。

为了有效减轻河道采砂对区域水生态与水环境的影响，达到保护区域生物多样性和资源永续利用的目的，需对各流域河道采砂规划进行环境影响评价。采砂规划环境影响评价的主要内容包括：拟定规划的环境目标、规划分析及规划方案的环境比选、规划的环境影响评价、环保对策与建议、公众参与等。通过对规划方案的生态环境可行性进行论证，使规划方案既能充分体现可持续发展战略指导思想，又能满足水生态与水环境保护的要求，实现区域经济、社会、环境的协调可持续发展。

8）规划实施与管理。

在认真总结以往采砂管理经验和深入研究各部门有关政策、法规的基础上，提出规划实施的意见，明确年度实施的要求。根据不同河流的特点，提出采砂影响河段的动态监测管理措施意见。针对采砂管理的现状和特点，提出采砂管理体制建设、法规建设、能力建设和保障措施的初步建议，并就实施后的效果进行简要分析。

9）采砂管理控制性指标专题研究。

采砂规划的最终目的是为了更好地实施管理，以保护砂石资源和河道健康，促进人水和谐和经济社会的可持续发展。因此，研究制定既符合河道实际特点，又有利于采砂管理的采砂分区控制性指标十分必要。

这里所指的采砂管理控制性指标，包括为管理禁采区而设置的禁采范围和禁采期，为管理可采区而设置的河段年度控制采砂总量，各可采区规划范围、年度控制实施范围、采砂控制高程、控制采砂量、可采期和禁采期、采砂机具类型和数量、采砂作业方式、弃料场布置、为管理保留区而设置的保留区范围和年度采砂总量等。

不同的流域、不同的河道，其管理的要求和侧重点也不同。该项规划的重点是要突出适应性和可操作性，避免盲目性和"一刀切"。一是要适应保障河势稳定、防洪安全、通航安全和保护生态环境的需要；二是要切实符合管理实际，能够切实有效地指导管理工作；三是要是适应沿江经济发展的需要。为此，必须加强基础调研，分析采砂管理现状和管理的难点，以加强采砂监管能力为出发点，根据各控制性指标在管理中的作用，研究制定确定该指标的原则和方法，在此基础上有针对性地提出科学合理的采砂管理控制性指标。

4. 禁采范围的确定原则

（1）防洪工程及重要工程、设施安全的原则。堤防、护岸工程（包括护脚、护坡、护滩坝等）、控导工程及堤（坡、坝）脚附近，闸坝、引渠以及经有管辖权的水行政主管部门审查同意的重要公路、铁路及桥梁，管路、缆线附近，水文测流断面上下游，山区河道有岩体滑坡、泥石流等灾害的河段，其他依法禁止采掘的区域应划为禁采区。

（2）满足河势稳定的原则。禁止在可能引起河势发生较大变化的河段进行开采。

（3）满足生态环境保护的原则。对于季节性河流，应注意河滩地河沙覆盖植被的恢复；对于长年有水的河流，要保持水生态环境的动态平衡及可持续利用。珍稀动物栖息地、城镇集中饮用水水源地等应划为禁采区。

对于铁路的安全保护范围，《铁路运输安全保护条例》规定"任何单位和个人不得在铁路桥梁跨越的河道上下游的下列范围内采砂：桥长 100 米以上 500 米以下的铁路桥梁，河道上游 500 米，下游 2 000 米；桥长 100 米以下的铁路桥梁，河道上游 500 米，下游 1 000 米"。

根据河道采砂规划和当年河道来水情况的变化，确定可采区和禁采区后向社会公布。

5. 采砂规划的编制方法

（1）采砂方案的拟定。多方案拟定可能的开采方案，包括各方案采砂区的基本情况、分布、范围、开采深度、控制高程、可开采总量、年控制开采量等。

（2）采砂方案的比选。根据拟定的不同方案，确定采砂后的河床断面的变化情况和上下游、左右岸的衔接方式，分析遇现状防洪标准、河道规划整治标准洪水条件下采砂对河势及行洪的影响，确定推荐方案。分析应采用恒定非均匀流计算方法，必要时可以采用二维数学模型方法。

（3）可采区内采砂方式及采砂机具的控制。规定开采方式，初步确定采掘机械、筛分机械、运输机械等的型号和数量。

（4）砂石堆放及弃料处理。分区对堆砂场的布局提出要求。提出弃料场堆放、处理及现场清理要求。对有覆盖层的可采区，应制定采砂后河道恢复措施。

（5）禁采期及可采期。禁采期和可采期的确定应满足防洪要求，并参照《河北省采砂管理办法》，结合河道实际情况确定。禁采前，采砂单位或个人必须清除弃料，回填河床，并且按照原工程标准恢复损毁的堤岸。

6. 采砂规划的综合影响评价

河道采砂对河道的运行环境必然产生影响，无论河势变化是正面的还是负面的，都要进行充分的论证。这部分内容也是河道采砂规划的主要内容。评价的主要内容：

（1）对河道行洪和输水的影响。评价由于采砂后河床断面的变化可能引起的行洪能力、输水能力变化。

（2）对河势及工程的影响。评价由于采砂后河床断面的变化可能引起的河道主流摆动以及对堤防、跨河、临河、穿河等建筑物安全造成的影响。

（3）对生态环境的影响。采砂的噪声、扬尘影响，对河床植被的影响，对底层淤泥污染物翻动可能造成的环境影响，对动物及其栖息条件的影响，对水质的影响等。

（4）其他影响。评价采砂活动对交通、电力、通信设施、村庄等影响。

采砂规划综合影响评价的目的，一方面要了解影响河势的主要数据特征定性结论，掌握满足安全需要采取的措施；另一方面更重要的是对不利影响提出防止和减轻不利影响的对策措施。

7. 采砂项目可行性论证

（1）采砂项目可行性论证的概念

对河道采砂方案进行论证，是河道采砂规划的进一步具体化。针对每个砂场都要进行论证。项目论证的深度要达到"初步设计的深度"，具有可操作性，不仅能够作为采砂施工的依据，更要作为今后管理河道采砂的依据。

（2）基本要求

编制河道采砂项目可行性论证报告的主要依据是《中华人民共和国水法》《中华人民共和国防洪法》《中华人民共和国河道管理条例》《河北省河道采砂管理办法》以及《河北省河道采砂项目可行性论证报告编制规程》等法律法规及相关标准。

河道采砂首先是保护河道防洪安全，满足河道整治需要，保障跨河、穿河、临河建筑物安全。

河道采砂应该符合河道河势演变规律，努力做到通过有计划的采砂进行河道整治，需同治河、清障、护岸、固堤相结合，砂料开采不能造成新的险工或行洪障碍。

为避免上下游、左右岸由于河道采砂产生水事矛盾，河道采砂实行分级管理、总量控制的原则，做到上下游、左右岸统筹兼顾，分期有序开采。

采砂项目可行性论证报告的编制应由具备河道整治规划设计相应资质的单位承担。

（3）主要内容

采砂项目可行性论证报告应包括采砂范围、禁采期的划定，禁采区与可采区的划定，采砂场设计，以及采砂影响分析等方面。河道采砂项目可行性论证报告的主要包括以下内容：

1）采用的基本资料，包括测量资料、地质资料、附近建筑物及设施资料、水文资料等。

2）采砂河段规划概况，包括河道概况、河道整治规划、河道采砂规划等。

3）水文分析，包括采砂项目所在河段控制断面不同标准的设计洪峰流量成果，成果合理性分析等。

4）采砂河段河势及河床演变分析，包括河床演变情况、采砂河段及上下游衔接段主流改道摆动情况、堤防漫水出险情况等。

5）可采砂量分析，包括水文泥沙特性分析、砂料总储量分析、禁采区的划定、可开采量分析等。

6）采砂设计，包括采砂场位置的确定、开采计划制定、砂石料及弃料堆放处理、场区道路布置、采砂场平整及恢复措施等。

7）采砂影响分析，包括采砂对河道行洪及输水影响分析，采砂对跨河、穿河、临河建筑物及村庄安全影响分析，采砂对环境的影响分析等。

8. 采砂设计

（1）确定采砂场位置

本节的主要内容是分析确定采砂场的长度、宽度、砂坑边坡、边界线及采砂控制高程。

1）采砂场长度和宽度的确定

采砂场的长度和宽度的确定应与河道治理工程方案相适应，不能对水利工程设施及两岸村庄构成威胁，对于河道有清淤疏浚任务的河道，采沙场的宽度和长度应于河道清淤疏浚相结合。

2）采砂场开挖边坡

砂坑的边坡必须为稳定边坡。由于土坡表面倾斜，在土体自重及其他外力作用下，整个土体都有从高处向低处滑动的趋势。土坡丧失其原有稳定性，一部分土体相对于另一部分土体产生滑动，造成滑坡。为了有效地防止滑坡，应进行边坡稳定分析，确定合理的边坡，必要时还应采取相应的工程措施。

对于土坡的滑动面形状，经多年实际调查表明：由砂、卵石、风化砾石等粗颗粒组成的无黏性土土坡，其滑动面常近似为一平面；而对均质黏性土土坡来讲，滑动面通常是一个光滑的曲面。对于河道采砂场边坡，属无黏性土土坡，无论是干坡还是完全浸水条件下，由于无黏性土土粒间缺少黏结力，因此，只要位于坡面上的单元土体能够保持稳定，整个土坡就是稳定的。

采砂场开挖边坡在保证稳定的前提下，还要结合河道整治要求，使河道上下游、左右岸平顺衔接。

3）采砂控制高程

确定采砂高程主要是控制超深开采。开采高程应在保持河道边坡稳定、河势稳定、附近建筑物安全的前提下，结合河道治理、砂石料的埋藏深度等进行合理确定。并保证采砂河段与上下游、左右岸的平顺衔接。

（2）制定开采计划

为便于河道采砂审批和监督管理，应制定比较详细的开采计划。开采计划主要包括开采方式、开采次序、开采时间及年开采量的分析确定，根据河道具体情况，确定可采期及禁采期。

开采方式应根据河道的实际情况选定。对于地下水位较高的河道，采砂一般采用机械船作业，机械分选后输送带传送至指定位置，采用铲车装入载重汽车运出河道；如果河道地下水位低于开采控制高程，开采深度内不受地下水影响，一般采用挖掘机开挖，铲车装入载重汽车运出河道；如果开采深度较大，为保证边坡稳定，一般可采用分层开采的方式。

开采顺序应遵循河道治理的一般原则，先纵向由下游向上游开采，再横向由河道主槽逐步向岸边开采。根据采砂河段和采砂机械设备的具体情况，可分多个工作面同时开采。

开采时间及年开采量应与河道整治相协调，对于没有河道治理任务的河段，可根据具体情况（河段的场地布置、机械数量等）制订年度开采计划，确定年开采量。

禁采期是禁止开采的时段，是可采期以外的时段。为了保证采砂工作的安全和河道行洪安全，根据有关文件规定及河道防洪要求，一般情况下禁采期为每年的汛期，即6月15日至8月15日，同时为防止砂坑坍塌，汛期以外的雨天禁止开采。在该规定期内，禁止一切采砂活动。采砂设备、人员要在禁采期前撤出河道，避免突发洪水造成损失事故。对于有输水任务的河道，河道输水时间也为禁采期。禁采前，采砂单位或个人必须根据规划要求清除弃料、回填砂坑、平整河床，并且按照原工程标准恢复进出场损毁的堤岸。

（3）砂石料及弃料堆放处理

1）成品料堆放处理

在不影响河道行洪、输水以及交通的前提下，分析确定砂石料的堆放位置、形式、高度及面积，并确定运出时间。砂石成品料的堆放不得影响交通或形成阻水障碍物，并应及时运出河道。

2）弃料堆放处理

根据防汛、交通、料场恢复等多方面要求，分析确定弃料的堆放及处理措施。

为确保河道行洪安全，开采后，必须结合河道治理，及时回填弃料，平整、恢复迹地，以利行洪通畅或滩地的再利用。应结合采砂河段实际情况，确定采砂弃料的堆放位置、堆放高度、堆放宽度等，并使上、下游堆放后的岸边平顺连接，形成比较规整的河道纵横断面。

（4）场区道路布置

根据开采设备的进出、搬迁以及运输车辆的流量情况，合理安排行车路线。特别是两岸有防洪堤的河道，应作好运输道路穿越堤防的设计，不得随意毁坏堤防。

（5）采砂场平整及恢复措施

对有覆盖层的砂石料场，提出回填方式及恢复措施。一般情况下，所清表土应放置在不妨碍交通的地方，严禁随意堆放在河道。待采砂弃料平整后，及时将清表土回填到表层，以便尽快恢复植被。

为保证采砂后河段上下游、左右岸的平顺衔接，根据采砂场的开采情况，提出衔接方式和处理措施。

对行洪河道内跨年度开采的，应提出每年汛前的防洪要求。

9. 采砂影响分析

（1）采砂对行洪、输水影响分析

1）河床断面变化

根据采砂设计中确定的采砂场宽度、长度、控制开采高程及砂坑边坡等指标，分析确定河床纵横断面变化，对河道的过水断面进行修正，提出采砂后的河道纵横断面。

2）采砂对行洪、输水影响分析

根据采砂后河床断面的变化情况和上下游、左右岸的衔接方式，分析遇现状防洪标准、河道规划整治标准条件下采砂对行洪、输水的影响。

行洪、输水影响分析应同采砂设计方案结合进行，以合理确定保障河道行洪、输水安全的采砂方案。

（2）采砂对跨河、穿河、临河建筑物及村庄安全影响分析

根据采砂河段及上下游、左右岸建筑物的位置，逐个分析采砂前后由于河床断面或主槽位置的变化对河道堤防行洪安全的影响。

对于宽阔的游荡性河流，定性分析由于采砂后河床断面的变化，可能引起河道主流摆动或形成的串沟、冲坑等对建筑物及村庄的安全影响。

根据采砂可能对跨河、穿河、临河建筑物及村庄产生的影响，提出保护措施（主要是采取河道整治工程措施）。

（3）采砂对环境的影响分析

根据采砂场砂石料的开采及运输方式，分析采砂噪声、粉尘对环境的影响。在论证报告中应说明采砂区大气环境质量本底状况，采砂区及其周围区域有无大型村庄、学校、集中居民点等环境敏感受体，采砂的噪声污染影响的范围。粉尘污染主要来自砂料开挖砂石料筛分、废料废渣清除、交通运输等，主要影响施工作业人员，故施工作业人员一定要采取劳保措施予以防护，作业区应派专人专车定期按时洒水。

分析河道采砂对河床扰动及附近植被的影响，并分析由此可能产生的水土流失。水土保持设施是指具有防治水土流失功能的一切设施的总称，植被是水土保持设施之一。河道植被具有改善环境，防止水土流失的功能，采砂对植被破坏后，应予以恢复。

河道采砂许可

1. 河道采砂许可的概念

行政许可，是一项重要的行政权力。它涉及政府与市场，政府与社会，行政权力与公民、法人或者其他组织的权利的关系，涉及行政权力的配置及运作方式等诸多问题。根据《行政许可法》，行政许可是指：行政机关根据公民、法人或者其他组织的申请，经依法审查，准予其从事特定活动的行为。其突出的特点是由公民、法人或者其他组织提出申请，经行政机关审查同意。申请是行政许可的基本要素，所以没有申请就不存在行政许可。

《行政许可法》第十二条第二项规定，下列事项可以设定行政许可：

（1）直接涉及国家安全、公共安全、经济宏观调控、生态环境保护以及直接关系人身健康、生命财产安全等特定活动，需要按照法定条件予以批准的事项。

（2）有限自然资源开发利用、公共资源配置以及直接关系公共利益的特定行业的市场准入等，需要赋予特定权利的事项。

河道采砂许可属于行政许可，是指水行政主管部门根据公民、法人或者其他组织的申请，经依法审查，准予其在河道管理范围内从事河道采砂活动的行为。

河道采砂许可的法律依据：

《水法》第三十九条规定，国家实行河道采砂许可制度；《行政许可法》第十二条规定，有限自然资源开发利用需要赋予特定权利的事项可以设定行政许可；《河道管理条例》第二十五条规定，在河道管理范围内采砂、取土、淘金必须报经河道主管机关批准。

河道采砂既涉及公共安全、生态环境保护，而且也属于有限资源的开发利用，因此对河道采砂经营权进行招标承包是势在必行。

从过去的工作看，河道采砂属于利润极高的暴利行业，已经成为群众关心的热点、焦点问题，因此引发的矛盾纠纷时有发生。甚至有些采砂业主雇用涉黑势力参与河道采砂经营，给河道采砂的正常管理带来极大危害，有些已经严重威胁到河道的防洪安全和群众的经济利益。通过公开、公正的招标、拍卖方式决定河道采砂许可既是法律法规规定，也是有效实施河道采砂管理的手段。

在河道采砂的招标工作中，一定要做到在一定范围内向社会发布招标公告，制定严密的招标程序，公开揭标。

2. 河道采砂许可实施程序

（1）申请与受理

河道采砂申请书全国没有统一的格式。在办理申请时，各省要求从事采砂活动的单位和个人提供的材料基本一致，主要有以下几个方面：① 采砂申请书；② 营业执照的复印件及其他相关材料；③ 采砂申请与第三者有利害关系的，与第三者达成的协议或者有关文件。

采砂申请书应当包括下列内容：① 申请单位的名称、企业代码、地址、法定代表人或者负责人的姓名和职务，申请个人的姓名、住址、身份证号码；② 采砂的性质和种类；③ 采砂地点和范围（附具范围图和控制点坐标）；④ 开采量（日采量和年度总采量）；⑤ 开采时间；⑥ 开采深度和作业方式；⑦ 砂石堆放地点和弃料处理方案；⑧ 采砂设备基本情况；⑨ 采砂技术人员基本情况；⑩ 其他有关事项。

进行水上作业的，申请书还包括船名、船号、船主姓名、船机数量、采砂功率等内容，并提供船员证书、船舶证书的复印件。一些省和一些河段还要求提交采砂可行性论证报告。

1）申请书格式

河道采砂申请书采用格式文本。根据行政许可法规定，申请书需要采用格式文本的，行政机关应当向申请人提供行政许可申请书格式文本。申请书格式文本中不得包含与申请行政许可事项没有直接关系的内容。

2）申请方式

申请人可以委托代理人向采砂所在地县级水行政主管部门提出河道采砂许可申请。河道采砂许可申请可以通过信函、电报、电传、传真、电子数据交换和电子邮件等方式提出。

3）水行政主管部门公示河道采砂许可规定的义务

县级水行政主管部门应当将法律、法规、规章规定的有关河道采砂许可的事项、依据、条件、数量、程序、期限以及需要提交的全部材料的目录和申请书示范文本等在办公场所公示。

事项：河道采砂许可。

依据：《水法》《防洪法》《河道管理条例》《河道采砂收费管理办法》《河北省河道采砂管理办法》。

条件：可采区的范围、可采的深度、可采期、与第三方达成协议。

数量：可采砂量。

程序：河北省水利厅、财政厅关于实施《河北省河道采砂申请审查批准程序》的通知。

期限：20 天。

需要提交的全部材料目录：

河道采砂许可申请书。

营业执照的复印件及其他相关材料。

采砂地点的位置图。

采砂船舶、船员证书。

采砂设备及采砂人员的基本情况。

采砂申请与第三者有利害关系的，与第三者达成的协议或者有关文件。

申请书的示范文本：河北省水利厅、财政厅关于实施《河北省河道采砂申请审查批准程序》的通知所公布的河道采砂申请书示范文本。

申请人要求水行政主管部门对公示内容予以说明、解释的，水行政主管部门应当说明、解释，提供准确、可靠的信息。

4）申请人申请河道采砂许可时提交真实材料、反映真实情况的义务

申请人申请河道采砂许可，应当如实向水行政主管部门提交有关材料和反映真实情况，并对其申请材料实质内容的真实性负责。水行政主管部门不得要求申请人提交与其申请的河道采砂许可事项无关的技术资料和其他材料。

5）水行政主管部门对河道采砂许可申请的处理

申请事项依法不需要取得行政许可的，应当即时告知申请人不受理。

申请事项依法不属于本行政机关职权范围的，应当即时做出不予受理的决定，并告知申请人向有关行政机关申请。

申请材料存在可以当场更正的错误的，应当允许申请人当场更正。

申请材料不齐全或者不符合法定形式的，应当当场或者在五日内一次告知申请人需要补正的全部内容，逾期不告知的，自收到申请材料之日起即为受理。

申请事项属于本行政机关职权范围，申请材料齐全、符合法定形式，或者申请人按照本行政机关的要求提交全部补正申请材料的，应当受理行政许可申请。

行政机关受理或者不予受理行政许可申请，应当出具加盖本行政机关专用印章和注明日期的书面凭证。

6）鼓励行政机关发展电子政务实施行政许可事项的倡导性规定

水行政主管部门应当建立和完善有关制度，推行电子政务，在机关的网站上公布行政许可事项，方便申请人采取数据电文等方式提出行政许可申请；应当与其他行政机关共享有关行政许可信息，提高办事效率。

（2）审查

1）对河道采砂许可材料的审查

水行政主管部门应当对申请人提交的申请材料进行审查。根据河北省的规定，河道采砂许可实行分级负责制，县级水行政主管部门负责受理河道采砂许可，对河道采砂许可事项进行初审；市级水行政有关部门负责对河道采砂许可进行审查；省河系管理机构负责对河道采砂许可进行审核；省水利厅负责审批发证，由县级水行政主管部门负责送达申请人。

受理、初审：申请人提交的申请材料由县级水行政主管部门指派两名以上工作人员对申请材料的实质内容进行现场核实。对于申请材料齐全、符合法定形式，自受理申请之日起十日内完成初审工作，提出是否符合审批发证条件的初审意见并决定是否报送设区市人民政府水行政主管部门审查。不予上报的，应当在作出不予上报决定之日起五日内以书面形式通知申请人，并说明理由。初审意见通过的，县级水行政主管部门以书面形式通知申请人，申请人应当于三日内缴纳河道采砂管理费和保证金。

审查：设区市人民政府水行政主管部门对县级人民政府水行政主管部门的采砂初审意见进行审查，五日内提出，是否符合审批发证条件的意见并决定是否报送河系管理机构复核。不予上报的，应当在作出不予上报决定之日起五日内以书面形式通知该县水行政主管部门，并说明理由。决定上报的，将审查意见和相关材料报相关河系管理机构进行复核。

复核：省河系管理机构对市级水行政主管部门上报的审查意见和相关材料进行复核，三日内提出是否符合审批发证条件的意见并决定是否报送省水利厅批复。不予上报的，应当在作出不予上报决定之日起五日内以书面形式通知该市水行政主管部门，并说明理由。

审批：省水利厅收到河系管理机构签署的复核意见后，将对河道采砂许可作出批复，五日内通知设区市水行政主管部门和河系管理机构，最终由受理申请的县级水行政主管部门将河道采砂许可证送达申请人。

2）审查中需要注意的事项

一是对申请材料实质性内容的核定有人员数量的规定。根据法定条件和程序，需要对申请材料的实质内容进行核实的，行政机关应当指派两名以上工作人员进行核查。

二是多层级行政机关实施行政许可的审查程序。河道采砂许可属于多层级行政机关实施行政许可的审查程序，依法应当先经下级行政机关审查后报上级行政机关决定的行政许可，下级行政机关应当在法定期限内将初步审查意见和全部申请材料直接报送上级行政机关。上级行政机关不得要求申请人重复提供申请材料。

三是直接关系他人重大利益的行政许可审查程序。行政机关对行政许可申请进行审查时，发现行政许可事项直接关系他人重大利益的，应当告知该利害关系人。申请人、利害关系人有权进行陈述和申辩。行政机关应当听取申请人、利害关系人的意见。

（3）决定

1）依法作出河道采砂许可决定

水行政主管部门对河道采砂许可申请进行审查后，应当在法定期限内按照规定程序作出行政许可决定。

2）作出河道采砂许可决定的标准

河道采砂申请人的申请符合法定条件、标准的，水行政主管部门应当依法作出准予行政许可的书面决定。

3）做出不予河道采砂许可书面决定应当履行的义务

行政机关依法作出不予行政许可的书面决定的，应当说明理由，并告知申请人享有依法申请行政复议或者提起行政诉讼的权利。

4）颁发行政许可证件

水行政主管部门作出准予河道采砂许可的决定，应当向申请人颁发加盖本行政机关印章的河道采砂许可证件——河道采砂许可证。

5）公开准予行政许可决定

水行政主管部门作出的准予河道采砂许可决定，应当予以公开，公众有权查阅。河道采砂许可的公开方式为通过互联网的方式进行公开。

（4）期限

1）实施采砂许可的期限

水行政主管部门应当自受理行政许可申请之日起二十日内作出河道采砂许可决定。

2）多层级行政机关实施行政许可时下级行政机关的审查期限

县级水行政主管部门初审期限为十日，设区市水行政主管部门的审查期限为五日，河系管理机构的复核期限为三日，省水利厅的审批期限为二日。以上规定的初审、审查、复核和批准时限为最长时限，各级相关部门接到河道采砂申请书后，应当及时办理有关申报手续。

3）颁发、送达行政许可证件的期限

水行政主管部门作出准予河道采砂许可的决定，应当自作出决定之日起十日内向申请人颁发、送达河道采砂许可证。同样这里也要提请注意，过去是申请人来领取许可证件，现在的规定是送达到申请人手中。

（5）听证

法律、法规、规章规定实施行政许可应当听证的事项，或者行政机关认为需要听证的其他涉及公共利益的重大行政许可事项，行政机关应当向社会公告，并举行听证。目前，现行的法律、法规、规章并未规定审批河道采砂许可应当听证。

（6）河道采砂许可证的有效期限

可采期：各省对河道采砂可采期的规定差异较大，一是由于南北方汛期不同，二是南北方河道的旱涝特点不同。

河道采砂许可证的有效期限：对河道采砂许可证有效期限的规定全国基本一致，即河道采砂许可证的有效期限不得超过一个可采期。部分省规定河道采砂许可证期满后自行失效，部分省规定河道采砂许可证期满后由发证机关注销。如《广东省河道采砂管理条例》第十九条规定：河道采砂许可证有效期届满或者累计采砂达到规定总量的，发证机关应当注销其河道采砂许可证。也就是说河道采砂许可证只能批准一年，而且没有连续性，下一年度要重新提出申请、重新办理河道采砂许可手续。

（7）关于通过招标、拍卖等公平竞争的方式作出行政许可决定问题

《行政许可法》第十二条、第五十三条规定，有限自然资源开发利用需要赋予特定权利的事项，行政机关应当通过招标、拍卖等公平竞争的方式作出决定。但是，法律、行政法规另有规定的，依照其规定。行政机关通过招标、拍卖等方式作出行政许可决定的具体程序，依照有关法律、行政法规的规定。

关于河道采砂许可的决定方式，现行的水法律、水行政法规都没有明确规定。既然不存在法律、行政法规另有规定的情形，那么河道采砂许可的决定方式就适用《行政许可法》规定的招标、拍卖等公平竞争的方式。如果将来国务院出台的《河道采砂许可制度实施办法》对河道采砂许可的决定方式作出了特别规定，还可以按其特别规定执行。所以，如何通过招标、拍卖等公平竞争的方式作出河道采砂许可决定，对于我们来讲是一个崭新的课题和一项紧迫的任务。

河道采砂收费

征收河道采砂管理费是河道采砂管理的一项重要内容，是国家利益之所需。目前河道采砂管理中由水行政主管部门收取的费用基本有两种，一是河道采砂管理费，二是河道采砂资源费。

1. 收费依据

（1）河道采砂管理费

在收取河道采砂管理费上的法律依据是十分充分的，行政法规《河道管理条例》第四十条规定：在河道管理范围内采砂、取土、淘金，必须按照经批准的范围和作业方式进行，并向河道主管机关缴纳管理费。收费的标准和计收办法由国务院水行政主管部门会同国务院财政主管部门制定。

水利部、财政部、国家物价局于 1990 年以水财〔1990〕16 号颁发了《河道采砂收费管理办法》，《河道采砂收费管理办法》第五条规定：河道采砂必须缴纳河道采砂管理费。

绝大多数省的河道采砂管理相关法规规章都规定在河道内开采砂石、淘金、取土，应向水行政主管部门缴纳管理费。

（2）河道砂石资源费

《长江河道采砂管理条例》第十七条规定：从事长江采砂活动的单位和个人应当向发放河道采砂许可证的机关缴纳长江河道砂石资源费。发放河道采砂许可证的机关应当将收取的长江河道砂石资源费全部上缴财政。长江河道砂石资源费的具体征收、使用管理办法由国务院财政主管部门会同国务院水行政主管部门、物价主管部门制定。从事长江

采砂活动的单位和个人，不再缴纳河道采砂管理费和矿产资源补偿费。部分省、市自《长江河道采砂管理条例》出台以后，参照该条例也制定了类似的政策。如陕西省《陕西省河道采砂管理办法》第二十条规定：在河道采砂的单位和个人，必须向发放河道采砂许可证的水行政主管部门或省三门峡库区管理机构缴纳河道砂石资源费，不再缴纳河道采砂管理费和矿产资源补偿费。

2. 收费标准

根据《行政许可法》第五十九条规定："行政机关实施行政许可，依照法律、行政法规收取费用的，应当按照公布的法定项目和标准收费。"

在实际管理当中，水行政主管部门应当将河道采砂管理费的收费项目和收费标准予以公布。

3. 收费机关

收取河道采砂管理费的机关为县级水行政主管部门，由县级水行政主管部门根据规定分级上缴。

4. 财务管理

河道采砂许可所收取的费用必须全部上缴国库，任何机关或者个人不得以任何形式截留、挪用、私分或者变相私分。法律规定财政部门不得以任何形式向行政机关返还或者变相返还实施河道采砂许可所收取的费用。

河道采砂巡查

1. 河道采砂巡查的概念

河道采砂巡查是指各级水行政主管部门依照职责对其管辖范围内的河道采砂（包括开采砂石、取土、淘金、淘取其他金属或非金属）活动进行的监督和检查，其目的是为了加强河道采砂管理，保障河道防洪安全，及时发现和处理违法采砂行为。

2. 巡查的基本原则

河道采砂巡查坚持定期巡查和不定期抽查相结合，全面巡查与重点巡查相结合的原则，采用经常巡查、定期巡查和不定期抽查相结合的方式。

经常巡查：以水政监察大队为单位，每周对所辖河道采砂进行一次巡查；以设区市水政监察支队为单位，每月对所辖河道采砂进行两次巡查。

定期巡查：以省河系管理机构水政监察支队为单位，每年汛前和汛后对所辖河道采砂分别进行一次巡查。

不定期抽查：省、河系管理机构和设区市水政监察队伍不定期对所辖范围内的河道采砂巡查制度执行情况进行抽查。

在禁采期应增加巡查的次数，实行重点检查；巡查路线要突出重点，保证重点区域夜间巡查。必要时，与公安、工商等有关部门开展联合巡查。

3. 巡查的基本制度和管辖

（1）建立河道采砂巡查信息通报制度。定期在水利简报或互联网站上编发巡查工作信息，沟通情况，反映问题，总结和推广工作经验。

（2）巡查实行登记和报告制度。水行政机关在检查时应做好巡查工作记录，建立巡查工作业务档案。

经常巡查应每月写出总结报告，总结报告于每月 5 日前报上一级水行政主管部门；定期巡查应写出专题报告，专题报告于每年的 6 月 1 日和 9 月 30 日前报省级水行政主管部门。报告内容包括巡查人员组成、巡查时间、巡查范围、巡查中发现的问题、已采取的措施或建议。

（3）管辖。河道采砂巡查采取属地管辖。省级水行政主管部门河道采砂巡查的统一管理工作。

（4）长江河道采砂还应当建立流域机构定期和非定期巡查制度。

设区市、县（区、市）水行政主管部门负责本行政区域内的河道采砂巡查工作，其所属的水政监察队伍负责河道采砂巡查工作的具体实施。

4. 巡查的主要内容

（1）采砂业主是否持有合法的河道采砂许可证，河道采砂许可证正本是否悬挂于采砂经营场所明显位置。

（2）是否存在买卖、转让、涂改、伪造河道采砂许可证的行为。

（3）是否按规定缴纳了河道采砂管理费。

（4）开采位置、深度和范围是否符合要求。

（5）开采边坡及采砂段河床与上下游衔接坡度是否符合要求。

（6）砂石堆放地点、弃料处理方式是否符合要求。

（7）是否存在损害水利、铁路、公路、通信等工程设施的行为。

（8）出入砂场的车辆，是否按指定的进出场路线行驶。

（9）是否存在偷采盗采行为。

（10）在禁采期、禁采区是否存在采砂行为。

（11）在禁采期内，采砂机械是否撤出河道管理范围。

（12）其他需要巡查的事项。

河道采砂执法监督

1. 河道采砂执法监督的基本概念

（1）行政监督的概念

行政监督的含义，有广义和狭义之分。广义的行政监督是指立法机关、行政机关、司法机关、社会政党、社会团体、群众组织、公民、社会舆论等多种政治力量和社会力量，对国家行政机关及行政人员的行政管理活动，是否符合社会主义法制原则，是否符合国家和人民利益，依照法律规定，所进行的监察和督导。狭义的行政监督是行政机关的一种行政行为，是指以行政机关为监督的主体，以行政管理职权，对管理对象及所管的事务实施的监督检查活动，是行政系统内的监督。广义的行政监督包含狭义的行政监督。

（2）河道采砂执法监督概念

要想理解河道采砂执法监督的概念，首先要搞清行政执法监督、水行政执法监督的概念。

行政执法监督，是指上级人民政府对下级人民政府、县级以上人民政府对其所属行政执法部门、上级行政执法部门对其下级行政执法部门的行政执法活动的层级监督。

行政执法监督和行政监督有什么不同呢？这就需要首先了解什么是行政执法，行政执法是指依法具有行政执法权的行政机关（含县级以上人民政府所属行政执法部门、法律法规授权的机构或者组织，以下统称行政执法部门），执行法律、法规、规章的具体行政行为。由此可见，行政执法监督和行政监督的概念是有区别的。行政监督的对象是管理相对人，而行政执法监督的对象是行政执法主体。

水行政执法监督是指上级水行政主管部门对下级水行政主管部门的行政执法活动的层级监督。河道采砂的行政执法监督是水行政执法监督的一种，适用于水行政执法监督的法律规定。

（3）河道采砂执法监督主体

作为行政执法监督的主体，必须是人民政府、行政执法部门，监督的对象必须是下级的政府或行政执法部门。河道采砂执法监督的主体包括三类：一是各级人民政府，二是水行政主管部门，三是流域管理机构。

（4）河道采砂监督的必要性

河道采砂许可能否依法实施，加强对水行政机关的行为监督是十分必要的。

长期以来，由于缺乏对河道采砂管理必要的监督制度和手段，导致河道采砂许可形成只许可不监管，甚至不许可，而放任不管的局面，造成非法河道采砂现象屡禁不止。由于滥采乱挖，破坏河道、桥梁、通信线路，致使一些水利工程失去效能的事件每年都有发生。同时，由于缺乏监督，导致一些管理单位责任心降低，管理标准降低。

行政许可法对河道采砂许可监督的法律要求，行政许可法对实施机关及行政许可程序等内容，作了详细的规定，主要是针对实施行政许可的行政机关的行为规范。如果没有有效的监督机制，在实施行政许可过程中不可避免会发生滥用许可权利的行为。对于河道采砂在许可过程中有可能有下列几种行为，值得我们在工作中予以注意：

1）收到采砂申请后不依法出具书面受理凭证的。

2）对符合条件的申请应当受理而拒绝受理的。

3）对申请材料不全或者不符合法定形式的，未能一次性书面告知申请人需要补正的全部内容的。

4）决定不予受理采砂许可而不书面告知理由的。

5）违反法定程序实施采砂许可的。

6）超越权限实施采砂许可的。

7）未在法定时限内作出是否准予采砂许可决定的。

8）在河道采砂许可实施过程中违法收取抵押金、保证金等的。

9）违法委托其他组织实施采砂许可的。

10）不按照规定公开河道采砂许可结果的。

（5）缺乏监督的后果

上述行为侵害了河道采砂申请人的合法权益，同时也损害了公共利益和社会秩序。因此为保障水行政机关有效实施河道采砂许可，首先应当要求上级行政机关加强对下级行政机关实施河道采砂许可的监督检查，及时纠正采砂许可实施中的违法行为。

2. 法律依据

《水法》第六十三条规定：县级以上人民政府或者上级水行政主管部门发现本级或者下级水行政主管部门在监督检查工作中有违法或者失职行为的，应当责令其限期改正。

《行政许可法》第六十条规定：上级行政机关应当加强对下级行政机关实施行政许可的监督检查，及时纠正行政许可实施中的违法行为。

《行政许可法》第七十七条规定：行政机关不依法履行监督职责或者监督不力，造成严重后果的，由其上级行政机关或者监察机关责令改正，对直接负责的主管人员和其他直接责任人员依法给予行政处分；构成犯罪的，依法追究刑事责任。

河道采砂行政强制手段和处罚

1. 与河道采砂有关的水行政强制措施

（1）责令停止违法行为、恢复原状

《水法》第六十五条规定：在河道管理范围内从事影响河势稳定、危害河岸堤防安全和其他妨碍河道行洪的活动，由县级以上人民政府水行政主管部门或者流域管理机构依据职权，责令停止违法行为，限期恢复原状。

《长江河道采砂管理条例》第十九条规定：未按照河道采砂许可证规定的要求采砂的，由县级以上地方人民政府水行政主管部门或者长江水利委员会依据职权，责令停止违法行为，没收违法所得，处5万元以上10万元以下的罚款，并吊销河道采砂许可证；触犯刑律的，依法追究刑事责任。

（2）排除阻碍、责令纠正违法行为或者采取补救措施

《防洪法》第五十六条第二项规定：在河道、湖泊管理范围内从事影响河势稳定、危害河岸堤防安全和其他妨碍河道行洪的活动，由县级以上人民政府水行政主管部门或者流域管理机构责令其停止违法行为，排除阻碍或者采取其他补救措施。

《河道管理条例》第四十四条第四项规定：未经批准或者不按照河道主管机关的规定在河道管理范围内采砂、取土、淘金、弃置砂石的，由县级以上地方人民政府河道主管机关责令其纠正违法行为、采取补救措施。

（3）责令停止开采

《行政许可法》第八十一条规定：公民、法人或者其他组织未经行政许可，擅自从事依法应当取得行政许可的活动的，行政机关应当依法采取措施予以制止，并依法给予行政处罚；构成犯罪的，依法追究刑事责任。

《长江河道采砂管理条例》第十八条，违反本条例规定，未办理河道采砂许可证，擅自在长江采砂的，由县级以上地方人民政府水行政主管部门或者长江水利委员会依据职权，责令停止违法行为，没收违法所得和非法采砂机具，并处10万元以上30万元以下的罚款；情节严重的，扣押或者没收非法采砂船舶，并对没收的非法采砂船舶予以拍卖，拍卖款项全部上缴财政。拒绝、阻碍水行政主管部门或者长江水利委员会依法执行职务，构成违反治安管理行为的，由公安机关依法给予治安管理处罚；触犯刑律的，依法追究刑事责任。

2. 河道采砂行政处罚

（1）河道采砂行政处罚的概念

水行政处罚是指水行政处罚主体依照法律、法规和规章的规定，对公民、法人或者其他组织违反行政法律规范但尚未构成犯罪的行为实施的一种惩戒或者行政制裁的具体行政行为。

河道采砂行政处罚是水行政处罚的一种。具体地讲，河道采砂行政处罚是指各级水行政主管部门、流域管理机构依照法律、法规和规章的规定，对公民、法人或者其他组织违反河道采砂管理规定，但尚未构成犯罪的行为实施的一种惩戒或者行政制裁的具体行政行为。

（2）河道采砂行政处罚主体

行政处罚的主体是行政机关或法律、法规授权的其他行政主体。应当注意两点：一是水行政机关或法律、法规授权的其他水行政主体是否拥有处罚权和拥有何种、多大范

围内的处罚权，都有法律、法规予以明确的规定；二是虽然水行政处罚权主要属于水行政机关的，但如果经法律、法规或行政机关委托，行政处罚权的实施权亦可由被授权、被委托的组织行使。河道采砂行政处罚主体包括两类：一是县级以上水行政主管部门，二是流域管理机构。

（3）河道采砂行政处罚种类

水行政处罚的形式、种类很多，具体到河道采砂行政处罚，其种类主要有警告、罚款、吊销采砂许可证、没收非法所得。

1）警告

警告是指行政机关对违反行政管理法律规范的公民、法人或者其他组织的谴责和告诫，是以影响违法行为人声誉为内容的处罚，其目的是通过对行为人精神上的惩戒，使其认识到本身的违法行为，不再违法。

《河道管理条例》第四十四条第四项规定：未经批准或者不按照河道主管机关的规定在河道管理范围内采砂、取土、淘金、弃置砂石或者淤泥的，由县级以上地方人民政府河道主管机关给予警告。

2）罚款

罚款是指行政机关强制违反行政法律规范的公民、法人或者其他组织在一定期限内向国家交纳一定数量货币的处罚形式，其目的就是使违法行为人在经济上受到损失，从而警示其今后不再违法。

《防洪法》第五十六条第二项规定：在河道、湖泊管理范围内从事影响河势稳定、危害河岸堤防安全和其他妨碍河道行洪的活动，县级以上人民政府水行政主管部门或者流域管理机构可以处5万元以下的罚款。

《河道管理条例》第四十四条第四项规定：违反本条例规定，未经批准或者不按照河道主管机关的规定在河道管理范围内采砂、取土、淘金、弃置砂石的，由县级以上地方人民政府河道主管机关处以罚款。

3）没收非法所得

没收非法所得是指行政机关将违反行政法律规范的公民、法人或者其他组织违法所得的收入强制收归国有的一种处罚形式。没收非法所得是比较严厉的财产罚。

《河道管理条例》第四十四条第四项规定：未经批准或者不按照河道主管机关的规定在河道管理范围内采砂、取土、淘金、弃置砂石的，由县级以上地方人民政府河道主管机关没收非法所得。

4）吊销河道采砂许可证

《长江河道采砂管理条例》第十八条第二款规定：虽持有河道采砂许可证，但在禁采区、禁采期内采砂的，由县级以上地方人民政府水行政主管部门或者长江水利委员会依据职权，吊销河道采砂许可证。

3. 工商行政管理处罚

《城乡个体工商户管理暂行条例》第七条规定：申请从事个体工商业经营的个人或者家庭，应当持所在地户籍证明及其他有关证明，向所在地工商行政管理机关申请登记，经县级工商行政管理机关核准领取营业执照后，方可营业。第二十二条规定：凡未办理营业执照而从事经营活动的，由工商行政管理机关根据不同情况分别给予警告、罚款、没收非法所得、责令停止营业、扣缴或者吊销营业执照。

《合伙企业登记管理办法》第二十六条规定：未经企业登记机关依法核准登记并领取营业执照，以合伙企业名义从事经营活动的，由企业登记机关责令停止经营活动，可以处 5000 元以下的罚款。

《个人独资企业登记管理办法》第三十五条规定：未经登记机关依法核准登记并领取营业执照，以个人独资企业名义从事经营活动的，由登记机关责令停止经营活动，处以 3000 元以下的罚款。

《无照经营查处取缔办法》第十四条规定：对于无照经营行为，由工商行政管理部门依法予以取缔，没收违法所得；触犯刑律的，依照《刑法》关于非法经营罪、重大责任事故罪、重大劳动安全事故罪、危险物品肇事罪或者其他罪的规定，依法追究刑事责任；尚不够刑事处罚的，并处 2 万元以下的罚款；无照经营行为规模较大、社会危害严重，的，并处 2 万元以上 20 万元以下的罚款；无照经营行为危害人体健康、存在重大安全隐患、威胁公共安全、破坏环境资源的，没收专门用于从事无照经营的工具、设备、原材料、产品（商品）等财物，并处 5 万元以上 50 万元以下的罚款。

所以，从事采砂经营活动应当到工商行政管理部门办理营业执照。对于没有办理营业执照而从事采砂经营活动的，工商行政管理部门有权给予相应的工商行政管理处罚。

4. 治安管理处罚

（1）偷窃行为

《治安管理处罚法》第四十九条规定：盗窃、诈骗、哄抢、抢夺、敲诈勒索或者故意损毁公私财物的，处五日以上十日以下拘留，可以并处五百元以下罚款；情节较重的，处十日以上十五日以下拘留，可以并处一千元以下罚款。如《河北省河道采砂管理办法》第三条规定：河道砂石、沙金、土地属国家所有。因此，偷采盗采河道砂石、沙金应当属于《治安管理处罚法》中的偷窃行为。2003 年 6 月 13 日下发的《河北省水利厅、河北省公安厅、河北省工商行政管理局关于严厉打击非法采砂活动的紧急通知》中进一步明确了这一点：对于偷采盗采河道砂石、沙金的。视为盗窃国家财物。所以，对于偷采盗采河道砂石、沙金的行为应当给予相应治安管理处罚。

（2）拒绝、阻碍执行职务行为

《治安管理处罚法》第五十条第二项规定：阻碍国家机关工作人员依法执行职务的，处警告或者二百元以下罚款；情节严重的，处五日以上十日以下拘留，可以并处五百元以下罚款。所以，阻碍河道清障、整治河道、回填沙坑，谩骂、威胁、殴打水行政执法人员，煽动闹事或者以其他方式妨碍水行政主管部门执法的，可以视为拒绝、阻碍国家工作人员依法执行职务，应当给予相应治安管理处罚。

5. 刑事处罚

在河道采砂活动中，主要有五种类型的行为可以构成刑事犯罪，包括非法采矿罪、以危险方法危害公共安全、过失以危险方法危害公共安全、盗窃、妨碍国家机关工作人员执行职务等行为。

（1）非法采矿罪、破坏性采矿罪

《刑法》第三百四十三条第一款规定：违反矿产资源法的规定，未取得采矿许可证擅自采矿，擅自进入国家规划矿区、对国民经济具有重要价值的矿区和他人矿区范围采矿，或者擅自开采国家规定实行保护性开采的特定矿种，情节严重的，处三年以下有期徒刑、拘役或者管制，并处或者单处罚金；情节特别严重的，处三年以上七年以下有期徒刑，并处罚金。

《刑法》第三百四十三条第二款规定：违反矿产资源法的规定，采取破坏性的开采方法开采矿产资源，造成矿产资源严重破坏的，处五年以下有期徒刑或者拘役，并处罚金。

对检查发现的及水行政主管部门移送的，未取得河道采砂许可证，偷采盗采河道砂石资源以及超过许可深度和范围开采砂石价值达到刑事立案标准的案件，要及时按照非法采矿罪进行立案，追究刑事责任。对采取破坏性的开采方法开采河道砂石，造成资源严重破坏的，要及时按照破坏性矿罪进行立案，追究刑事责任。

（2）以危险方法危害公共安全罪、过失以危险方法危害公共安全罪

《刑法》第一百一十四条规定：放火、决水、爆炸以及投放毒害性、放射性、传染病病原体等物质或者以其他危险方法危害公共安全，尚未造成严重后果的，处三年以上十年以下有期徒刑。第一百一十五条规定：放火、决水、爆炸以及投放毒害性、放射性、传染病原体等物质或者以其他危险方法致人重伤、死亡或者使公私财产遭受重大损失的，处十年以上有期徒刑、无期徒刑或者死刑。过失犯前款罪的，处三年以上七年以下有期徒刑；情节较轻的，处三年以下有期徒刑或者拘役。

未办理河道采砂许可证，擅自从事采砂活动，严重影响河势稳定、危害河岸堤防安全和妨碍河道行洪的，是以危险方法危害公共安全的行为，构成《刑法》第一百一十四条规定的以危险方法危害公共安全罪或过失以危险方法危害公共安全罪。

（3）盗窃罪

《刑法》第二百六十四条规定：盗窃公私财物，数额较大或者多次盗窃的，处三年以下有期徒刑、拘役或者管制，并处或者单处罚金；数额巨大或者有其他严重情节的，处三年以上十年以下有期徒刑，并处罚金；数额特别巨大或者有其他特别严重情节的，处十年以上有期徒刑或者无期徒刑，并处罚金或者没收财产。

偷采盗采数量较大且屡禁不止、非法所得数额较大的，构成盗窃罪。

（4）妨碍执行公务罪

《刑法》第二百七十七条规定：以暴力、威胁方法阻碍国家机关工作人员依法执行职务的，处三年以下有期徒刑、拘役、管制或者罚金。

以暴力、威胁方法阻碍水行政执法人员进行河道清障、整治河道、回填沙坑以及其他执法行为的，可以视为构成妨碍执行职务罪。

根据《行政执法机关移送涉嫌犯罪案件的规定》（国务院第 310 号令），水行政执法部门办理涉嫌犯罪的非法采砂案件的移送工作，应遵循以下程序：

1）水行政执法部门在依法查处违法行为过程中，发现非法采砂事实涉及的金额、违法事实的情节、违法事实造成的后果，根据刑法、司法解释，涉嫌构成犯罪的，依法需要刑事责任的，必须向公安机关移送。

2）水行政执法部门在查处非法采砂过程中，必须妥善保存所收集的与非法采砂行为有关的证据。

3）水行政执法部门对应当向公安机关移送的涉嫌犯罪案件，应当立即指定两名或者两名以上水行政执法人员组成专案组专门负责，核实情况后提出移送涉嫌犯罪案件的书面报告，报经本机关正职负责人或者主持工作的负责人审批。

4）公安机关对水行政执法部门移送的涉嫌犯罪的非法采砂案件，应当在涉嫌犯罪案件移送书的回执上签字。

5）水行政执法部门对公安机关决定不予立案的涉嫌犯罪的非法采砂案件，应当依法作出处理。

6）水行政执法部门对应当向公安机关移送的，不得以行政处罚代替移送。

7）水行政执法部门向公安机关移送涉嫌犯罪的非法采砂案件前已经作出的警告，吊销许可证的行政处罚决定，不停止执行；水行政执法部门向公安机关移送涉嫌犯罪的非法采砂案件前，已经依法给予当事人罚款的，人民法院判处罚金时，依法折抵罚金。

三、河道保护

1. 河道保护的概念

河道保护，是为避免人类活动的破坏，以便安全和正常运用，通过法律对人们在河道的一定范围内的活动所作的限制。它明确规定了在某一特定范围内，不得从事某些行为以及应该从事某些行为。

2. 河道保护存在的问题

在河道保护中主要存在以下问题：

（1）由于乱砍滥伐森林、滥垦荒地，水土流失加剧，造成河道、湖泊淤积，使河道行洪断面减小。

（2）在城乡建设和经济建设中，一些地方与水争地，向河道倾倒大量垃圾、废渣等固体物，淤塞河道；侵占河道建设各种建筑物，围垦河流、湖泊等，造成河流泄洪不畅，调蓄洪水能力下降。

（3）乱采滥挖河道砂石，影响河势稳定，危及堤防和工程安全。

（4）在河道内种植高秆阻水作物，设置阻水渔网，影响行洪等。

以上种种情况，大大恶化了我国江河防洪情势。20 世纪 90 年代以来，我国洪水灾害与 20 世纪 50 ~ 60 年代相比，出现小流量高水位、洪水推进速度慢的趋势和特点，由此造成经济损失越来越大。

3. 河道保护的具体法律规定

有关河道保护，在《水法》《河道管理条例》《防洪法》《防汛条例》等水利法规中都有详细的规定。

（1）《水法》中有关河道保护的具体规定

《水法》第三十七条规定："禁止在江河、湖泊、水库、运河、渠道内弃置、堆放阻碍行洪的物体和种植阻碍行洪的林木及高秆作物。禁止在河道管理范围内建设妨碍行洪的建筑物、构筑物以及从事影响河势稳定、危害河岸堤防安全和其他妨碍河道行洪的活动。"《水法》第三十八条规定："在河道管理范围内建设桥梁、码头和其他拦河、跨河、临河建筑物、构筑物，铺设跨河管道、电缆，应当符合国家规定的防洪标准和其他有关的技术要求，工程建设方案应当依照防洪法的有关规定报经有关水行政主管部门审查同意。因建设前款工程设施，需要扩建、改建、拆除或者损坏原有水工程设施的，建设单位应当负担扩建、改建的费用和损失补偿。但是，原有工程设施属于违法工程的除外。"

《水法》第四十条规定："禁止围湖造地。已经围垦的，应当按照国家规定的防洪标准有计划地退地还湖。禁止围垦河道。确需围垦的，应当经过科学论证，经省、自治区、直辖市人民政府水行政主管部门或者国务院水行政主管部门同意后，报本级人民政府批准。"

（2）《河道管理条例》中有关河道保护的规定

《河道管理条例》第二十一条规定："在河道管理范围内，水域和土地的利用应当符合江河行洪、输水和航运的要求；滩地的利用，应当由河道主管机关会同土地管理等有关部门制定规划，报县级以上地方人民政府批准后实施。"

《河道管理条例》第二十二条规定："禁止损毁堤防、护岸、闸坝等水工程建筑物和防汛设施、水文监测和测量设施、河岸地质监测设施以及通信照明等设施。在防汛抢险期间，无关人员和车辆不得上堤。因降雨雪等造成堤顶泥泞期间，禁止车辆通行，但防汛抢险车辆除外。"

《河道管理条例》第二十三条规定："禁止非管理人员操作河道上的涵闸闸门，禁止任何组织和个人干扰河道管理单位的正常工作。"

《河道管理条例》第二十四条规定："在河道管理范围内，禁止修建围堤、阻水渠道、阻水道路；植高秆农作物、芦苇、杞柳、荻柴和树木（堤防防护林除外）；设置拦河渔具；置矿渣、石渣、煤灰、泥土、垃圾等。在堤防和护堤地，禁止建房、放牧、开渠、打井、挖坑、葬坟、晒粮、存放物料、开采地下资源、进行考古发掘以及开展集市贸易活动。"

《河道管理条例》第二十五条规定："在河道管理范围内进行下列活动，必须报经河道主管机关批准；涉及其他部门的，由河道主管机关会同有关部门批准：1）采砂、取土、淘金、弃置砂石或者淤泥；2）爆破、钻探、挖筑鱼塘；3）在河道滩地存放物料、修建厂房或者其他建筑设施；4）在河道滩地开采地下资源及进行考古发掘。"

《河道管理条例》第二十六条规定："在堤防安全保护区内，禁止进行打井、钻探、爆破、挖筑鱼塘、采石、取土等危害堤防安全的活动。"

《河道管理条例》第二十七条规定："禁止围湖造田。已经围垦的，应当按照国家规定的防洪标准进行治理，逐步退田还湖。湖泊的开发利用规划必须经河道主管机关审查同意。禁止围垦河流，确需围垦的，必须经过科学论证，并经省级以上人民政府批准。"

《河道管理条例》第二十九条规定："江河的故道、旧堤、原有工程设施等，非经河道主管机关批准，不得填堵、占用或者拆毁。"

《河道管理条例》第三十条规定："护堤护岸林木，由河道管理单位组织营造和管理，其他任何单位和个人不得侵占、砍伐或者破坏。河道管理单位对护堤护岸林木进行抚育和更新性质的采伐及用于防汛抢险的采伐，根据国家有关规定免交育林基金。"

《河道管理条例》第三十一条规定："在为保证堤岸安全需要限制航速的河段，河道主管机关应当会同交通部门设立限制航速的标志，通行的船舶不得超速行驶。在汛期，船舶的行驶和停靠必须遵守防汛指挥都的规定。"

《河道管理条例》第三十二条规定："山区河道有山体滑坡、崩岸、泥石流等自然灾害的河段，河道主管机关应当会同地质、交通等部门加强监测。在上述河段，禁止从事开山采石、采矿、开荒等危及山体稳定的活动。"

《河道管理条例》第三十三条规定："在河道中流放竹木，不得影响行洪、航运和水工程安全，并服从当地河道主管机关的安全管理。在汛期，河道主管机关有权对河道上的竹木和其他漂流物进行紧急处置。"

（3）河道保护与防洪

河道是降雨径流的汇集地，又是排水、泄洪的通道，兼有输水、航运、养殖等多种功能。由于河流两岸有优越的水土资源、便利的交通，河流、湖泊沿岸大多成为人口密集、经济文化发达的地区。因此，河道的防护和治理是防洪工作的重点。

《河道管理条例》第十二条规定："修建桥梁、码头和其他设施，必须按照国家规定的防洪标准所确定的河宽进行，不得缩窄行洪通道。桥梁和栈桥的梁底必须高于设计洪水位，并按照防洪和航运的要求，留有一定的超高。设计洪水位由河道主管机关根据防洪规划确定。跨越河道的管道、线路的净空高度必须符合防洪和航运的要求。"

（4）河道清障的法律规定

河道清障也是河道保护的重要内容。河道中的障碍，即阻水物，包括自然的阻水物和人为的阻水物两种。自然的阻水物指自然生产形成的，如：自然堆积的沙丘、自然生长的植物等障碍物。人为阻水物指为了某种需要而人为形成的，如阻水工程，弃置、堆积的物体等障碍物。在河道保护中所指的障碍，主要是人为阻水物，常见的有：建筑物、树木、高秆作物、废渣、尾矿矿渣、泥土、拦河渔具、垃圾及其他设施等。

河道清障，是指清除河道中违反《水法》规定而人为设置的阻水物，恢复河道的通畅状态，保持其过水能力，以确保河道渔业、通航、竹木流放和输水等功能的正常运用，尤其是确保防洪的安全。

河道清障最重要的目的是适应防洪的要求，我国河道的防洪标准普遍较低，河道的行洪能力本来就不高。但在很多地方，随着城乡经济的搞活，人口的增加以及多年来的风调雨顺，人们不断为种种目的占用行洪河道，河道内阻水物急剧增加。如盖楼房、建仓库、种庄稼。植树造林、堆放废渣、垃圾等。其结果是，缩小了河道的有效过水断面，增加了河道的滞水性，进一步降低了河道的行洪能力。这种情况有些地方已相当严重。由于在河道设障以及清障不及时，以致洪水来临甚至往往是一般洪水来临时便产生超乎寻常的较大洪水灾害。因此，必须加强河道清障工作，特别是强化法律手段来进行河道清障。

河道清障是对已经产生的违法结果进行补救，使河道恢复原状的措施。据《河道管理条例》的有关规定，河道清障采取"谁设障，谁清除"的原则，即在河道管理范围内，哪一个单位或个人设置阻水物，就由哪一个单位或个人负责清除并承担由此所产生的一切损失。实行这一原则，可以防止某些单位或个人乱扔乱弃阻水物，也可以有效地促进设障单位或个人积极地清除阻水物。

《河道管理条例》还具体规定了河道清障的程序和措施：

1）对河道管理范围内的阻水障碍物，首先由河道主管机关提出清障计划和实施方案，再由防汛指挥部责令设障者在规定的期间内拆除。逾期不清除的，则可采取强制执行措施，由防汛指挥部组织强行清除，并由设障者负担全部清障费用。

2）对壅水、阻水严重的桥梁、引道、码头和其他跨河工程设施，根据国家规定的防洪标准，由河道主管机关提出意见并报经人民政府批准，责成原建设单位在规定的期限内改建或者拆除。汛期影响防水安全的，必须服从防汛指挥部的紧急处理决定。

第三章　水文管理

一、水文管理体制与原则

所谓水文工作，是指为防汛抗旱和水资源规划、开发、利用、保护、管理而进行的水资源监测、评价等基础性工作，主要包括：组织对江、河、湖、库及地下水的水量、水质进行监测，开展水文水资源情报预报、水文水资源调查评价、水环境影响评价等。

水文是水利工作的重要基础和技术支撑，是国民经济和社会发展不可缺少的基础性公益事业。水文工作通过对水位、流量、降水量、泥沙、蒸发、地下水位及水质、墒情等水文要素的监测和分析，对水资源的量、质及其时空变化规律的研究，以及对洪水和旱情的监测与预报，为国民经济建设，防汛抗旱，水资源的配置、利用和保护提供基本信息和科学数据。

水文工作的现状与国民经济和社会持续健康发展的要求不相适应，存在一些亟待解决的问题：一是水文站网的建设与管理不规范，影响了水文水资源的监测工作；二是水文水资源监测资料的使用与管理不统一，影响了水文资料的科学、规范和权威性；三是水文工作经费投入不足，影响了水文事业的健康和持续发展；四是水文服务领域不宽，影响了水文工作在经济建设和社会发展中发挥更大的作用。为了解决上述问题，根据《水法》《防洪法》，2007 年 4 月 25 日，国务院发布了《中华人民共和国水文条例》（国务院令第 496 号，以下简称《水文条例》），并于 2007 年 6 月 1 日起施行。《水文条例》的颁布实施，对于加强水文管理，规范水文工作，保障和推进水利可持续发展，将会起到很大的促进和保障作用。

《水文条例》明确了水文工作在国民经济建设中的地位和作用，对水文工作的性质和管理体制、水文规划与建设、水文情报预报和监测、水文资料管理、水文监测环境和设施保护等方面作出了明确规定，这对水文更好地为水利以及为经济社会发展服务，对于发挥水文站网的整体功能，确保水文资料的完整性、可靠性、一致性，加强水文设施的保护，将起到很大的促进和保障作用。

《水文条例》的颁布实施，填补了我国水文立法的空白，标志着我国水文事业进入有法可依、规范化管理的新阶段，是中国水文发展史上的重要里程碑。《水文条例》的颁布实施，也将对规范水文工作，促进水文事业健康发展，充分发挥水文工作在国民经济和社会发展中的重要作用产生深远的影响。《水文条例》明确了水文事业作为国民经济和社会发展基础性公益事业的法律地位，规定了保障水文事业发展的基本措施，要求县级以上人民政府应当将水文事业纳入本级国民经济和社会发展规划，所需经费纳入本级财政预算。

1. 水文管理体制

新中国成立以来，我国水文工作的管理体制曾经历了三次下放和上收，从水文工作由原水电部直接管理，到将水文监测站下放到县，甚至原人民公社管理。管理体制的频繁变动，削弱了对水文工作的管理，造成工作职能脱节，水文队伍不稳，导致水文资料缺失、系列中断，严重影响了水文资料的质量成果，给水文事业的稳定发展带来很多困难，也给国家造成很大损失。通过总结几十年来水文管理体制的教训，目前水文工作实行中央和省级两级管理、流域管理和区域管理相结合的体制。同时，为了解决市（地）、县水文机构与当地政府管理相脱节，既制约水文事业发展，又影响水文为当地经济社会发展提供及时的服务，难以满足当地发展需求的问题，实行省级水行政主管部门与市（地）、县级人民政府的双重领导，使水文工作也纳入当地政府工作中。实践证明，这样的管理体制是成功的，符合水文工作的特点，有利于促进水文事业健康稳定发展。为此，《水文条例》第四条对水文管理体制作出了规定，为进一步加强水文管理，促进水文事业的健康稳定发展，更好地为经济发展服务，提供了组织和制度上的保障。

（1）统一管理。《水文条例》第四条第一款规定：国务院水行政主管部门主管全国的水文工作，其直属的水文机构具体负责组织实施管理工作。这是《水文条例》关于水文管理体制的规定，即水利部是全国水文行业主管机关。

（2）授权管理。《水文条例》第四条第二款规定：国务院水行政主管部门在国家确定的重要江河、湖泊设立的流域管理机构，在所管辖范围内按照法律、水文条例规定和国务院水行政主管部门规定的权限，组织实施管理有关水文工作。这是《水文条例》授权在重要江河、湖泊所设立流域管理机构从事水文行业管理的法律依据。

（3）分级管理。《水文条例》第四条第三款规定：省、自治区、直辖市人民政府水行政主管部门主管本行政区域内的水文工作，其直属的水文机构接受上级业务主管部门的指导，并在当地人民政府的领导下具体负责组织实施管理工作。这是《水文条例》对分级管理的规定。

（4）分级管理与区域管理相结合。《水文条例》第十七条规定：省、自治区、直辖市人民政府水行政主管部门管理的水文监测站，对流域水资源管理和防灾减灾有重大作用的，业务上应当同时接受流域管理机构的指导和监督。这是《水文条例》对水文行业分级管理与区域管理相结合的规定。

从实践来看，水文工作实行单一的省级管理体制，存在着一些弊端：一是由于省级统管，根据地方经济发展需求对水文工作的全面规划、统筹安排不够，限制了地方水文事业的发展，满足不了地方经济和社会发展的需要。二是在投入与管理上，一方面，省级投入不足，管理也难以到位；另一方面，市（州）、县（市、区）对水文发展的投入与管理又存在体制性障碍。三是随着水行政主管部门对水资源统管地位的进一步确立和水务一体化步伐的加快，以行政区划为基本单元的水资源管理体制将得到进一步加强，而现行单一的省级管理体制又影响和制约了水文为地方提供更有效的服务。

2. 水文管理原则

水文管理是我国水利事业的基础，必须遵循一定的管理原则，归纳起来，主要有以下原则：

（1）水文要与国民经济和社会发展相适应并适当超前发展原则。水文工作是国民经济和社会发展的一项基础性工作，对水资源的开发利用与保护起着排头兵的作用，也是防汛抗旱的尖兵与耳目。在国民经济建设和社会发展过程中，国民经济的各行各业都离不开水资源，尤其是基础性产业，如水力发电、农田灌溉、防洪排涝、河道整治、水土保持、水产养殖、城市工矿业等，人们的日常生活也一刻离不开水。水资源在时间、空间上的分布不均以及国民经济和社会发展对水资源的需要，导致了不同地区水资源的供需矛盾日渐突出。为了满足国民经济和社会发展对水资源的需要，改变水资源在时间和空间上的分布，就必须认识水资源在我国的时间、空间上的分布规律、运动规律，搞好水利基础工作即水文工作。因此，水文工作要与国民经济和社会发展相适应。此外，为了提高防御自然灾害尤其是洪涝灾害的能力，就应当健全防洪预警体系，所以水文工作还要适当超前发展。

（2）实行水文资料审定制度，提高水文资料的可靠性。虽然原《水文管理暂行办法》（已废止）第十六条规定了四种情况下所使用的水文资料应当经过审定，但是我国目前水文资料的管理现状是，工程项目、水利项目和其他水事活动等随意引用水文资料的现象比较普遍，有的甚至引用未经整编的测站资料。这种状况实际上对水利工程项目和其他项目与水事活动有百害而无一利，也不利于我国的水文工作。因为未经审定的水文资料在使用的过程中若出现了问题，无法找到法律责任主体，而且未经审定的水文资料其可靠性、代表性和权威性无法体现。实行水文资料审定的目的，就是消除使用者的顾虑，提高水文资料的可靠性、代表性和权威性，以及当资料有问题时有人承担相应的法律责任，同时也是依法治国、依法行政的重要内容，《水文条例》第二十七条对此作出了原则性规定。

（3）实行水文资料有偿使用制度。水文资料有偿使用制度，是我国有偿使用水资源内容的一个重要组成内容，因为无论是流域管理机构所收集的重要江河、湖泊及其主要支流的水文资料还是省、自治区、直辖市水行政主管部门收集的水文资料，都是国家每年花费巨资的"产出"，是我国水资源存在、运行情况的基本反映。实行水文资料有偿使用制度、建立良性的水文资料运用机制，是社会主义市场经济规律的需要与反映。

二、水文管理的内容

根据《水文条例》的规定，水文管理的内容有以下几个方面。

1. 制定水文专业规划

制定水文专业规划，必须遵循法定的编制原则、编制程序和修改程序。全国水文专业规划只能由水利部负责组织编制，并报国务院批准后组织实施。各流域机构组织编制本流域指定范围内的水文专业规划，报水利部批准后组织实施。省、自治区、直辖市水行政主管部门，组织编制所管辖范围内的水文专业规划，报同级人民政府批准后组织实施，并报水利部备案。

《水文条例》第八条规定：国务院水行政主管部门负责编制全国水文事业发展规划，在征求国务院有关部门意见后，报国务院或者其授权的部门批准实施。

流域管理机构根据全国水文事业发展规划编制流域水文事业发展规划，报国务院水行政主管部门批准实施。

省、自治区、直辖市人民政府水行政主管部门根据全国水文事业发展规划和流域水文事业发展规划编制本行政区域的水文事业发展规划，报本级人民政府批准实施，并报国务院水行政主管部门备案。

水文是国民经济建设和社会发展的一项重要基础工作，同时又是必须适度超前发展的重要前期工作，几乎所有基础设施建设都需要水文信息作为设计依据，因此水文事业的发展应当与国民经济和社会发展相协调。水文工作与其他行业一样，应当在社会经济发展规划和水利发展规划的前提下，编制其发展规划，根据规划内容持续不断地做好水文工作。水文基本业务与其他水利单位相比具有超前性和相对独立性，其发展规划具有系统性和广泛的社会性，省、自治区、直辖市水文发展规划应当由省、自治区、直辖市人民政府水行政主管部门负责编制，并报省、自治区、直辖市人民政府批准后组织实施。编制水文发展规划的具体工作可由水行政主管部门所属的水文管理机构承担。

《水文条例》第十七条规定：省、自治区、直辖市人民政府水行政主管部门管理的水文监测站，对流域水资源管理和防灾减灾有重大作用的，业务上应当同时接受流域管理机构的指导和监督。水文专业规划是全国水利规划的一项重要的子规划，是全国水文事业建设与发展的重要依据。水文专业规划的内容主要包括水文勘测、水文情报预报、水资源评价、水文计算、水文科技发展与职工教育、站队结合和职工队伍建设等。这是《水文条例》关于水文发展规划主要内容的规定。

《水文条例》第九条规定：水文事业发展规划是开展水文工作的依据。修改水文事业发展规划，应当按照规划编制程序经原批准机关批准。这是《水文条例》关于修改水文事业发展规划，应当按照规划编制程序经原批准机关批准的规定。

（1）水文站网规划

水文站网是水文工作的基础，水文站网规划在水文事业发展中有着重要的地位和作用。《水文条例》第十一条规定：国家对水文站网建设实行统一规划。水文站网建设应当坚持流域与区域相结合、区域服从流域，布局合理、防止重复，兼顾当前和长远需要的原则。这是《水文条例》关于国家对水文站网建设实行统一规划的规定。此条所称水文站网，是指在流域或者区域内，由适当数量的各类水文站构成的水文资料收集系统。为满足开发、利用、保护、管理水资源，防治水旱灾害和生态环境保护等社会经济活动的需要，在一定地区，按一定原则，收集某一项水文资料的水文监测站构成该项目的水文站网，如流量站网、水位站网、泥沙站网、雨量站网、水面蒸发站网、墒情站网、水质站网、地下水观测井网等。各单项水文站网彼此之间相辅相成，形成整体水文站网功能。

水文站网规划要综合各方面的因素，建设一套布局合理、整体最优、经济实用的水文资料收集系统，既要满足当前社会的需要，也要满足为探求长期水文要素变化规律积累长系列水文资料的要求。《水文条例》明确规定了水文站网建设兼顾当前和长远需要的原则，根据社会、经济、自然条件等实际情况的变化作适时的调整。不同时期，社会状况、国民经济建设的重点将有所变化，对水文信息的需求也就不同。另外，随着时间的推移，自然地理特征、河流或区域的水文特性也会发生一定的改变，水文站网也应随之进行调整。水文站网的调整应符合国家和省水文站网规划。水文站网调整的目的是更好地满足社会的需要，提高水文站网的整体功能，即使由于客观原因（如工程建设的影响）需要对部分水文测站进行裁撤、迁移、改级，也必须采取相应的补救措施，保证水文站网整体功能的发挥。水文站网裁撤是指经水文站网规划分析，水文监测站全部或部分观测项目所采集的水文资料能够满足推求水文要素变化规律及其相关关系的要求，已达到设站目的，不需再继续观测，或由于受人类活动影响已失去原设站功能，且无条件采取补救措施，应当裁减部分观测项目或撤销其水文测站。水文测站迁移是指经水文站网规划分析或其他因素的影响，水文测站失去原设站功能或设站条件，需异地继续观测。水文测站改级是指经水文站网规划分析，一些水文测站需改变原设站功能，其级别也随之发生改变，如水文站降级为水位站，水位站升级为水文站等。

（2）水文站网建设

国家基本水文站网是指由国家统一规划实施，所收集的资料收入国家基本水文数据库的水文站网。为保证水文资料系列的长期性、一致性，国家基本水文站网相对稳定，建设标准也相对较高。其他基本水文站网是指在国家基本水文站网的基础上，根据地方需要规划布设的水文站网。《水文条例》第十二条规定：水文站网的建设应当依据水文事业发展规划，按照国家固定资产投资项目建设程序组织实施。

水文站网的建设内容，包括水文测站和水文巡测队的基础设施建设与技术装备。水文基础设施是指水文测站和水文巡测队开展水文生产所必需建设的设施，包括各种水文要素观测设施，测验断面设施，生产生活用房，供电、给排水、取暖、通信、交通以及相应附属设施等。水文要素观测设施主要有水位、流量、泥沙、水质、地下水、降水、墒情、蒸发观测设施等。水文技术装备是指为满足生产需要而配置的仪器、设备、工具及各种应用软件等。

（3）水文站网的管理

《水文条例》第十三条规定：国家对水文测站实行分类分级管理。水文测站分为国家基本水文测站和专用水文测站。国家基本水文测站分为国家重要水文测站和一般水文测站。

《水文条例》第十四条规定：国家重要水文测站和流域管理机构管理的一般水文测站的设立和调整，由省、自治区、直辖市人民政府水行政主管部门或者流域管理机构报国务院水行政主管部门直属水文机构批准。其他一般水文测站的设立和调整，由省、自治区、直辖市人民政府水行政主管部门批准，报国务院水行政主管部门直属水文机构备案。这是关于基本水文站网内测站调整和改建的规定。为监测和探求流域或区域水文要素变化规律，必须保证基本水文资料系列的完整性、一致性和长期性，因此基本水文站网应保持稳定，不得随意裁撤、迁移、改级基本水文站网内的水文测站。

《水文条例》第十五条规定：设立专用水文测站，不得与国家基本水文测站重复；在国家基本水文测站覆盖的区域，确需设立专用水文测站的，应当按照管理权限报流域管理机构或者省、自治区、直辖市人民政府水行政主管部门直属水文机构批准。其中，因交通、航运、环境保护等需要设立专用水文测站的，有关主管部门批准前，应当征求流域管理机构或者省、自治区、直辖市人民政府水行政主管部门直属水文机构的意见。这是关于设立专用水文测站的规定。有关单位因科学研究、工程建设与运行管理等需要设立水文测站的，应避免与基本水文测站重复，而且要符合水文技术规范要求。这里所指的水文测站包括各类建有固定水文测验设施的水文站点，如水文站、水位站、水质站、雨量站、蒸发站、地下水观测井、墒情站等。在有些行政区域内，国土资源部门建有地下水观测井网，电力部门建有水库水情自动测报系统，环境保护部门在一些河流或水库湖泊等水体上建有水质监测系统，气象和一些地方防汛部门建有雨量站网，一些大型灌区或农业生产部门建有水资源调配需要的水文站网等。这些水文测站的建设是为了本部门工作的需要，但应当避免与基本水文站重复，同时在建设时必须符合水文技术规范的要求。

2. 水文勘测

水文勘测是指，研究如何布设水文站网，通过其长期的定位观测收集准确的、有代表性的基本水文资料，并通过水文调查，在短期内对水文现象有影响的自然地理、气象特征、洪水枯水、特定暴雨和人类活动等特征资料进行调查，并按照一定的整理标准将其整编出来，以供国民经济和社会发展使用。水文勘测的主要内容，包括地表水、地下水的水量、水质等项目的观测、调查和资料整编。

3. 水文计算

水文计算是指，根据长期实测以及调查所得的水文资料，加以科学的统计，并结合成因分析，推估未来长期的，如几十年或者几百年的水文情势，为水事活动和国民经济的其他工矿业的规划与设计提供合理的标准。在水文分析计算成果的基础上，根据设计来水和用水的情况，进行水量调节计算与经济论证，对水利工程和其他工矿业工程的位置、规模、工作情况提出经济合理的设计，以满足综合利用水资源的要求。

4. 水文情报预报

（1）水文情报，是指水文测站向各级人民政府防汛抗旱机构和水行政主管部门报告雨情、水情、墒情、地下水、水质、蒸发等水文信息。

（2）水文预报，是指水行政主体根据实测和调查所得的资料，在研究过去水文现象变化规律的基础上，预报未来短期内或中长期，如几天、几个月内的水文情势，为党政军领导机关的防汛抗旱决策和水利工程与其他工程项目的施工、管理运用提供依据。

（3）水文情报预报，由各级人民政府防汛抗旱机构、水行政主管部门或其授权的水文机构负责向社会发布，其他部门和单位不得发布。

（4）水文水资源情报，是指河流、湖泊、水库和其他水体的水文及有关要素（主要指降水量、水位、流量、泥沙、蒸发、墒情、水温、地下水、水质等）现时情势变化的及时报告。水文水资源预报是指根据前期或现时已出现的水文气象等信息，运用水文学、气象学、水力学的原理和方法，对河流、湖泊、水库等水体未来一定时段内的水文情势作出定量或定性的预报。水文管理机构应按照《水文测船测验规范》《水文自动测报系统规范》《水文情报预报规范》《水文情报预报拍报办法》和《水环境监测规范》等有关技术标准要求，通过人工观测或水文自动测报系统及时准确地采集水文要素信息。水文水资源情报专指为防汛、抗旱等需要，按规定任务而有选择地收集、发送的水文要素信息。从水文要素的范围和空间分布看，水文水资源情报只是整个水文信息的一部分。

《水文条例》规定了水文监测与预报制度。从事水文监测活动应当遵守国家技术标准、规范和规程，使用符合要求的技术装备和经检定合格的计量器具。有关水文测站应当及时、准确报告水文情报预报，水文情报预报应当按照权限统一发布。

《水文条例》第二十一条规定：承担水文情报预报任务的水文测站，应当及时、准确地向县级以上人民政府防汛抗旱指挥机构和水行政主管部门报告有关水文情报预报。这是《水文条例》对承担水文情报预报任务的水文测站报告有关水文情报预报的规定。

水文水资源情报预报在抗洪抢险、抗旱、防治水污染工作中至关重要，是科学防控和决策调度的重要依据。水文水资源情报预报必须做到两条：一是正确，二是及时。要做到这两条，需积累大量的水文资料，综合降水、蒸发、水位、流量等多方面信息，经过分析计算编制成某流域的水文水资源预报方案。根据预报方案，实时采集水文水资源和水利工程运用信息，经科学分析和计算，作出较准确的洪水、墒情、水质等预报。

《水文条例》第二十二条规定：水文情报预报由县级以上人民政府防汛抗旱指挥机构、水行政主管部门或者水文机构按照规定权限向社会统一发布。禁止任何其他单位和个人向社会发布水文情报预报。减轻洪涝、干旱灾害有两类措施：一类为工程措施，是按照人们的要求以修建工程的手段实现，如修建水库、蓄滞洪区，开挖河道和加固堤防，兴建塘坝等，又称为改造自然措施；另一类是非工程措施，其中水文水资源情报预报是一项非常重要的手段，力求改变灾害的影响，以达到减少灾害损失的目的，也可称之为适应自然的措施。防洪、抗旱关系到国民经济持续发展、人民生命财产的安全和社会的稳定。水文水资源情报预报在抗洪抢险、抗旱、防治水污染工作中发挥着耳目和参谋的作用。电视、电台、报纸、网站等传播媒体向社会公布水文水资源情报预报时，应当使用县级以上人民政府防汛抗旱指挥机构、水行政主管部门或者其授权的水文管理机构统一发布的水文情报预报，并标明发布时间和发布主体，以免发生误传而造成不良的社会影响。鉴于水文水资源情报预报的重要性、复杂性和极强的专业性，并且社会影响大，因此该条规定，水文水资源情报预报，除县级以上地方人民政府防汛抗旱机构、水行政主管部门或者其授权的水文管理机构，其他任何单位和个人不得向社会发布。

5. 水文资料的汇交、 保管与使用

水文资料整编，是指对原始的水文资料按科学方法和统一规格，分析、统计、审核、汇编、刊印或储存等工作的总称。是将测验、调查和室内分析所取得的各项原始资料，按照科学的方法、法定的技术标准、统一的格式，进行分析、推算、统计，提炼成为系统的、便于使用的整编成果。水文资料整编依工作方式的不同通常有手算、电算两种，但是无论采用何种整编方式，都要经过测站整编、审查、复审、验收和汇刊五个工作阶段。

水文资料的整编成果，通常以水文年鉴的形式表现出来。而水文年鉴是一种逐年刊印的资料，是以统一的、科学的图表形式表达出来的整编成果。其内容主要是当年实测的、并经过严格整编审查的、普遍需要的基本水文资料，以满足水利水电建设项目、国民经济的其他行业和科学研究部门使用。根据水文资料的来源、成果质量和使用价值的不同，可以分为正文资料和附录资料两个部分。正文资料是正规观测资料的加工成果，属于整编方法正确、质量可靠、具有普遍使用价值的资料，其具体内容包括：

（1）主要列入基本站网包括河道、渠道、水库、堰闸、潮水河站等驻测、巡测以及间测的各项资料；

（2）能够起控制站、区域代表站或基本雨量站作用的实验站、小河站及其配套雨量站，其资料可以比照基本站网同类站的刊印项目列入；

（3）列入基本站网的气象台站的降水量资料，可以搜集列入；

（4）凡对基本站网有重要补充作用、质量符合要求、系列比较完整的专用站（包括非水文部门设置的）的资料也可以列入。附录资料主要是简易观测和调查资料的推算成果，属于符合质量要求的、与正文资料配套的辅助性资料，其通常包括水库反推洪水资料、水量调查资料、平原水网资料、暴雨资料、洪水调查资料，以及与基本站网有补充作用的专用站资料、气温资料等。

为了保证水文资料的可靠性、代表性和权威性，促进水利水电工程建设项目、水事纠纷和水行政裁决、实施取水制度、进行水资源评价和水环境评价等水事活动正确引用水文资料，省、自治区、直辖市水行政主体和各流域管理机构按照一定的技术要求、科学的方法，对其使用的水文资料进行审定。审定完毕后，应当对所使用的水文资料的可靠性、代表性和权威性进行综合评价，对存在的问题进行处理或者提出处理意见，即出具审定意见书。

《水文条例》规定了水文监测资料的汇交、保管、公开、保密和使用制度。从事水文监测的单位应当向水文机构汇交监测资料。水文机构应当妥善存储、保管并加工整理监测资料。基本水文监测资料应当依法公开。水文资料属于国家秘密的，对其密级的确定、变更、解密等依照国家有关规定执行。重要规划编制、重点项目建设、水资源管理等使用的监测资料应当经水文机构审查。

《水文条例》第二十五条规定：国家对水文监测资料实行统一汇交制度。从事地表水和地下水资源、水量、水质监测的单位以及其他从事水文监测的单位，应当按照资料管理权限向有关水文机构汇交监测资料。

重要地下水源地、超采区的地下水资源监测资料和重要引（退）水口、在江河和湖泊设置的排污口、重要断面的监测资料，由从事水文监测的单位向流域管理机构或者省、自治区、直辖市人民政府水行政主管部门直属水文机构汇交。

取用水工程的取（退）水、蓄（泄）水资料，由取用水工程管理单位向工程所在地水文机构汇交。

1）该条第一款是对汇交资料的要求，即按标准要求整编作出细化规定。水文监测资料是编制各类规划、建设涉水工程、加强水资源管理与保护不可缺少的基础技术资料。在我国行政区域境内开展水文要素监测的水文测站所获取的水文资料，除满足自身的需要外，应当统一汇集保存，为国家经济建设和社会发展积累全面、系统、翔实的水文资料。负有水文水资源监测资料汇交义务的单位除水文管理机构外，还包括交通运输、国土资源、农业、环境保护等有关部门，以及水利水电工程管理机构、涉水工程建设机构、相关科学研究机构等单位。负有汇交义务的单位应当根据《水文资料整编规范》（SL 247—1999）的规定，按照统一的标准和规格，对原始水文资料进行审核、查证，整理成系统的简明的图表，汇编成水文年鉴或其他形式后，才能提供使用。此外，通过水文资料整编，还可以发现水文监测技术上存在的问题。

2）第二款是关于建立水文数据库的规定。水文数据库既是水文数据的集合，也是进行水文信息综合服务的重要基础平台。建成的水文数据库及各节点库为防汛抗旱、水资源管理、水利水电规划和科学研究等提供了大量的服务。我国水文数据库的建设与发展，大致经过了全国分布式水文数据库试点建设、水文数据库系统初步建成、水文数据库系统基本建成以及新技术应用与试点开发等几个阶段。由于不同历史时期技术与管理条件的制约，水文数据库在达到基本的相关技术要求后，出现了较长时间的停滞，存在着许多问题。随着水利信息化的快速推进和水文现代化的发展，这些问题不但没有缓解，反而日渐突出。存在的问题主要表现在各地建设进展不平衡、信息源种类不够丰富、需进一步整合、未能与其他系统互联并实现信息共享、提供服务的手段和能力还不够强，以及硬件设备和服务软件水平较低等。

《水文条例》第二十六条规定，国家建立水文监测资料共享制度。水文机构应当妥善存储和保管水文监测资料，根据国民经济建设和社会发展需要对水文监测资料进行加工整理，形成水文监测成果，予以刊印。国务院水行政主管部门直属的水文机构应当建立国家水文数据库。基本水文监测资料应当依法公开，水文监测资料属于国家秘密的，对其密级的确定、变更、解密以及对资料的使用、管理，依照国家有关规定执行。该条规定了水文监测资料的汇交、保管、公开、保密和使用制度。《水文条例》第二十七条规定，编制重要规划、进行重点项目建设和水资源管理等使用的水文监测资料，应当经国务院水行政主管部门直属水文机构、流域管理机构或者省、自治区、直辖市人民政府水行政主管部门直属水文机构审查，确保其完整、可靠、一致。《水文条例》第二十八条规定，国家机关决策和防灾减灾、国防建设、公共安全、环境保护等公益事业需要使用水文监测资料和成果的，应当无偿提供。除前款规定的情形外，需要使用水文监测资料和成果的，按照国家有关规定收取费用，并实行收支两条线管理。因经营性活动需要提供水文专项咨询服务的，当事人双方应当签订有偿服务合同，明确双方的权利和义务。

6. 水文、水资源调查评价

水文、水资源调查评价是指对地表水、地下水的水量与水质等项目的监测、水文调查、水文测量、水能勘测，水文水资源情报预报，水文测报系统工程的设计与实施，水文分析与计算，以及对地表水、地下水的水资源调查和对水量、水质的评价等专业活动。从事水文、水资源调查评价的单位，应当按照国家有关规定取得水文、水资源调查评价机构资质。

《水文条例》第二十四条规定：县级以上人民政府水行政主管部门应当根据经济社会的发展要求，会同有关部门组织相关单位开展水资源调查评价工作。

从事水文、水资源调查评价的单位，应当具备下列条件，并取得国务院水行政主管部门或者省、自治区、直辖市人民政府水行政主管部门颁发的资质证书：

（1）具有法人资格和固定的工作场所；

（2）具有与所从事水文活动相适应并经考试合格的专业技术人员；

（3）具有与所从事水文活动相适应的专业技术装备；

（4）具有健全的管理制度；

（5）符合国务院水行政主管部门规定的其他条件。

这是《水文条例》对从事水文、水资源调查评价的单位，应当按照国家有关规定取得水文、水资源调查评价机构资质的规定。水利部《水文水资源调查评价资质和建设项目水资源论证资质管理办法（试行）》（水利部令第17号，以下简称《管理办法（试行）》）对水文、水资源调查评价资质的申请、颁发和管理等作了具体规定。《国务院对确需保留的行政审批项目设定行政许可的决定》（国务院令第412号）对水文、水资源评价机构资质认定这一行政许可项目予以保留，其实施机关为水利部和省级人民政府水行政主管部门。根据《管理办法（试行）》的规定，水文、水资源调查评价资质按照申请单位的技术条件和承担业务范围不同，分为甲、乙两个等级。取得水文、水资源调查评价甲级资质的单位，可以在全国范围内承担资质证书核准业务范围的各等级水文、水资源调查评价工作。取得水文、水资源调查评价乙级资质的单位，可以在全国范围内承担资质证书核准业务范围的水文、水资源调查评价工作。其中全国性的水文、水资源调查评价，国家确定的重要江河湖泊的水文、水资源调查评价，跨省（自治区、直辖市）行政区域的水文、水资源调查评价，以及国际河流的水文、水资源调查评价，只能由取得甲级资质的单位承担。水文、水资源调查评价资质甲级证书，由水利部审批和颁发，乙级证书由省（自治区、直辖市）人民政府水行政主管部门审批和颁发。未取得资质的，不得从事水文、水资源调查评价工作。违反规定的，要承担相应的法律责任。

7. 制定水文行业标准

水文资料必须真实可靠，国家颁布了一系列水文行业技术标准和规范，是在我国行政区域内从事水文工作所必需遵守的技术准则，是保证水文观测资料真实性、代表性、一致性最基本的技术要求。我国先后颁布的有关水文的国家和行业技术标准、规范已达110项，包括《河流流量测验规范》《水文站网规划技术导则》等，此外，国际标准化组织颁发的有关水文测验方面的国际标准达68项。这些水文技术标准和规范对水文工作各个方面的程序、步骤、环节都作了全面而细致的规定，包括各种水文观测场地的选定和技术要求，观测仪器的性能标准、使用、维护保养、鉴定，各种水文要素的观测时间、观测程序、观测方式、观测结果的不确定度、记录方式等。国家水文行业管理部门不断总结国内国际水文技术的研究成果、经验，对这些水文技术规范及时作出修订、补充，并报国家相关部门批准后发布实施。

《水文条例》第十八条规定：从事水文监测活动应当遵守国家水文技术标准、规范和规程，保证监测质量。未经批准，不得中止水文监测。

国家水文技术标准、规范和规程，由国务院水行政主管部门会同国务院标准化行政主管部门制定。

这是《水文条例》对从事水文监测活动必须遵守国家水文技术标准、规范和规程的规定。

《水文条例》第十九条规定：水文监测所使用的专用技术装备应当符合国务院水行政主管部门规定的技术要求。这是对从事水文监测活动所使用专用技术装备的规定。

水文监测所使用的计量器具应当依法经检定合格。水文监测所使用的计量器具的检定规程，由国务院水行政主管部门制定，报国务院计量行政主管部门备案。为了加强对水文行业的管理，国家或省（自治区、直辖市）水行政主管部门或流域管理机构，可以根据实际情况制定水文技术标准，规范水文勘测、水文计算、水文情报预报、水文资料审定等行为。目前我国已经颁布有多项水文技术标准，根据所颁布的水文技术标准来看，涉及水文资料整编、流量、泥沙、仪器、测站规模等方面的内容。

8. 从事水文科学研究

《水文条例》第五条规定：国家鼓励和支持水文科学技术的研究、推广和应用，保护水文科技成果，培养水文科技人才，加强水文国际合作与交流。这是对国家鼓励和支持水文科学技术的研究的规定。

开展水文科学研究的目的，是正确认识水资源，以便于人类更好地开发利用与保护水资源，促进国民经济和社会的可持续发展。水文科学研究的内容，是地球上各种水体的形成、循环以及分布和某一具体流域的降水、泥沙等基本水文现象和要素。

开展水文科学研究，不但是贯彻党中央"科教兴国"方略的一个重要内容与形式，而且是正确贯彻实施水事法律规范的内容。

第四章 防汛抗洪

一、概述

1. 我国的洪水灾害

我国水资源和河川径流在地区上分布很不均匀,在时间上分配比较集中,年际变化很大,连丰、连枯年份经常出现,加之复杂的地理、气候条件,使我国成为世界上水旱灾害最严重的国家之一。我国大约有 2/3 的国土面积存在着不同程度和不同类型的洪涝灾害,据史书记载,从公元前 206 年至公元 1949 年中华人民共和国成立的 2155 年间,大水灾就发生了 1029 次,几乎每两年就有一次。1931 年,中国发生特大水灾,有 16 个省受灾,其中最严重的是安徽、江西、江苏、湖北、湖南五省,山东、河北、浙江次之。8 省受灾面积达 14 170 万亩,半数房屋被冲,近半数的人流离失所,不少人举家逃难。新中国成立后全国性的大水灾主要有两次,1954 年大水灾和 1998 年大水灾。1954 年全国因洪水受灾面积达 2.4 亿亩,成灾面积 1.7 亿亩;长江洪水淹没耕地 4 700 余万亩,死亡3.3 万人,京广铁路行车受阻 100 天。1958 年黄河郑州花园口出现特大洪水,郑州黄河铁桥被冲毁。海河流域 1963 年遭历史上罕见的洪水,受灾面积达 6 145 万亩,减产粮食 60 多亿斤。1998 年,一场世纪末的大洪灾几乎席卷了大半个中国,长江、嫩江、松花江等大江大河洪波汹涌,水位陡涨,800 万军民与洪水进行着殊死搏斗。据统计,1998 年全国共有 29 个省区遭受了不同程度的洪涝灾害,直接经济损失高达 1 666 亿元。目前,我国平均每年受洪涝面积约一亿亩,成灾 6 000 万亩,因灾害造成粮食减产上百亿公斤。

由于我国有 1/10 的国土处在江河洪水位以下,在 10% 的国土面积上,居住了全国50% 的人口,工农业产值约占全国总产值的 3/4,一旦堤防决口,其损失将十分严重,甚至可能影响到国家经济大局。尽管近些年来各主要江河经大力整治,防洪能力有较大提高,但洪水威胁依然存在。1998 年的长江大水、2003 年的淮河洪灾和黄河兰考洪水,均使人民财产和国家经济遭受巨大损失。因此,防汛抗洪任务仍十分艰巨。

2. 我国防洪工作存在的问题

新中国成立后我国对大江大河堤防、水库进行了除险加固,防洪标准有所提高,防洪工作得到较大提高。但是,随着经济的迅速发展、人口的不断增长、城市规模的日益扩大,防洪工作遇到了许多新情况、新问题。主要表现如下。

(1)河道设障严重

近年来，由于经济建设的快速发展，河道中滥修滥建各种违章建筑的现象比比皆是，而经济建设对砂石需求量的不断增大，致使一些地方非法、无序私采、滥挖河道砂石的现象普遍存在，有的河道被采挖得千疮百孔，造成水流紊乱，严重影响河势稳定，影响防洪和通航安全，影响沿岸桥梁等基础设施安全。此外，河道内采砂后弃料的乱堆乱放、尾矿砂的无序排放，也大大降低了河道的泄洪能力。

（2）湖泊围垦现象严重

一些连通江河的湖泊可吞吐洪水，起到调蓄减灾作用。我国约有2万平方千米连通江河的湖，平均日可储水量达800亿立方米。但过去片面强调"以粮为纲"，围湖造田，大大缩小了湖泊面积，减小了调蓄能力。据统计，1949年长江中下游湖泊面积共25 828平方千米，1979年仅剩14 073平方千米。被誉为"千湖之省"的湖北，江汉平原上原有湖泊609个，面积4 707平方千米，目前仅余300个左右，面积仅2 050平方千米。湖泊本是江河的"调节器"，湖泊围垦后，不但减少江河洪水的调蓄容积，而且广大围区的涝渍水反而还要向江河湖泊排放。

3. 蓄滞洪区缺乏安全保障

目前，我国蓄滞洪区的安全与建设缺乏有效的管理，区内的人口控制、安全工程的建设、蓄滞洪后的补偿救助制度缺乏法律约束。如长江、黄河、淮河、海河共确定蓄滞洪区有50多处，最大蓄洪总量900多立方米，区内有耕地3 600多万亩，这些地区随时都有因分洪蓄水而遭淹没可能。因此，蓄滞洪区的有效管理，对确保区内经济建设的发展，人们的生产、生活的安全尤为重要。

4. 堤防基础薄弱

河道堤防是抵御洪涝灾害的第一屏障。新中国成立以来，全国已建成江河堤防总长度为413 679千米，5级及以上堤防长度为275 495千米，其中：已建堤防长度为267 532千米，在建堤防长度为7 963千米。虽然我国大江大河治理成就显著，但中小河流治理严重滞后，2/3的中小河流达不到规定的防洪标准，由于中小河流堤防堤基条件差，堤身施工质量差，因此堤身迎水坡常发生滑坡、崩岸、裂缝、跌窝等现象。堤基的渗透破坏主要是管涌和流土，造成堤防防洪能力下降，抗冲、防渗能力差，难以经受大洪水。一般年份中小河流洪涝灾害损失占全国的70%～80%，死亡人数占全国洪涝灾害死亡人数的2/3，成为防汛抗洪工作的薄弱环节。

5. 水库工程质量较差

水库在为人类提供了灌溉、航运、发电、旅游之便的同时，也在抵御洪涝灾害和防止干旱缺水方面发挥着重要的作用。目前我国共有水库98 002座，已建水库97 246座，在建水库756座。其中大型水库756座，中型水库3 938座，小型水库93 308座。其中大中型水库的病险率达40%以上，小型水库的病险率更高，几乎每年都有不同程度的水库溃坝现象发生。大型和重点中型水库工程质量相对较好，各类设施比较完善，但是大多数中型和小型水库建设年代久远，绝大多数属"三边"工程，防洪标准低、坝体裂缝、渗漏严重，溢洪道和输水道塌陷、堵塞，泄洪能力不足。

6. 防汛经费不足

我国每年的防汛经费投入不足，投入渠道不多，基本上只能够维持日常工作需要，如遇有突发事件，有限的防汛经费就不能满足实际所需；此外，每年的防汛专项治理经费不足，致使许多隐患治理不彻底，部分防洪工程维修只能采取临时加固处理，真正遇有雨情就危险重重。

二、防汛抗洪的基本原则

河道水系是一个连贯的系统，江河洪水有其客观的规律，无论是上下游洪水汇集，还是干支流洪水传递，都是相互关联的。这就在客观上决定了防洪工作是一个整体，需要建立统一管理的制度。据此，《防洪法》规定："防洪工作实行全面规划、统筹兼顾、预防为主、综合治理、局部利益服从全局利益的原则"（第二条）；"开发利用和保护水资源，应当服从防洪总体安排，实行兴利与除害相结合的原则"（第四条）；"防汛抗洪工作实行各级人民政府行政首长负责制，统一指挥、分级分部门负责"（第三十八条）。

1. 全面规划、统筹兼顾

规划是工作的目标，对全盘工作起了统领的作用。防洪的全面规划是指对一个地区或者一个流域的自然地理、社会经济、洪水规律、洪灾特点等进行全面细致的调查研究和分析；然后，根据该地区或者流域在国民经济建设中的地位，经济和社会的发展规划，国家对防洪工作的要求等，结合国土整治，确定经济合理的防洪综合治理方案，形成完整的综合性防洪系统。全面防洪规划是统领防洪工作的战略部署，是防洪工作的基本依据。统筹兼顾是指从全局的利益出发，充分照顾到各方面的利益和要求，即在防洪工作中必须兼顾上下游、左右岸、干支流的关系，局部利益和整体利益的关系，重点防护和一般防护的关系。

2. 预防为主、综合治理

洪涝灾害是一种自然灾害，人类不可能完全避免，但人类可以根据气候变化情况及地理特点等，通过采取一些措施，对洪水来临的时间和程度进行综合分析，制定防汛抗洪的应急预案，如修建高标准的防洪堤坝，加强薄弱环节的建设，加强上游的水土保持等措施来防治洪灾。在防洪法中的预防就是指在防洪工作中，根据防洪工程现状，制定防御洪水方案，落实防洪非工程措施，尽可能地减轻或消除洪水给人类造成的损失。

综合治理是指采取各种措施和手段相互结合进行治理，如搞好小流域治理，注重水土保持，修建堤防、水库水利工程等。1998 年我国长江和松花江、嫩江所遭遇的流域性特大洪水，与多年来上游地区乱砍滥伐森林、破坏植被、修建阻水工程、河道不畅等都有重大关系。因此在防洪工作中只有采取综合治理措施，进行系统防治，才是治理洪水的根本途径。

3. 局部利益服从全局利益

虽然我国地域辽阔，洪涝灾害频繁，但由于经济发展水平所限，全社会用于修建水利工程设施的投入难以满足抵御各种标准的洪水侵袭的要求，防洪能力十分有限。在这种情况下，为了将洪水损失减少到最低，只能牺牲局部利益以保大局。局部利益服从全局利益就是强调防洪工作要以全局为重，从全国人民的整体利益出发，从某一地区的大多数人的利益出发来处理防汛抗洪事务，用尽量少的牺牲换取尽量多的人员生命和财产的安全。国家重要的经济命脉、铁路、公路、重要的交通枢纽、国防军事重地、重要的工矿企业、重要的经济作业区等均属防洪工作的重点保护对象。《防洪法》第三十四条对此作了明确规定："大中城市，重要的铁路、公路干线，大型骨干企业，应当列为防洪重点，确保安全。受洪水威胁的城市、经济开发区、工矿区和国家重要的农业生产基地等，应当重点保护，建设必要的防洪工程设施。城市建设不得擅自填堵原有河道沟汊、贮水湖塘洼淀和废除原有防洪围堤；确需填堵或者废除的，应当经水行政主管部门审查同意，并报城市人民政府批准。"为确保重点区的安全，各级防汛部门要加强领导，建立健全防汛机构和岗位责任制，组织好防汛抢险队伍，搞好防汛前的检查。在《防汛条例》第三十二条第二款、第三款中规定："在非常情况下，为保护国家确定的重点地区和大局安全，必须作出局部牺牲时，在报经有管辖权的上级人民政府防汛指挥部批准后，当地人民政府防汛指挥部可以采取非常紧急措施。""实施上述措施时，任何单位和个人不得阻拦，如遇到阻拦和拖延时，有管辖权的人民政府有权组织强制实施。"

4. 统一指挥

《防洪法》从第三十八条到第四十条详细规定了防汛指挥机构和政府部门统一指挥、统一指导防汛抗洪的工作内容，其主要内容如下。

（1）防汛抗洪工作是一个从上到下严密统一的防汛抗洪指挥系统。中央设立防汛总指挥部，统一领导和指挥全国防汛抗洪工作；地方各级政府及各主要江河的管理部门均应成立相应的防汛抗洪指挥机构，由行政首长负责，水利部门为日常办事机构。

（2）汛期应有一支随时准备听候命令、服从调动、组织严密的防汛抢险队伍。

（3）防汛物资管理工作实行"集中统一，全面管理"，保证防汛急需。

（4）要有一支包括铁路、公路、水路、航空在内的强大运输力量和信息灵通、及时准确的通信网络，保证汛期运输及时，通航畅通。

三、防汛机构的职权和防洪规划

防汛指挥机构

　　防汛抗洪是一项综合性很强的工作，需要动员和调动各部门各方面的力量，分工合作，同心协力，共同完成。

　　《防洪法》第三十八条明确规定："防汛抗洪工作实行各级人民政府首长负责制，统一指挥，分级、分部门负责。"国务院设有国家防汛总指挥部，由一名副总理任国家防汛总指挥长，国务院副秘书长、国务院水行政主管部门、国家计委等负责人任副总指挥，负责领导、组织全国防汛抗洪工作，其办事机构设在国务院水行政主管部门。黄河、长江等重要江河、湖泊均设立由有关省、自治区、直辖市人民政府和该江河、湖泊的流域管理机构负责人等组成的防汛指挥机构，指挥所管辖范围内的防汛抗洪工作，其办事机构设在流域管理机构。

　　根据各省的实际情况，有防汛抗洪任务的县级以上地方人民政府设立由有关部门、当地驻军、人民武装部负责人等组成的防汛抗旱指挥机构，在上级防汛指挥机构和本级人民政府的领导下，指挥本地区的防汛抗洪工作，其常设办事机构设在同级水行政主管部门，负责防汛指挥机构的日常工作。防汛指挥机构各成员单位，按照分工，各司其职，做好防汛抗洪工作。经城市人民政府决定，防汛指挥机构也可以在建设行政主管部门设城市市区办事机构，在防汛指挥机构的统一领导下，负责城市市区的防汛抗洪日常工作。

　　为了加强防汛责任制，使防汛工作逐步走上正规化、规范化和法制化的轨道，《防洪法》明确规定了各级人民政府行政首长、防汛抗旱指挥部及各有关防汛组织的防汛职责，具体如下。

　　1. 国家防汛指挥机构

　　（1）执行国家有关防汛工作的方针、政策，拟定有关防洪的政策性、规范性文件。

　　（2）负责组织制定重要江河的防御洪水方案。

　　（3）督促检查各地防汛计划和防汛准备，协调国务院有关部门的防汛工作。

　　（4）负责全国重点防汛物资储备、调拨及管理，在汛期掌握水情、汛情、灾情，及时向国务院提出报告。

　　（5）对防汛抗洪重大问题提出处理建议。

　　（6）开展防汛抗洪宣传教育和思想动员工作，组织全社会力量参加抗洪抢险。

　　2. 地方防汛指挥机构职责和职权

　　县级以上地方各级防汛指挥机构，在上级防汛指挥机构和本级人民政府的领导下，指挥本地区的防汛抗洪工作。地方防汛指挥机构主要职责是：

（1）执行有关法律、法规和上级命令，制定和审批所辖范围内江河、湖泊防御洪水方案和防汛工作计划。

（2）贯彻执行上级防汛指挥机构的防汛调度指令，按照批准的洪水调度方案，实施洪水调度。

（3）部署和组织本地区的汛前检查，督促防汛准备和防洪工程的修复，会同有关部门安排防洪经费，储备和管理防汛物资。

（4）掌握本地区的水情、汛情、灾情，向上级提出报告和建议。

（5）负责发布本地区洪水预报、警报。

（6）下达和执行防汛调度命令，组织防汛队伍，指挥防汛抢险及灾区人员安全转移。

（7）开展防汛工作的宣传教育和培训工作。

重要江河、湖泊的防汛指挥机构负责本流域所管辖范围内的防汛抗洪工作，其职责与各级地方防汛指挥机构的有关职责基本一致。

防汛抗洪规划

1. 防汛抗洪规划的概念和内容

防洪规划是为防治洪涝灾害而制定的总体部署，"是江河、湖泊治理和防洪工程设施建设的基本依据"（《防洪法》第九条第三款）。

（1）防洪规划的概念

防洪规划，是指在某一流域、河段或者某一特定的区域内，为了防止洪涝灾害的发生或者是在洪涝灾害发生后为尽可能减轻灾害造成的损失而制定的治理方案和总体部署。防洪规划是一项专业规划，是在深入研究有关流域、河段或者区域的自然与社会特点、水文气象资料、洪灾损失的历史经验和现有防洪能力等各种情况，在广泛调查研究的基础上，通过综合比较论证而制定的，它反映的是对某一流域或区域防洪工作的总体要求。防洪规划的主要内容是拟定防洪标准和选择优化的防洪系统，包括对现有河流、湖泊的治理计划及兴修新的防洪工程的战略部署等。

（2）防洪规划的种类

《防洪法》第九条第一款规定："防洪规划包括国家确定的重要江河、湖泊的流域防洪规划，其他江河、河段、湖泊的防洪规划以及区域防洪规划三种。"

流域防洪规划是指黄河、长江、松花江、珠江、淮河、海河、辽河七大流域及太湖流域的防洪规划；区域防洪规划是指以一个行政区、经济区或地理区为对象制定的水害防治规划。

（3）防洪规划的内容

编制防洪规划是一项涉及面广且十分复杂的工作，《防洪法》第十一条第二款规定了防洪规划的主要内容：

1）确定防护对象，要求根据国民经济发展的需要，从确保重点，兼顾一般的原则出发，确定不同的防护对象。

2）确定治理目标和任务，包括根据不同防护对象的重要性和洪水灾害的严重程度，结合现有的防洪条件确定适当的防洪标准。

3）制定防洪措施和实施方案包括选择优化防洪系统和防洪调度方式等。

4）划定洪泛区、蓄滞洪区和防洪保护区的范围，规定蓄滞洪区的使用原则。

（4）防洪规划和综合规划之间的关系

《防洪法》第九条第二款规定："防洪规划应当服从所在流域、区域的综合规划；区域防洪规划应当服从所在流域的流域防洪规划。"防洪规划作为专业规划应当服从综合规划。综合规划是指综合研究一个流域或区域的水资源开发利用和水害防治的规划，它是根据水具有多种功能的特点，在综合考虑社会经济发展的需要和可能，统筹兼顾各方面的利益、协调各种关系的基础上，以综合开发利用水资源、兴利除害为基本出发点制定的。因此，综合规划对防洪规划具有指导意义。防洪规划应当在综合规划的基础上编制，与综合规划相协调。根据洪水的流域性特点，制定区域性的防洪规划也必须以流域的防洪规划为基础。

2. 防洪规划制定的原则

《防洪法》第十一条第一款规定了制定防洪规划应遵循的原则：

（1）确保重点、兼顾一般的原则。编制防洪规划时要充分考虑重要地区和企业的防洪需要，确定科学的治理目标和缜密的防洪实施方案，确保上述重点城市的社会经济秩序不受干扰，重要的铁路和公路干线畅通无阻，大型骨干企业保持正常的生产秩序。

（2）防汛和抗旱相结合的原则。防洪规划的编制应根据我国旱灾的活动规律，合理布局防洪设施，安排水库在汛期的后期及时蓄水，利用洪水解决某些地区的干旱问题。

（3）工程措施和非工程措施相结合的原则。编制防洪规划既要对修建各种防洪设施作出安排，也要具体规定对洪泛区、蓄滞洪区的管理措施及实行洪水预报和警报措施、救灾措施等。

（4）遵循洪涝规律，体现国民经济对防洪的要求的原则。防洪的根本目的是为了减少洪涝损失，维护人民生命和财产的安全，保障全社会经济的不断发展。防洪规划应当充分体现国家经济发展的不同阶段对防洪工作的不同要求，以保护经济的发展为目标，采用适应当前阶段经济发展状况的对策。

（5）防洪规划与国土规划和土地利用总体规划相协调的原则。

3. 防洪规划的编制、审查和批准权限

依照《水法》和《防洪法》等有关法律规定，不同级别的江河、湖泊的防洪规划有不同的制定机关和审批机关。

（1）重要江河湖泊的防洪规划：由国务院水行政主管部门依据该江河、湖泊的流域综合规划，会同有关部门和有关省、自治区、直辖市人民政府编制，报国务院批准。

（2）其他江河、河段、湖泊的防洪规划或者区域防洪规划：由县级以上地方人民政府水行政主管部门分别依据流域综合规划、区域综合规划，会同有关部门和有关地区编制，报本级人民政府批准，并报上一级人民政府水行政主管部门备案。

（3）跨省、自治区、直辖市的江河、河段、湖泊的防洪规划：由有关流域管理机构会同江河、河段、湖泊所在地的省、自治区、直辖市人民政府水行政主管部门、有关主管部门拟定，分别经有关省、自治区、直辖市人民政府审查提出意见后，报国务院水行政主管部门批准。

（4）城市防洪规划：由城市人民政府组织水行政主管部门、建设行政主管部门和其他有关部门依据流域防洪规划、上一级人民政府区域防洪规划编制，按照国务院规定的审批程序批准后纳入城市总体规划。

（5）修改防洪规划：修改防洪规划是有关机关根据不同时期防洪工作的特点，为适应防洪工作的新要求而进行的对原防洪规划某一项或某几项的修订。经过修改的防洪规划应当报经原批准机关批准。

4. 防洪规划的保留区制度

为了切实保证防洪规划确定的主要建设项目的用地，以及保证这一范围内的土地切实用于实施防洪规划确定的建设项目，防洪法规定了建立规划保留区制度。《防洪法》第十六条规定："防洪规划确定的河道整治计划用地和规划建设的堤防用地范围内的土地，经土地管理部门和水行政主管部门会同有关地区核定，报经县级以上人民政府按照国务院规定的权限批准后，可以划定为规划保留区。规划保留区内不得建设与防洪无关的工矿工程设施；在特殊情况下，国家工矿建设项目确需占用前款规划保留区内的土地的，应当按照国家规定的基本建设程序报请批准，并征求有关水行政主管部门的意见。"规划保留区制度的确立，为保障有关防洪工程设施的顺利建设创造了一个良好的条件。

5. 防御洪水方案的编制

《防洪法》第四十条第一款规定："有防汛抗洪任务的县级以上地方人民政府，根据流域规划、防洪工程实际状况和国家规定的防洪标准，制定防御洪水方案（包括对特大洪水的处置措施）。"防御洪水方案是指在现有防洪工程设施和自然地理条件下，对可能发生的各种不同类型的洪水预先制定的防御对策和计划安排，如事先确定各类防洪工程，包括水库、闸坝、堤防、蓄滞洪区等的运用标准、时机、方式和承担的具体任务等。因此，防御洪水方案是各级人民政府防汛指挥机构实施防洪调度决策和抢险救灾的依据。

（1）防御洪水方案的制定机关

防御洪水方案由国家防汛总指挥部、地方政府和市政府制定，具体制定权限的划分根据《防洪法》第四十条第二款的规定："长江、淮河、海河的防御洪水方案，由国家防汛总指挥部制定，报国务院批准后施行；跨省、自治区、直辖市江河的防御洪水方案，由有关省、自治区、直辖市人民政府报国务院或其授权的机构批准后施行。"此外，防汛条例第十一条第三款规定："有防汛抗洪任务的城市人民政府，应当根据流域综合规划和江河的防御洪水方案，制定本城市的防御洪水方案，报上级人民政府或其授权的机构批准后施行。"

（2）防洪预案的制定依据

防洪预案是在现有工程设施条件下，对防御江河洪水灾害、山地灾害（山洪、泥石流、滑坡等）、风暴潮灾害、冰凌洪水灾害以及因地震爆炸等突发性因素引起的各类洪水灾害而预先制定的防御方案总称。因此，防洪预案的制定不但要符合防洪的实际需要，而且要有科学合理的依据。符合防洪需要就是有防洪任务的地方、重要江河，都应当制定相应的防御洪水方案；而科学合理的依据是指防御洪水方案应当根据流域综合规划、防洪工程设施的实际状况和国家规定的防洪标准制定。

编制防洪预案的主要依据有《中华人民共和国水法》《中华人民共和国防汛条例》《中华人民共和国防洪法》《中华人民共和国河道管理条例》《蓄滞洪区安全建设指导纲要》《水库大坝安全条例》等国家有关法规和政策。

（3）防洪预案的内容

具有防洪任务的各级防洪机构，省、市、县、乡镇每年都必须制订防洪预案。防洪预案包括以下内容：

1）地区基本情况：自然地理、历史洪水、河道的排洪能力、洪水特性。

2）防洪任务和防洪标准。

3）防洪工程：堤防工程、控导工程。

4）防洪存在的问题：河道问题、防洪工程问题、非工程防洪问题。

5）防洪职责及分工：行政首长职责，防汛指挥部职责，防汛成员、单位职责、防守责任分工。

6）防汛队伍的组成与调用：组成人员、调用原则、巡堤查险安排。

7）防汛道路与通信线路：道路分布、通行原则、通讯网络。

8）防汛物资的储备与调用，后勤保障。

9）各级洪水处理方案。

10）各级洪水退水方案。

11）堤防决口紧急措施。

四、防洪区的建设与管理

基本概念

1. 防洪区

《防洪法》第二十九条第一款规定："防洪区是指洪水泛滥可能淹及的地区，分为洪泛区、蓄滞洪区和防洪保护区。"防洪区处于江河洪水位以下，受到洪水的直接威胁。我国有 100 万 km^2 国土、5 亿亩耕地、6 亿人口处于地面高程低于江河洪水位之下，有 90% 以上的城市受到洪水威胁。

为协调好经济社会发展与水资源和防洪的关系，更好地明确防洪体系的防护对象，防洪法将防洪区又分为洪泛区、蓄滞洪区和防洪保护区，通过对防洪区的划分可以明确防洪区的地位、作用和承担的责任，为不同区域的防洪工程建设及管理提供基本依据。划分洪泛区、蓄滞洪区和防洪保护区的范围，牵涉到亿万群众的生产、生活，因此应当严格慎重，必须经过省级以上人民政府严格审批。《防洪法》第二十九条第五款规定："洪泛区、蓄滞洪区和防洪保护区的范围，在防洪规划或者防御洪水方案中划定，并报请省级以上人民政府按照国务院规定的权限批准后予以公告。"

2. 洪泛区

"洪泛区是指尚无工程设施保护的洪水泛滥所及的地区"（《防洪法》第二十九条第二款）。防洪区是指毫无工程措施情况下的洪水泛滥区，或有一定工程措施，发生超防御设计工程标准下洪水泛滥区。在我国，大江大河的许多支流、中小河流基本没有设防，洪泛区的范围相当大，主要集中于我国人烟稀少的西部地区，在人口稠密的东部，面对不同量级的洪水，也存在着相当数量的洪泛区，如未设防河段洪水可能淹及的地区、山前的一些过渡地带、丘陵山区中的平川坝子等。

3. 蓄滞洪区

"蓄滞洪区是指包括分洪口在内的河堤背水面以外临时储存洪水的低洼地区及湖泊等"（《防洪法》第二十九条第三款）。蓄滞洪区是指河堤背水面以外临时贮存洪水的低洼地区及湖泊等，是江河防洪体系中的重要组成部分。历史上，沿江河两岸的洼地、湖泊有许多与江河相通，汛期自然蓄滞洪水。随着社会经济的发展，产生了人水争地的矛盾，使一些洼地、湖泊成为有控制的蓄滞洪区。我国蓄滞洪区大致分两种类型，一是洪水发生时运用频率较高的堤内行洪区，如淮河大堤间的行洪区；其二是为防御特大洪水、保护重要地区预留的行洪区，如长江的荆江分洪区、洪湖分蓄洪区等。我国重要江河通过规划确定的蓄滞洪区有 98 处，总面积为 3.45 万平方千米，人口约 1 800 万，人口密度达 520 人/千米。其中长江的荆江分洪区、黄河的山东省东平湖滞洪区、淮河城西湖蓄洪区都是著名的蓄滞洪区。

蓄滞洪区是我国防洪的重要组成部分。我国蓄滞洪区不但数量多、启用机遇多，而且滞洪区内往往人口比较集中，有的还是经济发达区域。因此在防洪工作中要尽可能地减少滞洪区的使用概率。

4. 防洪保护区

"防洪保护区是指在防洪标准内受防洪工程设施保护的地区"（《防洪法》第二十九条第四款）。防洪保护区一般都是经济上较为发达的地区，不仅有工业经济发达的城市，也包括农业经济相对发达的乡村以及大量的交通设施、能源基地和工矿企业。如黄淮海平原、松辽平原、长江三角洲、珠江三角洲，都是面积很大、人口密集、经济发达的防洪保护区。目前，我国约有堤防 24 万千米，保护着土地约 0.32 亿公顷、人口约 3.6 亿，其中黄河下游堤防、长江荆江大堤、淮河淮北大堤、洪泽湖大堤都是著名的堤防工程。这些大堤与蓄滞洪区结合运用，使我国七大江河中下游重点保护区的防洪能力有一定程度的提高，但仍然不能防御特大洪水。

防洪区内土地的分区管理

洪水对洪泛区、蓄滞洪区和防洪保护区产生的影响以及对防洪的要求是不同的，《防洪法》第三十条规定对防洪区内的土地实行分区管理。分区管理的目的是使防洪区内土地的开发、利用和各项建设既符合防洪的要求，又能实现土地的合理、有效利用，减少洪灾损失，使防洪区内的土地利用与防洪区的不同类型、洪水可能产生的不同影响相协调。例如，洪泛区内集中居民点应安排在高程适当的地方；行洪滩地上不应种植高秆阻水作物；蓄滞洪区内、分洪口门附近不允许设置有碍行洪的建筑物；种植业应抓好夏季作物生产，秋季种植耐水作物；重要的大型建设项目应考虑建在标准较高的防洪保护区或洪水影响较小的地方等。国家对蓄滞洪区内的土地利用尤为重视，1988 年国务院发布的《蓄滞洪区安全与建设指导纲要》中对蓄滞洪区内的土地利用和畜牧业活动作出了具体的限制规定："蓄滞洪区土地利用、开发和各项建设必须符合防洪的要求，保持蓄洪能力，实现土地的合理利用，减少洪灾损失。"

蓄滞洪区作为重要的工程设施，合理、有效地使用蓄滞洪区，使区内居民的生活和经济活动适应防洪要求，得到安全保障，并妥善解决分洪的种种矛盾，是江河防洪的重大问题。洪泛区因缺乏防洪工程的保护，安全建设及管理问题与蓄滞洪区一样重要。

防洪区的安全管理与建设

1. 保障洪泛区和蓄滞洪区人民生活和生产的安定

蓄滞洪区在历次防汛抗洪斗争中对保障广大保护区的安全和国民经济建设发挥了重

要的作用。目前蓄滞洪区内人口增加，经济得到了发展，甚至修建了工厂，形成了城镇。这样，启用蓄滞洪区的困难和启用蓄滞洪区的损失越来越大。合理而有效地解决因蓄滞洪水所产生的各种矛盾是今后江河、湖泊防汛抗洪所面临的重要课题，也是防洪区管理的一项主要内容。《防洪法》第三十二条强调了省级人民政府在蓄滞洪区安全与建设方面的责任。为了保护洪泛区和蓄滞洪区的人民财产安全，第三十二条还规定："洪泛区、蓄滞洪区所在地的人民政府应当组织制定蓄滞洪区的安全建设计划，采取措施控制洪泛区、蓄滞洪区人口增长，对居住在经常使用的蓄滞洪区的居民，有计划地组织外迁，并采取其他必要的安全保护措施。"此外，蓄滞洪区为广大保护区的防洪安全作出了贡献，政府和受益的地区应当帮助其解决恢复生产、生活等实际问题，克服分洪所造成的困难。

2. 防洪测报系统的建设和完善

《防洪法》第三十一条规定："……按照防洪规划和防御洪水方案建立并完善防洪体系和水文、气象、通信、预警以及洪涝灾害监测系统，提高防御洪水能力，……"洪水预报能事先提供洪水的发生和发展的信息，因此洪水的监测和预报是保障防洪区安全的重要措施之一，在防洪区应当建立、完善防洪体系和水文、气象、通信、预警以及洪涝灾害监测系统，不断提高防御洪水的能力。

目前，我国重要江河已经初步形成了防洪工程体系，建立起水文测报和水文情报预报体系，以及防汛通信和指挥调度系统。但我国防洪区的防洪能力并不能防御任何量级的洪涝灾害。因此，提高防洪水平，控制洪涝灾害，加强防洪区的安全与建设，仍是今后防洪管理工作的一项重要任务。

3. 防洪宣传和教育

防洪区内的各项生产建设活动和居民的日常生活与防洪区的安全休戚相关，因此，防洪宣传和教育的目的在于提高广大群众对水患的认识，加深对防洪工作的理解和调动群众参与、配合防洪工作的积极性。《防洪法》第三十一条规定："地方各级人民政府应当加强对防洪区安全建设工作的领导，组织有关部门、单位对防洪区内的单位和居民进行防洪教育，普及防洪知识，提高水患意识……"

防洪宣传教育主要包括以下几个方面：

（1）本地区洪水活动的情况：包括历史概况、洪水活动规律、特点及危害等。

（2）有关法律、法规和制度的宣传和普及：包括本地区防洪规划对土地利用的要求，有关蓄滞洪水等措施的必要性及有关防洪区扶持、补偿和救助办法等。

（3）宣传、普及有关防洪、避洪，自保救人的基本常识，提高公众防洪能力。

4. 防洪区内的工程建设

《防洪法》第二十七条规定："建设跨河、穿河、穿堤、临河的桥梁、码头、道路、渡口、管道、缆线、取水、排水等工程设施，应当符合防洪标准、岸线规划、航运要求和其他技术要求，不得危害堤防安全，影响河势稳定、妨碍行洪畅通；其可行性研究报告按照国家规定的基本建设程序报请批准前，其中的工程建设方案应当经有关水行政主管部门根据前述防洪要求审查同意。

前款工程设施需要占用河道、湖泊管理范围内土地，跨越河道、湖泊空间或者穿越河床的，建设单位应当经有关水行政主管部门对该工程设施建设的位置和界线审查批准后，方可依法办理开工手续；安排施工时，应当按照水行政主管部门审查批准的位置和界线进行。"

《水法》和《河道管理条例》等法律条文也对工程建设作了详细的规定。依照法律规定，建设跨河、穿河、穿堤、临河的工程设施有可能对防洪产生一定的影响，应当符合防洪标准、岸线规划、航运要求和其他技术要求，不得危害堤防安全、影响河势稳定、妨碍行洪畅通；其可行性研究报告按照国家规定的基本建设程序报请批准前，其中的工程建设方案应当经有关水行政主管部门根据前述防洪要求审查同意。

5. 非防洪建设项目的洪水影响评价制度

为了避免行洪时对洪泛区、蓄滞洪区内的非防洪建设项目造成不必要的经济损失，并防止建设项目对防洪工作产生严重影响，《防洪法》第三十三条规定了在洪泛区、蓄滞洪区内建设非防洪建设项目，应当就洪水对建设项目可能产生的影响和建设项目对防洪可能产生的影响作出评价，编制洪水影响评价报告，提出防御措施。并须经有关水行政主管部门审查批准后方可申请立项建设。

洪水影响评价制度包括以下四个方面的内容：

（1）对洪水对建设项目可能产生的影响作出评价，如建设项目的选址是否为洪水可能淹及的地区。

（2）对建设项目对防洪可能产生的影响作出评价，如建设项目是否挤占了防洪工程设施及其用地，是否阻碍行洪等。

（3）在作出上述评价之后，提出建设项目防御洪水的措施，对需要建设有关防洪工程设施保护的，提出有关工程设施建设的方案；需要非工程性措施的，提出建设项目防洪、避洪的办法。

（4）在作出洪水影响评价和提出防御洪水的措施后，编制书面的洪水影响评价报告，以备有关水行政主管部门审查。

6. 蓄滞洪区使用权限的规定

由于蓄滞洪区的启用关系到重要防洪保护对象的安全和蓄滞洪区巨大的经济损失。因此，有关分洪标准、启用条件以及批准程序，都必须按照依法批准的防御洪水方案的规定严格执行。《防洪法》第四十六条规定："江河、湖泊水位或者流量达到国家规定的分洪标准，需要启用蓄滞洪区时，国务院，国家防汛指挥机构，流域防汛指挥机构，省、自治区、直辖市人民政府，省（自治区、直辖市）防汛指挥机构，按照依法经批准的防御洪水方案中规定的启用条件和批准程序，决定启用蓄滞洪区；依法启用蓄滞洪区，任何单位和个人不得阻拦、拖延；遇到阻拦、拖延时，由有关县级以上地方人民政府强制实施。"

蓄洪区、滞洪区应根据其重要程度和保护范围实行分级掌握使用。原则上，涉及两个省（自治区、直辖市）以上的由中央决定使用，限于一个省（自治区、直辖市）范围以内的由其所在政府掌握使用。

防洪区有关防汛抗洪的具体规定

1. 关于行洪排涝区的规定

（1）不准擅自拦河筑坝、设网拦鱼、埋设管道、围滩垦殖。

（2）不准擅自修筑影响水流和恶化河势的丁坝、码头、横向高渠道和高路基。

（3）穿堤及跨河建筑物必须经水行政主管部门同意方可修建。

（4）除营造护堤、防浪、治河和抢险专用林木以外，不准成片造林和种植芦苇等高秆作物。

（5）不准散放木材，汛期放木要采取安全措施，并需在防汛指挥部门统一指挥下进行。

（6）不准擅自开采矿石土料，确属需要应经水行政主管部门批准方可实施。

（7）城市建设和发展要服从防汛安全，不准在行洪河道内盖房屋、建工厂、堆放料物、倾倒矿渣和垃圾。

（8）已有的阻水障碍应由设障单位负责清障，或采取其他补救措施以恢复其原有的行洪排涝能力。

（9）天然湖泊、水库库区、江河入海口等水域内不准擅自围垦，已有的围垦工程若对行洪、蓄洪、滞洪有不利影响的，应由建设单位负责清除或采取其他补救措施，以恢复其原有的行洪效能。

（10）严禁在江河沿岸附近和行洪、滞洪、蓄洪区内建设有毒的工厂和存放剧毒物品，若确实需要，必须修建专用储藏室或放置在历史最高洪水位以上，并必须采取防止毒物泄漏和冲失的措施。

（11）严禁破坏防御山洪和水土流失的各项设施。

（12）堤防两侧和水库周围的护堤林、防护林、防浪林是保护防洪设施的，也是防汛抢险专用的料源，严禁乱砍滥伐。其采伐更新由水行政主管部门根据工程和防汛抢险的需要自行确定，采伐使用和被洪水冲走的防护防浪林木，必须在汛后或次年春季按规定及时补植树苗，防护林和防浪林应计划使用，严禁成片采伐更新。

2. 对行政区划边界防洪、排涝设施的规定

（1）在平原行政区划边界河道上，未经上级批准或双方协商同意，上游地区不准擅自扩大河道，调整水系或加大泄洪排涝流量，下游地区不准设障阻水或缩窄河道断面，

降低原有行洪排涝能力。

（2）在平原行政区划边界规定范围内，未经统一规划不得平地挖沟筑堤。已修筑的应废除，以不阻碍行洪为原则。

（3）修筑公路时不得阻碍排水，若阻碍排水的应在阻水处修建桥涵或过水路面，以保持其原有自然流势。

（4）边界河道两侧和上下游堤防，未经上级批准和双方协商同意，任何一方不得擅自提高原有标准，也不准修筑影响河势或威胁对方安全的工程和设施。

五、防洪管理与防洪措施

防洪管理

1. 防洪工程管理

《防洪法》第六条规定："任何单位和个人都有保护防洪工程设施和依法参加防汛抗洪的义务。"防洪工程设施是防止和减轻洪涝灾害对人类造成破坏性影响的主要措施，也是开发利用水资源的重要工程性措施，防洪工程设施能否充分发挥作用，对人民的生命安危及财产安全，对周围单位、组织的财产安全及正常的生产秩序都有重大的影响，因此，防洪法规定任何公民和单位都有义务保护防洪工程设施。

为了保证防洪工程设施的正常运行，在防洪工程设施的周边需要划定一定范围的地域，在该地域范围内，通过禁止有关影响防洪工程设施正常运行或者威胁防洪工程设施安全的活动，达到保护防洪工程设施的目的。《防洪法》第三十五条明确规定："属于国家所有的防洪工程设施，应当按照经批准的设计，在竣工验收前由县级以上人民政府按照国家规定，划定管理和保护范围。属于集体所有的防洪工程设施，应当按照省、自治区、直辖市人民政府的规定，划定保护范围。在防洪工程设施保护范围内，禁止进行爆破、打井、采石、取土等危害防洪工程设施安全的活动。"

2. 防洪信息管理

（1）气象信息。在汛期要密切监测气象的发展和变化，及时掌握天气、水文等实时信息和风暴潮信息，尽最大的努力争取更早、更准确地预知洪水和风暴潮的发生和发展过程。气象信息主要包括：气象云图、天气形势分析、降雨实况及历史典型年份等。

（2）水情信息。主要包括根据降雨预报所作出的径流警报预测、实时降雨产流预报、洪水近期预报、各控制站洪水实时测报及下游站的修正预报，水量调度原则和方案、历史典型洪水信息等。防汛指挥机构可以根据这些信息及时作出部署，组织防汛队伍抗洪抢险。

（3）工程信息。主要包括工程的平面及立体布置图，工程的设计指标、实际指标、结构指标、观测数据，工程的历史变革及工程实时险情。

（4）河道信息。主要包括河道平面图、纵断面图，水位变化规律，河势流向，历史典型洪水情况。

（5）社会地理信息。主要包括滩区、分滞洪区内的村庄、人口、耕地、房屋、资产、道路、桥梁、干渠等主要建筑物等所处的地形、地貌、地面高程及与主要指标的关系。

（6）调度信息。主要包括洪水调度方案及方案评价，单个工程的运用方案及评价，人防组织调度，抢险料物调度方案等。各有关部门则应当在电力、通信、物资、运输等方面提供保障，充分发挥各单位、各部门各自的职能，团结协作，共同完成防汛抗洪任务。

3. 防洪的组织管理

《防洪法》第七条第二款规定："各级人民政府应当组织有关部门、单位，动员社会力量，做好防汛抗洪和洪涝灾害后的恢复与救济工作。"由于洪涝灾害具有影响范围广、破坏性强、抢救任务紧迫繁重的特点，因此，防洪工作必须动员各部门、各单位、部队和广大人民群众共同参加抗洪斗争，集中调配有关的物资和设备，集中调度使用有关的防洪设施；气象、水文、海洋、公安、交通、卫生等部门都要协同配合，各尽其责。防汛的组织管理就是指各级防汛指挥机构的组织管理，主要包括：专业防汛队伍、群众防汛队伍、防汛军队的组织；危险地区的群众转移安置；解决灾区居民的生活问题；防汛物资的组织、交通保障等。

4. 防汛的决策、指挥和调度

防汛的决策、指挥和调度，是指洪水调度方案、工程防守方案、险情抢护方案、人员物资调配方案、分滞洪区的迁物救援方案等的指挥、决策及实施，以及减灾救灾措施的判定及实施等。

防洪措施

我国的防洪体系包括工程防洪体系和非工程措施防洪体系两个方面。《防洪法》第十一条规定了编制防洪规划应当遵循工程措施和非工程措施相结合的原则。

1. 基本概念

（1）防洪的工程措施。它是指通过修建各种工程的办法来控制和抗御洪水以减少洪水灾害损失的一种防洪对策。主要包括修建大堤、防洪墙、分洪工程、河道整治工程、水库建设工程及有关的水土保持工程等，防洪工程的主要作用是提高河道过流能力和适当控制上游洪水来量。

（2）防洪的非工程措施。它是指通过政策、法律、科学技术以及修建防洪工程以外的其他手段，减少洪水灾害损失的对策。主要包括洪泛区管理工作、河道清障措施、洪水预警系统、洪水保险、洪涝灾害的救济以及对超标准洪水的防御措施等。

（3）非工程措施与工程措施的关系。从人类抗御洪水的历史发展来看，工程措施是人类防洪的主要手段，但是单靠工程措施难以完全控制洪涝灾害所带来的损失。防洪的非工程措施与工程措施互为依托，工程措施是防汛的物质基础，非工程措施是防洪工程措施及其设施运用和管理的方式和手段，两者功能各不相同，相互不能替代，只有把它们有机地结合起来，取长补短，相得益彰，才能形成一个完整的防洪体系。目前，我国现状防洪体系基本上是以工程体系为主的，而以对全社会防灾管理为特征的非工程体系则相当薄弱，还没有形成一个完善的体系。即使是水文气象测报系统、防汛通信系统，以及防洪法规等非工程措施，还主要是为防洪工程运行、调度、管理、保护等方面服务。

2. 非工程防洪措施

（1）泛洪区、滞洪区的运用和管理。使用泛洪区和蓄滞洪区分洪或滞蓄洪水是牺牲局部换取全局安全的防洪措施。因此，必须采取合理的政策和办法，根据不同情况，加强行泛洪区和蓄滞洪区的安全建设和管理，对区内的土地利用实行有效管理，对区内的建筑物采取防水加固措施，使其能承受一定程度的洪水淹没，并积极扶持泛洪区和蓄滞洪区发展生产、改善生活。

（2）洪水预警系统和通信网络建设。水情和气象的测预报是防汛抢险工作的重要组成部分，是指导防汛采取防御措施的科学依据，对减轻洪水灾害有直接关系。应"按照防洪规划和防御洪水方案建立并完善防洪体系和水文、气象、通信、预警以及洪涝灾害监测系统，提高防御洪水能力"（防洪法第三十一条）。在防汛抗洪期间应随时提供气象信息、水情信息、洪水信息、工程信息、地理社会信息、调度信息和社会信息，运用洪水预警报及时准确地测报险情，配合紧急周密的撤离安排，有效地减小洪灾损失。

（3）洪水保险工作。《防洪法》第四十七条规定："国家鼓励、扶持开展洪水保险。"这是我国以法律形式第一次明确表示对洪水保险予以支持，表明国家为了有效地防治与减轻洪水造成的损失，不仅非常重视工程防洪措施，而且也非常重视洪水保险非工程措施。洪水保险是按照法律或合同对遭受洪水灾害事故损失的单位和个人进行经济补偿的一种保险保障制度，它主要是调动全社会的力量来减轻洪水灾害给人民生命和财产所造成的损失。开展洪水保险，投保人可以依照法律或合同的规定，结合自身所具有的保险利益、保险需求以及缴费能力确定保险金额。在发生洪灾损失后，被保险人可依据法律或合同的规定请求保险人给予赔偿，其权利受到法律的保护，而保险人的赔偿义务则受到法律的约束必须履行。通过保险，被保险人可以在灾后得到较可靠的、较及时的、较高水平的保险保障。

（4）洪涝灾害的救济扶持和补偿。蓄滞洪区牺牲局部利益，为广大防洪保护区的防洪安全作出了贡献，政府和受益地区应当给予适当的补偿，帮助其恢复正常的生产、生活，克服因蓄滞洪水而造成的困难。《防洪法》第三十二条对洪涝灾害扶持、补偿和救助制度作了规定："因蓄滞洪区而直接受益的地区和单位，应当对蓄滞洪区承担国家规定的补偿、救助义务。国务院和有关的省、自治区、直辖市人民政府应当建立对蓄滞洪区的扶持和补偿、救助制度。"对蓄滞洪区的扶持、补偿和救助制度，是防汛抗洪的一项特殊的经济措施，是保障蓄滞洪区人民生产、生活，符合全局利益要求的重要措施。

补救措施主要包括以下内容：

1）对于蓄滞洪区，应根据各自的生产、生活、安全设施及使用机遇等情况分别以赔偿、补偿、救济及减免税收等办法，适当弥补其损失。

2）中央和各省（自治区、直辖市）掌握使用的行滞洪区，均需设定专项防洪基金。行、蓄、滞洪区由哪一级使用就由哪一级政府予以赔偿、补偿或救济。若实际损失超出其补偿能力时，可向中央申请给予支援。

3）易多发的行、蓄、滞洪区，国家将酌情减免农业税和自救性企业的工商税。同时，当地政府应积极指导和扶持行、蓄、滞洪区内的群众调整生产结构，根据当地的资源优势，因地制宜地发展工副业、畜牧业、编织业、运输业、建筑业、服务业等，使之逐步由以种植业为主，转变为以多种经营和工商业为主的生产结构。另外，还应积极开展行蓄滞洪区内企事业和个人的防洪保险。

4）为合理有效地使用行蓄滞洪区，国家有关部门已经制定了有关的政策法规，编制各有关流域主要江河不同典型年行蓄滞洪区的使用规定。地方各级防汛指挥机构应控制行蓄滞洪区人口的适度增长，因地制宜地采取就地避洪和安全撤离措施，逐步建立防洪基金与保险制度等。

第五章　水利工程建设与管理

一、概述

水利工程的分类、特点与等级

1. 水利工程与水工建筑物的分类

（1）水利工程的分类

《水法》第七十九条规定："水工程，是指在江河、湖泊和地下水源上开发、利用、控制、调配和保护水资源的各类工程。"也称水利工程。

《水利水电工程管理条例》第三条进行了细化："本条例所称水利、水电工程系指：防洪、防潮工程；农田灌溉工程；水力发电工程；排水、防渍、治碱工程；为城市、工业输水及其他水利、水电工程设施。"

由此可知，水利工程具体是指河道、渠道、湖泊、防洪、排涝、防潮工程，水库、蓄水引水提水工程，农田灌溉、农村人畜饮水工程，排水、防渍、治碱工程，水力发电工程。

水利设施包括防汛设施，水文监测设施，水文地质监测设施，导航、助航设施等。

（2）水工建筑物的分类

一项水利工程往往由一些不同的建筑物组成，这些建筑物称水工建筑物，水工建筑物按其用途可分为一般性水工建筑物与专门性水工建筑物。

一般性水工建筑物是指可应用于各种水利工程的建筑物，它可分为以下几种：

1）挡水建筑物。用以拦堵水流，如闸、坝、堤防等。

2）泄水建筑物。用以宣泄多余水量，如溢洪道、泄洪洞、排水闸等。

3）取水建筑物。用以引取水量，如进水闸、取水塔、抽水站等。

4）输水建筑物。用以输送水流，如渠道、渡槽、涵洞、管道等。

5）整治建筑物。用以整治河道、保护河岸及稳定河槽，如护岸工程、导流堤、丁坝、顺坝和拦排沙建筑物等。

专门性水工建筑物是指只应用于某一种水利部门的水工建筑物，大致有如下一些类型。

1）水电站建筑物。如电站厂房、前池、调压室及压力管道等。

2）水运建筑物。如船闸、升船机、筏道、码头、港口等。

3）农田水利建筑物。包括灌排、渠系及其建筑物，如分水闸、节制闸、量水堰等。

4）给、排水建筑物。如自来水厂的给水管道、抽水站、滤水池、水塔以及排除污水的下水道等。

5）渔业建筑物。如鱼道、升鱼机、鱼闸、鱼池等。

水工建筑物按其使用时间不同，又可分为永久性建筑物和临时性建筑物；永久性建筑物按其重要性又分为主要建筑物和次要建筑物。

2. 水工建筑物的特点

（1）工作条件复杂，主要表现在以下几方面：

1）水压力。当建筑物挡水后，水对建筑物将产生静水压力和动水压力（如波浪压力、地震水压力）等。

2）渗流。地基和建筑物体内的渗流将产生浮托力和渗透压力，还可引起地基土壤的渗透变形。渗流量过大还将造成大量漏水。

3）冲刷。高速水流将对建筑物和下游河床产生冲刷，还可使建筑物产生震动或气蚀现象。

4）侵蚀。冻融循环等风化作用将降低建筑物的耐久性。

（2）施工条件困难。水工建筑物一般要在水下施工，主要存在施工导流、地下水抽取等，工程量大、工期长、时间紧、受自然条件影响大等问题。

（3）失事的后果严重。

3. 水利水电工程的分等和水工建筑物的分级

水利水电工程的等别，应根据其工程规模、效益及在国民经济中的重要性进行划分。按照 SL 252—2000《水利水电工程等级划分及洪水标准》，共分为五等，如表 5－1 所示。水工建筑物则按照其所属工程的等别，及其在工程中的作用和重要性，划分为五级，如表 5－2 所示。

表 5－1　水利工程分级指标

工程等别	工程规模	水库总库容（亿 m³）	防洪		治涝	灌溉	供水	发电
			保护城镇及工矿企业的重要性	保护农田（万亩）	治涝面积（万亩）	灌溉面积（万亩）	供水对象重要性	装机容量（万 kW）
Ⅰ	大（1）型	≥10	特别重要	≥500	≥200	≥150	特别重要	≥120
Ⅱ	大（2）型	10～1.0	重要	500～100	200～60	150～50	重要	120～30
Ⅲ	中型	1.0～0.1	中等	100～30	60～15	50～5	中等	30～5

续表

工程等别	工程规模	水库总库容（亿 m³）	防洪		治涝	灌溉	供水	发电
			保护城镇及工矿企业的重要性	保护农田（万亩）	治涝面积（万亩）	灌溉面积（万亩）	供水对象重要性	装机容量（万 kW）
Ⅳ	小（1）型	0.1～0.01	一般	30～5	15～3	5～0.5	一般	5～1
Ⅴ	小（2）型	0.01～0.001		<5	<3	<0.5		<1

注 1. 水库总库容指水库最高水位以下的静库容。

　　2. 治涝面积和灌溉面积均指设计面积。

表 5-2　水工建筑物分级标准

工程等别	永久性建筑物级别		临时性建筑物级别
	主要建筑物	次要建筑物	
一	1	3	4
二	2	3	4
三	3	4	5
四	4	5	5
五	5	5	

水库与径流调节

拦河筑坝，形成水库，是人类改造自然的巨大工程。组成水库的水工建筑物群称为蓄水枢纽。

1. 水库的特征水位和相应库容

水库的水面高程，称为库水位。库水位以下的蓄水容积，称为库容。

（1）死库容。正常运用情况下允许的最低水位叫死水位。死水位以下的库容叫死库容。

（2）正常蓄水位。正常蓄水位是最高的兴利水位。正常蓄水位与死水位之间的水层深度，称为水库的工作深度；两者之间的库容，称为兴利库容。

（3）防洪限制水位。它系水库在汛期允许蓄水的上限水位，它可根据其洪水特性和防洪要求，在汛期不同时段分期拟定。

（4）防洪高水位。它系遇到下游防护对象的设计标准洪水时，水库（坝前）达到的最高水位。

（5）设计洪水位。它是指水库遇到设计洪水时允许达到的最高水位。

（6）校核洪水位。是指水库遇到校核洪水时允许达到的最高水位。

校核洪水位以下的静库容，称为总库容；校核洪水位与防洪限制水位之间的库容，称为调洪库容；防洪高水位至防洪限制水位之间的水库容积为防洪库容。

没有防洪任务的水库，汛限水位就是正常水位，它没有防洪高水位。开敞式溢洪道堰顶高程即为正常蓄水位，当库水位超过堰顶高程时，水库将自动泄流。

2. 径流调节的概念

为了解决来水和用水的矛盾，修建水库将河道天然来水按防洪、兴利要求重新进行分配，称为洪水调节和径流调节。水库来水和用水都是随着时间变化的，水库由空到满再到空，循环一次所经历的时间，称为调节周期，一般可分为多年调节、年调节和日调节等。

（1）年调节即将汛期多余水量存于水库内供枯水期使用，调节周期为一年。

（2）多年调节即把丰水年的水量全部或部分蓄留在水库内，供枯水年使用。

（3）日调节即为一种将上游一日内的来水量进行调节的运用方式。

水库对周围环境的影响

水库调节河川径流，有利于灌溉、供水、发电等水资源的综合利用，促进国民经济的发展，对社会环境产生积极的影响。但是，水库建设对周围环境的影响也有不利的一面，如库区淹没、上游地下水位上升、库岸坍塌、回水上延、泥沙淤积、水温变化、水质变化、诱发地震、引起下游水情变化等。对此，我们必须认真研究水库对周围环境的作用，尽可能避免其不利影响。

二、水利工程建设程序

根据水利部《水利工程建设项目管理规定》（水建〔1995〕128 号）和有关规定，水利工程建设程序一般分为项目建议书、可行性研究报告、初步设计、施工准备（包括招标设计）、建设实施、生产准备、竣工验收和后评价八个阶段。一般情况下，项目建议书、可行性研究报告、初步设计称为前期工作。水利工程建设项目的实施，必须通过基本建设程序立项，立项过程包括项目建议书和可行性研究报告阶段。水利工程建设项目的立项报告要依据国家的有关政策，以及已批准的江河流域综合治理规划和专业规划水利发展中长期规划。

水利工程建设项目分类

1. 按功能和作用划分

水利工程建设项目按其功能和作用分为公益性、准公益性和经营性三类。

（1）公益性项目

公益性项目是指具有防洪、排涝、抗旱和水资源管理等社会公益性管理和服务功能，自身无法得到相应经济回报的水利项目，如堤防工程、河道整治工程、蓄滞洪区安全建设工程、除涝、水土保持、生态建设、水资源保护、贫苦地区人畜饮水、防汛通信、水文设施等。

（2）准公益性项目

准公益性项目是指既有社会效益、又有经济效益的水利项目，其中大部分是以社会效益为主，如综合利用的水利枢纽（水库）工程、大型灌区节水改造工程等。

（3）经营性项目

经营性项目是指以经济效益为主的水利项目，如城市供水、水力发电、水库养殖、水上旅游及水利综合经营等。

2. 按对社会和国民经济发展的影响划分

水利工程建设项目按其对社会和国民经济发展的影响划分为中央水利基本建设项目（以下简称中央项目）和地方水利基本建设项目（以下简称地方项目）。

（1）中央项目

中央项目是指对国民经济全局、社会稳定和生态环境有重大影响的防洪、水资源配置、水土保持、生态建设、水资源保护等项目，或中央认为负有直接建设责任的项目。

（2）地方项目

地方项目是指局部受益的防洪除涝、城市防洪、灌溉排水、河道整治、供水、水土保持、水资源保护、中小型水电站建设等项目。

3. 按建设规模和投资额划分

水利基本建设项目根据其建设规模和投资额分为大中型和小型项目。大中型项目是指满足下列条件之一的项目。

（1）堤防工程。一级、二级堤防。

（2）水库工程。总库容1亿立方米以上（含1亿立方米，以下同）。

（3）水电工程。电站总装机容量5万千瓦以上。

（4）灌溉工程。灌溉面积30万亩以上。

（5）供水工程。日供水10万千千克以上。

（6）总投资在国家规定的限额以上的项目。

4. 按水利水电工程等级划分

水利水电工程的等别，应根据其工程规模，效益及在国民经济中的重要性，按表 5 - 1 确定。

水利工程建设程序中各阶段的工作要求

在《水利工程建设项目管理规定》中，对水利工程建设程序中各阶段的工作要求进行了明确规定。

1. 项目建议书阶段

项目建议书应根据国民经济和社会发展规划、流域综合规划，区域综合规划、专业规划，按照国家产业政策和国家有关投资建设方针进行编制，是对拟进行建设项目提出的初步说明。

项目建议书按照水利部《水利水电工程项目建议书编制暂行规定》（水规计〔1996〕608 号）编制。项目建议书编制一般委托有相应资格的工程咨询或设计单位承担。

2. 可行性研究报告阶段

根据批准的项目建议书，可行性研究报告应对项目进行方案比较，对技术上是否可行和经济上是否合理进行充分的科学分析和论证。经过批准的可行性研究报告，是项目决策和进行初步设计的依据。

可行性研究报告应按照《水利水电工程可行性研究报告编制规程》（DL 5020—93）编制。可行性研究报告编制一般委托有相应资格的工程咨询或设计单位承担。可行性研究报告经批准后，不得随意修改或变更，在主要内容上有重要变动，应经过原批准机关复审同意。

3. 初步设计阶段

初步设计是根据批准的可行性研究报告和必要而准确的勘察设计资料，对设计对象进行通盘研究，进一步阐明拟建工程在技术上的可行性和经济上的合理性，确定项目的各项基本技术参数、编制项目的总概算。其中概算静态总投资原则上不得突破已批准的可行性研究报告估算的静态总投资。由于工程项目基本条件发生变化，引起工程规模、工程标准、设计方案、工程量的改变，其静态总投资超过可行性研究报告相应估算静态总投资在 15% 以下时，要对工程变化内容和增加投资提出专题分析报告；超过 15% 以上（含 15%）时，必须重新编制可行性研究报告并按原程序报批。

初步设计报告按照《水利水电工程初步设计报告编制规程》（DL 5021—93）编制。初步设计报告经批准后，主要内容不得随意修改或变更，并作为项目建设实施的技术文件基础。在工程项目建设标准和概算投资范围内，依据批准的初步设计原则，一般非重大设计变更、生产性子项目之间的调整，由主管部门批准。在主要内容上有重要变动或修改（包括工程项目设计变更、子项目调整、建设标准调整、概算调整）等，应按程序上报原批准机关复审同意。初步设计任务应选择有项目相应资格的设计单位承担。

4. 施工准备阶段

施工准备阶段（包括招标设计）是指建设项目的主体工程开工前，必须完成的各项准备工作。其中，招标设计指为施工以及设备材料招标而进行的设计工作。

5. 建设实施阶段

建设实施阶段是指主体工程的建设实施，项目法人按照批准的建设文件，组织工程建设，保证项目建设目标的实现。

6. 生产准备阶段

生产准备（运行准备）指为工程建设项目投入运行前所进行的准备工作，完成生产准备（运行准备）是工程由建设转入生产（运行）的必要条件。项目法人应按照建管结合和项目法人责任制的要求，适时做好有关生产准备（运行准备）工作。生产准备（运行准备）应根据不同类型的工程要求确定，一般包括以下的主要工作内容。

（1）生产（运行）组织准备。建立生产（运行）经营的管理机构及相应管理制度。

（2）招收和培训人员。按照生产（运行）的要求，配套生产（运行）管理人员，并通过多种形式的培训，提高人员的素质，使之能满足生产（运行）要求。生产（运行）管理人员要尽早介入工程的施工建设，参加设备的安装调试工作，熟悉有关情况，掌握生产（运行）技术，为顺利衔接基本建设和生产（运行）阶段做好准备。

（3）生产（运行）技术准备。生产（运行）技术准备主要包括技术资料的汇总、生产（运行）技术方案的制定、岗位操作规程制定和新技术准备。

（4）生产（运行）物资准备。生产（运行）物资准备主要是落实生产（运行）所需的材料、工器具、备品备件和其他协作配合条件的准备。

7. 竣工验收阶段

竣工验收是工程完成建设目标的标志，是全面考核建设成果、检验设计和工程质量的重要步骤。竣工验收合格的工程建设项目即可以从基本建设转入生产（运行）。

竣工验收按照《水利水电建设工程验收规程》（SL 223—2008）进行。

8. 后评价阶段

工程建设项目竣工验收后，一般经过 1~2 年生产（运行）后，要进行一次系统的项目后评价，主要内容包括：

影响评价——项目投入生产（运行）后对各方面的影响进行评价。

经济效益评价——项目投资、国民经济效益、财务效益、技术进步和规模效益、可行性研究深度等进行评价。

过程评价——对项目的立项、勘察设计、施工、建设管理、生产（运行）等全过程进行评价。

项目后评价一般按三个层次组织实施，即项目法人的自我评价、项目行业的评价、主管部门（或主要投资方）的评价。

项目后评价工作必须遵循客观、公正、科学的原则，做到分析合理、评价公正。

三、水利工程建设管理法规与技术标准

水利工程建设管理法规构成

水利工程建设管理法规构成是由调整水利工程建设中所发生的各种社会关系（包括水利工程建设管理活动中的行政管理关系、经济协作关系及其相关的民事关系）、规范水利工程建设行为、监督管理水利工程建设活动的法律规范组成的有机统一整体。水利工程建设管理法规构成包括与水利工程建设管理有关的法律、行政法规（含法律性文件）和部门规章。水利工程建设管理法规构成主要包括相关法律7件，行政法规（含法规性文件）13件，部门规章80件。分为综合、建设程序和前期工作、资质资格管理、"三项制度"、工程质量与安全管理、建筑市场管理、其他7个方面。

水利工程建设管理法规与技术标准

水利工程建设管理的法规文件与水利工程建设技术标准，其性质是不同的。法规文件是法律规范的形式，是指国家机关（包括权力机关、行政机关、军书机关、司法审判机关、检察机关等）在其权限范围内，按照法定程序制定和颁布的具有普遍约束力的，并以其强制力保证实施的行为规则的文件。具有法律效力，如不遵守或违反，就要承担法律责任。

技术标准是由国家质量技术监督主管机构和行业主管部门审批和发布的，从技术控制的角度来规范和约束科学技术和生产建设等活动的文件，包括国家标准、行业标准和地方标准等。技术标准与法律规范（规范性文件）在制定机关、制定程序和颁布等方面有明显的不同，且技术标准中均未明确设定法律责任，加之很多现行的技术标准中的强制性条款与由执行者视具体情况选择采用或推荐采用的技术要求混在一起，其强制性和约束力大为削弱。因此，技术标准一般均不作为法律规范而纳入法规体系范畴，水利工程建设技术标准一般也未纳入"水利工程建设管理法规构成"中。但是，由现行水利技术标准中直接涉及人民生命财产安全、人身健康、环境保护和其他公众利益、必须严格执行的强制性规定摘录而成的《工程建设强制性条文》（水利工程部分）则纳入了"水利工程建设管理法规构成"中。这是因为以国务院令第279号发布的《建设工程质量管理条例》规定，勘察、设计、施工等单位必须按照工程建设强制性标准进行勘察、设计和施工，并对其勘察、设计和施工质量负责。要求国务院建设、铁路、交通、水利等有

关部门应当加强对有关建设工程质量的强制性标准的执行情况进行监督检查。此外，还对建设单位、勘察、设计、施工等单位违反工程建设强制性标准设定了罚则。实际上由建设部会同水利部编制并正式发布的《工程建设强制性条文》（水利工程部分）已成为行政法规《建设工程质量管理条例》的配套规章，不执行就是违法。

我国现行的工程建设技术标准体制正在着手进行改革。借鉴发达国家的经验和根据WTO 的有关规定，在我国逐步建立适应社会主义市场经济体制的工程建设技术法规与技术标准体制，已成必然趋势。工程建设技术法规是由国家有立法权的机构批准发布，强制执行，政府主管部门对执行情况进行监督，其内容是对工程建设中直接关系工程质量、安全、卫生、环境保护、公众利益等政府需要控制的技术要求所作的规定。因具有法律属性，应列入法规体系。

四、水利工程保护

水利工程保护的概念

水利工程保护，是指国家对各种影响或可能影响水利工程安全和正常运行的人类活动，用法律规范予以限制，并使有水利工程管理和保护权的部门或单位，依法保护水利工程的安全和正常运行。

水利工程保护的任务是保护水利工程的安全，维护水利工程正常运用，确保水利工程充分发挥经济效益、社会效益和生态效益。

水利工程保护的内容主要包括管理权的归属，水利工程保护范围的划定，以及为保护水利工程的安全和维护水工程的正常运用制定有关法律规定并具体实施等。

水利工程的管理和保护范围

为保护水利工程的完整和安全运行，各类水工程都要根据管理的需要，结合自然地理条件、历史情况和社会经济的具体情况划定管理范围和保护范围。

1. 水利工程的管理范围

水利工程的管理范围，是指直接维持水利工程正常运用的范围。它既是水工程的生产、经营或运用范围，也是直接关系到水工程能否正常发挥效益的范围。在这一范围内，不仅要禁止危及水工程安全的行为，而且要严格限制或禁止直接影响水工程正常运用的行为。在水工程管理范围内，一般只能由水工程管理单位从事与水工程建设和运用有关的活动。

2. 水利工程安全保护范围

水利工程安全保护范围，是指水工程管理范围以外，为保证水工程安全，以便维持水工程正常运用而划定的范围，是关系到水工程能否正常发挥效益的保护范围。在这一范围内主要禁止危及水工程安全的行为。

划定管理和保护范围的权限和方法

《水法》第四十三条规定："国家对水工程实施保护。国家所有的水工程应当按照国务院的规定划定工程管理和保护范围。

国务院水行政主管部门或者流域管理机构管理的水工程，由主管部门或者流域管理机构会商有关省、自治区、直辖市人民政府划定工程管理和保护范围。

前款规定以外的其他水工程，应当按照省、自治区、直辖市人民政府的规定，划定工程保护范围和保护职责。"

《水利水电工程管理条例》第二章第七条规定："各类水利、水电工程应根据管理的需要，结合自然地理条件、历史情况和社会经济的具体情况划定保护范围。保护范围分为建筑物管理范围、水库管理范围、护堤地、护渠地四种：

（1）挡水、泄水、引水建筑物，电站厂房及灌排工程等周围，划定建筑物管理范围。

（2）水库周围移民线或土地征购线以下，划定水库管理范围。

（3）河道堤防两侧划定护堤地。

（4）灌排渠道及渠堤两侧划定护渠地。

保护范围由水利水电工程管理单位与本工程有关的部门协商后报请工程所在地的地方人民政府划定，并明确边界，树立标志，发给证明。关系重大的工程由上级主管机关与有关人民政府商定。"

水工程的保护范围应当根据工程的重要性和各地土地状况而定，具体划定管理和保护范围的权限和方法如下：

（1）国家所有的水利水电工程，其管理和保护范围的划定权限在国务院。

（2）属于水利部直接管理的水利水电工程以及属于七大流域管理机构管理的水工程，其管理和保护范围的划定，由水利部和流域机构与各省、自治区、直辖市政府共同商量划定。

（3）集体所有制的水工程应当依照省、自治区、直辖市政府的规定划定保护范围；县级以上人民政府所有的水工程应当按照经批准的设计，由县级以上政府依照国家规定，划定管理和保护范围。

管理范围内的权属规定

《水利水电工程管理条例》第二章第八条规定："管理范围以内的土地及土地上附着

物，属国家管理的工程，其所有权属全民所有，使用权属水利、水电工程管理单位；集体管理的工程，其所有权属集体，使用权属水利、水电工程管理单位。其他单位或个人均不得侵占，已占用的，应当归还。已由水利、水电工程管理单位接管的工程，管理范围以内的土地需要变更所有权时，由工程管理单位提出申请，按有关规定办理土地转移手续。护堤地和护渠地的土地及土地上附着物的所有权及使用权一般按现状不变，需要划归全民所有的，按前款办理。"

《水法》第四十二条规定："县级以上地方人民政府应当采取措施，保障本行政区域内水工程，特别是水坝和堤防的安全，限期消除险情。水行政主管部门应当加强对水工程安全的监督管理。"

水利工程保护的具体规定

水利工程保护的具体法律规定，在《水利水电工程管理条例》《水库大坝安全管理条例》及其他有关行政法规和规章中都有这方面的内容。现主要根据《水法》及《水利水电工程管理条例》的内容作一介绍。

（1）为保护水利工程及其附属设施和设备禁止下列活动。

1）损毁堤坝、电站、渠道、水闸等水利、水电工程建筑物及其观测、水文、通信、输变电，交通等附属设施。

2）在堤坝、渠道上垦殖、铲草及滥伐防护林木。

3）设置有害堤坝安全的建筑物。

4）盗用、挪用水利、水电物资、器材、设备。

5）在水域炸鱼和滥用电力捕鱼。

6）在坝顶、堤顶、水闸交通桥行使履带拖拉机、硬轮车和超重车辆，在没有路面的坝顶、堤顶雨后行车。

7）在工程管理单位的通信、报汛线路上挂广播线。

8）在保护范围内爆破、打井、埋坟、采石、取土、挖砂、建筑、滥伐林木以及其他危及工程安全的活动。

（2）为维护水利、水电工程效能，禁止下列列活动。

1）在行洪、排水、输水河道和渠道内修建影响行水的建筑物和设施。

2）在河滩、湖泊、蓄洪区、行洪区、水库库区及江河入海口附近海滩任意围垦。

3）在河道中修建碍航及有危害的导流、排流等工程。

4）在危及工程安全的河滩、河岸开采砂石、土料。

5）在河道滩地、渠道、行洪区、分洪道种植高秆植物。

6）在水库、河道、渠道、湖泊等水域及滩地倾倒垃圾、废渣、尾矿矿渣，堆置杂物。

（3）确有必要在水利、水电工程保护范围内进行建设等活动，应征得水行政主管机关的同意，如属通航放木的河道还须征得航运、林业主管机关的同意，并按规定程序批准。

水利、水电工程保护范围内阻水的建筑物、植物、垃圾、废渣、尾矿矿渣、杂物及其他设施，由设障单位负责清除、改建、限期恢复工程原有效能。按规定批准修建的建筑物及设施，产生阻水现象的，应由有关方面协商处理。

（4）严重的水污染不仅降低甚至彻底破坏水的可利用程度，而且会侵蚀工程结构的材料，缩短工程寿命，危及工程安全，因此，水利、水电工程管理单位应按照环境保护和水污染防治等有关法规，配合有关部门，保护环境，防止水污染。

五、水库大坝安全管理条例

水库大坝安全管理条例概述

1. 立法宗旨

为了加强水库大坝安全管理，保障人民生命财产和社会主义建设的安全，国务院于1991年3月22日发布了《水库大坝安全管理条例》，条例共有六章四十三条，于发布之日起施行。为加强水库大坝安全管理，完善大坝安全鉴定制度，保证大坝安全运行，根据国务院《水库大坝安全管理条例》的规定，水利部已于2003年7月2日制定了新的《水库大坝安全鉴定办法》，该办法于当年8月1日生效。

2. 适用范围

（1）本条例适用于我国境内坝高15m以上或者库容100万m^3以上的水库大坝（以下简称大坝）。本条例所称大坝包括永久性挡水建筑物以及与其配合运用的泄洪、输水、发电和过船建筑物。

（2）坝高15m以下、10m以上或库容100万m^3以下、10万m^3以上，对重要城镇、交通干线、重要军事设施、工矿区安全有潜在危险的大坝，其安全管理参照本条例执行。

3. 管理体制

（1）国务院水行政主管部门会同国务院有关主管部门对全国的大坝安全实施监督。县级以上地方人民政府水行政主管部门会同有关主管部门对本行政区域内的大坝安全实施监督。

（2）各级水利、能源、建设、交通、农业等有关部门，是其所管辖的大坝的主管部门。

（3）各级人民政府及其大坝主管部门对其所管辖的大坝安全实行行政领导负责制。

大坝的建设

1. 大坝建设方针

《水库大坝安全管理条例》在总则第五条规定：大坝的建设应当贯彻"安全第一"的方针。这是因为，在防治水旱灾害、开发利用水资源和水能资源中，大坝建设是一项十分重要的工程措施。目前，我国已建成的大坝数量居世界首位，在筑坝技术的许多领域也有较高的水平。大坝建设在防洪、灌溉、供水、发电等方面发挥了重要的作用。在未来相当长的时间内，我国水库大坝建设任务依然非常繁重，目前设计中高于100m以上的大坝就有30多座。大坝建设关系人民生命财产的安全，千年大计，质量第一。必须科学论证，精心设计，精心施工，确保万无一失。同时，要十分重视对生态环境的影响，做到人与自然和谐共处。也就是说，大坝的建设过程中，要牢固树立"安全第一"的观念，以保障人民生命财产的安全。

2. 大坝建设的具体规定

（1）兴建大坝必须符合由国务院水行政主管部门会同有关大坝主管部门制定的大坝安全技术标准。

（2）兴建大坝必须进行工程设计（包括工程原则、通信、动力、照明、交通、消防等管理设施的设计）。

（3）大坝的设计、施工必须由具有相应资格证书的单位承担。

（4）大坝施工单位必须按照施工承包合同规定的设计文件、图纸要求和有关技术标准进行施工。建设单位和设计单位应当派驻代表，对施工质量进行监督检查。

（5）兴建大坝时，建设单位应当按照批准的设计，提请县级以上人民政府按照国家规定划定管理和保护范围，树立标志。

（6）大坝开工后，大坝主管部门应当组建大坝管理单位，由其按照工程基本建设验收规程参与质量检查以及大坝分部、分项验收和蓄水验收工作。

大坝管理

《水库大坝安全管理条例》规定大坝的管理也应当贯彻"安全第一"的方针，并应做到以下几方面：

（1）大坝及设施受国家保护，任何单位和个人不得侵占、毁坏。大坝管理单位应加强大坝的安全保卫工作。

（2）禁止大坝管理和保护范围内进行一切危害大坝安全及危及山体的活动。

（3）禁止乱建、乱占等影响大坝安全、工程管理和抢险工作的活动。

（4）大坝主管部门应当配备具有相应业务水平的大坝安全管理人员；对其所管辖的大坝应当按期注册登记，并建立技术档案；应当建立大坝定期安全检查、鉴定制度。

（5）大坝管理单位应当建立健全安全管理规章制度，采取措施确保大坝安全运行，发挥大坝的综合效益。

（6）大坝管理单位和有关部门应当做好防汛抢险物料的准备和气象水情预报，并保持水情传递、报警以及大坝管理单位与大坝主管部门、上级防汛指挥机构之间联系通畅。

（7）大坝出现险情征兆时，大坝管理单位应当立即报告大坝主管部门和上级防汛指挥机构，并采取抢救措施；有垮坝危险时，应当采取一切措施向预计的垮坝淹没地区发出警报，做好转移工作。

险坝处理

1. 全国水库情况

1949 年新中国成立以来，党和政府非常重视水库工程的建设，截至 2011 年年底，全国共有水库 98 002 座，总库容 9 323.12 亿立方米。其中：已建水库 97246 座，总库容 8 104.10 亿立方米，在建水库 756 座，总库容 1219.02 亿立方米。这些水库在防洪、灌溉、供水、发电等方面发挥了巨大效益，为促进我国国民经济发展、提高人民生活水平、保障社会稳定、改善生态环境作出了巨大贡献。

2. 我国病险水库的现状

（1）病险水库数量多，病险程度严重。最近的普查和安全鉴定表明，在水利系统管理的 83 727 座水库中，三类水库有 30 413 座，其中大型 145 座，占大型水库总数的 42%；中型 1 118 座，占中型水库总数的 42%；小型 29 150 座，占小型水库总数的 36%。此外在水利系统管理的水库中，还有二类水库 27 264 座，其防洪标准达不到国家标准，严格来说也需进行加固改造。

（2）病险水库分布面广，威胁范围大。除上海和 3 个计划单列市外，全国各省（自治区、直辖市）和东、中、西部都有病险水库，湖南、广东、四川、山东、云南、湖北、江西等省的病险水库数量均超过了 1 600 座。更为严重的是，很多病险水库，位于城镇的上游，是城镇头上的一"盆"水，一旦垮坝，将对城镇造成灭顶之灾。

（3）水库病险问题复杂，往往几种问题同时发生在一座水库。综合起来主要有：防洪标准不够，大坝结构安全不满足规范要求，抗震安全不满足规范要求，渗流稳定不安全，金属结构和机电设备老化失修，水文测报、大坝观测系统不完善，管理设施陈旧。

（4）垮坝事故，特别是小型水库垮坝事故发生率高。据统计，新中国成立以来我国垮坝总数达 3 200 座，垮坝率高达 3.8%。近年来垮坝的水库中，小型水库居多，全国近 10 年垮坝的水库中，小型水库占 99%。

3. 水库产生病险的原因

水库老化失修、病险严重，既有先天不足的成分，也有后天失调的因素；既有体制、机制的原因，也有管理不善的影响，必须全面、科学地加以综合分析。

（1）水库建设先天不足

我国现有水库，绝大多数修建于 1958—1976 年之间。在那个特殊的时期，大部分工程是边勘察、边设计、边施工的"三边"工程，有的水库甚至根本就没有设计；即使有设计，也往往缺乏足够的水文等基础资料。当时的技术标准和规范也极不完善；施工设备简陋，大搞群众运动和人海战术；基建投资不足，频繁的停建、缓建造成不少"半拉子"工程。这些先天不足的因素，致使大部分水库的建设从设计到施工都难以保证质量，给水库留下了很多隐患。

（2）水库管理后天失调

这主要表现在以下几个方面。

1）体制不顺，机制不活，计划经济色彩浓厚。水库管理单位管理体制与运行机制，与其他水管单位一样，是长期计划经济体制下逐步形成的，随着社会主义市场经济体制的建立和改革的不断深入，已严重影响了水管单位的生存和发展，更谈不上管好用好水库了。

2）水管单位性质定位不清楚，工程管理和经营责任不明确。水库工程大部分为综合利用工程，既有社会公益性又有经营开发性，但长期事、企不分，使得水管单位既不像事业单位，又不像企业单位。不仅严重影响了水库综合效益的发挥，而且阻碍了单位的发展。

3）财政拨付少，水价不到位，水管单位财务困难。全国有 67.73% 工程管理单位没有任何财政拨款。32.27% 的水管单位即使有拨款，也远远不能满足人员工资和工程日常维护费用的需要。水价偏低，水费收取困难。职工的工资发放缺乏保证，水库折耗和维护管理没有补偿渠道和来源。

4）水管单位机构臃肿，人员总量过剩与结构性人才缺乏并存。一方面水管单位严重超编，人浮于事；另一方面人员结构不合理，水管单位真正急需的工程技术管理人员却严重短缺，中级职称以上的技术人员只占职工总数的 3.55%，技术力量薄弱，无法满足规范管理的需要。

5）"重建轻管"思想在各级政府中都不同程度存在，使得我们在投资决策时，往往注重投资新建项目，而忽视对已建工程的运行、维修的投入；在进行项目前期工作时，往往着重项目建设的工程技术方案设计，而忽视对项目经济问题和建成后管理方案的考虑；在项目审批和实施时，看重主体工程各部分的完整性，而往往压减管理设施的投资。

6）管理技术手段落后，法规制度不完善，责任心不强，加之管理不善，造成管理水平低下，效率不高，有的甚至导致人为事故的发生。以上因素又进一步加剧了水库的病险程度，形成了小病变大病的恶性循环。最近通报的河北省王快水库的例子，就充分说明了这一点。随着当前水利建设投资力度的加大，要更好地发挥水利投资效益，就必须从根本上解决水管单位的体制和机制问题。

目前病险水库除险加固工作存在的主要问题

当前，病险水库除险加固正在全面展开，根据最近对全国病险水库除险加固项目的检查，虽然取得了不少成绩，但工作中还存在不少问题，比较突出的表现在以下几方面。

1. 认识不到位，除险加固责任制尚未真正落实。一些地方对病险水库的危害性和除险加固的迫切性认识不足。有些地方虽然公布了病险水库除险加固的责任人，但责任人没有负起真正的责任，对如何落实责任制，如何落实除险加固资金，如何组织除险加固工作措施不力。

2. 前期工作薄弱。安全鉴定存在"大病小治"和"小病大治"的问题。一方面，安全鉴定走过场，对存在问题没有完全摸清，盲目开工导致除险加固不彻底；另一方面，"小病大治"，为了争取除险加固投资，擅自扩大除险加固的规模和标准，造成国家投资浪费。此外安全鉴定还存在从事鉴定的单位和个人良莠不齐，安全鉴定的报告不规范，质量不符合要求等问题。一些地方除险加固前期工作投入不足，造成除险加固前期工作滞后，一些险情严重、急需除险加固的项目前期工作进度跟不上，致使这些除险加固工程迟迟不能开工。一些项目初步设计粗糙，方案未能充分优化；有些项目在审查环节把关不严。

3. 配套资金不到位或到位不及时。病险水库除险加固的责任在地方各级人民政府，资金投入应以地方为主，中央给予一定补助。但由于不少地方存在"等、靠、要"的思想，地方投入占基建投入比例低，投入严重不足，使得除险加固进展缓慢。1998年大水后中央加大补助力度，但许多地方配套资金到位差，能够完全、及时到位的项目为数不多。目前的主要问题是地方对病险水库除险加固没有稳定的投资渠道，大部分省没有专项资金用于病险水库除险加固，省、市、县级政府对病险水库除险加固的职责和事权未能分清，有限的投资撒了"芝麻"，没有集中起来，加固一个，除险一个，摘帽一个。

4. 除险加固对工程的管理设施考虑不够。一些地方在除险加固设计时，未能充分考虑从现代化管理的需要出发来设计必要的管理设施，既不将大坝的安全监测、水情测报和防汛通讯设施纳入，更不考虑管理单位必要的工作条件改善；即使在设计中考虑了，但在设计审查时，为压缩投资，往往砍掉管理设施的投资或项目；在建设实施时，又由于资金不到位的问题，压减的也多是管理设施部分。

5. 建设管理不能适应除险加固要求。目前，普遍存在项目法人机构不健全，运作不规范，规章制度不完善的现象，现有人员缺乏建设管理经验，难以胜任除险加固建设管理的要求。招投标不规范，监理不到位，问题最为突出的是资金财务管理混乱，违规现象严重。个别项目还出现施工和设计方面的质量问题。上述问题，严重阻碍了全国病险水库除险加固的进程。希望各地根据实际情况，认真分析，采取对策，加强领导，落实责任和配套资金，真正把病险水库除险加固作为一件大事抓紧抓好，抓出成效，这就决定了病险水库除险加固的必要性和紧迫性。

病险水库除险加固的必要性和紧迫性

病险水库时刻威胁着广大人民群众的生命和财产安全，是防洪体系中的薄弱环节，是心腹之患。实施除险加固，完善防洪体系，与广大人民群众的根本利益密切相关。各级人民政府和水行政主管部门，必须从对人民生命财产负责的高度来充分认识病险水库除险加固工作的重要性和紧迫性，克服麻痹思想，采取有力措施，加快实施进度，早日消除威胁。病险水库除险加固的必要性和紧迫性主要表现在以下几方面。

1. 病险水库除险加固是加强防洪体系建设的需要。众所周知，病险水库给下游城镇、人民生命财产以及主要交通干线等基础设施造成严重威胁。一旦失事，会造成毁灭性的灾害，给社会局部稳定或国民经济全局带来重大负面影响，严重的会导致社会、政治动荡。由于水库存在病险，造成全国防洪库容减少约150亿立方米，水库不能充分利用原设计的防洪库容对洪水进行调蓄，已有的防洪体系起不到应有的防洪作用。

2. 病险水库除险加固是提高水利基础设施投资效益的需要。大量病险水库的存在，使得水库工程效益大大下降，许多水库蓄不上水或需要限制水位运行，由此造成兴利库容减少约120亿立方米，供水能力减少约170亿立方米，灌溉面积减少约3 000万亩，严重影响水库的防洪、供水、灌溉和发电等综合效益的发挥。效益的降低又使项目的财务状况和资产结构不断趋于恶化。对病险水库实施除险加固，不仅可以改变这种"恶性循环"，而且就项目本身来说，就是一个财务可行、经济效益极好的项目，通过除险加固获得1立方米库容远比新建1立方米库容要经济。

3. 病险水库除险加固是加强工程管理和建立水利工程管理单位良性运行机制的需要。由政府承担投资进行除险加固后，可为工程管理体制的改革提供必要物质基础和硬件条件。

4. 病险水库除险加固是稳定队伍，改善水利职工工作条件和生活条件的需要。除险加固后，水库的效益得到提高，基本的管理条件和管理设施得到进一步改善，为管理单位利用自身的水土资源优势开展适当的多种经营，增加水管单位收入创造了条件。

5. 病险水库除险加固是建立现代水利，以水资源可持续利用保障经济社会可持续发展的需要。病险水库除险加固后，增加水资源的有效供给，为进一步实现水利管理的现代化，保障经济社会的可持续发展打下了坚实的基础。

第六章　水土保持执法与监督

一、水土保持法律与执法监督体系

　　水土保持执法与监督体系包括水土保持法律、法规体系和水土保持执法与监督管理体系。水土保持法律、法规体系是指水土保持执法与监督所依据的法律、法规、规章和规范性文件；水土保持执法与监督管理体系是指根据法律规定行使水土保持执法与监督职能的各级机构及其执法与监督人员。

水土保持法律、法规体系

　　1991 年全国人大常委会通过的《中华人民共和国水土保持法》和 1993 年国务院颁布实施的《中华人民共和国水土保持法实施条例》（以下简称《水土保持法实施条例》），为水土保持法律、法规体系的建设和进一步完善奠定了坚实的基础，使我国的水土保持工作进入了法制化的轨道。2010 年 12 月 25 日，第十一届全国人民代表大会常务委员会第十八次会议对《水土保持法》进行了修订，于 2011 年 3 月 1 日正式开始施行。

　　水土保持法律体系共分 4 个层次，第一层次为法律，主要指《水土保持法》以及和《水土保持法》相衔接的其他法律，如《中华人民共和国土地管理法》（以下简称《土地管理法》）、《中华人民共和国水法》（以下简称《水法》）、《中华人民共和国森林法》（以下简称《森林法》）、《中华人民共和国水污染防治法》（以下简称《水污染防治法》）、《中华人民共和国防洪法》（以下简称《防洪法》）、《中华人民共和国草原法》（以下简称《草原法》）、《中华人民共和国野生动物保护法》（以下简称《野生动物保护法》）、《中华人民共和国矿产资源法》（以下简称《矿产资源法》）、《中华人民共和国环境影响评价法》（以下简称《环境影响评价法》）等；第二层次是水土保持法规，包括如1993 年国务院颁布的《水土保持法实施条例》《建设项目环境保护管理条例》以及地方性法规；第三层次为水土保持规章，主要指部门规章；第四层次为规范性文件，即各级人大、政府或其组成部门为进一步落实法定要求而制定的相关文件。其中，《水土保持法》的效力最高。层次越低，效力越低。法律效力低的水土保持法规不得与比其法律效力高的水土保持法规相抵触，否则，其相应规定将被视为无效。

1. 法律

《水土保持法》于 1991 年 6 月 29 日，全国人民代表大会常务委员会第二十次会议通过，以中华人民共和国主席令第 49 号发布。《水土保持法》（1991）是水土保持领域的基本法律，共 6 章 42 条，分别对水土保持工作方针、管理机构、预防和治理水土流失等作了规定。

2010 年 12 月 25 日，第十一届全国人大常委会第十八次会议通过了修订后的《水土保持法》。新《水土保持法》于 2011 年 3 月 1 日起开始施行。从水土保持法的类别来讲，水土保持法属于经济法类，资源与资源利用中的水及水利类别。新《水土保持法》共 7 章 60 条，较原法 6 章 42 条分别增加了 1 章 18 条。

第一章，总则部分。由原法 11 条修订为 9 条，对立法宗旨、调整对象、基本原则和适用范围等重要内容进行了补充和完善。一是在第一条立法目的中，增加了保障经济社会可持续发展的内容，体现了生态建设与保护以及经济社会发展对水土保持的新要求，有助于全面贯彻落实科学发展观、构建资源节约型和环境友好型社会。二是在第三条水土保持工作方针中，增加了保护优先的内容，进一步强化了"预防"的地位，有助于实现从事后治理向事前预防的根本性转变。三是在第四条中，增加了在水土流失重点预防区和重点治理区实行政府水土保持目标责任制和考核奖惩制度的规定，进一步强化了地方政府的水土保持责任。四是在第五条中，增加了关于流域管理机构水土保持职责的内容，充分发挥流域机构在水土保持工作中的作用。

第二章，规划部分。针对原法中第七条关于规划的规定过于简单、笼统，操作性不强，一些地方对水土保持规划制定、实施和统筹协调重视不够等问题，新法专门增加了规划一章，共 6 条，对规划的编制、审批、实施等作出明确规定，进一步强化了规划的法律地位。一是规定了规划编制的基础条件，确立了统筹协调、分类指导的编制原则。二是将水土保持规划作为水土流失预防和治理、水土保持方案编制、水土保持补偿费征收的依据。三是明确规定，规划一经批准，应当严格执行。四是要求基础设施建设、矿产资源开发等规划中要提出水土流失预防和治理的对策和措施，并征求同级人民政府水行政主管部门意见。

第三章，预防部分。本章共 14 条，较原法增加 5 条，进一步强化了预防为主、保护优先的水土保持工作方针。一是增加了对特定区域人为活动的禁止性或限制性规定。第十八条规定："在水土流失严重、生态脆弱的地区，应当限制或禁止可能造成水土流失的活动"。二是增加了对生产建设项目选址、选线的要求。第二十四条规定："生产建设项目选址、选线应当避让水土流失重点预防区和重点治理区。"三是完善了水土保持方案制度。第二十五条规定，编报范围在原法规定的山区、丘陵区、风沙区的基础上，增加了"水土保持规划确定的容易发生水土流失的其他区域"；编报对象由铁路、公路、水工程、开办矿山企业、电力企业和其他大中型工业企业等工程修改为"可能造成水土流失的生产建设项目"。水土保持方案经批准后，生产建设项目的地点、规模发生重大变化的，应当补充或者修改水土保持方案，并报原审批机关批准。第二十六条规定："未编制水土保持方案或者未经水行政主管部门批准的生产建设项目，不得开工建设。"第二十九条规定："县级以上人民政府水行政主管部门、流域管理机构，应当对生产建设项目水土保持方案的实施情况进行跟踪检查，发现问题及时处理。"四是明确了水土保持设施验收制度。第二十七条规定："生产建设项目竣工验收，应当验收水土保持设施。水土保持设施未经验收，或者验收不合格的生产建设项目不得投产使用。"五是明确了水土保持方案编制机构应具备相应技术条件。

第四章，治理部分。本章共10条，虽仅增加2条，但内容更加丰富。一是强化了国家重点治理工程。第三十条规定："国家增强了水土流失重点预防区和重点治理区的坡耕地改梯田、淤地坝等水土保持重点工程建设，加大生态修复力度。"二是完善水土保持投入保障机制，增加了水土保持补偿的规定。第三十一条规定："多渠道筹集资金，将水土保持生态效益补偿纳入国家建立的生态效益补偿制度。"第三十二条规定："建立水土保持补偿费制度，并明确补偿费专项用于水土流失预防和治理。"三是细化了水力和风力侵蚀地区水土流失防治的技术路线，总结了近年来实践中的成功经验，增加了防治重力侵蚀和生产建设项目水土流失，以及控制面源污染的具体规定。四是明确了有利于水土保持的激励措施。第三十九条规定："国家鼓励和支持在山区、丘陵区、风沙区以及容易发生水土流失的其他区域，采取免耕、封禁抚育、能源替代、生态移民等措施。"

第五章，监测和监督部分。本章共7条，比原法增加4条。一是明确了监测工作的法律地位和经费保障。第四十条规定："县级以上人民政府水行政主管部门应当加强水土保持监测工作，发挥水土保持监测工作在政府决策、经济社会发展和社会公众服务中的作用。县级以上人民政府应当保障水土保持监测工作经费。"二是规定了生产建设单位的水土流失监测义务和监测单位监测资质的要求。三是明确了公益性监测和生产建设项目监测的关系。公益性监测主要是为政府和社会服务，生产建设项目监测主要是对本项目造成的水土流失进行监测，为防治提供技术支撑。四是明确了水土保持监督检查的主体，细化了监督检查措施。新法规定的水政监督检查是水行政监督检查的简称。水土保持监督检查是水行政监督检查的重要组成部分。水行政主管部门中负责水土保持监督检查的人员在依法实施监督检查时，有权要求被检查单位或者个人提供有关文件资料，对有关情况作出说明，可以进入现场进行调查、取证；被检查单位或者个人拒不停止违法行为，造成严重水土流失的，报经水行政主管部门批准，可以查封、扣押实施违法行为的工具及施工机械、设备等。五是规定了行政区域间水土流失纠纷解决的协调机制。

第六章，罚则部分。本章共12条，比原法9条增加了3条，从完善法律责任种类、增加责任追究方式、提高处罚力度、增强可操作性等方面，重点解决了守法成本高、违法成本低、执法难度大的问题。一是增加了责任追究方式。新法增加了滞纳金制度、代履行制度、查扣违法机械设备制度，强化了对单位（法人）、直接负责的主管人员和其他直接责任人员的违法责任追究等。二是提高了处罚力度。新法显著提高了罚款的标准，罚款最高限额由原法的 1 万元提高到了 50 万元，对在水土保持方案确定的专门存放地以外的区域倾倒砂、石、土、矸石、尾矿、废渣等的，按照倾倒数量可处每立方米 10 元以上 20 元以下的罚款。三是明确了代治理制度。第五十六条规定："开办生产建设项目或者从事其他生产建设活动造成水土流失，不进行治理的，由县级以上人民政府水行政主管部门责令限期治理；逾期仍不治理的，县级以上人民政府水行政主管部门可以指定有治理能力的单位代为治理，所需费用由违法行为人承担。"四是增强了可操作性。新法规定罚款等处罚措施可由水行政主管部门直接进行，不用报请政府批准，减少了环节，提高了效率。

此外，《水法》《防洪法》《环境影响评价法》等相关法律也提及水土保持的相关要求，但均与《水土保持法》的规定相一致。

2. 法规

（1）水土保持法实施条例

1993 年 8 月 1 日，国务院第 120 号令颁布了《水土保持法实施条例》，对其中一些内容作了补充规定，共六章 35 条，分别就水土流失的预防、治理、监督和法律责任等作出更为详细的规定。目前新的《水土保持法实施条例》还在制定当中。

（2）建设项目环境保护管理条例

1998 年 11 月 29 日，国务院第 253 号令发布《建设项目环境保护管理条例》。其中，第二章第八条规定，涉及水土保持的建设项目，还必须有经水行政主管部门审查同意的水土保持方案。

（3）地质灾害防治条例

《地质灾害防治条例》于 2003 年 11 月 24 日国务院令第 394 号公布，2004 年 3 月 1 日起施行。地质灾害，包括自然因素或者人为活动引发的危害人民生命和财产安全的山体崩塌、滑坡、泥石流、地面塌陷、地裂缝、地面沉降等与地质作用有关的灾害。其中，崩塌、滑坡、泥石流易发区是水土流失防治的重点区域。

（4）开发建设晋陕蒙接壤地区水土保持规定

在《水土保持法》颁布之前的 1988 年 9 月 1 日，国务院以国函〔1998〕113 号文件批准并授权原国家计划委员会和水利部联合发布《开发建设晋陕蒙接壤地区水土保持规定》，就晋陕蒙接壤地区（山西省河曲县、保德县、偏关县，陕西省神木县、府谷县、榆林县，内蒙古自治区准格尔旗、伊金霍洛旗、达拉特旗和东胜市）的开发建设活动进行了规范。这是一个专门针对部分地区开发建设行为而制定的水土保持法规，地域性明确，可操作性强。该规定在促进合理开发和利用晋陕蒙接壤地区资源，防止水土流失，保护生态环境中发挥了重要作用。

此外,《河道管理条例》《水库大坝安全管理条例》也明确了一些水土保持要求。如《河道管理条例》明确提出"在河道管理范围内,禁止弃置矿渣、石渣、煤灰、泥土、垃圾等",以及《水库大坝安全管理条例》明确提出:"禁止在大坝的集水区域内乱伐林木、陡坡开荒等导致水库淤积的活动。禁止在库区内围垦和进行采石、取土等危及山体的活动。"这些也是生产建设项目水土流失防治的一个重要要求。

(5)其他地方性法规

1991年《水土保持法》颁布实施后,除上海市的30个省(自治区、直辖市)的人大常委会相继发布并施行了《实施(中华人民共和国水土保持法)办法》。27个省会城市中,哈尔滨、长春、石家庄、呼和浩特、太原、南昌等7个城市出台了实施水土保持法的地方性法规。4个经济特区中,深圳出台了地方性法规。其他17个较大城市中,大同、包头、大连、鞍山、抚顺、吉林、齐齐哈尔、青岛、淄博、邯郸10个城市出台了水土保持的地方性法规。这些法规的实施,建立了水土保持规划管理、陡坡禁垦、"四荒"治理、监督检查、监测公告制度,水土保持方案、水土保持补偿、监理监测、专项验收等制度,强化了水土保持监督管理工作,有力地推动了水土保持监督管理工作。

3. 规章

(1)开发建设项目水土保持方案编报审批管理规定

1995年5月30日,水利部发布了《开发建设项目水土保持方案编报审批管理规定》(水利部令第5号),2005年7月8日为满足新形势下水土保持工作的要求,水利部发布《关于修改部分水利行政许可规章的决定》(水利部令第24号),对《开发建设项目水土保持方案编报审批管理规定》做了修改。修改后的规定共16条,包括编报方案的范围、后续设计的要求、分类分级管理、审批条件、方案变更、罚责等内容。目前,国家正根据新《水土保持法》有关规定,组织对第5号令进行修订。

(2)水土保持生态环境监测网络管理办法

2000年1月31日,水利部发布了《水土保持生态环境监测网络管理办法》(水利部令第12号)。该办法共23条,分5章。多个条款均提及了开发建设项目的水土保持监测问题。其中,第十条要求开发建设项目的建设和管理单位应设立专项监测点,依据批准的水土保持方案,对水土流失状况进行监测,并定期向项目所在地监测管理机构报告监测成果。目前,国家正根据新《水土保持法》有关规定,组织对第12号令进行修订。

(3)开发建设项目水土保持设施验收管理办法

2002年10月14日,水利部批准发布了《开发建设项目水土保持设施验收管理办法》(水利部令第16号),2005年7月8日,为满足新形势下水土保持工作的要求,水利部发布《关于修改部分水利行政许可规章的决定》(水利部令第24号),对《开发建设项目水土保持设施验收管理办法》做了修改。这是专门针对生产建设项目水土保持设施验收而制定的部门规章,对水土保持设施验收的分类、分级管理、验收范围、验收条件、申报程序、时限要求、材料制备、参加单位、验收意见和罚则等作出了专门规定。目前，国家正根据新《水土保持法》有关规定，组织对第16号令进行修订。

（4）水利工程建设监理规定

2006年12月18日，水利部发布《水利工程建设监理规定》（水利部令第28号）。该规定第三条规定，铁路、公路、城镇建设、矿山、电力、石油天然气、建材等开发建设项目配套的水土保持工程，总投资超过200万元的，应当开展水土保持工程施工监理。该规定还明确了水利部及其流域机构和县级以上人民政府水行政主管部门对所辖区域内的建设监理工作实施监督管理。

（5）地方政府规章

31个省会城市中，南京、长沙、银川、西安、西宁、贵阳6个城市出台了关于水土保持工作的政府规章。经济特区厦门也出台了关于水土保持的政府规章。

4. 规范性文件

规范性文件一般是指属于法律范畴（即宪法、法律、行政法规、地方性法规、自治条例、单行条例、国务院部门规章和地方政府规章）的立法性文件和除此以外的由国家机关和其他团体、组织制定的具有约束力的非立法性文件的总和。

水土保持的规范性文件一般是指国务院和水利部及相关部委颁布和发布的有关水土保持工作的文件。如1993年1月19日，国务院颁布了《国务院关于加强水土保持工作的通知》（国发〔1993〕5号）。水利部、国家计划委员会、国家环境保护总局于1994年联合发布了《开发建设项目水土保持方案管理办法》（水保〔1994〕513号）。水利部还与铁道部、原国家电力公司、原国家土地管理局、原国家有色金属工业局、国土资源部、原国家煤炭工业局、原地矿部、交通部、国务院三峡工程建设委员会办公室等部门联合发布了落实各行业生产建设项目水土保持工作的多项规定等。

水土保持执法监督管理体系

新《水土保持法》第四十三条至第四十六条，规定县级以上人民政府的水行政主管部门负责水土保持情况进行监督检查；并明确了监督检查的职权；第六章对相应的法律责任进行了明确的规定。

1. 水土保持执法监督队伍体系框架

水土保持执法与监督队伍主要由3部分组成，一是各级水行政主管部门成立的专门水土保持执法与监督机构，设置专职水土保持执法与监督人员具体负责水土保持执法与监督工作，目前水利部、各流域机构、各省（自治区、直辖市）水利厅（局）、地（州、市）、县水行政主管部门都在机构内部设置了专门负责水土保持执法与监督的部门，或水行政执法机构行使水土保持执法与监督职能，如各级水行政主管部门的水土保持监督处（科、股），水行政执法大队（中队、支队），或委托水土保持监测站代行水土保持执法与监督职能。二是基层乡镇、村委会聘用的兼职水土保持监督检查人员，主要职能是水土流失预防和水土保持措施的管护。三是依靠各级人大、公检法、监察、计划、银行、财政等部门以及广大群众对违反水土保持法规行为的公共监督。执法与监督人员在执法过程中，要佩戴执法标志，同时还必须持各级人民政府颁发的检查员证。

2. 水土保持执法监督队伍现状

截至 2010 年年底，水利部、流域机构、省（自治区、直辖市）、地（州、市）、县分级管理的全国水土保持执法监督队伍体系基本完善。全国 7 个流域机构、31 个省（自治区、直辖市）、200 多个地（州、市）、2400 多个县成立了水土保持管理机构，主要行使贯彻水土保持法规，履行预防监督职责。全国现有专兼职监督执法人员 8 万多人，其中专职人员 2 万多人。

3. 水土保持监督执法机构基本职能

水土保持执法监督机构的职责和基本任务是贯彻水土保持法规，围绕这个中心，其基本任务和具体职责主要包括以下几个方面。

（1）宣传水土保持法

要贯彻执行好水土保持法，首先要宣传好水土保持法，让广大民众了解水土保持法的基本内容，熟悉民众的水土保持责任和义务，知晓水土保持违法行为及其后果。水土保持执法与监督机构在整个执法过程中都应当将宣传工作贯穿始终，使人为造成水土流失的开发建设单位和个人知法、守法，并对破坏水土保持的行为进行检举、监督。

（2）依法保护和管理水土保持设施

新中国成立 60 年来，全国治理水土流失面积 $10 \times 10^5 \, \text{km}^2$，但由于缺乏有效管护手段，治理成果也受到破坏，因此，根据水土保持法赋予的权力，水土保持执法与监督机构对水土保持设施和治理成果的管护责任义不容辞。

（3）监督生产建设项目"三同时"制度的落实

对扰动地表、搬运土石方可能造成水土流失的生产建设项目，建设单位或个人都必须申报水土保持方案报告书（表），依法对人为造成水土流失的建设单位或个人进行监督检查，对违反水土保持法规的行为依法作出行政处理、行政处罚或采取其他行政措施，监督水土保持方案的落实，确保主体工程与水土保持工程同时设计、同时开工建设、同时验收投入使用的"三同时"制度落到实处。

生产建设项目水土保持方案报告书的编制和水土保持监测是由具有编制和监测资格证书的单位来负责实施的。

目前全国有甲级水土保持方案编制单位 137 家，乙、丙级编制单位 1 600 家，甲、乙级水土保持监测单位 261 家，甲、乙、丙级监理单位 173 家，共有持证从业人员 2 万多人，为执行"三同时"制度提供了有力的技术支撑。2000 年以来的 10 年间，全国共审批各类生产建设项目水土保持方案 25 万多项，治理水土流失面积超过 $8 \times 10^4 \, \text{km}^2$，减少土壤流失量近 $20 \times 10^8 \, \text{t}$。

（4）调解辖区内水土流失防治纠纷

水土流失防治工作中往往出现一些单位与单位之间、单位与个人之间、个人与个人之间矛盾和纠纷，这些矛盾一般因造成水土流失的诱因、防治责任范围或界线、水土保持设施管护等原因而起，可双方协商解决，协商不成的；水土保持监督机构有责任进行调解。

二、水土保持规划

水土保持规划的基础

1. 水土保持规划编制的原则和基础

（1）水土流失调查结果和重点防治区的划定是编制水土保持规划的基础

水土保持是一项复杂的、综合性很强的系统工程，涉及水利、国土、农业、林业、交通、能源等多学科、多领域、多行业、多部门。编制水土保持规划一定要坚持统筹协调的原则，充分考虑自然、经济和社会等多方面的影响因素，协调好各方面关系，规划好水土保持目标、措施和重点，最大限度地提高水土流失防治水平和综合效益。

（2）统筹协调、分类指导是水土保持规划编制应遵循的原则

我国幅员辽阔，自然、经济、社会条件差异大，水土流失范围广、面积大，形式多样、类型复杂。水力、风力、重力、冻融及混合侵蚀特点各异，防治对策和治理模式各不相同。因此，必须从实际出发，坚持分类指导的原则，对不同区域、不同侵蚀类型区水土流失的预防和治理区别对待，因地施策、因势利导，不能"一刀切"。

2. 水土流失调查

水土流失调查是指在全国范围内定期开展普查的一项制度。定期开展水土流失调查一般要求调查周期与国民经济和社会发展规划相协调，如国家特殊需要也可适时开展调查。

水土流失面积、分布状况有着明显的时段特征，存在一个从量变到质变的过程，定期在全国范围内开展调查的频次要适度。过于频繁，不能反映水土流失的宏观变化，实际意义也不大，一定程度上还会造成人力、物力和财力的浪费；间隔过长，无法掌握水土流失变化情况，也会淡化社会对水土流失的警觉和关注，很大程度上影响政府的宏观

决策。根据我国以往开展全国调查的经验，5 年开展一次比较适宜。

水土流失调查结果的公告内容主要应包括：水土流失面积、侵蚀类型（包括水力侵蚀、重力侵蚀、风力侵蚀、冻融侵蚀）、分布状况（行政区域和流域）和流失程度（土壤侵蚀模数和土壤侵蚀强度）、水土流失成因（自然因素与人为因素）、水土流失造成危害及其趋势、水土流失防治情况及其效益等。

（1）水土流失调查的内容

水土流失调查的内容一般是根据事先明确的规划、设计、监督、监测等任务确定的。以水土流失综合调查为例，简述调查的内容。

1）自然情况

地质。包括地质构造，地层的地质浓度、产状和岩性，分布面积范围，风化程度，风化层厚度以及突发性和灾害性地质现象，如地震、新构造运动、地下水活动及各种不良地质运动等。

地貌与地形。大中尺度地貌调查：了解山地（高山、中山、低山）、高原、丘陵、平原、阶地、沙漠等地形以及大面积的森林、草原等天然植被，作为大面积水土保持规划中划分类型区的主要依据之一。

小尺度地貌调查：如塬面、梁峁顶、梁峁坡、沟坡、沟道、山坡、冲洪积扇、阶地、水域、坡麓等。

地形及小流域特征和形态调查：以小流域为单元进行地形测量；或利用现有的地形图进行有关项目的量算，并在上、中、下游各选有代表性的坡面和沟道、逐坡逐沟地进行现场调查，了解以下情况：流域地理位置、面积、高程、高差、流域干沟和支沟长度、宽度、沟底平均比降、流域形状、地貌类型、坡面坡度、坡形、坡长、坡向、坡位、沟壑密度等。

土壤和地表物质。主要有土壤类型、土壤质地、土壤厚度、土壤养分等；地表组成物质一般可用风化岩壳组成来说明。

2）自然资源

土地资源。一般主要是土地利用现状调查。

土地利用现状调查按照国家标准进行分类调查，确定不同土地类型的土地利用方式、面积，土地的质量等。对于水土保持而言，需要在国家二级分类的基础上，根据有关因子或指标进一步进行分类和分级。一般将坡度分为六级，将耕地中的旱地分为旱平地、梯田、坡耕地、沟川坝地等；坡耕地再根据坡度划分，梯田可分为水平和坡式两类。

水资源。以调查地面水为主，同时调查地下水。包括年径流量、暴雨量、洪峰流量、洪水过程线、年际及年内分布、可利用的水量等；地下水资源类型、储量、分布、可开发利用量等；地表水和地下水资源的水质，是否符合生活饮用水质标准或农田灌溉用水水质标准。

此外，对于人畜饮水困难地区还要调查其分布范围、面积，涉及的县、乡、村与人口、牲畜数量，困难具体程度和解决的途径。

气候资源。光能包括有太阳辐射和日照时数；热量包括农业界限温度稳定出现的始现、终止日期，持续日期，积温，无霜期，最热月和最冷月的平均温度等；降水包括多年平均降水量及其分配情况；年均及最大、最小蒸发量，干燥度等；风包括平均和最大风速、风向、风季等以及气象灾害，主要指涝灾、旱灾、风灾、冻灾及病虫等灾害天气出现时间、频率及危险程度等。

生物资源。着重调查有开发利用价值的植物资源和动物资源，以植物资源为主。主要包括森林，如森林的起源、结构、类型、树种、年龄、平均树高、平均胸径、林冠郁闭度；灌草的覆盖度、生长势、枯枝落叶层等；草地、如草地的起源、类型、覆盖度、草种、生长势、草原高度、草场利用方式和利用程度、轮牧和轮作周期等；农作物如作物的种类、品种、播种面积、作物产量等。动物资源主要指野生动物和人工饲养动物的种类、数量、用途、饲养方式、价值等。

矿产资源。包括矿产资源的类别、储量、品种、质量、分布、开发利用条件等。着重了解煤、铁、铝、铜、石油、天然气等各类矿藏分布范围、蕴藏量、开发情况、矿业开发对当地群众生产生活和水土流失、水土保持的影响、发展前景等。对因开矿造成水土流失的，应选有代表性的位置，具体测算其废土、弃石剥离量与年均新增土壤流失量。

旅游资源。包括旅游资源的类型、数量、质量、特点、开发利用条件及其价值等。

3）水土流失

水土流失现状情况调查。包括水土流失的类型、分布、强度、潜在危险程度。着重调查不同侵蚀类型（水力侵蚀、重力侵蚀、风力侵蚀）及其侵蚀强度（微度、轻度、中度、强度、极强度、剧烈）的分布面积、位置与相应的侵蚀模数，并据此推算调查区的年均侵蚀总量。

水土流失危害的调查。包括对当地的危害和对下游的危害两方面。对当地的危害着重调查降低土壤肥力和破坏地面完整。

降低土壤肥力主要了解由于水土流失，使土壤含水量和氮、磷、钾、有机质等含量变低、孔隙率变小、容重增大等情况，同时，相应地调查由于土壤肥力下降增加了干旱威胁，使农作物产量低而不稳等问题。

破坏地面完整主要对侵蚀活跃的沟头，现场调查其近几十年来的前进速度（米/年），年均吞蚀土地的面积（公顷/年）。

对下游的危害的调查。包括加剧洪涝灾害，泥沙淤塞水库、塘坝、农田、河道、湖泊、港口等。

水土流失成因调查。结合自然条件的调查，了解地形、降雨、土壤（地面组成物质）、植被等主要自然因素对水土流失的影响以及人为活动（如开矿、修路、陡坡开荒、滥牧、滥伐等）破坏地貌和植被而新增的水土流失量。

水土保持情况调查。包括各项水土保持生态环境建设水土保持现状，水土保持措施的数量、质量及其分布，投入定额、效益、经验和存在问题。

4）社会经济调查

人口情况调查。包括人口和劳动力调查，如户数、总人口、男女人口、人口年龄结构、人口密度、出生率、死亡率和人口自然增长率、平均年龄、老龄化指数、抚养指数、城镇人口、农村人口、农村人口中从事农业和非农业的人口等；劳动力包括总劳动力、劳动力结构、劳动力使用情况等；人口质量，包括人口的文化素质（文化程度、科技水平、劳动技能、生产经验等）、人口体力等。

生产情况调查。包括产业结构（如农林牧、副、工商业的产值结构）、产品结构、土地利用结构等；生产水平和技术，如种植业中的耕地组成、作物组成、各类作物的投入和产出状况、生产方式、生产工具和管理水平等；林果业中的林种、树种、产值、产品及投入产出状况、管理技术、作业工具、方式等；畜牧业中的畜群结构、畜产品及产值、投入产出状况、饲养规模、水平等；副业的类型、投入产出状况等；渔业中的人工养殖和天然捕捞的产品种类、利用或捕捞水面的面积、产品产值、投入产出状况和技术水平等；其他产业，包括工业、建筑业、交通运输业、服务行业的产品、产值、发展前景等。

群众生活水平。包括收入水平（如人均收入）、收入来源；生活、消费水平包括人均居住面积、平均寿命、适龄儿童入学率、消费支出、消费结构、能源消耗的种类和来源等；人畜饮水困难和燃料、饲料、肥料缺乏情况等。

社会、经济环境。包括政策环境，如国家目前所采取的有关水土保持生态环境建设、资源保护、投资等方面的政策；流域内外的交通条件和市场条件等。

（2）综合调查的方法

1）询问调查

询问调查是将拟调查事项，有计划地以多种询问方式向被调查者提出问题，通过他们的回答来获得有关信息和资料的一种调查方法。询问调查是一种广泛应用于社会和市场调查的方法，也是国际上通用的一种调查方法。

询问调查主要应用于调查公众对水土保持政策法规的了解和认识程度，对水土流失及其防治的观点和看法，对水土流失危害和水土保持的认识与评价，以及公众对水土保持的参与程度；调查专家对水土保持政策、法规及水土保持科学技术的研究、推广和应用的认识、看法与观点；总结水土流失及其防治方面的经验、存在的问题和解决的办法。同时，通过询问可进一步了解和掌握与水土保持有关的一些社会经济情况，弥补统计资料的遗漏与不足。

询问调查可分为面谈、电话访问、发表调查、问卷调查、邮送或网络调查等多种形式。

询问调查的最大特点在于整个访问过程是调查者与被调查者直接（或间接）见面，相互影响、相互作用。因此，询问调查要取得成功，不仅要求调查者做好各种调查准备工作，熟练掌握访谈技巧，还要求被调查者的密切配合。

2）收集资料

收集资料是调查中最便捷的一种方法，它能够有效利用已有的各种资料，为水土保持监测服务，其费用低，效率高。但在众多的资料中分析出有用的数据和成分是收集资料的关键。收集资料主要是指收集、取得并利用现有资料，对某一专题进行研究的一种调查形式。

收集资料应用于水土保持可调查以下内容：

项目区的水土流失影响因子，包括地质、地貌、气候、土壤、植被、水文、土地利用等。

与水土保持有关的一些社会经济指标，如人口、经济发展指标、土地利用情况等。

其他相关资料，如现场调查需要使用的图件、遥感资料以及区域水土保持规划、措施及防治效果等。

3）典型调查

典型调查是一种非全面调查，即从众多调查研究对象中有意识地选择若干具有代表性的对象进行深入、周密、系统的调查研究。

典型调查可应用于：水土流失典型事例及灾害性事故调查，包括滑坡、崩岗、泥石流、山洪等；小流域综合治理调查，包括水土保持措施新技术推广示范调查及水土保持政策、经验调查；全国重点流域治理、重点示范流域及示点城市和生产建设项目水土流失及防治调查。重点或示范流域的典型调查内容应根据每次调查的任务确定，包括自然条件、社会经济、土地利用、水土流失及其危害、水土保持等。

4）重点调查

重点调查是一种非全面调查，它是在调查总体中选择一部分重点对象作为样本进行调查；重点调查对象的标志在于其在总体标志总量中占的比重较大，因此能够反映总体情况或基本趋势。但重点调查的对象与一般对象有较大的差异，不具有普遍性，并不能以此来推算总体。

重点调查适用于全国或大区域范围内对重点治理流域、重点示范流域及重点城市和生产建设项目水土流失及其防治、水土保持执法监督规范化建设等项目的详细调查，以便掌握全国或大区域范围内的水土保持总体情况。采用方法可参照典型调查。重点调查可以是一次性调查，也可以定期进行调查。

5）普查

普查也叫全面调查，指对调查总体中的每一个对象进行调查的一种调查组织形式。普查相比其他调查方法，取得的资料更全面、更系统。普查的主要作用是为国家或部门制订长期计划、宏伟发展目标、重大决策提供全面、详细的信息和资料，为搞好定期调查和开展抽样调查奠定基础。

普查可分为逐级普查、快速普查、全面详查、线路调查。逐级普查是按照部门分级，从最基层全面调查开始，一级一级向上汇总，各级部门可根据规定或需求汇总和分析相应级别的资料，如人口普查。快速普查则是根据需要以报表、网络、电话等多种形式进行快速调查汇总的一种方法。详查是对某一区域进行非常详尽的全面调查，如全国土地详查，由村一级起，采用万分之一的地形图野外调绘，结合室内航片判读进行。线路调查是地质、地貌、植被、土壤普查的一种特殊方式，是以线代面的一种调查方法。

普查在水土保持工作中应用广泛，主要有：① 逐级普查方法应用于大面积的定期或不定期的水土流失普查或水土保持调查，如土壤侵蚀遥感调查就是以省为单元，利用全国已有的土地利用资料，开展一种逐级普查；② 快速普查应用于水土流失监测网站的例行调查，一般采用报表形式或电传、网传形式进行；③ 全面详查适用于小流域水土流失与水土保持综合调查以及生产建设项目水土流失与水土保持综合调查；④ 线路调查适用于与水土保持相关的地质、土壤、植被的调查。

6）抽样调查

抽样调查是一种非全面调查，是在被调查对象总体中，抽取一定数量的样本，对样本指标进行测量和调查，以样本统计特征值（样本统计量）对总体的相应特征值（总体参数）作出具有一定可靠性的估计和推断的调查方法。

抽样调查可用于：抽样调查在监测样点布设不足的情况下，补充布设监测样点，开展对遥感监测的实地检验；在一定区域范围内土地利用类型变动和土壤侵蚀类型及程度的监测；综合治理和生产建设项目中水土保持措施质量的监测；水土保持措施防治情况及植被状况调查。

（3）水土流失重点防治区

按照"预防为主，保护优先"的原则，优先对重点区域实施保护，力求达到成本小收益大的效果，突出重点，根据国家投资的可能，进行划分。水利部发布了全国水土流失重点防治区公告，对全国的水土流失重点防治分区进行了划分。

1）重点预防保护区

重点预防保护区主要指目前水土流失较轻，林草覆盖度较大，但存在潜在水土流失危险的区域。可参照以下标准：土壤侵蚀强度属轻度以下〔侵蚀模数在 2500t/（km² · a）以下〕；植被覆盖度在 40% 以上；土壤侵蚀潜在危险度在轻险型以下。

全国共 16 个重点预防保护区，包括大兴安岭、呼伦贝尔、长白山、滦河、黑河绿洲、塔里木河绿洲、子午岭、六盘山、三江源、金沙江上游、岷江上游、汉江上游、桐柏山大别山、新安江、湘资沅上游和东江上游，总面积 97.63 × 10⁴ km²，其中水土流失面积 29.45 × 10⁴ km²。本区目前水土流失较轻，林草覆盖度较高，但存在水土流失加剧的潜在危险，主要为次生林区、草原区、重要水源区、萎缩的自然绿洲区等。要坚持预防为主、保护优先的方针，建立健全管护机构，制定有力措施，强化监督管理。要实施封山禁牧、舍饲养畜、草场封育轮牧、生态修复、大面积保护等措施，坚决限制开发建设活动，有效避免人为破坏，保护植被和生态。

2）重点治理区

重点治理区指原生的水土流失较为严重，对当地和下游造成严重水土流失危害的区域。可参照以下标准：已列入和计划列入国家及地方重点治理的流域和区域；大江、大河、大湖中上游；土壤侵蚀强度在中度以上〔侵蚀模数在 2500t/（$km^2 \cdot a$）以上）〕。

全国共 19 个重点治理区，包括东北黑土地、西辽河大凌河中上游、永定河、太行山、河龙区间多沙粗沙、泾河北洛河上游、祖厉河渭河上游、湟水洮河中下游、伊洛河三门峡库区、沂蒙山、嘉陵江上中游、丹江口水源区、三峡库区、金沙江下游、乌江赤水河上中游、湘资沅澧中游、赣江上游、珠江南北盘江和红河上中游，总面积 108.88×10^4 平方千米，其中水土流失面积 59.31×10^4 平方千米。本区原生的水土流失较为严重，对当地和下游造成严重水土流失危害，主要为大江、大河、大湖的中上游地区。要调动社会各方面的积极性，依靠政策、投入、科技，开展水土流失综合治理，改善生态环境，改善当地生产条件，提高群众生产和生活水平。

此外，各级地方政府也相应公告了水土流失重点防治区。

水土保持规划的概述

1. 水土保持规划概念

水土保持规划是对水土保持工作的总体部署，指一定地区范围内，为了防治土壤侵蚀，合理开发利用并保护水土资源、改善生态环境、促进农林牧生产和地区经济发展，根据土壤侵蚀状况、自然和社会经济条件，按特定时段或规定期限而制定的水土保持综合治理开发总体部署和分段、分期的实施安排。

2. 我国水土保持规划发展概况

新中国成立以来，党中央、国务院高度重视水土保持工作，开展了大量的基础性工作。1955 年，中国科学院黄考队在综考的基础上编制了《黄河中游黄土高原的自然、农业、经济和水土保持土地合理利用区划》，标志水土保持规划的原则、内容和方法初步形成体系；1961 年，农业出版社出版《水土保持学》中，阐述了水土保持规划设计的一般原则和内容；80 年代以来，随着作为水利部重点科技项目《黄土高原水土保持规划手册》完成，标志着水土保持规划逐步走向成熟。1991 年，《水土保持法》颁布后，国家对水土保持规划的编制、审批、实施和法律地位都作出了明确规定，《水土保持法》第七条规定："国务院和县级以上地方人民政府的水行政主管部门，应当在调查评价水土资源的基础上，会同有关部门编制水土保持规划。水土保持规划需经同级人民政府批准。县级以上人民政府批准的水土保持规划应当报上一级人民政府水行政主管部门备案。"水利部编制了《全国水土保持规划纲要（1991—2000年）》，国务院于1993年予以批复，该纲要和规划成为以后各类规划的基础和依据。

1995—1996年，在总结多年水土保持实践经验的基础上颁布了《水土保持综合治理规划通则》（GB/T 15772—1995）、《水土保持综合治理技术规范》（GB/T 16453.1–6—1996）等标准，水土保持规划设计工作有了技术依据，标志着水土保持工作已经走向标准化、制度化。

1998年，水利部为了配合全国生态环境建设规划组织编制了《全国水土保持生态环境建设规划》，同年国务院批复了《全国生态环境建设规划（1998—2050年）》。部分省（自治区）也编制了水土保持生态建设规划，黑龙江、云南、重庆、浙江等省（直辖市）水土保持生态建设规划经省级人民政府批准实施。另外，在七大流域综合规划中都包含有水土保持规划内容。2000年，根据国家在水土保持工程实施基本建设项目的管理，水利部颁发了《水土保持规划编制暂行规定》（水利部〔2000〕第187号），规定了规划、项目建议书、可行性研究报告、初步设计4个阶段水土保持规划与设计的要求，不同阶段规划的内容和深度各有侧重。2006年水利部发布了《水土保持规划编制规程》（SL 335—2006），2009年水利部批准发布了《水土保持工程可行性研究报告编制规程》（SL 448—2009）、《水土保持工程项目建议书编制规程》（SL 447—2009）、《水土保持工程初步设计报告编制规程》（SL 449—2009），并于2009年8月21日起实施。与暂行规定相比，三阶段规程主要新增内容在于：①"总则"部分增加了三阶段设计文件主要内容和深度的规定，并作为强制性条文要求。②"术语"部分规定了水土保持单项工程、水土保持专项工程的定义，以便在规程条文中按水土保持工程的类型有针对性地提出技术要求。③明确了水土保持工程建设任务（针对综合治理项目）、建设目标、建设规模的范畴。④提出了项目区选择和确定的原则，必要时，应进行项目区别选择。⑤明确了典型小流域与水土保持工程总体方案的关系，提出了不同阶段由典型设计推算工程量的精度要求。⑥明确了工程量推算有关规定，按工程措施、林草措施提出了工程量调整系数。⑦投资概（估）算中对于外资项目进行了专门规定。⑧在附录中，结合《土地利用现状分类》（GB/T 21010—2007），提出了土地利用现状分类表（水土保持）。⑨在《初步设计编制规程》附录中，针对水土保持专项工程和水土保持单项工程，提出了初步设计报告编制提纲。至此，水土保持规划设计4个阶段都实现了有章可循，有据可依。

3. 水土保持规划的作用

水土保持规划是国民经济和社会发展规划体系的重要组成部分，是依法加强水土保持管理的重要依据，是指导水土保持工作的纲领性文件。经批准的水土保持规划是水土保持工作的总体方案和行动指南，具有法律效力，违反了水土保持规划就是违法。主要表现在两个方面：一方面水土保持规划所确定的目标任务，应当纳入政府目标责任和考核奖惩体系，政府及相关部门如不采取有效措施予以实现，是一种行政不作为；另一方面水土保持规划所划定的水土流失重点防治区及其确定的对策措施，政府及有关部门、相关利害关系人应当服从和落实。

水土保持规划是各地开展水土保持工作的重要依据，其主要体现在以下几个方面。

（1）开展封育保护、自然修复和植树种草应当按照批准的水土保持规划

水土流失防治的工程措施、植物措施、保护性耕作措施都应按照经批准的水土保持规划统筹安排、科学配置。地方政府应按经批准的、完整统一的水土保持规划组织实施水土保持植被建设。

（2）开展水土流失治理应遵循经批准的水土保持规划

按照水土保持规划实施水土流失治理，可以避免治理工作的随意性和盲目性，保证治理工作科学、有序开展、发挥效益。水土保持工作综合性很强，涉及多部门、多行业，我国水土流失防治工作主要由各级水行政主管部门组织实施，农业、林业、国土等部门具体承担了部分水土保持生态建设任务，交通、能源、旅游等行业也承担了其生产建设项目水土流失防治责任。

（3）"容易发生水土流失的其他区域"应由水土保持规划确定

生产建设项目是否可能造成水土流失，不仅与项目所处的地貌类型有关，还与项目所在的微地貌（河道两侧、居民点周边等）及项目特点（规模、性质、挖填方量、施工周期等）有关，就平原地区而言，同样存在水土保持问题，只不过是表现方式、程度的不同。如平原电厂、平原煤矿等，不仅在建设期有挖填取弃问题，就是在生产期同样也有排弃废渣问题。

4. 水土保持规划的任务和内容

作为指导水土保持工作的纲领性文件，水土保持规划的任务和内容主要包括水土流失状况、水土流失类型区划分、水土流失防治目标、任务和措施这 5 个关键要素。其主要任务为：

（1）开展综合调查和资料的整理分析。

（2）研究规划区水土流失状况、成因和规律。

（3）划分水土流失类型区。

（4）拟定水土流失防治目标、指导思想、原则。

（5）因地制宜地提出防治措施。

（6）拟定规划实施进度，明确近期安排。

（7）估算规划实施所需投资。

（8）预测规划实施后的综合效益并进行经济评价。

（9）提出规划实施的组织管理措施。

编制规划时，一是要系统分析评价区域水土流失的强度、类型、分布、原因、危害及发展趋势，全面反映水土流失状况；二是要根据规划范围内各地不同的自然条件、社会经济情况、水土流失及发展趋势，进行水土流失类型区划分和水土保持区划分，确定水土流失防治的主攻方向；三是根据区域自然、经济、社会发展需求，因地制宜，合理确定水土流失防治目标，一般以量化指标表示，如新增水土流失治理面积、林草覆盖率、减少土壤侵蚀量、水土流失治理度等；四是分类施策，确定防治任务，提出防治措施，包括政策措施、预防措施、治理措施和管理措施等。

5. 水土保持规划的分类

水土保持规划分为总体规划和专项规划两大类。对行政区域或者流域预防和治理水土流失、保护和合理利用水土资源作出的整体部署，是总体规划；根据整体部署对水土保持某一专项工作或者某一特定区域预防和治理水土流失作出的专项部署，是专项规划。相对而言，水土保持总体规划种类比较简单，是中央、省级、市级和县级政府为完成水土保持全面工作目标和任务，对水土保持各方面工作所作出的全局性、综合性的总体部署。水土保持专项规划种类则相对较多，如预防保护、监督管理、综合治理、生态修复、监测预报、科研与技术推广、淤地坝建设、黑土地开发整治、崩岗侵蚀治理等专项规划。专项规划应当服从总体规划。

6. 水土保持规划的法律效力

经批准的水土保持规划是水土保持工作的总体方案和行动指南，主要表现在两个方面：一方面水土保持规划所确定的目标任务，应当纳入政府目标责任和考核奖惩体系，政府及相关部门如不采取有效措施予以实现，是一种行政不作为；另一方面水土保持规划所划定的水土流失重点防治区及其确定的对策措施，政府及有关部门、相关利害关系人应当服从和落实。如水土保持规划明确重点预防保护区内禁止或限制的生产建设活动，公民、法人和其他组织都应遵守，政府及有关部门应当在行政审批、监督管理方面予以落实。对因形势发生变化，确需修改部分规划内容，必须按照规划编报程序报原批准机关批准，这样规定既维护了已经批准规划的严肃性、减少修订的随意性，又考虑到由于情况发生变化对规划某些内容确需修订的灵活性。

7. 水土保持规划与相关规划的关系

（1）水土保持规划应当与其他发展规划相互协调

土地利用总体规划、水资源规划、城乡规划和环境保护规划等是根据自然及资源状况和经济社会发展的要求，对土地及水资源的保护、开发和利用的方向、规模、方式，以及对城市及村镇布局与建设、环境保护与治理等方面作出的全局性、整体性的统筹部署和安排。这些规划的实施，涉及大量的水土流失预防和治理的问题，规划编制时应当适应国家和区域水土保持的要求，安排好水土流失防治措施。同时，开展水土流失预防和治理也要考虑国家对土地和水资源的保护、开发利用，以及城乡建设和环境保护的需要，既要做好水土保持的支撑作用，也要确保水土资源得到有效保护和可持续利用。

（2）区域开发建设性规划应单设水土保持篇章

基础设施建设、矿产资源开发、城镇建设、公共服务设施建设等规划中，应提出水土流失预防和治理的对策和措施，并在规划报请审批前征求本级人民政府水行政主管部门的意见。

基础设施建设、矿产资源开发、城镇建设、公共服务设施建设等规划，是对各自领域发展方向和区域性开发、建设的总体安排和部署。列入这些规划的生产建设项目，实施时不可避免要扰动、破坏地貌植被，引起水土流失和生态环境的破坏。因此，编制有关基础设施、矿产资源开发、城镇建设和公共服务设施建设等规划时，组织编制机关应当从水土保持角度，分析论证这些规划所涉及的项目总体布局、规模以及建设的区域和范围对水土资源和生态环境的影响，并提出相应的水土流失预防和治理的对策和措施；对水土保持功能造成重大影响的，应在规划中单设水土保持篇章。同时，本条规定，规划的组织编制机关应当在规划报请批准前征求同级人民政府水行政主管部门意见，并采取有效措施，落实水土保持的有关要求，确保这些规划与批准的水土保持规划相衔接；确保规划确定的发展部署和水土保持安排，符合本法规定的禁止、限制、避让的规定，符合预防和治理水土流失、保护水土资源和生态环境的要求。

水土保持规划的编制要求及程序

1. 水土保持规划编制的法律要求

（1）编制主体

水土保持规划由水行政主管部门牵头负责，会同发展改革、财政、林业、农业等部门编制。这样安排的优点在于既能够从总体上把握水土保持工作的方向，又有利于多部门配合协调，促进防治任务的落实。

（2）编制的基础

水土流失调查结果和重点防治区的划定是编制水土保持规划的基础。水土流失调查结果主要包括水土流失的分布、类型、面积、成因、程度、危害、发生发展规律以及防治情况等。开展水土流失调查是因地制宜、因害设防、有针对性地开展水土保持工作的前提和基础。划定水土流失重点预防区和重点治理区，实行分区防治、分类管理，是统筹协调、突出重点，有效开展水土保持工作的重要依据。作为指导水土保持工作的纲领性文件，水土保持规划只有在水土流失调查结果和重点防治区划定的基础上进行编制，才更具有科学性、针对性、指导性和可操作性。

（3）编制的原则

水土保持规划编制应遵循统筹协调、分类指导的原则。一要坚持统筹协调。水土保持是一项复杂的、综合性很强的系统工程，涉及水利、国土、农业、林业、交通、能源等多学科、多领域、多行业、多部门。编制水土保持规划一定要坚持统筹协调的原则，充分考虑自然、经济和社会等多方面的影响因素，协调好各方面关系，规划好水土保持目标、措施和重点，最大限度地提高水土流失防治水平和综合效益。二要坚持分类指导。我国幅员辽阔，自然、经济、社会条件差异大，水土流失范围广、面积大、形式多样、类型复杂。水力、风力、重力、冻融及混合侵蚀特点各异，防治对策和治理模式各不相同。因此，必须从实际出发，坚持分类指导的原则，对不同区域、不同侵蚀类型区水土流失的预防和治理区别对待，因地施策、因势利导，不能"一刀切"。

（4）编制水土保持规划应当征求专家和公众的意见

决策的科学化和民主化是法治政府、服务型政府的重要体现。国际上许多发达国家，对涉及影响生态环境的各种行为，包括政府开展的规划活动和各类开发、生产、建设活动，在规划的编制和项目的可行性研究阶段，都广泛征求社会各方面的意见，提高规划或项目建设的科学性、可行性和可操作性。水土保持规划的编制不仅是政府行为，也是社会行为。征求有关专家意见，目的是提高规划的前瞻性、综合性和科学性；征求公众意见，目的是听取群众的意愿和呼声，维护群众的利益，提高规划的针对性、可操作性和广泛性。在规划过程中，让社会各界广泛参与，对水土保持规划出谋献策，才可以做到民主集智、协调利益、达成共识，使政府决策充分体现人民群众的意愿，使水土保持规划所确定的目标和任务转化为社会各界的自觉行动，也是落实群众的知情权、参与权、监督权的重要途径。如果没有公众参与，不广泛听取意见，所制定的水土保持规划就难以被社会公众所认同，在实施过程中就难以得到全社会广泛支持和配合，水土保持规划的实施就难以达到预期的效果。

2. 水土保持规划编制的程序

（1）准备工作

1）组织综合性规划小组

由于水土保持规划工作涉及面广，综合性强，需要组织一个具有农、林、牧、水等业务部门的技术人员和领导参加的规划小组。

2）制定工作细则和开展物质准备

明确规划的任务、工作量、要求；确定规划工作进度、方法、步骤，人员组成与分工；做好物质准备、经费预算及制定必要的规章制度。

3）制订规划报告大纲

根据规划的任务、要求，制订规划报告大纲。

一般水土保持规划报告大纲主要包括以下内容：

规划概要。综述规划区的自然与社会经济条件水土流失状况和分区情况，简述规划的指导思想原则与目标措施的总体布局投资进度安排与效益等。

基本情况。包括自然条件、自然资源、社会经济、水土流失情况、水土保持现状情况。

规划依据、原则和目标。说明编制规划所依据的法律、法规、标准和主要文件资料等；规划区适宜的编制原则；规划期水平以及规划的目标，包括近期目标和远期目标。

水土保持分区和总体布局。在水土流失综合调查的基础上根据规划范围内各地不同的自然条件、自然资源、社会经济和水土流失特点划分不同的水土流失类型区；同时提出不同水土流失类型区各项措施的总体布置方案。

综合防治规划。包括生态修复规划、预防保护和监督管理规划、综合治理规划、监测规划和示范推广规划。

环境影响评价。包括现状与影响分析，提出针对环境影响采取的预防或者减轻不良环境影响的对策、措施和评价结论。

投资估算。说明投资估算编制的依据方法及采用的价格水平年，水土保持工程措施费、林草措施费、封育治理措施费和独立费用等各项投资以及资金筹措方案。

效益分析和经济评价。说明效益计算采用的标准、方法和效益计算采用的指标，对规划实施后所产生的水土保持效益分别进行计算和分析，并计算规划实施后水土保持目标各项指标的达到值。说明经济评价的基本依据与方法，以及进行国民经济初步评价。

进度安排与近期实施意见。说明工程量及进度安排，包括近期拟安排的重点地区和重点项目的顺序表，并对远期安排提出概括性意见。

组织管理。包括组织领导措施、技术保障措施和投入保障措施等。

4）培训技术人员

在规划工作开始之前，应对参加规划的专业人员进行技术培训，学习规划的有关文件和技术规程，明确规划的任务和要求。

（2）调查、评价与规划工作

1）资料的收集、整理

根据规划的地域范围，收集相应比例尺的基础和专题图件以及自然条件、自然资源、社会经济、水土流失和水土保持、水土保持重点分区等有关资料，并进行整理，明确需要补充调查的部分。

2）水土保持综合调查

在资料收集和整理的基础上，确定需要进行补充调查的工作内容、方法和步骤，并进行调查工作。

3）水土保持系统分析与评价

水土保持系统分析与评价包括水土保持环境分析、资源评价、水土流失和水土保持分析评价、社会经济分析评价。

4）确定水土保持规划的目标

规划目标应分近期目标和远期目标。近期目标应明确建设规模，远期目标可进行展望或定性描述。

5）水土保持综合规划

水土保持综合规划包括生态修复规划、预防保护和监督管理规划、综合治理规划、监测规划和示范推广规划以及水土保持措施设计等。

6）投资、效益估算和实施保障措施

编制水土保持投资，提出资金筹措方案，对规划实施后效益进行计算、分析和国民经济评价，提出技术、投入保障措施。

（3）规划审批、实施和修订

水土保持规划完成后，需要报本级人民政府或者其授权的部门批准后，由水行政主管部门组织实施。水土保持规划一经批准，应当严格执行。经过批准的水土保持规划是水土保持工作的总体方案和行动指南，具有法律效力，主要表现在：如果规划根据实际情况需要修改，应按照规划编制程序，报原批准机关批准。

水土保持规划要点

1. 水土流失类型区划要点

（1）水土保持区划的内容

1）各个类型区的界限、范围、面积、行政区划。

2）各个类型区的自然条件。

3）各个类型区的自然资源。

4）各个类型区的社会经济情况。

5）各个类型区的水土流失特点。

6）各个类型区的生产发展方向与措施布局。

（2）水土保持区划的原则

1）影响水土流失的自然条件的相似性和差异性。

2）水土流失特征和发展方向的相似性和差异性。

3）土地利用及治理措施的相似性和差异性。

4）区划界线主导因素的相似性和差异性。

5）集中连片，应适当照顾行政区划的完整性。

（3）水土保持区划分级和命名

　　按照相似性和差异性的原则，进行水土保持区划。根据区划的范围可分为国家级、大规划范围内级（跨省）、省级、地区级、县级等五级。根据区划的因素分为一级区划（类型区），二级区划（亚区），三级区划（小区）；一级区划以第一主导因素为依据，二、三级区划以相对次要的其他因素为依据；多数情况以地貌为第一主导因素，划分山区、丘陵、高原、平原等，二、三级区划则以微地貌、地面组成物质、降水、植被、气候、耕垦指数等次要因素为依据。

　　区划的命名组成有二因素（地理位置、各区地貌和土质特点）、三因素（加侵蚀强度）、四因素（加防治方案）3类，不同层次采用不同的命名。

　　目前，水土流失分区的命名采取三段式命名法，即水土流失类型区的所处位置＋地貌类型＋水土流失强度。

　　（4）分区的成果

　　1）水土保持区划图，反映各区的位置，范围和区划分级。

　　2）水土保持区划表、调查表。

　　3）水土保持区划报告，阐明区划依据，各区的特点，区划分级和命名。

2. 生态修复规划要点

　　（1）生态修复规划的内容

　　1）根据防治目标，提出生态修复的原则与目标。

　　2）确定不同类型区生态修复的面积，生态修复的措施方案；以及分别叙述不同类型区主要地类（如灌木林地、疏幼林地、稀疏草地与荒山裸地等）的生态修复方案和措施及工程量。

　　3）不同类型区典型小流域生态修复规划及措施配置模式。

　　（2）生态修复的途径

　　生态修复的途径是根据资源替代的观点，通过资源的替代和转换来实现生态修复的目标。从封育植被措施的角度，可以通过以下途径完成。

　　1）"以改促封"。改耗竭性资源利用方式为持续性资源利用方式。如内蒙古鄂尔多斯市鄂托克旗，改传统畜种为优良畜种，改本地山羊和绵羊为适合圈养的小尾寒羊，改传统的放牧为舍饲，发展集约化养畜产业，使"三化"（退化、沙化、盐碱化）草原得以封育治理。

　　2）"以调促封"。通过结构调整，使封禁治理与农业增产、农民增收和农村发展有机结合，促进封禁治理的实施。

　　3）"以建促封"。通过基本农田建设、农村能源建设，解决人们的吃饭和烧柴问题，确保"封得住"。

　　4）"以移促封"。对生态环境恶劣、居民分散的边远山区，通过移民并村，结合小城镇建设和扶贫项目，实行集中安置。

（3）生态修复的主要措施

1）转移措施。生态移民、结构调整。

2）能源措施。节柴灶、沼气池、太阳能，以电（煤）代柴。

3）基础措施。基本农田、水系配套（灌溉）等。

4）财政措施。资金扶持。

5）直接措施。封禁、封育、围栏；人工促进（补种补植）。

（4）生态修复规划的成果

1）水土保持生态修复规划图。

2）水土保持生态修复规划表、生态修复措施、投资表等。

3）水土保持生态修复规划报告。

3. 预防保护与监督管理规划要点

（1）预防保护规划的主要内容

1）提出预防保护的原则与目标。

2）确定预防保护的位置范围与面积。

3）制定实现预防保护的目标、采取的技术性与政策性措施。包括制定相关的规章制度，明确管理机构，采取封禁管护、抚育更新等生态修复措施，落实监督与监测等具体措施。

（2）监督管理规划的主要内容

1）制定对生产建设项目和其他人为不合理活动实行监督管理，防止人为造成水土流失的目标。

2）提出实现监督管理目标应落实的技术性与政策性措施。包括针对监督制定的相关规章制度；生产建设项目水土保持方案的编制报批制度与"三同时"制度；生产建设项目造成人为水土流失的监督监测与管理等措施。

3）提出搞好监督管理的机构与能力建设安排。

4. 综合治理规划要点

（1）综合规划的主要内容

1）提出治理措施的总体配置。

2）提出不同治理措施的规划。包括坡耕地治理规划、"四荒"（即荒山、荒坡、荒丘、荒滩）地治理规划、沟壑治理规划、风沙治理规划和小型蓄排引水工程规划。

（2）规划要点

1）总体配置要说明规划区内土地利用总体规划成果，提出典型的治理措施配置模式。

2）坡耕地治理措施规划。包括梯田梯地的规划，主要是选定修梯田地段、梯田类型、梯田区道路规划和地块的布设、田埂的利用等内容；保护耕作的规划，包括改变微地形的保土耕作，增加地面被覆的保土耕作等提高土壤入渗与抗蚀能力的保土耕作。

3）"四荒"地治理措施规划。包括水土保持造林的规划、水土保持种草的规划、封禁治理规划（包括封山育林与封坡育草两方面）。

4）沟壑治理措施规划。根据"坡沟兼治"原则，从沟头到沟口、从支沟到干沟的全面治理总体规划，包括沟头防护工程规划：根据沟头附近地形和来水情况因地制宜地布设蓄水型和排水型；谷坊工程规划：根据沟底地质和附近的建筑材料情况，因地制宜地布设土谷坊、石谷坊、柳谷坊，合理安排谷坊高度与间距，减缓沟底降比防止沟底下切；淤地坝与小水库塘坝工程规划：进行坝系规划，在干沟和支沟中全面合理地安排淤地坝小水库和治沟骨干工程并确定各项工程的实施顺序，正确选定每项工程的坝址并确定工程规模；崩岗治理措施规划：崩岗是风化花岗岩地区沟壑发展的一种特殊形式，其治理布局原则与沟壑治理相似。

5）风沙区治理规划。我国北部、中部、东南沿海三地风沙区治理各有不同的规划要求。

6）小型蓄排引水工程规划。包括坡面小型蓄排工程规划，合理配置截水沟、蓄水池、排水沟三项措施，截、蓄、排相结合，保护坡面农田和林草不受冲刷并可蓄水利用；"四旁"小型蓄水工程规划，包括水窖、涝池、蓄水池、塘坝等，主要布设在村旁、路旁、宅旁、渠旁，拦蓄暴雨径流，供人畜饮用，同时可减轻土壤侵蚀；引洪漫地工程规划，有引坡洪、村洪、路洪、沟洪、河洪等5种，其中前3种措施简便易行，暴雨中使用一般农具即可引水入田，后两种须经正式规划设计修建永久性的引洪漫地工程。引沟洪工程包括拦洪坝、引洪渠、排洪渠等，主要漫灌沟口附近小面积川台地；引河洪工程包括引水口、引水渠、输水渠、退水渠、田间工程等，主要漫灌河岸大面积川地。

5. 投资估算要点

（1）投资估算的原则和内容

应根据水利部《水土保持工程概估算编制规定和定额》，说明投资估算编制的依据方法及采用的价格水平年；水土保持生态建设工程的总投资应由工程措施费、林草措施费、封育治理措施费和独立费用4部分组成。

（2）估算要点

1）工程措施费、林草措施费、封育治理措施费

工程措施费、林草措施费和封育治理措施费由直接费、间接费、企业利润和税金组成。

① 直接费。其指工程施工过程中直接消耗在工程项目上的活劳动和物化劳动，由基本直接费和其他直接费组成。基本直接费包括人工费、材料费、机械使用费。

② 间接费。其是指工程施工过程中构成成本，但又不直接消耗在工程项目上的有关费用。包括工作人员工资、办公费、差旅费、交通费、固定资产使用费、管理用具使用

费和其他费用等。

③ 企业利润。其指按规定应计入工程措施、林草措施和封育治理措施费用中的利润。其中：

工程措施：利润按直接费与间接费之和的 3%～4% 计算。设备及安装工程、其他工程是按指标计算的，不再计利润。

林草措施：利润按直接费与间接费之和的 2% 计算。其中，育苗棚、管护房、水井是按指标计算的，不再计利润。

封育治理措施：利润按直接费与间接费之和的 1%～2% 计算。

④ 税金。其指国家对施工企业承担建筑、安装工程作业收入所征收的营业税、城市维护建设税和教育费附加税。其中：

工程措施：税金按直接费、间接费、企业利润之和的 3.22% 计算。设备及安装工程、其他工程是按指标计算的，不再计税金。

林草措施：税金按直接费、间接费、企业利润之和的 3.22% 计算。林草措施中的育苗棚、管护房、水井是按指标计算的，不再计税金。

封育治理措施：税金按直接费、间接费、企业利润之和的 3.22% 计算。

2）独立费用

独立费用由建设管理费、工程建设监理费、科研勘测设计费、征地及淹没补偿费、水土流失监测费等 5 项组成。

① 建设管理费。包括项目经常费和技术支持培训费。

项目经常费：指建设单位在工程项目的立项、筹建、建设、竣工验收、总结等工作中所发生的管理费用。主要包括：工作人员的工资、附加工资、工资补贴、办公费、差旅交通费、工程招标费、咨询费、完工清理费、林草管护费及一切管理费用性质的开支。

技术支持培训费：指为了提高水土保持人员的素质和管理水平，保证治理质量，提高治理水平，促进水土保持工作的开展，对主要水土保持技术人员、治理区的县乡村领导、干部和农民群众，进行各种类型的技术培训所发生的费用。

② 工程建设监理费。其指工程开工后，聘请监理单位对工程的质量、进度、投资进行监理所发生的各项费用。

③ 科研勘测设计费。包括科学研究试验费和勘测设计费。

科学研究试验费：指在工程建设过程中，为解决工程中的特殊技术难题，而进行必要科学研究所需的经费。一般不列此项费用。

勘测设计费：指项目建议书、可行性研究、初步设计和施工图设计阶段（含招标设计）发生的勘测费、设计费和为勘测设计服务的科研试验费用。勘测设计的工作内容、范围及工作深度，应满足各设计阶段的要求。

④ 征地及淹没补偿费。其指工程建设需要的永久征地、临时征地及地面附着物等所

需支付的补偿费用。

⑤ 水土流失监测费。其指施工期内为控制水土流失、监测生态环境治理效果所发生的各项费用。

工程总投资包括工程措施费、林草措施费、封育治理措施费、独立费用、基本预备费和价差预备费。预备费包括基本预备费和价差预备费。

基本预备费：按工程概算第一至第四部分之和的3%计取。

价差预备费：根据工程施工工期，以分年度的静态投资为计算基数，按国家规定的物价上涨指数计算。

6. 经济评价和效益估算要点

（1）国民经济评价

按照资源合理配置的原则，从国家整体角度考察和确定项目的效益和费用，用货物影子价格、影子工资、影子汇率和社会折现率等经济参数，分析、计算项目对国民经济带来的净贡献，以评价项目经济上的合理性。

（2）国民经济评价的重要参数

1）影子价格

影子价格是指当社会经济处于某种最优状态时，能够反映社会劳动消耗、资源稀缺程度和最终产品需求情况的价格，也就是说，影子价格是人为确定的、更为合理（相对于实际价格）的价格。

2）影子汇率

影子汇率是指能反映外汇增加或减少对国民经济贡献或损失的汇率，也可以说是外汇的影子价格，它体现了从国家角度对外汇价格的估量。国民经济评价中涉及外汇与人民币之间的换算均应采用影子汇率。同时，影子汇率又是经济换汇成本或经济节汇成本指标的判断依据。

3）社会折现率

社会折现率，表示从国家角度对资金机会成本和资金的时间价值的估量。它反映了资金占用的费用，其存在的基础是不断增长的扩大再生产。

社会折现率是根据我国在一定时间内的投资效益水平、资金机会成本、资金供求状况、合理的投资规模以及项目国民经济评价的实际情况进行测定的，它体现了国家的经济发展目标和宏观调控意图。国家发展和改革委员会与建设部统一发布的社会折现率为12%，供各类建设项目评价统一使用。

（3）国民经济评价指标

1）经济内部收益率

内部收益率是从国民经济评价角度反映项目经济效益的相对指标，它显示出项目占用的资金所获得的动态收益率。项目的经济内部收益率等于或大于社会折现率时，表明项目对国民经济的经济贡献达到或者超过了预定要求。

2）经济净现值

用社会折现率将项目计算期内各年净效益流量折算到项目建设期初的现值之和。项目的经济净现值等于或大于零表示国家为拟建项目付出代价后，可以得到符合社会折线率所要求的社会盈余，或者还可以得到超额的社会盈余，并且以现值表示这种超额社会盈余的量值。经济净现值大于或者等于零，表示项目的盈利性超过或达到了基本要求。

3）收益成本比值法（B/C）

收益成本比值法是指在项目的寿命期内，收益 B 的现值之和与成本 C 的现值之和的比值。

（4）水土保持效益

在《水土保持效益计算》的国家标准中，按以下 4 个方面，提出了可供分析计算的水土保持效益指标体系。

1）调水保土效益

调水效益。包含增加土壤入渗、拦蓄地表径流、改善坡面排水能力、调节小流域径流。

保土效益。包括为减轻土壤面蚀、沟蚀和拦蓄坡沟泥沙。

2）水土保持生态效益

按生态环境的水圈、土圈、气圈、生物圈 4 个方面进行分析。

水圈。主要是减少洪水流量与增加常水流量。

土圈。主要是改善土壤的物理、化学性质，提高土壤质量。

气圈。主要是改善靠近地层的温度、湿度、风力等小气候环境。

生物圈。主要是增加林草植被覆盖程度，改善生物多样性，增加植物固碳量。

3）水土保持的经济效益

直接经济效益。水土流失土地治理后，提高粮食、果品、饲草、枝条、木材等的产量以及相应增加的经济收入，同时计算产投比和投资回收期。

间接经济效益。上述各类初级产品，经过加工、转化以后再增加的产值；经营基本农田比较经营坡耕地节约的土地和劳力；人工种草养畜较天然牧场养畜节约的土地、水土保持工程增加蓄、饮水和土地资源增值的效益等。

4）水土保持的社会效益

减轻自然灾害保护土地不遭受沟蚀破坏与石化、沙化；减轻河流下游泥沙危害及洪涝灾害；减轻风蚀与风沙危害；减轻干旱对农业生产的胁迫；减轻滑坡、泥石流危害和减轻面源污染等。

促进社会进步改善农业基础设施，提高土地生产率；调整土地利用结构，合理利用土地；提高劳动生产率；调整农村生产结构，适应市场经济；提高环境容量，缓解人地矛盾；促进良性循环，制止恶性循环，促进农民脱贫、致富、奔小康等。

三、水土流失预防

我国水土流失重点预防保护区

水土流失重点预防区主要指当前水土流失较轻，林草覆盖度较大，但潜在水土流失危险程度较高，对国家或区域防洪安全、水资源安全以及生态安全又存在重大影响的生态脆弱或敏感地区。

重点预防区一般分为国家、省、市级和县级4级。跨省（自治区）且天然林区和草原面积超过66 667公顷的列为国家级；跨县（市）且天然林区和草原面积大于6 667公顷的列为省级；市、县域境内666.67公顷以上或集中治理50平方千米以上的为市、县级，规划应根据涉及的范围划分相应的重点预防区。

我国划定的水土保持重点预防保护区涉及的行政县（市、区、旗）见表6-1。

表6-1 全国水土流失重点预防保护区

序号	名称	涉及省（自治区、直辖市）	涉及县（市、区、旗）
1	大兴安岭预防保护区	黑龙江	呼玛县、漠河县、塔河县
		内蒙古	阿尔山市、阿荣旗、牙克石市、鄂伦春自治旗、科尔沁右翼前旗、扎兰屯市、鄂温克族自治旗、额尔古纳市、根河市
2	呼伦贝尔预防保护区	内蒙古	鄂温克族自治旗、根河市、新巴尔虎左旗、陈巴尔虎旗、海拉尔市、额尔古纳市、新巴尔虎右旗、满洲里市、阿尔山市、牙克石市
3	长白山预防保护区	吉林	汪清市、抚松县、临江市、长白朝鲜族自治县、安图县、和龙市、敦化市
4	滦河预防保护区	北京	昌平区、延庆县、怀柔区、平谷区、密云县
		河北	兴隆县、沽源县、滦平县、丰宁满族自治县、围场满族蒙古族自治县、隆化县、承德县、平泉县、宽城满族自治县、承德市市辖区、赤城县

序号	名称	涉及省（自治区、直辖市）	涉及县（市、区、旗）
5	黑河绿洲预防保护区	甘肃	甘州区（张掖）、民乐县、肃南裕固族自治县、高台县、临泽县、金塔县
		青海	祁连县
		内蒙古	额济纳旗
6	塔里木河绿洲预防保护区	新疆	尉犁县、若羌县
7	子午岭预防保护区	陕西	富县、黄陵县、宜君县、铜川市市辖区、耀县、淳化县、甘泉县、旬邑县
		甘肃	华池县、合水县、宁县、正宁县
8	六盘山预防保护区	陕西	陇县、宝鸡县、千阳县
		甘肃	崇信县、平凉市崆峒区、华亭县、张家川回族自治县、清水县、庄浪县
		宁夏	固原市原州区、隆德县、泾源县
9	三江源预防保护区	青海	达日县、玉树县、玛多县、称多县、久治县、河南蒙古族自治县、玛沁县、泽库县、治多县、甘德县、同德县、兴海县、曲麻莱县、贵南县、共和县、囊谦县、杂多县、格尔木市唐古拉乡
		甘肃	玛曲县
10	金沙江上游预防保护区	四川	得荣县、巴塘县、稻城县、乡城县、九龙县、雅江县、理塘县、白玉县、新龙县、道孚县、炉霍县、甘孜县、德格县、石渠县
11	岷江上游预防保护区	青海	班玛县
		四川	色达县、壤塘县、阿坝县、金川县、丹巴县、小金县、汶川县、茂县、松潘县、九寨沟县、理县、黑水县
12	汉江上游预防保护区	湖北	神农架林区、房县、十堰市市辖区
		陕西	勉县、太白县、凤县、留坝县、洋县、南郑县、城固县、西乡县、佛坪县、汉中市汉台区

续表

序号	名称	涉及省（自治区、直辖市）	涉及县（市、区、旗）
13	桐柏山大别山预防保护区	安徽	岳西县、潜山县、太湖县、宿松县、金寨县、六安市市辖区、霍山县
		湖北	麻城市、大悟县、罗田县、浠水县、红安县、英山县、蕲春县
		河南	桐柏县、新县、信阳市市辖区、罗山县、固始县、潢川县、商城县、光山县
14	新安江预防保护区	安徽	绩溪县、歙县、休宁县、黄山市市辖区、黟县、祁门县
		浙江	淳安县、桐庐县、建德市
15	湘资沅上游预防保护区	广西	资源县、全州县、灌阳县、兴安县、龙胜县、融安县
		贵州	铜仁市、铜仁地区万山特区、天柱县、镇远县、施秉县、三穗县、玉屏侗族自治县、岑巩县、黎平县、江口县、台江县、剑河县、松桃苗族自治县、锦屏县
		湖南	江华瑶族自治县、蓝山县、靖州苗族侗族自治县、城步苗族自治县、东安县、祁阳县、永州市市辖区、宁远县、新田县、双牌县、道县、通道侗族自治县、江永县
		重庆	秀山土家族苗族自治县
16	东江上游预防保护区	广东	博罗县、紫金县、龙川县、惠东县、河源市源城区、东源县、龙门县、新丰县、和平县
		江西	寻乌县、定南县、安远县

特殊区域的水土流失预防保护规定

水土保持，重在预防保护。特别是在一些生态脆弱、敏感性地区，一旦造成水土流失，恢复的难度非常大，有的甚至无法恢复。地方各级人民政府应当高度重视水土流失预防工作，坚持"预防为主，保护优先"的水土保持工作方针，把预防保护工作摆在首要位置，广泛发动群众，组织协调，按照水土保持规划确定的区域，保护地表植被，采取封育保护、自然修复等措施，扩大林草植被覆盖，有效预防水土流失的发生，这是地方各级政府的一项重要职责。

1. 崩塌、滑坡危险区和泥石流易发区

崩塌、滑坡、泥石流属于混合侵蚀，是重力、水力等应力共同作用的水土流失形式，具有突发性、历时短、危害严重等特点。在崩塌、滑坡危险区和泥石流易发区进行取土、挖砂、采石作业，极易导致应力变化，引发崩塌、滑坡和泥石流等，给人民群众生命财产带来巨大损失，严重危及公共安全。崩塌、滑坡危险区和泥石流易发区的范围及其划定，应当与地质灾害防治规划确定的地质灾害易发区、重点防治区相衔接，将发生崩塌、滑坡和泥石流潜在危险大、造成后果严重的区域划定为崩塌、滑坡危险区和泥石流易发区，并由县级以上地方人民政府划定并公告。

《水土保持法》明确规定：禁止在崩塌、滑坡危险区和泥石流易发区从事取土、挖砂、采石等可能造成水土流失的活动。

2. 水土流失严重与生态脆弱地区

水土流失严重地区是指水土流失面积较大、强度较高、危害较重的区域。生态脆弱地区是指生态系统在自然、人为等因素的多重影响下，生态系统抵御干扰的能力较低，恢复能力较弱，且在现有经济和技术条件下，生态系统退化趋势得不到有效控制的区域，如戈壁、沙地、高寒山区以及坡度较陡的山脊带等。此类地区的主要规定如下：

（1）由于这些区域生态环境对外界干扰极为敏感，破坏后极难恢复，易造成严重的水土流失灾害和生态影响，限制或者禁止可能造成水土流失的生产建设活动。

（2）水土流失严重、生态脆弱地区的生态系统等级较低等，稳定性差，地表植被一旦破坏，极易造成生态系统退化，危害十分严重，其中沙壳、结皮、地衣是在干旱、半干旱地区具有较强保护地表作用的地被物；沙壳是指经长期风蚀后，在地表形成的主要由粗颗粒砂砾组成的砂砾层；结皮是指在沙地经淋溶、蒸发后地表形成的具有一定黏着性的沙粒结层；地衣是指地表形成的由真菌与藻类共生的特殊低等植物体。沙壳、结皮、地衣对地表及地表层下的土壤或细颗粒沙具有很强的保护作用，可以有效地防止降雨、大风对地表的侵蚀，减轻水土流失及降低其危害，促进植被恢复，固定沙丘，改善生态环境。一旦破坏，极难恢复，甚至会引发和加剧沙漠化，因此要严格保护地表植物、沙壳、结皮、地衣。

3. 侵蚀沟、河流以及湖泊和水库的周边

侵蚀沟是指由沟蚀形成的沟壑。侵蚀沟是我国水土流失最为严重的两大地类之一。因沟坡坡度一般较陡，容易造成沟头前进和沟岸扩张，产生新的切沟甚至发育成新的侵蚀沟，并伴有坍塌、泄溜等重力侵蚀发生。泥沙直接进入河道，危及江河防洪安全以及下游群众的生命财产安全。例如，位于黄土高原沟壑区的董志塬，塬面平坦，黄土的厚度在170米以上，其沟壑部分地形破碎，坡陡沟深，相对高差100~200米，沟壑密度0.5~2千米/平方千米，年侵蚀模数达5 000~10 000千千克/平方千米。在侵蚀沟及河湖库岸周边设置植物保护带对预防和减轻水土流失具有重要作用，一是控制水流和冲刷，护坡和固岸，减少人为破坏；二是拦截泥沙，有效控制和减少水土流失及其对下游造成的危害；三是改善生态环境，减少面源污染。由于植物保护带具有多方面、多功效、十分重要的水土保持作用，因此规定应营造并严格保护植物带，禁止开垦，改变其原有土地利用方向。

4. 水土流失重点预防区和重点治理区

（1）禁止在水土流失重点预防区和重点治理区铲草皮、挖树兜。我国一些地方由于燃料缺乏，当地群众取暖、烧饭都以柴草为主，铲草皮、挖树兜的现象较为普遍，再加上近年来制作盆景、根雕等，挖树兜的情况仍然较多，对植被的破坏十分严重，造成了大量的水土流失。随着我国经济发展和群众生活水平的提高，现在已有条件解决农村能源替代问题。因此，《水土保持法》规定禁止在水土流失重点预防区和重点治理区从事这些活动。

（2）禁止在水土流失重点预防区和重点治理区滥挖虫草、甘草、麻黄。虫草、甘草、麻黄等具有药用的植物大多生长在青藏高原、北方草原、干旱、半干旱等地区。这些地区生态极为脆弱，采挖药材对地表的扰动强度大，植被破坏也大，引发和加剧水土流失，产生的危害极大。《水土保持法》规定明确禁止在水土流失重点预防区和重点治理区滥挖虫草、甘草、麻黄。

5. 禁垦地区

（1）25°作为禁垦陡坡地上限；禁止开垦和种植农作物。

（2）25°陡坡地种植经济林的要求。首先要科学选择树种，种植耗水量小、根系发达、密度大、植被覆盖率高的树种，减少因单一树种或品种不当加重水土流失；其次是确定合理规模，经济林要与生态林相配套布设，经济效益与生态防护效益兼顾；最后是采用有利于水土保持的造林措施，并采取拦水、蓄水、排水等措施，防止形成较大坡面的径流和冲刷，综合防治可能产生的水土流失。

（3）省、自治区、直辖市可以根据实际情况规定小于25°的禁垦坡度；如东北黑土漫川漫岗区，尽管坡度不大，但因其坡长特别长，且降水量和降水强度较大，坡面水流具有较强的冲刷力，造成的水土流失非常严重，黑龙江省根据这种情况将禁垦坡度限定为15°。此外，宁夏、内蒙古、江西、陕西、浙江和海南等省（自治区）在地方性法规中也制定了小于25°的禁垦坡度。

（4）县级人民政府划定并公告禁垦陡坡地的范围。

6. 禁垦坡度以下5°以上的荒坡地

开垦禁垦坡度以下、5°以上荒坡地，应当采取水土保持措施。

在5°以上坡地上营造林木、抚育幼林、种植中药材，应当采取水土保持措施。一是采用有利于保持水土的种植和经营方式，如等高种植、带状种植、混交种植，保护林下植物，采用间伐、带伐、渐伐等采伐方式；二是按水土保持造林技术要求种植，布设水平沟、排水沟、拦沙坝，间隔种植植物保护带等。

开垦禁垦坡度以下、5°以上荒坡地，应当采取水土保持措施。

7. 林区

水源涵养林、水土保持林、防风固沙林等水土保持功能强的特殊林种只能进行抚育和更新性质的采伐。

采伐区、集材道是地表植被损坏最为严重的部位，也是引发水土流失的重点区域，必须采取保护林下植被，设置截水、排水、拦沙等拦排措施，防止采伐过程中造成严重水土流失。采伐完成后，要及时完成更新造林，促进林木生长，增加地面覆盖度，避免地表长时间处于裸露状态而发生水土流失。

林木采伐应当采用科学合理的方式，保护林下植被，避免大面积土地裸露。此外，在制定采伐方案的同时，必须制定采伐区水土保持措施，并经林业行政主管部门批准，由林业主管部门和水行政主管部门监督实施。

8. 其他规定

（1）禁止毁林、毁草开垦和采集发菜。毁林、毁草开垦是指将已有的林木（包括天然林、次生林）和草地损毁后，开垦为耕地并种植农作物的行为。发菜是生长在西北干旱地区地表的一种藻类，采集发菜一般是用大耙子将发菜、地表灌草和根系一并搂取，是对干旱草原植被的一种毁灭性的破坏活动，禁止采集。

（2）加强对水土保持设施的管理与维护，落实管护责任，保障其功能正常发挥。水土保持设施是指具有水土保持功能的所有人工建筑物、植被的总称。长期以来，一些地区重治理轻管护，管护责任不落实，治理成果没有得到有效保护，导致了一些水土保持设施遭受破坏，水土保持功能降低甚至丧失，因此要加强对水土保持设施的保护。

水土保持设施的管理和维护的责任主体是其所有权人或者使用权人。

主要典型预防区预防措施

1. 北方典型草原区的预防措施

北方典型草原区冬季漫长寒冷、夏季炎热少雨、春秋季节风大沙多的气候特点及超载放牧等不合理的草地利用方式，使该区域风力、水力侵蚀加剧，草场沙化退化面积不断扩展，草地生态环境恶化，不仅使当地畜牧业发展受到限制，而且使生态环境受到严重的影响。草原区的预防措施主要有：

（1）封育措施

封育草地，给牧草提供一个休养生息的机会，逐渐恢复植被，促进草群自然更新。草地封育后由于改变了草地的环境条件，加强植物的生长发育。封育草地草场产量提高50%以上，从直观看封育草地效果明显。封育草地常用的保护措施有刺铁丝网和电围栏等。

（2）划区轮牧制

划区轮牧制是把草原首先分成若干季节放牧地。再根据畜牧头数和草地产量把每一季节放牧地内分成若干轮牧小区，按照一定次序分区采食、轮回利用的一种放牧制度。划区轮牧可使草地资源充分利用，防止自由连续放牧的地方草地退化及杂草滋生，并能改善草场产草量及品质，相应提高了草地载牧量。

（3）草地补播

草地补播是在草层中播种一些适应性强、有价值的优良牧草，以便增加草层的植物种类成分、草地的覆盖度和提高草层的产量和品质。我国北方草原进行补播，干草产量平均提高60%以上，植被覆盖度增加30%以上。

（4）草地防护林

我国北方草原，冬春季节干旱风大，形成灾害性的气候，在草原上，栽成带状或纵横交错的网状防护林带用来防止风沙，保持水土，保护草地牧草的生长。草地防风林可使风速减低，减轻风蚀危害，削弱风对土壤和近地面空气的干燥作用，减少植物蒸腾和土壤蒸发，调节近地面气温、地温、湿度，改善保护区的小气候条件，且能使雪均匀分布在草地上，防止风蚀。

（5）人工草地

人工草地是根据牧草的生物学、生态学和群落结构特点，有计划地将一部分草地开垦后，因地制宜地播种多年生或一年生牧草。人工草地能生产大量优质饲料，满足畜牧业发展的需要，减轻天然草地承载压力，有效防止草地进一步沙化、退化。

（6）节能水土保持防治措施

大力发展太阳能、风能、沼气和推广省柴灶，改燃节能，有效地保护当地的植被，起到防止水土流失的作用。

2. 森林作业活动的水土流失预防

在森林作业中，采伐方式和集材作业会对水土流失造成影响。森林的主伐方式分为择伐、渐伐和皆伐。在集材作业中，由于人、牲畜、机械和木材在林地上运行，修建集材道路及装车场等土木工程对林地土壤会产生一定程度的损害，从而给水土流失创造了条件。此外，伐区清理方式（堆积法、散铺法、火烧法）也对采伐迹地水土流失产生不同程度的影响。

堆积法和散铺法适用于植被较少、土壤瘠薄、坡度较大的非皆伐迹地。火烧法适用于皆伐迹地清理，可彻底清除迹地上采伐剩余物，增加土壤成分含量，提高地力，消灭病虫害。在森林作业和清理地预防措施包括：

（1）合理选择采伐方式，尽量采用择伐和小面积皆伐，伐区面积控制在 $2 \sim 3 hm^2$。

（2）在陡坡或土壤易引起重力侵蚀的地段，应尽量避免大强度采伐。

（3）集材应尽量选用对土壤破坏小的集材方式，如架空索道或畜力集材，有条件的情况下，可发展气球、飞艇或直升机集材。用拖拉机集材时，尽量采用履带式拖拉机，轮式拖拉机应选用特宽轮胎，减少对地面的破坏。

（4）因地制宜选择迹地清理方式，使剩余物对雨水保持一定的截持作用。

生产建设项目水土流失预防措施

1. 生产建设项目选址、选线

一般生产建设项目在选址、选线时应当避让重点预防区和重点治理区。特别是涉及或影响到流域或区域生态安全、饮水安全、防洪安全、水资源安全等的生产建设项目必须从严控制，严格避让。

对国家重要基础设施建设、重要民生工程、国防工程等在选址、选线时无法避让水土流失重点预防区和重点治理区的，应当依法提高水土流失防治标准，严格控制地表扰动和植被损坏范围，减少工程永久或临时占地面积，加强工程管理，优化施工工艺，这样，可以最大限度地减轻水土流失和生态环境影响。例如，公路建设项目应提高桥梁、隧道比重，减少开挖、填筑工程量。在河谷狭窄地段，可适当降低路面两侧附属设施的标高。在填筑时尽量使用开挖的土石，以减少废弃的土石方量。缩短土石方的存放时间，将废弃土石方运至水土流失重点预防区外堆放。输变电工程可以通过优化塔体设计，采用全方位、高低腿的工艺，减少塔基土石方开挖的范围和数量，架设线路可以采用飞艇、火箭筒等新工艺，减少对地表及植被的破坏。

2. 生产建设项目水土保持方案制度

（1）水土保持方案编报范围、主体

水土保持方案编报范围不仅包括山区、丘陵区、风沙区，还包括水土保持规划确定的容易发生水土流失的其他区域。在上述区域开建可能造成水土流失的生产建设项目，生产建设单位应当编制水土保持方案，按照经批准的水土保持方案，采取水土流失预防和治理措施。生产建设单位没有能力编制水土保持方案的，应当委托具备相应技术条件的机构编制。

（2）水土保持方案的内容

一是水土流失防治的责任范围，包括生产建设项目永久占地、临时占地及由此可能对周边造成直接影响的面积。

二是水土流失防治目标，在生产建设项目水土流失预测的基础上，根据项目类别、地貌类型、项目所在地的水土保持重要性和敏感程度等，合理确定扰动土地整治率、水土流失总治理度、土壤流失控制比、拦渣率、林草植被恢复率、林草覆盖率等目标。

三是水土流失防治措施，根据项目特性及项目区自然条件、造成的水土流失特点，采取工程措施、植物措施、临时防护措施和管理措施。

四是水土保持投资，根据国家制定的水土保持投资编制规范，估算各项水土保持措施投资及相关的间接费用。

（3）水土保持方案的审批和变更审批

水土保持方案的审批部门为县级以上人民政府水行政主管部门。水土保持方案是项目立项审批或核准阶段的技术文件，大多数行业和项目达到可行性研究的设计深度。工程设计的后续阶段及在工程实施期间，主体工程的地点、规模发生重大变化时，将引起水土流失防治责任范围、水土保持防治措施及措施布置的变化，因此生产建设项目应当补充或者修改水土保持方案并报原审批部门批准。

生产建设项目水土保持方案的编制和审批办法，由国务院水行政主管部门制定。

3. 生产建设项目水土保持方案的管理

（1）水土保持方案是生产建设项目开工建设的前置条件

依法应当编制水土保持方案的生产建设项目，开工建设前，建设单位应当委托具有相应技术条件和能力的机构编制水土保持方案，并报经水行政主管部门批准。"开工建设"是指生产建设项目的开工和建设，包括生产建设项目主体工程开工建设和附属配套工程以及前期建设工程（如"三通一平""五通一平""局部试验段项目"等前期建设内容）。

未编制水土保持方案或水土保持方案未经水行政主管部门批准的，生产建设项目不得开工建设。

（2）生产建设项目中的水土保持设施，应当与主体工程同时设计、同时施工、同时投产使用

"同时设计"是指生产建设项目水土保持设施的设计要与项目主体工程设计同时进行。"同时施工"是指水土保持措施应当与主体工程建设同步建设实施。"同时投产使用"是指水土保持措施应与主体工程同时完成，并投入使用，既发挥防治水土流失、恢复和改善生态环境的作用，也保障主体工程安全运行。

（3）水土保持设施验收

水土保持设施验收是生产建设项目投产使用的前置性条件，是水土保持"三同时"

制度中"同时投产使用"的具体规定。生产建设项目竣工验收应当向水土保持方案批准机关申请组织开展水土保持设施专项验收。

水土保持设施未经验收或者验收不合格的，生产建设项目不得投产使用。

（4）生产建设活动弃渣的利用和存放

弃渣是生产建设项目造成水土流失及其危害最直接的行为活动。我国目前正处于经济快速发展期，资源开发、工业化和城镇化进程加快，基本建设活动面广量大，随之产生大量的土石方开挖和填筑。由于综合利用程度不高，废弃的砂、石、土总量巨大，一方面弃渣的堆放造成了大量的土地占压和植被破坏；另一方面形成大量新的水土流失策源地，对周边和下游造成严重的水土流失影响，甚至构成安全威胁。

因此，弃渣应首先进行综合利用；弃渣必须堆放在水土保持方案确定的专门存放地（弃渣场）；弃渣必须采取防护措施，如拦挡、护坡、排水、土地整治、植被等措施，保证不产生新的危害。

（5）水土保持方案实施情况管理

县级以上人民政府水行政主管部门、流域管理机构，应当对生产建设项目水土保持方案的实施情况进行跟踪检查，促使生产建设单位落实水土保持设计、防治资金、监测监理、验收的责任，形成监督机制，保障水土保持方案的落实，发现问题及时处理，防止发生严重水土流失及灾害性事件。

4. 生产建设项目水土保持措施

（1）拦渣工程措施。主要有拦渣坝（尾矿库）、挡渣墙、拦渣堤3种形式。

（2）斜坡防护工程措施。包括挡墙、削坡开级、工程护坡、植物护坡、坡面固定、滑坡防治等边坡防护措施。

（3）土地整治工程措施。

（4）防洪排导工程。包括拦洪坝、排洪渠、涵洞、防洪堤、护岸护滩、泥石流治理等防洪排导工程。

（5）降水蓄渗工程。对产生径流的坡面应根据地形条件，采取水平阶、水平沟、窄梯田、鱼鳞坑等蓄水工程。对径流汇集的坡面应根据地形条件，采取水窖、涝池、蓄水池、沉沙池等径流拦蓄工程。项目区位于干旱、半干旱地区时，应结合项目工程供排水系统，布置专用于植被绿化的引水、蓄水、灌溉工程。

（6）临时防护工程。包括表土临时堆放工程，临时表面覆盖工程，临时性挡渣、排水、沉沙等工程；临时排水设施，临时种草场地。

（7）植被建设工程。包括种草护坡、造林护坡、砌石草皮护坡、格状框条护坡、岸坡防护绿化林、防浪林、护滩林、护岸林带等植被防护工程；道路、周边及小区景观绿化，风景林、花卉种植及草坪绿化等。

（8）防风固沙工程。包括沙障、防风固沙林带，种草、沙丘平整以及其他机械和化学固沙措施。

四、水土流失治理

土壤侵蚀类型区

1. 土壤侵蚀分区

我国水土流失类型复杂多样，分布广泛，各地区间的生态环境和社会经济发展状况也千差万别，决定了各地水土保持工作的内容、重点、途径和措施各不相同。必须因地制宜、科学决策、突出重点、对位防治，才能取得实效。按照"分区防治"的原则开展水土保持工作，才能抓住各地水土流失防治的要害和关键，从而有效提高科学决策水平。

《土壤侵蚀分类分级标准》（SL 190—2007）根据区内相似性和区间差异性原则，将全国分为水力侵蚀类型区、风力侵蚀类型区、冻融侵蚀类型区3个一级类型区；东北黑土区、北方土石山区、西北黄土高原区、南方红壤丘陵区、西南土石山区、"三北"戈壁沙漠及沙地风沙区、沿河环湖滨海平原风沙区、北方冻融土侵蚀区、青藏高原冻融侵蚀区9个二级类型区，并从地貌、气候、水土流失等方面描述各区的特点，见表6-2。

表6-2　全国各级土壤侵蚀类型区的范围及特点

一级类型区	二级类型区	范围与特点
I 水力侵蚀类型区	I₁东北黑土区（低山丘陵区和漫岗丘陵区）	南界为吉林省南部，东、西、北三面被大小兴安岭和长白山所绕，漫川漫岗区为松嫩平原，是大小兴安岭延伸的山前冲击洪积台地。地势大致由北向西南倾斜，具有明显的台坎，坳谷和岗地相间是本区重要的地貌特征；主要流域为松辽流域；低山丘陵主要分布在大小兴安岭和长白山余脉；漫岗丘陵则分布在东、西、北侧等地区： ①大小兴安岭山地区。系森林地带，坡缓谷宽，主要土壤为花岗岩页岩发育的暗棕壤，轻度侵蚀。 ②长白山千山山地丘陵区。系林草灌丛，主要土壤为花岗岩、页岩、片麻岩，发育的暗棕壤、棕壤，轻度—中度侵蚀。 ③三江平原区（黑龙江、乌苏里江及松花江冲积平原）。古河床自然河堤形成的低岗地，河间低洼地为沼泽草甸，岗洼之间为平原，无明显水土流失

续表

一级 类型区	二级 类型区	范围与特点
I 水力侵蚀类型区	I₂北方土石山区	东北漫岗丘陵以南，黄土高原以东，淮河以北，包括东北南部，河北、山西、河南、山东等部分。本区气候属暖温带半湿润、半干旱区；主要流域为淮河流域和海河流域；按分布区域，可分为以下 6 个主要的区： 　　①太行山山地区。包括大五台山、小五台山、太行山和中条山山地，是海河五大水系发源地。主要岩性为片麻岩、碳酸盐岩等；主要土壤为褐土；水土流失为中度—强烈侵蚀，是华北地区水土流失最严重的地区。 　　②辽西—晋北山地区。主要岩性为花岗岩、片麻岩、砂页岩；主要土壤为山地褐土、栗钙土；水土流失为中度侵蚀，常伴有泥石流发生。 　　③山东丘陵区（位于山东半岛）。主要岩性为片麻岩、花岗岩等；主要土壤为棕壤、褐土，土层薄，尤其是沂蒙山区；水土流失属中度侵蚀。 　　④阿尔泰山地区。主要分布在新疆阿尔泰山南坡；山地森林草原；无明显水土流失。 　　⑤松辽平原、松花江、辽河冲积平原，范围不包括科尔沁沙地。主要土壤为黑钙土、草甸土；水土流失主要发生在低岗地，水土流失强度为轻度侵蚀。 　　⑥黄淮海平原区。北部以太行山燕山为界，南部以淮河洪泽湖为界，是黄淮海 3 条河流的冲积平原；水土流失主要发生在黄河中下游、淮河流域、海河流域的古河道岗地，流失强度为中、轻度
	I₃西北黄土高原区	大兴安岭—阴山—贺兰山青藏高原东缘一线以东；西为祁连山余脉的青海日月山；西北为贺兰山；北为阴山；东为管涔山及太行山；南为秦岭。主要流域为黄河流域。地带性土壤：在半湿润气候带自西向东依次为灰褐土、黑垆土、褐土；在干旱及半干旱气候带自西向东依次为灰钙土、棕钙土、栗钙土。土壤侵蚀分为黄土丘陵沟壑区（下设 5 个副区）、黄土高原沟壑区、土石山区、林区、高地草原区、干旱草原区、黄土阶地区、冲积平原区等 8 个类型区，是黄河泥沙的主要来源

续表

一级 类型区	二级 类型区	范围与特点
I 水力 侵蚀 类型区	I₄ 南方红壤 丘陵区	以大别山为北屏，巴山、巫山为西障（含鄂西全部），西南以云贵高原为界（包括湘西、桂西），东南直抵海域并包括台湾省、海南省及南海诸岛。主要流域为长江流域；主要土壤为红壤和黄壤，是我国热带及亚热带地区的地带性土壤，非地带性土壤有紫色土、石灰土、水稻土等。 　　按地域分为 3 个区： 　　①江南山地丘陵区。北起长江以南，南到秦岭；西至云贵高原；东至东南沿海，包括幕阜山、罗霄山、黄山、武夷山等。主要岩性为花岗岩类、碎屑岩类，主要土壤为红壤、黄壤、水稻土。 　　②岭南平原丘陵区。包括广东、海南岛和桂东地区。以花岗岩类、砂页岩类为主，发育赤红壤和砖红壤。局部花岗岩风化层深厚，崩岗侵蚀严重。 　　③长江中下游平原区。位于宜昌以东，包括洞庭湖、鄱阳湖平原、太湖平原和长江三角洲；无明显水土流失
I 水力 侵蚀 类型区	I₅ 西南土石 山区	北接黄土高原，东接南方红壤丘陵区，西接青藏高原冻融区，包括云贵高原、四川盆地、湘西及桂西等地。气候为热带、亚热带；主要流域为珠江流域；岩溶地貌发育；主要岩性为碳酸岩类，此外还有花岗岩、紫色砂页岩、泥岩等；山高坡陡，石多土少；高温多雨，岩溶发育；山崩、滑坡、泥石流分布广，发生频率高。 　　按地域分为 5 个区： 　　①四川山地丘陵区。四川盆地中部除成都平原以外的山地、丘陵；主要岩性为紫红色砂页岩、泥页岩等；主要土壤为紫色土、水稻土等；水土流失严重，属中度—强烈侵蚀地区，并常有泥石流发生，是长江上游泥沙的主要来源之一。 　　②云贵高原山地区。多高山，有雪峰山、大娄山、乌蒙山等；主要岩性为碳酸盐岩类、砂页岩；主要土壤为黄壤、红壤和黄棕壤等，土层薄，基岩裸露，坪坝地为石灰土，溶蚀为主；水土流失为中度—轻度侵蚀。 　　③横断山山地区。包括藏南高山深谷、横断山脉、无量山及西双版纳地区；主要岩性为变质岩、花岗岩、碎屑岩类等；主要土壤为黄壤、红壤、燥红土等；水土流失为中度—轻度侵蚀，局部地区有严重泥石流。 　　④秦岭大别山鄂西山地区。位于黄土高原、黄淮海平原以南、四川盆地、长江中下游平原以北；主要岩性为变质岩、花岗岩；主要土壤为黄棕壤，土层较厚；水土流失为轻度侵蚀。 　　⑤川西山地草甸区。主要分布在长江上中游、珠江上游，包括大凉山、邛崃山、大雪山等；主要岩性为碎屑岩类；主要土壤为棕壤、褐土；水土流失为轻度侵蚀

一级类型区	二级类型区	范围与特点
Ⅱ风力侵蚀类型区	Ⅱ₁"三北"戈壁沙漠及沙地风沙区	主要分布在西北、华北、东北的西部，包括青海、新疆、甘肃、宁夏、内蒙古、陕西、黑龙江等省（自治区）的沙漠戈壁和沙地。气候干燥，年降水量 100～300 mm，多大风及沙尘暴、流动和半流动沙丘，植被稀少；主要流域为内陆河流域。 按地域分为6个区： ①（内）蒙（古）新（疆）青（海）高原盆地荒漠强烈风蚀区。包括准噶尔盆地、塔里木盆地和柴达木盆地，主要由腾格里沙漠、塔克拉玛干沙漠和巴丹吉林沙漠组成。 ②内蒙古高原草原中度风蚀水蚀区。包括呼伦贝尔、内蒙古和鄂尔多斯高原、毛乌素沙地、库不齐和乌兰察布沙漠；南部干旱草原为栗钙土、北部荒漠草原为棕钙土。 ③准噶尔绿洲荒漠草原轻度风蚀水蚀区。围绕古尔班通古特沙漠，呈向东开口的马蹄形绿洲带，主要土壤为灰漠土。 ④塔里木绿洲轻度风蚀水蚀区。围绕塔克拉玛干沙漠，呈向东开口的绿洲带，主要土壤为淤灌土。 ⑤宁夏中部风蚀区。包括毛乌素沙地部分、腾格里沙漠边缘的盐地等区域。 ⑥东北西部风沙区。多为流动和半流动沙丘、沙化漫岗，沙漠化发育
Ⅱ风力侵蚀类型区	Ⅱ₂沿河环湖滨海平原风沙区	主要分布在山东黄泛平原、鄱阳湖滨湖沙山及福建省、海南省滨海区。湿润或半湿润区，植被覆盖度高。 按地域分为3个区： ①鲁西南黄泛平原风沙区。北靠黄河，南临黄河故道；地形平坦，岗坡洼相间，多马蹄形或新月形沙丘；主要土壤为沙土、砂壤土。 ②鄱阳湖滨湖沙山区。主要分布在鄱阳湖北湖湖滨，赣江下游两岸新建流湖一带；沙山分为流动型、半固定型及固定型3类。 ③福建及海南省滨海风景。福建海岸风沙主要分布在闽江晋江及九龙江入海口附近一线；海南省海岸风沙区主要分布在文昌沿海
Ⅲ冻融侵蚀类型区	Ⅲ₁北方冻融土侵蚀区	主要分布在东北大兴安岭山地及新疆的天山山地。 按地域分2个区： ①大兴安岭北部山地冻融水蚀区。高纬、高寒，属多年冻土地区，草甸土发育。 ②天山山地森林草原冻融水蚀区。包括哈尔克山、天山、博格达山等；为冰雪融水侵蚀，局部发育冰石流

续表

一级 类型区	二级 类型区	范围与特点
	III₂ 青藏高 原冻融侵蚀 区	主要分布在青藏高原和高山雪线上。 按地域分为 2 个区： ①藏北高原高寒草原冻融风蚀区。主要分布在藏北高原。 ②青藏高原高寒草原冻融侵蚀区。主要分布在青藏高原的东部和南部，高山冰川与湖泊相间，局部有冰川泥石流

依据新《水土保持法》第三十五条："在水力侵蚀地区，地方各级人民政府及其有关部门应当组织单位和个人，以天然沟壑及其两侧山坡地形成的小流域为单元，因地制宜地采取工程措施、植物措施和保护性耕作等措施，进行坡耕地和沟道水土流失综合治理。在风力侵蚀地区，地方各级人民政府及其有关部门应当组织单位和个人，因地制宜地采取轮封轮牧、植树种草、设置人工沙障和网格林带等措施，建立防风固沙防护体系。在重力侵蚀地区，地方各级人民政府及其有关部门应当组织单位和个人，采取监测、径流排导、削坡减载、支挡固坡、修建拦挡工程等措施，建立监测、预报、预警体系。"针对水力、风力和重力侵蚀的特点和规律不同，不同侵蚀类型采取科学合理的水土保持技术路线。从多年的水土保持实践来看，在水力、风力、冻融和重力侵蚀地区，根据不同侵蚀类型的特点及其流失规律，因害设防，因地制宜，建立综合防护体系，能够有效防治水土流失，减轻水土流失危害；能够增加植被覆盖度和蓄水量，降低土壤侵蚀模数；能够促进农、林、牧、副、渔各业的生产，加快群众脱贫致富的步伐，收到显著的水土保持生态效益、经济效益和社会效益。特别是以小流域为单元的综合治理技术路线，是经过 60 多年我国水土保持工作实践的宝贵经验，一方面强调因地制宜，综合治理；另一方面强调完整体系，发挥整体功能，提高整体效益。

2. 土壤侵蚀二级分区治理措施

（1）东北黑土区（东北低山丘陵和漫岗丘陵区）（I₁）

东北黑土区（I₁）为吉林省南部，西、北、东三面为大小兴安岭和长白山所围绕，包括辽宁的大部、吉林全部、黑龙江全部、内蒙古呼伦贝尔市东部、兴安盟和通辽市北部，总土地面积 103×10^4 平方千米。目前该区的水蚀面积为 17.7×10^4 平方千米，占总面积的 17.2%，其中黑龙江 8.86×10^4 平方千米，内蒙古东部 4.04×10^4 平方千米，辽宁 3.07×10^4 平方千米，吉林 1.73×10^4 平方千米，以轻度侵蚀为主。

本区的水土流失治理的基本方针是搞好商品粮基地建设，但不能孤立地只抓粮食生产，而必须立足于改善农业生产环境，坚持治理、开发利用与保护相结合，坚持生态效益、经济效益与社会效益相结合，抓好田、林、草、水、能五大支柱，因地制宜地采取综合治理措施，建立多层次、多功能的复合生态系统结构；发展商品生产，繁荣农村经济。

本区的治理措施以坡耕地治理为主，相应地治理侵蚀沟和风蚀。主要采取以下措施：缓坡耕地上修建水平梯田，或改顺坡耕作为等高做垄；在侵蚀沟头以上修建防护工程，控制沟头前进；通过增施有机肥、化肥平衡施用、秸秆还田、宽窄行交替休闲、轮作、保护性耕作、免耕等措施，增加土壤有机质，提高地面覆盖，减少对土层扰动，增加抗蚀性，控制侵蚀。风沙的治理主要以营造农田防护林网和防风固沙林为主。

（2）北方土石山区（I_2）

北方土石山区（I_2）指东北漫岗丘陵区以南，黄土高原以东，淮河以北，主要分布在海河流域和淮河流域，包括东北南部、山西、河北、河南、山东、内蒙古等省（自治区）范围内发生水土流失的山地和丘陵。其中，海河流域总面积 31.82×10^4 平方千米，山地和高原面积 18.9×10^4 平方千米，占 60%；淮河流域总面积为 27×10^4 平方千米，山地丘陵面积约占流域总面积的 1/3。

本区应坚持用地与养地结合，培养地力，改进耕作制度，努力提高平原的土地生产力；大力发展畜牧业、林业和副业，改善农村产业结构；构造以农田防护林网为主的平原绿化体系，建立新的农田生态系统。丘陵区在保护现有植被的前提下，进行综合治理，25°以上的坡耕地坚决退耕还林（草），坚决制止毁林开荒，积极发展林果业，培育水土保持商品经济。

本区的治理措施结合土地利用结构调整和农村产业结构调整，大力发展畜牧业、林果业；积极开展基本农田建设，提高土地生产力，同时做到以农养牧、养林，巩固植被建设成果。丘陵区加强治坡与治沟结合，建立沟道防护工程，防止沟壑侵蚀破坏农田，结合水域养殖，发展水土保持经济。

（3）西北黄土高原区（I_3）

西北黄土高原区（I_3）涉及陕西、山西、青海、内蒙古、宁夏、甘肃 6 省（自治区）40 个县（旗），水土流失面积 $41.9 \times 10^4 km^2$，占总面积的 67.14%，其中，轻度水力侵蚀面积占 30.32%，中度水力侵蚀面积占 32.37%，强度以上水力侵蚀面积占 37.31%。水土流失最严重的多沙粗沙区面积为 $7.86 \times 10^4 km^2$，多年平均输沙量达 $11.8 \times 10^8 t$，占黄河同期总输沙量的 62.8%。

本区水土流失治理以就地蓄水保土、减轻土壤侵蚀为主要目标。在此基础上，第一要促进农村经济发展，解决群众温饱问题，进而实现脱贫致富，实现经济效益；第二要制止恶性循环，强化林草植被建设，解决农村各业协调发展的问题，提高抗御自然灾害的能力，实现生态效益；第三要为黄河支流和干流下游减少泥沙，获得社会效益。实施中应贯彻"预防为主"的方针。

本区的治理措施一是抓住一个关键。即修好基本农田，用少种、高产、多收的办法解决粮食短缺问题，促进退耕还林（草）等植被恢复措施的持续健康发展，扭转生态经济系统的恶性循环。二是实现两项调整。第一项是调整土地利用结构，方向是压缩农耕地（陡坡地退耕），改造荒地（造林种草），增加林草植被面积。根据不同的自然和社会经济条件，可以从宏观上将黄土高原大致分为林牧业为主、农业为主和农林牧并举三大土地利用类型；第二项是农村产业结构调整，将单一的农业（粮食）经营改变为农、林、牧、副、渔综合经营，全面发展。三是以小流域为单元综合治理基础上，强化三项建设。第一项是建设基本农田（梯田、坝地和小片水浇地）；第二项是增加林草植被、封山育林和退耕还林（草）；第三项是在水土流失严重的多沙粗沙丘陵沟壑区修建治沟骨干工程。四是搞好四项措施。第一项措施是防止人类活动破坏土地，增加新的水土流失；第二项措施是加强水土保持产品转化为商品，提高农民收入；第三项措施是在目前尚未修建成水平梯田的坡耕地上，25°以上的陡坡坚决退耕，缓坡积极采取蓄水、保土、减蚀的耕作措施；第四项措施是因地制宜地修建小型水土保持拦蓄工程，解决人畜饮水问题，同时制止沟道下切。五是着重抓好重点防护区和重点监督区。重点防护区要制定切实可行的保护措施，逐级落实任务，加强预防管理，防止人为破坏。重点监督区各地应建立健全监督机构，充实人员，建立监测网络，对开矿、修路等工程项目的建设，要求生产建设单位制定水土保持方案，与主体工程同步实施，各级水土保持监督部门应依法进行监督。

（4）南方红壤丘陵区（I_4）

南方红壤丘陵区（I_4）是中国严重的水土流失区之一，水土流失面积 13.1×10^4 平方千米，占土地面积的15.1%，集中分布于赣南山地丘陵区、湘西山区、湘赣丘陵区、闽粤东部沿海山地丘陵区。南方红壤丘陵区温暖多雨，属于典型的亚热带地区，地带性土壤为红壤，植被茂盛。年降水量1000～2000毫米，且多暴雨，最大日雨量超过150毫米，1小时最大雨量超过30毫米。地面径流较大，年径流深500毫米以上，径流系数为40%～70%。本区大部分地区天然植被已遭破坏，陡坡开垦严重，土壤剖面流失殆尽，出露地面的多为基岩母质的厚层风化物，极易遭到侵蚀，在强降雨径流冲刷下，水土流失严重。

本区应改变过去轻农重林的思想，实行农林并重，或以建设防护林或发展经济林为主。大力改良利用红壤丘陵，在开发利用红壤资源的同时，必须加强对自然资源及整体环境的保护，提高粮食产量，加快林业建设。

本区的治理措施，应从科学合理利用山区丘陵土壤资源为出发点，以小流域为单元，全面规划，综合治理。在防治措施上，以生物措施为主，生物与工程措施相结合；片蚀、沟蚀、岗崩侵蚀和山上山下全面治理；大力保护和恢复森林植被；合理垦殖，治理坡耕地；根据侵蚀程度分类治理。

（5）西南土石山区（I_5）

西南土石山区（I_5）分为四川盆地及盆周山地丘陵区和云贵高原区。四川盆地四周为大凉山、大巴山、巫山、大娄山等山脉所包围，位于长江上游，包括四川、重庆的绝大部分，此外，甘肃南部、陕西南部以及湖北西部山区与本区山体相连，特点相似，也纳入本区。

本区的治理原则是针对其自然特点，全面规划，综合治理。采取生物措施与工程措施相结合、治坡与治沟相结合、田间工程与蓄水保土耕作措施相结合等方法，充分利用自然资源，防灾减灾，保护自然环境。

本区的治理措施，一是要大力开展基本农田建设，加强水利设施建设；二是要积极开展植树造林，发展果树。对大于25°的陡坡地坚决实施退耕还林（草）措施，加快植被恢复进程；三是合理利用土地，进一步调整产业结构，建立合理的耕作制度。

云贵高原区总面积$55 \times 10^4 km^2$，其中，珠江流域$34 \times 10^4 km^2$、长江流域$18 \times 10^4 km^2$、国际河流$3 \times 10^4 km^2$，主要集中在贵州、云南、广西三省（自治区）。本区水土流失比例大于30%的县有110个，其中大于50%的县35个。本区表面上水土流失强度以轻度为主，石漠化严重，实际上很多地区已无土可流。

本区治理原则就是合理利用水资源。对于降水量偏少和水量短缺的高原与坝子地区以蓄灌为主；降水量丰沛的横断山地和川西南地区应以引灌为主，蓄灌为辅；喀斯特湖盆应以蓄灌为主，东南部的降水较多的喀斯特地区则以引灌为主；石漠化严重的地区以防治石漠化为主要目标。

本区的治理措施，一是开展封山育林育草和人工造林提高植被覆盖率，加强林草植被保护和建设；二是合理开发利用草地资源，大力发展草食畜牧业；三是保护和合理开发利用水土资源，加强基本农田建设（坡改梯）；四是加快农村能源建设，开发可再生能源，从目前实际出发，以户用沼气建设为重点，加强节柴灶、太阳能、薪炭林和小型水电等农村能源建设；五是稳步推进异地扶贫搬迁和劳务输出；六是合理开发利用资源，发展区域经济，坚持山、水、林、田、路、畜牧等综合治理，有效遏制石漠化。

（6）"三北"戈壁沙漠及沙地风沙区（II_1）

"三北"戈壁沙漠及沙地风沙区（II_1）北起呼伦贝尔草原，东界大致沿大兴安岭南下，包括了大兴安岭东侧的科尔沁沙地，然后沿冀辽山地、燕山山脉、长城、黄河（晋陕间）南下，再沿白玉山西延，包括甘肃省环县北部、西北干旱区，主要景观为农牧交错带。

1）内蒙古及长城沿线地区。本区必须坚持以水土资源为中心，以封禁恢复和建设草场为重点，调整农村产业结构。对于已经沙漠化的地区，应积极采取措施予以防治和改良。

本区的治理措施，一是封育沙化弃耕地和退化草场，保护现有植被；二是扩大林牧比重，建立防护林网、片林和人工饲草基地相结合的稳定生态系统，扩大地表植被覆盖，削弱风沙危害；三是在丘间水分比较好的地区可适当营造片林，沙丘上结合固沙工程栽植固沙植被；四是具有引水条件的流沙地，可退耕还牧、还林；五是科学配置各项措施。本区大致为干燥度 3.5 以下的地区，主要地理单元为内蒙古高原西部、河套平原—宁夏银川平原和贺兰山—乌鞘岭以西的西北干旱区，包括新疆、甘肃、内蒙古、宁夏的 95 个县（旗）。

2）新（疆）甘（肃）（内）蒙（古）地区。本区位于荒漠化地带的沙漠化土地，如果不进行人工干预，自然恢复的可能性很小。只有通过技术手段、经济力量的干预和调整，才能得到沙漠化逆转的效应。

本区的治理措施以沙漠化防治为主要措施，应着眼于水土资源的合理综合利用，自然封育与人工修复相结合。栽植固沙植物，人工固定沙丘，建立绿洲防护体系，防止沙漠化的进一步发展。其根本途径是以流域为基本生态单元进行全面规划，合理利用水土资源，以保持一个流域内上中游和下游之间的相对平衡，避免因上中下游资源利用不当所引起的沙漠化。同时，以绿洲为中心建立的防护体系应该包括：绿洲外围的封沙育草带与沙丘上设置和丘间栽植灌木片林相结合；绿洲边缘乔灌结合的防沙林带与绿洲内部的防护林网相结合。

（7）沿河环湖滨海平原风沙区（Ⅱ₂）

沿河环湖滨海平原风沙区（Ⅱ₂）主要分布在山东黄泛平原、鄱阳湖滨湖沙山及福建省、海南省滨海区。地形平坦，但微观却呈现岗、坡、洼相间，呈现沙垄、沙丘等地貌，且土壤表层多为沙土，质地疏松，结构脆弱，极易产生风蚀。

本区要改善农业生产条件和生态环境，必须从水土保持入手，实行综合治理，以治沙改土为中心，把植物措施、工程措施和农业技术措施进行科学的配置，合理开发利用水资源，加快生态经济建设步伐。

本区的治理措施，坚持以生物措施为主，并与工程措施、农业技术措施相结合，进行科学的配置，在空间上做到有机配合，在时间上做到紧密联系，使各项措施形成一个完整的综合体系。发展农田林网，建设沿河环湖滨海防护林，减少泥沙进入河湖海；限制施肥量大的农业生产活动，严禁施用高毒、高残留农药，防治农业面源污染；突出植物措施，实行乔、灌、草相结合，最大限度地防风固沙、保持水土。

（8）北方冻融土侵蚀区（Ⅲ₁）

北方冻融土侵蚀区（Ⅲ₁）主要分布在东北大兴安岭山地及新疆的天山山地两个区。

东北大兴安岭山地涉及黑龙江、吉林、辽宁和内蒙古东北部等地区，本区年平均气温 -4~0℃，3~4 月积雪消融，裸地坡面产生融冻泥流和细沟或浅沟侵蚀。冻融作用同水力侵蚀、重力侵蚀复合，对坡面、沟道侵蚀的影响很大。新疆的天山山地年平均气温 -4~14℃，年较差 20~40℃，降水少，一般年降水量在 400mm 以下，尤其是入冬前的秋季，降水十分稀少，土壤湿度年变化小。冻融侵蚀主要表现为冻胀和融沉作用对岩石体结构的破坏和滑动或崩塌所引起的侵蚀作用，其表现方式主要有热融滑塌、融冻泥流和寒冬风化等。

这两个区水土流失防治方向是立足水土资源的预防保护，采取加强草牧场建设和封山育林等生态修复措施。

（9）青藏高原冻融侵蚀区（Ⅲ$_2$）

青藏高原冻融侵蚀区（Ⅲ$_2$）主要分布在雪线以上，平均海拔 4500m 以上，冰川活动十分活跃。青藏高原是世界上中纬度地区最大的冰川活动中心，中国现代冰川面积 5.64×10^4 平方千米，其中 90% 分布在青藏高原及其边缘地区。巨大的冰川由于受重力和消融作用的影响，冰川体沿山谷冰床做缓慢的塑性流动和滑动，对地表产生了巨大的刨蚀、搬运作用，形成各种特殊的冰蚀地貌和冰碛物。此外，冰雪融水也会对地表产生强烈的冲刷。这种冰水侵蚀作用在雪线附近尤为活跃。

本区的治理措施，应着眼于水土资源的预防保护，加强封山育林，保护高原林区；控制放牧数量，防止草场严重超载，做到有计划放牧，加强高原草场规划建设。

全国重点治理区的划分

1. 全国重点治理区的行政划分

我国水土流失量大面广，防治任务十分艰巨。立足我国的基本国情，水土流失防治工作必须按照突出重点、集中突破、以点带面的战略步骤，分层、分步推进。在土壤侵蚀分区的基础上，《水利部关于划分国家级水土流失重点防治区的公告》（2006 年第 2 号），将全国重点治理区共划分 19 个，包括东北黑土地、西辽河大凌河中上游、永定河、太行山、河龙区间多沙粗沙、泾河北洛河上游、祖厉河渭河上游、湟水洮河中下游、伊洛河三门峡库区、沂蒙山、嘉陵江上中游、丹江口水源区、三峡库区、金沙江下游、乌江赤水河上中游、湘资沅澧中游、赣江上游、珠江南北盘江和红河上中游重点治理区，总面积 108.88×10^4 平方千米，其中水土流失面积 59.31×10^4 平方千米。各区涉及的行政县（市、区、旗）见表 6 - 3。

表6-3　全国重点治理区所在行政县（市、区，旗）

序号	名称	涉及省（自治区、直辖市）	涉及县（市、区、旗）
1	东北黑土地治理区	黑龙江	龙江县、甘南县、克山县、克东县、北安市、海伦市、绥棱县、安达市、大庆市、肇东市、双城市、哈尔滨市市辖区、呼兰县、兰西市、绥化市北林区、青冈县、林甸县、望奎县、明水县、拜泉县、依安市、巴彦县、庆安县、木兰县、通河市、尚志市、方正县、宾县、延寿县、阿城市、五常市、富裕县、齐齐哈尔市市辖区
		吉林	榆树市、德惠市、舒兰市、公主岭市、四平市市辖区、梨树县、伊通满族自治县、长春市市辖区、东辽县、东丰县、磐石市、九台市、永吉县、辽源、梅河口市、桦甸市、吉林市市辖区、辉南县、柳河县
		辽宁	康平县、开原市、昌图县、西丰县、法库县、铁岭县、铁法市
		内蒙古	突泉县、乌兰浩特市、扎赉特旗、科尔沁右翼前旗、扎兰屯市
2	西辽河大凌河中上游治理区	内蒙古	林西县、巴林右旗、巴林左旗、阿鲁科尔沁旗、宁城县、喀喇沁旗、开鲁县、翁牛特旗、奈曼旗、敖汉旗、赤峰市松山区、赤峰市元宝山区、库伦旗
		辽宁	建平县、阜新市市辖区、义县、北票市、朝阳市辖区、朝阳县、凌源市
3	永定河治理区	北京	延庆县、昌平区
		河北	怀来县、尚义县、万全县、崇礼县、宣化县、张家口市辖区、怀安县、阳原县、蔚县、涿鹿县
		山西	天镇县、阳高县、左云县、广灵县、大同县、浑源县、应县、大同市市辖区、怀仁县、山阴县、朔州朔城区、宁武县、朔州市平鲁区
4	太行山治理区	河北	阜平县、平山县、井陉县、鹿泉市、元氏县、赞皇县、临城县、邢台县、沙河市、武安市、内丘县、磁县、涉县
		山西	繁峙县、五台县、盂县、昔阳县、平定县、左权县、和顺县、黎城县、平顺县、代县、原平市、阳泉市市辖区、长子县、榆社县、武乡县、沁县、襄垣县、潞城市、长治市市辖区、壶关县、陵川县、长治县、高平市

序号	名称	涉及省（自治区、直辖市）	涉及县（市、区、旗）
5	河龙区间多沙粗沙治理区	内蒙古	清水河县、和林格尔县、凉城县、达拉特旗、准格尔旗、托克托县、乌审旗、伊金霍洛旗、东胜市
		山西	右玉县、神池县、五寨县、岢岚县、静乐县、岚县、娄烦县、古交市、离石市、方山县、临县、柳林县、中阳县、石楼县、交口县、隰县、汾西县、永和县、大宁县、蒲县、吉县、乡宁县、朔州市平鲁区、偏关县、河曲县、保德县、兴县
		陕西	佳县、吴堡县、绥德县、清涧县、宜川县、韩城市、米脂县、府谷县、神木县、横山县、榆林市榆阳区、定边县、靖边县、延川县、延长县、子洲县、子长县、安塞县、延安市宝塔区
6	泾河北洛河上游治理区	甘肃	灵台县、泾川县、镇原县、庆阳市西峰区、平凉市崆峒区、合水县、宁县、正宁县、环县、庆城县、华池县
		陕西	旬邑县、彬县、麟游县、长武县、吴旗县、志丹县
		宁夏	固原市原州区、彭阳县、同心县、海原县
7	祖厉河渭河上游治理区	甘肃	武山县、甘谷县、秦安县、漳县、通谓县、陇西县、静宁县、会宁县、渭源县、定西县、榆中县、靖远县、天水市北道区、天水市秦城区、张家川回族自治县、清水县、庄浪县
		宁夏	海源县、隆德县、西吉县
8	湟水洮河中下游治理区	甘肃	康乐县、和政县、东乡族自治县、积石山保安族东乡族撒拉族自治县、临夏县、临洮县、广河县、兰州市市辖区、永靖县、临夏市
		青海	循化撒拉族自治县、民和土族回族自治县、乐都县、贵德县、尖扎县、化隆回族自治县、湟中县、平安县、西宁市市辖区
9	伊洛河三门峡库区治理区	河南	三门峡市湖滨区、灵宝县、陕县、嵩县、洛宁县、卢氏县、栾川县、渑池县、巩义市、新安县、孟津县、伊川县、偃师市、洛阳市洛龙区、义马市、宜阳县、汝阳县、汝阳市
		山西	垣曲县、运城市盐湖区、夏县、平陆县、芮城县
10	沂蒙山治理区	山东	沂源县、蒙阴县、沂水县、平邑县、沂南县、莒县、枣庄市山亭区、邹城市、泗水县、滕州市

续表

序号	名称	涉及省(自治区、直辖市)	涉及县（市、区、旗）
11	嘉陵江上中游治理区	甘肃	两当县、徽县、武都县、康县、成县、文县、西和县、礼县、宕昌县、天水市北道区、天水市秦城区、迭部县、舟曲县
		陕西	宁强县、略阳县、镇巴县
		四川	万源市、宣汉县、开江县、达县、大竹县、邻水县、华蓥县、青川县、广元市市辖区、旺苍县、南江县、通江县、平昌县、达州市通川区、渠县、广安市、巴中市巴州区、剑阁县、苍溪县、梓潼县、射洪县、盐亭县、三台县、仪陇县、营山县、大英县、遂宁市安居区、遂宁市船山区、蓬溪县
12	丹江口水源区治理区	河南	西峡县、淅川县、内乡县
		湖北	竹溪县、郧县、丹江口市、竹山县、郧西县
		重庆	城口县
		陕西	镇坪县、平利县、岚皋县、紫阳县、丹凤县、商南县、石泉县、宁陕县、汉阴县、安康市汉滨区、镇安县、柞水县、旬阳县、白河县、山阳县、商洛市商州区、洛南县
13	三峡库区治理区	湖北	巴东县、利川市、兴山县、宜昌市夷陵区、秭归县
		重庆	开县、巫溪县、云阳县、奉节县、巫山县、万州区、忠县、石柱土家族自治县、丰都县、长寿区、涪陵区、武隆县、北碚区、渝北区、巴南区、江津市
14	金沙江下游治理区	四川	会东县、会理县、攀枝花市市辖区、盐边县、盐源县、木里藏族自治县、兴文县、高县、屏山县、雷波县、金阳县、宁南县、布拖县、德昌县、米易县、普格县、西昌市、昭觉县、冕宁县、喜德县、越西县、石棉县、美姑县、甘洛县、汉源县、雅安市雨城区、洪雅县、丹棱县
		云南	楚雄市、大姚县、姚安县、安宁市、禄丰县、呈贡县、嵩明县、昆明市区、富民县、寻甸彝族回族自治县、禄劝彝族苗族自治县、武定县、昆明市东川区、牟定县、南华县、元谋县、永仁县、威信县、镇雄县、彝良县、邵通市昭阳区、盐津县、大关县、水富县、绥江县、永善县、巧家县、鲁甸县、会泽县、马龙县、沾益县

序号	名称	涉及省(自治区、直辖市)	涉及县（市、区、旗）
15	乌江赤水河上中游治理区	贵州	务川仡佬族苗族自治县、道真仡佬族苗族自治县、桐梓县、正安县、习水县、毕节市、赫章县、普定县、织金县、纳雍县、大方县、金沙县、黔西县、遵义县、仁怀市、赤水市、湄潭县、绥阳县、余庆县、凤冈县、威宁彝族回族苗族自治县、水城县、六盘水市六枝特区
		四川	合江县、叙永县、古蔺县
		重庆	重庆市黔江区、彭水土家族苗族自治县、南川市
16	湘资沅澧中游治理区	湖南	桑植县、安化县、溆浦县、桃江县、慈利县、永顺县、古丈县、吉首市、泸溪县、麻阳苗族自治县、辰溪县、洞口县、隆回县、武冈市、邵东县、邵阳县、新邵县、衡阳县、衡阳市市辖区、衡东县、常宁市、衡南县
17	赣江上游治理区	江西	石城县、会昌县、瑞金市、上犹县、于都县、赣县、南康市、万安县、赣州市章贡区、兴国县、宁都县、泰和县
18	珠江南北盘江治理区	广西	乐业县、西林县、隆林各族自治县、天峨县、南丹县
		贵州	册亨县、望谟县、安龙县、兴义市、盘县、贞丰、紫云苗族布依族自治县、兴仁县、关岭布依族苗族自治县、普安县、晴隆县、镇宁布依族苗族自治县、六盘水市钟山区、贵定县、惠水县、长顺县、龙里县、贵阳市花溪区、威宁彝族回族苗族自治县、水城县、六盘水市六枝特区
		云南	罗平县、师宗县、砚山县、丘北县、开远市、弥勒县、泸西县、个旧市、建水县、华宁县、通海县、石林彝族自治县、江川县、玉溪市红塔区、澄江县、陆良县、宜良县、曲靖市麒麟区、富源县、晋宁县、宣威市、峨山彝族自治县、马龙县、沾益县
19	红河上中游治理区	云南	红河县、墨江哈尼族自治县、元江哈尼族彝族傣族自治县、石屏县、新平彝族傣族自治县、景东彝族自治县、双柏县、易门县、南涧彝族自治县、峨山彝族自治县

2. 国家级水土流失重点治理区的具体分布及其特点

（1）东北黑土地重点治理区

东北黑土区是世界三大黑土区之一。黑土是由长期的草原植被形成的土壤，主要分布在低山丘陵区和漫川漫岗区，黑土土壤肥沃，开垦广泛，黑土区已成为我国重要的商品粮基地，被誉为中国的"北大仓"。近几十年，由于人类的不合理耕作，黑土区水土流失日趋严重。据资料反映，黑土层已由开垦初的 70～80 厘米下降到目前的 20～30 厘米，土壤养分含量也大幅度降低。对黑土区实施重点治理，将对保护我国的"北大仓"起到重要作用。本区范围包括黑龙江的克山县等 32 个市县、吉林的榆树市等 18 个市县、辽宁的 7 个市县及内蒙古的 5 个旗市。本区面积 22.57×10^4 平方千米，土壤侵蚀面积 6.93×10^4 平方千米。

（2）西辽河大凌河中上游重点治理区

西辽河中上游的土壤侵蚀是辽河泥沙的主要来源，这一地区植被稀少，水土流失严重，对这个地区的水土流失进行治理，不仅能够改善当地农牧业生产环境，减少入河泥沙，缓解辽河防洪压力，还将大大降低东北西部的沙尘天气的产生，因此列为国家重点治理区，范围包括内蒙古和辽宁的 20 个区县（旗）。本区面积 $10.44 \times 10^4 \mathrm{km}^2$ 土壤侵蚀面积 $6.93 \times 10^4 \mathrm{km}^2$。

（3）永定河（上游）重点治理区

永定河上游山区为北方土石山区，本区降水量小，气候条件差，植被稀疏，水土流失严重。由于特殊的地理和气候原因，虽经过多年重点治理，水土流失趋势仍未得到有效遏制，因此，将其列为重点治理区十分必要。本区涉及山西、河北、北京 3 省（直辖市）的 25 个市县（区）。本区面积 $4.09 \times 10^4 \mathrm{km}^2$，土壤侵蚀面积 $1.92 \times 10^4 \mathrm{km}^2$。

（4）太行山重点治理区

太行山区是革命老区，地处海河流域西部，属大清河、子牙河和漳卫河上游土石山区。由于历史原因和人类不合理生产活动的影响，太行山区水土流失严重，生态环境恶化，群众生活贫困。据第二次遥感调查统计数据，子牙河和漳卫河上游山区在海河流域诸河系中植被覆盖率最低，植被盖度大于 75% 面积仅占 13.0% 和 9.5%，各类水土流失面积占总面积的 58.3%，涉及河北、山西 2 省 35 个市县（区）。本区面积 4.84×10^4 平方千米，土壤侵蚀面积 3.07×10^4 平方千米。

（5）河龙区间多沙粗沙重点治理区

河龙区间多沙粗沙重点治理区位于黄土高原丘陵一副区，本区千沟万壑、地形破碎，沟壑密度达到 3～6 千米/平方千米，水土流失剧烈，是我国水土流失最为严重的地区。将该地区纳入国家重点治理区的目的在于：①恢复植被，改善当地的生态环境；②加强坡耕地改造和基本农田建设（主要指坝地建设），促进当地农业生产；③加强综合治理措施，控制本区水土流失。本区面积 12.38×10^4 平方千米，土壤侵蚀面积 10.44×10^4 平方千米。

（6）径河北洛河上游重点治理区

径河北洛河上游重点治理区位于黄土高原南部，属黄土高原沟壑区，本区塬面较平整，塬边侵蚀沟壑发育，沟壑宽阔深切，水土流失严重。将本区纳入国家重点治理区的目的在于：1）加强沟头、沟边防护，控制塬面侵蚀切割；2）对沟壑加强治理，建设具有农、林、牧综合效益的生态经济园。本区面积 4.46×10^4 平方千米，土壤侵蚀面积 4.00×10^4 平方千米。

（7）祖厉河渭河上游重点治理区

祖厉河渭河流域位于黄土高原地区，属黄土丘陵沟壑二副区和三副区。该区属半干旱半湿润地区，土壤侵蚀以水力侵蚀为主，祖厉河上游兼有风力侵蚀，土壤侵蚀模数 $4\,000\ t/\ (km^2 \cdot a)$ 左右，将本区纳为国家重点治理区，主要为了改善当地生态环境，促进农牧业生产。本区面积 3.93×10^4 平方千米，土壤侵蚀面积 3.49×10^4 平方千米。

（8）湟水洮河中下游重点治理区

湟水洮河中下游重点治理区位于黄土高原西南，属黄土高原第三、第五副区，土壤侵蚀以水力侵蚀为主，风力侵蚀为辅，土壤侵蚀模数为 $3000 \sim 4000 t/\ (km^2 \cdot a)$，将本区纳入重点治理区的主要目的在于：控制水土流失，改善农业生产条件。本区面积 1.67×10^4 平方千米，土壤侵蚀面积 1.23×10^4 平方千米。

（9）伊洛河三门峡库区重点治理区

本区位于河南、山西、陕西接壤地带，以土石山区为主，兼有黄土丘陵沟壑区、黄土残塬沟壑区，本区地处暖温带亚湿润气候类型区，主要土壤类型有棕壤褐土和潮土。本区以水力侵蚀为主，几十年来，由于开发建设活动频繁，人为造成水土流失的规模在不断扩大。本区面积 1.40×10^4 平方千米，土壤侵蚀面积 0.75×10^4 平方千米。

（10）沂蒙山重点治理区

本区生态环境脆弱，是淮河流域水土流失最严重的地区，属石质、土石质低山丘陵区，地表岩性主要有花岗岩、片麻岩和石灰岩，水土流失严重，石漠化现象较为普遍。本区范围包括山东的沂源等 10 个县（区），面积 1.19×10^4 平方千米，土壤侵蚀面积 0.69×10^4 平方千米。

（11）嘉陵江上中游重点治理区

嘉陵江上中游涉及甘肃、陕西、四川 3 省，上游属山区，属亚热带季风气候区，山高坡陡，植被较差，地质构造复杂，岩层破碎，泥石流发育；中游由北向南纵贯川中盆地，以紫色土为主，土质疏松，保土抗蚀力弱，人口密度大，人类活动频繁，土地垦殖指数高，坡耕地多，植被覆盖率低。该流域大致可分为北部山区和南部丘陵盆地两类。嘉陵江是长江上游主要产沙河流之一，其含沙量居各大支流之首。将嘉陵江上中游地区纳入重点治理区旨在：（1）建设基本农田，改造侵蚀劣地，增加可利用地面积；（2）建立预警系统，加强对滑坡、泥石流预警监测，开展群测群防工作。本区面积 5.91×10^4 平方千米，土壤侵蚀面积 3.22×10^4 平方千米。

（12）丹江口水源区重点治理区

丹江口水源地位于汉江中游地区，为我国南水北调中线工程的水源地，将本区纳入国家重点治理区的主要目的在于：控制面源污染，维持优良水质，同时改善当地群众的生产、生活条件。本区面积 3.34×10^4 平方千米，土壤侵蚀面积 1.96×10^4 平方千米。

（13）三峡库区重点治理区

三峡库区地形起伏，易风化的软弱岩层出露面积广，降水强度大，水土流失严重。库区沿岸山高坡陡，岭谷交错，溪河纵横，冲沟发育，地形破碎，重力侵蚀严重，故应对其进行重点治理。本区面积 3.50×10^4 平方千米，土壤侵蚀面积 2.32×10^4 平方千米。

（14）金沙江下游重点治理区

金沙江流域的水土流失主要集中在中下游地区。流失类型以水力侵蚀为主，滑坡、泥石流等重力侵蚀也非常发育，下游谷地因降水较少，形成植被凋零的干热河谷。开展下游综合治理的目标是：①配套坡面水系工程，加强坡耕地改造，提高粮食产量；②干热河谷区要突出蓄水问题，解决人畜饮水及生产用水困难；③在金沙江下游河谷区，充分利用光热条件，发展经济价值较高的经济林果及蔬菜；④在滑坡、泥石流严重地区建立预警系统，加强监控预测报警；⑤对产沙量大的沟道，建设沟头防护、谷坊、拦沙坝或淤地坝等沟道治理工程，以拦蓄泥沙，控制沟底下切、沟头前进和沟岸扩张。本区面积 8.00×10^4 平方千米，土壤侵蚀面积 4.15×10^4 平方千米。

（15）乌江赤水河上中游重点治理区

乌江赤水河上中游地区位于长江干流南侧，涉及贵州、四川、重庆三省（直辖市）。本区山高坡陡，是我国石漠化最严重的地区，部分石质山区土壤流失殆尽，岩石裸露，群众已无地可种。将本区纳入国家重点治理区，旨在抢救土地资源，维护本区群众生存和发展的基础。本区面积 4.05×10^4 平方千米，土壤侵蚀面积 2.36×10^4 平方千米。

（16）湘资沅澧中游重点治理区

本区位于湖南省中西部，处于二三级台地过渡带。本区域多高山峻岭，河谷深切，降水量大，垦殖率高，是少数民族集中分布区之一。坡耕地大量分布，为中亚热带常绿阔叶林区，由于耕垦的发展，山地开垦指数较高，为了谋求燃料，部分林木遭到砍伐，水土流失严重，是洞庭湖泥沙的主要来源区。将本区纳入国家重点治理区，重点在于改善当地少数民族的生产、生活条件，减轻洞庭湖泥沙淤积，同时控制马尾松林地水土流失，改善农业生产条件。本区面积 1.91×10^4 平方千米，土壤侵蚀面积 0.53×10^4 平方千米。

（17）赣江上游重点治理区

本区位于江西中部，为中亚热带常绿阔叶林区，本区山地开垦指数较高，为了解决燃料问题，部分林木遭到砍伐，许多马尾松枯枝落叶都被当地群众当做生活燃料使用，水土流失严重。将本区纳入国家重点治理区，主要目的是治理马尾松林地水土流失，改善农业生产条件。本区面积 1.31×10^4 平方千米，土壤侵蚀面积 0.39×10^4 平方千米。

（18）珠江南北盘江重点治理区

珠江上游南北盘江重点治理区涉及云南、贵州和广西的 55 个县（自治区、直辖市），是珠江流域水土流失最严重、治理最迫切、群众生活最贫困的地区，是珠江泥沙的主要策源地。本区是典型的喀斯特地区，石灰岩面积占土地总面积的 70% 以上。区内山高坡陡，地形破碎，河流切割深，坡耕地广布，水土流失和土地石漠化危害严重，许多地方已成为不毛之地，直接影响着该地区群众的脱贫致富奔小康，阻碍当地农村经济的可持续发展。本区面积 11.26×10^4 平方千米，土壤侵蚀面积 4.08×10^4 平方千米。

（19）红河上中游重点治理区

红河上中游重点治理区涉及云南的 10 个县，是少数民族聚居、贫困、落后地区。区内山高坡陡，河流切割深，坡耕地广布，水土流失十分严重，河流泥沙淤积严重，直接威胁着下游（主要在越南境内）的防洪安全，并有可能引起国际争端。本区面积 2.71×10^4 平方千米，土壤侵蚀面积 1.03×10^4 平方千米。

水土流失重点治理区基本上都处在中西部地区，现有的水土流失十分严重，不仅导致当地生态环境的破坏，而且极大地加剧了流域中下游的洪水灾害。特别是坡耕地，既是当前水土流失最为严重的地段，也是山区、丘陵区农村经济发展缓慢，群众生活长期贫困的关键因素，是社会主义新农村建设的最大障碍。因此，对重点治理区，国家应进一步加大政策、资金和科技投入力度，加强规划，优化设计，整合项目，以国家水土保持重点工程为龙头，加快开展水土流失综合治理，改善生态环境，改善生产条件，提高群众生产和生活水平。

水土流失重点治理区是在土壤侵蚀二级分区基础上具有典型和代表性地区，在参照所对应的土壤侵蚀二级分区治理措施前提下，一是大力开展坡耕地改造，建设水平梯田、沟坝地等基本农田，配套建设灌溉排水等小型水利设施，稳定地解决群众吃粮困难；二是加快发展林果基地和经济作物的种植，提高群众的经济收益；三是加强小水电、沼气、风能、太阳能等替代能源建设，有效解决燃料供给，减少薪柴消耗，保护林草植被；四是加快植树种草，实施生态修复，促进林草植被恢复；五是充分调动广大人民群众的积极性，吸引个人、集体、企业和社会团体的投资，整合全社会的力量，共同开展水土流失治理工作。

典型区域水土流失治理原则与措施体系

1. 水土保持重点工程区域

自 1983 年以来，为带动面上水土保持工作的开展，由国家投资相继开展了全国八大片治理、长江中上游治理、世行贷款水土保持项目、京津风沙源治理工程、首都水资源规划水土保持项目、农业综合开发水土保持项目、国债水土保持项目、东北黑土区水土流失综合防治试点、珠江上游南北盘江石灰岩地区水土保持综合治理试点、黄土高原水土保持淤地坝等一批水土保持重点防治工程，取得了明显成效。

国家加强在水土流失重点预防区和重点治理区水土保持重点工程建设。水土流失重点预防区是水土流失潜在危险较大，对国家或区域生态安全有重大影响的生态脆弱或敏感地区。重点治理区是指水土流失严重，且严重的水土流失已成为当地和下游经济社会发展的主要制约因素的地区。这些地区严重的水土流失能否得到有效治理，脆弱的生态状况能否得到切实保护，对改善当地群众生产、生活条件，改善生态环境，保障国家和地区经济社会的可持续发展具有重要作用。因此，国家应在这些地区集中开展水土保持重点工程建设，安排大型生态建设项目，实行集中、连续和规模治理，有效预防和治理水土流失，保护和合理利用水土资源，维护生态安全，保障社会经济的可持续发展。

水土保持重点工程建设应当因地制宜、因地施策、对位配置各项水土保持措施。实施水土保持工程建设，要以天然沟壑及其两侧山坡地形成的小流域为单元，因地制宜采取工程措施、植物措施和保护性耕作措施。坡耕地和侵蚀沟是我国水土流失的主要来源地。坡耕地面积占全国水蚀面积的 15%，每年产生的土壤流失量约为 15×10^8 千千克，占全国水土流失总量的 33%。长江上游三峡库区坡耕地面积占到耕地面积的 57.7%，怒江流域占到 68.4%。同时，坡耕地产量低而不稳，成为许多地区经济落后的主要原因。严重的水土流失导致土地越种越贫瘠，陷入"越垦越穷、越穷越垦"的恶性循环。坡面侵蚀发展到一定程度后就会形成沟道，而沟道发育又使坡面稳定性降低，坡度加大，侵蚀加剧。研究表明，当 15° 以上的坡耕地普遍发育浅沟时，其侵蚀量比原来增加 2～3 倍。沟道侵蚀水土流失量约占全国水土流失总量的 40%，个别地区甚至达到 50% 以上。在各类侵蚀沟中，以黄土高原的沟壑、黑土区的大沟、西南地区泥石流沟和南方的崩岗四大类侵蚀沟水土流失最为严重，黄土高原地区长度超过 1km 的侵蚀沟有 30 万条。坡耕地改梯田通过改变坡面长度，降低坡度，配套建设小型水利工程，分段拦截水流，有效控制水土流失，可使"三跑田"（跑水、跑土、跑肥）变为"三保田"（保水、保土、保肥）。在西北黄土高原等沟道侵蚀严重地区，加强淤地坝工程建设，充分发挥其拦泥、蓄水、缓洪、淤地等综合功能，快速控制水土流失，减少进入江河湖库的泥沙，同时抬高沟道侵蚀基准面，建设高产稳产的基本农田，改善生产、生活和交通条件。因此，在国家重点工程建设中要突出加强坡改梯和黄土高原地区淤地坝工程建设。实施坡改梯和淤地坝建设一举多得，一是可以从源头上控制水土流失，对下游起到缓洪减沙的作用；二是能够改善当地的基本生产条件，解决山丘区群众基本口粮等生计问题，促进退耕还林、还草；三是可以增强山丘区农业综合生产能力，促进农村产业结构调整，为发展当地特色经济奠定基础；四是可以有效保护耕地资源，减轻水土流失对土地的蚕食。生态修复是水土保持综合治理的重要措施之一，生态修复是指对生态系统停止人为干扰，以减轻负荷压力，依靠生态系统的自我调节能力，辅以人工措施，使遭到破坏的生态系统逐步恢复或使生态系统向良性循环方向发展。水利部积极推动以封育保护为主要内容的水土保持生态修复工作。全国27个省、自治区、直辖市的136个地（市）和近1200个县实施了封山禁牧，国家水土保持重点工程区全面实现了封育保护，全国共实施生态修复面积达$72 \times 10^4 km^2$，显著加快水土流失治理步伐和植被恢复进度，同时也促进了当地干部群众观念和生产方式的转变，起到了事半功倍、一举多得的效果。实践证明，在一定时期、一定地域内限定各种扰动和破坏，大自然完全可以依靠自身的力量逐步自我修复。充分发挥大自然力量，依靠生态自我修复能力，促进大面积植被恢复，促进生态环境改善，是新时期加快水土保持生态建设的重要措施。

各级水行政主管部门应加强对水土保持重点工程的建设和运行管理，确保工程建设质量，保证工程安全运行和正常发挥效益。近年来，水利部制定了重点工程管理办法和管理制度，如《国家水土保持重点建设工程管理办法》《水土保持重点工程管理暂行规定》等，明确和规范了国家水土保持重点工程的立项、设计、施工、检查、监理、验收等相关环节的程序和要求，对做好重点工程的建设和管理发挥了重要作用。已建成的水土保持重点工程，淤地坝、梯田、谷坊等工程措施和水土保持林草等植物措施如果缺乏必要的管理维护，不但其正常的水土保持效益难以发挥，水土保持投入也无谓浪费，而且有的工程措施还可能产生安全稳定问题，甚至威胁群众生命财产安全。地方各级水行政主管部门要加强对水土保持设施的维护，建立和完善运行管护制度，明确管护对象、责任、内容和要求，建立管护台账，做好日常检查、维护，确保重点水土保持工程效益长期稳定发挥。

2. 江河源头区、饮用水水源保护区和水源涵养区区域

（1）江河源头区

新《水土保持法》第三十一条："国家加强江河源头区、饮用水水源保护区和水源涵养区水土流失的预防和治理工作，多渠道筹集资金，将水土保持生态效益补偿纳入国家建立的生态效益补偿制度。"江河源头地区，特别是长江、黄河等我国大江、大河的源头地区水土流失和生态环境状况，对维护整个流域及国家的水资源安全、生态安全起着至关重要的作用。

　　例如，作为长江、黄河和澜沧江发源地的三江源地区，在青海省乃至全国具有特殊的地理位置，生态环境的稳定与否直接影响到整个流域。三江源是世界上海拔最高、江河湿地面积最大、生物多样性最为集中的地区之一。但由于自然因素和人为破坏原因，目前三江源地区的生态环境日趋恶化，灾害频繁，生态系统极其脆弱，影响着长江、黄河、澜沧江中下游地区的工农业发展和人民群众的生产、生活安全。目前，长江、黄河、澜沧江三江源头地区湖泊萎缩，湿地退化，径流量减少。素有"千湖之县"美称的玛多县境内众多湖泊水位下降甚至干涸，沼泽低湿草甸植被正向中旱生高原植被演变，大片沼泽地消失、干燥并裸露。黄河源头两大淡水湖（泊鄂陵湖和扎陵湖）之间于1996年首次出现断流。源头地区冰川退缩，雪线上升，水资源供给量明显下降。草地退化严重，鼠虫害猖獗。据统计，退化、沙化草地面积已达 $1000 \times 10^4 hm^2$ 以上，占到青海省可利用草地面积的53%。草地产草量明显下降，草原鼠害面积 $550 hm^2$，占可利用草场的28%。土地沙漠化加速发展，据有关部门统计，沙漠化土地面积已达 $250 \times 10^4 hm^2$ 以上，而且土地荒漠化和草地退化速度仍在不断加快，这些沙化的土地现在每年要向长江、黄河输送泥沙 $1 \times 10^8 t$ 以上。

　　在江河源头区，水土流失防治战略有：建立自然保护区，通过建立健全管护机构，强化监督管理对三江源、金沙江上游、岷江上游、湘资沅江上游和东江上游等江河源头地区实施严格的森林保护制度，大力开展封山育林，加强天然林保护和生态修复。严格控制林木采伐强度，坚决禁止毁林开垦和乱砍滥伐，限制大规模、高强度的开发建设活动。三江源等草原区，国家加大牧区水利、草和草场改良等工程建设，严格控制开发建设活动，禁止毁草开垦、超载过牧，鼓励舍饲圈养和轮封轮牧，保护草原植被，改善草原生态。

　　（2）饮用水水源保护区

　　饮用水资源是人类生存的基本条件。我国农村有3.12亿人口存在饮水不安全问题；在全国600多座城市中，有400多座城市供水不足。由于大量污水排入江河湖库，使饮用水源受到污染，进一步加剧了水资源紧缺的矛盾。

　　饮用水水源保护区涉及范围广，地貌类型复杂多样，包括高原、山区、丘陵、平原。全国共有湖库型城市饮用水源地1106个，其中水土流失和面源污染严重的170个。水土流失作为面源污染物传输的载体，是造成水质恶化的主要原因。饮用水水源保护区的水土流失和生态环境状况，直接关系广大群众健康和生命安全，加强水土流失面源污染的防治十分迫切。《水土保持法》第三十六条："在饮用水水源保护区，地方各级人民政府及其有关部门应当组织单位和个人，采取预防保护、自然修复和综合治理措施，配套建设植物过滤带，积极推广沼气，开展清洁小流域建设，严格控制化肥和农药的使用，减少水土流失引起的面源污染，保护饮用水水源。"

　　1980—2000年，中国社会经济总用水量增加了约23.9%，从 $4437 \times 10^8 m^3$ 增加到

$5498 \times 10^8 \mathrm{m}^3$，其中，工业用水从 $457 \times 10^8 \mathrm{m}^3$ 增加到 $1138 \times 10^8 \mathrm{m}^3$，增加 2.5 倍；城镇生活用水量增长了 4 倍，城镇人均生活用水量为每日 223 L，比 1980 年提高 90.6%；农村人畜平均用水量为每日 89L，比 1980 年提高 196.7%。饮水安全面临的问题，除了饮用水数量上的不足外，更为严重的是饮用水质量的下降。2000 年，全国受到污染或严重污染的湖泊占湖泊总数的 58%；污染的水库占水库总数的 20%；受到污染或严重污染的河流长度占河流总长度的 58.7%。

在饮用水水源保护区，水土流失预防和治理措施有：

1）采取综合措施，控制水土流失面源污染。

水土流失面源污染是指水土流失过程中土壤养分、有机质和残留农药、化肥等被带入水体，污染地表水、地下水，造成的水体富营养化。当前，我国重要的湖泊和河流水域富营养化问题十分严峻，如近年滇池、巢湖等重要湖泊水库相继暴发蓝藻"水华"污染，2007 年太湖和长春新立城水库也出现了蓝藻"水华"污染，严重影响了当地的生产生活。面源污染带来的危害已经让数以百万计的人有了切肤之痛，成为社会关注的焦点，国家也给予了高度关注和重视。2006 年中央一号文件明确提出"要加大面源污染控制，改善河流、湖泊、水库的水质"。如通过调整产业结构，减少农作物的种植面积，降低化肥、农药残留带来的影响；综合采取工程、植物和耕作措施，充分利用大自然的自我修复能力，增加植被，减少水土流失；通过科学施用化肥、农药，综合应用节水、节肥、节药等先进技术，发展绿色无害农业、高科技产业和农林产品加工业，推广生态农业，有效消除污染源；通过建设植物过滤带，能减缓径流，过滤泥沙，固定、保持径流中可溶化学物质，增加地表径流入渗，截留、利用营养元素，减少排入水体的污染物总量；通过修建沼气、生物净化池、小型污水及垃圾处理等设施，减少人类生活垃圾侵入水体。总之，通过多种措施的综合应用，保护和改善饮用水水源保护区水环境质量，保证饮水安全。

2）以清洁小流域建设为重点，有效控制饮用水水源区水土流失引起的面源污染。

清洁小流域也叫生态清洁小流域，指流域内水土资源得到有效保护、合理配置和高效利用，沟道基本保持自然生态状态，行洪安全，人类活动对自然的扰动在生态系统承载能力之内，生态系统良性循环，人与自然和谐，人口、资源、环境协调发展的小流域。为保护饮用水水质，根据《水污染防治法》规定，国家建立饮用水水源保护区制度，饮用水水源保护区由国务院或者省、自治区、直辖市人民政府批准。开展生态清洁小流域建设，就是在开展传统水土流失预防和治理的基础上，通过小型污水处理设施建设、垃圾填埋设施建设、湿地建设与保护、生态村建设、限制农药和化肥的施用、库滨区水土保持生态缓冲带建设等措施，改善生态，控制面源污染，保护饮用水水源，营造优美的人居环境。当然，在批准的饮用水水源保护区之外，也应在水库、湖泊、河道周边地区、生态敏感地区等区域，开展生态清洁小流域建设，控制面源污染，改善生态环境。北京市是全国最早开展生态清洁小流域建设的城市，从 2003 年起，就确立了构筑"生态修复、生态治理、生态保护"三道防线，扎实推进生态清洁小流域建设的工作思路，已建成 50 条生态清洁小流域，探索出了一条水源保护的新途径。

3）对汉江上游、新安江、滦河等重要水源区，要加强林草植被保护，严格控制大规模开发建设，特别是要控制大规模、重污染、高消耗的工业项目，加强农业和生活废弃物等面源污染的控制和治理，确保重要水源的清洁和安全。

（3）水源涵养区

全国共有水源涵养生态功能三级区 50 个，面积 237.90×10^4 平方千米，占全国国土面积的 24.78%。重要水源涵养区是指我国重要河流上游和重要水源补给区，面积为 113×10^4 平方千米。主要包括黑龙江、松花江、东西辽河、滦河、淮河、珠江（东江、西江、北江）的上游、渭河、汉江和嘉陵江上游、长江—黄河—澜沧江三江源区、黑河和疏勒河上游、塔里木河、雅鲁藏布江上游，以及南水北调水源区和密云水库上游等重要水源涵养区域。其中，对国家生态安全具有重要作用的水源涵养生态功能区主要包括大兴安岭、秦巴山地、大别山、淮河源、南岭山地、东江源、珠江源、海南省中部山区、岷山、若尔盖、三江源、甘南、祁连山、天山以及丹江口水库库区等。该类型区的主要生态问题：人类活动干扰强度大；生态系统结构单一，生态功能衰退；森林资源过度开发、天然草原过度放牧等导致植被破坏、土地沙化、土壤侵蚀严重；湿地萎缩、面积减少；冰川后退，雪线上升。水源涵养区对流域水资源状况、生态状况起着不可替代的作用，关系流域及国家的水资源安全和防洪安全。

水源涵养区的生态保护主要方向为：

1）对重要水源涵养区建立生态功能保护区，加强对水源涵养区的保护与管理，严格保护具有重要水源涵养功能的自然植被，限制或禁止各种不利于保护生态系统水源涵养功能的经济社会活动和生产方式，如过度放牧、无序采矿、毁林开荒、开垦草地等。

2）继续加强生态恢复与生态建设，治理土壤侵蚀，恢复与重建水源涵养区的森林、草原、湿地等生态系统，提高生态系统的水源涵养功能。

3）控制水污染，减轻水污染负荷，禁止导致水体污染的产业发展，开展生态清洁小流域的建设。

4）严格控制载畜量，改良畜种，鼓励围栏和舍饲，开展生态产业示范，培育替代产业，减轻区内畜牧业对水源和生态系统的压力。

在江河源头区、饮用水水源保护区和水源涵养区建立国家水土保持生态效益补偿机制。水土保持生态效益补偿机制是以保护水土资源、维护生态、促进人与自然和谐为目的，根据水土保持生态系统服务价值、建设和保护成本、发展机会成本，综合运用行政和市场手段，调整水土保持生态建设和经济建设相关各方之间利益关系的经济政策。建立水土保持生态效益补偿机制，就要在流域上下游等区域间既公平承担水土流失预防和治理责任，同时也公平享受水土保持和生态建设成果（效益）。国家建立和完善水土保持生态效益补偿机制，有利于解决生态保护和建设资金短缺的问题，促进区域协调发展，缓解不同地区因资源禀赋、生态功能定位不同导致的发展不平衡问题，促进共同富裕，实现生态和经济建设双赢。2006 年、2008 年、2009 年、2010 年中央一号文件和国务院国发〔1993〕5 号文件，都明确提出了建立水土保持生态效益补偿机制的要求。水土保持生态效益补偿机制是国家生态效益补偿机制的一个重要组成部分。一些地方根据当地实际，探索了多种水土保持生态效益补偿形式，取得了很好的效果。如广东、河北、福建等省对已经发挥效益的水库，从其水电收入中按照一定比例提取资金用于库区及上游水土保持工作；山西柳林、河南义马等地采取以治理代补偿方式，开展"一矿一企治理一山一沟""一企一策治理一山一沟"，督促矿产资源开发企业负责所在区域水土流失的防治，实现了生态和经济建设的双赢。

3. "四荒" 治理区域

我国农村集体所有、近期可以开发利用的"荒山、荒沟、荒丘、荒滩"（以下简称"四荒"，包括荒地、荒沙、荒草和荒水等）有 3 133 × 10⁴公顷，数量大，分布广。这些土地大多存在着较为严重的水土流失，但治理开发的潜力很大。1996 年 6 月，国务院办公厅发布《关于治理开发农村"四荒"资源进一步加强水土保持工作的通知》，《水土保持法》第三十四条规定："国家鼓励和支持承包治理荒山、荒沟、荒丘、荒滩，防治水土流失，保护和改善生态环境，促进土地资源的合理开发和可持续利用，并依法保护土地承包合同当事人的合法权益。承包治理荒山、荒沟、荒丘、荒滩和承包水土流失严重地区农村土地的，在依法签订的土地承包合同中应当包括预防和治理水土流失责任"，是对鼓励承包治理荒山、荒沟、荒丘、荒滩及水土流失防治责任的规定。治理开发"四荒"是预防和治理水土流失，保护和改善生态环境和农业生产条件，促进土地资源的合理开发、农民脱贫致富和农业可持续发展的一项重要战略措施，充分地利用山区闲置的土地资源、劳动力资源，加快了流域治理速度，提高了流域治理质量。"十五"期间，全国参与"四荒"治理开发的农户、企事业单位和社会团体达到 770 万个，投入资金 180 亿元，初步治理水土流失面积 1 630 × 10⁴公顷。

承包治理"四荒"和承包水土流失严重地区农村土地的单位或个人，应当依照《农村土地承包法》的规定签订土地承包合同。根据《农村土地承包法》规定，承包治理"四荒"不宜采取家庭承包方式，而采取招标、拍卖、公开协商等方式；承包水土流失严重地区农村土地采取家庭承包方式，在签订土地承包合同中明确承包方、发包方的权利和义务。

目前，"四荒"治理开发的形式有承包、拍卖、租赁、股份合作等，主要以承包、拍卖这两种形式为主。在《水土保持法》第三十四条中提到承包治理这一种形式，而承包治理只是承包者在一定时期内获得土地经营权，对土地的使用权无处理权。拍卖治理，是将"四荒"地使用权在一定时期内转让于购置者，拍卖的过程即是土地所有权与使用权的分离过程，经法律公证后，购买者真正长久得到拥有土地使用权的权属感和稳定感，在购买期内，可以转让、出租、抵押或继承。承包是对传统用地方式的平稳改良，是从计划经济向市场经济过渡过程中的土地使用方式，而拍卖方式则是市场经济下的产物，具有有偿性和公开、公平、公正、自愿性，更能适应市场经济的要求。为了增强农村土地联产承包责任制政策的稳定性，承包、拍卖形式在时间上和空间上会长期并存，并有着相互补充的作用。股份合作、租赁也都是市场经济下"四荒"开发利用制度的有益补充形式。

《农村土地承包法》第九条规定，国家保护集体土地所有者的合法权益，保护承包方的土地承包经营权，任何组织和个人不得侵犯。一些地方的群众在购置"四荒"时，认识跟不上去，甚至还对购置"四荒"者讽刺挖苦，冷嘲热讽，看到购置者有效益后，明抢暗盗，故意破坏，使"四荒"购置者的利益受到损坏，积极性受到伤害，不利于"四荒"治理成果的巩固和保护。除加强农村法制建设外，还应在承包、拍卖前做好群众的思想工作，本着"公开、公平、公正、自愿"的原则，既要防止打破传统的见地分条的思想，又要防止大面积"四荒"资源集中到极少数人手里两个极端，调动多数人的积极性，从根本上杜绝"红眼病"的发生。

4. 生产建设项目区域

（1）生产建设项目水土流失防治原则、费用

根据"谁建设、谁保护，谁造成水土流失、谁负责治理"的原则，生产建设活动造成水土流失的，应当履行水土流失治理义务。治理因生产建设活动导致水土流失的主体，是开办生产建设项目或者从事其他生产建设活动的单位或者个人，也就是说生产建设主体对其生产建设活动造成的水土流失进行治理，是法定的义务和责任。

生产建设项目的水土流失防治费用包括水土流失防治措施费用和水土保持补偿费等。

生产建设单位必须对生产建设项目所造成的水土流失进行治理，这是法定义务，如不治理，按《水土保持法》第五十六条规定："县级以上人民政府水行政主管部门可以指定有治理能力的单位代为治理，所需费用由违法行为人承担。"

水土保持补偿费是指单位和个人在建设和生产过程中，损坏水土保持设施、地貌植被，降低或丧失了它们原有的水土保持功能，造成原有水土保持功能不能恢复而应给予补偿的费用。

水土保持补偿费专项用于水土流失预防和治理，并由水行政主管部门组织实施。补偿的原则，一是满足开展预防和治理水土流失的需要，保证本地区水土保持功能总体上不降低、水土流失状况总体上不恶化；二是弥补损失水土保持功能的需要；三是发挥经济调控、导向作用的需要，具有一定的力度，以促进生产建设单位或者个人最大限度地约束自己的行为方式，减少水土保持设施、地貌植被的占压、损坏范围；四是法律授权

国务院财政部门、国务院价格主管部门会同国务院水行政主管部门制定水土保持补偿费征收管理办法。全国水土保持补偿费征收使用管理办法应就征收、使用、管理等作出规定。我国幅员辽阔，各地自然地理和经济社会发展水平差异较大，因此，研究制定征收使用管理办法要充分考虑以下4个方面的因素：一是要考虑各地经济社会发展水平，不能在征收标准上全国"一刀切"；二是要考虑开办生产建设项目及从事其他生产建设活动的单位或者个人的承受能力；三是要考虑征收手续的简便、可操作，不宜过于烦琐；四是统筹考虑补偿费征收使用的全国统一规范和各地具体执行存在合理差异的问题。

（2）生产建设项目水土流失治理措施体系

《水土保持法》第三十八条："对生产建设活动所占用土地的地表土应当进行分层剥离、保存和利用，做到土石方挖填平衡，减少地表扰动范围；对废弃的砂、石、土、矸石、尾矿、废渣等存放地，应当采取拦挡、坡面防护、防洪排导等措施。生产建设活动结束后，应当及时在土场、开挖面和存放地的裸露土地上植树种草、恢复植被，对闭库的尾矿库进行复垦。在干旱缺水地区从事生产建设活动，应当采取防止风力侵蚀措施，设置降水蓄渗设施，充分利用降水资源。"这是对生产建设活动造成水土流失的治理措施的规定。

1）保护、利用好表层土

水是生命之源，土是生存之本，这里土指的就是表层土，是宝贵的基础性资源。表层土是指土壤剖面中最靠近地表的一个层次，该层土壤富含腐殖质，一般厚度有20～30cm，黑土和黑钙土则有50～100cm。表层土是土壤层中含有最多有机质和微生物的地方，是地球上多数生态活动进行的地方，也是植物大部分根系生长、吸收养分的地方。据估计，一般条件下，每形成1cm的土壤约需要100～400年的时间，也就是，每形成30cm的耕作层约需要3000～12000年。特别是在生态脆弱地区：表层土一旦被破坏，生态也就没有恢复的可能，保护和利用好表层土就显得尤为重要。因此，在生产建设活动中，应当对表层土进行分层剥离、集中存放并进行苫盖等保护，施工结束后回填或用于渣场覆盖等，从而为植被恢复和农业生产提供保障。

2）有效控制生产建设期间可能产生的水土流失

一是要做到土石方挖填平衡，减少开挖和占地面积，减少地表扰动，提高土石方的利用率，从而减少对周边生态环境和景观的破坏，减轻水土流失；二是要减少地表扰动范围，最大限度地保护地貌植被，增加地表抗蚀性，减少地表径流，增加径流汇流时间，加速地表水入渗，有效补充地下水；三是要对废弃的砂、石、土、渣、矸石、尾矿等存放地，通过采取遮盖，设置拦挡、排水沟、沉沙池、坡面防护等措施，减轻地表水的冲刷。对在沟道设置的废弃砂石、土渣存放地，还要做好上游集水区防洪排导工程措施。同时，还要确保这些工程措施的稳定、安全，保障周边居民群众的生命、财产安全以及公共设施免遭损坏。

3）减少土地裸露，增加植被覆盖

在取土场、开挖面和存放地的裸露土地上植树种草，恢复植被，快速增加地表覆盖，减少水土流失。根据我国土地资源短缺的现状，对具备复垦条件的闭库尾矿库，要采取整治措施，尽量实施复垦，恢复种植农作物或者种植林草，增加植被覆盖。

生产建设项目水土流失防治技术体系包括水资源保护和利用技术体系、植被恢复与重建技术体系和水土保持工程技术体系，对于具体项目的防治体系应充分考虑其所在区域的地理区位和社会经济条件来确定。生产建设项目水土保持的关键技术措施有土地整治与恢复、植被恢复与重建、排蓄水工程、斜坡固定工程、固体废弃物拦挡工程、防洪和泥石流排导工程，工程措施尤为重要。

生产建设项目可分为 16 类 25 项，包括：公路、铁路工程、涉水交通工程、机场工程、电力工程、水利工程、水电工程、金属矿工程、非金属矿工程、煤矿工程、煤化工工程、水泥工程、管道工程、城建工程、林纸一体化工程、农林开发工程和移民工程等。各类生产建设项目其建设特点和建设内容不同，工程在建设过程中的扰动地表形式、所造成水土流失的特点、强度及危害，以及针对可能造成的水土流失所采取的防护措施等方面也不尽相同。以线性工程的公路、铁路工程和点状工程的煤矿工程为例，其防治措施体系见表 6 - 4 和表 6 - 5。

表 6 - 4　公路、铁路工程水土流失防治措施体系

序号	防治分区	措施分类	主要措施内容
1	主体工程区（含路基工程区、桥涵工程区、隧道工程区和附属工程区等）	工程措施	各类型护坡、截排水沟、消力池、土地整治措施
		植物措施	边坡植草和灌木，空地及管理范围占地园林绿化
		临时措施	临时排水、沉沙池、苫盖、拦挡等
2	取土场区	工程措施	削坡开级、表土剥离及回填、土地整治
		植物措施	取土平面栽植乔灌木和撒播草籽，边坡植种草或灌木
		临时措施	截排水沟、沉沙池、表土临时挡护、苫盖等
3	弃渣场区	工程措施	挡渣墙、拦渣坝、截排水沟、表土剥离及回填、土地整治等
		植物措施	顶部栽植乔灌木、边坡植草、撒播草籽等
		临时措施	表土临时挡护、排水及苫盖等
4	施工营地区	工程措施	表土剥离及回填、土地整治
		植物措施	栽植乔灌木和撒播草籽
		临时措施	临时排水、挡护及临时苫盖

续表

序号	防治分区	措施分类	主要措施内容
5	施工道路区	工程措施	土地整治
		植物措施	栽植乔灌木和撒播草子
		临时措施	临时排水、临时挡护

表 6 – 5　煤矿工程水土流失防治措施体系

序号	防治分区	措施分类	主要措施内容
1	矸石场防治区	工程措施	挡渣墙、截水沟、排水沟、沉沙池、消力池、陡坎、土地整治、覆土、围埂和平台网格围埂、削坡开级、沙障
		植物措施	周边种植乔灌木防护带、平台与边坡灌草防护、终期渣面复垦或造林
		临时措施	临时排水、密目网苫盖、挡水围埂
2	采掘场防治区	工程措施	削坡开级、截水沟、排水沟、防洪堤、沉沙池、消力池、陡坎、土地整治、覆土
		植物措施	种植乔灌草
		临时措施	土袋挡护、平台挡水围埂、临时排水沟、沉沙池
3	工业场地（含风井场、洗选厂与煤地面生产系统）防治区	工程措施	开挖填筑边坡挡护、截排水沟、消能措施、场地硬化、土地整治
		植物措施	空地绿化、道路植物防护、场地周边防护林
		临时措施	临时排水、沉沙池、临时堆土挡护、苫盖
4	地面运输系统防治区	工程措施	挡土墙、护坡、排水沟、截水沟、沉沙池、消力池、陡坎、覆土
		植物措施	道路两侧防护林、种草
		临时措施	苫盖、临时排水沟、沉沙池、临时挡护
5	供排水及供热管线防治区	工程措施	土地整治、风沙区设置沙障
		植物措施	造林、种草或恢复耕地
		临时措施	临时堆土挡护

续表

序号	防治分区	措施分类	主要措施内容
6	供电与通信线路防治区	工程措施	土地整治、风沙区设置沙障
		植物措施	造林、种草或恢复耕地
		临时措施	临时堆土挡护

水土保持验收

1. 检查验收的作用

1）从总体上看，实行项目的检查验收制度，是国家考核水土保持工程项目决策、设计及施工质量，及时发现问题和解决遗留问题，总结项目建设经验，提高项目管理水平的重要环节。

2）评价水土流失防治效果，判断是否达到国家技术标准的要求，检查是否存在水土流失隐患。

3）确认临时占地范围内的水土流失防治义务是否终结。

4）从投资者和建设单位角度看，项目的检查验收是认定项目投资，加强投资管理，促进项目达到设计能力和使用要求，提高项目运行效果的需要，也是评价其社会责任的过程。

5）从项目承包单位角度看，项目的检查验收是对所承包工程建设任务接受建设单位和国家主管部门的检查和认可，是承包单位完成合同义务的标志，有利于施工企业健康发展，也有利其总结经验教训，提高管理水平。

2. 水土保持生态建设项目的验收

（1）验收分类

根据验收的时间和内容，分单项措施验收、阶段验收与竣工验收3类。

1）单项措施验收

在水土流失综合治理实施过程中，施工单位（包括农户、联户、村和专业队）按合同完成了某一项单项治理措施时，由实施主持单位及时组织验收，评定其质量和数量。对工程较大的治理措施（如大型淤地坝、治沟骨干工程等），施工单位在完成其中某项分部工程（如土坝、溢洪道、泄水洞等）时，实施主持单位也及时组织验收。

2）阶段验收

每年年终，水土流失综合治理实施主持单位，按年度实施计划完成了治理任务时，由项目主管单位组织阶段验收，并对年度治理成果作出评价。

3）竣工验收

一期治理期末，项目主管单位按水土流失综合治理规划全面完成了治理任务时，由项目提出部门（国家或委托流域机构、省水土保持主管部门）组织全面验收，并评价治理等级。

（2）验收要求

3类验收都需要有相应的验收条件、组织、内容程序和成果要求；都应以相应的合同、文件和有关规划、设计为验收依据；验收的重点都应该是各项治理措施的质量和数量（质量不符合标准的不计其数量）。在竣工验收中，还应着重治理措施的单项效益与综合效益。

（3）验收条件及内容

1）验收条件

在单项措施验收中，各项措施的施工承包单位，按照有关规划、设计和施工合同，完成某一项治理措施或重点工程的某一分部工程的施工任务，施工现场整理就绪，施工质量、数量符合要求，施工单位提出申请时，应及时组织验收。

在阶段验收中，要求水土流失综合治理的实施主持单位按年度计划完成了各项治理任务；实施主持单位自查自验，认为各项治理措施的质量和数量都符合要求，提出申请阶段验收报告，阶段验收报告应附当年的《×××综合治理年度工作总结》，内容包括文字部分、附表即《×××综合治理措施阶段验收表》和附图即《×××综合治理阶段验收图》等。

在竣工验收中，项目主管单位按照综合治理规定全面完成了规划期内的治理任务，经自查初验，认为数量和质量均达到了规划、设计与合同要求；自查初验的治理措施质量还应包括各项治理措施经过规划期内多次汛期暴雨的考验，基本完好（或小有破坏已及时修复完好）；造林、种草成活率、保存率符合规定要求；各项治理措施规划期内应有的各类效益；项目主管单位提出《竣工验收申请报告》，并附《×××综合治理竣工总结报告》，内容主要包括文字部分（包括治理任务完成情况、治理效益、投入情况及经费使用情况、防治工作经验和做法、存在问题及今后加强治理和管理、充分发挥治理效益的意见）、附表即《×××综合治理竣工验收表》《×××综合治理经费使用情况表》《×××综合治理主要效益统计表》《×××综合治理前后农村经济变化情况表》《×××综合治理前后土地利用与农村生产结构变化情况表》等和附图即《×××综合治理竣工验收图》（在历年阶段验收图的基础上绘制而成）等以及一些相关附件。

2）验收内容

在单项措施验收中，对坡耕地、荒坡、沟壑、风沙治理工程和小型蓄排引水工程等5项水土保持措施，完成一项，及时验收一项，未规定的项目不予验收。在阶段性验收中，根据年度计划和《阶段性验收申请报告》中要求验收的措施项目，按上述5项逐项进行验收。在竣工验收中，根据治理规划和《竣工验收申请报告》要求的措施项目，按上述5项逐项进行验收。

3. 生产（开发）建设项目的验收

（1）验收申请

《开发建设项目水土保持设施验收管理办法》第八条明确规定，在生产建设项目土建工程完工后，应当及时开展水土保持设施验收工作。建设单位应当会同水土保持方案编制单位，依据批复的水土保持方案书、设计文件的内容和工程量，对水土保持设施完成情况进行检查，编制水土保持方案实施工作总结报告和水土保持设施竣工验收技术报告。对于符合验收合格条件的，建设单位可及时向审批该水土保持方案的机关提出水土保持设施验收申请。

（2）验收工作内容及合格条件

1）验收工作内容

检查水土保持设施是否符合设计要求、施工质量、投资使用和管理维护责任落实情况，评价防治水土流失效果，对存在问题提出处理意见等。

2）验收合格条件

第一，生产建设项目水土保持方案审批手续完备，水土保持工程设计、施工监理、财务支出、水土流失监测报告等资料齐全；第二，水土保持设施按批准的水土保持方案报告书和设计文件的要求建成，符合主体工程和水土保持的要求；第三，治理程度、拦渣率、植被恢复率、水土流失控制量等指标达到批准的水土保持方案和批复文件的要求及国家和地方的有关技术标准；第四，水土保持设施具备正常运行条件，且能持续、安全、有效运转，符合交付使用要求，落实水土保持设施的管理、维护措施。

（3）验收组织

1）验收组织主体

《开发建设项目水土保持设施验收管理办法》第五条明确规定，县级以上人民政府水行政主管部门或者其委托的机构，负责生产建设项目水土保持设施验收的组织实施和监督管理。县级以上人民政府水行政主管部门按照生产建设项目水土保持方案审批权限，负责项目的水土保持设施验收工作。县级以上地方人民政府水行政主管部门组织完成的水土保持设施验收材料，应当报上一级人民政府水行政主管部门备案。

2）验收组织有关要求

第一，国务院水行政主管部门负责验收的生产建设项目，应当先进行技术评估；第二，县级以上人民政府水行政主管部门在受理验收申请后，应当组织有关单位的代表和专家成立验收组，依据验收申请、有关成果和资料，检查建设现场，提出验收意见；第三，县级以上人民政府水行政主管部门应当自作出受理验收申请之日起20日内作出验收结论。

五、水土保持监测和监督

水土保持监测概述

1. 水土保持监测的概念

水土保持监测是运用多种手段和方法，对水土流失的成因、数量、强度、影响范围、危害及其防治成效进行动态监测和评估，是水土流失预防监督、综合治理、生态修复和科学研究的基础，为国家生态建设决策提供科学依据。

2. 水土保持监测的性质和作用

（1）水土保持监测是水土保持事业的重要组成部分

水土保持事业的发展离不开水土保持监测。只有通过监测，才能准确掌握水土流失动态，反映水土保持效果，进而有效地防治水土流失。水土保持各项工作都离不开监测，如实施水土流失综合治理，编制项目规划及设计，了解项目区的水土流失特点和规律，水土流失面积和程度，如何科学配置水土流失防治措施以及评价治理效果，都需要监测来支持。各类生产建设项目造成水土流失情况预测、如何布设有效的防治措施以及防治效果，需要水土保持监测来定量获取数据。开展水土保持科学研究和制定水土保持规范、标准，也都离不开长期系统的监测。没有长期的动态监测、大量的数据积累和全面科学的数据分析，水土保持就成为"无本之木""无源之水"。

（2）水土保持监测是国家生态保护与建设的重要基础

我国是世界上水土流失最严重的国家之一，水土流失成因复杂、面广量大、危害严重，对经济社会发展和国家生态安全以及群众生产、生活影响极大。及时、全面、准确地了解和掌握全国水土流失程度和生态环境状况，科学评价水土保持生态建设成效至关重要。水土流失的严重地区到底分布在哪里，产生的危害后果到底有多严重，对当前的经济社会发展有什么样的影响，对子孙后代的生存和发展会产生哪些不良的后果，防治水土流失所采取的措施效果到底如何，今后水土保持应如何布局等，这些都是国家关注的大事、社会关注的大事，也是涉及民族生存发展的大事。所有这些，只有通过科学的监测才能掌握，才能作出正确的判断和决策。

（3）水土保持监测是提高水土保持现代化水平的关键措施

目前，我国的水土保持工作与发达国家相比，在监测网络建设、监测设施设备、监测手段，以及监测成果用于实践等方面还落后于发达国家。例如，美国在长期、大量的试验观测基础上，总结出了水土流失通用模型，在美国以及许多国家得到了广泛应用，欧洲一些国家建立的空间数据库和信息系统，可以定位、定量地反映水土流失的面积、分布、程度及其动态变化，与实践紧密结合起来，有效地提高了水土保持措施配置的科学性、针对性及其防治效果。因此，全面提高水土保持监测的现代化水平是缩小我国水土保持现代化水平与世界先进水平差距的关键。

（4）水土保持监测是水土保持管理的重要技术手段和依据

在水土保持综合治理过程中，通过监测可以客观、准确、及时地反映出不同治理措施及其配置的影响范围、效益和成果，判断水土保持治理是否符合标准，是否达到预期目标，为完善、提高水土保持管理体系，提高水土保持管理水平奠定基础；同时，为水土保持执法的公正、公开、科学、规范提供科学依据和保证。通过发布水土保持监测成果，可以使公众及时了解水土流失、水土保持对生活环境的影响，满足社会和公众的知情权、参与权和监督权，促进全社会水土保持意识的提高。

3. 水土保持监测的项目和内容

（1）水土保持监测项目和内容一般概括为以下几个方面：

1）影响水土流失的主要因子监测。主要包括流失动力、地形地貌、地面组成物质、植被、水土保持措施等。

2）水土流失状况监测。主要包括流失类型、强度、程度、分布和流失量等。

3）水土流失灾害监测。主要包括河道泥沙、洪涝、植被及生态环境变化，对周边地区经济、社会发展的影响等。

4）水土保持措施监测。主要监测水土保持措施的数量和质量。

5）水土保持效益监测。包括水土保持的基础效益、生态效益、社会效益和经济效益。

6）其他效益监测。包括生态修复、生产建设、城市水土保持等方面的一些水土保持与相关内容的监测。

根据监测范围的大小和内容的差异性，可以分为宏观监测和微观监测。宏观监测包括区域监测和中小流域监测；微观监测是在小区域、小尺度的监测，生产建设项目水土保持监测就属于微观监测。

（2）区域监测项目和内容

1）不同侵蚀类型（风蚀、水蚀和冻融侵蚀）的面积和强度；重力侵蚀易发区，对崩塌、滑坡、泥石流等进行典型监测。

2）典型区水土流失危害监测。包括土地生产力下降，水库、湖泊、河床及输水干渠淤积量，损坏土地数量。

3）典型区水土流失防治效果监测。包括防治措施数量、质量（包括水土保持工程、生物和耕作等三大措施中各种类型的数量及质量），防治效果（包括调水调土、减少河流泥沙、增加植被覆盖度、增加经济收益和增产粮食等）。

（3）中、小流域监测项目和内容

1）不同侵蚀类型的面积、强度、流失量和潜在危险度。

2）水土流失危害监测。土地生产力下降，水库、湖泊和河床渠淤积量，损坏土地面积。

3）水土保持措施数量、质量及效果监测。防治措施包括水土保持林、经果林、种草、封山育林（草），梯田、沟坝地的面积，治沟工程和坡面工程的数量及质量；防治效果包括蓄水保土减沙植被类型与覆盖度变化，增加经济收益，增产粮食等。

（4）小流域监测项目和内容

1）小流域特征值。包括流域长度、宽度、面积、地理位置、海拔高度、地貌类型、土地及耕地的地面坡度。

2）气象。包括年降水量及其年内分布、雨强、年平均气温、积温和无霜期。

3）土地利用。包括土地利用类型及结构。

4）植被类型及覆盖度。

5）主要灾害。包括干旱、洪涝、沙尘暴等灾害发生次数和造成的危害。

6）水土流失及其防治。包括土壤的类型、厚度、质地及理化性状，水土流失的面积、强度与分布，防治措施类型与数量，改良土壤情况（包括治理前后土壤质地、厚度和养分变化）。

7）社会经济。主要包括人口、劳动力、经济结构和经济收入。

（5）生产建设项目监测内容

应根据批准的建设项目水土保持方案报告书确定的相应内容，通过设立典型观测断面、观测点、观测基准等，对生产建设项目在生产建设和运行初期的水土流失及其防治效果进行监测。监测的内容包括：

1）项目建设区水土流失因子监测。地形、地貌和水系的变化情况，建设项目占地面积、扰动地表面积，项目挖方、填方数量及面积，弃土、弃石、弃渣量及堆放面积，项目区林草覆盖度。

2）水土流失状况监测。水土流失面积变化情况，水土流失量变化情况，水土流失程度变化情况，对下游和周边地区造成的危害及其趋势。

3）水土流失防治效果监测。防治措施的数量和质量，林草措施成活率、保存率、生长情况及覆盖度，防护工程的稳定性完好程度和运行情况，各项防治措施的拦渣保土效果。

4. 水土保持监测方法

（1）地面观测

1）特别适用于只有从地面才能获得最好信息的对象。

2）提供地面真实测定结果、率定和解译遥感数据。

（2）航空监测

1）监测典型地区水土流失及其相关因素。

2）校验卫星监测判读的正确性和判读精度。

（3）卫星监测

1）对大范围水土流失及其防治状况进行监测。

2）优点是以较频繁的间隔重复，实现动态监测。

（4）调查

1）获取有关信息。

2）对宏观的遥感监测解译结果进行检验。

（5）专项试验、调查统计、数理分析

1）区域监测应主要采用遥感监测，并进行实地勘察和校验，必要时还应在典型区设立地面监测点进行监测，也可以通过询问、收集资料和抽样调查等获取有关资料。

2）小流域监测应采用地面观测方法，同时通过询问、收集资料和抽样调查等获取有关资料。

3）中流域宜采用遥感监测、地面观测和抽样调查等方法。

4）生产建设项目监测应主要采用定位观测和实地调查方法，也可同时采用遥感监测方法。

5. 水土保持监测机构和监测网络

（1）水土保持监测机构

我国的水土保持监测机构可以分为两种情况。一种是由各级人民政府设立的水土保持监测机构，属于公益性机构，开展对全国水土流失情况的监测；另一种是生产建设项目的水土保持监测，是由具有水土保持监测资质的单位在资质等级许可范围内从事水土保持监测活动。

2011年12月2日中华人民共和国水利部令第45号，发布了《生产建设项目水土保持监测资质管理办法》，自2012年2月1日起施行。对开展生产建设项目水土保持监测进行了相关规定。

（2）水土保持监测网络

全国水土保持监测网络由两部分组成，一是各级政府批准成立的水土保持监测机构，即水利部水土保持监测中心，长江、黄河等大江大河流域监测中心站，省级监测总站，重点防治地区监测分站和监测站；二是根据监测任务需要，经科学论证，在全国各地设立的水土保持监测站点，包括为国家提供基础数据的监测点、水土流失抽样调查点、水土保持重点工程监测点等。目前，国家已实施了全国水土保持监测网络与信息系统一期、二期工程建设，在国家、流域、省、市层面建立了监测机构，在全国建设了75个综合监测站、738个监测点。这些站点是我国长期开展水土保持监测的基本站点。今后，我国还将依据水土保持监测规划和国家信息化规划，逐步健全水土保持监测网络，完善监测信息系统，提高自动化和信息化水平，开展监测机构和监测站点标准化建设，提升监测能力。

（3）各级政府设立的水土保持监测机构

各级政府设立的水土保持监测机构应根据法律规定和社会需求，开展水土流失动态监测，掌握水土流失发生、发展、变化趋势，进行监测预报，满足政府、社会公众的信息需求，实现水土保持监测数据和成果的社会共享。对严重水土流失灾害性事件，应能迅急开展监测，为各级政府及时应对灾害，采取科学的处置措施提供支持。

（4）水土保持监测数据和成果

水土保持监测数据和成果要为在水土流失重点预防区和重点治理区实行政府水土保持目标责任制和考核奖惩制度提供重要依据。

生产建设项目水土保持监测

1. 开展生产建设项目水土保持监测的目的

开展水土保持监测，可以对施工建设过程中的水土流失进行适时监测和监控，协助生产建设单位落实水土保持方案，加强水土保持设计和施工管理，优化水土流失防治措施，协调水土保持工程与主体工程建设进度。

运用多种手段和方法，对水土流失的成因、数量、强度、影响范围及其水土保持工程实施效果等进行动态观测和分析，及时准确掌握生产建设项目水土流失状况和防治效果，提出水土保持改进措施，减少人为水土流失；同时，及时反映项目存在的水土流失危害与隐患，提出水土流失防治对策建议，并及时通过水行政主管部门向建设单位提出整改意见，由建设单位通过施工单位、监理单位、设计单位、质检单位对水土保持方案的实施作出必要的调整。

开展建设项目水土流失及水土保持效果监测，是对投资的有效监督，对及时发现和纠正建设项目在施工过程中的随意性损坏和不规范操作，客观评价建设目的水土保持效果，具有现实意义。

水土保持监测为水土保持监督管理提高了技术依据，同时也为公众监督提供了基础信息，进一步促进项目区生态环境的有效保护和及时恢复。

2. 生产建设项目水土保持监测内容与要求

扰动地表和破坏植被面积较大、挖填土石方量较多的项目，容易引发较为严重的水土流失，是开展水土保持监测的重点。关于大中型项目的划分，按国家基本建设项目建设规模和等级的有关规定执行，如煤炭等矿产开采项目是以年产量划分、电站以装机容量划分等。对于小型生产建设项目，为防治水土流失，保障工程安全生产和正常运行，鼓励开展监测工作。

为了规范生产建设项目水土保持监测工作，水利部于2009年3月份制定并发布《关于规范生产建设项目水土保持监测工作的意见》（水保〔2009〕187号）文件。该文件就生产建设项目的监测分类、监测内容和重点、监测方式和手段、监测频率、监测报告、监测成果公告、监测管理等作出一系列规定，对建立和完善水土保持监测成果报告制度具有重大意义和重要指导作用。

根据"谁造成水土流失、谁负责治理、谁负责监测"的原则，造成水土流失的生产建设单位有责任和义务开展水土保持监测。水土保持监测可以为建设单位自查和管理提供支撑，可以全面监控和管理各个施工建设单位和施工现场，对存在的问题及时整改和处置，最大限度地避免可能发生的水土流失、生态环境破坏和潜在危害。通过水土保持监测，可以及时发现重大水土流失隐患和事件，确保应急措施及时到位，避免引发严重后果，造成重大灾害和损失。同时，通过实施对水土保持措施的成效监测，还可以调整和优化水土流失防治措施，使生产建设项目的水土流失防治达到国家标准。

（1）生产建设项目水土保持监测资质要求

水土保持监测专业性、技术性较强，对可能造成严重水土流失的大中型生产建设项目，生产建设单位自身具有水土保持监测能力的，可以自行对生产建设活动造成的水土流失进行监测，也可以委托具备水土保持监测资质的机构进行监测。

征占地面积大于50公顷或挖填土石方总量大于50×10^4立方米的，由建设单位委托有甲级水土保持监测资质的机构开展水土保持监测工作；征占地面积5～50公顷或挖填土石方总量5×10^4～50×10^4立方米的，由建设单位委托有乙级以上水土保持监测资质的机构开展水土保持监测工作；征占地面积小于5公顷且挖填土石方总量小于5×10^4立方米的，由建设单位自行安排水土保持监测工作。

水利部于2003年制定了《水土保持监测资质管理办法》，2004年《国务院对确需保留的行政审批项目设定行政许可的决定》（国务院令第412号）将水土保持监测单位资质颁发确立为行政许可事项。根据上述规定，承担水土保持监测的机构基本条件是：① 要有独立法人资格和固定的工作场所；② 要有健全的技术、质量和财务管理制度；③ 要有水土保持及相关专业的高中级技术人员，且须经过专门培训，取得上岗证书；④ 要有现场监测、观测、量测、分析与计算的仪器设备；⑤ 能够严格按国家水土保持监测技术标准的规定，进行实地监测，确保监测质量。

（2）生产建设项目水土保持监测内容和重点

生产建设项目水土保持监测的主要内容包括：主体工程建设进度、工程建设扰动土地面积、水土流失灾害隐患、水土流失及造成的危害、水土保持工程建设情况、水土流失防治效果，以及水土保持工程设计、水土保持管理等方面的情况。

生产建设项目水土保持监测的重点包括：水土保持方案落实情况，取土（石）场、弃土（渣）场使用情况及安全要求落实情况，扰动土地及植被占压情况，水土保持措施（含临时防护措施）实施状况，水土保持责任制度落实情况等。

（3）生产建设项目水土保持监测方式和手段

承担委托的监测机构必须实行驻点监测，同一项目的驻点监测监督管理人员中至少要有 1 名取得水土保持监测监督管理人员上岗证书。建设单位自行监测的项目要指定专职监督管理人员开展定期监测。

扰动土地面积、弃土（渣）、水土保持措施实施情况等内容以实地量测为主。线路长、取弃土量大的公路、铁路等大型建设项目，可以结合卫星遥感和航空遥感等手段调查扰动地表面积和水土保持措施实施情况等。有条件的项目，可以布设监测样区、卡口监测站、测监测点等，开展水土流失量的监测。

（4）生产建设项目水土保持监测频率

建设项目在整个建设期（含施工准备期）内必须全程开展监测；生产类项目要不间断监测。

正在使用的取土（石）场、弃土（渣）场的取土（石）、弃土（渣）量，正在实施的水土保持措施建设情况等至少每 10 天监测记录 1 次；扰动地表面积、水土保持工程措施拦挡效果等至少每 1 个月监测记录 1 次；主体工程建设进度、水土流失影响因子、水土保持植物生长情况等至少每 3 个月监测记录 1 次。遇暴雨、大风等情况应及时加测。水土流失灾害事件发生后 1 周内完成监测。

3. 关于水土保持监测成果报告的具体规定

开展委托监测的生产建设项目，项目开工（含施工准备期）前应向有关水行政主管部门报送《生产建设项目水土保持监测实施方案》。工程建设期间，应于每季度的第一个月内报送上季度的《生产建设项目水土保持监测季度报告表》，同时提供大型或重要位置弃土（渣）场的照片等影像资料；因降水、大风或人为原因发生严重水土流失及危害事件的，应于事件发生后 1 周内报告有关情况。水土保持监测任务完成后，应于 3 个月内报送《生产建设项目水土保持监测总结报告》。

水利部批复水土保持方案的项目，由建设单位向项目所在流域机构报送上述报告和报告表，同时抄送项目所涉省级水行政主管部门。项目跨越两个以上流域的，应当分别报送所在流域机构。地方水行政主管部门报复水土保持方案的项目，由建设单位向批复方案的水行政主管部门报送上述报告和报告表。报送的报告和报告表要加盖生产建设单位公章，并由水土保持监测项目的负责人签字。《生产建设项目水土保持监测实施方案》《生产建设项目水土保持监测总结报告》还须加盖监测单位公章。

水土流失监测公告

1. 发布部门和内容

（1）发布部门

发布水土保持监测公告是水利部和省（自治区、直辖市）水行政主管部门的法定职责。发布水土保持监测公告有如下作用：① 发布公告对制定水土流失防治与生态建设政策，编制水土保持规划，评价与检查水土保持及生态建设重大工程成效，实行政府水土保持目标责任制，保证社会公众充分享有知情权、参与权、监督权，都具有重要作用。② 依法开展区域和流域水土保持监测，生产建设项目水土流失监测，定期组织全国水土流失调查，是公告的基础和数据来源。③ 水利部和省（自治区、直辖市）水行政主管部门应建立水土保持监测公告制度，建立和完善水土保持监测信息发布和共享机制。市级、县级水行政主管部门也可根据需要，开展水土保持监测工作。

水土保持监测公告应定期发布。对全国、七大流域、较大区域的水土保持监测公告可每 5 年、10 年发布 1 次，以满足国家 5 年发展规划、10 年中期发展规划的需要；对水土流失重点预防区和重点治理区可发布年度水土保持监测公告；对特定区域、特定对象的监测，可适时发布。

（2）水土保持监测公告的内容

1）水土流失情况，主要包括水力侵蚀、风力侵蚀、重力侵蚀、冻融侵蚀等各类侵蚀的面积、分布情况，各级侵蚀强度（微度、轻度、中度、强烈、极强烈、剧烈侵蚀）的面积、分布情况，并分析变化情况及趋势。

2）水土流失造成的危害，如进入江河、湖泊、水库的泥沙量，发生崩塌、滑坡、泥石流的情况，严重水土流失灾害事件及造成生命财产损失情况等。

3）水土流失预防和治理的情况，如重点预防和治理工程建设情况、保存情况、成效、重大政策、重要活动等。

上述内容中应包括生产建设项目的水土流失预防、治理及监测数据和成果。

2. 我国水土流失及防治动态监测公告制度开展情况

新中国成立以后，我国先后开展了 3 次大规模的水土保持普查工作，并多次发布水土流失公告。第一次是 20 世纪 50 年代，采用人工调查的办法，完成了全国第一次水土流失普查，初步查清了水土流失类型中与人们生产、生活密切相关的全国水蚀面积 $153 \times 10^4 km^2$。第二次是 20 世纪 80 年代末，利用遥感技术，结合地面监测，开展了第一次全国水土流失遥感调查，查清了水土流失主要类型及分布，并于 1991 年发布了全国水土流失公告。全国水土流失面积 $367 \times 10^4 km^2$，其中水蚀面积 $179 \times 10^4 km^2$，风蚀面积 188×10^4

km²。第三次是 1999 年，水利部组织开展了第二次全国水土流失遥感调查，发布了全国第二次水土流失公告。全国水土流失面积 $356 \times 10^4 km^2$，其中水蚀面积 $165 \times 10^4 km^2$，风蚀面积 $191 \times 10^4 km^2$，水风蚀交错区 $26 \times 10^4 km^2$。此后，水利部 2004 年发布了《2003 全国水土保持监测公报》，这是水利部首次向全社会公告全国水土保持监测情况，其主要内容包括水土流失状况、水土流失防治情况、生产建设项目水土保持和重要水土保持事件等，全面系统地反映了 2003 年度全国水土流失状况和水土保持进展情况，具有很强的权威性、指导性和实用价值，是各级水利部门进行水土保持生态建设决策的科学依据。公报发布后，引起了全社会的广泛关注，人民日报、中央电视台、光明日报、经济日报和人民网、科学网、中国网、新华网、雅虎中国新闻、新浪网等 20 多个新闻媒体进行了宣传报道，进一步扩大了水土保持的社会影响，增强了公众的水土保持意识。此后，水利部每年都发布水土保持公报。各省（自治区、直辖市）和地（市）根据实际情况，也积极编制本辖区的水土保持监测公报（公告），并向社会发布。北京市从 2001 年起至今连续 9 年及时发布公报。四川省发布了 2003 年、2004 年度水土流失监测公报。2004 年，山西、福建、安徽、浙江、云南、贵州、青海等省分别发布了本省年度水土流失监测公报，山东省公布了全省第二次水土流失普查成果，江西省公布了全省第三次土壤侵蚀遥感调查结果，北京市门头沟区和福建省厦门市分别发布了 2003 年、2004 年度的水土流失监测公告。

水土保持监督检查

1. 水土保持监督检查的概念和内容

（1）概念

水土保持监督检查是指县级以上人民政府水行政主管部门，依据法律、法规、规章及规范性文件或政府授权，对所辖区域内公民、法人和其他组织与水土保持有关的行为活动的合法性、有效性等的监察、督导、检查及处理的各项活动的总称，如实施水土保持行政许可、行政检查、行政处理等。

因此，水土保持监督检查属行政管理范畴，是公共行政的有机组成部分，需要运用国家行政权力来保护生态环境和公众利益，依法对违法行为进行行政处罚；同时，水土保持监督检查属于法定职权，各级水行政主管部门及其监督管理机构不能超越法律和国务院所规定的职权违法行事。

（2）监督检查的内容

1）水土保持监督管理贯彻落实水土保持法律、法规的情况，主要包括水土保持法律、法规的宣传普及，配套法规政策体系的建设，执法与监督队伍的建设以及生产建设单位落实水土保持"三同时"制度情况等。

2）水土流失预防和治理开展情况，主要包括水土流失重点预防区和重点治理区的划定，水土保持规划的编制，重点治理项目的安排和实施，经费保障等。

3）水土保持科技支撑服务开展情况，主要包括水土保持监测网络建设与监测预报、技术标准制定、科学研究与技术创新，以及水土保持方案编制、验收评估和监理监测的技术服务等。

2. 水土保持监督检查的特点

水土保持监督检查是水行政主管部门及其水土保持监督管理机构通过现场检查，促使从事生产建设活动可能引起水土流失的单位和个人，认真履行水土保持职责，尽可能防治水土流失的一个综合的动态过程，是一种特殊的行政管理活动。因此，水土保持监督检查具有以下特点：

（1）既有法律性，又有行政性

首先，水土保持监督检查是依据水土保持法律、法规对生产建设项目进行检查监督，并依据水土保持法律、法规来制裁、纠正违法行为。这些处罚、监督检查权力是水土保持法律、法规赋予的，必须依法行使，处罚得当，因此具有法律性。

其次，水土保持监督检查又具有明显的行政性。无论是水行政主管部门，还是水土保持监督管理机构都是国家行政管理体系的组成部分，在进行水土保持监督检查过程中，除了运用法律手段外，还要大量使用行政管理手段，因此具有行政性。

（2）既有复杂性，又有单一性

水土保持监督检查的对象涉及水利、交通、电力、矿冶等行业，每个行业各有特点，在施工过程中造成水土流失的时间、环节和强度各不相同，水土保持监督检查的重点内容不应相同，因此水土保持监督检查具有复杂性。但是，水土保持监督检查的对象是针对可能造成水土流失行为的单位和个人，现场检查仅对施工和生产过程中的土石方开挖、填筑、排弃活动进行监督检查，监督指导各类松散的弃渣得到挡护，各类裸露面及时得到植被覆盖，及早恢复水土保持功能，因而具有单一性的特征。

（3）既有长期性，又有时效性

由于生产建设项目建设时间相对比较长，项目建设程序包括项目建议书、可行性研究、设计、实施准备、施工、竣工验收等多个阶段，而在这些阶段中，都要求水土保持监督部门进行有效的监管，因此监督检查具有长期性的特点。同时，因为水土流失的证据很容易灭失，如在公路建设中随意将废弃的土石渣倾倒到江河河道或沟道中，如不及时调查取证，遇一场暴雨洪水，就会全部消失，所以水土保持监督检查又具有快速反应、时效性的特征。

（4）既有强制性，又有服务性

水土保持监督检查是水土保持行政主管部门的单方强制行为，无须事先征得相对人的同意。一方面，水行政主管部门在监督检查时，相对人有服从、协助、如实提供有关资料的义务，否则须承担相应的法律责任。另一方面，生产建设项目水土流失防治具有科学性的特点，在保障水土保持设施安全有效的同时，还需要注意与周边环境的协调，特别是水土保持林草应符合当地的环境特点与景观要求。通过监督检查，督导生产建设单位和个人选用适当的措施类型和林草品种，充分发挥水土保持投资的效益，因而具有服务性的特点。

3. 水土保持监督检查的基本原则

（1）实事求是的原则

实事求是，就是要求水土保持监督机构和监督人员在水土保持监督检查过程中，要重事实、讲证据。在处理水土保持违法案件中要以事实为依据，注重调查研究，广泛收集有关资料，查清事实，把执法与监督建立在确凿的事实和证据基础上。

（2）依法监督的原则

依法监督，就是要求水土保持监督机构和人员在监督检查过程中，一定要按照法律和法规的规定开展监督检查工作，在处理水土保持违法案件的具体过程中，一定要准确地适用法律条款，依照法定程序，进行处理。

（3）坚持技术规范的原则

一方面，水土保持工作是一项技术性很强的工作；另一方面，生产建设项目涉及行业多，每个行业各有特点，如公路和铁路项目线路长，土石方数量大，开挖范围广，水土保持设施损坏面积大，水土流失严重；煤炭建设项目产生大量的煤矸石，燃煤电站产生大量的灰渣等。这就要求在水土保持监督检查过程中，严格按照水土保持技术规范标准来督促建设单位和施工单位进行水土保持设施的建设，确保建设过程中所采取的水土流失防治措施配置合理，工程施工质量优良。

（4）程序化、制度化的原则

没有规矩，不成方圆。只有程序的合法才能保证监督检查的公正。水土保持监督检查本身是一项行政执法活动，要做到监督公正、及时有效，避免主观随意性，就必须要坚持监督程序化、制度化的原则。例如，在公路、铁路建设可行性研究阶段，要督促建设单位编报水土保持方案，按照水土保持方案进行初步设计和施工图设计；在施工建设阶段，要督促建设单位按照"同时施工"的要求，同步建设水土保持设施；在土建工程完工后，督促建设单位同时验收水土保持设施；对于水土保持违法案件的处罚时，要履行事前告知程序等。监督检查工作，要坚持分级负责与联合行动的原则，坚持例行检查和突击检查相结合的原则，防治进展报告与抽查复核相结合，建立信息察觉和反馈制度。既要监督检查到位，又要防止监督检查过头，影响正常的建设或生产工作。

（5）监督与服务结合的原则

资源开发利用、基础设施建设等项目，对国民经济发展以及改善人民生产、生活条件具有非常重要的作用，是国家建设不可缺少的部分。但项目建设必然造成地表扰动，地貌和植被破坏以及水土流失，如何将项目建设好，同时也把水土保持工作搞好，是建设单位和水土保持监督管理部门共同的职责。所以，水土保持监督人员在严格监督的同时，要积极支持项目建设，正确处理监督和服务的关系，把服务贯穿于监督的全过程，通过送法上门、咨询服务、技术培训，积极为建设单位出主意、想办法，共同做好水土保持工作。

（6）属地管理与分级负责相结合的原则

各级水行政主管部门可以对所辖区域的生产建设项目开展水土保持监督检查。对生产建设项目的监督检查实行属地管理与分级负责相结合的原则。各级水行政主管部门根据方案审批权限负责组织生产建设项目监督检查。县级人民政府水行政主管部门应对辖区内生产建设项目开展水土保持监督检查。

4. 水土保持监督检查的形式

（1）水行政主管部门组织的监督检查

1）水利部组织的监督检查

水利部作为全国最高级别的水行政主管部门，有权对全国范围内水土保持法律和法规执行情况进行监督检查。对生产建设项目的监督检查，重点是跨流域、跨省区的重大生产建设项目，尤其是要对流域和省级水行政主管部门反映存在严重问题的违法、违规项目进行监督检查。

2）流域机构组织的监督检查

根据水利部〔2004〕97号文件《关于加强大型开发建设项目水土保持监督检查工作的通知》要求，流域机构作为水利部的派出机构，代部行使生产建设项目的水土保持监督检查权。流域机构按照水利部的授权，在本流域内对大型生产建设项目水土保持方案实施情况进行监督检查。监督检查的重点是水利部批复水土保持方案的生产建设项目，并对省级水行政主管部门反映存在严重问题的违法、违规项目进行监督检查，也可对省级审批立项的生产建设项目的水土保持方案的实施情况进行重点抽查。

3）地方各级水行政主管部门组织的监督检查

按照水土保持法律和法规的授权，地方各级水行政主管部门及其所属的水土保持监督管理机构，有权对辖区内的水土保持法律和法规执行情况进行监督检查。地方县级以上水行政主管部门组织的监督检查，一般采取与下级水行政主管部门组成联合监督检查组的方式进行。

（2）邀请人大参与水土保持的监督检查

为了促进水土保持法律和法规的贯彻执行，近年来各级水行政主管部门邀请人大参与水土保持法律和法规执行情况的执法检查，帮助解决水土保持法律和法规执行中的一些疑难问题。如国务院水行政主管部门1998年9月至12月期间，邀请全国人大对山西、陕西、内蒙古及四川 4 个省（自治区），水土保持法律和法规执行情况进行执法检查，有效地解决了该区域资源开发过程中造成的水土流失防治不力的有关问题。宁夏回族自治区水利厅自 1998—2002 年，连续 5 年邀请自治区人大对自治区内《水土保持法》及《宁夏实施〈水土保持法〉办法》等法律、法规执行情况进行执法检查，使全区水土保持法规体系不断完善，执法体系建设得到加强，大中型生产建设项目水土保持"三同时"制度得到了全面落实，水土流失治理速度明显加快。

（3）部门联合的监督检查

为了解决部分行业的生产建设项目水土保持法律和法规执行中存在的问题，各级水行政主管部门与该行业的行政主管部门，组成联合执法检查组，对该行业存在问题较大的生产建设项目进行联合执法检查，督促生产建设项目落实水土保持法定义务。2006 年 10 月水利部与铁道部组成联合检查组，对襄渝铁路Ⅱ线川陕段工程的水土保持工作情况进行联合执法检查，使襄渝铁路水土保持方案得到了很好的贯彻落实。地方各级水行政主管部门可以邀请同级环境保护、林业、公路、煤炭、电力等行政管理部门的一个或多个参与监督检查，将会极大地推动该行业建设项目水土流失防治工作的落实。

（4）邀请新闻媒体参与监督检查

借助新闻媒体的舆论监督作用，可以提高水土保持监督检查的效果。水行政主管部门在实施监督检查时，根据监督管理对象的不同，如在全国影响大的大型项目，可以邀请中央新闻媒体参与检查；对一些中小型项目，可以邀请行业或当地新闻媒体参与检查等。通过新闻媒体的舆论监督，可以促使生产建设单位依法履行自己的法定义务，做好水土流失防治工作。

以上是按照水土保持监督检查组织的主体和参与的单位不同而作的分类，另外，按照监督检查内容不同还可分为专项、常规和临时监督检查；按照项目建设的时段不同，分为事前、事中和事后监督检查；按照监督检查的时间不同，分为定期和不定期的监督检查等。以上监督检查的形式可以单独使用，也可以综合使用，如可以进行定期专项检查，也可以进行不定期专项检查。现场监督检查时可以同时邀请上级机关、人大、行业主管部门、投资方、新闻媒体，也可以邀请某一方或某几方等。不管是哪一种形式的监督检查，监督检查的主体都是水行政主管部门。因此，在进行监督检查时，水行政主管部门或水土保持监督管理机构，要根据监督检查的对象、内容以及达到的目标不同，合理确定监督检查的形式。对同一个建设项目的监督检查一般每年最少检查一次，对检查中发现问题较多的项目，可以向上级反映，由上级组织监督检查，也可以自己组织跟踪检查，检查的频次一般以每年 2～3 次为宜。

5. 水土保持监督检查的程序

水土保持监督检查的程序是指水行政主管部门及其水土保持监督管理机构依据水土保持法律、法规、规章以及其他规范性文件，监督检查、管理相对人落实水土保持法定义务的次序。水土保持监督检查包括监督检查前期准备、现场检查和召开座谈会 3 个环节。

（1）监督检查前期准备

1）确定监督检查对象

在对辖区农业、林业生产活动，生产建设项目建设情况，从事水土保持技术服务单位等情况充分调查的基础上，确定水土保持监督检查的对象，可以是从事农业、林业生产活动的单位和个人，也可以是某个或某几个甚至几十个生产建设单位，也可以是技术服务单位等。

2）了解监督检查对象的基本情况

查阅有关资料，了解监督检查对象的基本情况，包括单位住址、单位性质、建设地点、上级主管部门，如果是生产建设单位，还需要了解生产建设项目工程建设的基本情况，如开工时间、工程建设规模、施工进度、水土保持方案编报、审批情况等。

3）制定监督检查方案

监督检查方案包括检查时间、检查内容、检查方式、检查程序、有关要求和检查组成员等。

4）确定监督检查组织及人员

县级以上水行政主管部门及其水土保持监督管理机构组织的监督检查，下级水行政主管部门及其水土保持监督管理机构参加，组成联合监督检查组。由组织监督检查的水行政主管部门担任组长单位，最高领导担任监督检查组组长，其他参与监督检查的单位为成员单位，其参加人员为监督检查组成员。

5）下发监督检查通知

由组织监督检查的水行政主管部门下发监督检查通知，通知的主要内容包括：监督检查的依据、时间、检查的内容、检查的程序、参加监督检查的单位和人员、被检查单位参加的人员以及其他要求。通知同时抄送上级主管部门、参加监督检查的各级水行政主管部门、被检查单位的上级主管部门。现场检查前将正式的现场检查通知文书发至被检查项目的建设单位。

需要说明的是监督检查的前期准备不是必需的，各级水行政主管部门及其水土保持监督管理机构可以根据掌握的情况自行决定。一般来说，对突发事件不适用，如接到群众举报，某地有人随意弃渣或正在破坏水土保持设施等，监督管理机构就必须立即赶赴现场进行监督检查，制止违法行为。对已开工，也未编报水土保持方案，而且在施工中造成严重水土流失的生产建设项目，监督管理机构可以直接监督检查，不一定事先通知建设单位，建设单位必须接受监督管理部门的监督检查。

（2）现场检查

1）简要了解项目的基本情况

监督检查组赴现场与被检查单位见面后，双方相互介绍人员，监督检查组说明来意，被检查单位简要介绍项目建设情况，使监督检查组初步了解项目建设进展情况。

2）内业检查

外业检查前，查阅内业相关资料，对项目的基本情况有一个比较全面的了解，为外业检查做好必要的准备。

内业检查的重点是：

是否有国家职能部门的立项手续，是否有经水行政主管部门批复的水土保持方案。

建设单位是否有专门负责水土保持工作的组织机构、人员。

建设单位是否有加强水土保持工作的相关制度。

建设项目是否进行水土保持设施的后续设计及有关的设计文件（初步设计、施工图设计、施工组织设计）、变更设计等有关文件。

建设单位是否签订水土保持的有关承包合同，包括建设单位与施工单位、监理单位、监测单位等合同文件。

项目建设过程中的施工进度报表、监理报告、监测报告等。

补偿费协议、票据等。

3）确定现场检查路线及现场检查点

在听取被检查单位关于项目建设简要情况的介绍，以及查阅内业资料的基础上，监督检查组还需要向参与检查的当地水行政主管部门或水土保持监督管理机构的人员，了解他们关于项目建设现场检查的有关情况，经商定初步确定外业检查点，根据检查点确定检查路线。在现场检查时，可以根据现场检查情况，临时调整现场检查点。现场检查点主要是施工过程对地貌植被破坏严重，容易造成水土流失的区域。对不同的建设项目，现场检查点也不同，对铁路、公路项目，检查点主要是弃渣场、取土场、施工临时道路、跨河工程施工现场等；对火电项目，主要是厂区施工现场、灰场、给排水管道等。

4）外业检查

外业检查是现场检查的核心，通过外业检查全面掌握被检查单位是否存在违反水土保持法律和法规行为，是否全面落实了水土保持法定义务，施工过程中是否存在问题，存在哪些问题等。

外业检查的重点是：

了解施工过程中损坏地貌、植被以及水土保持设施情况，检查是否存在越界施工问题。

是否按照水土保持方案及其后续设计落实防治措施，是否存在设计变更，水土保持措施进度是否与主体工程同步。

项目建设中是否存在随意弃土弃渣现象，弃土弃渣是否采取防治措施。

项目建设中是否存在违反水土保持法律和法规行为，如拒编水土保持方案、损坏水土保持设施、随意倾倒弃土弃渣、对造成的水土流失拒绝防治等。

建设项目的临时防护措施是否有效。

水土流失防治措施的质量标准是否达到有关技术标准。

项目施工现场管理情况。

对当地群众的调查。

检查中对检查的项目应逐条记录。发现问题应仔细核对，必要时可进行现场取证。

（3）召开座谈会

现场检查结束后，由监督检查组成员、建设单位代表、项目参建单位的代表等参加，在项目建设所在地召开现场座谈会，通报现场监督检查情况。会议的程序：一是介绍参会人员；二是监督检查组进一步说明来意；三是被检查单位汇报项目建设及水土流失防治措施实施情况；四是其他参建单位进一步补充说明水土保持相关情况；五是监督检查组成员对项目检查情况发表意见；六是被检查单位对监督检查组提出的问题作出解释和说明；七是监督检查组根据现场检查、会议发言情况拟定现场监督检查意见，在讨论和拟定检查意见期间，建设单位和参建单位代表应当回避；八是检查组组长宣读现场监督检查意见；九是被检查单位表态发言，会议结束。现场监督检查意见需打印若干份，检查组组长、副组长在意见上签字，意见后附监督检查组全体人员及被检查单位参会人员名单并签字，以及每位检查人员的检查记录和相关资料。参加监督检查的单位及被检查单位各留一套检查意见。

6. 水土保持监督检查的内容

根据水土保持法律和法规的规定，水土保持监督检查的内容十分广泛，涉及农业、林业、交通、水利、水电、电力、煤炭、石油、有色金属等多个行业。按照监督管理的不同对象，水土保持监督检查的内容主要分为以下几个方面：

（1）对从事农业、林业等生产活动的监督检查

1）对农业生产的监督检查

一是对禁垦坡度以上陡坡地开垦种植农作物的，要坚决制止。二是对水土保持法施行前已在禁垦坡地上开垦种植农作物的，要监督开垦者，按计划，逐步退耕还林、还草，恢复植被，对退耕确有困难的，要修建梯田后方能耕种。三是对于未经水行政主管部门及其所属的水土保持监督管理部门批准，擅自开垦禁止开垦坡度以下、5°以上荒坡地的单位和个人，要责令停止开垦，补报审批手续；对于未按批准的水土保持方案实施的，要加以监督和纠正，并按规定进行处罚。

2）对采伐林木的监督检查

监督林木采伐的重点：① 监督检查采伐方式，督促林木开采按照影响水土保持功能较小的采伐方式进行采伐。② 监督检查采伐方案中是否制定了水土保持方案，采伐区和集材道要有具体的水土流失防治措施，同时还要监督检查采伐方案是否抄送水行政主管

部门备案。③ 监督检查采伐迹地是否按水土保持方案及时完成了更新造林任务。④ 监督检查对水源涵养林、水土保持林、防风固沙林等防护林的采伐是否为抚育和更新性质的采伐方式。对在林区采伐，不采取水土保持措施，造成严重水土流失的，要根据不同情况，做出责令限期改正、采取补救措施等处罚。

3）对从事挖药材、养柞蚕、烧木炭、烧砖瓦等副业生产的监督检查

对挖药材、养柞蚕、烧木炭、烧砖瓦等副业生产活动的监督也应区别对待，对群众性挖药材、养柞蚕活动监督检查，首先应要求采挖、经营者按水土保持要求，做好水土流失防治措施，防止造成水土流失，同时，教育和引导他们合理化、规范化地从事生产活动。对从事烧木炭、烧砖瓦等生产活动的，应要求填写"水土保持方案报告表"，经县级人民政府水行政主管部门批准，并监督实施。这些生产活动可多方面诱导或直接产生水土流失。如烧木炭的原料是木材，这种生产活动最容易造成乱砍滥伐林木，同时烧木炭的场地、道路、废弃物的排放都有可能产生水土流失；烧砖瓦所涉及的取土、道路建设、场地施工、排弃废渣等不合理的建设也可能产生水土流失，因此必须加强监督检查。

4）对坡地整地造林、抚育幼林、垦复油茶、油桐等经济林木活动的监督检查

虽然林木具有保持水土的功能，但在造林和抚育过程中不注意水土保持工作，同样会造成新的水土流失。因此，也要监督造林整地、配置方式和抚育方式等，通过监督使之采取保护水土保持功能的措施，达到防治水土流失的目的。

5）对取土、挖砂、采石等生产活动的监督检查

因取土、挖砂、采石可能引起水土流失，所以，加强对这些活动的监督检查是十分必要的。必须要求从事取土、挖砂、采石活动的单位和个人填写"水土保持方案报告表"，经县级人民政府水行政主管部门批准，并监督实施。严禁在崩塌、滑坡危险区和泥石流易发区取土、挖砂、采石，对在这些区域取土、挖砂、采石并造成严重水土流失危害的单位和个人，按照水土保持法有关规定进行处理和处罚。同时，还应对未按法律要求划定并公告崩塌、滑坡危险区和泥石流易发区的县级人民政府提出意见或建议。

（2）对生产建设项目的监督检查

1）对建设单位编报水土保持方案的监督检查

水土保持法律和法规规定生产建设项目在项目前期必须编报水土保持方案，水土保持方案经水行政主管部门审批后，项目方可立项，同时水土保持方案也是水土保持监督管理部门监督检查的依据。对在监督检查中发现生产建设项目未编报水土保持方案而开工建设的项目，水行政主管部门除对其进行行政处罚外，还应要求其限期编报水土保持方案，补办审批手续，并对在生产建设过程中造成的水土流失尽快采取措施，进行防治。对于没有国家职能部门立项手续的，应责令停止建设，提出补办立项手续的要求；对已经造成或可能造成的水土流失限期进行治理，并进行处罚。

2）对生产建设单位实施水土保持方案情况的监督检查

实施水土保持方案情况包括以下 7 个方面的内容：

落实后续设计。水土保持方案是在可行性研究阶段编制的，它的深度只是达到可行性研究的深度，距离水土保持措施的实施还存在很大的差距。这就要求建设单位必须按照水土保持方案确定的内容编制水土保持初步设计和技施设计，把初步设计和技施设计纳入主体工程的初步设计和技施设计中，为施工单位下一步实施水土保持措施提供技术依据。

落实水土流失防治责任。建设单位在土建工程招标文件中，必须把各项水土保持工程、水土保持措施、技术要求、防治责任范围、水土保持投资等有关内容纳入招标文件的正式条款中，将建设单位的水土流失防治责任落实给施工单位，确保各项措施落到实处。

组建机构或落实专人，加强对施工单位的管理。建设单位必须制定相应的管理制度和办法，加强对施工单位在施工过程中的监督管理，严格按照水土保持方案及其后续设计的有关文件组织施工，严禁随意扩大扰动面积，随意弃土弃渣，随意变更设计。

履行变更报批手续。水土保持方案经批复后，就具有了法律效力，建设单位就必须按照水土保持方案组织实施，不得随意变更，确需变更的必须履行变更报批手续，经水行政主管部门同意后方可变更。

资金、工程进度及质量管理。建设单位必须落实水土流失防治资金，确保主体工程与水土保持工程的施工进度基本同步，水土保持工程建设质量标准必须达到水土保持技术标准的要求，达到应有的防治水土流失的效果。

开展水土保持监理和监测工作。根据水利部的有关要求，建设单位在实施水土保持方案过程中，必须开展水土保持监理和监测工作，监理成果和监测成果是水土保持设施验收的基础和验收工作必备的专项报告。

检查施工过程是否达到了《开发建设项目水土流失防治标准》规定的拦渣率、治理度和方案确定的施工过程中的防治目标。

3）对水土保持设施验收情况的监督检查

水土保持设施竣工验收是水土保持"三同时"制度能否得到贯彻落实的关键环节，根据水土保持法律和法规的规定，水土保持设施未经验收或验收不合格的，主体工程不得投产使用。因此，主体工程完成后，建设单位组织自查初验，在此基础上完成技术总结和工作总结报告，委托评估单位进行水土保持设施技术评估，提出评估报告，申请水行政主管部门组织验收。对水土保持设施未经验收，主体工程便投产使用的，水行政主管部门应依法对其进行处罚，并责令限期补办手续。

（3）不同类型生产建设项目监督检查的重点内容

生产建设项目涉及的类型多、行业多。有线型工程、点型工程，行业有交通、水利、水电、电力、煤炭、石油、有色金属等，对不同类型的建设项目，监督检查的重点各不相同。针对各类型生产建设项目的不同特点，明确监督检查重点，对有效督促生产建设单位落实水土保持方案，防治水土流失，是非常必要的。下面对不同类型生产建设项目监督检查的重点内容进行介绍。

1）公路、铁路建设项目监督检查的重点

铁路、公路建设项目线路长，涉及范围广，动土量大，对地貌植被破坏严重。此类建设项目监督检查的重点是取土场、弃渣场、施工道路以及设计变更。

平原区建设的公路、铁路项目。在平原区建设的公路、铁路项目，工程建设的主要特征是填方，因此监督检查的重点主要是取土场的防治措施，包括：取土场的位置、范围是否发生变化；取土场的高陡边坡是否进行了削坡开级；取土场的周边是否修建了截排水工程；取土结束后是否进行了土地整治，是否恢复了植被或农业耕作。

山区、丘陵区建设的公路、铁路项目。在山区、丘陵区建设的公路、铁路项目，工程建设的主要特征是桥涵工程多，挖填土石方量大，对植被破坏严重。监督检查的重点包括以下几个方面：一是弃渣场的防治。首先检查弃渣场的位置是否合理，是否为批准的方案确定的地点或有变更手续，是否侵占了河道或沟道，是否排弃在自然保护区内，是否侵占了水土保持设施；河道两岸弃渣是否挤占了河道，是否经河道管理部门同意，并办理了相关审批手续，施工结束后是否对河岸进行了整治；弃渣结束后是否对弃渣场进行了整治，是否恢复了植物措施；施工过程中的弃土、弃渣，是否存在随意弃土、弃渣现象，是否按照先拦后弃的原则进行排弃；沟道弃渣是否设计了拦渣坝；沟道两侧或坡面弃渣是否设计了挡渣墙。二是取土场的防治。取土场的防治与平原区防治内容基本相同。三是施工道路防治。检查是否按设计要求修建了临时施工道路，施工道路施工中是否存在随意弃土、弃渣现象；施工道路是否存在扩大扰动面，随意占压、破坏植被现象；施工道路是否施工结束后修筑了截排水沟，需保留的施工道路是否栽植了行道树，是否整治了周边的临时弃渣等；不保留的是否恢复了原貌，不能恢复原貌的是否采取了防治措施。四是河道工程施工防治。公路、铁路工程跨越河道的，是否办理了河道建设项目审批手续；是否建设了溜渣槽等专门设计，是否存在向河道随意弃土、弃渣，若存在则要求其限期清理；在施工过程中，是否修建了施工围堰，施工结束后，是否拆除了施工围堰，是否对桥梁桩基产生的泥浆进行了处理，是否对河岸进行了整治。五是路基边坡、路堑边坡是否及时布设了工程措施和植物措施，并检查水土流失的防治效果。

2）输油、输气管道工程建设项目监督检查的重点

输油、输气管道工程建设项目涉及的范围广，战线长，动土量较大，工程建设的主要特征是填埋式管道敷设，对沿线地貌植被的影响较大。管道工程监督检查的重点包括以下几个方面：一是管线作业带的扰动面。管道工程作业带宽一般为20～30m，建设单位应在作业带两边设置控制线，严禁施工单位扩大扰动面积，破坏地貌植被。二是施工临时道路。在山丘区建设的管道工程，为运输管道建设器材，一般需要修建临时施工道路，

或扩建原有的乡村道路。监督检查建设单位是否按设计要求修建了临时施工道路，施工道路施工中是否存在随意弃土、弃渣现象；施工道路是否存在扩大扰动面，随意占压、破坏植被现象；施工结束后，保留的施工道路是否修筑了截排水沟，是否栽植了行道树，是否整治了周边的临时弃渣等，不保留的是否恢复了原貌，不能恢复原貌的是否采取了防治措施。三是管沟开挖表土剥离、存放等。管沟开挖剥离的表土必须专门存放，并采取临时防护措施，回填时必须将表土铺盖在上层。四是管沟开挖临时堆放渣土的防治。管沟开挖后的渣土临时堆放在管线作业带内，必须采取临时防护措施，需苫盖的苫盖，需洒水的洒水。五是河道穿越工程。是否办理了河道管理部门的相关审批手续；是否修建了施工围堰，施工结束后是否拆除了施工围堰，施工围堰的弃土、弃渣是否堆放在弃渣场；定向钻作业等施工场地是否进行防治；施工结束后是否对河岸进行了整治，河岸是否存在塌陷。六是管沟回填后的土地整治。管道敷设结束后，必须对回填土进行土地整治，恢复原地貌，无法恢复原地貌的，必须采取工程与植物措施相结合的方式进行防治。

3）输变电线路建设项目监督检查的重点

输变电线路是线型工程中影响最小的建设项目。监督检查的重点主要是塔基、牵张场以及变电所。塔基施工在输变电工程建设中对地貌、植被影响最大，检查的重点是塔基施工是否规范，是否存在随意弃土弃渣现象，塔基周边的防护是否到位。牵张场是在开阔区域建立一个平台，检查的重点是施工过程中是否存在随意扩大扰动面，弃土、弃渣是否确立防治措施，施工结束后是否及时恢复。变电所一般建设在地势较平缓的地方，对在山地建设的，检查的重点是在场地平整时是否存在随意弃渣，废弃的土石渣是否排弃在弃渣场，弃渣场是否有防护措施，场地建成后是否及时恢复植物措施，场地周围是否存在截排水问题，截排水工程是否落实等。

4）水电工程监督检查的重点

水电工程大多是选择合适的坝址，修坝拦水，蓄水发电。工程建设持续时间长，扰动面积大，施工过程中造成的水土流失严重。工程建设涉及坝基、坝体、发电机房、施工场地、施工围堰、导流洞、溢洪道、弃渣场、取土场、取料场等建设以及移民安置。水电工程监督检查的重点包括以下几个方面：一是施工围堰。是否按设计要求修建施工围堰，工程结束后是否拆除了施工围堰。二是施工过程中是否随意向河道中弃渣。如果存在，要求其限期清理。三是弃渣场。检查弃渣场的位置是否符合规范及设计要求，特别是国家标准中强制性条文确定的限制性规定，是否存在设计变更；施工过程中的弃土、弃渣是否按照先拦后弃的原则排弃；沟道弃渣是否设计了拦渣坝，沟坡弃渣是否设计了挡渣墙；弃渣场的防治措施是否存在设计变更；弃渣结束后，是否按水土保持方案及其后续设计落实了各项防治措施。四是取土场。检查取土场的位置是否符合设计要求，是否存在设计变更；取土场是否存在高陡边坡，是否进行了削坡开级；取土场的周边是否需要截排水工程，如需要，是否实施了截排水工程；取土结束后是否进行了土地整治和植物恢复措施。五是工程所需砂、石料场。是否明确了砂、石料场的防治责任，如由当地供应，必须购买合法经营者的砂、石料。六是移民安置。是否明确了移民安置的防治责任，如由政府解决，必须提出移民安置项目建设的水土流失防治措施，建设单位出资，由政府组织实施。

5）水利工程监督检查的重点

水利工程主要以灌溉工程为主，有的需要修建水库，有的不需要修水库，但都需要修建渠道工程。对修建水库的水利工程，水库建设监督检查的重点内容可参照水电工程；渠道工程属于线型工程，监督检查的重点基本与公路、铁路等线型工程相似，可参照执行。

6）矿产资源开发工程监督检查的重点

矿产资源开发工程主要包括铜矿、铝矿、金矿、钼矿等有色金属矿产资源以及煤炭建设项目，它们的采掘方式分为井采和露天开采两大类。井采项目监督检查的重点是排渣场或排矸场、施工道路、输水或排水管线、厂区整平等。对施工道路、输水管线、厂区整平等可参照前述内容进行检查，这里主要介绍排渣场或排矸场监督检查的主要内容。矿产资源开发项目属生产类项目，排弃的废渣量大，而且持续时间长，有的项目生产时间长达几十年甚至上百年，在生产期内源源不断的排弃废渣或煤矸石，因此排渣场或排矸场的选定非常重要。监督检查中一定要检查排渣场或排矸场是否选定在库容大的沟道内；是否设计了拦渣坝，拦渣坝的设计是否达到水土保持有关技术规范的要求；生产建设过程产生的废渣是否按照先拦后弃的原则排弃，在排弃时是否分区堆放；弃渣场的上游是否有来水，若有，是否设计了截排水工程；弃渣场某一区域渣面的堆渣高度，达到设计标高后，是否进行土地整治，是否实施了植物措施；运渣道路两边是否存在随意弃渣现象；弃渣场达到设计库容后，是否按照水土保持方案的要求全部实施了各项水土保持措施。

露天开采的矿产资源项目，其动土量非常大，监督检查的重点是排土场和弃渣场。首采坑、排土场、弃渣场的选定是否合理，以后的采坑是否需要回填首采坑的弃渣，弃渣场是否选定在既便于防治又便于以后取用的地方，弃渣堆弃是否采取了必要的水土保持措施；各采坑剥离的表土是否进行了专门堆放，是否采取必要的临时防护措施；首采坑采完后，第二采坑的弃渣是否回填到首采坑，是否将原先剥离的表土回填至表面，是否进行了依次回填，回填后的采坑是否进行了整治，能复垦的是否进行了复垦，不能复垦的是否恢复了植被。

7）火电、有色金属冶炼等建设项目监督检查的重点

火电、有色金属冶炼项目属于点状项目，与线型工程相比，项目涉及的范围小，土石方量小，对地貌植被的破坏也小。针对该类项目建设的特点，水土保持监督检查的重

点是贮灰场或尾矿库、运灰道路或输灰管线、厂区整平、输排水管线等。对运灰道路或输灰管线、厂区整平、输排水管线等可参照前述内容进行检查，这里主要介绍贮灰场或尾矿库监督检查的主要内容。一是贮灰场或尾矿库的位置是否与工程设计的一致，是否存在变更问题；二是确定贮灰场或尾矿库的类型，是平原灰场还是沟谷灰场，是干灰场还是水灰场，针对不同类型灰场的特点，确定不同的监督检查内容。对平原干灰场，检查的重点是灰场四周是否设计了拦灰堤，周边是否有防风林带，主风向防风林带的宽度是否符合水土保持有关技术规范要求，灰渣排放是否分区堆放，灰场底部是否经过防渗处理，达到堆灰高度的是否进行了覆土整治，覆土后是否实施了植被措施。对沟谷型水灰场，检查的重点是灰场是否设计了拦灰坝，拦灰坝的设计是否符合水土保持有关技术规范的要求，灰场上游是否有来水，是否设计了排水涵管或涵洞，灰场周边是否设计了截排水沟，其他（如防风林带、防渗、覆土整治等）的检查与平原干灰场相同。

8）油气田项目监督检查的重点

油气田项目属于片状项目，涉及的区域广，虽然动土量不大，但对植被的破坏严重。油气开采以井采为主，多而分散，对水土保持影响最大的是井台建设、施工道路以及管线工程。因此，水土保持监督检查的重点也是这几个组成，对施工道路及管线工程等可参照前面介绍的相关内容进行检查，这里主要介绍井台建设监督检查的重点。钻井平台是采油、气设备布设的平台，面积最小也需要 $2000m^2$，对平原区而言，影响不大，但对山、丘区而言，要建立 $2000\ m^2$ 的平台，就有一定的难度。在塬面或山梁或山崒修建一个平台，就需要将场地推平，在山坡修建平台，就需要将山坡的土石挖走，这两种情况都将会产生大量的弃土、弃渣。因此，监督检查的重点应是修建采油、气平台时是否修筑了截排水沟，是否存在弃土、弃渣，弃土、弃渣排弃的地点是否按照设计堆放，弃土、弃渣是否采取相应的防治措施。

（4）对从事生产建设项目水土保持技术服务资质单位的监督检查

从事生产建设项目水土保持技术服务的单位有水土保持方案编制单位、水土保持监测单位、水土保持监理单位、水土保持技术评估单位等。其中，水土保持方案编制的资质分为甲级、乙级和丙级，资质的颁发和管理由中国水土保持学会负责，甲级资质单位可开展各类方案编制工作，乙级和丙级资质单位只能开展省级立项或市县级立项的生产建设项目的方案编制工作；水土保持监理资质也分甲、乙、丙三级，由水利部负责管理，从业范围同方案编制资质；水土保持监测分为甲级和乙级，由水利部颁发，甲级资质单位可在全国范围内从事各类监测工作，乙级资质单位只能在注册地的省级行政区域内从事省级及以下立项的生产建设项目的监测工作。水利部公布了16家具备技术评估资质的单位，可在全国范围内从事水土保持设施验收评估工作；不少省区也认定了几家技术评估单位，从业范围仅限于本省范围内省级立项的生产建设项目的验收技术评估。按照辖区管理的原则，对具备资质在本辖区内从事生产建设项目水土保持技术服务的单位，各级水行政主管部门及其所属的监督管理机构有权对其所从事技术服务工作进行监督检查。监督检查的主要内容包括：一是是否违反公平竞争的原则，来承揽技术服务工作；二是是否外借技术服务资质，扰乱水土保持技术服务市场秩序；三是在申请办理技术服务资质过程中，是否提供虚假资料，以获取技术服务资质；四是在技术服务过程中，是否弄虚作假，捏造、伪造数据资料，提供不符合实际的技术服务报告；五是是否超出资质服务范围，开展水土保持技术服务工作等。

7. 水土保持监督检查处理

（1）不同区域水土流失纠纷解决程序

1）水土流失及其危害既能对当地生态环境和群众生产、生活构成严重影响，也可能对周边地区、下游地区造成危害，影响甚至制约这些地区经济社会的持续发展。因此，不同行政区域之间可能因水土流失诱发纠纷。地区间纠纷处理不当，直接关系群众的生产、生活安全，甚至影响相关地区群众关系和社会稳定。提倡纠纷双方在自愿的基础上，协商处理，化解矛盾，维护稳定。协商不成的，则由共同的上一级人民政府裁决，防止事态恶化。

2）水土流失纠纷，不是一般的民事纠纷，涉及不同行政区域之间的关系，因此，纠纷处理程序不同于一般的民事纠纷处理程序，具体程序是：① 纠纷发生后先由当事双方协商解决，即当事双方在发生水土流失纠纷后，本着自愿、团结、互谅互让的精神，依照有关法律、法规，直接进行磋商，自行解决纠纷；② 当事双方协商不成时，由双方共同的上一级人民政府裁决。上一级人民政府的裁决有关各方必须遵照执行。

（2）处理

水土保持监督检查的处理是指水土保持现场监督检查结束后，组织监督检查的水行政主管部门对被检查单位的违法行为所采取的处理措施。水土保持监督检查的处理包括以下主要内容：正式下发监督检查意见，对不符合水土保持要求的处理及其他处理。

（3）印发监督检查意见

现场检查结束后，监督检查人员应将现场检查情况向组织单位如实汇报，组织单位召开会议，对现场监督检查意见进行讨论、研究，并将讨论、研究后的意见及时向监督检查组长反映。组织单位根据反馈意见，召开会议专题研究，根据研究情况，对现场检查意见进一步修改、完善，以正式文件形式印发被检查单位，同时抄送上级水行政主管部门、参加监督检查的各级水行政主管部门、被检查单位的上级主管部门。

（4）水土流失防治工作较好的情况处理

1）向其上级主管部门反映该项目建设单位能认真落实水土保持法律、法规，实施水土流失防治措施，并取得良好的防治效果，建议上级主管部门对有关人员予以表扬。

2）对项目实施中一些好的管理经验和做法在一定区域内或相关行业内予以宣传推广。

3）将相关材料报送相应级别的水行政主管部门，建议生产建设单位向水行政主管部门申报水土保持"三同时"示范工程，在相应范围内予以表扬。

4）对存在问题的处理

水行政主管部门及其水土保持监督管理机构在组织监督检查中，发现被检查单位存在不符合水土保持法律、法规、规章以及技术规范要求行为的，水行政主管部门应依法予以纠正并可进行处罚。具体处理意见可参见水土保持法律和行政责任。